Europäische Arbeits- und Sozialpolitik

Von
Universitätsprofessor
Dr. Berndt Keller

2., völlig überarbeitete und stark erweiterte Auflage

R. Oldenbourg Verlag München Wien

Die Deutsche Bibliothek - CIP-Einheitsaufnahme

Keller, Berndt:
Europäische Arbeits- und Sozialpolitik / von Berndt Keller. – 2.,
völlig überarb. und stark erw. Aufl.. – München ; Wien : Oldenbourg,
2001
ISBN 3-486-25626-2

Rosenheimer Straße 145, D-81671 München
Telefon: (089) 45051-0
www.oldenbourg-verlag.de

Gedruckt auf säure- und chlorfreiem Papier
Gesamtherstellung: Druckhaus „Thomas Müntzer“ GmbH, Bad Langensalza

ISBN 3-486-25626-2

Inhaltsverzeichnis

Abbildungsverzeichnis

1. Einleitung und Problemstellung

1.1. Einleitung

Die Internationalisierung der europäischen Volkswirtschaften ist ökonomisch wie politisch von entscheidender Bedeutung für die zukünftige Entwicklung der nationalen Arbeits- und Sozialpolitiken. Die Europäische Wirtschaftsgemeinschaft (EWG) war ursprünglich eine Zollunion mit Agrarprotektionismus; sie entwickelte sich im Verlauf von mehreren Jahrzehnten zu einem gemeinsamen Markt ohne Handelsbeschränkungen, der die vollständige Freizügigkeit für Kapital, Arbeit, Güter und Dienstleistungen schrittweise einführte, ohne neue Barrieren gegenüber Nicht-Mitgliedern aufzubauen. Die Vollendung des EG-Binnenmarktes ohne Grenzkontrollen ab 1.1.1993 bedeutete einen wesentlichen Schritt auf dem langen und mühsamen Weg der europäischen Einigung; sie ging über eine pure Liberalisierung der Kapitalbeziehungen weit hinaus. Auswirkungen sind u.a. eine zunehmende Zahl von grenzüberschreitenden Zusammenschlüssen von Unternehmen (einschl. Fusionierungen, Übernahmen und joint ventures)[1] sowie steigender Druck zur Angleichung nationaler Gesetze und anderer Regelungen.

Das EU-Projekt entwickelt intern wie extern eine ökonomische und politische Ausstrahlungskraft (Kreile 1991a; Nicoll/Salmon 1994). Diese ist nicht erstaunlich in Anbetracht der Tatsache, daß es sich nach der sog. Norderweiterung, dem Beitritt Österreichs, Schwedens und Finnlands zu Beginn des Jahres 1995, um einen gemeinsamen Binnenmarkt mit mehr als 370 Millionen Bürgern und Konsumenten handelt, der den weltgrößten Handelsblock darstellt.[2]

"The external trade of EU-15 in goods (excluding trade between the members of the Union), expressed as a percentage of GDP, is now virtually the same as it

---

[1] "In practice, there has certainly been an upsurge in links between firms, with CEC figures showing joint ventures involving EC companies increasing by 69% from 69 to 111 between 1983/4 and 1987/8 ... over the same period, mergers were more numerous and increased more rapidly, by 150% from 155 to 387" (Ramsay 1991, 544f).

[2] Bereits vor der sog. Norderweiterung galt:
- "The Community accounts for 18% of world income and of world production, while only 7% of the world's potential earners ... live in the various member states.
- The company ranks considerably higher in world trade. It accounts for more than 35% of world exports and imports, or about 20% if trade within the Community is excluded - a greater share than that of the United States or Japan" (Bosch 1992, 312).

used to be about 35 years ago, namely around 10 per cent. ... True, member countries of the Union have become more open, but this is almost entirely due to the increase in intra-EU trade which now accounts for almost 70 percent of the total trade of an average EU member. This high degree of EU's self-sufficiency in trade terms is expected to increase further as a result of enlargement" (Tsoukalis 1998, 3). Wesentlich mehr als die Hälfte der deutlich zunehmenden ausländischen Direktinvestitionen der Unternehmen aus EU-Mitgliedsländern bleiben innerhalb der EU - und werden nicht in Südostasien oder Nordamerika, geschweige denn in Lateinamerika oder Afrika getätigt.

Tendenzen der Internationalisierung lassen sich in empirischer Sichtweise eher als Europäisierung denn als Globalisierung begreifen. Internationalisierung darf nicht automatisch mit dem EU-Projekt gleichgesetzt werden, wenngleich dies im folgenden aus pragmatischen Gründen geschieht. Auch im Zeitalter der ökonomischen Globalisierung bzw. des Triadenwettbewerbs zwischen Europa, Japan und den USA ist die EU ein vergleichsweise homogener Block, dessen gesonderte Analyse notwendig und sinnvoll ist. „..Europe exists as a distinct economic space for a growing number of industries and enterprises. It is analytically useful to differentiate the Eurocompany from the global corporation ... The implication for the development of transnational industrial relations in Europe is, first, that they will tend to be European rather than global in scope and, second, that they will be more evident in some sectors and international firms than in others." (Marginson 2000, 15). Die Chancen von Regulierung, welche die Realisierung eines europäischen Sozialmodells bzw. der sozialen Dimension des Binnenmarktes intendiert, sind aufgrund der weit fortgeschrittenen Integration sowie vor allem aufgrund der sich allmählich entwickelnden Institutionen besser als in anderen regionalen Blökken (wie NAFTA oder Mercosur) oder auf "globaler" Ebene (ähnlich Traxler 1998b, 249ff).[3]

[3] ".. the capacity for an autarchic economic (and hence industrial relations) regime is increasingly constrained by cross-national economic integration; but precisely because the integration which bears most heavily on European states is *internal* to Europe itself, the social regulation of market forces can in principle be reconstructed at EU level" (Ferner/Hyman 1998, XIX).

1. Die ursprüngliche Europäische Wirtschaftsgemeinschaft war ein Projekt der rein ökonomischen Integration mit dem Ziel des Abbaus nicht-tarifärer Handelshemmnisse ohne jedwede politische Dimension[4]; die Arbeits- und Sozialpolitik sollte in ausschließlich nationaler Zuständigkeit verbleiben und lediglich die Rahmenbedingungen für wirtschaftliches Handeln schaffen (zu Phaseneinteilungen im einzelnen Teague 1989a, 312; Mosley 1990, 149-154; Henningsen 1992, 203-207). "Die Sozialpolitik ist im EWG-Vertrag funktional auf die Herstellung des Gemeinsamen Marktes zugeschnitten, eine eigenständige Rolle wird ihr nicht zugestanden. Die Sozialpolitik hat einerseits die Aufgabe, die Voraussetzungen für die Freizügigkeit der Arbeitnehmer zu verbessern, sie dient andererseits der Abfederung des ökonomischen Strukturwandels, der sich aus dem Integrationsprozeß in der Gemeinschaft ergibt" (Busch 1992a, 258f; ähnlich Falkner 1994, 78ff; Jacobi 1994a, 9; Hall 1994, 287ff).

Eine Harmonisierung auf der europäischen Ebene sollte gemäß den ordnungspolitischen Prinzipien des Neoliberalismus das Ergebnis des Einigungsprozesses sein, wurde jedoch nicht als dessen notwendige Voraussetzung angesehen. Die soziale Integration sollte sich nach Auffassung der Mitgliedstaaten in einem mehr oder weniger automatischen "spill-over" vollziehen, dessen spezielle Förderung in funktionalistischer Perspektive weder notwendig noch sinnvoll erschien.[5]

"As we know, this prediction has been falsified in many cases. For example, although the Rome Treaty has a whole section on social policy, this field remains, and probably will continue to remain, under the control of the member states" (Majone 1996, 266). Faktisch blieb die Entwicklung des Sozial-. deutlich hinter der des Wirtschaftsraums zurück; Unterschiede in den Geschwindigkeiten der ökonomischen und sozialen Integration stellen seit den ersten Schritten der Integration ein dauerhaftes Problem dar (Politik- vs. Marktintegration) (zu Differenzen und Kongruenzen in den Konzepten Kreile 1991b, 17ff). "The history of social policy in the Community going back to the Treaty of Rome in 1958 is one of good intentions, high principles, and little action" (Lange 1993, 7).

---

[4] Vgl. zur hier nicht weiterverfolgten historischen Dimension ausführlich Ambrosius 1996 sowie Ziltener 1999.

[5] Aktive Maßnahmen wurden nur in wenigen, ausgewählten Bereichen ergriffen (vor allem Herstellung der Freizügigkeit nach Art. 48-51, Gleichstellung nach Art. 119).

2. Der bereits mit dem Abschluß der Römischen Verträge begonnene Prozeß der europäischen Einigung gewann nach anfänglichen Erfolgen sowie längeren Phasen einer relativen Stagnation Mitte der 80er Jahre wieder an Dynamik (Hoffmann 1992, 27ff; Ullmann/Walwei/Werner 1990, 22ff; Hall 1991, 5ff; Däubler 1991a, 307ff; Gold 1993, 19ff; Kowalsky 1999, 57ff). Auf dem Weg von "Europessimismus" und "Eurosklerose" zu "Eurooptimismus" und "Europhorie" gehörten vor allem säkulare Veränderungen auf den Weltmärkten sowie der zunehmende sog. Triadenwettbewerb sowohl mit Japan als auch den USA zu den "driving forces". Politische Signale, nämlich das Weißbuch der EG-Kommission zur Vollendung des Binnenmarktes von 1985 sowie die Einheitliche Europäische Akte (EEA) von 1987, förderten diesen Integrationsschub. Zusammenfassend gilt allerdings: "Right from the start, it was clear that, whether they derived from innovations in EC legislation or from European "social dialogue", the new rules of the "social dimension" would be far from constraining, due to political opposition and the incompatability of strong social and labour regulation with the essentially liberal market logic of the 1992 programme" (Rhodes 1991, 257).

Bis zur Verabschiedung der EEA war gemäß EWG-Vertrag (EWGV) bei arbeits- und sozialpolitischen Entscheidungen Einstimmigkeit im Ministerrat notwendig, was den Prozeß der politischen Willensbildung bzw. intergouvernementalen Entscheidungsfindung nicht nur extrem schwerfällig gestaltete, sondern infolge der zahlreichen Veto-Positionen weitgehend paralysierte. In den 80er Jahren blokkierten vor allem die britischen Regierungen unter Margaret Thatcher Entscheidungen durch ihre Vetopolitik bzw. deren Androhung. Hinter dieser minimalistischen Position zur Integration konnten sich andere Regierungen verstecken, ohne ihren eigenen Widerstand gegen die "soziale Dimension" des Projekts Europa offen bekennen zu müssen (zur Situation in den 80er Jahren Volle 1989, 30-43).

Diese Blockadestrategie war in den 90er Jahren bei variierten Rahmenbedingungen korporativen Handelns, d.h. veränderten Abstimmungsregeln, schwieriger durchzuhalten. Seit Verabschiedung der EEA[6] können zwar nicht in allen, aber in

[6] „Die neue Konzeption bedeutete einen Abbau des Anspruches der Kommission bezüglich Regulierungsniveau und der eigenen Funktionen in der Erarbeitung der Regulierungen sowie eine „Entpolitisierung" des Verfahrens durch die Übertragung von Funktionen an die Normungsinstitute und die Übertragung grösserer Eigenverantwortlichkeit an die Produzenten" (Ziltener 1999, 145).

bestimmten, genau spezifizierten Bereichen Entscheidungen auch durch qualifizierte Mehrheitsentscheidungen herbeigeführt werden (Art. 95 bzw. 137, Abs. 2 EG-Vertrag)[7]; die Prozesse kollektiver Entscheidungsfindung sollen wegen des Wegfalls von Vetorechten einzelner Länder erleichtert und beschleunigt werden (zu Differenzen und Parallelen nationaler und supranationaler Entscheidungsverfahren Scharpf 1988, 239-278).

3. Eine weitere wichtige Etappe auf dem Weg zu einem sozialen Europa war im Jahr 1989 die Verabschiedung der "Gemeinschaftscharta der sozialen Grundrechte der Arbeitnehmer" (zur feierlichen Erklärung Story 1990, 151-165; Falkner 1991, 289-300; Silvia 1991, 626-643; Addison/Siebert 1991, 597-625; Doogan 1992, 167-176; Kowalsky 1999, 106ff). Die Kommission beschloß ein "soziales Aktionsprogramm" zur Umsetzung bzw. inhaltlichen Konkretisierung der Sozialcharta; mit Hilfe von Richtlinienvorschlägen in einer Vielzahl von Bereichen (u.a. Sicherheit und Gesundheit am Arbeitsplatz, Teilzeitarbeit, befristete Arbeitsverträge und unregelmäßige Arbeit, Mutterschaftsschutz, Arbeit von Kindern und Jugendlichen, Massenentlassungen) (Lodge 1990, 146ff; Lange 1992, 225-256; EIRR 1992a, 23-30; Teague/Grahl 1992, 119-140; Kommission der Europäischen Gemeinschaften 1993a, Tegtmeier 1993, 317ff).[8]
Die Einschätzungen der Sozialcharta waren durchaus ambivalent (Jacobi 1991a; Hyman 1991b; Streeck 1991, 340ff) [9]:
- Einerseits gewann die lange Jahre vernachlässigte „soziale Dimension“ des Binnenmarktes durch öffentlichkeitswirksame Aufwertung an Bedeutung, obwohl die Sozialcharta aufgrund der fehlenden Zustimmung Großbritanniens lediglich eine politische Absichtserklärung im Sinne einer freiwilligen und rechtlich unverbindlichen Empfehlung an die Mitgliedstaaten zur Einhaltung bestimmter europaweiter Mindeststandards darstellte.

---

[7] Wir verweisen der Eindeutigkeit wegen im folgenden stets nur auf die entsprechenden Paragraphen nach der Neunummerierung des Amsterdamer Unionvertrages.

[8] Das Arbeitsrecht der Bundesrepublik änderte sich durch die Sozialcharta bzw. das Aktionsprogramm nicht grundlegend; in einigen Aspekten wurden Anpassungen notwendig, z.B. bei den versicherungsfreien geringfügigen Beschäftigungsverhältnissen.

[9] "From the outset, drafts of the Social Charta were ambitious in aims but evasive on methods" (Hyman 1991a, 632).

- Andererseits galt: "A range of constraints, including disagreement between member states about Community labour market policy objectives, the strong emphasis the charter placed on "subsidiarity", and difficulties associated with the current Treaty basis for industrial relations measures, point to a pessimistic assessment of the prospects of success for the social charter initiative, at least in the short term" (Hall 1991,15; Silvia 1991, 638).

Die Vollendung des Binnenmarktes war gemäß der Ankündigung der Kommission eines der in der europäischen Geschichte größten Projekte einer massiven, angebotspolitischen Deregulierung nationalspezifischer Regeln, vor allem der Kapitalbeziehungen (Ziltener 1999, 156, 195). Das Ziel bestand in der Flexibilisierung der Regeln des Arbeitsmarktes (vor allem Arbeitskosten, Kündigungsschutz, Arbeitszeit) in der Hoffnung auf positive Beschäftigungseffekte (Teague 1989c, 3-14).

4. Das Gipfeltreffen der Staats- und Regierungschefs Ende 1991 führte zum Abschluß des Vertrages über die Europäische Union ("Maastrichter Vertrag"), der die EG-Gründungsverträge grundlegend revidierte (Günther 1994, 41-57). Dessen "Abkommen über die Sozialpolitik" ("Sozialprotokoll") institutionalisierte eine neue rechtliche Basis für den sog. "Sozialen Dialog" der europäischen Sozialpartner (Art. 139, Abs. 1 EG-Vertrag) und dehnte das Prinzip der qualifizierten Mehrheitsentscheidungen auf einige weitere Teilbereiche der Arbeits- und Sozialpolitik aus (Blanpain/Windey 1994, 56ff):

- Hierzu gehören (Art. 137, Abs. 1 EGV): Arbeitsbedingungen, Unterrichtung und Anhörung der Arbeitnehmer, Chancengleichheit von Männern und Frauen auf dem Arbeitsmarkt und Gleichbehandlung am Arbeitsplatz sowie berufliche Eingliederung der aus dem Arbeitsmarkt ausgegrenzten Personen.
- Einstimmigkeit ist zur Beschlußfassung nach wie vor erforderlich bei (Art. 137, Abs. 3 EGV): soziale Sicherheit und sozialer Schutz der Arbeitnehmer, Schutz der Arbeitnehmer bei Kündigungen des Arbeitsvertrages, Vertretung und kollektive Wahrnehmung der Arbeitnehmer- und Arbeitgeberinteressen, einschließlich der Mitbestimmung, Beschäftigungsbedingungen der Staatsangehörigen von Drittländern, die sich regulär im Gebiet der Gemeinschaft aufhalten, finanzielle Beiträge zur Förderung der Beschäftigung und zur Schaffung von Arbeitsplätzen.

Der Vertrag über die Europäische Union bzw. das Abkommen über die Sozialpolitik (Art. 138 EGV) werteten das Prinzip der Subsidiarität erneut auf, welches vor allem seit den späten 80er Jahren eine größere Rolle in der Politik der Gemeinschaft spielt (Van Kersbergen/Verbeek 1994, Reichardt 1994, 53-66, Hrbek 1995, Kleinhenz 1996, Lyon-Caen 1996).[10] In ordnungspolitischer Sicht stellt dieses der neoliberalen Tradition zuzurechnende Prinzip, das bereits vorhandene Tendenzen der Dezentralisierung stärken soll, einen Eckpfeiler der politischen Philosophie der EU dar; es ist nicht ausschließlich, aber vor allem in der Arbeits- und Sozialpolitik relevant und soll deren stets prekäre Legitimität stärken (Jachtenfuchs 1995).
Die Gemeinschaft soll keine "bürokratischen" Vorgaben machen; Vorrang vor Richtlinien und Verordnungen der EU soll die Selbstregulierung kleinerer Einheiten, also in unserem Fall der Verbände, durch Rahmenabkommen und Kollektivverträge haben. Die Vorgehensweisen sollen so dezentral wie möglich ansetzen, gemeinschaftsweite Regelungen die Ausnahme gegenüber einzelstaatlichen und dezentralen bleiben. Suprastaatliche Regulierung durch Gesetze soll im Vergleich zur Selbstregulierung kleinerer Einheiten ex definitione nur eine untergeordnete, auf wenige Gegenstandsbereiche beschränkte Rolle spielen. "Subsidiarität wird nicht nur verstanden als Vorrang für die je nach Problemkontext möglichst dezentrale Regelungsebene, sondern auch als möglichst staatsfreie Regulierung durch die europäischen Verbände von Arbeitgebern und Arbeitnehmern" (Jacobi 1994a, 21). Insofern handelt es sich um eine sog. doppelte Subsidiarität, die zum einen den Vorrang regionaler vor nationaler sowie nationaler vor gemeinschaftlicher, zum andern den von vertraglicher vor gesetzlicher Regulierung betont.

5. Der in Maastricht geschlossene Vertrag über die Europäische Union sollte von allen Mitgliedstaaten bis Ende 1992 ratifiziert sein. Erhebliche Probleme traten bei den in mehreren Ländern (vor allem Frankreich, Dänemark) notwendigen Refe-

[10] Art. 5 lautet: "Die Gemeinschaft wird innerhalb der Grenzen der ihr in diesem Vertrag zugewiesenen Befugnisse und gesetzten Ziele tätig. In den Bereichen, die nicht in ihre ausschließliche Zuständigkeit fallen, wird die Gemeinschaft nach dem Subsidiaritätsprinzip nur tätig, sofern und soweit die Ziele der in Betracht gezogenen Maßnahmen auf Ebene der Mitgliedstaaten nicht ausreichend erreicht werden können und daher wegen ihres Umfangs oder ihrer Wirkungen besser auf Gemeinschaftsebene erreicht werden können. Die Maßnahmen der Gemeinschaft gehen nicht über das für die Erreichung der Ziele dieses Vertrages erforderliche Maß hinaus."

renden auf (Luthardt 1994, 134ff). Daraufhin wurden für Dänemark substantielle Bestimmungen durch ein auf dem Gipfeltreffen von Edinburgh Ende 1992 vereinbartes Zusatzprotokoll außer Kraft gesetzt. Die weitgehende und dauerhafte Ausklammerung aus Verpflichtungen des Unionsvertrages (u.a. keine Teilnahme an der Wirtschafts- und Währungsunion sowie an der gemeinsamen Innen- und Verteidigungspolitik) bereitete neue Schwierigkeiten. Die Sonderregeln schrieben eine nur schwer akzeptable "Zweiklassengesellschaft" fest, waren politisch für die Mehrheit der übrigen Mitgliedstaaten kaum akzeptabel und schufen zudem erhebliche Rechtsprobleme (zum generellen Problem Luthardt 1993, 53-71).
Das Bundesverfassungsgericht wies im Oktober 1993 mehrere Verfassungsbeschwerden zurück und entschied, daß der Unionsvertrag nicht im Widerspruch zum Grundgesetz steht. Bei zukünftigen Integrationsschritten sind die Rechte des Europäischen Parlaments zu stärken; zur Wahrung der nationalen demokratischen Gewaltenteilung behält der Bundestag wesentliche Kontrollrechte über das Abstimmungsverhalten der Regierung in den Ministerräten. Nach diesem Urteil konnte Deutschland als letzter Mitgliedstaat den Unionsvertrag ratifizieren, der am 1.November 1993 in Kraft trat.
Vor allem die Bundesländer befürchteten eine Aushöhlung ihrer durch den föderalen Staatsaufbau vorgegebenen Kompetenzen durch deren Verlagerung auf die Gemeinschaft.[11] Sie forderten daher ihre Einbeziehung in die Entscheidungsprozesse der Gemeinschaft, die Interessen und Rechte der Länder tangieren. Sie setzten im Ratifizierungsverfahren des Unionsvertrages eine Änderung des "Europaartikels" Art.23 GG durch, die über den Bundesrat ihre weitgehende Beteiligung am Willensbildungsprozeß "in Angelegenheiten der europäischen Union" und damit einen Machtzuwachs festschreibt. Deutsche Hoheitsrechte dürfen nur noch mit Zustimmung des Bundesrates mit einer 2/3-Mehrheit und nicht mehr nur durch einfache Gesetze an die EU abgegeben werden.

[11] Der Unionsvertrag sieht den Ausschuß der Regionen als beratende Institution der Gemeinschaft vor. Ob die Bundesländer über dieses Gremium ihren Einfluß stärken können, kann bezweifelt werden: Es kann lediglich Stellungnahmen abgeben und ist kaum in die Willensbildungsprozesse der EU integriert.

6. Großbritannien verweigerte im Gegensatz zu den übrigen elf Mitgliedstaaten seine Zustimmung zum Abkommen über die Sozialpolitik und erhielt eine opt out-Klausel.[12] Die Regelungen des Sozialabkommens fanden keine Anwendung, wenn alle 12 bzw. nach den Beitritten Österreichs, Finnlands und Schwedens 1995 alle 15 Mitgliedsländer übereinstimmten. Sämtliche Regelungen des ursprünglichen Gemeinschaftsrechts galten also weiterhin für alle Mitgliedsländer in unveränderter Form. "Vor einer solchen Situation hat die Gemeinschaft noch nie gestanden" (Kommission der Europäischen Gemeinschaften 1996, 1). Die Vorgaben des Sozialprotokolls kamen nur in den Fällen zur Anwendung, in denen Großbritannien von seiner opt out-Klausel Gebrauch machte.[13]

Aus dieser Konstellation entstand eine Debatte um die sog. "variable Geometrie" der europäischen Sozialpolitik (Streeck 1994). Externe Beobachter befürchteten, daß zwei Varianten der Integration - nämlich die eine für alle Mitglieder, die andere ohne Großbritannien - zu einem wenig kohärenten Prozeß der Sozialintegration und letzten Endes zu einem "Europa à la carte" führen würde (Bercusson 1994).

Die faktischen Konsequenzen dieses "britischen Gaullismus" blieben zunächst ebenso ungeklärt (EIRR 1992b, 2f; Blank/Köppen 1992, 653f) wie Probleme der Interpretation des Sozialprotokolls (Weiss 1992a, 3ff; 1992b, 586ff; Kampmeyer 1998, 111ff, Piazolo 1999, 61ff). Auf jeden Fall wurde ein bis dato unbekanntes "... à la carte principle"[14] eingeführt; eine Spaltung der EU-Sozialpolitik im Sinne eines "two-track social Europe" (Addison/Siebert 1994, 21) erschien möglich. M.a.W.: Das Problem einer zweigleisigen Entwicklung[15] ("Europa der mindestens zwei Geschwindigkeiten") entstand für den Fall, daß die Kommission in durchaus

---

[12] "Its refusal, which was based on the alleged damage that enhanced social provisions and higher labour costs would cause to the international competitiveness of UK business, was not entirely a surprise" (Gold 1993, 11).

[13] Diese Strategie erwarteten u.a. Addison/Siebert 1992b, 21, 24.

[14] "It is important to note the distinction between the ... à la carte principle and the concept of a two-speed Europe. The main difference concerns the final goal. In a two-speed Europe all the Member States have agreed on the final objectives of the policy; they only differ in the period within which these objectives have to be reached. In a Europe ... à la carte the Member States have failed to reach an agreement on the final goal. The only thing on which they could agree is that some Member States want to deepen the European integration and others will not block them in their aspirations" (Bercusson/Van Dijk 1995, 5).

[15] In diese Richtung argumentierten u.a. Towers 1992, 85ff; Bridgford/Stirling 1991, 271.

strategischer Absicht versuchen würde, von den Optionen des Abkommens über die Sozialpolitik allzu häufig Gebrauch zu machen.

Die Kommission selbst wollte "fallweise", "anhand objektiver Kriterien" entscheiden und betonte ihre Absicht, beide Verfahren zu nutzen. Bei ihren Entscheidungen hinsichtlich der unterschiedlichen Rechtsgrundlagen wollte sie sich von folgenden Kriterien leiten lassen:

- "Art des Vorschlags;
- Standpunkt der Sozialpartner in bezug auf den Vorschlag;
- Forderung nach einer synchronen Dynamik im sozialen Bereich und in anderen Bereichen, und die entsprechende Möglichkeit für den Rat, mit qualifizierter Mehrheit zu beschließen;
- Absicht, allen Arbeitnehmern in der Gemeinschaft die Bestimmungen zugute kommen zu lassen;
- Möglichkeit eines gemeinsamen Vorgehens aller Mitgliedstaaten" (Buda 1995, 297).

Diese Verhaltensmaximen waren nicht sonderlich operational definiert; die Kommission versuchte offensichtlich, sich keine Option von vornherein zu verbauen. Alle Objektbereiche, welche die Sozialpartner nicht vertraglich-konsensuell angingen bzw. nicht lösen konnten oder wollten, hätte die Kommission als "first mover" letztendlich mit Hilfe der gesetzlichen Strategie in Gang bringen müssen, wenn nicht deutliche Regulierungsdefizite auftreten sollten. Von dieser Situation waren wir, wie die Erfahrung sowohl vor als auch nach Unterzeichnung des Abkommens über die Sozialpolitik zeigt, weit entfernt.

Weiterhin galt: "So far, the Agreement procedures have not been used for any genuinely new issues, but essentially rather as means of progressing draft which have long been blocked in the Council of Ministers because of UK opposition ... The Agreement has not yet been used to develop a new social policy agenda for the 14 Member States apart from the UK" (EIRR 1995d, 29). Die Kommission leitete keine wirklich neuen Initiativen auf der Grundlage des Abkommens über die Sozialpolitik ein. Im übrigen waren derartige Optionen auch im späteren Aktionsprogramm kaum vorgesehen, "being concerned more with consolidation, implementation, consultation and analysis" (EIRR 1995d: 29). Die Kommission nutzte die durch das Abkommen über die Sozialpolitik eröffneten Optionen lediglich in

den Fällen, in denen seit längerem beabsichtigte Regelungen bis dato durch das Veto Großbritanniens im Ministerrat blockiert worden waren.
M.a.W.: Alle Bemühungen, den Weg einer qualitativ wie quantitativ intensivierten Sozialgesetzgebung einzuschlagen, waren durch die Option der "variablen Geometrie" bedroht. Die Kommission versuchte daher, das Problem der unterschiedlichen Rechtsgrundlagen zu vermeiden, indem sie das Sozialprotokoll lediglich als letztmögliches, ultima ratio-Instrument begriff, welches ausschließlich dann Anwendung fand, wenn alle Versuche gescheitert waren, sämtliche Mitgliedstaaten in ein Rechtsvorhaben einzubeziehen.
Auch die übrigen Akteure waren eher zurückhaltend mit der Einleitung von Maßnahmen, die durch die Mehrheitsregeln des Sozialprotokolls formal möglich geworden waren: "The Commission, the eleven and even the ETUC are likely to be generally predisposed to use the "normal" twelve member state procedure for social policy proposals as far as possible in order to avoid too much "variable geometry" within the Community" (Hall 1994, 302). Außerdem war keinesfalls sicher, daß die übrigen Mitgliedsländer sich stets einigen würden: Das Fehlen Großbritanniens und damit des sicheren Vetos konnte die latent immer vorhandenen Interessendifferenzen zwischen den anderen Mitgliedsländern manifest werden lassen. "Niemand kann ausschließen, daß einzelne kontinentale Regierungen in der Vergangenheit bestimmte Projekte nur deshalb unterstützt haben, weil sie sich des englischen Vetos sicher sein konnten - im eigenen Haus konnte man sich so relativ risikolos als sozialfortschrittlich profilieren. Muß man nun definitiv Farbe bekennen, werden sich die Dinge plötzlich ganz anders darstellen" (Däubler 1992b, 327; ähnlich Rhodes 1991, 260).
Faktisch fielen bei einer gewissen Unsicherheit über den "British exceptionalism" die Probleme deutlich geringer aus als auf den ersten Blick zu vermuten war, da mit erheblichen Rückwirkungen der Integration auf Großbritannien bzw. die nach wie vor voluntaristischen Arbeitsbeziehungen zu rechnen war. Die skizzierte Situation war in der Praxis weniger wichtig als in der Theorie. Dieser Sachverhalt ließ sich am Beispiel der im Herbst 1994 verabschiedeten EBR-Richtlinie (vgl. Kap.3 und 4) zeigen (Fulton 1996, 525-527):

- Multinationale Unternehmen mit Sitz in Großbritannien fielen unter den Geltungsbereich, wenn sie die Kriterien der Richtlinie außerhalb Großbritanniens, aber innerhalb der EU erfüllten. Diese Regelung betraf über 100 Konzerne.
- Shop stewards drängten ebenso wie die britischen Gewerkschaften bzw. ihr Dachverband, der Trade Union Congress (TUC 1995), die Konzernleitungen, die britischen Konzernteile zumindest informell in die EBR einzubeziehen, um eine Spaltung der Arbeitnehmer zu verhindern. Voraussetzung einer expliziten Einbeziehung war allerdings, daß entweder Arbeitnehmervertretungen in diesen Konzernen überhaupt bestanden oder "provision would have to be made for a supplementary mechanism for the election or appointment of members of both the "special negotiating body" and the European Works Council itself where there are no existing employee representatives" (Hall 1996, 16).
- Schließlich war in der Mehrzahl der Fälle auch aus Perspektive des Managements der Ausschluß der Konzernteile in nur einem Land im Rahmen von konzernweiten Reorganisations- und Umstrukturierungsprozessen sowie bei der einheitlichen Gestaltung der betrieblichen Arbeitsbeziehungen und des human resource management kaum sinnvoll, weil wenig praktikabel.[16]

Daher ergab sich die Situation, daß britische Unternehmen von sozialpolitischen EU-Regelungen faktisch betroffen waren, ohne daß die Regierung Großbritanniens deren Zustandekommen beeinflussen konnte (zu den Besonderheiten Hall 1992a, 560ff; Bercusson 1996, 248ff). "The UK's "opt-out" is of limited application" (EWCB 1995c).

Dieses "opt-out" Großbritanniens fand nach den Parlamentswahlen im Mai 1997 und dem Regierungswechsel zu New Labour sein Ende. Dadurch verlor die bis dato häufig diskutierte Option eines "Europa der zwei Geschwindigkeiten" und/ oder der sog. "variablen Geometrie" der Integration ihre sozialpolitische Bedeutung.

[16] Andererseits galt: "Opposition to Community involvement in industrial relations has not been confined to "peak" employers organizations. A survey of British personnel managers at company level found that Community industrial relations initiatives were almost unanimously regarded as unwarranted and unwelcome intrusions. The significance of this obstacle should not be underestimated" (Teague 1993, 397).

7. Im Frühjahr 1992 ratifizierten die EG und die Staaten der Europäischen Freihandelszone (EFTA) nach längeren Sondierungsgesprächen (zur Vorgeschichte Laursen 1991, 543-555) den Vertrag über die Schaffung eines gemeinsamen Europäischen Wirtschaftsraums. Der EWR sollte den seit den 70er Jahren zollfreien Handel zwischen den Wirtschaftsblöcken ablösen, die wirtschaftliche Spaltung beenden und die europäische Integration vorantreiben. Anfang 1994 erfolgte die Ausdehnung der vier Grundfreiheiten des freien Verkehrs von Waren, Personen, Kapital und Dienstleistungen auf die Mitgliedsländer der EFTA (Österreich (Korinek 1993, 119-147), Liechtenstein, Schweden, Finnland, Norwegen, Island)[17]; einige Übergangs- und Sonderregelungen (u.a. Agrarpolitik, Fischerei, Verkehr) wurden vereinbart. Die entstandene Freihandelszone vom Nordkap bis zum Mittelmeer umfaßte 18 Länder, über 370 Millionen Verbraucher/Bürger und 160 Mill. Arbeitnehmer; auf diesen größten Wirtschaftsraum der Welt entfallen ca. 40% des Welthandels.

Im Rahmen ihrer EWR-Beteiligung am Binnenmarkt ohne Vollmitgliedschaft mußten die EFTA-Mitglieder, die kein echtes Mitentscheidungsrecht beanspruchen konnten, die überwiegende Mehrzahl der geltenden Beschlüsse in ihre nationale Gesetzgebung übernehmen; dazu gehörten die Regelungen des Wirtschaftsrechts, der Sozialpolitik sowie des Unionsvertrages. Die politische Autonomie bzw. die nationalen Souveränitätsrechte der EFTA-Staaten wurden bei der Übernahme der Verpflichtungen des gemeinsamen Binnenmarktes nicht völlig gewahrt; bei der zukünftigen Gesetzgebung sollten die EFTA-Mitglieder konsultiert werden (EIRR 1992e, 26-28).

Der EWR-Vertrag war schnell überholt, da mehrere EFTA-Mitglieder (Österreich, Finnland, Norwegen, Schweden) Beitrittsanträge stellten. Diese Anträge waren aus Sicht der EU-Mitgliedsländer trotz nationalspezifischer Schwierigkeiten relativ unproblematisch: Die beitrittswilligen Länder befanden sich ökonomisch wie politisch auf demselben Entwicklungsstand wie die Mitgliedsländer; zudem gehörten sie langfristig zu den sog. Nettozahlern der Gemeinschaft. Die offiziellen Aufnahmeverhandlungen, die Anfang 1993 begonnen hatten, wurden im Frühjahr

[17] Die Ausnahme bildet die Schweiz, die im Dezember 1992 in einem Referendum den Beitritt zum EWR ablehnte. Dadurch verschob sich dessen Einführung in den übrigen EFTA-Staaten und der EG, da der durch ein "Anpassungsprotokoll" ergänzte EWR-Vertrag erneut ratifiziert werden mußte.

1994 abgeschlossen. Probleme ergaben sich in bezug auf die Wirtschafts- und Währungsunion (WWU), die Außen-, Sicherheits- und Verteidigungspolitik (Luif 1994, 21-36). Der Beitritt Österreichs, Finnlands und Schwedens[18] erfolgte bereits zum 1.1.1995, um die neuen Mitglieder an der Revision des Unionsvertrages ab 1996 beteiligen zu können.
Das EWR-Modell könnte als "Schleusenkammer" bzw. "Wartezimmer" für den Beitritt anderer Interessenten dienen. Beitrittswillige Länder finden allerdings seit 1992 eine qualitativ andere Situation vor und müssen mit mehr Restriktionen für ihre nationale Politiken rechnen als dies in den 70er und 80er Jahren der Fall war, da sämtliche Integrationsprozesse weiter fortgeschritten sind. Während früher auf der Grundlage der Römischen Verträge verhandelt wurde, gilt nun der Unionsvertrag (vgl. Kap.9).

8. Auf dem Amsterdamer Gipfeltreffen Mitte 1997, das die im Frühjahr 1996 begonnene Regierungskonferenz beendete, beschlossen die Mitgliedstaaten, das Sozialprotokoll in das Gemeinschaftsrecht zu integrieren, ohne allerdings gravierende inhaltliche Änderungen vorzunehmen (Schönfelder/Silberberg 1997).[19] - Außerdem wurde nach anfänglichem Zögern ein Beschäftigungskapitel in den revidierten Unionsvertrag eingefügt, um den Stellenwert der Arbeitsmarkt- und Beschäftigungspolitik zu erhöhen, indem die Kommission Koordinierungsaufgaben erhielt und die Mitgliedsländer Beschäftigungspläne erstellten (vgl. Kap.8). "Die arbeitsrechtlich relevanten Neuerungen des Amsterdamer Vertragsentwurfs sind vor allem darin zu sehen, daß der Vertrag soziale Grundrechte in Bezug nimmt, daß er ein umfassendes Diskriminierungsverbot enthält, daß das Maastrichter Übereinkommen zur Sozialpolitik in den Vertrag integriert wird, und daß Art.119 EG-Vertrag eine neue Fassung erhält. Von zumindest mittelbarer Bedeutung für das Arbeitsrecht sind selbstverständlich auch das neu eingefügte Beschäftigungskapitel und das Protokoll über die Anwendung der Grundsätze der Subsidiarität und der Verhältnismäßigkeit" (Weiss 1998, 634).

---

[18] Norwegen lehnte per Referendum den Beitritt ab.

[19] Hinsichtlich des neuen Unionsvertrages forderte der EGB die "Verankerung der sozialen Grundrechte" und das Ende des opting-out, "indem das Sozialprotokoll für alle Mitgliedstaaten für verbindlich erklärt wird" (Hoffmann 1996, 96).

Insgesamt ist, wie wir in den einzelnen Kapiteln zeigen werden, die Regelungsdichte in der Arbeits- und Sozialpolitik traditionell wie aktuell nicht sehr hoch. Zu den wenigen Ausnahmen[20] zählten von Anfang an Gleichstellungsfragen; so hatte das Prinzip der gleichen Bezahlung von Männern und Frauen bei gleicher Arbeit einen hohen politischen Stellenwert (Art. 119). Seit Mitte der 70er Jahre waren gleiche Rechte für Männer und Frauen Gegenstand verschiedener Richtlinien (u.a. 1975, 1976) sowie offizieller Dokumente (u.a. Sozialcharta der späten 80er, Grün- und Weißbuch zur Sozialpolitik der mittleren 90er Jahre, Implementation des Beschäftigungskapitels der späten 90er Jahre). Außerdem waren u.a. wichtig: gleiche Zugangschancen zu Arbeitsmärkten, zu Bildung im allgemeinen und Ausbildung im besonderen, Nicht-Diskriminierung in bezug auf die Beschäftigungsbedingungen. Aktuelle Maßnahmen sind u.a. die Richtlinien zum Elternurlaub, zur Beweislast und im Falle der Diskriminierung aufgrund des Geschlechts (vgl. Kap.5) sowie die sog. vierte Säule im Rahmen der beschäftigungspolitischen Leitlinien (vgl. Kap.8).

9. Vorläufer der Wirtschafts- und Währungsunion[21] war seit 1979 das Europäische Währungssystem (EWS) mit festen, aber anpassungsfähigen Wechselkursen bei vorgegebenen, relativ engen Schwankungsbreiten (Bandbreiten von 2,25%), die eine sichere Planungs- und Kalkulationsgrundlage garantieren sollten, sowie dem ECU (European Currency Unit) als europäischer Rechnungs- und Währungseinheit (Weindl 1993, 325ff; Gaddum 1994, 194-199; Busch 1994, 18ff). Nach einer Reihe von Wechselkursanpassungen, den sog. Realignments der Leitkurse, zu Beginn der 80er Jahre entwickelte sich das EWS allmählich zu einer "Stabilitätsgemeinschaft" mit der DM als Ankerwährung, die von den übrigen Mitgliedern, vor allem in ihrer jeweiligen Geldpolitik, faktisch akzeptiert wurde.
Vor allem Anfang der 90er Jahre traten wiederholt Turbulenzen auf den Devisenmärkten auf, die zum Ausscheiden mehrerer Länder (Großbritannien, Italien) aus dem EWS führten. Das seit der Gründung bestehende System nahezu stabiler

[20] Die anderen Ausnahmen sind Fragen der sozialen Sicherung, soweit sie die Freizügigkeit betreffen, sowie seit den späten 80er Jahren Arbeits- und Gesundheitsschutz.

[21] Die Pläne zu einer WWU gehen zurück bis auf den Werner-Plan der frühen 70er Jahre; vgl. zur aktuellen Geschichte Ambrosius 1996, 174ff.

Wechselkurse wurde nach erheblichen Währungsspekulationen im Sommer 1993 durch (von 2,25% auf 15%) erheblich erweiterte Band- bzw. Schwankungsbreiten abgelöst, um ein Auseinanderbrechen zu verhindern. Der Beschluß bedeutete die faktische Suspendierung des EWS und damit einen integrationspolitischen Rückschritt. Die Rückkehr von relativ frei floatenden Wechselkursen zu weitaus engeren Bandbreiten - und damit das weitere timing für die Einführung der Währungsunion - gestaltete sich schwierig.

Die nächste Etappe der politisch gewollten und ökonomisch motivierten Integration der EU sollte neben einer gemeinsamen Außen- und Sicherheitspolitik sowie einer verstärkten Zusammenarbeit in der Innen- und Rechtspolitik in der stufenweisen Realisierung der Wirtschafts- und Währungsunion (WWU) bestehen (einführend Woolley 1992, 157-190; Blank/Köppen 1992, 641-650; Thiel 1992, 3-11; Hasse 1992, 23-32). Dem auf einem Beschluß des Europäischen Rates basierenden sog. Delors-Bericht von 1989 folgten die Initiatoren der Währungsverfassung im Vertrag über die Europäische Union (Padoa-Schioppa 1997). Die Integration zur WWU, dem "Herzstück" des Vertrages, sah drei Etappen vor:

- Zunächst wurde eine größere Konvergenz der wirtschaftlichen Entwicklung durch eine verstärkte Koordinierung der nationalen Wirtschafts- und Währungspolitiken erreicht. Kapitalverkehrskontrollen und Finanzmarktregulierungen wurden abgeschafft, womit dem Zusammenwachsen der Finanzmärkte seit den 70er Jahren Rechnung getragen wurde.
- In der zweiten Etappe erfolgte die Gründung eines von anderen Institutionen unabhängigen "Europäischen Systems der Zentralbanken" neben den nationalen Zentralbanken, u.a. eine gemeinsame, von politischen Weisungen der nationalen Regierungen unabhängige Europäische Zentralbank (EZB). Die EZB, die aus dem als Zwischenstufe konzipierten Europäischen Währungsinstitut (EWI) hervorging, folgte in ihrer institutionellen Ausgestaltung weitgehend dem "deutschen Modell" des Bundesbankgesetzes bzw. der Bundesbank; die EZB ist charakterisiert durch ".. strong independence from government, responsibility clearly limited to price stability, no explicit involvement in bank supervision, and no lender-of-last-resort function" (Wyplosz 1997, 7). Sie übernahm die geldpolitischen Zuständigkeiten von den nationalen Zentralbanken. Die EZB betreibt eine einheitliche Geld- und Wechselkurspolitik; sie ist unabhängig sowohl von den nationalen Regierungen

als auch von der Kommission und primär dem Ziel der Geldwertstabilität verpflichtet.

- Schließlich wurde die nationale Souveränität in der Geldpolitik unwiderruflich aufgegeben, die nationalen Wirtschafts- und Finanzpolitiken wurden eng aufeinander abgestimmt und auf das Ziel der Geldwertstabilität ausgerichtet.

Der im Vertrag über die Europäische Union vereinbarte Zeitplan für die dritte bzw. Endstufe der WWU sah zwei Optionen vor:

- Der ursprünglich für 1997 vorgesehene Beginn ließ sich nicht realisieren, weil die laut Unionsvertrag notwendige Mehrheit der EU-Staaten die wirtschaftlichen Voraussetzungen, vor allem die der Haushaltskonsolidierung, nicht erfüllte (im einzelnen Sachverständigenrat 1995, 246ff).
- Damit erfolgte 1999 die unwiderrufliche Festschreibung der Wechselkurse mit den die Konvergenzkriterien erfüllenden Mitgliedsländern, unabhängig von deren Anzahl.

Der Rat der Staats- und Regierungschefs entschied im Frühjahr 1998 auf der Basis der Ist-Daten des Jahres 1997 mit qualifizierter Mehrheit über die Erfüllung der Teilnahmekriterien und einigte sich auf die in der ersten Runde teilnehmenden Staaten. Kommission und EWI legten unabhängige Konvergenzberichte vor, die dem Rat der Wirtschafts- und Finanzminister als Entscheidungsgrundlage für seine Empfehlung an den Rat dienten. Eine Mitgliedschaft der "Kernländer" Deutschland und Frankreich war unverzichtbar (Löhr 1997, 321). Die Teilnahme möglichst vieler Länder galt aus politischen und wirtschaftlichen Gründen als wünschenswert: Die Schwierigkeiten eines "Europa der zwei Geschwindigkeiten" konnten nur durch möglichst viele Mitglieder verringert werden. Die Größe der erwarteten ökonomischen Vorteile hingen von der Größe der WWU ab; der für die Realisierung von geringeren Transaktionskosten bzw. für Effizienzgewinne notwendige "optimale Währungsraum" konnte nur mit möglichst vielen Mitgliedern auf möglichst gleichem Entwicklungsstand erreicht werden.[22]

---

[22] Eine Sonderposition nimmt Dänemark ein, das die Konvergenzkriterien erfüllt, auf den Beitritt zur WWU aber per Referendum zum Unionsvertrag verzichtete. Großbritannien gehört dem Währungsverbund zunächst ebenfalls nicht an. Schweden verzichtet freiwillig auf die Teilnahme. Ein späterer Beitritt dieser Länder ist nicht ausgeschlossen; gleichzeitig soll aber das freiwillige Fernbleiben nicht belohnt werden.

Ein Zusatzprotokoll zum Vertrag über die Europäische Union konkretisierte die allgemeinen volkswirtschaftlichen Voraussetzungen, die für eine Teilnahme an der WWU erfüllt sein müssen (Art.121 EG-Vertrag):

- Der Preisanstieg (Verbraucherpreisindex) darf höchstens 1,5 Prozentpunkte über dem Durchschnitt der drei preisstabilsten Länder liegen.
- Die aktuellen, jährlichen Defizite der öffentlichen Haushalte dürfen drei Prozent der Wirtschaftsleistung, d.h. des Bruttoinlandsprodukts, nicht überschreiten.
- Die aufgelaufene Staatsverschuldung darf nicht höher liegen als 60 Prozent der gesamtwirtschaftlichen Leistung eines Jahres.
- Der langfristige Zinssatz für Staatsschuldverschreibungen oder ähnliche Papiere darf maximal zwei Prozentpunkte über jenem der drei Länder mit der größten Preisstabilität liegen.

Außerdem fordert der Unionsvertrag (Art.121) von den Teilnehmern die "Einhaltung der normalen Bandbreiten des Wechselkursmechanismus seit mindestens zwei Jahren" (Kriterium eines stabilen Außenwertes der Währung).

Diese Konvergenzkriterien sollen für eine gleichlaufende wirtschaftliche Entwicklung sorgen bzw. die wirtschaftliche Vergemeinschaftung (sog. nominale Konvergenz) fördern. Die Notwendigkeit ihrer dauerhaften Einhaltung soll einen disziplinierenden Druck auf die Mitgliedsländer ausüben; die Sicherung dieser sog. Nachhaltigkeit wird in einem besonderen Stabilitätspakt verabredet. Eine einheitliche Währung mit dem Euro als gemeinsamen Zahlungsmittel wird für die wirtschaftlich homogeneren, die Stabilitäts- und Konvergenzkriterien erfüllenden Mitgliedstaaten eingeführt. - Im übrigen schließt der Unionsvertrag (Art. 103 EGV) aus Gründen der strikten finanzpolitischen Disziplin eine Haftung der EU für einzelne Mitgliedstaaten einschl. regionaler und lokaler Gebietskörperschaften definitiv aus (sog. no bail-out-Klausel).

Die WWU-Pläne waren in verschiedenen Ländern recht umstritten.[23] Kritisiert wurden u.a. (Aaronovitch/Grahl 1997):

---

[23] Skeptisch u.a. Stellungnahme der Deutschen Bundesbank zur Errichtung einer Wirtschafts- und Währungsunion in Europa, Monatsberichte der Deutschen Bundesbank 1990, 41ff; Busch 1992a, 194ff, 316ff; Ohr 1994, 45-57; Hedrich 1994, 68-91.

- die gewählte Definition des Index der Verbraucherpreise, die nur relative Bezugsgrößen statt absoluter Ziele vorgibt, was bei hohen Preissteigerungsraten in den preisstabilsten Ländern zu hohen Inflationsraten führen würde,
- das Fehlen realer Konvergenzkriterien (u.a. Lohnstückkosten und/oder deren Entwicklung, Arbeitslosenquote) in Ergänzung der nominalen,
- die fehlende strikte ökonomische Begründung für die Fiskalkriterien, insbes. für den zulässigen Maximalwert der Staatsverschuldung,
- die starre Festlegung des Rahmens der Neuverschuldung, die den nationalen Akteuren keine Reaktionsmöglichkeit in Richtung Defizitpolitik, etwa für unterschiedliche konjunkturelle Situationen, läßt und nicht zwischen strukturell und zyklisch verursachten Defiziten unterscheidet,
- die Glaubwürdigkeit der strikten Stabilitätsorientierung der EZB, die aufgrund ihres supranationalen Charakters andere Präferenzen als ihr Vorbild, die Bundesbank, entwickeln könne,
- die entgegen den ursprünglichen Plänen der "Architektur" der EU unterschiedlichen, koordinierte Maßnahmen verhindernden Geschwindigkeiten bei der Integration der Politikfelder; dabei stehen Finanz-, Sozial- und Wirtschaftspolitik im Gegensatz zur Geld- und Währungspolitik - von der intendierten Realisierung der politischen Union als Pendant zur ökonomischen ganz zu schweigen.

In der politischen Diskussion waren u.a. folgende Optionen:

- Eine zeitliche Verschiebung, um weiteren Ländern die Teilnahme nach der Erfüllung sämtlicher Konvergenzkriterien zu ermöglichen.[24]
- Bei Einhaltung des Zeitplans eine gewisse Aufweichung der strengen Konvergenz- bzw. Stabilitätskriterien, vor allem der Verschuldungsquotienten, um durch großzügige Auslegung bzw. flexible Anpassung an die aktuellen Rahmenbedingungen in den Mitgliedsländern den Teilnehmerkreis am Währungsverbund zu erweitern.
- Eine generelle Aufgabe des Zieles einer WWU, um potentielle Gefahren und Risiken eines monetären Verbunds zu vermeiden.

[24] Eine befristete, sog. geregelte Verschiebung um einen überschaubaren Zeitraum hätte den Prozeß der wirtschaftlichen und politischen Integration zwar verzögert, aber mehr Zeit zur Erfüllung der Konvergenzkriterien und zur Herstellung von Glaubwürdigkeit sowie zur Vermeidung von Risiken gelassen; institutionelle Vorkehrungen für diesen Fall waren im Unionsvertrag nicht getroffen.

Eine unbefristete Verschiebung hätte wohl den Integrationsprozeß zum Stillstand gebracht; der bereits erreichte Status der EU als einer gehobenen Freihandelszone wäre zementiert worden. Mögliche Folgen wären gewesen: erneute Turbulenzen an den Finanz- bzw. Devisenmärkten in Form von Währungsspekulationen, interne und externe Verluste an Glaubwürdigkeit und Vertrauen sowie ein Nachlassen in den nationalen Anstrengungen zur Erfüllung der Konvergenzkriterien. Deren Aufweichung würde das als vorrangig betrachtete Ziel der Preisniveaustabilität gefährden.[25]

Die Formulierung der Teilnahmekriterien ließ einen gewissen Entscheidungsspielraum für die Interpretation der Daten, so daß eine punktgenaue Erfüllung aller Konvergenzkriterien nicht notwendigerweise erfolgen mußte (sog. starre vs. elastische Interpretation). Die realistische Alternative bestand in einer politischen, nicht strikt statistischen Interpretation der Frage nach der Erfüllung der Konvergenzkriterien (sog. kreative Buchführung). Der "Rückgriff auf buchhalterische Vorkehrungen" (Sachverständigenrat 1997, 11), den verschiedene Länder praktizierten (Jochimsen 1998, 138ff), kann allerdings die politische Reputation der gemeinsamen Währung sowie die Glaubwürdigkeit der Stabilitätsorientierung gefährden.

Probleme aktueller und grundsätzlicher Art sind folgende:

- Die der EZB zur Realisierung und Beibehaltung der Stabilitätsunion zur Verfügung stehenden Instrumente und Verfahren der Geldpolitik müssen im Detail festgelegt und ausgestaltet werden (u.a. Grundkonzept, Mindestreserve, Wechselrediskont zu Vorzugssätzen) (Hickel 1995, 1478f; Tietmeyer 1995, 139ff, Filc 1996).
- Die Übergangs- bzw. Umtauschphasen sollen möglichst kurz sein, um die beim Parallelumlauf von nationalen und einheitlicher europäischer Währung hohen Kosten (u.a. im Einzelhandel durch doppelte Preisauszeichnung) infolge der notwendigen doppelten Abrechnung in der Umstellungsphase zu begrenzen.[26] Der sog. monetäre big bang in Form einer sofortigen Umstellung ist aus praktischen Gründen nicht realistisch; ab 2002 gilt der Euro als alleiniges Zahlungsmittel.

---

[25] Eine Aufgabe des Zieles hätte gegen den Vertrag über die Europäische Union verstoßen.

[26] Im übrigen ist die Umstellung ein rein technischer Vorgang ohne Wert- oder Vermögensverluste. Andersartige Vermutungen werden vor allem in Deutschland aufgrund der mehrfachen Erfahrungen mit Geldentwertungen wiederholt geäußert.

- Die zwischen den nationalen Währungen geltenden bilateralen Umstellungsverhältnisse dienen als rechnerische Grundlage für die Umstellung auf den Euro, die endgültigen Umtauschkurse zwischen nationalen Währungen und Euro wurden bereits im Frühjahr 1998 festgelegt, um Spekulationen gegenüber einzelnen Währungen zu verhindern.

1.2. Problemstellung

1. In der Nachkriegszeit haben Prozesse sozio-ökonomischer Annäherungen in westlichen Demokratien stattgefunden; Stichworte sind u.a. Ökonomisierung und Säkularisierung. Erhebliche sozio-kulturelle Differenzen existieren aber nach wie vor (etwa Parteiensysteme, Grade der Verrechtlichung, Grade von Föderalismus vs. Zentralismus). Die Interessendifferenzen zwischen den korporativen Akteuren sowie die Unterschiede in den rechtlichen Rahmenbedingungen sind nach wie vor beträchtlich und werden nur allmählich geringer. Wir haben es immer wieder mit demselben Kardinalproblem europäischer Arbeits- und Sozialpolitik zu tun, nämlich "dem Umgang mit divergierenden sozialen Systemen und Standards auf der Ebene der EG, oder anders: der Kontroverse um Koordinierung und Harmonisierung" (Engelhard/Dähn/Saslona 1993, 366). Eine Verringerung der Bandbreiten von Regulierungen wird stattfinden müssen; die Frage "Vielfalt oder Harmonisierung" wird sich auf einem Kontinuum und nicht als Dichotomie stellen.
Eine "Harmonisierung" der recht unterschiedlichen nationalen sozialen Standards findet nicht, wie in den 60er und 70er Jahren wiederholt geplant und verschiedentlich initiiert, durch eine einseitig aufwärts gerichtete Angleichung aller übrigen an die jeweils beste nationale Regelung statt. Regulierungen auf europäischer Ebene erfolgen vielmehr aufgrund langjähriger Erfahrungen durch die Vorgabe verbindlicher Minimal- oder Sockelstandards, die kein Mitgliedsland unter-, wohl aber überschreiten darf (sog. Günstigkeitsprinzip). Dieses politisch eher kompromißfähige Konzept der Mindeststandards soll in gewissem Maße eine Nivellierung nach unten und Unterbietungskonkurrenz bzw. eine Überforderung der südlichen Mitgliedstaaten und Irlands verhindern. "Ausgewogene Mindestnormen wären somit eine geeignete Basis für eine schrittweise Annäherung nationaler Sozialsysteme" (Walwei 1997, 150).

Insofern steht definitiv nicht eine strikte, europaweite "Vereinheitlichung" im Sinne einer Abschaffung bisheriger nationaler Regulierungsformen auf der politischen Agenda, sondern eine allmähliche Annäherung durch Formulierung weit gefaßter Mindeststandards (Walwei 1990, 45-68; 1997, 148-150). Mittel- und langfristig ist allenfalls mit vorsichtigen, schrittweisen Annäherungen zu rechnen, nicht aber mit einer Harmonisierung im Sinne einer strikten Vereinheitlichung, die seit den 90er Jahren weder notwendig noch sinnvoll erscheint. „Der harte Modus ist mit seinen institutionell-politischen Vorgaben - entweder wird ein europäisches Modell vorgegeben oder ein nationales Modell europäisch verallgemeinert - mit einer hohen Eingriffstiefe in nationale Strukturen verbunden und wirkt stark auf die Unternehmendisposition. Hingegen verändert der weiche Modus auf Grund seiner Freiheit der Modellwahl die nationalen Strukturen - zunächst - nur gering und eröffnet - anfangs - auch nur einen schwachen institutionellen Einfluss auf Unternehmensentscheidungen und ihre Umsetzung“ (Lecher et al. 2000, 24).
Dieses neuere Konzept einer gegenseitigen Anerkennung nationaler Normen ersetzt das ältere einer Aufwärts-Harmonisierung durch einheitliche "Euro-Standards". Alle anderen, rigoroseren Strategien der Integration sind aller Erfahrung nach und in Anbetracht der fortbestehenden sozialen und ökonomischen Unterschiede unrealistisch und politisch nicht konsensfähig. Selbst die notwendigen minimalen Angleichungen sind äußerst schwierig, so daß in den 90er Jahren gelegentlich auf die reine Koordination nationaler Strategien (z.B. in der Beschäftigungspolitik) zurückgegriffen wird, was eine "neue Zurückhaltung" der Kommission anzeigt.
In der normativen Version dieser Problemstellung einer sozialen Ordnungspolitik stehen sich die aus den nationalen Diskussionen bereits bekannten Lager der Neo-Klassiker bzw. Neo-Liberalen und Institutionalisten auf europäischer Ebene erneut gegenüber:
- Die einen setzen auf "Freisetzung der Marktkräfte" durch Abbau nicht-tarifärer Handelshemmnisse, dadurch bedingte verbesserte Angebotsbedingungen und höhere Produktivität, weitgehend deregulierte Märkte, vor allem Arbeitsmärkte, sowie auf den strikt begrenzten Einfluß eines Minimalstaates, dessen Kompetenzen in der reinen Marktökonomie prinzipiell nicht über die Kontrolle der Einhaltung weniger Rahmenregelungen hinausgehen sollen. Die soziale Integration soll der

wirtschaftlichen, falls überhaupt, quasi-automatisch und ohne besondere aktive Förderung folgen; die soziale Integration ist in langfristiger Perspektive Ergebnis der wirtschaftlichen und kein Ziel an sich, welches der eigenständigen Förderung bedürfte.[27]

- Die anderen betonen die empirisch immer wieder nachgewiesene Unvollkommenheit des Marktes sowie die daraus abzuleitende Notwendigkeit koordinierender und regulierender Eingriffe eines aktiven Staates, der seiner Sozialökonomie mehr als nur weit gefaßte, minimalistische Rahmenbedingungen setzt. Die „soziale Dimension des Binnenmarktes" gewinnt eine eigenständige Bedeutung; sie ist notwendige Voraussetzung der wirtschaftlichen Integration und daher durch systematische Aktionen der Gemeinschaft im Sinne einer bewußten Steuerung reiner Marktprozesse zu fördern.

Damit geht es um die Differenz zwischen negativer Integration, die lediglich den Abbau vorhandener nationaler Handelshindernisse und Wettbewerbsverzerrungen erreichen will, und positiver Integration, welche auf die aktive Gestaltung durch gemeinsame Institutionen und Entwicklung koordinierter Politiken durch Abkommen der nationalen Regierungen im Ministerrat setzt.[28] Letztere ist, vor allem solange aufgrund institutioneller Rahmenbedingungen Einstimmigkeit im Ministerrat in den verschiedenen Politikfeldern gegeben sein muß, deutlich schwieriger als erstere, da kleine Gruppen oder sogar einzelne Mitgliedsländer aufgrund spezifischer Interessenlagen durch die Einnahme von Vetopositionen Entscheidungen dauerhaft blockieren können.

Das prinzipielle und ungelöste Problem von negativer vs. positiver Integration[29], d.h. der Setzung gemeinsamer inhaltlicher Standards vs. der bloßen Beseitigung von Hemmnissen der Marktintegration und wechselseitiger Anerkennung nationa-

---

[27] Zu diesem Lager sind u.a. zu rechnen die konservativen Regierungen Großbritanniens seit Ende der 70er Jahre sowie in Deutschland die orthodoxen Ökonomen des Kronberger Kreises. Vgl. auch verschiedene Beiträge in Gerken 1993 sowie Addison/Siebert 1997; Addison/Siebert 1992a, 495-513; Berthold 1993 32ff.

[28] Vgl. Scharpf 1996a, 351-377; 1996b, 110-122; 1996c, 15-39; vgl. zu historischen Dimension der Konzepte Ambrosius 1996, 203f.

[29] Negative Integration meint jenes Europarecht, "das die Freiheit der Märkte sichert, indem es nationale Regeln und Maßnahmen beseitigt, welche den freien Verkehr von Gütern, Dienstleistungen, Kapital und Arbeitskräften zwischen den Mitgliedstaaten behindern oder den Wettbewerb verfälschen könnten" (Scharpf 1999, 675).

ler Standards, stellt sich auch und gerade in der Arbeits- und Sozialpolitik; Erfolge kommen vor allem in bezug auf die negative Integration zustande. Der Pfad intergouvernementalistischer Integration wird nicht verlassen.
In diesem Kontext unterscheiden wir zwischen „weichen", d.h. unverbindlichen (wie Mitteilungen der Kommission an den Rat, Stellungnahmen oder Empfehlungen der Kommission) und „harten" Steuerungsinstrumenten (wie Entscheidungen, Richtlinien oder Verordnungen). Verordnungen sind rechtsverbindlich, d.h. von den Mitgliedsländern direkt und unmittelbar zu übernehmen; Richtlinien verpflichten die Mitgliedsländer auf die zu erreichenden Ziele, stellt ihnen aber die Wahl der Mittel der Umsetzung innerhalb vorgegebener Fristen anheim. In bestimmten Politikfeldern, zu denen neben der Umwelt auch die Arbeits- und Sozialpolitik gehört, sind Richtlinien häufiger als Verordnungen. Demgegenüber haben die „weichen" Maßnahmen keine bindende Kraft (Däubler 1996, 159ff).
Die Implementationsprobleme, die generell bei nationalen Vorgaben bestehen, werden im Falle europäischer Regulierung durch die Tatsache erschwert, daß eine zusätzliche Ebene überbrückt und vermittelt werden muß. „Die Implementation europäischen Rechts ist ... eine Achillesferse der Europäischen Union ohne eigenen Verwaltungsunterbau." (Jansen/Voelzkow 1999, 199). Die Mitgliedsländer können die Implementation europäischen Rechts verzögern und/oder unterlaufen. Die Kommission verfügt über die Option, ein sog. Vertragsverletzungsverfahren gegen einzelne Mitgliedsstaaten vor dem Europäischen Gerichtshof einzuleiten (Par.226ff EGV).

2. Wir beschränken uns im folgenden auf die soziale Dimension des Binnenmarktes, d.h. auf "... areas of social policy competence where uniform or at least minimum standards are set at the EU level" (Leibfried/Pierson 1995, 46). Dabei behandeln wir nicht den gesamten Komplex der Arbeits- und Sozialpolitik, sondern klammern die "klassischen" Bereiche der Sozialpolitik weitgehend aus[30] und konzentrieren uns auf den Teil der sozialen Dimension, der für deren Durchsetzung bzw. Erfolg unverzichtbar ist, nämlich auf die Arbeitsbeziehungen.

[30] Die gängigen Einführungen in die Sozialpolitik blenden nach wie vor häufig die europäische Dimension vollständig aus (Schmidt 1998) oder behandeln sie nur am Rande (Lampert 1998, 404-411; Bäcker et al. 2000, 95, 375f).

Der Terminus meint in diesem Kontext das komplexe Beziehungs- und Interessengeflecht zwischen den Sozialpartnern und dem Staat auf den verschiedenen Ebenen (betrieblich, sektoral, gesamtwirtschaftlich, supranational) bzw. entsprechenden Politikfeldern (Keller 1999a, Müller-Jentsch 1997, Weiss 1995d). Im Rahmen der bereits erwähnten Subdisziplin der international vergleichenden Industrial Relations (Bean 1994; Hyman/Ferner 1994; Locke/Kochan/Piore 1995; Van Ruysseveldt et al. 1995; Bamber/Lansbury 1998; Ferner/Hyman 1998) lassen sich zwei Varianten unterscheiden: der Vergleich ganzer nationaler Systeme oder einzelner Politikfelder, der eindeutig häufiger vorgenommen wird, sowie die Analyse supranationaler Probleme. Wir werden den zweiten Ansatz verfolgen.
Im übrigen findet die weitergehende Unterscheidung in Arbeits- und Sozialpolitik, die sich in der deutschsprachigen Terminologie und Problembearbeitung im Laufe der 90er Jahren eingebürgert hat, in der europäischen Diskussion kein Pendant, so daß wir beide Termini im folgenden parallel verwenden.
Im Mittelpunkt stehen die Probleme, die infolge der Internationalisierung im Sinne der Europäisierung auftreten; auf die weiter gefaßten Probleme der Globalisierung wollen wir, wie eingangs bereits erwähnt, nicht explizit eingehen. Insgesamt läßt sich das Grundproblem folgendermaßen charakterisieren: "Vergleichbar wichtig, aber weniger wahrgenommen ist .. die Tatsache, daß die industriellen Beziehungen einen zentralen Teil des Gesellschaftssystems betreffen - ein Nationalstaat, der die Verfügung hierüber aus der Hand gibt, verzichtet auf einen großen Teil seiner Souveränität. Der Gegenstand "Organisation der abhängigen Arbeit" ist nicht weniger sensibel als z.B. die Währung. Für einen solchen Verzicht fehlen derzeit zum einen die politisch-bewußtseinsmäßigen Voraussetzungen. Zum andern besitzt die Gemeinschaft noch gar nicht das Instrumentarium, das sie benötigen würde, um europäische industrielle Beziehungen auch im Krisenfall steuern zu können - insofern entsteht ein entscheidender Unterschied auch zur künftigen Währungspolitik" (Däubler 1997, 109).
Explizit ausgeklammert bleiben infolge der Konzentration auf die kollektiven die individuellen Arbeitsbeziehungen. Diese wären ein weiterer möglicher Gegenstand, der allerdings traditionell in nicht-juristischer Perspektive weniger wichtig ist. Zudem ist er in höherem Maße und vergleichsweise strikt reguliert, u.a. durch: Richtlinie über Massenentlassungen, Richtlinie über die Wahrung von Ansprüchen

der Arbeitnehmer beim Übergang von Unternehmen, Betrieben oder Betriebsteilen, Richtlinie über den Schutz der Arbeitnehmer bei Zahlungsunfähigkeit des Arbeitgebers, Schriftlichkeitsrichtlinie.[31] Hinzu kommen umfangreiche Vorgaben im Arbeits- und Gesundheitsschutz, der insofern eine deutliche Ausnahmestellung einnimmt, als er eine inzwischen recht hohe Regelungsdichte erreicht (Ross 1995, 368-373; Hernichel 1995, 274-292; Kowalsky 1999, 109-121).

Transformationsprozesse innerhalb der nationalen Arbeitsbeziehungen sind in allen Industrienationen festzustellen; aktuelle catch-words sind Internationalisierung, Flexibilisierung, Deregulierung sowie Dezentralisierung. Die nationalen Arbeitsbeziehungen passen sich mehr oder weniger erfolgreich an veränderte Rahmenbedingungen an. Die europäische Einigung, u.a. über eine fortschreitende Liberalisierung der nationalen Märkte sowie vor allem durch die Wirtschafts- und Währungsunion (WWU), erfordert eine gewisse Internationalisierung auch der korporativen Akteure und ihrer bislang national ausgerichteten Politiken.

National isolierte Wirtschafts-, Sozial- und Arbeitspolitiken verlieren allmählich an Bedeutung; stattdessen werden neue, eigenständig europäische Politikfelder wichtiger. Diese ergänzen die rein nationalen, ohne sie zu ersetzen oder zu verdrängen (horizontale vs. vertikale Dimension). Die ohnehin komplexen internen und externen Abstimmungsprozesse sowie die organisatorischen und strategischen Planungen aller korporativen Akteure, d.h. Gewerkschaften, Arbeitgeberverbände, Nationalstaaten und "Euro-Akteure", werden noch schwieriger.

Unser Ziel besteht in einer realistischen Einschätzung der Entwicklungsperspektiven der sozialen Dimension des Binnenmarktes. Im einzelnen behandeln wir:

- die Organisationen von Arbeitgebern und Arbeitnehmern, Gewerkschaften und Arbeitgeberverbände, wobei vor allem die internen Probleme, welche die externe Handlungsfähigkeit beeinträchtigen, im Mittelpunkt stehen (Kap.2);
- die betriebliche Ebene, wobei im Gegensatz zur nationalen Praxis die Einrichtung supranationaler Interessenvertretungen auf rechtlich-verbindlicher und/ oder vertraglich-freiwilliger Basis erfolgen kann (Kap.3 und 4);

---

[31] Vgl. aus juristischer Perspektive Ketelsen 1991a, 758-776; Blanpain/Klein 1992; Bobke 1993, 403-415; Karpenstein 1993, 161ff; Bieback 1997, 509-526; vgl. aus industrial relations-Perspektive Teague/Grahl 1992, 127-140; Gold 1993.

- die zentrale sowie die sektorale Ebene, auf denen Sozialdialoge geführt werden können, die zu verbindlichen Rahmenabkommen führen können (Kap.5 und 6);
- die sektorale bzw. Branchenebene, auf der ein zu schaffendes System europäischer Kollektivverhandlungen angesiedelt sein könnte (Kap.7);
- Fragen von Arbeitsmärkten, die in den 90er Jahren in Anbetracht andauernder Massenarbeitslosigkeit in nahezu allen Mitgliedsländern deutlich an Bedeutung gewonnen haben; dabei stehen Probleme einer Internationalisierung bzw. die Perspektiven einer europäischen Arbeitsmarkt- und Beschäftigungspolitik im Mittelpunkt (Kap.8).

Sowohl die wissenschaftliche als auch die öffentliche Diskussion beschränkt sich bislang eindeutig und zu einseitig auf die Ebene des Betriebes bzw. des Unternehmens. Im Mittelpunkt steht das handlungsstrategisch wichtige Problem, ob Europäische Betriebsräte (EBR) nur durch eine allgemein verbindliche Richtlinie oder auch durch freiwillig-kontraktuelle Vereinbarungen der betrieblichen Sozialpartner zustande kommen können; damit ist implizit zugleich die Frage nach den Regulierungsinstrumenten (Gesetz vs. Vertrag) und deren Relationen zueinander gestellt. Probleme der Regulierung auf den übergeordneten Ebenen finden keine angemessene Berücksichtigung.

Wir wollen demgegenüber die verschiedenen Ebenen, die als zentrale Politikfelder anzusehen sind, nacheinander in unsere Analyse der kollektiven Arbeitsbeziehungen einbeziehen. Anders als die Vollendung des Binnenmarktes Anfang der 90er Jahre führt die Einführung der Wirtschafts- und Währungsunion (WWU) Ende der 90er Jahre infolge der fixen Wechselkurse sowie einer einheitlichen Währung zu einem höheren Stellenwert der Tarifpolitik; spätestens zu diesem Zeitpunkt wird die Entwicklung entsprechender Strukturen für Kollektivverhandlungen bzw. eine international koordinierte Tarifpolitik notwendig (Coen 1993, 1ff).

Wir werden Belege für die These präsentieren, daß die Aussichten einer Realisierung der sozialen Dimension weniger optimistisch zu beurteilen sind, als dies in der Literatur sowie in der aktuellen Diskussion häufig der Fall ist; die Möglichkeit fortschreitender ökonomischer Integration bei stagnierender sozialer Integration wird gegenwärtig unterschätzt.

3. Wir wollen bei unserem Versuch, Antworten auf die offenen Fragen zu finden, nicht nur, wie in der EU-Diskussion inzwischen üblich, organisationstheoretisch, sondern auch interessenpolitisch argumentieren. Referenzpunkt unserer Analyse, auf den wir uns in verschiedenen Kontexten beziehen werden, sind die nationalen Arbeitsbeziehungen. Im Rahmen der international vergleichenden Arbeitsbeziehungen unterscheiden wir zwischen monistisch-eindimensionalen Systemen, wie wir sie etwa in den angelsächsischen und skandinavischen Ländern oder in Italien finden, und dualen wie in der Bundesrepublik oder in Österreich:

- In ersteren werden die verschiedenen Interessen ausschließlich auf betrieblicher Ebene vertreten.
- In letzteren agieren Gewerkschaften als Organisationen mit grundsätzlich freiwilliger Mitgliedschaft auf der sektoralen bzw. Branchenebene, auf der sie gemeinsam mit den Arbeitgeberverbänden für die typischerweise dort angesiedelte Tarifpolitik zuständig sind; Betriebsräte als per Gesetz eingerichtete, von anderen Institutionen formal unabhängige Interessenvertretung aller Arbeitnehmer handeln ausschließlich auf betrieblicher Ebene.

Mit dieser Verteilung der Aufgaben korrespondiert eine spezifische Verteilung der Handlungsoptionen: Betriebsräte sind auf schiedlich-friedliche Verfahren der Interessendurchsetzung (einschl. der Friedenspflicht nach dem BetrVG) verwiesen, während gewerkschaftliche Strategien das Kampfmittel des Streiks einschließen. In der Realität beobachten wir eine deutliche Diskrepanz zwischen formaler Regulierung und informeller Praxis: Bei der formalrechtlich eindeutigen Trennung von Gewerkschaften und Betriebsräten gelingt bei arbeitsteiliger Kooperation innerhalb ihrer "widersprüchlichen Einheit" in der Regel eine enge Abstimmung und Koordination der Politiken der betrieblichen und überbetrieblich-sektoralen Interessenvertretungen.

Der Zentralisierungsgrad des deutschen Tarifverhandlungssystems liegt im internationalen Vergleich der EU- oder OECD-Staaten auf mittlerem Niveau (Jacobi/ Keller/Müller-Jentsch 1998, Keller 1999a, 149ff); er ist höher als etwa in Großbritannien, aber niedriger als etwa in Skandinavien. Die in zentralen Branchen (u.a. Metall, Chemie) auf der regionalen Ebene geführten Verhandlungen koordinieren auf beiden Seiten die Fachspitzenverbände zeitlich und inhaltlich. Der Einfluß der Dachverbände ist auf beiden Seiten gering: DGB bzw. BDA sind faktisch

nicht selbst Tarifvertragsparteien, obwohl das Tarifvertragsgesetz (TVG) diese Alternative keinesfalls ausschließt (Weiss 1995d, 125, 133). Haustarifverträge, die wir vor allem in kleineren Betrieben finden, nehmen zwar allmählich an Bedeutung zu, erfassen nach wie vor nur eine Minderheit der Beschäftigten.
Die nahezu symbiotische Vereinigung und arbeitsteilige Kooperation der Verbände ermöglicht komplexere und differenziertere Strategien als in anderen Ländern. Zentrale Elemente dieser kooperativ-wirtschaftsfriedlichen Arbeitsbeziehungen gelten im Vergleich zu den eher konfliktorisch orientierten und stärker fragmentierten Systemen anderer Länder als richtungweisend, was bis in die 80er Jahre nicht der Fall war. Die technologischen und wirtschaftlichen Entwicklungen begünstigen offensichtlich das vergleichsweise zentralisierte deutsch/skandinavische Modell im Gegensatz zum stark fragmentierten italienischen oder englischen.[32]

Seit den 80er Jahren beobachten wir in Deutschland - wie in anderen Ländern - eine doppelte Verschiebung von Macht und Einfluß (Keller 1999a):
- Zum einen haben wir es mit Verbetrieblichungstendenzen zu tun, d.h. mit einer Dezentralisierung der Tarifpolitik bzw. der Regelungsebene; Betriebsräte werden zu noch wichtigeren Akteuren als sie es ohnehin schon waren. Dieser Trend läßt sich am Beispiel der Arbeitszeitpolitik demonstrieren, wird aber durch Entwicklungen in anderen Feldern der Tarifpolitik verstärkt, etwa in der Qualifizierungspolitik oder bei der Einführung und Implementation von Informations- und Kommunikationstechnologien. Tarifverträge stellen in zunehmendem Maße nur noch Rahmenvereinbarungen dar, deren Inhalte die Akteure der betrieblichen Ebene konkretisieren und an die spezifischen Bedingungen anpassen müssen.
Diese Dezentralisierung impliziert zum einen ein hohes Maß an Flexibilität (u.a. intern vs. extern, numerisch funktional, zeitlich), zum andern handelt es sich in der Bundesrepublik - im Gegensatz zu einer Reihe anderer Länder - um die koordinierte Variante bzw. um organisierte Dezentralisierung (Traxler 1995). Er muß im übrigen nicht unbedingt zu einem Machtverlust der Gewerkschaften, sondern

[32] Die Vermutung, daß die deutschen Gewerkschaften eine gewisse Pionier- oder Vorreiterrolle im Binnenmarkt übernehmen können, wird wiederholt geäußert (Jacobi 1991b, 682ff).

kann zu einer Funktionsverschiebung in Richtung auf eine verstärkte Wahrnehmung von Dienstleistungsaufgaben für die Betriebsräte führen.
- Zum andern haben wir es sowohl durch die zunehmende Internationalisierung der Volkswirtschaften als auch durch die politisch gewollte Integration der EU mit Internationalisierungs- im Sinne von Europäisierungstendenzen zu tun.

Dieses ökonomisch wie politisch brisante Thema der europäischen Integration wurde gerade in der Bundesrepublik in den 80er Jahren vernachlässigt. Die Diskussion begann - etwa im Vergleich zu Großbritannien - erst relativ spät und wurde Ende 1989[33] durch das alles beherrschende Problem der deutschen Einigung bald wieder in den Hintergrund gedrängt. Erst Mitte der 90er Jahre trat eine erneute Trendwende ein.

---

[33] Die ehemalige DDR wurde durch die Herstellung der staatlichen Einheit am 3.Oktober 1990 Bestandteil der EG; das gesamte Gemeinschaftsrecht fand automatisch Anwendung (Kohler-Koch 1991; Däubler 1991c, 323-333; Werner 1991, 141-153; Platzer 1992b, 24-28; Stahl 1992, 12-18). "German unification turned out to be a key moment for Delors and the Community. While Thatcher and Mitterand hesitated, the Commission came out immediately in favour of unification and facilitated the rapid inclusion of the "five new Länder" into the Community, entitling the former GDR to all kinds of development aids" (Ross 1992, 62).

2. Korporative Akteure

Bei den korporativen Akteuren bzw. Trägern der europäischen Arbeitspolitik wollen wir zunächst grob unterscheiden zwischen den privaten, also den supranationalen Verbänden der Arbeitgeber und Arbeitnehmer auf zentraler und sektoraler Ebene[1], und den "staatlichen", vor allem der Kommission und dem Ministerrat, die in unserem Kontext wichtiger sind als das Europäische Parlament (EP) oder der Europäische Gerichtshof (EuGH).

2.1. Supranationale Verbände der Arbeitgeber und Arbeitnehmer

Die wichtigsten europäischen Zusammenschlüsse der nationalen Dachverbände sind Europäischer Gewerkschaftsbund (EGB) und Union des Industries de la Communauté Européenne (UNICE).[2] Außerdem existiert als Zentralverband der 1961 gegründete Centre Européen de l' Entreprise Publique (CEEP)[3], in dem sich öffentliche Unternehmen zusammengeschlossen haben. Dessen Mitgliedsverbände stammen vor allem aus Ländern mit verstaatlichten Industrien (z.B. Frankreich, Italien). Wir konzentrieren unsere folgende Analyse der korporativen Akteure auf UNICE und EGB, da der politische Einfluß des CEEP aufgrund der eng begrenzten Verbandsdomäne vergleichsweise gering ist: "... CEEP has always been the junior partner in European social dialogue. This is a reflection of its narrow membership structure, originally limited to public enterprises in the original member countries, dominated by the transport, energy and telecommunications sectors... The competences of CEEP in matters of social policy and employer issues have consequently been very limited, and the association has functioned on the basis of consensus among its affiliates" (Dolvik 1999, 144).

[1] Arbeitgeberverbände und Gewerkschaften werden im offiziellen EU-Sprachgebrauch Sozialpartner genannt. Wir schließen uns im folgenden dieser Sprachregelung an.

[2] Zwischen den Verbänden der Unternehmer und Arbeitnehmer bestehen Unterschiede: "The former are more numerous than the latter and their organisation is more complex, more fragmented and possibly more competitive" (Sargent 1985, 232).

[3] Vgl. zur Organisation von Wirtschaftsinteressen im umfassenden Sinne Greenwood 1997, 101-132; zum in der Öffentlichkeit weniger bekannten CEEP Hoffmann 1991, 269ff, Piazolo 1999, 52f; zur Selbstdarstellung der CEEP Ellerkmann 1994, 223-229.

1. Die bereits 1958 gegründete UNICE ist der mit Abstand größte europäische Unternehmerverband, der die nationalen Dachverbände ausschließlich der Privatwirtschaft organisiert. UNICE hat die Aufgabe, "die Positionen der Wirtschaft gegenüber den Institutionen der Gemeinschaft zu vertreten, während die nationalen Spitzenorganisationen im Bereich der jeweiligen nationalen Politik, deren Repräsentanten letztlich im Rat über die Initiativen der Kommission zu entscheiden haben, für ihre Position werben" (BDA 1992, 162). Die Mitglieder von UNICE, der über 30 nationale Dachverbände aus fast 30 Ländern angehören, sind sowohl Unternehmer- als auch Arbeitgeberverbände im Sinne der für manche Länder spezifischen Unterscheidung zwischen beiden Verbandstypen (Windmuller/Gladstone 1984): Erstere nehmen allgemeinere, wirtschaftspolitische, letztere spezifischere, arbeits- und sozialpolitische Interessen wahr. UNICE vertritt traditionell vor allem Produktmarkt- und weniger die in unserem Kontext vor allem relevanten Arbeitsmarktinteressen.

Die interne Struktur ist durch die für große Verbände typische Zweigleisigkeit von ehrenamtlichen Entscheidungsgremien und exekutiver Geschäftsführung gekennzeichnet (Matyja 1999, 78ff): Das höchste beschlußfassende und willensbildende Organ ist der Rat der Präsidenten, dem die Präsidenten der nationalen Mitgliedsverbände angehören. Außerdem besteht der Exekutivausschuß, in dessen Rahmen der Finanzausschuß sowie der Ausschuß der ständigen Vertreter tätig sind. Weiterhin existieren fünf politische Hauptausschüsse, die beratende und informierende Funktionen haben: Wirtschafts- und Finanzpolitik, Außenbeziehungen der Union, Sozialpolitik und Arbeitsrecht, Industriepolitik, Unternehmensfragen und Gesellschaftsrecht.[4]

Bei der internen Willensbildung war lange Zeit Einstimmigkeit notwendig, um zu Entscheidungen zu gelangen. Diese Vorgabe erwies sich als problematisch: "A key factor in the development of a truly European strategy for the representation of business interests has been the introduction and extension of qualified majority voting for European social legislation since the Single European Act of 1987. As long as decisions in Brussels were taken on the basis of unanimity, a purely natio-

[4] Da multinationale Unternehmen nicht Mitglied von UNICE werden können, wurde 1990 die UNICE's Advisory and Support Group (UASG) gegründet, der Vertreter beider Seiten angehören.

nal strategy of lobbying was sufficient in most cases, since every single government had the power to veto a decision in the Council. With the introduction of qualified majority voting, this strategy was no longer efficient, because one, or even more governments could be overruled by the majority. It became necessary for employers to coordinate their positions and their lobbying at European level, so as to develop a truly European position with which they could convince at least the number of governments sufficient for constituting a potential blocking minority of their views" (Hornung-Draus 1998b, 150; ähnlich Traxler 1998a, 107f).

Aufgrund dieser Änderungen der institutionellen Voraussetzungen des korporativen Handelns war UNICE bemüht, mit den anderen Dachverbänden, also EGB und CEEP, einen Vorschlag für die Strukturierung von Verhandlungen zu erarbeiten, der Anfang der 90er Jahre Eingang in das Sozialabkommen des Maastrichter Vertrages fand (vgl. Kap.5). Obwohl die Prozeduren der Willensbildung sich in den 90er Jahren geändert haben, sind sie immer noch relativ kompliziert. "According to the new procedures, opposition from the federations of at least three countries is required to block a proposal, while in budgetary matters votes counting for a 20 percent share of the UNICE budget may block a proposal. In practice, however, voting seldom takes place." (Dolvik 1999, 147).

UNICE vertritt vor allem die horizontalen, d.h. branchenübergreifenden bzw. intersektoralen Interessen der Privatwirtschaft. "UNICE does deal with a sectoral issue "when no relevant sectoral organization exists or when the issue is of exceptional importance", or when it threatens to have implications for the whole of industry" (Collie 1993, 222). Der Dachverband hat im Gegensatz zu seinem Pendant auf Arbeitnehmerseite, dem EGB, traditionell keinen umfassenden, nach Sektoren bzw. Branchen strukturierten und differenzierten Unterbau. Die bestehenden Verbände haben zumeist eng geschnittene Verbandsdomänen.

Abbildung 2.1: Organisationsstruktur UNICE

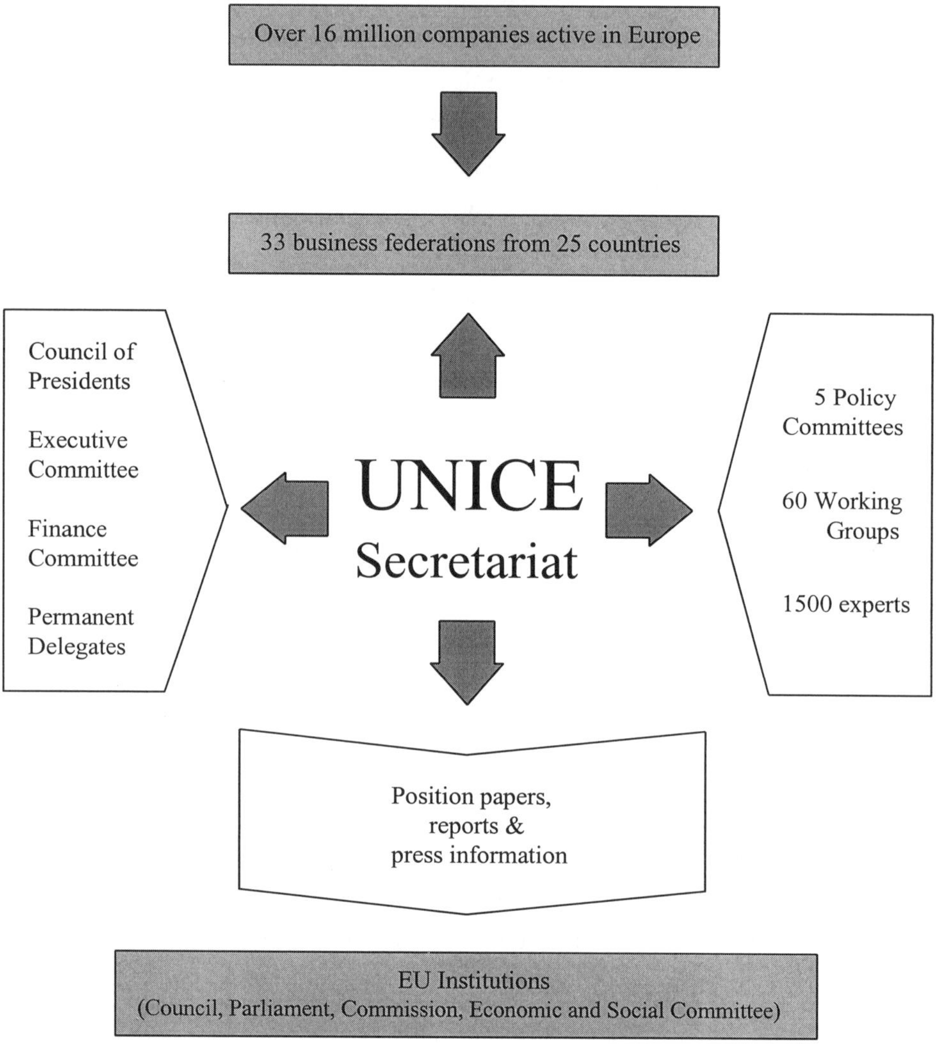

Quelle: UNICE (o.J.)

Zwischen den Organisationen der Sozialpartner bestehen deutliche Unterschiede: "In no sense do trade unions and employers' organisations at the Community level mirror one another. ETUC is effectively the sole body representing organised labour across the whole of Western Europe, while numerous organisations represent business and industry. As well as UNICE and CEEP, these include the European Round Table, the American Chamber EC Committee, the European Community Services Group and others for small and medium-sized companies. For this reason, an Employers' Liaison Committee (CLE) was set up, on the initiative of UNICE, in 1971 to provide a broader channel of representation for private sectors employers' interests" (Carley 1993a, 109).

Die sektorspezifischen Interessen werden von den jeweiligen Fachverbänden, den Fédérations européennes par branche d'industrie (FEBIs), vertreten. "The largest number of sectoral business organizations are industry rather than employer associations, and this is typically invoked to justify refusal to enter into social dialogue, leaving it to UNICE to discuss social dimension matters." (Martin/Ross 1998, 152; vgl. im einzelnen Kap.6) Die Interessen beider Ebenen werden koordiniert: „Die enge Zusammenarbeit zwischen der UNICE und den betroffenen Fachorganisationen findet in denjenigen Bereichen statt, in denen fachliche und allgemeine Fragen eng miteinander verknüpft sind. Die Unternehmen erhalten dann wichtige Informationen aus erster Hand und können an der Meinungsbildung zu UNICE-Stellungnahmen, die sich für ihre Interessen als wichtig erachten, mitwirken." (Matyja 1999, 86). In den 90er Jahren wurde auf sektoraler Ebene das informelle „European Employers Network (EEN) aufgebaut, welches Koordinationsaufgaben wahrnehmen soll (vgl. Kap.6).

Eine weitergehende Analyse zeigt Interessendifferenzen auf. Multinational tätige Unternehmen sind in stärkerem Maße an Integration interessiert als kleine und mittelständige. Hohe Exportanteile entweder einzelner Unternehmen oder ganzer Branchen (u.a. Automobilbau, Maschinenbau, Chemieindustrie) führen zur Unterstützung von Integrationsstrategien. Branchen, die vor allem für heimische Märkte produzieren (wie Handwerksbetriebe oder auch der öffentliche Sektor) nehmen eher eine abwartende Haltung ein. Derartige Unterschiede können für die Verbände sowohl der Sektor- als auch der Makroebene Probleme bereiten, da divergierende Interessen schwierig zu aggregieren und zu vermitteln sind.

Abbildung 2.2: Europäische Wirtschaftsverbände

EuroCommerce	
COPA/COGECA	Committee of Agricultural Organizations in the EU/ General Committee of Agricultural Cooperation in the EU
Europeche	Association of National Organizations of Fishing Enterprises of the EU
ACME	Association of European Cooperative and Mutual Insurers
BIPAR	International Association of Insurance and Reinsurance Intermediaries
CEA	European Insurance Committee
	Banking Federation of the European Community
GCECEE	Savings Banks Group of the European Community
	Assocation of Cooperative Banks of the EC
CEI-Bois	European Confederation of Woodworking Industries
HOTREC	Confederation of National Hotel and Restaurant Associations in the EC
FIEC	European Construction Industry Federation
ERA	European Regions Airline Association
ACI-Europe	Airports Council International - European Region
ACE	Association des compagnies indépendantes de la Communauté européenne
AEA	Association of European Airlines
	Organisation européenne des batelliers
UINF	International Union for Inland Navigation
ECSA	European Community Shipowners' Association
CER	Community of European Railways
IRU	International Road Transport Union
FENI	European Federation of Cleaning Industries

Quelle: European Trade Union Institute (1998); eigene Aktualisierungen

Die Arbeitgeberverbände waren lange Zeit reine Negativkoalitionen zur Verhinderung europäischer Lösungen, wobei neben den kleineren portugiesischen und griechischen Verbänden vor allem der britische Industriellenverband (Confederation of British Industry - CBI[5]) häufig die Fundamentalopposition bei den komplexen verbandsinternen Willensbildungsprozessen anführte. Die traditionellen Positionen zu Europa waren minimalistischer und strikt marktkonformer Art. UNICE verstand sich lange Jahre ausschließlich als Lobbyist bei den europäischen Institutionen, insbesondere bei Kommission und Ministerrat sowie dem Wirtschafts- und Sozialausschuß (WSA), seit den 80er Jahren auch zunehmend beim Europäischen Parlament. „Stellungnahmen, Memoranden, und Pressemitteilungen, welche Positionen des Verbandes zu europolitischen Fragen umfassen, sind das eigentliche 'Produkt' ihrer Aktivitäten." (Matyja 1999, 116f.) Außerdem dient UNICE als Sprachrohr unternehmerischer Interessen bei der Formulierung und Durchsetzung ordnungs-, nicht hingegen sozialpolitischer Ziele.

UNICE lockerte erst spät ihr prinzipielles Veto gegen europaweite Abkommen und damit gegen alle Ansätze zur Entwicklung europäischen Arbeitsbeziehungen, indem sie vor Abschluß des Vertrages über die Europäische Union vorsichtig Verhandlungsbereitschaft hinsichtlich allgemeiner Grundsatzvereinbarungen signalisierte. Dieser rein strategisch-instrumentell begründet Meinungswandel verfolgte mehrere Ziele:

- Abwehr eines zunehmenden Drucks drohender arbeits- und sozialpolitischer Intervention der Kommission bzw. Verhinderung der Verabschiedung bindender, strengerer EU-Gesetzesvorhaben, vor allem in Form von Richtlinien und Verordnungen
- sowie deren Ersatz durch freiwillige und damit durch Verbandspolitik besser zu beeinflussende Vereinbarungen.

Erst Ende 1991 einigten sich UNICE, CEEP und EGB auf die in den Vertrag über die Europäische Union aufgenommene Option, multinationale Verträge sowie andere Rahmenvereinbarungen zwischen Gewerkschaften und Arbeitgebern abzuschließen. Dieser Schritt zeigt jedoch keinen grundsätzlichen Strategienwandel

---

[5] Zur Selbstdarstellung Eberlie 1993, 201-212. Die vier Hauptaufgaben sind demnach: "Developing long-term relationships with EC policy-makers", "Monitoring EC developments", "Maintaining links with UNICE", "Advice to CBI members".

an: "UNICE will bargain with ETUC to produce non-binding joint opinions or to delay or water down any possible Commission directives; but UNICE has little interest in negotiating substantive outcomes with ETUC ..." (Turner 1993a, 15).

Vor allem der EGB, in geringerem Maße auch UNICE, sind die repräsentativsten unter den branchenübergreifenden Dachverbänden. Sie müßten längst supranationale Akteure sowie privilegierte Gesprächspartner der EU-Gremien sein. Faktisch sind EGB und UNICE als eigenständige "Euro-Akteure" kaum politikfähig (EIRR 1991, 7; Platzer 1992a):

- Die erforderlichen Handlungsstrukturen sind nur schwach entwickelt,
- die wesentlichen Entscheidungsbefugnisse einschließlich der Verpflichtungsfähigkeit auf erzielte Ergebnisse bleiben bei den nationalen Dachverbänden,
- die auf beiden Seiten deutlichen internen Interessendivergenzen sind im Rahmen der Verbandspolitiken kaum zu mediatisieren, führen zu internen Gruppenbildungen und behindern die Politikfähigkeit,
- konsistente Konzepte über Ziele und Strategien sind rar,
- qualifiziertes Personal ist kaum vorhanden.

Die notwendige Internationalisierung der Interessenvertretungen impliziert nota bene eine Entnationalisierung durch Abgabe nationaler Kompetenzen, nicht nur der Tarifhoheit, an supranationale Verbände. Bisher dominieren auf beiden Seiten Politiken zur Vertretung nationaler Klientelinteressen. Die Verbände können die notwendige soziale Flankierung des Binnenmarktes nicht leisten, da sie primär Koalitionen nationaler Interessen, nicht unabhängige Organisationen sind.

Diese These gilt nicht nur für Gewerkschaften, sondern auch für Arbeitgeberverbände, weniger allerdings für Unternehmensverbände. "Besonders ausgeprägt ist die Schwäche europaweiter Interessenorganisationen auf der Arbeitnehmerseite. Zwar kann man das von den europäischen Arbeitgebern auch sagen, sind sie doch auch nicht sehr wirkungsvoll koordiniert, doch bei ihnen "funktioniert" die Interessenartikulation und -durchsetzung über die internationale Verflechtung der Unternehmen" (Henningsen 1992, 208). Einzelne, vor allem multinational tätige Unternehmen versuchen, über eigene Repräsentanten und damit außerhalb der Verbände, "vor Ort" in ihrem Sinne Einfluß zu nehmen, was die Dachverbände schwächen kann. "Keeping UNICE weak has allowed business interests to avoid its cooption into a corporatist policymaking process, and the Union's complex, multilayered structure has encouraged diversity" (Rhodes 1995, 90).

2. Im Gegensatz zu den Arbeitgeberverbänden unterstützte die Mehrzahl nationaler Gewerkschaften das europäische Integrationsprojekt von Anfang an, wobei eher politische als wirtschaftliche Begründungen im Vordergrund standen. Der 1973 gegründete Europäische Gewerkschaftsbund (EGB) (Rath 1991, 245-252; Platzer 1991, 690-699; Ebbinghaus/Visser 1994, 238ff, Roethig 1995, Greenwood 1997, 155-176, Hoffmann/Gabaglio 1998, Dolvik 1999, 49-75) ist der Zusammenschluß von ca. 40 nationalen Gewerkschaftsbünden mit nach eigenen Angaben rund 44 Mill. Mitgliedern. Nach der Aufnahme der kommunistischen Verbände aus Spanien und Portugal sowie der Deutschen Angestelltengewerkschaft (DAG) in den frühen 90er Jahren ist der EGB quasi eine europäische Einheitsgewerkschaft (Hoffmann 1996, 293). Repräsentativität und externe Legitimität sind unumstritten; die Entwicklung einer einheitlichen supranationalen Interessenpolitik ging wegen nationaler Differenzen langsam vonstatten.

"Throughout its history but especially since 1985, the ETUC has principally been a lobbyist movement aiming at exerting some influence on the institutional decision-making process at Community level and at influencing the choices of its political actors such as the Commission, the European Parliament .. and the Economic and Social Committee.." (Goetschy 1998c, 136; ähnlich Abbott 1998, 605 et passim). Seit Mitte der 90er Jahre kamen gewisse Einflußmöglichkeiten im Rahmen von Sozialdialogen hinzu (vgl. Kap.5).

Trotz der zunehmenden Einbettung in europäische Netzwerke bleibt die Interessenpolitik auf nationaler Ebene die Basis für Macht und Einfluß (im einzelnen Dolvik 1997, 1999). "Kurz gesagt: die indirekten Mitgliedschaftsbeziehungen, ein eingeschränktes und doppelt gefiltertes Mandat wie auch die knappen Ressourcen beschränken die Autorität und Macht der wichtigsten europäischen Gewerkschaftsorganisation - und zwar nach innen und außen" (Ebbinghaus/Visser 1994, 242). Verschiedene nationale Gewerkschaften sehen keine direkten und unmittelbaren Vorteile in der weitgehenden „Europäisierung" und sind nicht bereit, erhebliche Teile ihrer Ressourcen von der nationalen auf die supranationale Ebene zu transferieren.

Der EGB hat im Gegensatz zu UNICE sektorale Organisationen als Mitglieder. Die Gewerkschaftsausschüsse sind seit der Organisationsreform des 7. EGB-Kongresses im Frühjahr 1991 ebenso wie die nationalen Dachverbände ordentliche Mitglieder des EGB mit Stimmrecht und haben seitdem formalen Einfluß auf Entscheidungen bei allen außer Finanzfragen (Dualismus von territorialer und industrieller Struktur). "The incorporation of these committees in the ETUC's formal structure reflects a) the fact that in recent years these committees have played an increasingly important role in concrete steps taken by the ETUC ... and b) the fact that the majority of the ETUC's member organisations regard the sector level as especially important in relation to a possible future creation of a European institutional level on the labour market. And, finally, the formal placing of the committees in the ETUC must be seen as an attempt to avoid a situation in which the various trade union organisations at sector level oppose one another in discussions with employer organisations" (Jensen/Madsen/Due 1992, 16).
Die derzeit 14 Gewerkschaftsausschüsse (Stöckl 1986; European Trade Union Institute 1993; EIRR 1991, 211) sind Vereinigungen bzw. Brückenköpfe nationaler, autonomer Branchengewerkschaften mit grenzüberschreitenden Aufgaben der vor allem branchen- bzw. sektorspezifischen Interessenwahrnehmung.[6] "EGB und Gewerkschaftsausschüsse nehmen ähnlich gelagerte Aufgaben wahr, die sich jedoch im Hinblick auf Adressaten und Politikfelder voneinander unterscheiden. Grob skizziert sind dies verbandsinterne Informationen und Konsensbildung, gewerkschaftliche Betreuungsarbeit ... und Aktionen, Artikulation der gemeinsam erarbeiteten Positionen gegenüber den Organen der Europäischen Gemeinschaften sowie Aufbau und Pflege von Kontakten zu den europäischen Verbänden der Arbeitgeber" (Müller 1995, 460f). Die Verabschiedung der EBR-Richtlinie (vgl. Kap.3 und 4) hat die Position der Gewerkschaftsausschüsse gestärkt, da sie nunmehr zunächst die Verhandlungsführung, später Aufgaben der Unterstützung von EBR sowie der Koordination zwischen EBR ihres Organisationsbereichs übernehmen können (Sörries 1999, 207ff).

---

[6] Einige dieser Verbände sind Regionalorganisationen weltweiter Zusammenschlüsse und daher nicht völlig selbständig.

Abbildung 2.3: Gewerkschaftsausschüsse nach Sektoren

Europäischer Metallgewerkschaftsbund in der Gemeinschaft (EMB)	Metallindustrie
Europäische Regionalorganisation des Internationalen Bundes der Privatangestellten (EURO-FIET)	Handel, Banken, Versicherungen, Industrieangestellte, Reinigungsdienste, Sozialversicherung, Gesundheitsversorgung, Frisörgewerbe
Europäischer Ausschuß der Kommunikations-Internationale (KI); vormals: (IPTT)	gesamtes Kommunikationswesen
Europäischer Gewerkschaftsausschuß Textil, Bekleidung und Leder (EGA-TBL)	Textil-, Bekleidungs- und Lederindustrie
Europäischer Ausschuß der Lebensmittel-, Genußmittel- und Gastgewerbegewerkschaften (EAL-IUL)	Nahrungs- und Gaststättengewerbe
Europäische Föderation der Bau- und Holzarbeiter (EFBH)	Bau-, Forst- und Holzwirtschaft
Europäische Föderation der Gewerkschaften des Agrarsektors (EFA)	Forstwirtschaft, Weinbau, Gartenbau, Genossenschaften, Ackerbau, Viehzucht
Verband der Verkehrsgewerkschaften in der Europäischen Union (FST)	Schienen- und Straßenverkehr, Seefahrt, zivile Luftfahrt, Binnenschiffahrt, Hafen- und Dockarbeiter, Fischerei
Europäischer Gewerkschaftsverband für den Öffentlichen Dienst (EGÖD)	öffentlicher Sektor (staatliche, kommunale und regionale Verwaltungen, Gesundheits- und Sozialwesen, öffentliche Versorgungsbetriebe)
Europäische Journalistenföderation (EJF)	bei Schrift- und audiovisuellen Medien und Presseagenturen beschäftigte sowie freiberufliche Journalisten
Europäische Graphische Föderation (EGF)	Papier-, Druck- und Medienbranche
Europäischer Gewerkschaftsausschuß für Bildung und Wissenschaft (EGBW)	Bildung und Wissenschaft
Euro - MEI (Media, Entertainment International)	Kunst-, Medien- und Unterhaltungsbereich
Europäische Föderation Bergbau, Chemie und Energie (EMCEF)	Kohle und Stahl, chemische und pharmazeutische Industrie, Gummi- Glas-, Keramik- Zement-, Papier- und Zellstoffindustrie, Energie- und Mineralölbranche, Bergwerke und Steinbrüche (alle Metalle und Nicht-Metalle), ein Teil des Energiebereichs

Quelle: Hoffmann/Gabaglio (1998, 363)

Diese europäischen Verlängerungen nationaler Branchengewerkschaften sollen den sektoralen Unterbau der Koordinationsinstanz EGB bilden bzw. Dach- und Branchenorganisationen verzahnen; vor allem sollen sie

- "ihre nationalen Mitgliedsbünde informieren und ihre europabezogenen Aktivitäten koordinieren;
- die Vertretung der arbeitnehmerbezogenen Brancheninteressen gegenüber den EG-Institutionen wahrnehmen;
- ein Gegengewicht zur Arbeitgeberorganisation in der EG aufbauen sowie die Koordination von Kontakten zu transnationalen Unternehmen in der EG leisten .." (Lecher 1991a, 200).

Die Gewerkschaftsausschüsse, "which vary widely in size, organisation, age and level of activity" (Carley 1993a, 118), sind unterschiedlich weit entwickelt, generell aber nicht ausreichend vorbereitet auf die tarif- und allgemein-politische Vertretung sektoraler Interessen. Diese Vertretung hätte vor allem durch sektorale soziale Dialoge sowie Kollektivverhandlungen mit den Arbeitgeberverbänden, aber auch durch Lobbyismus gegenüber den EU-Organen zu erfolgen.[7] "Verallgemeinernd kann festgestellt werden, daß die europäischen Gewerkschaftsausschüsse in den Sektoren weitergehende Mitspracherechte haben, die relativ weit vergemeinschaftet sind, wie z.B. der Kohle- und Stahlsektor oder die Landwirtschaft. Andere wiederum - wie z.B. wirtschaftlich weitgreifende Sektoren wie Metall, Chemie und Textil - haben zwar nicht diese institutionalisierten Mitwirkungsmöglichkeiten, werden jedoch (je nach interner Struktur und jeweiligem Engagement des Gewerkschaftsausschusses) von seiten der Kommission (oder anderer EG-Institutionen) als die repräsentativen Gesprächspartner anerkannt und konsultiert. Für solche Sektoren schließlich, die primär in staatlicher Hand liegen, wie Öffentliche Dienste oder Fernmeldewesen, gilt, daß auf dieser Ebene der EG-Kommission keine ausreichende gewerkschaftliche Interessenvertretung möglich ist" (Stöckl 1986, 231f).

---

[7] "Eine schwerwiegende Schwäche ist vor allem das Fehlen kompetenter, sachlich wie personell gut ausgestatteter Euro-Branchenverbände. Sogar die IG Metall, bislang schon beinahe provokatorisch euroabstinent, merkt an, daß die Gewerkschaften ... noch weit von gemeinschaftsweiten Kollektivverhandlungen entfernt sind" (Jacobi 1992a, 776).

Als potentielle Politikfelder sind zu nennen: "Kampf gegen Arbeitslosigkeit und für Vollbeschäftigung, Arbeitszeitverkürzung, gewerkschaftliche Haltung zu neuen Technologien, Status der Arbeitnehmer, Sicherheit am Arbeitsplatz, Gesundheitswesen" (Rath 1991, 268). Notwendig wird nicht nur eine supranationale Koordinierung der Politiken der nationalen Dachverbände, sondern vor allem eine engere sektoral-übernationale Abstimmung der Branchengewerkschaften (horizontal-allgemeine vs. vertikal-sektorspezifische Organisation).[8]

Eine Europäisierung der Arbeitsbeziehungen wirft verschiedene Probleme auf:

Nach wie vor bestehen deutliche Interessendifferenzen, die aus der notwendigen Orientierung an der Vertretung von national begrenzten und insofern beschränkten ökonomischen Interessen resultieren. "While for unions from advanced economies a joint European strategy is unlikely to offer improvements over what they have already gained on their own, to unions from weaker countries common demands tend to appear unrealistically ambitious and remote from their everyday practical concerns" (Streeck/Schmitter 1991, 140). Diese Ausrichtung wird sich nur allmählich ändern.

Weiterhin bestehen erhebliche Unterschiede in den Verbandsstrukturen nicht nur innerhalb, sondern vor allem auch zwischen den Ländern, u.a. in

- den Organisationsprinzipien mit Richtungs-, Berufs-, Industrie- und Einheitsgewerkschaften,
- den Mitgliederstärken bzw. Organisationsgraden, die zwischen 75%-80% in Dänemark bzw. Belgien und 10% in Frankreich schwanken,
- den Beziehungen zwischen betrieblichen und überbetrieblichen Interessenvertretungen bei dualen Systemen der Arbeitsbeziehungen,
- dem Zentralisierungsgrad der Tarifbeziehungen (Betrieb bzw. Unternehmen, Sektor, Gesamtwirtschaft) und dem Konfliktverhalten der Akteure
- sowie dem Grad der Zentralisierung der Entscheidungsfällung (Beyme 1977; Däubler/Lecher 1991; Deppe/Weiner 1991).

[8] Der Vollständigkeit wegen ist noch hinzuweisen auf die vor allem für die Wirtschafts-, Regional- und Strukturpolitik sowie für die Vertretung spezifischer Gruppeninteressen wichtigen Interregionalen Gewerkschaftsräte, die ausschließlich in den verschiedenen Grenzregionen tätig sind. Die Zusammenarbeit im Rahmen der "Interregios" mit dem Ziel einer regionalen Gewerkschafts- und Tarifpolitik ist enger als üblich, stellt aber einen regional bedingten Sonderfall dar (Lecher 1989, 645f.; Lecher 1991b, 458ff; Lecher 1992, 807-813; Müller 1994, 257-264).

Seit dem II. Weltkrieg haben nur "minimale Annäherungen der Organisationsstrukturen westeuropäischer Gewerkschaften" (Armingeon 1991a, 379; 1991b; dagegen Platzer 1991, 696f) stattgefunden; Veränderungen bei nationalen Gewerkschaften haben die Unterschiede im internationalen Vergleich kaum verringert. "Als Fazit läßt sich festhalten, daß der Grad an Institutionalisierung und Verrechtlichung sowie das Niveau von Zentralität, Repräsentativität und Professionalität erheblich variieren. Wir haben mithin geschützte und ungeschützte Vertretungssysteme, flexible und starre Regeln, robuste und anfällige Strukturen, koordinierte und fragmentierte Interessenvertretungen, innovationsfreudige und reformkonservative Gewerkschaften" (Jacobi 1992b, 9). Die für eine europaweite, institutionalisierte Zusammenarbeit notwendigen Voraussetzungen sind in erheblichem Maße unterentwickelt.[9] Kooperation wird angesichts dieser fortbestehenden "Balkanisierung" erschwert; internationale "Solidarität" und "Gegenmacht" sind unter den Vorzeichen rational-eigeninteressierten Handelns kaum zu organisieren.[10]

Dennoch ist eine gewisse Annäherung der nationalspezifischen Gesetze und Regelungen auf einem Minimalniveau unumgänglich. Einerseits bedeutet eine Internationalisierung langfristig eine gewisse Zentralisierung von Kompetenzen; andererseits müssen die Rahmenregelungen aber nicht nur national-, sondern auch branchen- und sogar betriebsspezifisch umgesetzt werden. Daher werden Prozesse der Angleichung und Differenzierung gleichzeitig stattfinden.

Eine Umkehr auf dem eingeschlagenen Weg der Integration ist trotz der genannten Probleme nicht mehr möglich, da die Verflechtung der Volkswirtschaften bereits zu weit fortgeschritten ist. Da der "point of no return" längst erreicht ist, unterstützen alle relevanten Gewerkschaften das Binnenmarktprojekt, obwohl dessen Realisierung erhebliche Risiken für sie birgt: Es schwächt ihre institutionelle und politische Machtbasis auf nationaler Ebene, ohne ihnen ausreichende Kompensationen auf supranationaler Ebene zu bieten. Die deutschen Gewerkschaften ha-

[9] So gibt es, um ein prominentes Beispiel zu zitieren, etwa in Großbritannien kein Pendant zur IG Metall. Auch die Zuordnung von Einzelgewerkschaften zu Gewerkschaftsausschüssen bereitet Schwierigkeiten, zu deren Bewältigung manche (etwa niederländische Gewerkschaften) die Einrichtung von Ressourcenpools in Form von joint ventures fordern.

[10] "The poverty of trade union representation at the European level has nothing to do with money. It is the mental resistance which prevents competent institutions from forming a European trade union policy" (Jacobi 1995, 51).

ben die europäische Integration nicht nur deutlicher, sondern auch viel früher als andere unterstützt - und werden dies auch weiterhin tun (Streeck 1991, 322).

Die Hypothese, wonach es innerhalb einer „Logik des Industrialismus“ einen Trend zu universeller Konvergenz von Organisationsstrukturen und Regulierungssystemen kommen sollte, kann am Beispiel der europäischen Dachverbände der Sozialpartner nicht bestätigt werden. Nationalspezifische Institutionen und ihre „customs and practices“ reproduzieren bestehende Unterschiede und Differenzen. Außerdem schotten sich die nationalen Systeme der sozialen Sicherung (wie Renten-, Kranken- oder Arbeitslosenversicherung) gegen Ansprüche von Außenseitern weitestgehend ab - und werden in absehbarer Zukunft kaum konvergieren. Das dominierende Konzept der Mindest- oder Sockelstandards (vgl. Kap.1) läßt bestehende nationale Systeme der Regulierung weitgehend unverändert, indem es lediglich einen weiten, supranationalen Bezugsrahmen schafft, der mit verschiedenen nationalen „customs and practices“ vereinbar ist. Konvergenz nach oben findet allenfalls insofern statt, als einige wenige Länder diese Minimalstandards erreichen müssen.

Länderspezifische, relativ einheitliche Strukturen auf beiden Seiten dominieren Prozesse internationaler Annäherung auf jeder Seite. Koalitionen zwischen den nationalen Spitzenorganisationen sind bei übereinstimmenden Interessen möglich (z.B. gemeinsame Erklärung zur sozialen Dimension des Binnenmarkts von 1989). Weiterhin ist ein Szenario realistisch, in dem Gewerkschaften und Arbeitgeberverbände auf ihre nationalen Regierungen Druck ausüben, sich gemeinsam mit ihnen für die Durchsetzung bestimmter Forderungen über die nationale Delegation im Ministerrat einzusetzen, etwa im Rahmen von Regional- oder Strukturpolitiken oder von Regelungen für einzelne Branchen oder auch für die Erhaltung zentraler Elemente des eigenen Systems. Damit sind sowohl branchenspezifische als auch übergreifende Koalitionen auf nationaler Ebene, einschl. enger Kooperation mit der nationalen Regierung, ebenso wichtig für die Durchsetzung eigener (Partial-) Interessen wie die Internationalisierung von Bargaining-Prozessen mit Interessengegensätzen zwischen Arbeitgeberverbänden und Gewerkschaften.

2.2. Der "Staat" als Akteur

Neben Arbeitgeberverbänden und Gewerkschaften tritt auf nationaler Ebene der "Staat" als dritter korporativer Akteur der Arbeits- und Sozialpolitik auf. Die entscheidende Besonderheit besteht darin, daß wir es bei der Europäischen Union mit einem Gebilde sui generis zu tun haben, mit einem politischen System, aber nicht mit einem Staat in klassischen Sinn. „The EU political system is highly decentralized and atomized, is based on the voluntary commitment of the member states and its citizens, and relies on sub-organizations (the existing nation-states) to administer coercion and other forms of state power. In other words, European integration has produced a new and complex political system. This has certainly involved a redefinition of the role of the state in Europe." (Hix 1999, 5)

Da auf europäischer Ebene keine strikte Parallele zu den politischen Strukturen in den Nationalstaaten besteht, sind für unsere Analysen vor allem folgende Akteure wichtig (Steinmeyer 1997, 40ff):

- Dem Ministerrat gehören Minister der Mitgliedstaaten und ein Mitglied der Kommission an; er ist daher im Gegensatz zur Kommission als Repräsentanz der nationalen Interessen anzusehen (Edwards 1996). Er fällt als "Legislative" alle zentralen Entscheidungen, wobei zunächst, wie bereits erwähnt, Einstimmigkeit erforderlich war, später in ausgewählten Politikfeldern qualifizierte Mehrheitsentscheidungen ermöglicht wurden. Die Notwendigkeit einstimmiger Beschlüsse in bestimmten Bereichen verzögert oder verhindert häufig Entscheidungen.[11]
- Die Kommission, die aus über 20 Generaldirektionen besteht, gilt als "Exekutive", deren Mitglieder von den Regierungen der Mitgliedstaaten entsandt werden. "These are predominantly sectoral in nature that is, they provide for the specialised technical and administrative know-how in the various policy sectors in which the Community is active. In addition, there are „horizontal" DGs which are dealing with cross-cutting concerns such as the budget, personnel or financial control"

---

[11] Die Stimmen im Ministerrat verteilen sich wie folgt: Deutschland, Frankreich, Italien, Großbritannien je 10; Spanien 8; Belgien, Griechenland, Niederlande, Portugal je 5; Österreich und Schweden je 4; Dänemark, Finnland und Irland je 3; Luxemburg 2. Von den insgesamt 87 Stimmen sind 62 für die qualifizierte Mehrheit notwendig (Art.148 EGV). In Anbetracht dieser Stimmenverhältnisse ist eine wichtige Entscheidungen blockierende Minderheit in der Regel leichter zu formieren als eine qualifizierte Mehrheit.

(Christiansen 1996, 82). Die Kommission hat keine strikt hierarchische Struktur, sondern arbeitet nach dem Prinzip der Kollegialität, welches die Zustimmung aller Mitglieder des Gremiums zur Gemeinschaftspolitik beinhaltet. Sie entwickelt und unterbreitet sämtliche Vorschläge über die zukünftige Politik der EU und implementiert die getroffenen Entscheidungen. Ihr sind aus institutionellem Eigeninteresse eher als dem Ministerrat, der in stärkerem Maße die Interessen der Mitgliedsländer vertritt, Motive der Integration bzw. des Ausbaus von Regelungskompetenz auf europäischer Ebene zu unterstellen (Maurer 1994, Wendon 1998).

- Das Europäische Parlament wird seit 1979 nicht mehr von den Parlamenten der Nationalstaaten, sondern direkt gewählt. Es hatte ursprünglich nur beratende Funktionen. Vor allem durch die Einheitliche Europäische Akte sowie später durch den Maastrichter bzw. Amsterdamer Unionsvertrag wurden die Rechte durch neue Kooperations- und Mitentscheidungsverfahren in bestimmten Politikfeldern allmählich erweitert (Earnshaw/Judge 1996). Ziel ist die paritätische Mitbestimmung des EP als "zweiter Kammer" neben dem Ministerrat als "erster Kammer".[12] Das EP fordert eine deutliche Erweiterung seiner Kontroll- und Entscheidungsbefugnisse in Richtung auf Gleichberechtigung und Gleichgewicht mit dem Ministerrat, um das häufig beklagte "Demokratiedefizit" der Gemeinschaft (Weiler 1992, 12ff) abzubauen, das zu Legitimationsdefiziten bei den Bürgern führen kann.[13]

- Der Europäische Gerichtshof (EuGH) ist die Verfassungs- und Rechtsschutzinstanz der Gemeinschaft im Sinne des "Wächters über die Verträge"; er überwacht die Einhaltung des Gemeinschaftsrechts. Er kann im Rahmen der europäischen Institutionen als Motor der Integration und der Entwicklung europäischer Sozialpolitik bezeichnet werden. "The Court not only has contributed to the deve-

[12] Der Vollständigkeit halber ist noch der Wirtschafts- und Sozialausschuß zu erwähnen. Der WSA setzt sich tripartistisch aus Vertretern der Arbeitnehmer, Arbeitgeber und sonstigen Interessen (z.B. freien Berufen, Handwerk, Konsumenten, Agrar) zusammen; dadurch sollen die verschiedenen gesellschaftlichen Interessen repräsentiert werden. Der WSA ist ein institutionalisiertes Gremium zur Beratung des Gesetzgebers in sozioökonomischen Fragen, jedoch kein formales Entscheidungsorgan. Der Rat ernennt auf Vorschlag der nationalen Regierungen die 144 Mitglieder des WSA auf vier Jahre. Der WSA, der auch über ein Initiativrecht verfügt, bezieht in Gruppenarbeit Stellung zu Vorschlägen der Kommission. Er kann die Integration durch Stellungnahmen fördern (zusammenfassend Stöckl 1986, 85-92; Catling 1991, 128-144).

[13] Auf dem Gipfel in Edinburgh Ende 1992 einigten sich die Staats- und Regierungschefs auf eine Erhöhung der Zahl und Neuverteilung der Sitze im EP. Deutschland erhielt auf Grund der Vereinigung 99 statt vorher 81 Sitze; Frankreich, Großbritannien und Italien erhielten zu ihren je 81 Sitzen je 6 weitere (im einzelnen Klepsch 1993, 15).

lopment of the legal framework by merely interpreting primary and secondary European legal sources; especially in the area of equal opportunities for men and women, it went far beyond mere interpretation." (Weiss 1998a, 201-202). Sowohl die Anzahl als auch der Anteil der sozialpolitischen Entscheidungen hat im Laufe der vergangenen Jahrzehnte deutlich zugenommen und im Sinne von "low politics" Einfluß sowohl auf die Entwicklung supranationaler als auch durch Rückwirkungen auf nationale Sozialpolitik ausgeübt (Wincott 1996). "It is as much a series of rulings from the ECJ (European Court of Justice, B.K.) as the process of Commission and Council initiative that has been the source of new social policy." (Leibfried/Pierson 1996, 204). Die Entscheidungen, die sich sowohl auf das Primär- als auch auf das Sekundärrecht der Gemeinschaft beziehen, sind mehrheitlich zugunsten weiterer Integrationssschritte ausgefallen („in dubio pro communitate").

Möglicherweise wird der EuGH[14], wie bereits in der Vergangenheit aufgrund seiner Entscheidungen in stärkerem Maße zum Initiator von Integration und politischer "Vergemeinschaftung" als andere, vor allem nationale Akteure. "... there is a case for regarding the Court as having been far more instrumental in the application of social policy than either the Council or the Commission. It is largely thanks to the Court that certain provisions of the Treaty and of Directives are capable of taking direct effect in national law without the approval or national legaislatures, thereby requiring member states to pay more than close attention to the contents of Community law" (Deakin 1997, 127). Eine gewisse Handlungsunfähigkeit des Rates aufgrund institutioneller Restriktionen kann dazu führen, daß der EuGH auch in Zukunft Katalysator der europäischen Entwicklung bleibt.[15]

Eine wichtige Handlungsoption des EuGH mit dem Ziel der Behebung von Vollzugsdefiziten besteht in der Einleitung eines Vertragsverletzungsverfahrens auf Antrag der Kommission (Art. 226 und 228 EGV). Diese Option ist u.a. wichtig, weil

---

[14] Der EuGH vertritt in seiner ständigen Rechtsprechung das Prinzip des Vorrangs des Gemeinschaftsrechts vor nationalem Recht; das BVerfG hat sich dieser Position angeschlossen und eine einseitige nationale Korrektur im Falle von Grundrechtsverletzungen durch Gemeinschaftsrecht ausgeschlossen (als Überblick Shapiro 1992, 123-156).

[15] Für diese Vermutung spricht dessen Interpretation des Art. 39, Abs. 4 EGV oder die der Arbeitszeitrichtlinie. Zurückhaltender ist der EuGH, der den Vorrang der Rechtsetzung des Rates anerkennt, hinsichtlich der Umsetzung von Richtlinien.

die Kommission selbst nur über wenige Instrumente zur direkten und unmittelbaren Vollzugskontrolle verfügt. Diese Verfahren richten sich faktisch auf unterschiedliche Objektbereiche, vor allem auf Verletzungen von Umsetzungs- und Berichtspflichten, Umsetzung in nationales Recht sowie auf eine nicht richtlinienkonforme Praxis. Die Anzahl der Verfahren, die sich aufgrund von erheblichen Auslegungs- und Interpretationsspielräumen der Mitgliedsländer vor allem auf Richtlinien beziehen, nimmt bei deutlichen Differenzen zwischen den Ländern seit den 80er Jahren zu (Gerichtshof der Europäischen Gemeinschaften, Jahresberichte).[16] Die Umsetzungen sind u.a. schwierig wegen des Vorhandenseins und des Bestandes nationaler Regelungen sowie wegen der Existenz unterschiedlicher Ebenen (etwa national, regional, lokal), die im Prozeß der Umsetzung überbrückt werden müssen.

In zusammenfassender Bewertung ist festzustellen: "Das politische System der Europäischen Union ... ist in erster Linie als komplexes Verhandlungssystem zu begreifen, an dem neben der Kommission und vielen anderen Mitwirkenden in zunehmendem Maße das Europäische Parlament und weiterhin die Regierungen der Mitgliedstaaten in den Ministerräten als Inhaber von Veto-Positionen beteiligt sind" (Scharpf 1998, 235). [17]

Das generalisierbare Argument eines "Demokratiedefizits" der transnationalen Politik im Sinne mangelnder Legitimation wird in der aktuellen Politikwissenschaft nicht unbedingt geteilt. "Verhandlungen ... haben ihre eigene Legitimationsgrundlage in der Norm, daß alle Beteiligten zustimmen müssen und daß keiner zustimmen wird, wenn er sich dabei per Saldo schlechter stellen würde als bei einem Scheitern der Verhandlungen. ... Unter normativen Gesichtspunkten kommt es deshalb für die Legitimation von Verhandlungslösungen allein darauf an, ob tatsächlich alle betroffenen Interessen mit Veto-Möglichkeit beteiligt werden und ob

[16] Aden 1999, 326 unterscheidet drei Grundtypen von Verfahren: Mitgliedstaaten setzen Richtlinien nicht innerhalb der vorgegebenen Fristen um; Rechtsakte und Maßnahmen genügen nicht dem erforderlichen Umsetzungsstandard; die praktische Richtlinienumsetzung bleibt unzureichend. Im übrigen endet ein sehr großer Teil der Verfahren mit Verurteilungen.

[17] Für die zukünftige Entwicklung gilt: "Die Quintessenz des heutigen Wissensstandes über den europäischen Integrationsprozeß ist, daß dieser sehr wahrscheinlich nie, sicher aber nicht in irgendeiner praktisch relevanten Zukunft, in einem supranationalen staatlichen Gebilde enden wird, das ähnlich wie die staatliche Ordnung der Nachkriegszeit die Fähigkeit hätte, soziale Minima aus dem Wettbewerb zu nehmen" (Streeck 1998, 3).

die erreichten Vereinbarungen verbindliche Kraft haben" (Scharpf 1998, 237) In dieser Sicht liegen die Nachteile von Verhandlungssystemen nicht in prinzipiellen Problemen sondern in hohen Transaktionskosten und strukturellen Benachteiligungen (wie rasche Handlungsfähigkeit oder Unmöglichkeit der Lösung fundamentaler Konflikte).[18]

Armingeon ist der Frage nachgegangen, ob sich im Laufe der Zeit die Unterschiede zwischen nationalen politischen Systemen verringern, so daß wir von einem entstehenden politischen System Westeuropas ausgehen können. Die häufig vertretene These einer zunehmenden Konvergenz läßt sich empirisch nicht erhärten.[19] Damit "zeigt sich ..., daß sich voraussichtlich keine Entlastungen des supranationalen Integrationsprozesses durch konvergierende nationale politische Strukturen ergeben werden. Insbesondere die seit dem Maastrichter Gipfel verstärkt ausgegebene Subsidiaritäts-Parole kann deshalb zur Falle für den Integrationsprozeß werden. Nach Maastricht kann eine Zentralisierung nur schwer legitimiert werden. Und eine Dezentralisierung der Entscheidungskompetenzen könnte angesichts der Unterschiede zwischen den nationalen politischen Systemen zu einer beträchtlichen Uneinheitlichkeit der Lebensverhältnisse in der EG und damit zu einem weiteren Auseinanderdriften der Gemeinschaft führen" (Armingeon 1993, 266).

[18] Schließlich setzt die Kritik am "Demokratiedefizit" der EU Demokratisierung weitgehend mit Parlamentarisierung gleich; wählt man hingegen die Installierung eines ausdifferenzierten Systems von „checks and balances" als Kriterium der Beurteilung, fällt die Kritik notwendigerweise moderater aus (Majone 1996, 284-301).

[19] Ähnlich auch: "Rather, the available evidence seems to point to continuing cross-country differences in bargaining structures rather than convergence" (OECD 1994, 168).

3. Partizipation von Arbeitnehmern: Die Entwicklung bis zur Richtlinie

Die Entscheidungsstrukturen und -prozesse der Unternehmen verändern sich grundlegend durch grenzüberschreitende Entwicklungen im Binnenmarkt, u.a. durch Unternehmenszusammenschlüsse, Firmenübernahmen und Fusionen. Demgegenüber enden die kodifizierten Rechte der nationalen Arbeitnehmervertretungen ex definitione an den Landesgrenzen (sog. Territorialprinzip); außerdem können diese Rechte durch Internationalisierung strategischer Geschäftseinheiten (sog. Divisionalisierung) sowie durch Zentralisierung wichtiger Entscheidungen an der Konzernspitze ausgehöhlt werden. Daher werden parallele transnationale Interessenvertretungen notwendig, welche die nationalen keinesfalls überflüssig machen oder ersetzen, sondern lediglich ergänzen sollen. Eine internationale Kooperation nationaler Repräsentanten gestaltet sich sowohl rechtlich als auch faktisch recht schwierig.

Vor allem auf der dezentralen, betrieblichen Ebene stellt sich die Frage nach der Einrichtung supranationaler Interessenvertretungen mit spezifischen Handlungsoptionen. Dabei geht es u.a. um die strategische Frage, ob diese durch eine allgemein verbindliche rechtliche Regelung oder (auch) durch freiwillig-kontraktuelle Vereinbarungen der Sozialpartner eingerichtet werden sollen. Damit ist zugleich die Frage nach den Regelungsinstrumenten (Gesetz vs. Vertrag) und deren Relationen gestellt, die sich von Land zu Land sowie nach Verhandlungsobjekten unterscheiden.

Die Lösung des Problems kann aller Erfahrung nach nicht darin liegen, eines der nationalen Modelle der Mitbestimmung bzw. Interessenvertretung zum Referenzmodell zu machen und europaweit zu exportieren. So war in den 70er Jahren die Idee einer Transplantation der vergleichsweise weitreichenden deutschen Mitbestimmungsregelungen auf andere Mitgliedsländer ebenso wenig konsensfähig wie eine Lösung der "mittleren" Linie, die vor allem in der Bundesrepublik einen Abbau von Arbeitnehmerrechten bedeutet hätte. Ein solcher Schritt wäre aufgrund historischer Besonderheiten und deutlicher institutioneller Unterschiede weder sinnvoll noch möglich: Die Interessen der korporativen Akteure in den einzelnen Ländern sind kaum harmonisierungsfähig; zudem sind die nationalen Partizipationsregelungen recht unterschiedlich hinsichtlich Formen, realen Ausprägungen, Verbreitung, Intensität und Bereichen (Krieger 1991, 20-34; Jaeger 1991, 59-95; Niedenhoff 1990, 20-30; auch 1991a, 20-26; Blanpain 1992, 115-121). In einigen Mitgliedsländern würden zum ersten Male Konsultations- und Informationsrechte etabliert.

Die Schwierigkeit besteht definitiv nicht in einer völligen Angleichung im Sinne der Transplantation eines nationalen Systems auf die anderen Länder, sondern in einer generelleren Perspektive in der Institutionalisierung von Regeln und damit einer gewissen Verläßlichkeit, Berechenbarkeit und Stabilität des kollektiven Handelns auf der Basis von Sockel- bzw. Mindeststandards. Gegenstand im Rahmen einer Modellvielfalt ist nicht Mitbestimmung in ihren spezifisch nationalen Ausprägungen, sondern vielmehr verbesserte Partizipationsrechte von Arbeitnehmern durch Anhörung, Information, Konsultation, Mitwirkung und Mitbestimmung im allgemeineren Sinne.[1] Dieses "employee participation in management decision making" kann auch und gerade als Instrument der Steigerung der "sozialen" Produktivität im Sinne eines Positivsummenspiels dienen.[2]

3.1. Die Entwicklung seit Mitte der 80er Jahre

1. Die EG-Gremien, die bis zur Ratifizierung des Vertrages über die Europäische Union Beschlüsse einstimmig fassen mußten, zögerten mit Gesetzesinitiativen, obwohl diese seit den 70er Jahren auf der politischen Agenda gestanden hatten (zur Geschichte Turner 1993b, 50ff). Seit Mitte der 80er Jahre[3] versuchten etliche nationale Gewerkschaften sowie gewerkschaftliche Spitzenverbände auf Branchenebene in Zusammenarbeit mit betrieblichen Arbeitnehmervertretungen, aus

---

[1] Dabei ist eine Konzentration auf Partizipation bei der Einführung neuer Technologien festzustellen (Cressey/Williams o.J).

[2] "So sind weitreichende Mitbestimmungsrechte nicht a priori ein Manko im Wettbewerb der Systeme. Ganz im Gegenteil kann sich sogar ein Vorteil ergeben, beispielsweise wenn Mitbestimmung die Bereitschaft zur Kooperation fördert, erhöhte Humankapitalinvestitionen hervorruft und insgesamt die Produktivität erhöht" (Seitel 1995, 222f).

[3] Diese Periode läßt sich in drei Phasen unterteilen: „The years 1985-9 may be described as *the period of the pioneers*... The period 1990-2 saw *the new proposal on EWCs*... The period 1993-5 can be described as *the adoption era*. The number of EWCs expanded rapidly, and the real growth in German agreements began in 1994..." (Rivest 1996, 236f).

der Not eine Tugend zu machen: Sie ergriffen im Rahmen einer "Doppelstrategie" die Initiative, um strategische Beteiligungsdefizite und entstandene Informationsnachteile zu kompensieren und um ein Ausnutzen nationaler Interessendivergenzen auf supranationaler Ebene zu verhindern. In Ermangelung einer rechtlich verbindlichen Normierung bemühten sie sich, Interessenvertretungen über freiwillig-vertragliche Vereinbarungen mit einzelnen multinationalen Unternehmen einzurichten.

Zumeist vereinbarten die nationalen Vertretungen der Arbeitnehmer zunächst untereinander eine Geschäftsordnung, die als Basis für die gemeinsame Arbeit diente. Nach der faktischen Anerkennung wurde die formale Vereinbarung schriftlich mit der Unternehmensleitung geschlossen.[4] „Die europäischen Gewerkschaften konnten damit ein wichtiges Exempel statuieren, das seinerseits einen nicht unerheblichen Einfluß auf die politische Durchsetzung der Richtlinie hatte.“ (Schulten 1997, 88). Diese Ansätze stießen nicht immer und unbedingt auf Ablehnung seitens des Managements, das sowohl eine bindende Richtlinie verhindern als auch Arbeitnehmerinitiativen für eigene Zwecke vereinnahmen wollte, und daher nicht um nahezu jeden Preis gegen freiwillige Vereinbarungen war.[5]

"This process is better developed in some sectors than others, often depending on factors such as the resources and experience of the IST/EIC (International Trade Secretariats/European Industry Committees, B.K.) concerned and the degree of "multinationalisation" of companies in the industry" (EIRR 1993a, 20). Abkommen kamen zunächst vor allem in der Metall-, später auch u.a. in der Chemieindustrie zustande. Allerdings haben nur wenige transnational tätige Konzerne mit starken Arbeitnehmervertretungen unterschiedliche Informations- und Konsultationsrechte auf freiwilliger Basis vereinbart: In der zweiten Hälfte der 80er Jahre bildeten zunächst vor allem einige multinationale Konzerne mit Hauptsitz in Frankreich grenzüberschreitende Arbeitnehmervertretungen und übernahmen dadurch in dieser Phase eine gewisse Vorreiterrolle (u.a. Thomson-Brandt, Bull, BSN, Elf-

---

[4] In einigen Fällen handelte es sich um ausschließlich informelle Praktiken ohne formale Absicherung.

[5] Vgl. im einzelnen die Modelle zur Erklärung der Einrichtung von EBR bei Streeck/Vitols 1993. Ein ganz anderer Ansatz zur Begründung der weitgehenden Ablehnung argumentiert mit Implementationskosten und Effizienzverlusten (im einzelnen Addison/Siebert 1992b, 8ff).

Aquitaine) (Northrup et al. 1988, 531-537; Buda 1991a; IG Metall o.J., 59-100; EGI 1991; Deppe 1992a, 101-173; EIRR 1993b, 13-19; Zügel 1995, 365-387).
Diese frühen Ausnahmen lassen sich vor allem durch die politische Rahmenbedingungen erklären, welche auch die eher langsame Verbreitung anstatt einer schnellen Zunahme erklären: "The state ownership and socialist management of a number of the leading French examples constitute a clear political factor in these places. The prior existence of legislation providing for national group-level representative bodies in France and Germany may also have been the springboard for the extension of such arrangements to the European level ..." (Hall et al 1992, 6). Gesetzliche Rahmenvorgaben über nationale Vetretungsrechte, wie sie in Frankreich und Deutschland im Gegensatz u.a. zu Großbritannien bestehen, erwiesen sich als günstige Voraussetzung.
Eine Finanzierung vorbereitender Konferenzen aus EG-Mitteln war auf Antrag möglich (Haushaltslinie B3-4004). Die "Zuschüsse zu transnationalen Zusammenkünften von Arbeitnehmervertretern", die zu Beginn der 90er Jahre deutlich aufgestockt wurden, betrugen 1992-93 insgesamt 31 Millionen ECU. "Broadly, the applications ... reflect a combination of the relative size of the various sectors in the European economy and the number of MNCs in those sectors which would be affected by the European Works Council Directive" (EIRR 1993c, 15; vgl. auch Roberts 1993, 178-181; Fulton 1995, 229-244; Miller/Stirling 1998, 41ff).
Nach der Verabschiedung der Richtlinie und einer Reihe von Änderungen sollen folgende Ziele Vorrang haben:

- "Verständnis und Durchführung der Richtlinie sowie der nationalen Umsetzungsgesetze;
- Herstellung von Verbindungen zwischen den Arbeitnehmervertretern und/oder des Managements der betroffenen Unternehmen;
- Entwicklung eines Verfahrens zur Schaffung einer Struktur für Unterrichtung und Anhörung;
- Schulung der Vertreter der Sozialpartner, damit sie ihre Aufgaben in einem solchen Gremium wahrnehmen können" (Europäische Kommission/GD V 1996, 2)

2. VW war das erste deutsche multinationale Unternehmen mit einem "europäischen Konzernbetriebsrat", der seit 1990 existierte und seit Anfang 1992 offiziell anerkannt war (Uhl 1991; Schulten 1992; Fuchs/Uhl/Widuckel-Mathias 1991, 729ff; Turner 1993a, 30ff; Mertens 1994; Zügel 1995, 387-394). In der Chemieindustrie trafen auf der Basis einer 1990 geschlossenen Vereinbarung über "Gemeinsame Hinweise von IG Chemie, Papier, Keramik und Bundesarbeitgeberverband Chemie über Betriebsratskontakte auf europäischer Ebene" (Gester/ Bobke 1992, 739f; Klak 1994, 139ff) u.a. Bayer, Continental und Hoechst eigene Regelungen. Die Rechte der Arbeitnehmervertreter waren allerdings geringer als die des EBR bei VW, der im Prinzip dem deutschen Modell der Mitbestimmung unter Einbeziehung ausländischer Vertreter folgte. Einige Unternehmen außerhalb der Chemieindustrie schlossen ebenfalls Vereinbarungen ab. "A sectoral breakdown of the 41 arrangements shows a concentration in a limited number of industries. Metalworking/engineering predominates (with 18 of the 41 examples operating in this sector), followed by chemicals (13), with food (four) and finance (three) some way behind, and isolated examples in transport, hotels and construction" (Hall et al. 1995, 16).

Damit war die ursprüngliche französische Dominanz nicht mehr gegeben, seit den frühen 90er Jahren fanden wir eine gewisse, wenngleich nicht große Vielfalt von Modellen (Carley 1993b, 14-21; EIRR 1993a). "The spread of voluntary EWCs beyond their origins amongst French state-owned companies has also had an important political impact by giving credibility to the Directive's objectives and putting managerial criticism into perspective" (Hall et al. 1995, 3).[6]

Die Verteilung der multinationalen Unternehmen auf die Länder ist nicht zufällig, sondern hängt von Merkmalen ihrer internen Struktur ab: "First, production in the companies ... is organized on a European footing within a unified European management structure. Second, arrangements have arisen where companies or their subsidiary product divisions, are engaged in similar types of activity in different countries. Third, a number of the arrangements have been concluded with the .. trade union organization at European level ... Fourth, in at least one case ... the

[6] Allerdings haben bis 1994, d.h. bis zur Verabschiedung der Richtlinie, Konzerne mit Sitz in Großbritannien keine Initiativen ergriffen. Vgl. zu den ersten Ausnahmen EIRR 1994c, 20-22.

provision ... is aimed at overcoming political schisms within the European trade union movement ... Sixth, the initiative for European-level arrangements has come from companies as well as from trade unions" (Marginson 1992, 541).

3. Über die Arbeit und Erfahrungen dieser Ausschüsse auf freiwillig-vertraglicher Grundlage, die für die späteren EBR auf rechtlicher Basis wichtig sind, liegen eine Reihe von Untersuchungen vor (Gold/Hall 1992; Rehfeldt 1994, 273-291; Hall et al. 1995, 22ff; Bonneton et al. 1995; Krieger/Bonneton 1995, Rivest 1996). Im Laufe der ersten Hälfte der 90er Jahre wurde mit der zunehmenden Zahl der Vereinbarungen die empirische Basis der Studien allmählich breiter- und die Untersuchungen differenzierter. Die Kenntnisse über ein breit definiertes "basic model" lassen sich folgendermaßen zusammenfassen: "Meetings are typically held yearly. In all cases the companies meet the costs of the meetings including travel, accomodation and paid time-off for employee representatives. Trade unions operating within the companies generally have the right to determine employee representation at meetings. In most cases that nature of the arrangement is informational rather than consultative" (IRRU 1991, 2; ähnlich Hall 1992b, 4). Die Weitergabe von Informationen seitens des Managements beschränkt sich auf konzernweite Fragen und schließt rein nationale aus. Beratungen in den relativ kleinen Gremien mit zumeist deutlich weniger als 30 Mitgliedern sind selten, echte Verhandlungen finden nicht statt. Die jährlichen Treffen können durch vorbereitende Veranstaltungen ergänzt werden. Praktische Probleme bestehen u.a. in fehlenden Sprachkenntnissen.[7]

Die Repräsentanten beider Seiten schätzen die Arbeit insgesamt recht positiv für die Vertretung ihrer Interessen ein:

- Die Managementvertreter sind mit den bestehenden Regelungen zufrieden und wollen sie nicht wesentlich verändern. Vorteile sehen sie vor allem in der Bildung einer internationalen "corporate identity", in Kontakt und Gedankenaustausch sowie in der Förderung europaweiter Restrukturierungspläne.

---

[7] Eine andere Studie gelangt zu folgendem Schluß: „This research confirms that in the early periods, national contexts played an important role in setting the precedents... The analysis supports the assumption that European and international trade unions play an important role in the formation of EWCs... It seems that the interplay of actors at three levels (company, nation and sector) moulds the negotiation process which results in the formation of each EWC" (Rivest 1996, 250f).

- Die Arbeitnehmervertreter möchten die informellen Vereinbarungen stärker formalisieren, ihre Rechte in Richtung echter Verhandlungen erweitern, die Arbeit insgesamt effektiver gestalten und weitere multinationale Konzerne einbeziehen. Vorteile sehen sie u.a. in der Informationsgewinnung direkt von der Konzernspitze, im Aufbau internationaler Kontakte, im Austausch von Informationen und deren Koordinierung im Rahmen gemeinsamer Politiken.

Die Gremien setzen sich oft nach dem französischen Vorbild der comités d'entreprise gemäß der Gesetzgebung des Jahres 1982 aus Repräsentanten beider Seiten zusammen, während die spätere EBR-Richtlinie auch reine Arbeitnehmergremien vorsieht, wie sie u.a. in der Bundesrepublik bestehen. Häufig sind externe Gewerkschaftsvertreter Mitglieder, während die EBR-Richtlinie Repräsentanten der Gewerkschaften keine formale Rolle zugesteht, sondern die Auswahlverfahren nationalen Regelungen überläßt. In bezug auf die Frage nach den nationalen Entsendungs- bzw. Repräsentationsrechten, die auch für die Umsetzung der Richtlinie von Bedeutung ist, gilt generell: "Allen Mitgliedern der bestehenden Euro-Betriebsräte ist gemeinsam, daß sie nach Angaben von Management und Betriebsräten durch die nationalen Betriebsräte entsandt werden. Eine Urwahl der Mitglieder in den einzelnen Gesellschaften findet demnach in keinem Fall statt ..." (Deppe 1992b, 188). In einigen Fällen haben die zuständigen Gewerkschaften Einfluß über die Entsendung hauptamtlicher Funktionäre (Hall et al. 1995, 17). Diese personelle Verschränkung erhöht u.a. die Akzeptanz für die nationalen Vertretungsgremien; auftretende Informations- und Koordinationsprobleme sind leichter zu lösen.

4. Überspitzt formuliert sind derartige EBR lediglich Organe

- zur dauerhaften Kontaktaufnahme zwischen den Interessenvertretern aus verschiedenen Ländern,
- zur gegenseitigen Unterrichtung über eigene Absichten sowie über Pläne des Managements (u.a. hinsichtlich der Arbeits- bzw. Betriebszeiten, übrigen Arbeitsbedingungen und länderübergreifenden Investitionsstrategien)
- sowie zur Abstimmung differierender Interessen der Arbeitnehmer bzw. ihrer Vertretungen an den Standorten ihres Unternehmens.

Für die Funktionen gilt: "... there are not formal consultation rights in these cases, and councils are pure information bodies ... Typical border-crossing issues are surprisingly infrequent. In even fewer cases are traditional subjects of collective bargaining discussed" (Streeck/Vitols 1993, 25f). Die vereinbarten Informationsrechte erreichen nicht einmal das Niveau der moderaten Konsultationsvorgaben der späteren Richtlinie. Die Gremien sind von der Qualität ihrer Partizipationsrechte her reine Informations- oder Wirtschaftsausschüsse und keine Betriebsräte mit echten Mitbestimmungsrechten etwa im Sinne des BetrVG. Sie sind kaum Gremien effektiver Interessenwahrnehmung gegenüber dem Management, sondern nur deren Vorläufer. Ihre Heterogenität in der Praxis vermittelt schon früh einen realistischen Eindruck von der Vielfalt von EBR, die später auf der Basis der Richtlinie gebildet werden.

Diese freiwillig vereinbarten Ausschüsse machten gesetzlich-verbindliche und damit vereinheitlichend-verallgemeinernde Regelungen in Form einer Richtlinie keinesfalls überflüssig. Sie waren eine notwendige, allerdings keine hinreichende Voraussetzung für EBR. „Zwischen der Einrichtung von europäischen Informationsgremien auf freiwilliger Vereinbarungsbasis einerseits und der Verabschiedung und dem Wirksamwerden der Richtlinie andererseits besteht eine sich gegenseitig verstärkende Wechselwirkung." (Platzer/Weiner 1998, 392). Die Reichweite der reinen Vertragsstrategie blieb trotz des Einsatzes erheblicher Ressourcen prinzipiell begrenzt: Sie eignete sich vor allem als Vorläufer bzw. Zwischenlösung, um Präzedenzfälle in Form positiver Beispiele für das politische bargaining um eine gesetzliche Regelung zu schaffen.[8]

Diese Strategie eignete sich nicht, um ein flächendeckendes Netz funktionierender EBR zu etablieren, was erst im Verlauf der Implementation der Richtlinie möglich wird. Die voluntaristischen Ansätzen implizite Stückwerkstrategie absorbiert nicht nur zu viele personelle und zeitliche Ressourcen, sie überfordert auch die begrenzten Handlungsmöglichkeiten nationaler Arbeitnehmervertretungen, die in jedem Unternehmen erneut die Initiative ergreifen mußten.

---

[8] "The EWC has been a constantly developing concept from the start, with voluntary initiatives and the model laid down in the various draft Directives from 1990 to 1994 mutually influencing each other. The influence of practice on the Directive can be discerned in various elements of its "subsidiary requirements", which have changed considerably since the original 1990 proposals" (EWCB 1995a, 7).

Die Erfahrungen verschiedener Länder mit unterschiedlichen Regulierungsverfahren zeigen, daß vertragliche und deswegen vergleichsweise leicht reversible Abmachungen nicht in der Lage sind, rechtliche und damit verbindliche Garantien adäquat zu ersetzen. Internationale Vergleiche zeigen, daß rein freiwillige Regulierungen im Vergleich zu stärker verrechtlichten zu langwierig sind, um sektoral-flächendeckend effektiv zu wirken. Außerdem schaffen sie zusätzliche Probleme eines Betriebssyndikalismus bzw. -egoismus hinsichtlich einer faktisch notwendigen, arbeitsteiligen Kooperation zwischen betrieblichen und überbetrieblichen Interessenvertretungen. Die Gewerkschaften sind bei gesetzlichen Regelungen häufig in einer strategisch günstigeren Position, da sie ihre knappen Ressourcen nicht für die fallweise Aushandlung von Mitbestimmungsrechten in einem Prozeß des do ut des einzusetzen brauchen.

5. Dieser qualitative Nachteil einer unausgewogenen Mischung der Regelungsinstrumente "Gesetz" und "Vertrag" blieb bestehen, obwohl die Zahl europäischer Informations- und Wirtschaftsausschüsse allmählich zunahm und sie sich zunehmender Akzeptanz erfreuten.[9] Der entscheidende Grund lag in dem Versuch weiterer betrieblicher und überbetrieblicher Arbeitnehmervertretungen, über die Einrichtung derartiger Gremien offizielle Informationen zu erhalten, Erfahrungen zu sammeln und eine gewisse de facto-Kooperation des Managements trotz einer häufig eher geringen Zustimmungsbereitschaft zu erreichen.
In bezug auf die Größenordnung stellten die Unternehmen mit EBR auf freiwilliger Basis eindeutig die Ausnahme dar: Mitte der 90er Jahre, also nach einem Jahrzehnt intensiver Bemühungen, existierten Abkommen in nicht mehr als 40 Unternehmen (Hall et al. 1995, 15). M.a.W.: In einem geringen Prozentsatz der Unternehmen, welche die Kriterien der späteren Richtlinie erfüllten, bestanden EBR-ähnliche Organe. Die Erfolge der "Doppelstrategie" waren also weder quantitativ noch qualitativ überwältigend.
Daher mußte die Kommission als "dritter" korporativer Akteur aktiv werden und durch supranational-verbindliche Rahmenregelungen die notwendigen Voraussetzungen

[9] Vgl. Eurobetriebsräte erfreuen sich wachsender Akzeptanz (Handelsblatt 06.08.1992); ähnlich Carley 1993b, 14ff. Eine langsame Zunahme vermutete auch Deppe 1992b, 185.

zungen für konkrete Abkommen schaffen. Diese Perspektive schien jedoch sowohl wegen der unterschiedlichen nationalen Traditionen in den Beziehungen zwischen Nationalstaaten und Tarifvertragsparteien in den Mitgliedsländern (Doogan 1992, 172ff) als auch aufgrund der Interessengegensätze auf EG-Ebene lange Zeit recht unrealistisch.

3.2. Zur Geschichte der Richtlinie

Die lange Jahre geführte Diskussion um die Regelung der Partizipationsbedingungen läßt sich grob in drei Etappen einteilen (Northrup/Campbell/Slowinski 1988, 526ff):

1. "The early debate that started in the 1970s was one that centred upon the need to extend the kind of workers' rights to representation found in German companies, to install clear provision for information and consultation and to begin to regulate the multinational business which, it was felt, could evade national regulations on a host of substantive issues, especially in the area of worker participation and industrial democracy" (Cressey 1993, 87). Mehrere Gesetzesinitiativen schlugen fehl, da die damals notwendige Einstimmigkeit (Art. 100 EWG-Vertrag) nicht herzustellen war (vor allem fünfte Richtlinie zum Unternehmensrecht von 1972, Entwurf der Vredeling-Richtlinie von 1980, überarbeitete Fassung 1983[10], phasenweise Richtlinienvorschlag von 1990).[11]

UNICE leistete hartnäckig und lange Zeit erfolgreich Widerstand gegen die verschiedenen Richtlinenvorschläge. Die deutschen Spitzenverbände BDI und BDA unterstützten diese Strategie ihres europäischen Dachverbandes trotz der durchaus positiven Erfahrungen, die sie nach eigenem Bekunden mit den in der Bundesrepublik für die betriebliche und Unternehmensebene geltenden Mitbestimmungsregelungen gemacht hatten. "Broadly, labour ... has supported the Commission in its attempts to create the social dimension through legislation, whilst the

[10] Die Arbeitgeber lehnten diesen Entwurf einhellig ab; 1986 wurde beschlossen, ihn nicht weiter zu verfolgen (vgl. die Fallstudie bei Stöckl 1986, 145-153; zur Geschichte auch Cressey 1993, 88ff; Grahl/Teague 1991, 56ff).

[11] Vgl. zur später eingeführten Umstellung der Entscheidungsverfahren auf qualifizierte Mehrheiten in ausgewählten Bereichen im einzelnen Kap.5.

employers ... have expressed strong reservations over this approach, preferring voluntary methods instead" (Gold 1993,16).

2. Nach langwierigen, kontroversen Diskussionen präsentierte die Kommission im Dezember 1990 ihren Vorschlag für eine "Richtlinie des Rates über die Einsetzung Europäischer Betriebsräte zur Information und Konsultation der Arbeitnehmer in gemeinschaftsweit operierenden Unternehmen bzw. Unternehmensgruppen" (Knutsen1997). Fünf Gründe spielten bei dieser erneuten Initiative eine herausragende Rolle: "the new context provided by the Single European Market, trade union pressure, the voluntary establishment of "prototype" EWCs within a number of leading European multinationals, the lessons of earlier EC employee participation initiatives, and intra-Community political and institutional considerations" (Hall 1992a, 548).

Die Sozialpartner bewerteten den Richtlinienvorschlag recht unterschiedlich (zu den Positionen Niedenhoff 1991b, 6-21):

- BDA und BDI befürchteten auf den verschiedenen Ebenen Friktionen zwischen nationalen Betriebsräten und EBR aufgrund unterschiedlicher Zuständigkeiten sowie negative Einflußnahmen auf geplante unternehmerische Entscheidungen. BDA und BDI haben gemeinsam "eine ablehnende Stellungnahme zum Richtlinienvorschlag abgegeben, da er in Widerspruch zu wesentlichen Grundsätzen der deutschen Betriebsverfassung stehe, an den grundsätzlich anzuerkennenden Interessen der Arbeitnehmer zur Information und Konsultation vorbeigehe und unverhältnismäßige organisatorisch-bürokratische Belastungen mit sich bringe. Der Vorschlag führe zu einem eigenständigen und zusätzlichen System der Mitwirkung der Arbeitnehmer, das sich im Ansatz von der geltenden Betriebsverfassung unterscheidet" (BDA 1991, 11; vgl. auch BDA 1993, 176f; Niedenhoff 1992, 71-83). BDA und BDI lehnten den Richtlinienvorschlag nachdrücklich ab und favorisierten eine unverbindliche Empfehlung statt einer verbindlichen Richtlinie.[12]

---

[12] Die Kritik an dieser Position läßt sich folgendermaßen zusammenfassen: "Das Insistieren auf Freiwilligkeit ist nicht sehr überzeugend. Für freiwillige Regelung hätte es in der Vergangenheit viel Gelegenheit gegeben: der Ertrag ist dürftig. Noch immer sind es spektakuläre Einzelfälle, in denen entsprechende Vereinbarungen getroffen wurden oder werden, ganz abgesehen davon, daß eine Reihe solcher Vereinbarungen eher mit Firmenimageüberlegungen zu tun haben und deshalb vielfach eine Alibifunktion erfüllen" (Weiss 1992c, 426).

- Der DGB betrachtete den Entwurf zu einer gesetzlichen Regelung als "einen Schritt in die richtige Richtung", kritisierte aber die hohe Einrichtungsschwelle bei der Beschäftigtenzahl und forderte qualitative Verbesserungen bei den Aufgaben und Zuständigkeiten des EBR in Richtung auf echte Mitbestimmungsrechte. Informationen müssen "schriftlich, umfassend und so rechtzeitig erfolgen, daß die Vorschläge und Bedenken der Arbeitnehmervertreter noch berücksichtigt werden können"; die Hinzuziehung von Sachverständigen und Gewerkschaftsvertretern zu den Sitzungen müsse im Bedarfsfalle möglich sein; Ausschüsse sollen eingerichtet und Schlichtungsverfahren vereinbart werden (Schneider 1991, 426ff; DGB-Bundesvorstand 1991a, 1991b). Ganz ähnlich wie der DGB äußerte sich der EGB, der ebenfalls Verbesserungen forderte (Hans-Böckler-Stiftung 1991, 11ff; Deppe 1992a, 209ff).

3. Das politische Schicksal des Richtlinienvorschlages war trotz breiter Übereinstimmung lange Zeit ungewiß. Blockaden im Ministerrat gingen von Großbritannien aus[13] und führten wegen der Notwendigkeit einstimmiger Entscheidungen Ende 1991 zum vorläufigen Scheitern. "Neither the Portuguese nor UK governments made any attempt to progress the proposal during their presidencies of the Council of Ministers in 1992. However, in 1993, discussion of the directive within the Council was restarted by the Danish presidency and continued under the subsequent Belgian presidency" (Hall 1994, 299).

Ende 1993 initiierte die Kommission zum ersten Male das neue Verfahren, welches das Protokoll über die Sozialpolitik des Vertrages über die Europäische Union (vgl. Kap.1) ermöglichte: Entscheidungen können mit qualifizierter Mehrheit auf der Basis von (damals) 11 Mitgliedstaaten, also ohne Beteiligung Großbritanniens, getroffen werden, was die Vetomacht einzelner Mitglieder wesentlich einschränkt. Die Basis der Konsultation war ein "flexiblerer" Richtlinienvorschlag, den Belgien, ein integrationsfreundliches Mitgliedsland, während seiner Präsidentschaft als Kompromiß unterbreitet hatte. "The key difference between the Commission's

[13] "The opposition of the U.K. is grounded in its commitment to voluntarism as a means of achieving the involvement of employees in their companies, and its outright rejection of the principle of institutionalized uniformity. Also, the measure would have more effect in the U.K. than in other member states for the simple reason that the U.K. has more transnational companies" (Addison/Siebert 1994, 16).

proposal, as amended, and the Belgian Presidency's text was that the latter provided for a choice between a European Works Council and an "information and consultation procedure" as the outcome of the negotiations between central management and the special negotiating body" (EIRR 1994a, 13).
Die gemäß dem Protokoll über die Sozialpolitik nunmehr notwendige Anhörung der europäischen Dachverbände der Sozialpartner scheiterte aufgrund differierender interner Interessen im Frühjahr 1994 relativ schnell. "The intransigent attitude of the British employers meant that it was not possible to reach an agreement, at the same time calling into question UNICE's status as representative body of European industry" (Danis/Hoffmann 1995, 186). Die Sozialpartner leiteten der Kommission zwar ihre Stellungnahmen innerhalb der vereinbarten Frist von sechs Wochen zu, teilten aber nicht mit, ob sie die Einleitung des Verfahrens zum Abschluß einer autonomen Vereinbarung beabsichtigten (Falkner 1996a und b; Schulten 1995, 348ff).
Die von den Verbänden bezogenen Positionen spiegeln ein grundsätzliches Dilemma wider:
- "UNICE's policy shift ... was essentially for defensive reasons - to enable UNICE to fend off or at least delay proposals for EC legislation under the new treaty provisions by opting to explore the scope for framework agreements ..." (Hall 1994, 300).
- Für den EGB stellte sich die Strategiefrage eher umgekehrt: Warum sollte er noch mit UNICE verhandeln, nachdem gesetzliche Regelungen möglich geworden waren, die seinen Interessen in der Regel eher entsprachen? Andererseits hätte sich zum ersten Mal die Chance geboten, von den Möglichkeiten des erweiterten und aufgewerteten sozialen Dialogs Gebrauch zu machen und eine Lösung auf dem Verhandlungswege zu erzielen (vgl. Kap.5).
Die Kommission vertrat weiterhin die Ansicht, daß eine Gemeinschaftsaktion wünschenswert sei. Sie legte einen revidierten, "flexibleren" Richtlinienvorschlag vor, der auf dem "belgischen Kompromiß" und den Erfahrungen der Sozialpartner während der Konsultationsphase basierte, und leitete das Gesetzgebungsverfahren ein (Gold/Hall 1994, 177-186; EIRR 1994b, 18-23; BDA 1994, 171; Ross 1995, 375ff; Kowalsky 1999, 164-176). Der Ministerrat einigte sich nach einigen weiteren Änderungen (im einzelnen Hohenstatt 1995, 169ff) im Juni 1994 auf

einen gemeinsamen Standpunkt zum Entwurf; der Rat der Sozialminister beschloß im September 1994 unter deutscher Präsidentschaft die Richtlinie "über die Einsetzung eines Europäischen Betriebsrats oder die Schaffung eines Verfahrens zur Unterrichtung und Anhörung der Arbeitnehmer in gemeinschaftsweit operierenden Unternehmen und Unternehmensgruppen" (Wirmer 1994, 2134ff).
Die Richtlinie galt für die 11 Mitgliedstaaten (ohne Großbritannien) zum Zeitpunkt der Verabschiedung sowie für die drei Staaten, die Anfang 1995 der EU beitraten (Finnland, Österreich, Schweden). Einige Mitglieder des Europäischen Wirtschaftsraumes (Island, Liechtenstein und Norwegen) übernahmen sie freiwillig. Da die Richtlinie auf der Basis des Sozialprotokolls zustande kam, blieb Großbritannien formal ausgeschlossen.[14] Diese Situation änderte sich erst nach dem Regierungswechsel im Frühjahr 1997, da New Labour das Opt-out beendete (vgl. Kap.1). In Großbritannien werden zum ersten Male Informations- und Konsultationsrechte formal eingeführt, wodurch ein gewisser Druck auf die Unternehmen ausgeübt wird. Dieser Sachverhält erklärt den ursprünglichen Widerstand des CBI; die konservative Regierung war gegen jedwede Art europäischer Regulierung. Bislang existieren lediglich in einigen Unternehmen direkte Formen der Konsultation und Beteiligung (z.B. team briefings, quality circles, profit sharing).
Die Richtlinie war innerhalb von zwei Jahren, also bis September 1996, auf nationaler Ebene umzusetzen, was (außer in Portugal und Luxemburg) mit geringfügigen Verzögerungen auch gelang.[15] Innerhalb von drei weiteren Jahren, also bis Herbst 1999, sollten dann konzernspezifische Vereinbarungen über die Einsetzung von EBR abgeschlossen sein.

[14] "One particularly glaring omission is the UK, especially in the light of the fact that recent research indicates that over a third of the groups with more than 1.000 employees which have their HQ in the EC and subsidiaries in at least two EC member states are UK-owned" (Carley 1993b, 18).

[15] „.. the relatively small size of the countries still without legislation, and the low number of multinationals based there, mean that legal uncertainty should not be too serious" (EIRR 1997c, 14).

Abbildung 3.1: Die EBR-Richtlinie im Schaubild

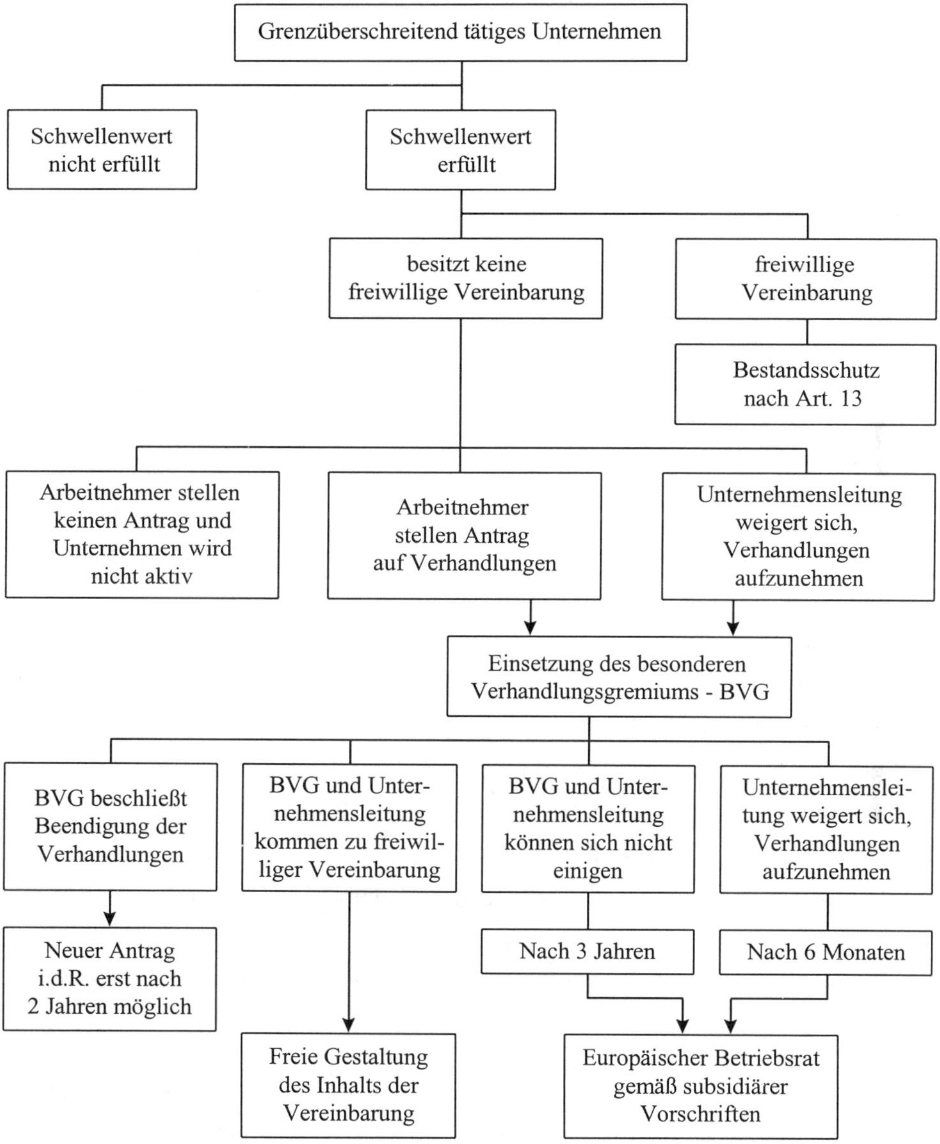

3.3. Inhalte, Ziele und Geltungsbereich der Richtlinie

Ziel der Richtlinie "ist die Stärkung des Rechts auf Unterrichtung und Anhörung der Arbeitnehmer" (Art.1). Ihre wesentlichen Vorgaben sind[16]:

- In "allen gemeinschaftsweit operierenden Unternehmen und Unternehmensgruppen, d.h. in "Unternehmen mit mindestens 1000 Beschäftigten in den Mitgliedstaaten und mit jeweils mindestens 150 Beschäftigten in mindestens zwei Mitgliedstaaten" (Art.2) werden entweder EBR eingesetzt oder "ein Verfahren zur Unterrichtung und Anhörung der Arbeitnehmer geschaffen." Die Schwellenwerte beziehen sich ausschließlich auf die Zahl der beschäftigten Arbeitnehmer; andere Kriterien (wie Umsatz) finden keine Berücksichtigung. Rein national tätige Unternehmen und die für diese jeweils geltenden Partizipationsrechte bleiben im Gegensatz zu früheren Richtlinienvorschlägen unberührt, d.h. Änderungen der für diese Firmen geltenden nationalen Rechtsgrundlagen werden nicht notwendig. Diesen Gegenstandsbereich griff die Kommission später in einer gesonderten Initiative auf, indem sie einen "Vorschlag für eine Richtlinie des Rates zur Festlegung eines allgemeinen Rahmens für die Information und Anhörung der Arbeitnehmer in der Europäischen Gemeinschaft" unterbreitete (vgl. Kap.5).
- Zur Erreichung des in Art.1 formulierten Zieles nimmt die zentrale Leitung des Unternehmens oder die Leitung des "Herrschenden Unternehmens" in Unternehmensgruppen von sich aus oder auf Antrag von mindestens 100 Arbeitnehmern Verhandlungen auf. Zunächst wird ein Besonderes Verhandlungsgremium (BVG) gewählt oder benannt, welches mit der zentralen Unternehmensleitung "in einer schriftlichen Vereinbarung den Tätigkeitsbereich, die Zusammensetzung, die Befugnisse und die Mandatsdauer" des EBR "oder die Durchführungsmodalitäten eines Verfahrens zur Unterrichtung und Anhörung der Arbeitnehmer" (Art.5) aushandelt.[17] Externe Sachverständige (etwa Vertreter nationaler Gewerkschaften

---

[16] Eine ausführliche Übersicht aus juristischer Perspektive findet sich bei Blanpain/Windey 1994, 55-113; Handlungsorientierungen bieten Europäische Gewerkschaftsakademie 1995; EGB 1996a.

[17] Ein Problem besteht darin, daß eine Bestimmung darüber fehlt, "... welches Recht auf die ... geschlossene Vereinbarung anzuwenden ist. Stellt diese einen "europäischen Tarifvertrag" dar, für dessen Behandlung es keine EG-rechtlichen Normen gibt und der deshalb den allgemeinen Rechtsgrundsätzen der Mitgliedstaaten zu unterstellen wäre? Oder handelt es sich um eine Abrede, deren Wirkungen nach dem Recht des Landes zu beurteilen sind, in dem die "Zentrale Unternehmensleitung" ihren Sitz hat?" (Däubler 1995, 153).

oder Arbeitgeberverbände, aber auch unabhängige Experten) können hinzugezogen werden. Die Mitgliedstaaten bestimmen im Rahmen der Implementation der Richtlinie auf nationaler Ebene u.a. die Wahlverfahren und stellen sicher, daß alle Arbeitnehmer ihre Vertreter gemäß den national üblichen Prozeduren wählen oder benennen dürfen. Das BVG kann mit Zweidrittelmehrheit beschließen, keine Verhandlungen zu eröffnen oder bereits eröffnete zu beenden (Art.5).

- Die anschließenden Verhandlungen zwischen Konzernleitung und BVG finden auf der Basis dieser schriftlichen Vereinbarung statt und legen in verbindlicher Form im einzelnen fest (Art.6): Zusammensetzung des EBR; Anzahl der Mitglieder; Sitzverteilung und Mandatsdauer; Befugnisse und das Unterrichtungs- und Anhörungsverfahren des EBR; Ort, Häufigkeit und Dauer der Sitzungen des EBR; für den EBR von der zentralen Leitung bereitzustellende finanzielle und materielle Mittel; Laufzeit der Vereinbarung und das bei ihrer Neuaushandlung anzuwendende Verfahren. - Analoge Regelungen gelten für die Unterrichtungs- und Anhörungsverfahren; die Vereinbarung legt fest, "unter welchen Voraussetzungen die Arbeitnehmervertreter das Recht haben, zu einem Meinungsaustausch über die ihnen übermittelten Informationen zusammenzutreten".

- "Die Informationen erstrecken sich insbesondere auf länderübergreifende Angelegenheiten, welche erhebliche Auswirkungen auf die Interessen der Arbeitnehmer haben." (Art.6). Die Mitglieder des BVG und des EBR dürfen ausdrücklich als vertraulich mitgeteilte Informationen nicht an Dritte weitergeben (Art.8). Die Repräsentanten beider Seiten "arbeiten mit dem Willen zur Verständigung unter Beachtung ihrer jeweiligen Rechte und gegenseitigen Verpflichtungen zusammen" (Art.9). Damit wird explizit ein Kooperations- und kein Konfliktmodell für die Gestaltung der unternehmensspezifischen Arbeitsbeziehungen vorgegeben.

- Falls spezifische Bedingungen (Par.7) gegeben sind[18], gelten bestimmte, in einem Anhang der Richtlinie gesondert aufgeführte, sog. subsidiäre Vorschriften; diese sollen ein rechtliches Vakuum verhindern, indem sie ein Minimum an Rechten in bezug auf Organisation und Inhalte formulieren. Zu diesem Sockel gehören u.a.: Der EBR "besteht aus mindestens 3 und höchstens 30 Mitgliedern"; er ist

[18] Diese Bedingungen sind: Ein entsprechender Beschluß von zentraler Leitung und BVG, die Verweigerung der Aufnahme von Verhandlungen durch die zentrale Leitung, kein Abschluß einer Vereinbarung innerhalb von drei Jahren.

"befugt, einmal jährlich mit der zentralen Leitung zum Zweck der Unterrichtung und Anhörung ... zusammenzutreten". Die Unterrichtung "bezieht sich insbesondere auf die Struktur des Unternehmens, seine wirtschaftliche und finanzielle Situation, die voraussichtliche Entwicklung der Geschäfts-, Produktions- und Absatzlage sowie auf die Beschäftigungslage..." (Anhang).
Eine weitergehende, jenseits der Minimalstandards der subsidiären Vorschriften liegende Ausgestaltung von grenzüberschreitenden Partizipationsrechten und Verfahrensweisen bleibt möglich und wird von Rat und Kommission explizit ermutigt; eine solche Erweiterung kann gemäß dem Günstigkeits- bzw. Subsidiaritätsprinzip ausschließlich in freien, autonomen Verhandlungen zwischen den betrieblichen oder tariflichen Vertragsparteien erfolgen (Einheits- vs. Vereinbarungsmodell). Derartige freiwillige Verhandlungen können zu qualitativ unterschiedlichen Regelungen oberhalb des vorgegebenen Mindestniveaus führen; sie müssen nicht in einer wie immer gearteten "Aufwärts-Harmonisierung" enden.
- Die Richtlinie nennt neben EBR explizit auch "andere geeignete Verfahren zur länderübergreifenden Unterrichtung und Anhörung der Arbeitnehmer", die gewährleisten sollen, daß die Arbeitnehmer "in angemessener Weise unterrichtet und angehört werden". Die zentrale Unternehmensleitung und das BVG können sich einigen, daß anstelle eines EBR "ein oder mehrere Unterrichtungs- und Anhörungsverfahren geschaffen werden" (Art.6).

Die Anzahl der von der Richtlinie betroffenen Unternehmen ist erstaunlicherweise nicht bekannt; genaue Daten liegen nur für einige Länder bzw. Branchen vor. Erste grobe Schätzungen in den frühen 90er Jahren ergaben, daß bei Anwendung der Kriterien des damaligen Richtlinienvorschlags[19] die Richtlinie für eine Minderheit von rund 14 Mill. Arbeitnehmern und EG-weit für etwa 900 bis 1.000, in Deutschland für ca. 250 multinationale Unternehmen gegolten hätte.[20] Außerdem

[19] Insgesamt 1.000 Arbeitnehmer, mindestens je 100 in mindestens zwei Mitgliedstaaten, 12 Mitgliedstaaten.

[20] Vgl. zu den unterschiedlichen Angaben Sisson/Waddington/Whitston 1992; Rothstein 1997, 370f; Handelsblatt vom 10.8.1992 "Arbeitnehmervertreter müssen sich mit Informationsrechten begnügen". Eine als Gesamtüberblick angelegte aktuelle Untersuchung nennt 1.152 Unternehmen, von denen 274 ihren Sitz in der Bundesrepublik haben (ETUI 1995). Einbezogen werden nach Schätzungen der Kommission ca. 1% der Unternehmen, aber 28% aller Arbeitnehmer (Goos 1994, 776).

hätten ungefähr 280 Unternehmen mit Sitz außerhalb der EU, vor allem in Japan und den USA, diese Kriterien erfüllt. Nach Verabschiedung der Richtlinie gingen Schätzungen von mindestens ca. 1.200 betroffenen Konzernen in den 11 Ländern aus, wobei etwa 290 Unternehmen ihren Sitz in Deutschland haben. Durch den Beitritt Österreichs, Schwedens und Finnlands im Jahre 1995 sowie durch das Ende des opt-outs Großbritanniens 1997 erhöht sich diese Zahl noch.[21] Sie verändert sich ständig, u.a. durch Fusionen und Zusammenschlüsse sowie Restrukturierungen und Neuverhandlungen.

3.4. Zur Einschätzung der Richtlinie im Vergleich

Die Verabschiedung der Richtlinie beendete formal - und zumindest in "euro-optimistischer" Sicht erfolgreich - eine über zwei Jahrzehnte andauernde, von den Opponenten kontrovers bis hart geführte Auseinandersetzung. Sie ist zweifellos ein wichtiger Schritt für die Arbeits- und Sozialpolitik der EU im allgemeinen sowie für die Entwicklung supranationaler Arbeitsbeziehungen im besonderen. Die Einschätzungen ihrer Perspektiven sind dennoch recht unterschiedlich:

- In einer euro-optimistischen Sichtweise eröffnet die Richtlinie "erstmals eine reale Chance.., von der vertikalen Binnenmarktpolitik in ohnmächtigen gewerkschaftlichen Dachverbänden zu einer horizontalen Zusammenarbeit in europaweit tätigen Unternehmen und Konzernen überzugehen und - auf lange Sicht - die europäische Gewerkschaftsbewegung vom Kopf auf die Füße zu stellen. Voraussetzung wäre allerdings, daß die EBR reale Einflußmöglichkeiten erhielten. Die Gewerkschaften müßten dann allerdings ihre Bewährungsprobe bestehen, indem sie sich fähig erweisen, gemeinsam zu handeln" (Blank/Köppen 1991, 620).
- Eine euro-pessimistische Betrachtungsweise urteilt hingegen folgendermaßen: "... the limitation of the draft to multinationals, leaving practices in national firms untouched; the - remote - possibility of having no information and consultation system at all; the menu character of the directive; the strong role for collective bargaining, making it possible for almost anything in the directive to be rewritten; as well as the draft's unquestioning acceptance of the legitimacy of existing national

[21] Andere Schätzungen gehen von ca. 860 Unternehmen aus (Hall et al. 1995, 12).

representation arrangements - all of these together amount to a strong endorsement of national as well as company variety, documenting an unwillingness of the Community to interfere with existing arrangements and a desire to conform with - rather than transform, unify or integrate - diversity" (Streeck/Vitols 1993, 18).

EBR sind im Sinne der deutschen Betriebsverfassung keine multinationalen "Gesamt- oder Konzernbetriebsräte" mit einer abgestuften Reihe von gleichberechtigten Mitbestimmungs-, schwächeren Mitwirkungs- und bloßen Beratungsrechten in sozialen, personellen und wirtschaftlichen Angelegenheiten. Vielmehr sind EBR lediglich europäische Arbeitnehmer- bzw. Wirtschaftsausschüsse mit reinen Informations- und Konsultationsrechten in einigen wirtschaftlichen Angelegenheiten. Die Befugnisse sind von echten Mitentscheidungs- und/oder Vetorechten deutlich und strikt zu unterscheiden. „That management should inform at all ought not to be at issue. What is contentious is the determination of the topics on which information has to be disclosed, the extent of this information, and when it has to be disclosed ... The meaning of 'consultation' has already become a matter of dispute ... There is .. no specification of the stage of the decision-making process at which consultation must take place, nor over whether it must take place before any decision is taken. Whether consultation can delay a decision is also unresolved." (Lecher/Rüb 1999, 10).

Insofern stellt die gebräuchliche Bezeichnung EBR eigentlich "a slight misnomer" (O'Reilly/Reissert/Eichener 1996, 871) dar. Das Recht der Letztentscheidung, die sog. Entscheidungsprärogative, verbleibt auf jeden Fall bei der zentralen Leitung des Unternehmens; echte Abstimmungen über kontroverse Fragen sind nicht vorgesehen. Die Richtlinie tastet die "managerial prerogatives" nicht wirklich an bzw. unterwirft sie keiner strikten "joint regulation". Daher sind Tauschgeschäfte nach dem Prinzip des do ut des, wie sie etwa für das Handeln deutscher Betriebsräte in einem auf Dauer angelegten Kooperationsprozeß typisch und konstitutiv sind, kaum möglich bzw. nicht wahrscheinlich. Durch die Kooperationsmaxime „ist ein Arbeitsbeziehungsmuster als erwünscht vorgegeben, das in einigen Ländern auch heute noch eher fremd anmutet. Insbesondere in Teilen der französischen Gewerkschaften, aber auch in bestimmten Branchen Großbritanniens und bei Teilen der italienischen Gewerkschaften wird diese Art konsensueller betrieblicher Kooperation grundsätzlich abgelehnt." (Lecher 1996c, 712).

EBR sind nicht notwendigerweise reine Arbeitnehmerorgane, wie etwa in der Bundesrepublik, sondern können bei einer entsprechenden Vereinbarung gemeinsame Arbeitgeber-/Arbeitnehmerorgane sein, wie etwa in Frankreich (Art.6).[22] Sie verfügen nach herrschender Rechtsauffassung wie die deutschen Betriebsräte nicht über das Recht, Arbeitskämpfe zu führen. Die zur Handlungsfähigkeit notwendige Ausstattung mit Ressourcen (vor allem Zeit, Geld, Information, Macht) ist nicht von vornherein garantiert, sondern muß erst fallweise durchgesetzt werden (Lecher 1998a). Die Beziehungen und Verbindungen zu den parallel weiterbestehenden nationalen Interessenvertretungen der betrieblichen und überbetrieblichen Ebene bleiben ungeklärt - und müssen ebenfalls fallweise unter Einsatz knapper Ressourcen erst hergestellt werden. Schließlich bezieht sich die Richtlinie im Gegensatz zu älteren Plänen explizit nicht auf überbetriebliche Partizipationsformen (vgl. Kap.4).

Im Vergleich zu früheren Richtlinienvorschlägen ergeben sich deutliche Unterschiede:

- Wir beobachten eine deutliche Entwicklung von der Materialisierung zur Prozeduralisierung: Verfahrensfragen werden recht detailliert bis akribisch, Inhaltsprobleme hingegen so gut wie gar nicht reguliert.[23] Die Vorgaben sollen die gemeinschaftsweiten Kooperationsformen rechtlich und finanziell absichern sowie eine möglichst unternehmensspezifische und "flexible" Repräsentation in Form von EBR oder dezentraler "Verfahren zur Unterrichtung und Anhörung der Arbeitnehmer" ermöglichen.[24]

---

[22] "Works councils vary according to the composition of their membership ... works coucils comprising solely employee representatives exist in West Germany, Greece, Portugal and Spain while in the Netherlands, a representative of the employer attends alternate meetings of the works council only for consultation purposes. In the other countries (Belgium, France and Luxembourg) works councils are joint bodies with management and employee representatives" (Bridgford/Stirling 1994, 136). Vgl. zu den nationalen Modellen im einzelnen Niedenhoff 1995.

[23] Ein Beobachter spricht in Anbetracht des Wechsels von substantieller zu prozeduraler Regulierung gar von einem "Paradigmenwechsel" (Weiss 1995a, 671).

[24] "A central feature of the Directive is its emphasis on the negotiation of tailor-made, enterprise-specific information and consultation agreements" (Hall et al.1995, 33). Andere Beobachter des Prozesses sprechen vom spezifischen Modus „verhandelter Europäisierung“ als „die vertragliche Selbstregulierung unter dem Vorbehalt hilfsweise (supra-)staatlichen Eingreifens“ (Lecher et al. 2000, 195).

- Die früher stets erfolglosen Versuche der Vorgabe einheitlicher Rahmenregelungen durch eine Richtlinie werden vom Prinzip der Optionalisierung abgelöst, welches nicht nur nationale, sondern auch strikt dezentralisierte Besonderheiten von Partizipationsformen explizit einführt, die unternehmensspezifisch zwischen Konzernleitung und BVG ausgehandelt werden.[25] Die in älteren Richtlinienvorschlägen dominierende Idee einer "Harmonisierung" oder „Vereinheitlichung" einzelstaatlicher Betriebsverfassungen bzw. Partizipationsregeln durch Rechtsangleichung ist damit endgültig passé; es geht vielmehr um die wechselseitige Anerkennung und Koordination nationaler Regelungen. Aufgrund dieser Optionalisierung sowie deutlicher Unterschiede bei den nationalen Umsetzungen der Richtlinie ist eine enorme Heterogenität und Vielfalt der tatsächlich abgeschlossenen Vereinbarungen zu erwarten - ganz abgesehen von erheblichen Differenzen im späteren praktischen Handeln der Akteure auf der Basis und unter den Randbedingungen der getroffenen spezifischen Vereinbarungen.
- An die Sozialpartner richtet sich der explizite Vorschlag, weitergehende Regelungen als die rechtlich vorgegebenen, verbindlichen Mindeststandards der subsidiären Vorschriften in freien Verhandlungen zu vereinbaren, was faktisch allerdings kaum geschieht. Die in früheren Richtlinienvorschlägen dominierende Strategie möglichst weitgehender, zentraler Vorgaben wird im Rahmen einer nunmehr kaskadenförmig ansetzenden Regulierung durch die Formulierung lediglich minimaler Standards abgelöst, welche die Akteure auf dezentraler Ebene ergänzen sollen. Das in den frühen 90er Jahren gerade im Rahmen der europäischen Arbeits- und Sozialpolitik revitalisierte Konzept der Subsidiarität mit seiner strikten Betonung der Vorrangigkeit dezentral-privater vor EU-weiten Lösungen (vgl. Kap.1) stand eindeutig Pate bei dieser Konstruktion.
- Der im Vergleich zu früheren Richtlinienvorschlägen weitgehend voluntaristische Charakter der Richtlinie steht in Übereinstimmung mit dem gängigen Regulierungskonzept der 90er Jahre. Mit Hilfe eines "enforced voluntarism" (Krieger/

[25] „Hauptmerkmal der Richtlinie ist, daß sie die Schaffung von Eurobetriebsräten durch Vereinbarungen zwischen Unternehmensleitung und Arbeitnehmern erreichen will. Die Errichtung von Eurobetriebsräten wird weder zwingend angeordnet noch folgt sie einem strikt vorgegebenen Modell. Die Information und Anhörung der Arbeitnehmer ist ein sozialpolitisches Anliegen ohne ordnungspolitisches credo, welches ersteres in eine starre und allgemein verbindliche institutionelle Form gießen würde" (Blanke 1999b, 500).

Bonneton 1995, 190) versucht die Richtlinie, im Gegensatz etwa zu deutschen, aber in Übereinstimmung etwa mit belgischen Regelungen, collective bargaining- und legislative Elemente der Regulierung zu kombinieren sowie den durch den Vertrag über die Europäische Union deutlich aufgewerteten dezentralen sozialen Dialog zwischen den Sozialpartnern auf Unternehmens- bzw. Konzernebene zu fördern.

- Die Richtlinie sieht im wesentlichen indirekt-repräsentative Formen der Interessenvertretung vor, wie sie Betriebsräte und/oder Gewerkschaften innerhalb der nationalen Arbeitsbeziehungen üblicherweise wahrnehmen; sie schließt aber direkt-individuelle Formen von "employee involvement" nicht aus. Erstere sind älter, häufig gesetzlich, wie etwa im deutschen BetrVG, geregelt und daher allgemein verbindlich; sie wurden vor allem von den Arbeitnehmern und ihren Vertretungen durchgesetzt. Letztere sind jünger und leichter reversibel, weil zumeist informell oder freiwillig vereinbart; sie gehen häufig auf Initiativen des Managements zurück.[26] Sie sind unterschiedlich weit verbreitet, seit den 80er Jahren in unterschiedlichen Formen (u.a. Qualitätszirkel, teilautonome Arbeitsgruppen) häufiger anzutreffen (Multinational Business Forum 1993; Geary/Sisson 1994; Regalia/Gill 1995; Regalia 1995). Die kritische und durchaus offene Frage lautet sowohl auf nationaler wie supranationaler Ebene: Haben beide Varianten ähnliche oder unterschiedliche Funktionen bzw. schließen sie sich eher aus oder ergänzen sie sich?

- Der Ansprech- und Verhandlungspartner der Arbeitnehmervertreter ist nunmehr die Konzernspitze bzw. das supranational agierende und nicht mehr das nationale Management wie etwa noch in dem Vredeling-Richtlinienvorschlag der frühen 80er Jahre. Damit findet eine gewisse Zentralisierung der ehemals dezentral geplanten Interessenvertretung statt, wodurch die potentiellen Probleme ungleichzeitiger Information und Konsultation der Arbeitnehmervertreter aus verschiedenen Mitgliedstaaten bzw. Unternehmensteilen minimiert werden sollen. Durch

---

[26] „The representatitve form is not the only choice - indeed, the enhancement of employee influence has been pursued at a number of levels in the organisation: broadly, the task, work group/department, workplace and corporate levels. Roughly, the first two levels allow direct participation by all employees, while higher levels require representative channels“ (Ramsay 1997, 316). Insofern dürften sich die Informations- und Konsultationsrechte in EBR-Vereinbarungen eher auf repräsentative Formen beziehen.

diese Verlagerung wird zugleich die Frage nach dem "value added" des EBR neu gestellt. Eine stärkere Dezentralisierung nach der Einrichtung kann, muß aber nicht erreicht werden, wenn multinational tätige Unternehmen nicht ein, sondern mehrere Gremien bilden, welche die besonderen Konzernstrukturen (z.B. Divisionalisierung, Produktgruppen bzw. -linien) und die des Managements durch Sektoralisierung bzw. Spartenbezogenheit berücksichtigen. Die beiden bereichsspezifischen Varianten können auch kombiniert werden.

- Die eröffnete Alternative zwischen der Einrichtung von EBR und "Verfahren zur Unterrichtung und Anhörung der Arbeitnehmer" soll flexible, d.h. dezentrale und den spezifischen Bedingungen des Unternehmens angepaßte Lösungen ermöglichen. Infolge dieser im Prinzip sinnvollen und notwendigen Flexibilisierung besteht zugleich die Gefahr, daß die inhaltlichen Vorgaben der Richtlinie im Vergleich zu früheren Vorschlägen verwässert werden. „Information may be conveyed to individual employees for their representatives to then discuss it. This is a potential threat to the collective representation of employees which is the function of trade unions. An agreement which provided only for such discusion would be vulnerable to challenge as so far from the concept of consultation, as defined in the Directive, that is does not satisfy the requirement that there be established a ICP (procedure for the information and consultation of employees, B.K.) capable of fulfilling the objective of the Directive." (Bercusson 1996, 281). Die Einrichtung von EBR, für welche die Gewerkschaften optieren müssen, führen eher zu institutionalisierten, die Verfahren zur Unterrichtung und Anhörung eher zu informelleren Formen des sozialen Dialogs, wobei die genaue Abgrenzung im Einzelfall schwierig sein wird. Im übrigen wurden später "Verfahren zur Unterrichtung und Anhörung der Arbeitnehmer" nur selten vereinbart.

3.5. Probleme der Implementation

Wir können die Zeit nach der Verabschiedung der Richtlinie zunächst grob in zwei Phasen einteilen, die wir nacheinander behandeln wollen: den zweijährigen Zeitraum, in dem die nationalen Umsetzungen zu erfolgen hatten, sowie die Phase danach, in der grundsätzliche Probleme deutlich werden. - Parallel zu dieser Unterscheidung wird der Begriff Implementation in der aktuellen Diskussion für zwei ganz unterschiedliche Sachverhalte verwandt. "Quite often the EU institutions themselves refer to "implementation" in the sense of the *translation of EU laws into national laws* ... But the translation of a European Directive into national law may mean absolutely nothing at all in terms of actual action, mobilisation of resources and above all, the changed behaviour of those who are responsible for policy delivery." (Richardson 1996, 279). Insofern ist die Implementation auf betrieblicher Ebene von zentraler Bedeutung, wenn Defizite vermieden werden sollen.

Die Instrumente der Regulierung auf europäischer Ebene unterscheiden sich u.a. nach dem Grad ihrer Verbindlichkeit (vgl. Kap.1): Verordnungen der EU gelten unmittelbar und verbindlich; Richtlinien hingegen richten sich an die Mitgliedstaaten und verpflichten diese zur Umsetzung in nationale Regelungen innerhalb einer vorgegebenen Frist von zumeist zwei bis drei Jahren. Dabei haben die Mitgliedstaaten einen erheblichen Gestaltungsspielraum, da sie die geeigneten Mittel der Umsetzung autonom bestimmen können. In der Arbeits- und Sozialpolitik haben wir es häufig mit Richtlinien zu tun, die flexibler als Verordnungen sind, da sie die erheblichen rechtlich-institutionellen Unterschiede zwischen den Mitgliedstaaten explizit berücksichtigen können.

Mit der Verabschiedung der EBR-Richtlinie im Herbst 1994 sind keinesfalls alle Konflikte beendet, wie man auf den ersten, vorschnellen Blick vermuten könnte. Sie bedeutet eine notwendige, aber keine hinreichende Bedingung für die Einrichtung funktionsfähiger Interessenvertretungen auf Konzernebene. Eine erfolgreiche Implementation, die zur faktischen Etablierung von Partizipationsregelungen ebenso wichtig ist wie die Verabschiedung der Richtlinie, ist nicht automatisch garantiert; sie stellt, ebenso wie u.a. Problemdefinition, Agendagestaltung und Politikformulierung, eine durchaus eigenständige Phase des Politikzyklus dar (Falkner 1996b; Windhoff-Héritier 1987; 1993). "Implementation may be seen not as a stage separated from policy-making, but rather as the continuation of policy formulation by other means ... what is technically implementation, constitutes the continuation of decision-making, in the narrow sense, down to the lowest level because even the very basic standards of the Directive (i.e. that there should be information and consultation of the workforce in big transnational companies) may be reversed by enterprise-level agreement" (Falkner 1998, 111).

Zunächst gibt es eine Reihe von schwer zu lösenden Problemen, die rechtlicher Natur sind:[27]

- Die nationalen Regelungen zur Umsetzung weisen deutliche Unterschiede auf, u.a. hinsichtlich einer gesetzlichen oder vertraglichen Vorgehensweise (Buschak 1997). Die Richtlinie erlaubt neben Rechts- und Verwaltungsvorschriften explizit eine Beteiligung der Sozialpartner, die "mittels Vereinbarungen die erforderlichen Bestimmungen einführen" (Art.14) können; letztere können sowohl sektorale als auch intersektorale Abkommen sein. Da diese nationalen Unterschiede wegen des Prinzips wechselseitiger Anerkennung nicht eliminiert werden sollen bzw. können, stößt eine auch nur einigermaßen einheitliche Implementation auf erhebliche Schwierigkeiten. "Both the Anglo-Saxon and Nordic legal families give preeminence to enforcement through collective bargaining rather than through social legislation ... But even in the continental countries ... recent trends in industrial relations show modifications of national labor regulation through bargaining at the company or even plant level. Thus the appropriate form of implementation of new labor regulations has also become an issue of debate, one which has been complicated by the clash over the principle of subsidiarity" (Rhodes 1995, 98f).
- Insgesamt ergibt sich eine deutliche Präferenz für die Umsetzung durch Gesetze (EIRR 1995a, 35f; Lecher 1995a, 544f; Colaianni 1996, 66ff; Blanke 1999a, 345). "Die Umsetzung ... kann in acht Mitgliedstaaten durch Ausdehnung des Geltungsbereichs der gesetzlich vorgesehenen Arbeitnehmervertretungen erfolgen. In Italien und Dänemark ist dagegen die Ergänzung der tarifvertraglich eingerichteten Ausschüsse und in Irland eine gesetzliche Regelung der bislang lediglich freiwillig eingesetzten Arbeitnehmervertretungen erforderlich" (Zügel 1995, 364). Eine vom rechtlichen Status her gleichrangige Implementation durch collective bargaining würde neben einer hohen tarifvertraglichen Deckungsrate einen hohen Organisationsgrad sowie expliziten Konsens zwischen den Sozialpartnern erfordern.[28] Diese impliziten Voraussetzungen sind nur in wenigen Mitgliedstaaten gegeben, so

[27] Zusammenfassend gilt: "The Directive will not become a lawyer's paradise, although a lot of lawyers will have to have a look at the text and the forthcoming agreements" (Blanpain/Windey 1994, 110).

[28] Die in rechtlicher Perspektive nicht erfaßten Arbeitnehmer werden z.T. faktisch durch spill-overs einbezogen, was in bezug auf die Richtlinie kein Problem darstellt, da es sich nur um sehr große Unternehmen handelt.

daß die Umsetzung durch Kollektivverhandlungen die seltene Ausnahme blieb. Sektorale Rahmenabkommen, die prinzipiell möglich sind, aber in allen Branchen abgeschlossen werden müßten, kommen als Umsetzungsstrategie bei diesem Gegenstandsbereich faktisch nicht vor.

- Die Implementation der Richtlinie erfolgt, da supranationale Verfahrensvorgaben nicht vorhanden sind, gemäß einzelstaatlichen Rechtsvorschriften bzw. entsprechend den national üblichen Prozeduren und Verfahren (im einzelnen Blanpain/ Hanami 1995; Hromadka 1995a und b; Weiss 1995b, 438-444).[29] Zu den Problemen gehören u.a. Bestimmung der Arbeitnehmervertreter, Festlegung der Wahlprozeduren (u.a. des Wahlverfahrens zum BVG), Amtszeit des BVG, Finanzierung des BVG sowie der Ausgaben für die Ausbildung der Arbeitnehmervertreter, Anzahl und Finanzierung der externen Experten, Schutz der Arbeitnehmervertreter bei der Wahrnehmung ihrer Aufgaben[30], Einhaltung der in der Richtlinie festgelegten Verpflichtungen (wie der Pflicht zur Geheimhaltung von Informationen), Maßnahmen bei Nichteinhaltung wie Verwaltungs- und Gerichtsverfahren, notwendige Beziehung nationaler Rechts- und Verwaltungsvorschriften an die Vorgaben der Richtlinie (international vergleichend Buschak 1996, 519-524).

- Am Beispiel der Bundesrepublik[31], die aus gesetzestechnischen Gründen die Umsetzung durch das eigenständige "Gesetz über Europäische Betriebsräte (Europäisches Betriebsräte-Gesetz-EBRG)" (BGBL 1996) und nicht durch eine Änderung des BetrVG vornahm, erkennen wir, daß die auf der nationalen Ebene jeweils üblichen formalen und informellen Verfahren der Partizipation als implizite Orientierungsmuster dienen, um supranationale und nationale Regelungen kom-

---

[29] Da die Interpretation bzw. Umsetzung des Abschlusses jeweils nach nationalem Recht geschah und damit durchaus Unterschiede aufweisen konnte, bestand ein weiteres wichtiges Problem in der Entscheidung, nach welchem Recht der Abschluß erfolgen sollte.

[30] So richtet sich der Schutz der Arbeitnehmervertreter bei der Wahrnehmung ihrer Aufgaben "nach den innerstaatlichen Rechtsvorschriften und/oder Gepflogenheiten des Landes, in dem sie beschäftigt sind" (Art.10). Damit werden die Schutzrechte von Mitgliedern desselben Gremiums deutliche nationale Unterschiede aufweisen. Dieses unterschiedliche Schutzniveau gefährdet die Kohärenz (Weiss 1995b, 440).

[31] „A comparative review of the implementation process in the Nordic countries clearly shows that the labour market parties have been major actors, although the actual form of implementation in all countries except Norway has been primarily legislation. A second point is that the result of implementation seems to be more detailed and substantive in cases where no effort was made to integrate the Directive into existing legislation ... Essentially all four countries have made a minimalist implementation“ (Knudsen/Bruun 1998, 136).

patibel zu machen (aus juristischer Sicht Weiss 1995c, 150-163, Gaul 1996, 3378-3385, Kunz 1997, 269-281, Blanke 1999a). Generell gilt: "In den Bereichen, in denen die Richtlinie nationale Umsetzungsspielräume eröffnet, ... wird auf die bewährten Strukturen des Betriebsverfassungsgesetzes 1972 soweit wie möglich zurückgegriffen. Aus Gründen der Akzeptanz und der Praktikabilität werden auch für die inneren Strukturen des BVG und des Europäischen Betriebsrats betriebsverfassungsrechtliche Organisationsformen als Leitlinien berücksichtigt" (BMA 1996, 4; ähnlich Wirmer 1995).

Diese recht deutliche Ausrichtung an den jeweiligen nationalen „customs and practices“[32] dokumentiert sich in der Bundesrepublik konkret u.a. darin, daß Gewerkschaften in formaler Analogie zum BetrVG, aber im Gegensatz zu der Umsetzung der Richtlinie in anderen Ländern, nicht explizit einbezogen werden; ähnliches gilt für Anzahl und Finanzierung der unabhängigen Experten, für die leitenden Angestellten, die zu den Beratungen im EBR hinzugezogen werden müssen, sowie im Fehlen eines Anspruchs der EBR auf Schulung und Bildung wie Sprachtraining (im einzelnen Schöffler 1998).[33]

- Aufgrund dieser großen, gleichwohl notwendigen Handlungsspielräume war ein politisches bargaining zwischen Arbeitgeberverbänden (Hornung-Draus 1995, 53ff), Gewerkschaften (Engelen-Kefer 1996, 6f) und Regierungskoalition (einschl. differierender Interessen zwischen Ministerien, besonders Arbeits- und Wirtschaftsministerium) über die nationale Ausgestaltung und Konkretisierung der weit gesteckten Rahmenbedingungen vorprogrammiert.[34] Das Ergebnis ist eine erhebliche "Varianz" infolge der nationalen Umsetzung (zu Beispielen Buschak 1996). Objekte des Bargaining bzw. Lobbying waren: Einbezug von Gewerkschafts-

[32] „Wie zu erwarten war, entsprachen die Implementierungsverfahren den jeweiligen nationalen Gesetzgebungswegen bzw. kollektivvertraglichen Traditionen. Die unterschiedlichen Modelle der betrieblichen Interessenvertretung prägen wiederum die jeweiligen nationalen Umsetzungsbestimmungen. Dies führt in einzelnen Bereichen zu teilweise signifikanten Differenzen in der nationalen Implementation“ (Lecher et al. 2000, 38).

[33] Im übrigen finden wir eine ähnliche Orientierung an nationalen "customs and practices" auch bei den EBR auf vertraglich-freiwilliger Basis. - Generell gilt: „Wie zu erwarten war, entsprachen die Implementierungsverfahren den jeweiligen nationalen Gesetzgebungswegen bzw. kollektivvertraglichen Traditionen. Die unterschiedlichen Modelle der betrieblichen Interessenvertretung prägen wiederum die jeweiligen nationalen Umsetzungsbestimmungen. Dies führt in einzelnen Bereichen zu teilweise signifikanten Differenzen in der nationalen Implementation“ (Lecher et al. 2000, 38):

[34] Zur Logik der Intervention gehören auch öffentliche Klagen beider Seiten über die jeweils unbefriedigenden Ergebnisse der nationalen Implementation (Hornung-Draus 1997, Zwickel 1997).

vertretern in das BVG[35], die Verfahren der Bestellung anstelle der direkten Wahl der inländischen Mitglieder des BVG durch die Arbeitnehmervertretungen (Betriebsrat, Gesamt- oder Konzernbetriebsrat) gemäß den Prinzipien von Repräsentativität und Proportionalität, Grundsatz der vertrauensvollen Zusammenarbeit für die Verhandlungen zwischen zentraler Leitung und BVG, die Berücksichtigung der Sonderinteressen der leitenden Angestellten durch Beteiligung eines Vertreters an den Sitzungen des BVG[36], die Hinzuziehung eines oder mehrerer externer Sachverständiger durch den EBR bzw. dessen engeren Ausschuß, die strikte Wahrung der Vertraulichkeit bestimmter Informationen oder die Bestimmungen des sog. Tendenzschutzes, eines deutschen Spezifikums der Ausklammerung bestimmter Bereiche (Par.118, Abs.1 BetrVG), welches die anderen EU-Mitgliedsländer nicht kennen (als Fallstudie Aust 1995, 103ff).[37]

- Nach der Implementation durch die Mitgliedstaaten bzw. der anschließenden Etablierung von Gremien sind ausschließlich nationale Instanzen für die faktische Durchsetzung der getroffenen Vereinbarungen zuständig, also etwa bei Sitz der zentralen Unternehmensleitung in der Bundesrepublik die spezialisierten Arbeitsgerichte auf kommunaler, Landes- und Bundesebene. Durch die zweifellos erheblichen Unterschiede in diesen nationalen Kompetenzen und Intensitäten der Durchsetzung ist eine weitere Heterogenisierung der Regelungen zu erwarten. Von einer wie immer gearteten "Harmonisierung", die manche Kritiker der Richtlinie befürchten (Niedenhoff 1997, 44ff), kann definitiv nicht die Rede sein. Auch

[35] Manche Beobachter folgerten für die Umsetzung: "Nach nationalem Recht richtet sich, wer Arbeitnehmervertreter ist. Im Rahmen der Betriebsverfassung sind das nach deutschem Recht nur die Betriebsräte und die Sprecherausschüsse, nicht die Gewerkschaften (Art.2 Abs.1 Buchst. d)" (Hromadka 1995a, 17).

[36] Die lange Zeit kontroverse Frage einer separaten Repräsentation der leitenden Angestellten wurde letzten Endes in Analogie zum BetrVG entschieden. Sowohl Arbeitgeberverbände als auch Gewerkschaften hatten gegen, einzelne Ministerien sowie die Standesvertretung der „Leitenden“ (Ramge 1995) für eine Sondervertretung votiert.

[37] „Die deutschen Umsetzungsbestimmungen zum Schutz von Tendenzunternehmen sind in mehrfacher Hinsicht problematisch. Sie bewirken, daß mit den Informations- und den Kommunikationsunternehmen ein erheblicher Teil der zukunftsweisenden Wachstumsbranchen aus dem Geltungsbereich der ohnedies nur sehr begrenzten Mitwirkungsbefugnisse der europäischen Beschäftigtenvertretung ausgenommen wird. Dies führt zu dem paradoxen Resultat, daß das Land mit dem vermutlich höchsten betrieblichen wie unternehmerischen Mitbestimmungsniveau in Europa auf der Ebene der europäischen Arbeitnehmervertretung im Vergleich zu den übrigen Mitgliedstaaten das niedrigste Mitbestimmungsniveau installiert“ (Blanke 1999b, 513).

sind mit dem deutschen Gesetz zur Umsetzung der EBR-Richtlinie bei weitem nicht alle juristischen Probleme gelöst (Däubler 1998, Weiss 1998, Blanke 1999a).

Die Richtlinie „provides only a very vague and non-specific framework, leaving a considerable leeway for national implementation. The danger is obvious: implementation in each Member State may be significantly different. This coud lead not only to decreased transparency of the regulatory framework but also to unintended competitive advantages and disadvantages among the Member States." (Weiss 1996, 229). Die auf nationaler Ebene vorhersehbaren Umsetzungsprobleme, vor allem die mit transnationalen Bezügen, sollte eine von der Kommission eingesetzte informelle Arbeitsgruppe "Information und Konsultation" lösen helfen. Deren Einrichtung stellte ein Novum in der europäischen Arbeits- und Sozialpolitik dar. Die Regierungen der Mitgliedstaaten entsandten ihre mit der Umsetzung beauftragten Repräsentanten; die Kommission leistete logistische und technische Unterstützung (Burger 1995). Die europäischen Sozialpartner waren nicht offiziell vertreten, wurden aber inoffiziell konsultiert. "... the Working Party has endeavoured to seek ways of avoiding any contradictions between the various national systems by exchanging information and coordinating the transposition work... Moreover, all the participants have seen the diversity of the approaches of the Member States to employee information and consultation, and consider that these specific national characteristics should not be affected in the transposition of the Directive unless absolutely necessary" (Working Party 1995, 3; zu Einzelheiten Colaianni 1996, 14ff.).

Damit war ein grundsätzliches Problem von der Qualität "Quadratur des Kreises" thematisiert: Einerseits sollten transnational geltende Vorschläge gemacht, andererseits die Eigenheiten nationaler Regelungen gewahrt werden.[38] Die Kommission versuchte, aus ihrer formalen Schwäche, bei den nationalen Umsetzungen nicht intervenieren zu können, eine informelle Stärke zu machen, indem die Arbeitsgruppe Empfehlungen und Koordinierungshilfen geben sollte. Die insgesamt

[38] Allgemein gilt: "In essence, the EU is trying to weld fifteen different "regulatory styles" into a European system of regulation. It is not surprising that the regulatory patch-work that results does not "fit" the regulatory and implementation systems of each of the member states" (Richardson 1996, 285).

27 Arbeitsdokumente waren rechtlich nicht bindend, dienten aber der informellen Koordination nationaler Aktivitäten. Eine der ersten Empfehlungen lautete, die Umsetzungen zum 22.September 1996 in allen Ländern gleichzeitig in Kraft zu setzen; dies war ohne wesentliche Verzögerungen in der Mehrzahl der Mitgliedstaaten der Fall. Eine andere Empfehlung besagte, daß im Rahmen der nationalen Implementation des Art.13 keine zusätzlichen Voraussetzungen definiert werden sollten.[39] Falls die nationalen Vorschriften Unterschiede aufwiesen, sollte die Regelung des Sitzlandes der zentralen Unternehmensleitung gelten.[40]

Private Akteure versuchen ebenfalls, eine gewisse Koordination der einzelnen Vereinbarungen in ihrem Organisationsbereich zu erreichen (zusammenfassend Colaianni 1996, 56ff). Die IG Metall[41] etwa erarbeitete einen Entwurf, "der Anregungen und Hilfestellungen für den Abschluß von Vereinbarungen geben soll" (IG Metall Vorstand 1995, 1; Götz/Buchholz 1996). Der detaillierte Entwurf, der sich nicht nur auf Prozeduren, sondern auch auf Inhalte bezieht, enthält u.a. Vorschläge zu Geltungsbereich, Zusammensetzung, Gegenständen von Unterrichtung und Anhörung, Kosten, Sitzungen, Zusammenarbeit innerhalb des EBR, Schutz der Mitglieder, Geheimhaltungspflicht, Qualifizierung der Mitglieder, Veränderung und Laufzeit der Vereinbarung; die im Anhang der Richtlinie genannten subsidiären Vorschriften sollen nicht unterschritten werden (Gerstenberger-Sztana 1996, 513-519; Blank/Geissler/Jaeger 1996, 229-241). Allerdings kann die Unterstützung durch die Gewerkschaften für diese schnell zum Ressourcenproblem werden (Lecher/Nagel/Platzer 1998, 241ff).

Auch der EGB erstellte ein "Verfahrensprotokoll", welches die Information, Koordination und Zusammenarbeit zwischen den zuständigen Gewerkschaftsausschüssen und den nationalen Gewerkschaften erleichtern bzw. garantieren soll. Darin heißt es u.a.: "Die Initiative für die Aufnahme von Verhandlungen über Europäische Betriebsräte sollte normalerweise von einem Europäischen Gewerk-

[39] Nachdem die nationalen Umsetzungen erfolgt sind, soll eine Überprüfung hinsichtlich der Vereinbarkeit mit den Vorgaben der Richtlinie erfolgen.

[40] "The implementation of the Directive has been one of the most complex legislative operations ever carried out in EC law" (EIRR 1996a, 11).

[41] In der Metallindustrie wurden die mit Abstand meisten Vereinbarungen geschlossen; die Koordination der Aktivitäten übernahm der Gewerkschaftsausschuß (EWCB 1997).

schaftsausschuß oder von den Gewerkschaften des Landes ausgehen, in dem das europaweit tätige Unternehmen seine europäische Zentrale hat. Kein EGB-Mitglied sollte Schritte hin auf die Einrichtung eines EBR zustimmen, ohne daß die jeweilige/n europäische/n Branchengewerkschaft/en und die Gewerkschaften des Landes, in dem sich der Hauptsitz des Unternehmens befindet, beteiligt sind" (EGB 1996b, 1).

Über diese spezifischen Probleme der Implementationsphase wissen wir relativ wenig. Das von Gegnern einer weitergehenden Integration häufig vorgebrachte Argument, daß die supranationale Regulierung zu einem mehr oder weniger deutlichen Verlust von Autonomie bzw. Souveränität der Nationalstaaten führen würde, verliert bei einer detaillierten Analyse an Überzeugungskraft. Innerhalb eines unter dem Vorzeichen von strikter Subsidiarität bewußt und notwendigerweise breit gehaltenen Interpretations- und Gestaltungsspielraums prägen nationale Politiken, die im politischen bargaining von den Interessen der Sozialpartner[42] beeinflußt oder sogar gestaltet werden können, in erheblichem Maße die prozeduralen und inhaltlichen Ergebnisse der Umsetzung. Dieser Sachverhalt gilt besonders in unserm Fall einer Umsetzung vor allem von Mindeststandards in Richtlinien in nationales Recht.[43] Da die Mitgliedstaaten ihre Handlungsspielräume in unterschiedlichem Umfang nutzen, ergeben sich die bereits genannten Schwierigkeiten: ".. problems of competition may arise and it may also endager the necessary minimum of coherence envisaged by the transnational structure" (Weiss 1995c, 162).

[42] Vgl. etwa aus Sicht der IG Metall: "In Zusammenarbeit mit dem Deutschen Gewerkschaftsbund wurden die Gespräche mit Vertretern der verschiedenen politischen Ebenen geführt; im Rahmen der offiziellen parlamentarischen Anhörung zur Gesetzesvorlage und einer Pressekonferenz wurden die Standpunkte der Gewerkschaften vorgebracht. Die Kritikpunkte sowohl am Referenten- als auch am Regierungsentwurf wurden darüber hinaus in arbeitsrechtlichen Fachzeitschriften veröffentlicht. Die Begleitung der Umsetzung ist ... von besonderer Bedeutung, da es sich dabei nicht nur um einen formalen Akt, sondern um eine wichtige und substantielle Etappe auf dem Weg zur Anwendung der Richtlinie in der betrieblichen Praxis handelt" (Götz/Buchholz 1996, 529).

[43] Ähnlich in allgemeiner Form in bezug auf die Umsetzung sozial- und umweltpolitischer Entscheidungen auch Falkner 1998b.

4. Partizipation der Arbeitnehmer: Zur aktuellen Situation

4.1. Perspektiven

1. Aktuelle Untersuchungen unterscheiden drei Phasen der Entwicklung (Platzer/ Weiner 1998, 393ff): die Pionierphase mit freiwillig vereinbarten EBR (Mitte der 80er Jahre bis zur Verabschiedung der Richtlinie), die Phase der richtliniengestützten, „freiwilligen" Aushandlung nach Art. 13 (September 1994 bis September 1996) sowie die Phase der gesetzlich-obligatorischen Einführung von EBR nach Art.6 (ab September 1996). Auch nach der Verabschiedung der Richtlinie stellten die EBR auf freiwillig-vertraglicher Basis mehr als nur eine Episode dar. „In der Entwicklung der Europäischen Betriebsräte zeigt sich eine sich gegenseitig verstärkende Wechselwirkung zwischen der Einrichtung und der Praxis freiwilliger Betriebsräte und der rechtlichen Normbildung. Ohne die Pionierprojekte wäre es kaum möglich gewesen, den zur Verabschiedung der Richtlinie notwendigen gewerkschaftlichen und politischen Druck aufzubauen. Umgekehrt wäre es ohne die Richtlinie kaum möglich gewesen, bis September 1996 zu mehreren 100 Europäischen Betriebsräten in den EG-Mitgliedstaaten zu kommen. Die Praxis fand Eingang in die rechtliche Normierung, die rechtliche Normierung beeinflußte wiederum die Praxis" (Nagel 1999, 352f).

Vereinbarungen auf freiwillig-vertraglicher Basis waren weiterhin möglich bis zu dem Zeitpunkt, zu dem die Richtlinie endgültig in nationales Recht umgesetzt sein mußte, d.h. zwei Jahre nach ihrer Verabschiedung. Die bis September 1996 geschlossenen Abkommen blieben unangetastet, was nationalen „customs and practices" prima facie widerspricht (zu den juristischen Problemen zusammenfassend Klinkhammer 1995, 65-74; Willemsen/Hohenstatt 1995): Die Richtlinie sieht im Rahmen einer Übergangsregelung (Art.13) vor, daß diese Gremien in ihrer gegebenen Form weiterbestehen können, sofern sie zwei Mindestbedingungen erfüllen: Sie müssen für sämtliche Arbeitnehmer des Unternehmens bzw. der Unternehmensgruppe gelten und grenzüberschreitende, länderübergreifende Informations- und Konsultationsrechte vorsehen.

Dieser Bestandsschutz ist also an bestimmte Grundsätze demokratischer Legitimation und Repräsentativität gebunden.[1] "This provision - which can be seen as made in application of the principle of subsidiarity - gives precedence to negotiation over legislation ..." (N.N. 1995, 102). Allerdings finden sich keine präzisen Angaben für Form und Inhalt der Vereinbarungen; insbesondere ist zwischen den Sozialpartnern strittig, ob die Auflagen der Richtlinie erfüllt sein müssen (Gerstenberger-Sztana 1996, 515f).

Damit stellten sich in einer Situation mit offenem Ausgang folgende Handlungsalternativen:

- Die beteiligten Arbeitnehmervertretungen konnten freiwillige Vereinbarungen kündigen, um von den Vorgaben der Richtlinie zu profitieren, deren Regelungen für sie in der Regel günstiger sein dürften.
- Etliche zentrale Leitungen von Unternehmen starteten Initiativen zur Einrichtung von EBR auf freiwilliger Basis[2], da diese eine "flexible" Anpassung an die Bedingungen des Unternehmens und seine Perspektiven ermöglichten, etwa in bezug auf ein transnationales Human Resource Management verschiedener Unternehmensfunktionen, die ansonsten notwendigen komplexen Prozeduren, wie die Einrichtung eines hinsichtlich Zusammensetzung und Rechten spezifizierten BVG, vermeiden konnten - und zu einem späteren Zeitpunkt sowieso notwendig geworden wären (zu Fallbeispielen EIRR 1995c, 3f sowie EWCB 1996ff).[3]

Einerseits konnten solche Vereinbarungen für die Arbeitnehmervertretungen bzw. Gewerkschaften aus mehreren Gründen durchaus attraktiv sein: Sie konnten ohne die ansonsten entstehende zeitliche Verzögerung in Kraft treten, bestimmte günstige Kombinationen von Informations- und Konsultationsrechten vorsehen, die in der Richtlinie vorgeschriebene Häufigkeit der Sitzungen erhöhen, Finanzierung

---

[1] "The exemption .. enshrined in Article 13 ... both: reflects the Directive's general approach of giving precedence to company-specific settlements negotiated between management and employee representatives; and represents a recognition by the Commission and the Council of Ministers of the crucial role played in the EWC debate by those groups which have been "pioneers" in establishing EWCs prior to the Directive's implementation" (EWCB 1995b, 10).

[2] Für diese Option plädiert aus Gründen der Flexibilität auch UNICE (Richard 1995, 254f) sowie die BDA (Hornung-Draus 1994b).

[3] „... MNCs, if they choose to take the initiative, may be able to increase management control by selling their own message convincingly, seeking concessions to 'best practice' benchmarking in efficiency across their operations, and increasing enterprise consciousness by squeezing out external union representation" (Ramsay 1997, 319).

und Anzahl der Experten, die faktisch wohl zu externen Beratern bzw. Betreuern werden[4], im Interesse der Arbeitnehmer regeln, die Zusammensetzung des auch in dieser Phase möglichen BVG günstig gestalten und/oder Pilotcharakter für andere Unternehmen haben (Hall et al. 1995, 27ff).

Andererseits fürchteten die Gewerkschaften, "... that developments such as these will be the forerunners of a wave of "house" EWCs, aimed purely at meeting the Directive's requirement in a minimalist fashion and excluding unions" (EIRR 1995b, 20). Diese Probleme sog. Minimallösungen aus Arbeitnehmersicht verschärften sich vor allem in den Fällen, in denen nationale Arbeitnehmervertretungen ihre Strategien bei der Aushandlung freiwilliger Vereinbarungen weder mit anderen betrieblichen Interessenvertretungen noch mit den "zuständigen" nationalen Gewerkschaften und/oder den supranationalen Gewerkschaftsausschüssen abstimmten. Die divergierenden Tendenzen wurden dadurch verstärkt, daß auch auf Arbeitnehmerseite nicht alle Interessenvertretungen der Richtlinie gleich große Bedeutung beimaßen; Informationsprobleme über "constraints and opportunities" bestanden vor allem bei den betrieblichen Akteuren, welche die Initiative ergreifen mußten.

Auf Seiten der Unternehmen traten zusätzliche Schwierigkeiten auf, wenn es sich um sog. Mischkonzerne handelte, die aufgrund ihrer Struktur mit verschiedenen Branchengewerkschaften Verhandlungen aufnehmen mußten. Zusammenfassend galt: „... it was not just the MNCs which saw an advantage in negotiating Article 13 agreements. National trade unions have on the whole been active as well, preferring to get the EWC process started early rather than wait till the tactically better situation after 22 September 1996 occured; to wait might in many cases have meant a delay of three or four years before an EWC could be established. And a bad agreement can be re-negotiated when it expires (typically three years after its conclusion)“ (Knudsen/Bruun 1998, 147).

---

[4] Dieser Beratungsservice bezieht sich zunächst auf Probleme der Einrichtung von EBR, später auf Aspekte ihrer praktischen Arbeit, wie Fragen des Arbeitsschutzes oder möglicherweise der Arbeitsorganisation.

2. Die Zahl freiwilliger Initiativen und Vereinbarungen nahm nach der Verabschiedung der Richtlinie deutlich zu. "Now, the constitutions and operational experience of the 40-plus voluntary EWCs known to be in existence will be of considerable interest and value to management and unions contemplating their introduction in other companies as a result of the new legislation" (Hall et al. 1995, 3).

Einerseits war diese Zunahme insofern bemerkenswert, als bereits vor Abschluß der nationalen Umsetzungen bzw. in der kurzen Etablierungs- und Entwicklungsphase des „enforced voluntarism“ insgesamt knapp über 400 Gremien gebildet wurden (Lecher/Nagel/Platzer 1998, 60ff).[5] Damit hatte ca. ein Drittel der von der Richtlinie betroffenen Unternehmen mit freiwilligen Abkommen reagiert. Deutlich war der sog. deadline effect: Zahlreiche Vereinbarungen kamen erst kurz vor Toresschluß zustande. Die Verabschiedung der Richtlinie "has given rise to an unprecendented period of negotiating activity between group management and representatives of employees at European level" (Marginson et al. 1998, 1).

Andererseits darf diese rasche Zunahme nicht darüber hinwegtäuschen, daß die Mehrzahl der multinational tätigen Unternehmen der Intention der Richtlinie nach wie vor kritisch gegenüberstehen, die zugestandenen Implementationsfristen durch Zuwarten ausreizen, und daß viele die "gegebenen Spielräume nutzen und auf ein möglichst dezentrales, schwach institutionalisiertes Informationsvermittlungsverfahren drängen werden" (Schulten 1995, 358). Zu dieser Gruppe dürfte u.a. die Mehrzahl der Konzerne zählen, die ihren Hauptsitz nicht in Europa haben und in ihren Ursprungsländern häufig "anti-union"-Strategien verfolgen. Bei diesen Unternehmen, deren Zahl vermutlich nicht gering ist, werden die subsidiären Regelungen der Richtlinie Bedeutung erlangen.

Die relativ geringe Zahl der Abschlüsse nach dem regulären Richtlinienverfahren, der sog. Art.6-Vereinbarungen, seit Beginn der aktuellen Phase der gesetzlich-obligatorischen Einführung von EBR im Herbst 1996, ist ein Indikator für diesen Trend. Zugleich belegt diese aktuelle Entwicklung, daß die Bedeutung der in der Umsetzungsphase relativ schnell wachsenden Zahl von Verträgen auf freiwilliger

[5] „Negotiation of EWCs has progressed at a furious pace since the directive was adopted. Firms are scrambling to establish information and consultation bodies before the implementation date of September 22, 1996, so that they may be subject to the grandfather clause which allows corporations to maintain apparatus established before the directive took effect“ (Rothstein 1997, 371).

Basis in ihrer strategischen Bedeutung nicht überbewertet werden sollte, zumal die Anzahl der MNU, die sich für die Option des „going early“ entschlossen, offensichtlich geringer war als die der Verträge, weil ein und dasselbe Unternehmen laut Richtlinie durchaus mehr als ein Abkommen schließen konnte. Weiterhin weisen die Umsetzungen dieser Abkommen deutliche Unterschiede auf, was wiederum in sozialwissenschaftlicher Perspektive nicht überraschend ist. Im Gegensatz zu den ursprünglichen Erwartungen, die einen definitiven Abschluß der Gründungsphase bis 1999 voraussahen, ist davon auszugehen, daß sich die flächendeckende Einführung von EBR noch über Jahre hinziehen wird.[6]

In dieselbe Richtung einer eher skeptischen Beurteilung weisen zwei weitere Faktoren. Die in personeller wie zeitlicher Hinsicht knappen Ressourcen der Gewerkschaften sind durch den Abschluß sowie die Begleitung der zunehmenden Anzahl von Art.13-Vereinbarungen in hohem Maße beansprucht, so daß Initiativen zu weiteren Vereinbarungen auf Kapazitätsgrenzen stoßen. Das Verfahren nach Art.6, welches die Einrichtung eines multinational zusammengesetzten BVG (nach dem Prinzip der geographischen Repräsentation) zwingend vorschreibt, ist wesentlich komplizierter und zeitaufwendiger als der Abschluß relativ unreglementierter Art.13-Vereinbarungen, der ohne Bildung bzw. Einbeziehung eines BVG möglich war (zu Einzelheiten Bercusson 1996, 263ff).

Die von der Richtlinie eröffnete, bereits erwähnte Option, anstelle der EBR dezentral ausgerichtete "Verfahren zur Unterrichtung und Anhörung der Arbeitnehmer" zu schaffen, könnte vor allem für diese Unternehmen attraktiv sein. Allerdings haben nur recht wenige Unternehmen tatsächlich dezentrale Verfahren vereinbart. M.a.W.: Es haben nicht nur wenige, sondern auch die eher "kooperativen" Unternehmen freiwillige Vereinbarungen abgeschlossen. „Die Bestandsschutzgarantie des Art.13 hat sich .. nicht nur als erfolgreicher Anreizmechanismus eines going-early erwiesen, sondern könnte sich zugleich als Abschöpfungsinstrument derjenigen Unternehmen herausstellen, in denen die Handlungskonstellationen und -bedingungen für die EBR-Einrichtung relativ günstig gewesen sind“ (Lecher et al. 2000, 143).

[6] „Eine weitere Abschwächung der Einrichtungsdynamik könnte den Erfolg der EBR-Richtlinie insgesamt in Frage stellen“ (Lecher et al. 2000, 138).

3. Seit den frühen 90er Jahren versuchten verschiedene Studien, vor allem durch die Analyse der Texte freiwilliger Vereinbarungen empirisch fundierte Aussagen zu EBR zu machen (vgl. Kap.3).[7] Zwar nahm die Anzahl derartiger Arbeiten mit der Anzahl der EBR allmählich zu, insgesamt blieb das Wissen über die Realität von EBR jedoch erstaunlich gering. Die breiteste Untersuchung über EBR, die fast 400 und damit nahezu alle Artikel 13-Abkommen einbezieht, gelangt zu folgenden Ergebnissen (Marginson et al. 1998, Marginson 1999):

- Freiwillige Abkommen wurden von Konzernen aus insgesamt 25 Ländern getroffen und gehen damit weit über die aktuellen EU-Grenzen hinaus. Sie kamen vor allem im produzierenden Gewerbe (besonders in der Metall- und Chemieindustrie), kaum im Dienstleistungssektor zustande. „This may be due to a range of factors, including the strength of trade union organization within companies, the effectiveness of their European-level organizations and employer strategy. But also important is the extent to which production is internationally organized and integrated, or continues to be segmented within national boundaries. Overall, the 'strike rate' of Article 13 agreements in the more internationalize manufacturing sectors was double that in the service sectors, where competition tends to be more nationally bounded" (Marginson 2000, 23).
- Die überwiegende Mehrzahl der Abkommen wurde erst sehr spät, d.h. zwischen September 1995 und September 1996, unterzeichnet. Fast die Hälfte aller Verträge wurden von nationalen und supranationalen Gewerkschaften, ein Drittel von betrieblichen Interessenvertretungen geschlossen. In der überwiegenden Mehrzahl der Fälle waren auf Arbeitnehmerseite also bereits vorhandene Interessenvertretungen vertragschließende Partei; in ca. einem Viertel der Fälle haben nicht näher spezifizierte „Arbeitnehmervertreter" Abkommen unterzeichnet. Insgesamt ergibt sich ein erheblicher Einfluß von Gewerkschaften sowohl auf den Abschluß der Verträge als auch auf die spätere Arbeit der Gremien, obwohl die Richtlinie hierzu keine spezifischen Vorgaben macht bzw. Gewerkschaften nicht explizit erwähnt. Arbeitnehmervertreter aus dem Heimatland des Konzerns spielen zwar

[7] Für die skandinavischen Länder gilt: „First, we find no clear differences between the four countries ... Secondly, only a small number of agreements actually grant employee representatives stronger rights to information and consultation than those contained in the Srs (subsidiary requirements, B.K.)... Third, the analysis above reveals that a substantial proportion of the agreements fall below the level of rights set by the Srs." (Knudsen/Bruun 1998, 146f).

eine zentrale Rolle, gleichwohl sind Vertreter der Konzerntöchter und der Gewerkschaftsausschüsse ebenfalls wichtig.

- Zwei Drittel der EBR sind gemischte, nur ein Drittel reine Arbeitnehmergremien (nach dem französischen-belgischen bzw. deutsch-niederländischen Modell), wobei durchaus auch Konzerne aus „Betriebsratsländern" gemischte EBR bevorzugen können. Die gemischte Zusammensetzung hat Folgen für weitere prozedurale Probleme (wie Einberufung außerordentlicher Treffen, Festlegung der Tagesordnung, Weitergabe von Informationen). Insgesamt scheint der Einfluß nationaler Systeme stark, aber nicht übermäßig zu sein. Die überwiegende Mehrzahl der EBR hat höchstens 30 Mitglieder. Die britischen Unternehmensteile werden trotz des opt-outs in der überwiegenden Mehrzahl der Abkommen einbezogen. Über drei Viertel aller Abkommen gelten für den gesamten Konzern, d.h. Divisionalisierung spielt nur eine geringe Rolle. In einem Drittel der Abkommen werden auf Arbeitnehmerseite externe Mitglieder oder Teilnehmer offiziell zugelassen, die häufig Vertreter nationaler oder supranationaler Gewerkschaften sind. Zwei Drittel der Vereinbarungen sehen vor, daß Externe auf Einladung einer oder beider Seiten (als Experten, Beobachter oder Gäste) hinzugezogen werden können, was wiederum vor allem der Arbeitnehmerseite zugute kommt.
- Die EBR haben in der überwiegenden Mehrzahl der Fälle lediglich transnationale Informations- und Konsultationsrechte und bleiben insofern innerhalb der engen, von der Richtlinie gesetzten Grenzen; nur wenige Abkommen konkretisieren Zeitpunkt und Qualität der Informationen. „In specifying the competence of EWCs, most agreements identify core economic and financial, and employment and social issues. Only one-half identify matters concerning restructuring and rationalisation." (Marginson et al. 1998, 80). Häufig ausgeschlossen bleiben hingegen u.a. Produktionsverlagerungen, Zusammenschlüsse, Stillegungen und Massenentlassungen. Sehr selten verfügen EBR über weitergehende Rechte, die von stärker formalisierten Konsultationen bis hin zu Optionen auf Verhandlungen reichen.
- In mehr als der Hälfte der Abkommen werden, vor allem für reine Arbeitnehmer- sowie für große Gremien, engere Ausschüsse (oder Sekretariate) als kleinere Lenkungsgremien eingerichtet, die zumeist nur aus Arbeitnehmervertretern bestehen. Sie nehmen vor allem Koordinations-, Kommunikations- und Verbindungsaufgaben zwischen den Sitzungen wahr, organisieren die regulären EBR-Treffen

und sind für das „Agenda setting" zuständig. Häufig können sie außerordentliche Treffen ansetzen und erhalten unter besonderen Umständen spezifische Informationen.

- Die meisten Abkommen vereinbaren lediglich ein reguläres Treffen pro Jahr, bei dem mehrheitlich ein Vertreter der zentralen Unternehmensleitung den Vorsitz übernimmt, vor allem, wenn es sich um gemischte Gremien handelt. Außerordentliche Treffen sind bei „außerordentlichen Umständen" sehr häufig vorgesehen, zumeist auf gemeinsame Initiative beider Seiten, vor allem wenn ein engerer Ausschuß besteht. Die Festlegung der Tagesordnung erfolgt zumeist auf der Basis gemeinsamer Entscheidungen; Protokolle werden meistens gemeinsam erstellt. In Anbetracht erheblicher Sprachbarrieren sind häufig Übersetzungsdienste vorgesehen, was die Kooperation der Arbeitnehmervertreter wesentlich erleichtert. Die für die Konstituierung des EBR als echtes Arbeitsorgan überaus wichtige Weitergabe der Informationen aus EBR-Treffen an die Mitarbeiter und ihre Vertreter sehen nur zwei Drittel der Abkommen vor. Vertraulichkeit bzw. Geheimhaltungspflicht in bezug auf Konzerninformationen wird entsprechend den Vorgaben der Richtlinie vereinbart.

- Die in Anbetracht der geringen Sitzungsfrequenz wichtigen Vorbereitungstreffen der Arbeitnehmervertreter sind sehr weit verbreitet, Nachbereitungstreffen hingegen nicht, was auf die subsidiären Vorschriften der Richtlinie zurückzuführen ist. Fast immer übernimmt das Unternehmen die anfallenden Kosten der EBR-Arbeit (u.a. für Treffen, Reisen, Unterkunft, Arbeitsausfall, Übersetzungen). Allerdings werden nur in einem Drittel Kosten für Aus- und Weiterbildung der EBR-Mitglieder (wie Sprachtraining) übernommen. „Thus, on the crucial issue of training, most agreements do not anticipate the need to equip employee representatives to undertake new transnational, business-related, and frequently multi-lingual, functions" (Marginson 1999, 270).

- „Article 13 agreements depart from the subsidiary requirements of the Directive in four main respects: the extent of trade union intervention; the prevalence of joint management-employee bodies; the inclusion of countries beyond those covered by the Directive; and the minority which establish EWC structures at divisional level" (Marginson et al. 1998, 81). In anderen Fragen wirken die subsidiären Bestimmungen strukturprägend für die Inhalte der Abkommen; die Richtlinie hat im Vergleich zu den rein freiwillig-vertraglichen Abkommen zu größerer Konformität der Regelungen geführt.

- Die Inhalte der Abkommen weisen deutliche Unterschiede nach den Ursprungsländern der Unternehmen bzw. nach den Systemen der Arbeitsbeziehungen verschiedener Ländergruppen auf (skandinavisch, deutsch-niederländisch, französisch-belgisch, südeuropäisch, anglo-irisch, nordamerikanisch, asiatisch). Diese relativ homogenen Gruppen unterscheiden sich u.a. dadurch, ob sie auf nationaler und ggfls. betrieblicher Ebene etablierte Informations- und Konsultationsformen kennen, welche durch Gesetz oder Vertrag eingerichtet werden. Weiterhin bestehen Unterschiede zwischen den Sektoren, die durch Strategien der Arbeitgeber, Organisationsformen der Gewerkschaften und Strategien der Gewerkschaftsausschüsse verursacht werden. Wichtige Unterschiede bestehen zwischen Unternehmen aus Ländern, die auf nationaler Ebene Systeme von „Mitbestimmung" haben, und solchen, für die dies nicht gilt (vor allem Nordamerika und Großbritannien-Irland). Die „managerial prerogatives" sind in letzteren ausgeprägter. „Overall, the evidence on the provisions of EWC agreements shows that national systems of workplace representation and consultation do have an influence, but it also points to the salience of sector and company structure influences. It can be concluded that rather then being primarily extensions of national structures, EWCs represent an *intersection* of country-specific and transnational influences. The latter stem from the activities of transnational actors: EIFs and multinational companies" (Marginson 2000, 27).

- Die Entwicklungspotentiale weisen erhebliche Differenzen auf, die wesentlich von den institutionellen Rahmenbedingungen der getroffenen Vereinbarungen abhängen. Lediglich formal-symbolisch bestehende EBR, die sich ausschließlich auf das jährlich vorgesehene Treffen stützen und keine weitere Kooperation zwischen den Arbeitnehmervertretern kennen, sind von solchen zu unterscheiden, die zu tatsächlich funktionsfähigen, aktiven Organen der Interessenvertretung werden können, da sie über kontinuierliche Aktivitäten der Arbeitnehmervertreter untereinander sowie über dauernde Kontake zur Unternehmensleitung verfügen.

4. Andere Studien versuchen, über die leicht zu erhebenden, formalen Kategorien von Konsultation und Information hinauszugehen (wie Häufigkeit von Treffen, Vorbereitung der Sitzungen, Zusammensetzung der Arbeitnehmer- und Arbeitgeberseite bzw. des Gremiums, geographischer Geltungsbereich, eigene Vorbereitungstreffen der Arbeitnehmervertreter, Sachverständige und Teilnahme externer Experten). Die Studien gehen insofern deutlich über ältere Arbeiten hinaus als sie explizit versuchen, nicht nur die formalen Muster von Vereinbarungen zu beschreiben, sondern auch die Gesamtheit der informellen Interaktions- und Kommunikationsnetze zu eruieren. Zudem ergibt sich nach der Verabschiedung der Richtlinie bzw. ihrer nationalen Implementation sowohl für die Forschung als auch für die Praxis eine neue, weitgehend unbearbeitete Situation bezüglich der tatsächlichen, formalen wie informellen Entwicklungsperspektiven und -voraussetzungen einer größeren Zahl von EBR.

Aktuelle Analysen über die Konstituierung und Entwicklung von EBR (Lecher/ Nagel/Platzer 1998) sind als die wohl gründlichsten empirischen Studien zum Stand der EBR-Diskussion nach der Verabschiedung der Richtlinie anzusehen. Sie sind im Gegensatz zu älteren, häufig einzelfallbezogenen Arbeiten (u.a. Blank/ Geissler/Jaeger 1996; Deppe/Hoffmann/Stützel 1997) strikt länderübergreifend-komparativ angelegt, indem sie in ihr Untersuchungsdesign ausgewählte Länder und/oder Branchen einbeziehen: Sie bestehen aus qualitativen Fallanalysen in vier Ländern (Deutschland, Frankreich, Großbritannien, Italien), die für das EU-Spektrum repräsentative nationale Arbeitsbeziehungen aufweisen, sowie in zwei Branchen (Chemie und Metall).

In methodischer Perspektive handelt es sich nicht mehr ausschließlich um quantitativ orientierte Dokumentenanalysen sondern um einen Mix aus Fallstudien, Anhörungskonferenzen und leitfadengestützten, akteursspezifischen Interviews. Die Fallanalysen zu Innen- und Außenbeziehungen von EBR sind nach einer identischen Formalstruktur aufgebaut (Konzerndaten, Genese und Struktur des EBR, Interaktionsfelder des EBR, Gesamteinschätzung) und vermitteln ein realistisches Bild der enormen Heterogenität von Ausgangsbedingungen, Arbeitsweisen und Perspektiven sowie Grenzen von EBR.

In analytischer Perspektive werden im Rahmen einer systematischen Theoriebildung zunächst vier Aktionsfelder bzw. Dimensionen der Kommunikation und

Interaktion unterschieden, welche das Außenverhältnis und die Binnenbeziehungen abdecken:[8]

- EBR - nationale Ebene der Interessenvertretung mit Rückbezug und unterschiedlichen Ausgestaltungen des Ressourcentransfers (u.a. Infrastruktur und Informationen) in beiden Richtungen,
- EBR - Management mit unterschiedlichen, vom Management zugestandenen Handlungsspielräumen und Beteiligungsmöglichkeiten,
- EBR - Gewerkschaften mit möglichen formalen Einbindungen in den Informationsaustausch sowie fachlich-politischer Unterstützung,
- formale und informelle Zusammenarbeit der EBR-Mitglieder untereinander mit unterschiedlicher Entwicklung der internen Arbeitsfähigkeit sowie der Beziehungsstrukturen innerhalb des Gremiums.

Wichtige allgemeine Ergebnisse sind:

- Die EBR als neue arbeitspolitische Akteure der Mikroebene wollen sich nicht auf reine Informationsausschüsse reduzieren lassen und versuchen, ihre Handlungsoptionen auszudehnen (Verbesserung der Qualität der Information, Erschließen von Einflußmöglichkeiten auf konzernpolitische Entscheidungen, Erweiterung der finanziellen, zeitlichen und organisatorischen Ressourcen).
- Zu Anfang findet regelmäßig eine Übertragung der jeweiligen nationalen Modelle und Handlungsmuster auf die europäische Ebene statt; zumindest in dieser Phase besteht eine relativ deutliche, gestaltgebende Dominanz der EBR-Vertreter des Mutterlandes bzw. -konzerns gegenüber denen der ausländischen Töchter.
- Das Management kann durchaus Eigeninteressen an EBR entwickeln (ökonomische Interessen des Managements vs. soziale Interessen des EBR).
- Die Ausbildung einer formalen Führungs- und Arbeitsstruktur ist ein wichtiger Indikator für die tatsächliche Arbeitsfähigkeit; eine Verbesserung der internen Kommunikations- und Organisationsstruktur erfolgt u.a. durch die Bildung eines Lenkungsausschusses, der vor allem in größeren EBR Kommunikations- und Koordinationsaufgaben übernimmt.

---

[8] Die Auswahl der Konzerne erfolgte u.a. nach dem Gründungsdatum der Gremien, wobei der gesamte Zeitraum seit Mitte der 80er Jahre abgedeckt wird.

- Deutliche Probleme und Defizite bestehen bei der Verzahnung von EBR und Gewerkschaften bzw. EBR und nationalen Interessenvertretungen.
- Von abnehmender Relevanz in der praktischen Arbeit ist die formale Unterscheidung von gemischten (französischen) und reinen (deutschen) Arbeitnehmergremien.[9]
- Es bestehen unterschiedliche Rückwirkungen auf nationale Arbeitsbeziehungen, welche sich u.a. aus deren Charakter als monistische (wie in Großbritannien oder Italien) bzw. duale Systeme (wie in der Bundesrepublik, Österreich oder den Niederlanden) ergeben.

Ob EBR mehrheitlich auf dem Weg vom reinen Informationsforum über gewisse Konsultations- und Mitwirkungsfunktionen hin zum arbeits- und konzernpolitischen Akteur bzw. zur handlungsfähigen kollektiven Interessenvertretung sind, ist nicht definitiv zu klären. Allerdings dürfte eine solche Entwicklungsperspektive hin zum Akteursstatus bei weitem nicht in allen untersuchten Fällen realistisch sein. Ein einheitlicher Entwicklungspfad in bezug auf eine „Europäisierung" ist nicht zu erkennen - und in Anbetracht der national-, branchen- und konzernspezifischen Heterogenitäten wohl auch in Zukunft nicht zu erwarten. Jede Annahme der Existenz oder Entwicklung eines Standardmodells ist in Anbetracht der vorliegenden Erfahrungen unrealistisch. Der Prozeß, der sich in einem Such- und Orientierungsstadium befindet, ist ergebnisoffen und damit gestaltungsfähig.

5. In einer Art follow-up-Studie, die andere Unternehmen und Branchen einbezieht (Lecher et al. 1999, Platzer/Rüb 1999) wird eine Typologie von EBR entwickelt, die als wichtige erste Stufe der notwendigen Theoriebildung anzusehen ist. Die Autoren stellen einen interessen- und akteursanalytischen Ansatz in den Mittelpunkt und argumentieren bewußt gegen die vielfach geäußerte These einer nicht zu systematisierenden Vielfalt:[10]

[9] „Erste Erfahrungen zeigen .., daß es in der Praxis um so weniger von realer Bedeutung ist, je stärker sich die Arbeitnehmervertreter als ein Kollektiv sui generis verstehen und sich von dem gemeinsamen Ausschuß und dessen Sitzungen in der täglichen Praxis unabhängig machen" (Lecher 1998a, 260; ähnlich Knudsen/Bruun 1998, 139).

[10] „Die Typen bilden die realen Handlungsmuster und -orientierungen der EBR ab: Sie setzen bei den institutionellen Voraussetzungen und der Praxis der EBR an und beziehen zugleich das Handeln der Interaktionspartner insofern ein, wie dieses Möglichkeitsräume zukünftiger EBR-Praxis eröffnet, erweitert oder begrenzt" (Lecher et al. 1999, 65).

- Der symbolische EBR ist ein formal gegründetes, faktisch aber nicht arbeitendes Gremium, dessen Mitglieder weitgehend passiv sind; es findet pro Jahr nur eine reguläre Sitzung mit der Konzernleitung statt. Dieser Typ ist entweder wegen der Kürze der Zeit noch nicht entwickelt oder in seiner Entwicklung zeitweilig oder auf Dauer blockiert; sein „europäischer Mehrwert" ist gering. Die Gewerkschaften sind allenfalls formal einbezogen.
- Der dienstleistende EBR ist ein Gremium des wechselseitigen Informationsaustausches sowie der konkreten Unterstützung in Konfliktfällen; die Dienstleistungen können sich beziehen auf die Weiterleitung von Konzerninformationen durch bestimmte an die übrigen EBR-Mitglieder, auf die Weiterleitung von Konzerninformationen über nationale oder lokale Konflikte an die Konzernleitung oder auf die Intervention einzelner EBR-Mitglieder bei nationalen und/oder lokalen Konflikten. Innerhalb dieses zumeist naturwüchsig entstandenen Typus, der als Informationsdrehscheibe fungiert, besteht Arbeitsteilung.
- Der projektorientierte EBR ist ein Gremium der Definition und Durchführung von Projekten, die unabhängig vom Konzernmanagement sind. Diese Aufgabenstellungen können sich beziehen auf die Entwicklung des Gremiums EBR selbst, auf den Aufbau eines eigenen Informationssystems (u.a. zu den einzelnen Konzernstandorten) sowie auf die Erarbeitung gemeinsamer politischer Leitlinien und Positionen. Die Projektergebnisse gelten als Dienstleistungen höherer Qualität und schaffen transnationale Strukturen der Interaktion. Der systematische Aufbau interner Arbeits- und Kommunikationsstrukturen korrespondiert mit einer strategischen Vorgehensweise.
- Der beteilungsorientierte EBR ist ein Gremium der Interessenartikulation und -durchsetzung sowie der Konsultation und Verhandlung; eine Orientierung erfolgt in Richtung Konzernmanagement. Entweder werden Verfahren der rechtzeitigen Information und Konsultation institutionalisiert, oder es erfolgt die Anerkennung als Verhandlungspartner und Akteur der Regulation der Arbeitsbeziehungen im Konzern. Der „europäische Mehrwert" sowie der Beitrag zur Entwicklung europäischer Arbeitsbeziehungen ist erheblich.

Generell gilt:[11] Die Potentiale sind häufig nicht entfaltet - und auch in Zukunft nicht zu entfalten (Typus des symbolischen EBR); die übrigen Typen bergen Entwicklungspotentiale, wobei im Zeitverlauf Erfahrungslernen der Akteure und Erfahrungsaustausch mit anderen EBR eine wichtige Rolle spielen können. Einerseits sind EBR labile Gebilde und auf Unterstützung von außen angewiesen, d.h. auf die derzeit unzureichende und nicht flächendeckend gegebene Betreuung, Beratung und Qualifizierung durch die Gewerkschaften. Diese müßten, nachdem sie umfangreiche Aktivitäten zur Einrichtung von EBR unternommen haben, numehr verstärkt Koordinationsaufgaben vertikaler und vor allem horizontaler Art wahrnehmen. Anderseits verweist die unterschiedliche und uneinheitliche Praxis von EBR auf Entwicklungsmöglichkeiten innerhalb großer Bandbreiten. Lineare Entwicklungsprozesse im Sinne einer dynamischen Stufenfolge sind keinesfalls zwingend, sogar Rückschritte sind möglich innerhalb eines offenen Prozesses.

Die Verfasser kommen zu dem Schluß, daß „aus heutiger Sicht prinzipiell zwei Entwicklungspfade gleichermaßen denkbar (sind, B.K.): Zum einen die Herausbildung eines konzernorientierten Systems europäischer Arbeitsbeziehungen, in dem EBR „Inseln europäischer Arbeitsbeziehungen“ in einem ansonsten weiterhin weitgehend national fragmentierten Arbeitsbeziehungssystems darstellen. Zum andern die Herausbildung eines die Ebenen und Arenen verbindenden oder integrierenden Systems europäischer Arbeitsbeziehungen, das von der EBR-Entwicklung entscheidend angestoßen wird, in dem aber die EER prospektiv nur das dezentrale Element darstellen werden“ (Lecher et al. 1999, 113).

Beide Szenarien schließen sich nicht logisch aus und können konzern- oder branchenspezifisch durchaus parallel existieren. Aufgrund der empirischen Studien zu sektoralen Sozialdialogen (vgl. Kap.6) und damit der Entwicklungsperspektiven europäischer Arbeitsbeziehungen auf Branchenebene dürfte die zuerst genannte Alternative wesentlich wahrscheinlicher sein bzw. in Zukunft dominieren. Eine Intensivierung sektoraler Sozialdialoge durch EBR-Aktivitäten ist eher unrealistisch.

[11] Die Verteilung der insgesamt 15 untersuchten EBR auf die vier Typen ist 6, 4, 2, 3.

4.2. Grundsätzliche Probleme

1. Die korporativen Akteure unterliegen nicht nur "constraints" sondern verfügen auch über "opportunities". Selbst wenn wir in einem zweifellos kühnen Gedankenexperiment unterstellen, daß die skizzierten Probleme der Implementationsphase erfolgreich gelöst werden können, sind bei weitem noch nicht alle Schwierigkeiten aus dem Weg geräumt:

Ein praktisches Problem besteht darin, daß die nationalen Arbeitnehmervertretungen bzw. Gewerkschaften in Anbetracht ihrer knappen Ressourcen[12] mehrere Schwierigkeiten innerhalb des Übergangszeitraums von drei Jahren nach Inkrafttreten der verbindlichen nationalen Regelungen zu bewältigen haben, worauf sie in durchaus unterschiedlichem Ausmaß vorbereitet sind:

- Sie müssen genügend viele Kandidaten bzw. Mitglieder für die EBR rekrutieren. Erste grobe Schätzungen besagten, daß bei knapp 1200 betroffenen multinationalen Unternehmen mit rund 1500 EBR-fähigen Unternehmen etwa 40.000 EBR-Mitglieder tätig sein werden (Lecher 1996a, 469).[13] Nach dem Ende des opt-outs Großbritanniens, welches die Implementation der Richtlinie bis Ende 1999 vorzunehmen hatte, erhöht sich diese Zahl deutlich (Marginson 1998).[14]
- Sie müssen die Arbeitnehmervertreter noch umfassender als die auf der nationalen Ebene tätigen über eine breite Palette auch "international" relevanter Themen (u.a. Arbeits- und Sozialrecht, Wirtschafts- und Bilanzanalyse, Arbeits- und Umweltschutz, berufliche Weiterbildung) zunächst schulen und später weiterbilden (im einzelnen Gohde 1995, 258-272; Miller/Stirling 1998); erst dann können die EBR ihre komplexen Aufgaben effektiv wahrnehmen und die formalrechtlich eröffneten Handlungsspielräume auch tatsächlich nutzen. Eine Organisation der Ausbildung durch verschiedene Organisationen sowie nach dem Multiplikatorprinzip

---

[12] Dieses Problem besteht möglicherweise vor allem für Berufsgewerkschaften, weniger für Industrieverbände.

[13] Die Auswahl dürfte in Ländern mit nationalen Arbeitnehmervertretungen (u.a. Deutschland, Frankreich, Holland) unproblematisch sein, da sie nationalen Mustern folgen würde. "In Britain, however, no "off-the-peg" solution exists. Indeed, given factors such as the extent of non-unionism and the patchy incidence of inter-union bodies at enterprise level in the U.K., the procedure that would need to be devised could be both problematic and controversial" (Hall 1992a, 554).

[14] „The Directive is a significant step in the development of EU labour law. It is particularly so for the domestic labour law of the UK" (Bercusson 1996, 248).

bietet sich an, wobei sowohl die europäische als auch die nationale und vor allem die betriebliche Ebene wichtig sind; bei letzterer stehen vor allem Informationen über unternehmensspezifische Probleme (u.a. Konzernstruktur, Geschäftspolitiken, Prinzipien der Bilanzierung) im Vordergrund. Die Gewerkschaftsausschüsse, die supranationalen Zusammenschlüsse auf Branchenebene, spielen bei der Bewältigung dieser Aufgabe eine wichtige koordinierende Rolle. Allerdings gehen weder die Richlinie noch die nationalen Umsetzungen explizit auf dieses Problem ein, so daß es nur in den einzelnen Vereinbarungen zu regeln ist.[15] In einigen Ländern kann auf nationale Vorgaben zurückgegriffen werden.

Bei der nachfolgenden Betreuung und Koordination können u.a. die - allerdings quantitativ begrenzten - Erfahrungen der EBR auf freiwillig-kontraktueller Basis hilfreich sein ".. es läßt sich heute auch schon erkennen, daß es den nationalen Gewerkschaften schwer fällt, die durch den EBR hervorgerufenen internationalen und zwischennationalen Anforderungen zu erfüllen. Viele, insbesondere die kleineren Gewerkschaften im In- und Ausland "wursteln sich durch", d.h. sie behandeln die EBR-Thematik entweder im Rahmen ihrer meist sehr kleinen internationalen Abteilungen und bestenfalls noch in enger Koordination mit den zuständigen europäischen/internationalen Branchengewerkschaften. Diese sind aber gleichfalls personell hoffnungslos überlastet, so daß eine ständige Betreuung, die insbesondere in der Anfangsphase der EBR-Arbeit unerläßlich ist, gewerkschaftlich nicht sichergestellt werden kann" (Lecher/Platzer 1996, 512). Bislang haben nur wenige Dachverbände (wie der TUC) oder große Einzelgewerkschaften (wie die IG Metall) erhebliche personelle Ressourcen für diese Aufgaben bereitgestellt; im Idealfall müßte ein Netzwerk nationaler Experten zur Unterstützung der EBR-Arbeit zur Verfügung stehen.

- Sowohl die Einrichtung als auch die praktische Arbeit der EBR folgen, wie nicht anders zu erwarten, weitgehend den jeweiligen nationalspezifischen "customs and practices" der Interessenvertretung. Falls sie sich am französischen Modell der Interessenvertretung orientieren, sind Managementvertreter paritätisch ein-, beim

[15] „An analysis ... reveals that training for EWC functions has been at best an afterthought. Surveys show that only a small number of agreements actually contain provisions on training, and in practice the gap appears to be substantially filled by European subsidies which the EIFs (European Industry Federations, B.K.) and some national trade union confederations have been astute in tapping" (Miller/Stirling 1998, 48).

deutschen hingegen grundsätzlich ausgeschlossen. Wichtig für die Formen der Interessenvertretung und -durchsetzung kann vor allem auch die Frage des Vorsitzes sein, den bei Ausrichtung am französischen Vorbild durchaus ein Repräsentant des Unternehmens bzw. der Geschäftsleitung, beim deutschen hingegen ex definitione nur ein Arbeitnehmervertreter übernehmen kann.[16] Allerdings verliert diese an formalen Kriterien orientierte Unterscheidung in der Praxis an Bedeutung: "Die formale Unterscheidung von Modellen verliert in der Realität jedoch an Bedeutung, wenn sich EBR in Richtung größerer Autonomie entwickeln. Denn eine genauere Analyse des Konstituierungsprozesses zeigt, daß der Einfluß des Managements auf den EBR nicht als statisch unterstellt werden darf, sondern eher Ausdruck verschiedener Phasen einer dynamischen Entwicklung dieses Gremiums ist" (Lecher/Nagel/Platzer 1998, 248).

- Die EBR müssen die sehr unterschiedlichen, sowohl national- als auch standortspezifischen Interessen(-gegensätze) ihrer Mitglieder bzw. deren nationalen Klientele und Gewerkschaften aggregieren und vereinheitlichen, um eine effektive Vertretung zu ermöglichen. Diese internen Abstimmungsprozesse sind aufgrund der heterogenen Zusammensetzung der EBR, der unterschiedlichen Handlungsoptionen in den arbeits- und sozialrechtlichen Kontexten sowie der Wiederwahlkalküle und damit letztendlichen Verantwortlichkeit der EBR-Mitglieder auf nationaler Ebene kaum zu lösen. Sie dürften bei reinen Informations- und Konsultationsproblemen durchaus, hinsichtlich gewisser prozeduraler oder inhaltlicher Mindestabsprachen möglicherweise zu bewältigen sein, da sich die Bedingungen transnationaler Kommunikation und Kooperation durch die Einrichtung von EBR bzw. durch deren regelmäßige Treffen deutlich verbessern.[17] Bei reinen Nullsummenkonflikten hingegen, wie bei Investitionsentscheidungen, geplanten Verlagerungen von Produktion und damit von Arbeitsplätzen an Standorte in anderen Ländern oder standortpolitischen Grundsatzentscheidungen allgemein, dürften

[16] Im übrigen folgen ca. zwei Drittel der Vereinbarungen dem französischen Modell eines gemischt zusammengesetzen Gremiums (Lecher et al 1999, 33).

[17] Ein bekanntes, in der Literatur häufig genanntes Beispiel ist der Gillette-Konzern. Die Unternehmensleitung versuchte, an verschiedenen nationalen Standorten Konzessionen bei der Einführung von Samstagsarbeit durchzusetzen, indem sie Produktionsverlagerungen für den Fall der Nicht-Zustimmung androhte. Durch zufällige, informelle Kontakte von Arbeitnehmervertretern verschiedener Standorte wurde der Plan bekannt.

erhebliche Schwierigkeiten auftreten.[18] Diese können schnell die faktisch eng gesteckten Grenzen "internationaler Solidarität" erreichen.[19] Andererseits stoßen bei derartigen Problemen auch nationale Interessenvertretungen, wie deutsche Konzernbetriebsräte, schnell an die Grenzen ihrer Handlungsmöglichkeiten. Insofern ist die gelegentlich geäußerte Erwartungshaltung, EBR könnten im Rahmen eines Co-Managements diese Probleme lösen, durchaus unrealistisch und muß die Handlungsmöglichkeiten dieser Gremien deutlich überfordern.

- Wenn man keine interne Interessenhomogenität unterstellt bzw. die unrealistische Annahme eines „unified actors" aufgibt, gilt weiterhin in allgemeiner Form: "Within a union delegation in transnational consultative bodies you could very well find those members coming from the local levels interested more in basic bread and butter issues, with those coming from national (or international) levels stressing with greater vigour employment and other macro-economic issues" (Gladstone 1993, 29-30).[20] Weiterhin können einzelne EBR-Mitglieder, vor allem die aus dem Mutter- im Gegensatz zu denen aus den Tochterunternehmen, in quantitativer wie qualitativer Hinsicht über durchaus unterschiedliche Informationen verfügen (Lecher/Nagel/Platzer 1998, 237); sie können von diesen in ihrem jeweils spezifischen Interesse, etwa zur Absicherung der eigenen Position, Gebrauch machen, was zu einer gewissen Renationalisierung der Interessenvertretung beitragen und interne Vertrauensbildung erschweren kann.
- Selbst bei einer keinesfalls als gegeben vorauszusetzenden, unideologisch-pragmatischen Grundeinstellung aller Arbeitnehmerrepräsentanten gegenüber

[18] Ein bekanntes Beispiel ist das US-Unternehmen Hoover, das Anfang 1993 mehrere hundert Arbeitsplätze aus dem französischen Dijon in die Region Glasgow verlagerte. Schottische Gewerkschaften verzichteten auf das Streikrecht sowie auf die Lohnfortzahlung im Krankheitsfall (EIRR 1993f). Ein anderes Beispiel von "regime shopping" weist in dieselbe Richtung: "... when Volkswagen was planning to close its SEAT plant in Barcelona, there was considerable disunity on the EWC, with representatives, by some account, unable to overcome their plant and national self-interest" (Hall 1995, 24).

[19] "Grenzüberschreitende Solidaritätsaktionen hat es bisher selten und meist nur in Fällen gegeben, in denen mehrere Belegschaften gleichermaßen betroffen waren oder in denen es um die Abwehr schwerster sozialer Einbrüche ging. Für eine Verbesserung des Status quo - und dies auch noch in Bereichen, wo es nicht um Mark und Pfennig geht - fehlt es in aller Regel an einem entsprechenden Engagement" (Däubler 1991b, 30; ähnlich Zügel 1995, 396; vgl. auch die ausführliche Schilderung des bekannten Renault-Vilvoorde-Konflikts bei Rehfeldt 1998).

[20] Oechsler (1996, 706) spricht zutreffend vom „Grunddilemma .. zwischer einer individuell-rationalen, den jeweiligen eigenen Produktionsstandort begünstigenden und einer kollektiv-rationalen, auf den internationalen Konzern gerichteten Kooperationsstrategie".

dem Management sowie seitens der Managementvertreter dürfte eine durchgängige Kooperation im Sinne etwa des Grundsatzes der "vertrauensvollen Zusammenarbeit" des BetrVG schwierig zu realisieren sein: Durchsetzungsfähigkeit ist nicht gegeben, Kooperationsbeziehungen zwischen den Akteuren sind nicht eingespielt. Arbeitskampfmittel als ultima ratio der Interessen stehen - zumindest nach der deutschen Rechtsauffassung, nicht aber unbedingt nach der italienischen oder französischen - dem EBR nicht zur Verfügung.[21] Im übrigen gibt die Richtlinie auch keine anderen "konfliktorischen" oder "kooperativen" Mechanismen zur Bewältigung von Meinungsverschiedenheiten vor (etwa im Sinne verbindlicher Schiedssprüche oder durch Einrichtung einer Einigungsstelle).[22]

- EBR sind eigenständige und von nationalen Interessenvertretungen unabhängige Gremien, die nationale Organe nicht ersetzen, sondern deren Aktivitäten um die Vertretung transnationaler Interessen ergänzen sollen. EBR haben im Gegensatz etwa zu den vergleichsweise integrierten deutschen Konzern- oder Gesamtbetriebsräten keine differenzierte und gestufte Untergliederung; ihr informeller "Unterbau" besteht lediglich aus den nationalen und damit stark unterschiedlich strukturierten und orientierten Interessenvertretungen. Diese Konstellation ohne institutionalisierten Vorgaben für die "Mesoebene" erschwert eine aus pragmatischen Gründen notwendige, faktisch allerdings kaum exakt zu treffende Abgrenzung supranationaler und nationaler Zuständigkeiten und Kompetenzen ebenso wie die Entwicklung von Kooperationsbeziehungen und -verfahren zwischen den nationalen und den supranationalen Gremien; dabei wird neben der formalen Ausgestaltung die informelle aufgrund der geringen Sitzungsfrequenz (mit in der Regel nur einer Sitzung pro Jahr) besonders wichtig.[23] "Da die nationalen Institutionen die älteren und damit bewährteren Instrumente einer entsprechenden Informationspolitik sind und in der Regel auch die stärkeren Institutionen, weil sie

[21] Überspitzt formuliert: "Das Problem besteht einfach darin, daß die Richtlinie allen von ihr erfaßten Mitgliedstaaten eine Begrifflichkeit überstülpt, die nur in kooperativ angelegten Arbeitsrechtsordnungen ... eine Tradition hat, in eher konfliktuell ausgerichteten Systemen jedoch inhaltslos bleibt" (Weiss 1995b, 439).

[22] Auf das Problem konfliktorisch orientierter Interessenvertreter weisen vor allem Ökonomen wiederholt hin (Seitel 1995, 236ff).

[23] Vgl. zu Problemen der Vereinbarung im einzelnen Lecher/Platzer 1996, 507ff.

national verbriefte Rechte haben, werden hier neue Prioritäten oft nur mit Schwierigkeiten zu setzen sein" (Lecher 1996b, 6).

- Diese Konstruktion wirft spezifische Probleme der Interessenaggregation sowie einer relativ gleichförmigen Implementation von "joint regulations" auf; ".. the intention is that the European Works Councils would be structurally integrated with national systems of employee representation through the indirect election of its members by and from lower-tier employee representatives" (Hall1993, 1).

- Ein weiteres Problem der Richtlinie besteht darin, daß allgemein von Arbeitnehmervertretern die Rede ist, aber den Gewerkschaften bzw. ihren hauptamtlichen Vertretern weder im BVG noch bei der späteren Interessenvertretung irgendwelche Rechte zugestanden, ja sie nicht einmal explizit erwähnt werden.[24] Die in den Ländern mit dualen Arbeitsbeziehungen (vgl. Kap.2) auf nationaler Ebene mehr oder weniger engen Beziehungen zwischen betrieblichen und sektoralen Interessenvertretungen sind auf der supranationalen Ebene zwischen den EBR und "ihren" Gewerkschaften gänzlich neu zu bestimmen. Die Richtlinie macht hierzu keine konkreten Vorgaben. Probleme können von beiden Seiten her auftreten; ihre Lösung erfordert den Einsatz knapper Ressourcen.[25]

Dieser Prozeß der Neudefinition ist schwierig zu organisieren, da ein duales System der Interessenvertretung auf supranationaler Ebene derzeit nicht vorhanden - und in absehbarer Zukunft, u.a. aufgrund der Schwäche sektoraler Sozialdialoge (vgl. Kap.6), nicht zu erwarten ist. Die unterschiedlichen nationalen Formen des Umgangs von Management und Gewerkschaften sowie von betrieblichen und überbetrieblichen Interessenvertretungen sind von entscheidender Bedeutung; eine enge Anknüpfung an die jeweiligen nationalen Strukturen und Gewohnheiten ist aufgrund vorgängiger Erfahrungen wahrscheinlich. - Neben dieser vertikalen Koordination zwischen den Ebenen der Interessenvertretung ist auch die horizontale zwischen Gewerkschaften Veränderungen ausgesetzt: Die

[24] "The EWCs Directive does not specifically mention trade unions as either parties to EWC agreements or participants in their operation" (EIRR 1995b, 16). Manche Beobachter folgern daraus für die Umsetzung in nationales Recht: "Nach nationalem Recht richtet sich, wer Arbeitnehmervertreter ist. Im Rahmen der Betriebsverfassung sind das nach deutschem Recht nur die Betriebsräte und die Sprecherausschüsse, nicht die Gewerkschaften (Art.2 Abs.1 Buchst.d)" (Hromadka 1995, 17).

[25] Für die Art.6-Phase gilt: „In der Regel stoßen die Gewerkschaften entweder die EBR-Einrichtung von außen selbst an oder werden von Anfang an von betrieblichen Arbeitnehmervertretern über die Einrichtung eines BVG und die Aufnahme von Verhandlungen informiert“ (Lecher et al. 2000, 164).

Beziehungen zwischen nationalen Gewerkschaften können sich, vor allem in Ländern mit konkurrierenden Organisationen, infolge der Kooperation im Rahmen von EBR-Aktivitäten verbessern.

Aus dem Umfeld deutscher Gewerkschaften stammt der Vorschlag, in einem "Vetretungs-Mix von betrieblichen Europa-Vertrauensleuten, gewählten ehrenamtlichen Interessenvertretern und hauptamtlichen Funktionären der im jeweiligen transnationalen Konzern wichtigsten Gewerkschaften in einem zukünftigen Euro-Betriebsrat sozusagen drittelparitätisch die Interessenvertretung der Beschäftigten" (Lecher 1995b, 402; 1998b, 697; ähnlich Bobke/Müller 1995, 660) wahrzunehmen. Niederländische Gewerkschaften schlagen vor, in multinationalen Unternehmen Koordinationsgremien für und mit den EBR zu schaffen.[26]

Ob eine solche Koordinierung durch "externe" Organisationen gelingen kann, ist aus mehreren Gründen fraglich:

1. Auf Seiten der Arbeitgeberverbände bzw. des Managements besteht kaum ein manifestes Interesse an einer starken Repräsentanz der Gewerkschaften in den Unternehmen. Diese "union free"-Position wird dadurch erleichtert, daß die Richtlinie Gewerkschaften, wie bereits dargestellt, nicht explizit erwähnt, d.h. ihnen keine rechtlich abgesicherten Unterstützungs- und Informationsrechte einräumt; auch die Mehrzahl der nationalen Implementationen der Richtlinie haben hieran wenig geändert.
2. Die nationalen Gewerkschaften sind durch die bekannten Tendenzen der Heterogenität charakterisiert (vgl. Kap.2). Die Wahrnehmung von Beratungs- und Koordinationsaufgaben bei der Bildung sowie der späteren Betreuung der Arbeit von EBR in verschiedenen Branchen wird zum Problem begrenzter materieller und personeller Ressourcen, welches nur die großen Industrieverbände, kaum hingegen kleinere weltanschaulich geprägte Verbände mit relativ guter Aussicht auf Erfolg angehen können. Zusätzliche Schwierigkeiten bestehen bei niedrigen Organisationsgraden, wie sie etwa im Dienstleistungssektor vorherrschen.
3. Die EBR müssen sich nicht unbedingt als tarifpolitische Informationsquelle instrumentalisieren lassen.

[26] Ähnlich auch: "Sektorale bzw. branchenspezifische Arbeitskreise können sicherstellen, daß ein europäischer Konzernsyndikalismus vermieden und eine europaweite Abstimmung über auch weitergehende Ziele möglich ist" (Buda 1995, 310).

Nicht nur die Beziehungen zwischen EBR und nationalen Gewerkschaften, sondern auch die zu den "zuständigen" Gewerkschaftsausschüssen, die als Zusammenschlüsse von nationalen Branchenorganisationen auf supranationaler Ebene bestehen (vgl. Kap.2), sind weitgehend ungeklärt und nicht durchgängig entwikkelt. Falls diese Ausschüsse in Fragen zunächst der Bildung und später der informellen Koordination von EBR-Aktivitäten in den Unternehmen ihres Organisationsbereichs Zuständigkeiten und Kompetenzen erwerben können, wären interne Kommunikations- und Koordinationsprobleme der EBR leichter zu lösen. Falls die Gewerkschaftsausschüsse, die durch die Richtlinie unter einen gewissen Handlungsdruck geraten sind, Zuständigkeiten im Sinne einer erstmaligen formalen Mandatierung zur Führung von Verhandlungen erreichen, würde zugleich ihr derzeit eher unsicherer Status durch genuine Aufgaben tendenziell aufgewertet (Sörries 1995).[27] Die Koordination von EBR-Aktivitäten kann zu einem echten Funktions- und Bedeutungszuwachs der bis dato recht schwachen Gewerkschaftsausschüsse führen. Eine notwendige, derzeit nicht gegebene Voraussetzung wäre allerdings deren Ausstattung mit entsprechenden Ressourcen.

Solange EBR nicht nur in allen von der Richtlinie betroffenen, multinational tätigen Unternehmen eingerichtet, sondern auch tatsächlich funktionsfähig sind, kann die aus der Sicht dualer Systeme faktisch notwendige, arbeitsteilige Kooperation zwischen betrieblichen und überbetrieblichen Interessenvertretungen nicht gelingen. Die Schwierigkeiten einer notwendigen, jedoch stets prekären Verschränkung der auf den einzelnen Ebenen verfolgten Politiken bleiben faktisch ungelöst. Im Idealfall, der allerdings schwierig zu realisieren ist, bestünde eine pyramiden- oder kaskadenförmig organisierte Koordination zwischen EGB, den beteiligten Gewerkschaftsausschüssen, den zunächst zuständigen nationalen Gewerkschaften und den einzelnen EBR (Lecher/Nagel/Platzer 1998, 237ff).

Zudem können sich die aus den Erfahrungen seit den 80er Jahren bekannten Probleme eines nationalen Betriebssyndikalismus bzw. -egoismus (Hohn 1988) verschärfen, wenn sie im Sinne eines trans- oder supranationalen Konzernsyndi-

[27] Die Einrichtung von EBR war „das erste originäre Arbeitsfeld der Europäischen Gewerkschaftsverbände, die dadurch personell, finanziell und v.a. auch von ihrem Ansehen her stark aufgewertet wurden und überhaupt erst über Expertenzirkel hinaus bekannt wurden“ (Lecher et al. 2000, 172).

kalismus verstärkt werden. Die Internalisierung von Vorteilen bei Externalisierung von Nachteilen würde verschärft.

- Schließlich gilt sowohl für den sektoralen sozialen Dialog als auch für EBR: "Positive action for sex equality has produced some gains for women, but women's needs are unlikely to be fully met in European industrial relations without mechanisms to achieve sex-proportional representation in the unions and to increase the impact of their women's structures in mainstream policy-making" (Cockburn 1995, 171).

2. Die Anzahl der Abschlüsse (sog. Art.6-Abkommen) nimmt nur recht langsam zu, seit Abkommen auf vertraglich-freiwilliger Basis (sog. Art.13-Abkommen) nicht mehr geschlossen werden können. Bis Herbst 1996 wurden in 415 von 1320 betroffenen MNU entsprechende Vereinbarungen getroffen, d.h. die "Erfolgsquote" betrug 1/3.[28] Mit dem Beitritt Großbritanniens zum Maastrichter Sozialprotokoll erhöht sich die Zahl auf 1456 MNU; Ende 1998 betrug die Zahl der EBR 555, d.h. die "Erfolgsquote" hatte sich insgesamt nicht verändert, lag aber in bezug auf Art.6-Vereinbarungen bei nur 12%. Bis Mitte 1999, dem Ende der von der Richtlinie vorgesehenen, dreijährigen Einrichtungsphase, kamen nur ca. 100 Art.6-Vereinbarungen zustande (EWCB 1999, 10). Eine andere Quelle kommt zu dem Resultat, daß zwischen September 1996, dem Ende der Art.13-Option, und Ende 1999 insgesamt lediglich 180 neue Abkommen geschlossen wurden (Kerckhofs 2000). Da es sich vor allem um "große" Konzerne handeln dürfte, ist davon auszugehen, daß relativ viele Arbeitnehmer einbezogen sind (Kerckhofs 1999); Schätzungen unterstellen eine Repräsentation von 60% der von der Richtlinie betroffenen Arbeitnehmer.[29]

---

[28] Dieser Indikator für "Erfolg" ist nur recht grob: Er berücksichtigt nicht die beträchtlichen Größenunterschiede zwischen Unternehmen, d.h. in den Mitarbeiterzahlen, setzt implizit voraus, daß pro Unternehmen nur ein EBR gegründet wird und läßt alle qualitativen Aspekte, nicht nur des Beziehungsgeflechts mit anderen Akteuren sondern auch der fälligen Theoriebildung, außer acht.

[29] Wählt man nicht die reine Zahl der Unternehmen, sondern die Zahl ihrer Mitarbeiter als Indikator, bestätigt sich „die weitverbreitere Auffassung, dass in transnationalen Unternehmen kleiner und mittlerer Größenordnung noch relativ mehr EBR-Initiativen ausstehen. Die Gründe ... dürften .. einerseits darin zu finden sein, dass die betrieblichen Arbeitnehmervertretungen in Großkonzernen über vergleichsweise bessere Ressourcen verfügen, andererseits aber auch an der Abarbeitungslogik der Gewerkschaften, Großkonzerne aufgrund größerer Außenwirkung priorität zu behandeln" (Lecher et al 2000, 156).

Für diese Entwicklung, die durch „eine beträchtliche quantitative Deckungslücke“ (Lecher et al. 1999, 13) gekennzeichnet ist, sind folgende Gründe verantwortlich: Verzögerungen bei der nationalen Umsetzung der Richtlinie, Reorganisation oder Zusammenschlüsse von Unternehmen, geringe Bereitschaft zum Vertragsabschluß bei den Unternehmen ohne EBR, das vorgeschriebene BVG-Verfahren braucht Zeit bis zum Vertragsabschluß, zunehmende Bedeutung von "good practice" und Neuverhandlung auslaufender Abkommen (Kerckhofs 1999).

Während Verzögerungen infolge der nationalen Umsetzung sowie durch Mergers zeitlich befristete Probleme anzeigen, deutet eine geringe Bereitschaft zum Abschluß auf prinzipielle Schwierigkeiten der Implementation hin; Neuverhandlungen bestehender Abkommen, die insgesamt selten vorkommen, können schließlich zu einer Verbesserung der Qualität von Verträgen führen. Insgesamt demonstriert diese durchaus überraschend langsame Entwicklung, die bei der Verabschiedung der Richtlinie nicht erwartet worden war, die Bedeutung der Implementation als eigenständiger Phase des Politikprozesses bzw. die offensichtlich notwendige Langfristigkeit des Zeithorizonts; die implizite Existenz eines Einrichtungsautomatismus kann in empirischer Perspektive nicht unterstellt werden.

Gewisse Unterschiede zwischen Art.13- und Art.6-Abkommen sind zunächst institutionell bedingt: Die EBR-Richtlinie schreibt für letztere u.a. die Bildung und Einbeziehung eines BVG vor, während erstere verschiedene Akteure (u.a. Gewerkschaftsausschüsse, nationale Gewerkschaften, Arbeitnehmervertreter) abschließen konnten. Außerdem ist nunmehr eine Mindestrepräsentation von Arbeitnehmern nach nationalen Standorten anstatt nach der reinen Beschäftigtenzahl (Prinzip der geographischen Repräsentation) zwingend vorgegeben, was zu einer stärkeren Strukturierung bzw. Langwierigkeit des gesetzlich verankerten Verhandlungsverfahrens führen kann. Darüber hinaus sind die verfügbaren Ressourcen bei Art.6-Vereinbarungen größer, die Bildung engerer Ausschüsse kommt häufiger vor (Kerckhofs 1999).[30]

Insgesamt werden die Abkommen einheitlicher und umfassender, was sowohl auf die Existenz der Richtlinie bzw. der nationalen Umsetzungen als auch auf Erfah-

[30] Im übrigen sind mit diesen quantitativen Informationen noch keinerlei Aussagen über die Qualität der EBR-Arbeit gemacht.

rung und Lernfähigkeit der Akteure zurückzuführen ist. Entwicklungen, welche in den Art.13-Vereinbarungen angelegt waren, verstärken sich: Zulassung externer Teilnehmer, Fokussierung auf die Informations- und Konsultationsrechte, Zulassung von Vorbereitungstreffen der Arbeitnehmervertreter, Existenz eines engeren Ausschusses, Zugang zu externen Experten, Vereinbarung der Vertraulichkeit von Informationen, Einleitung eines besonderen Prozesses bei ungewöhnlichen Ereignissen (EIRR 1999d, 26ff).

Eine andere Studie nennt weitere Gründe für die skizzierte, überraschend langsame Entwicklung:

- „the SNB (Special Negotiation Body, B.K.) process is more bureaucratic than the relatively free and voluntary framework for Article 13 agreements;
- trade unions, which mobilised strongly to achieve Article 13 agreements, have no direct right of initiative to launch SNB talks. Furthermore, they may now be more committed to servicing existing EWCs than creating new ones;
- employees and local employee representatives may lack interest in EWCs, while the management of companies without Article 13 agreements may be less positive towards EWCs than those that signed such agreements;
- the fact that most of the largest multinationals now have EWCs, with many of the remaining companies being considerably smaller, with less resources and a lower profile; and
- the varying degree of union organisation across sectors, with a relatively high level of EWCs in manufacturing industry, which is quite highly unionised, and a comparatively low level in the services sector, where unionisation is often lower“ (EWCB 1999, 11).

Abbildung 4.1: Einer EBR-Initiierung entgegenwirkende Faktoren

(A) fehlendes Interesse der betrieblichen Arbeitnehmervertreter

- fehlende Kenntnis
- fehlender Europäisierungsimpuls
- befürchtete Negativauswirkungen
- Gefühl persönlicher Überforderung

(B) unzureichende Kapazitäten der Gewerkschaften

- Betreuungsnotwendigkeit bestehender EBR bindet Kapazitäten
- Fälle werden schwieriger und weniger attraktiv

(C) geringere Bereitschaft der Arbeitgeberseite

- abnehmende Zahl arbeitgeberseitiger Initiativen
- abschreckende Wirkung auf betriebliche Arbeitnehmervertreter

(D) defizitäre interessenvertretungspolitische Voraussetzungen

- dezentrale Interessenvertretungsstrukturen auf nationaler Ebene
- fehlende Interessenvertretungswirksamkeit der Arbeitnehmervertretung auf nationaler Ebene
- defizitäre rechtliche Absicherungen

(E) verfahrensbedingte Ursachen

- Komplexität des Verfahrens wirkt abschreckend
- Antragstellung ist erschwert
- unklare Regelungen verhindern Initiativen oder bringen sie zum Stocken

Quelle: Lecher et al. (2000, 163)

3. Im Gesamtkontext stellt sich nach der Implementation der Richtlinie ein weiteres Problem: Welche Wechselwirkungen entstehen, vor allem in langfristiger Perspektive, zwischen der nationalen und der supranationalen Ebene der Interessenvertretung? Im Rahmen internationaler Vergleiche von nationalen Systemen der Arbeitsbeziehungen unterscheiden wir zwischen eher monistisch orientierten und stärker dual geprägten (vgl. Kap.2), wobei bei ersteren Probleme horizontaler, bei letzteren zusätzlich Probleme vertikaler Koordination verschiedener Akteure auf-

treten können. Diese rechtlich-institutionellen Unterschiede bewirken Differenzen u.a. in der Struktur der Interessenvertretung, den Instrumenten der Interessendurchsetzung, dem Zentralisierungsgrad sowie - aktuell - dem Ausmaß der Dezentralisierung und Verbetrieblichung.[31] Insofern dürften die Folgen für die nationale Ebene in den einzelnen Ländern unterschiedlich ausfallen:

- Die Frage nach den Beziehungen zwischen den Ebenen dürfte für monistische Systeme mit nur einer Interaktionsebene tendenziell weniger problematisch sein, da es sich im wesentlichen um Probleme horizontaler Koordination handelt. Erhebliche Auswirkungen sind vor allem in den Ländern zu erwarten, die traditionell keine entsprechenden, etablierten Strukturen der Partizipation auf gesetzlicher oder kollektivvertraglicher Grundlage kennen - und diese nun etablieren müssen (vor allem Großbritannien, Irland).[32] Weiterhin können bei Vertretungsstrukturen, die pluralistische Organisationsprinzipien von Gewerkschaften widerspiegeln (wie etwa in Frankreich), aufgrund potentieller Konkurrenz Schwierigkeiten auftreten. Schließlich sind neben den formal-rechtlichen die tatsächlichen Beziehungen zwischen betrieblicher Interessenvertretung und Gewerkschaften relevant, wobei u.a. die Probleme nicht-organisierter Unternehmen sowie der Gewerkschaftskonkurrenz auftreten können. Die Gewerkschaften werden kaum wirksam Koordinationsaufgaben zwischen EBR wahrnehmen.

- Bei den dualen Systemen hingegen steht neben dieser horizontalen Dimension, welche eine arbeitsteilige Kooperation von Betriebsräten und Gewerkschaften einschliessen kann, stets die Frage nach Differenzen und Verbindungen zwischen den Akteuren der betrieblichen sowie der überbetrieblich-sektoralen Ebene, also das Problem vertikaler Koordination, im Mittelpunkt. Ein prominentes Beispiel sind die deutschen Arbeitsbeziehungen mit ihrer "widersprüchlichen Einheit" von Betriebsräten und Gewerkschaften und deren arbeitsteiliger Kooperation. Selbst wenn die horizontale Koordination zwischen bereits bestehenden nationalen und neu zu bildenden supranationalen Interessenvertretungen (u.a. durch personelle

---

[31] Ein weiteres, ungeklärtes Problem in diesem Kontext der Wechselwirkungen ist der Einfluß pluralistischer Organisationsstrukturen auf die Entwicklung und Arbeit von EBR.

[32] Zunächst gilt: "In countries where works councils are well established this directive will have minimal impact, its potential strength lies more in countries which have no such legislation" (O'Reilly/Reissert/Eichener 1996, 875).

Verschränkungen und Informationsvermittlung) gelingen sollte, was keinesfalls als selbstverständlich vorausgesetzt werden darf, kann das Problem von Konzernsyndikalismus auftreten. Konzernspezifische Verhandlungen würden die nationalen Systeme, vor allem ihre Gewerkschaften und das auf sektoraler Ebene angelegte collective bargaining bzw. das System von Flächentarifverträgen, schwächen (vgl. Kap.7).

Trotz der skizzierten Probleme können im langwierigen Prozeß der Entwicklung EBR eher zu Kristallisationspunkten einer internationalen Kooperation werden[33] als andere Formen der Interessenvertretung wie Sozialdialoge (vgl. Kap.5 und 6), da „zum ersten Mal auf dem Feld der Arbeitsbeziehungen eine originär europäische Institution eingeführt und real ausgestaltet wird" (Lecher 1998b, 691), welche die Kommunikation langfristig intensivieren kann. Außerdem gewinnen die Institutionen und Akteure der betrieblichen Ebene wegen der in allen Mitgliedstaaten seit den 80er Jahren anhaltenden Trends der Dezentralisierung (Sisson 1991, 153ff) in Relation zu denen auf sektoraler Ebene an Bedeutung. Weitere Tendenzen der Verbetrieblichung sind wahrscheinlich infolge der Entwicklungen innerhalb der EU. Dabei kann die Gefahr einer zusätzlichen Segmentierung nationaler Arbeitsbeziehungen entstehen: "The one for large integrated companies where the focus is on plant activity and active works councils; the others serving the smaller domestic producers and those firms in sheltered markets based on the varied traditions and practices of national industrial relations arrangements" (Mueller/Purcell 1992, 31).

Die nationalen institutionellen, rechtlichen und politischen Voraussetzungen sind sehr unterschiedlich und konvergieren kaum. Die Frage, ob das Protokoll über die Sozialpolitik die Voraussetzungen überbetrieblicher Verhandlungen bzw. der Sozialdialoge (durch deren Dezentralisierung) entscheidend verändert hat, ist zumindest bisher zu verneinen.[34] Die noch am ehesten wahrscheinliche Alternative zur gegenwärtigen Situation, die allmähliche Herausbildung einer konzernzentrierten, transnationalen Variante der Interessenvertretung (Marginson/Sisson

---

[33] Die Richtlinie bewirkt in der überwiegenden Mehrzahl der Länder eine Ausweitung der gängigen nationalen Praxis.

[34] Vgl. im einzelnen Kap.5; eine andere Position vertreten Bobke/Müller 1995, 658ff.

1996, 9-11), würde die impliziten Funktionsvoraussetzungen dualer Systeme unterminieren, da die überbetrieblich-sektorale Ebene und ihre Akteure weitgehend bedeutungslos würden. M.a.W.: Ob Institutionen wie EBR, die darauf angelegt sind, Einfluß mit Hilfe von Widerspruchsmechanismen ("voice") auszuüben, zugleich Institutionen sein können, die Verteilungsprobleme erfolgreich lösen („distributive institutions"), ist ungeklärt. Zumindest in dualen Systemen bleiben beide Funktionen getrennt.[35]

4. Last but not least: Die EBR-Richtlinie[36] sieht eine Überprüfung ihrer Anwendung nach fünf Jahren, d.h. ab Herbst 1999, vor, wobei die implizite, ursprünglich von allen Teilnehmern geteilte Annahme lautete, daß die Einrichtung von EBR in diesem Zeitraum abgeschlossen und daher eine Evaluation möglich sein würde. Tatsächlich hat die Diskussion um die Revision recht schleppend begonnen und zwar zu einem Zeitpunkt, als erst in ca. einem Drittel der MNU, welche die vorgegebenen Kriterien erfüllen, EBR eingerichtet waren.
Die Positionen der Sozialpartner erinnern an die Konstellation vor Einführung der Richtlinie:
- Wie aufgrund vorgängiger Erfahrungen nicht anders zu erwarten war, entwickelt UNICE keine eigenen Vorstellungen und hält, ebenso wie die nationalen Dachverbände der Arbeitgeber, den Zeitpunkt aufgrund zu geringer Erfahrungen mit EBR, vor allem mit der Anwendung von Art.6 sowie der subsidiären Bestimmungen, für verfrüht und ungeeignet, um eine Revision einzuleiten; Änderungen sollten auf der Ebene der betroffenen Unternehmen stattfinden.
- Demgegenüber reklamieren der EGB und seine Gewerkschaftsausschüsse Revisionsbedarf (EGB 1999; Buschak 1999). Ihre Vorschläge beziehen sich sowohl auf quantitative (wie Senkung der Schwellenwerte der Arbeitnehmerzahlen in bezug auf die Einrichtung von EBR, Anzahl der vorgeschriebenen EBR-Treffen

[35] "Die Zukunft der deutschen Betriebsverfassung hängt sicher auch von der weiteren politischen und rechtlichen Entwicklung in Europa ab. Gegenwärtig gibt es aber wenig Anhaltspunkte dafür, anzunehmen, das deutsche Modell betrieblicher Mitbestimmung könne in seiner insularen Stellung gänzlich unbeschadet die europäische Integration überdauern" (Schmidt/Trinczek 1999, 125f).

[36] Art.15 lautet: „Spätestens zum 22.September 1999 überprüft die Kommission im Benehmen mit den Mitgliedstaaten und den Sozialpartnern auf europäischer Ebene die Anwendung dieser Richtlinie und insbesondere die Zweckmäßigkeit der Schwellenwerte für die Beschäftigtenzahl, um dem Rat erforderlichenfalls entsprechende Änderungen vorzuschlagen."

pro Jahr bzw. Recht auf Einberufung außerordentlicher Sitzungen) als auch auf qualitative Aspekte (wie Zeitpunkt und Qualität der Beteiligung in Form schriftlicher, rechtzeitiger, umfassender und fortlaufender Information und Konsultation, Einführung von Sanktionen bei Verstößen gegen diese Rechte, Stärkung der Zugangsrechte der Vertreter nationaler und supranationaler Gewerkschaften zu BVG und regulären EBR-Treffen, Rechte der Arbeitnehmervertreter, u.a. Ansprüche auf Aus- und Weiterbildung sowie Freistellung, Recht auf Vor- und Nachbesprechungen).

Eine deutliche Senkung der Einrichtungsschwelle, etwa auf die bereits vor der Verabschiedung der Richtlinie vom EGB geforderten Werte (insgesamt 500 statt 1000 Arbeitnehmer, mindestens 100 statt 150 Arbeitnehmer in zwei Mitgliedsländern), mit dem Ziel einer Einbeziehung „kleinerer" transnational tätiger Unternehmen würde allerdings die knappen Ressourcen schnell überfordern - und wohl zu einer insgesamt größeren Zahl von Vereinbarungen bei verschlechterter Qualität führen. Deswegen liegt der Schwerpunkt der insgesamt recht heterogenen Forderungen auf qualitativen Verbesserungen im Sinne einer „Stärkung des Rechts auf Unterrichtung und Anhörung".[37]

- Die Kommission, welche die Sozialpartner ähnlich wie bei der Verabschiedung der Richtlinie als gleichberechtigte Akteure im Rahmen von Sozialdialogen an dem Revisionsprozeß beteiligen könnte, entwickelt nur wenige eigene Initiativen (Kommission 1999). Zeitlich parallel läuft die Initiative zur Verabschiedung des Richtlinienvorschlags über Arbeitnehmerbeteiligung in der SE weiter und der Richtlinienentwurf über Unterrichtung und Anhörung von Arbeitnehmern in nationalen Unternehmen soll weiter verfolgt werden; beide haben Priorität auf der politischen Agenda.

Mit substantiellen Änderungen der EBR-Richtlinie ist aufgrund der Interessenkonstellation in absehbarer Zukunft wohl kaum zu rechnen.

[37] Die Forderungen lassen sich folgendermaßen zusammenfassen: "The forthcoming revision of the EWC Directive must reinforce information and consultation, ensuring that workers' representatives and their trade unions receive full information in good time and in advance of decisions taken, and the introduction of effective sanctions in the case of infringement of agreements by the company. The possibilities for EWCs to function properly should be strengthened. Their scope should be extended to include worker's representatives from applicant countries to the Union" (ETUC 1999, 4).

4.3. Exkurs: Mitbestimmung auf Unternehmensebene[38]

1. In der Bundesrepublik verstehen wir unter "Mitbestimmung" immer betriebliche und überbetriebliche Mitbestimmung bzw. in rechtlich-institutioneller Perspektive das BetrVG sowie die verschiedenen Mitbestimmungsgesetze mit ihren aufeinander abgestimmten Regelungen und Praktiken. Hinsichtlich der Struktur der Aktiengesellschaft bzw. der Mitbestimmung auf Unternehmensebene unterstellen wir implizit ein Zwei-Organ-Modell mit Vorstand und Aufsichtsrat als getrennten Organen für Management und Kontrolle des Unternehmens; demgegenüber bestehen in der Mehrzahl der EU-Länder Ein-Organ-Modelle mit einem einheitlichen Verwaltungsrat als Geschäftsführungsorgan (monistische vs. duale Systeme). Die rechtlichen Unterschiede innerhalb der EU sind bei der überbetrieblichen Mitbestimmung noch beträchtlicher als bei der betrieblichen (Greif 1999, 72ff); generell besteht - mit Ausnahme Großbritanniens, das ähnlich wie Irland keine kodifizierten Regelungen kennt - ein deutliches Nord-/Südgefälle. Wenn wir nicht nur die rechtlichen Voraussetzungen, sondern auch deren durchaus variable Implementation berücksichtigen, werden diese Differenzen noch größer.

Im Kontext des Binnenmarktes haben wir es vor allem mit Formen betrieblicher Mitbestimmung zu tun. Überbetriebliche Mitbestimmung scheint insgesamt weniger wichtig zu sein[39]; sie kommt nur in ungefähr der Hälfte der Mitgliedsländer überhaupt vor (EGI 1990, 12ff; Gold/Hall 1990, 15ff) (Deutschland, Dänemark, Frankreich, Niederlande, Luxemburg), welche im Gegensatz zu anderen die Schaffung transnationaler Regelungen schon früh favorisierten. "In fact West Germany and the Netherlands actively support such policies because they currently operate under codetermination or similar arrangements that allow for such participation and because they do not want other member countries to have the competitive advantage of fewer regulations. Britain, on the other hand, strongly opposes the social charta and the company statute" (Kuruvilla 1991, 26). Auch

[38] Die aus deutscher Sicht wichtige überbetriebliche bzw. Konzernebene, auf der verschiedene Formen der Partizipation von Arbeitnehmern bzw. deren Repräsentanten in den Management- bzw. Kontrollgremien des Unternehmens relevant sind, behandeln wir nur am Rande, da sich die gegenwärtige Diskussion auf die Betriebsebene konzentriert.

[39] Mit diesem lange Zeit selten behandelten Politikfeld befaßt sich Timmesfeld 1994.

eher "konfliktorisch" orientierte nationale Gewerkschaften (wie in Frankreich oder Italien) sind an "sozialpartnerschaftlich-kooperativer" Mitbestimmung nicht sonderlich interessiert.

Verschiedene, bereits seit 1970 gestartete Initiativen zur Harmonisierung der nationalen Gesellschaftsrechte schlugen fehl (u.a. Richtlinienentwurf der SE, fünfte Richtlinie, zehnte Richtlinie).[40] Die Kommission brachte deshalb 1989 sowie in modifizierter Form 1991 im Rahmen eines Richtlinienvorschlags für eine neue, eigenständig-supranationale Rechtsform einer "Europäischen Aktiengesellschaft" (Societas Europaea; oder SE) (Di Marco 1991, 1-13) eine andere Idee in die Diskussion, welche aus der politisch offensichtlich unmöglichen "Verlängerung" nationaler Vorgaben ihre Lehren zog: Bestehende nationale Regelungen sollen lediglich ergänzt, nicht aber wie in früheren Vorschlägen durch einheitliche supranationale ersetzt werden. Quasi als Nebenprodukt zum gemeinschaftsrechtlichen SE-Statut werden verschiedene Mitbestimmungsmodelle vorgeschlagen, die insofern deutlich „flexibler" als ihre Vorgänger sind, als sie sowohl bei monistischen als auch bei dualen Systemen nationaler Arbeitsbeziehungen Anwendung finden können. Insofern machen sie nicht mehr verbindliche Vorgaben, die politisch nicht durchzusetzen sind, sondern eröffnen hinsichtlich der Struktur der Gesellschaftsorgane Wahlmöglichkeiten:

- In einem von der Geschäftsführung getrennten Kontrollorgan, dem Aufsichts- oder Verwaltungsrat, stellen die Arbeitnehmervertreter mindestens ein Drittel, höchstens die Hälfte der Mitglieder (deutsch-niederländisches Modell).
- Die Firmenleitung informiert und konsultiert die Arbeitnehmervertreter, die in einem separaten, von allen Arbeitnehmern der SE gewählten Organ vertreten sind, vierteljährlich über Geschäftsverlauf und voraussichtliche Entwicklung (französisch-belgisches Modell).
- Eine Vereinbarung über Partizipationsrechte wird nicht gesetzlich, sondern kollektivvertraglich zwischen Leitungs- oder Verwaltungsorgan und Arbeitnehmervertretung geschlossen (italienisches oder schwedisches Modell).

---

[40] Diese Initiativen sind in der aktuelleren Literatur hinreichend dokumentiert (Kuhn 1991, 62-73; Kolvenbach 1991, 74-86; Wißmann 1992, 320-330; Scherl 1993, 131-178; Weiss 1996, 220-223; Streeck 1997, 21-31; Kowalsky 1999, 96-106, 142-151, 177-184); sie brauchen deswegen hier nicht im einzelnen wiederholt dargestellt zu werden.

Falls keine Einigung zustande kommt, findet eine subsidiäre gesetzliche Regelung Anwendung; die Möglichkeit eines „opt-out" wird ausgeschlossen.
Die Kommission, die mit ihrem Vorschlag das Cafeteria- und nicht mehr wie in früheren Vorschlägen das Einheitsprinzip bzw. die Idee einer Vereinheitlichung nationaler Regelungen verfolgte, eröffnete damit zum erste Male Wahlmöglichkeiten, eine Idee, die später als Vertragslösung weiterverfolgt und erweitert wurde. In ihrem "Optionenmodell" (v. Maydell 1990, 444 et passim), "a menu of worker participation options" (Addison/Siebert 1991, 604), schlug sie vor, daß jedes Land die Auswahl von sich aus begrenzt oder sich verbindlich für ein Modell entscheidet und die übrigen dadurch ausschließt.[41]
Dieser Lösungsvorschlag, der durch die explizite Berücksichtigung nationaler Unterschiede und bestehender Regelungsformen akzeptanz- und kompromißfördernd wirken sollte, überließ die konkrete institutionelle Ausgestaltung den Mitgliedsländern. Er wäre einerseits auf ein flexibles Modell mit konkurrierenden Mindestvorschriften hinausgelaufen, hätte andererseits aber das Unternehmens- und Arbeitsrecht eher verkompliziert bzw. ausdifferenziert als vereinfacht bzw. harmonisiert. Last but not least wäre in der Perspektive dualer Systeme nur die Ebene der Unternehmensmitbestimmung herausgepickt worden, ohne deren notwendige Verschränkung mit der anderen, der betrieblichen, hinreichend zu berücksichtigen. Dies war in älteren Entwürfen zumindest ansatzweise geschehen.[42]

2. Verschiedene Akteure äußerten massive Kritik an dem Vorschlag (für andere Nagel 1990, 205-213):
- Vor allem die Gewerkschaften befürchteten u.a. eine "Mitbestimmungsflucht" in Länder mit schwächeren Arbeitnehmerrechten (sog. Delaware-Effekt).[43]

---

[41] SE's, die ihren Hauptsitz in der Bundesrepublik haben, müßten dann die Mitbestimmung nach dem deutschen Modell gewährleisten.

[42] "Der Vorschlag des Statuts einer SE erweist sich bei näherem Zusehen als gigantischer Versuch der Deregulierung. Ohne daß der Bestand nationaler Normen unmittelbar angetastet würde, wären die Unternehmen in der Lage, sich wesentlichen Teilen des nationalen Arbeitsrechts zu entziehen. Dies gilt auch für den Bereich der Unternehmensmitbestimmung" (Däubler 1990, 23).

[43] In empirischer Perspektive hat die unterstellte "Mitbestimmungsflucht", also eine Deregulierung durch Internationalisierung, nicht stattgefunden. Andere Faktoren (wie Steuersystem, Infrastruktur, politische Stabilität) dürften für Standortverlagerungen entscheidend sein. Möglicherweise gilt sogar der entgegengesetzte Zusammenhang und die deutschen Mitbestimmungsregelungen, die zu kooperativen Arbeitsbeziehungen beitragen, erweisen sich als Standortvorteil.

- Das Europäische Parlament setzte eine materielle Nachbesserung durch; danach bedarf die Entscheidung für ein Modell der Zustimmung des Betriebsrats.
- Der Wirtschafts- und Sozialausschuß (WSA) unterbreitete eine Reihe von Vorschlägen, um eine Gleichwertigkeit des Niveaus bzw. der Intensität der Mitbestimmung vor allem in den Modellen zwei und drei zu erreichen (Wendeling-Schröder 1991, 418).
- "Despite ist optional nature, the European Company Statute has been strongly opposed by certain member state governments and employers organisations, not least because they see it as a stalking-horse for other, more far-reaching Community instruments on worker participation" (Hall 1991, 27). Auf Unternehmensebene bestehen bisher nur ganz wenige freiwillig-vertragliche Vereinbarungen zur Mitbestimmung[44] (Wendeling-Schröder 1992, 418f).

Der Richtlinienvorschlag zur SE scheiterte Ende 1992 erneut an der Einstimmigkeitserfordernis im Ministerrat, wobei die Vertreter der Bundesrepublik und Großbritanniens einmal mehr die unterschiedlichen Positionen repräsentierten. "Alle Entwürfe ... sind am Widerstand von zwei Ländern gescheitert, die aus entgegengesetzten Interessen eine Koalition gebildet haben. Während die BRD auf mehr Mitbestimmung besteht, um das deutsche Mitbestimmungsmodell nicht zu gefährden, sieht die britische Regierung in der Mitbestimmung nur ein Instrument zur Bürokratisierung des Arbeitslebens" (Windolf 1992, 121). Während die Bundesregierung die Gleichwertigkeit der Modelle bestritt, votierte die britische Regierung vehement gegen jedwede Intervention durch supranationale Gesetzgebung.

Aufgrund der konfliktären Interessenlagen schien zeitweise sogar ein Szenario möglich, in dem Mitbestimmungsregelungen bei der weiteren politischen Behandlung des Richtlinienvorschlags zur SE ganz ausgeklammert würden. Diese Alternative war um so wahrscheinlicher, als zur Verabschiedung von Mitbestimmungsregelungen auch nach der Ratifizierung des Vertrages über die Europäische Union Einstimmigkeit zur Beschlußfassung im Ministerrat erforderlich blieb. Wenn wir

[44] Die wohl bekannteste Ausnahme ist die Europipe Holding GmbH, eine deutsch-französische Unternehmensgesellschaft, die neben einem europäischen Betriebsrat ein paritätisch (6:6) besetztes Aufsichtsratsgremium ohne Neutralen nach deutschem Recht eingerichtet hat; Pattsituationen werden durch das Presidential Committee gelöst. Das Modell ist sehr wahrscheinlich nicht generalisierbar (vgl. Interview at Europipe 1993, 47-51; Klinkhammer/Welslau 1995, 125-135).

es auf die im internationalen Vergleich relativ weit fortgeschrittenen deutschen Regelungen beziehen, entstand durch die Verabschiedung der EBR-Richtlinie eine Situation, in der zwar Gremien betrieblicher, nicht jedoch solche überbetrieblicher Mitbestimmung existieren. Diese Situation blieb vor allem für Gewerkschaften in dualen Systemen der Interessenvertretung wenig attraktiv.

3. Dieses Problem fand in der Folgezeit auch angesichts von Dezentralisierungs- und Verbetrieblichungstendenzen wenig Aufmerksamkeit, die europäische „Mitbestimmungs"-Diskussion konzentrierte sich auf die nationale Umsetzung sowie die Implementation der EBR-Richtlinie. Diese Situation änderte sich erst, als die Kommission nach ihrer "Mitteilung zur Information und Anhörung der Arbeitnehmer" vom November 1995 eine Sachverständigengruppe "European Systems of Worker Involvement" einsetzte. Die Gruppe erarbeitete eine Bestandsaufnahme der Mitbestimmungsregelungen in den Mitgliedsländern sowie einen Kompromißvorschlag, der die faktische Unmöglichkeit älterer Konzepte im Sinne einer Generalisierung bzw. sogar echten Harmonisierung nationaler Beteiligungssysteme angesichts der bestehenden, beträchtlichen Unterschiede explizit anerkannte und die lang andauernde politische Pattsituation aufzulösen versprach. "Ausgangspunkt solcher Überlegungen waren das gestiegene Interesse transnationaler Unternehmen an der Schaffung einer europäischen Gesellschaftsform vor dem Hintergrund der weitgehenden Verwirklichung des europäischen Binnenmarktes, die bevorstehende Wirtschafts- und Währungsunion, zunehmende Internationalisierung der Unternehmen, die zu einem Auseinanderklaffen von wirtschaftlicher und rechtlicher Situation führt" (Jaeger 1998, 6).
Der nach ihrem Vorsitzenden genannte Davignon-Report (1997) konzipiert die SE als Option, nicht als verpflichtende Gesellschaftsform sowie als transnationale, auf europäischer Ebene angesiedelte, von nationalen Rechtsformen unabhängige Einrichtung, welche die durch den Binnenmarkt eröffneten Chancen fördern, zur Verbesserung der internationalen Wettbewerbsfähigkeit europäischer Unternehmen beitragen und eine Lücke im Gesellschaftsrecht schließen soll. Die Errichtung einer SE, die "europäischen Mehrwert" erzeugen soll, kann erfolgen durch:

- Fusion bestehender Gesellschaften,
- durch die Gründung einer Holdinggesellschaft
- oder durch die Gründung einer gemeinsamen Tochtergesellschaft.

Mit einer weiteren Option, "die Anlaß zu gewissen Besorgnissen gibt", nämlich der Gründung einer grenzüberschreitend tätigen SE durch reine Umwandlung einer nationalen Aktiengesellschaft in eine europäische, befaßt sich die Sachverständigengruppe nicht. Dieser potentielle Gründungstatbestand, der zur sog. Mitbestimmungsflucht durch Rechtsformenwechsel führen könnte, soll grundsätzlich ausgeschlossen werden, was einer Bestandssicherung nationaler Regelungen gleichkäme.

Die optionale Gründung einer SE soll strikt an die Einführung von Mitbestimmungsregelungen geknüpft werden, so daß die vor allem steuerliche Attraktivität dieser Gesellschaftsform für die Unternehmen nicht ohne Gegenleistung realisiert werden kann:[45] In jeder SE, d.h. unabhängig von der Zahl der Beschäftigten und dem Gründungsland, sollen die Arbeitnehmer in verbindlicher Form "am Geschäftsablauf des Unternehmens beteiligt" werden: Form und Umfang dieser Beteiligungsrechte in den Unternehmensorganen (Verwaltungsrat, Aufsichtsrat) sollen nicht durch Rechtsetzungsverfahren festgelegt werden; statt dessen sollen die Sozialpartner "auf dem Verhandlungsweg im Verlauf der Errichtung einer SE" vollkommen autonom Regelungen vereinbaren, die unternehmensspezifischen Erfordernissen entsprechen. Eine Liste mit Themen für Verhandlungen zwischen den Sozialpartnern wird vorgeschlagen (u.a. Gegenstand und Reichweite, Verhandlungspartner, Modalitäten der Verhandlungen). Auf eine Vorgabe unabdingbarer Mindestvorschriften oder -sockel für Vereinbarungen wird explizit verzichtet, d.h. die Inhalte potentieller Vereinbarungen werden nicht eingegrenzt.

Ungeklärt bleibt, ob die Sozialpartner sich mehrheitlich darauf einigen können, auf Mitbestimmungsregelungen überhaupt zu verzichten (sog. Null-Lösung), was die Gewerkschaften als Etablierung "mitbestimmungsfreier Zonen" bezeichnen und strikt ablehnen. Die Verhandlungen sollen, um Kontinuität zu garantieren und Unsicherheit zu vermeiden, "möglichst früh" beginnen, d.h. spätestens zu dem Zeit-

[45] Die Anzahl der Unternehmen, die ihre Rechtsform ändern werden, um Wettbewerbsvorteile durch Nutzung des europäischen Unternehmensrechts zu realisieren, ist kaum abzuschätzen.

punkt, zu dem die Gremien der beteiligten Gesellschaften die Verschmelzungs- oder Gründungspläne aufgenommen haben.
Bei der Zusammensetzung des BVG, welches für die Aushandlung des Mitbestimmungsstatus zuständig sein soll, entstehen auf Seiten der Gründer der SE keine Probleme. Auf Arbeitnehmerseite soll das Kriterium der Proportionalität (mit Einführung von Stimmengewichtung) und nicht das Kriterium Geographie Priorität haben. Externe Experten, die entweder dem EGB oder den europäischen Gewerkschaftsausschüssen angehören können, sollen zugelassen werden, ohne allerdings einen formalen Status (mit Vorschlags- und Benennungs- bzw. Stimmrechten) zu erhalten. Die parallele Anwendung einzelstaatlicher Vorschriften auf transnationaler Ebene soll ausgeschlossen werden, d.h. die spezifischen SE-Regelungen gehen vor; die Regelungen auf nationaler Ebene bleiben einzelstaatlichen Vorgaben vorbehalten.
Für den Fall, daß die Sozialpartner in ihren freien Verhandlungen über Mitbestimmungsregelungen innerhalb vorgegebener Fristen (von drei Monaten, bei gemeinsam erklärtem Bedarf bis zu maximal einem Jahr) nicht zu einem Abschluß kommen, tritt ein für alle SE gemeinsames Modell in Kraft, die sog. Auffangregelung über "Information und Anhörung" sowie "Mitbestimmung der Arbeitnehmer im Verwaltungsrat bzw. im Aufsichtsrat". Diese ausschließlich subsidiäre Regelung als Kompromißformel soll per Gesetz erfolgen und durch die Einheitlichkeit ihrer Vorgaben Anreize zum Abschluß freier Verhandlungen setzen. Eine sog. Gründungssperre, die eine Eintragung ins Handelsregister vor Abschluß einer Vereinbarung über Mitbestimmung ausschließen würde, wird nicht vorgesehen, allerdings von den Gewerkschaften gefordert (DGB 1998). Erneute Verhandlungen sollen nach Ablauf einer noch festzulegenden Frist möglich bleiben.
Die Arbeitnehmervertreter, die ein Fünftel aller, mindestens aber zwei Mitglieder in den Gremien ausmachen sollen, verfügen über einen gleichberechtigten Status, d.h. sie haben dieselben Rechte und Pflichten wie die Vertreter der Anteilseigner. Ob sie ihre schwache quantitative Repräsentanz durch die Flexibilität der Verträge und Tauschgeschäfte kompensieren können, ist eine offene Frage. Die auf einer anderen Grundlage basierenden Vorgaben für EBR, die für die SE als nicht ausreichend angesehen werden, sollen durch das SE-Statut generell nicht tangiert werden.

EBR-Vertreter werden nicht explizit in das Verhandlungsgremium einbezogen, da bei der vorgeschlagenen Regelung nicht alle infrage kommenden Unternehmen über EBR verfügen dürften. Auch die Rechte der nationalen und europäischen Verbände (Beratung vs. Koordinierung) werden ähnlich wie bei der EBR-Richtlinie nicht abschließend festgelegt. Schließlich wird das Verhältnis zwischen "betrieblicher" und "überbetrieblicher" Form der "europäischen Mitbestimmung" letztendlich nicht geklärt; die SE-Standardvorgaben sind weitergehender als die der EBR-Richtlinie; eine "arbeitsteilige Kooperation" der Arbeitnehmervertreter wie in bestimmten dualen nationalen Systemen dürfte aufgrund der bereits deutlich gewordenen Schwäche der EBR eher schwierig sein und generell von nationalen Strukturmerkmalen abhängen.

Nachdem die Sachverständigengruppe ihren Bericht vorgelegt hatte, unterbreiteten während ihrer Präsidentschaften sowohl Luxemburg als auch Großbritannien Kompromißvorschläge mit dem Ziel, das Problem nach einer mehrere Jahrzehnte andauernden Diskussion endlich zu lösen (Jaeger 1998, 8ff; Kowalsky 1999, 181f). Der Konsens, der einstimmige Beschlüsse im Ministerrat voraussetzt, gestaltete sich trotz grundsätzlicher Zustimmung verschiedener Akteure schwierig, weil die nationalen Regelungen sehr unterschiedlich sind (Sachverständigengruppe 1997, Anhang 3). Die Länder mit entsprechenden Vorgaben (u.a. Deutschland, Österreich, Luxemburg, Skandinavien) wollen verhindern, daß durch supranationales Recht ihre weitergehenden nationalen Bestimmungen ausgehöhlt oder umgangen werden können (sog. Mitbestimmungsflucht); andererseits würde zum ersten Mal in allen EU-Mitgliedstaaten ein Mindestmaß an Mitbestimmung garantiert - und in Ländern ohne entsprechende nationale Vorgaben überhaupt eingeführt.[46]

„The long running saga of the proposal for a worker involvement Directive to accompany proposals for a European Company Statute (ECS)“ (EIRR 2000, 35) bleibt auf der politischen Agenda; eine Entscheidung bei „dem wohl längsten

[46] ".. it would appear that a significant gulf remains between the views of countries such as Germany, which has a comparatively advanced system of worker participation which it does not want to see undermined or weakened, and other countries that are against what they perceive as the imposition of foreign models of worker participation" (EIRR 1998b, 18).

Kapitel in der Geschichte der europäischen Sozialpolitik“ (Cattero 1999, 262) ist aufgrund der Einstimmigkeiterfordernis im Ministerrat nach wie vor ungewiß.

4. Im naheliegenden Vergleich zwischen EBR-Richtlinie und Vorschlag zum SE-Statut ergeben sich Gemeinsamkeiten und Unterschiede (EIRR 1997a), die das Vordringen eines neuen Regulierungstypus in der Arbeits- und Sozialpolitik der EU anzeigen:

- In beiden Fällen haben freiwillige Verhandlungen zwischen den Sozialpartnern zur Festlegung von Beteiligungsrechten eindeutig Priorität vor Rechtsetzungsverfahren. Alle anderen Lösungsvorschläge sind aufgrund der jahrzehntelangen Erfahrungen aussichtslos; ältere Vorstellungen von Rechtsangleichungen bzw. Harmonisierung sind definitiv passé.
- Die resultierenden, jeweils eigenständigen Regelungen werden sehr flexibel und den unternehmensspezifischen Problemlagen angepaßt sein; diese vertraglichen Varianten der Regulierung, wie sie aus skandinavischen Ländern bekannt sind, werden allerdings eher fragmentierend und weniger vereinheitlichend wirken als gesetzliche Vorgaben, die wir u.a. aus der Bundesrepublik kennen.
- In beiden Fällen handelt es sich im Rahmen der Prärogative der Verhandlungslösung um prozedurale und nicht mehr, wie in älteren Vorschlägen, um substantielle Regulierung. Ein hoher Grad an Partikularisierung sowie fehlende Einheitlichkeit charakterisieren Inhalte und Verfahren auf beiden Ebenen der europäischen Mitbestimmungsregelungen.
- Wenn die freiwilligen Verhandlungen nicht innerhalb einer vorgegebenen Frist zu einem Abschluß führen, sollen einheitliche Auffangregelungen gemäß SE-Statut bzw. subsidiäre Bestimmungen gemäß EBR-Richtlinie greifen, die jeweils Mindestbedingungen vorgeben.
- Die Arbeitnehmervertreter im BVG werden zwar nicht nach identischen, aber nach ähnlichen Verfahren bestimmt (proportionales vs. geographisches Kriterium), wie überhaupt die Regulierungsvorstellungen des Entwurfs zum SE-Statut denen der EBR-Richtlinie in verschiedener Hinsicht nachgebildet sind. So sind in beiden Fällen die Zugangs- und damit Koordinationsmöglichkeiten der Gewerkschaften recht schwach ausgeprägt, da sie den nationalen "customs and practices" über-

lassen bleiben, was vor allem für Organisationen aus nationalen dualen Systemen der Arbeitsbeziehungen Schwierigkeiten bereitet.
- Die prozeduralen Vorgaben umfassen jeweils Informations- und Anhörungsrechte der Arbeitnehmervertreter. Diese Konsultationsrechte wären weitergehend als die der EBR nach den subsidiären Bestimmungen und würden die Beteiligung an den Leitungs- bzw. Verwaltungsgremien einschließen. Beide Varianten weisen zwar keine "echten" Mitbestimmungs- im Sinne von Mitentscheidungsrechten auf und bleiben deutlich unterhalb des Niveaus der deutschen Mitbestimmung, überschreiten aber die Vorgaben anderer Länder.
- Die Einrichtung von EBR oder ähnlichen Organen ist laut Richtlinie verpflichtend für alle Unternehmen bzw. Unternehmensgruppen, die bestimmte Kriterien (ausschließlich hinsichtlich der Mitarbeiterzahlen) erfüllen; die SE und die mit ihrer Gründung verbundenen Partizipationsrechte hingegen haben rein optionalen Charakter und kennen keine Schwellenwerte wie die EBR-Richtlinie.
- Beide Formen versuchen keine sog. Harmonisierung nationaler Regelungen, sondern lassen die jeweiligen nationalen "customs and practices" unberührt und fügen ihnen lediglich eine transnationale Dimension hinzu. Synergieeffekte sind in Anbetracht prognostizierbarer Interessenheterogenitäten mehr als ungewiß.
- Implementationsprobleme, wie sie bei der Umsetzung der EBR-Richtlinie deutlich werden, sind auch beim SE-Statut, u.a. aufgrund der unterschiedlichen nationalen Regelungen auf formaler und informeller Ebene, wegen der Zusammensetzung der Gremien, ihrer Zusammenarbeit mit nationalen Organen sowie bei der Durchsetzung getroffener Vereinbarungen zu erwarten.

5. Sozialdialoge auf zentraler Ebene

In der aktuellen Literatur wird der Begriff Sozialdialog häufig in einem umfassenden Sinne gebraucht; er schließt alle Formen der Konzertierung zwischen Arbeitgeber(-verbänden), Gewerkschaften und Staat ein. Weiterhin werden tripartistische Vorgehensweisen sowohl auf der nationalen als auch auf der supranationalen Ebene subsumiert (ILO 1997). Im Gegensatz zu dieser eher verwirrenden Terminologie verwenden wir im folgenden den Terminus nur für die supranationale Ebene und für die Beziehungen zwischen Arbeitgeberverbänden und Gewerkschaften, für die wir im folgenden die gemeinschaftsoffizielle Bezeichnung Sozialpartner übernehmen, sowie für deren Beziehungen mit der Kommission. Diese Dialoge, deren rechtliche Grundlagen sich im Vertrag über die Europäische Union finden, können sowohl auf der zentralen als auch auf der sektoralen Ebene stattfinden. Die Unternehmensebene, auf der in multinational tätigen Unternehmen Management und EBR interagieren, soll explizit ausgeschlossen werden, da die rechtliche Basis der EBR-Richtlinie eine andere ist (Marginson/Sisson 1996, 1998).[1]

Unser Ziel besteht in einer einigermaßen realistischen, auf empirischer Grundlage basierenden Einschätzung der Entwicklungsperspektiven der sozialen Dialoge als Instrumente der europäischen Arbeits- und Sozialpolitik. Die inzwischen recht umfangreiche wissenschaftliche und öffentliche Diskussion über "europäische" Arbeitsbeziehungen beschränkt sich bislang ganz eindeutig und viel zu einseitig auf die Unternehmensebene, d.h. auf transnational tätige Unternehmen; im Mittelpunkt stehen zumeist Fragen der Interessenvertretung durch EBR. Probleme der höheren, d.h. die Akteure und Interessen der Sektor- oder sogar der Makroebene werden nicht angemessen berücksichtigt (vgl. Kap.2).

M.a.W.: Die gesamte Diskussion steht auch nach Verabschiedung der EBR-Richtlinie unter der expliziten oder zumeist impliziten Prämisse, daß Arbeitsbeziehungen monistischen Typs dominieren, denn nur auf diese bezieht sich die vorgenommene Regelung. Es wird jedoch nicht begründet, warum dies der Fall sein soll

[1] Von einer deutlich weiteren Definition gehen u.a. Pitschas/Peters 1997 aus.

und welche Probleme für den dualen Typ resultieren würden. Die Folgen für duale Systeme wie das deutsche wären gravierend, da die notwendige Ergänzung durch eine entsprechende EU-weite Regulierung der überbetrieblich-sektoralen Ebene, auf denen nicht nur Sozialdialoge, sondern auch Kollektivverhandlungen wohl stattzufinden hätten, aus verschiedenen Gründen nicht wahrscheinlich ist (vgl. Kap.7). Wir wollen uns im folgenden im Gegensatz zu den vorherigen Kapiteln ausschließlich auf die überbetriebliche Ebene konzentrieren.

Die seit einer Reihe von Jahren geführte Diskussion um eine Einschränkung der "management prerogatives" zugunsten bilateraler Prozeduren der Entscheidungsfindung soll uns im folgenden nur noch insoweit beschäftigen, wie sie für ein anderes Problem unmittelbar relevant ist. Unsere spezifische Fragestellung zielt vielmehr auf die Perspektiven eines europäischen Systems überbetrieblicher Arbeitsbeziehungen. Wir wollen bei unserem Versuch, Antworten auf diese offenen Fragen nach dem "Herzstück" europäischer industrial relations zu finden, wiederum nicht nur, wie in der EU-Diskussion allgemein üblich, organisationstheoretisch, sondern auch interessenpolitisch argumentieren. Unsere Fragestellung ist von weit mehr als nur akademischem Interesse: Anders als die Vollendung des Binnenmarktes Anfang der 90er Jahre führt die Einführung der WWU Ende der 90er Jahre infolge der einheitlichen Währung zu einem höheren Stellenwert der Tarifpolitik; spätestens mit der Einführung der WWU wird die Entwicklung von Strukturen für Kollektivverhandlungen notwendig.

Wir werden folgendermaßen vorgehen: Nach einem knappen Rückblick auf die bisherige Entwicklung von Sozialdialogen skizzieren wir die rechtlichen Voraussetzungen in Form der neuen, noch weithin unbekannten Verfahren der Anhörung sowie die Ziele des Abkommens über die Sozialpolitik des Maastrichter Vertrages. Im Mittelpunkt der Analyse stehen nach der Darstellung der Verfahren zur Anerkennung der Verbände als Sozialpartner die ersten Versuche und Erfahrungen, die kontrovers diskutierten Einschätzungen der Perspektiven, die zukünftigen Funktionen der Kommission sowie mögliche Alternativen der institutionellen Ausgestaltung der Sozialdialoge. Damit werden die bisher weitgehend vernachlässigten Probleme der Implementation diskutiert. Den Abschluß bilden eine Bewertung des Instruments bzw. seiner Voraussetzungen sowie ein Ausblick.

Wir wollen bei der Beantwortung dieser Fragen trotz gewisser Gemeinsamkeiten explizit unterscheiden zwischen zentralen-branchenübergreifenden (intersektoral-horizontalen) und sektoralen (vertikalen) Varianten des Sozialdialogs. Erstere behandeln wir in diesem, letztere im nächsten Kapitel. Weiterhin unterscheiden wir aufgrund der institutionellen Änderungen zwischen der „Vor-Maastricht-“ und der „Nach-Maastricht-“Phase, wobei der Schwerpunkt unserer Untersuchung eindeutig auf letzterer liegt.

Im Unterschied zu rechtswissenschaftlichen (Bödding 1996; Weiss 1992a und b, Höland 1995, Pitschas/Peters 1997, Birk 1997, Zachert 1998, Jacobs/Ojeda-Aviles 1999, Piazolo 1999, Britz/Schmidt 1999) oder ökonomischen (Goerke/Piazolo 1998) Betrachtungen steht im Mittelpunkt unserer Analyse die empirische Evidenz für Erfolg oder Scheitern der institutionellen "opportunities". Weiterhin behandeln wir besonders die Probleme der Implementation der Vorschriften und Resultate des Sozialabkommens sowohl auf der europäischen als auch auf der nationalen Ebene. Diese Verfahrensprobleme werden nicht nur in der spezifischen industrial relations-Literatur, sondern auch in den aktuellen Diskussionen und Analysen vernachlässigt, obwohl ihre Bedeutung evident ist. Allgemeine, unbeantwortete Fragen sind u.a. folgende: Können Sozialdialoge als neue Instrumente zur Förderung der Arbeits- und Sozialpolitik und zum Schließen der Lücken zwischen sozialer und ökonomischer Integration dienen, oder täuschen sie nur über bestehende grundlegende Defizite hinweg? Wie sind die Perspektiven dieser durch das Sozialabkommen erweiterten Instrumente einzuschätzen?

5.1. Von der EEA zum Abkommen über die Sozialpolitik

1. In den 70er und frühen 80er Jahren war die Sozialintegration nur von sekundärer Relevanz (Addison/Siebert 1994, Falkner 1998b); unverbindliche Sozialdialoge spielten eine untergeordnete Rolle (Kluth 1998, 100-133). Die Einheitliche Europäische Akte (EEA) von 1987 sollte eine neue, deutlich aktivere Phase der europäischen Sozialpolitik einleiten sowie die soziale Dimension des Binnenmarktes stärken, der gemäß den getroffenen Verabredungen Ende 1992 vollendet sein sollte (vgl. Kap.1). Die Prozesse kollektiver Entscheidungsfindung wurden

durch Einführung qualifizierter Mehrheitsentscheidungen in bestimmten Bereichen erleichtert und beschleunigt (Art. 95 bzw. 137, Abs. 2 EG-Vertrag).
„Despite the limited impact of the initiatives of the 1970s, the promotion of the 'social dialogue' between European-level trade union and employers' bodies became the incoming Delors Commission's initial strategy for breaking the 1980s impasse over EC social policy legislation.“ (Hall 1994, 294). Seit 1985 bestand der in Val Duchesse eingeleitete, auf eine Initiative des neu gewählten Kommissionspräsidenten Delors zurückgehende soziale Dialog auf gesamtwirtschaftlicher Ebene als eigentlich erster seiner Art.[2] Dieser zentrale Dialog auf rein freiwilliger Basis wurde in der Folgezeit als spezifisches Konsultationsinstrument der Sozialpartner, d.h. des Europäischen Gewerkschaftsbundes (EGB) sowie der beiden Arbeitgeberverbände Union des Confédérations de l´Industrie des Employeurs d´Europe (UNICE) für die Privatwirtschaft und Centre Européen des Entreprises Publiques (CEEP) für gemeinwirtschaftliche Unternehmen konstituiert und ausgebaut; mehrere ad hoc-Arbeitsgruppen wurden eingerichtet (u.a. Makroökonomie, Neue Technologien und sozialer Dialog, Bildung und Ausbildung, Perspektiven eines europäischen Arbeitsmarktes). Nach Art. 138, Abs. 1 EG-Vertrag besteht die Aufgabe der Kommission darin, "den Dialog zwischen den Sozialpartnern auf europäischer Ebene zu entwickeln, der, wenn diese es für wünschenswert halten, zu vertraglichen Beziehungen führen kann". Die Sozialpartner, die auf nationaler Ebene strikte Rechte und Pflichten haben, sollten dieselben oder zumindest ähnliche Aufgaben auch auf supranationaler Ebene wahrnehmen.
Dieser "traditionale" zentrale Dialog blieb lange Jahre recht unverbindlich (Gold 1992, Hepple 1993, Falkner 1998b). "Es läßt sich .. feststellen, daß der Soziale Dialog nicht die Funktion gehabt hat, die unterschiedlichen nationalen Kollektivvertragssysteme durch eine "europäische Dimension" zu ergänzen. Das Angebot an die Tarifparteien, im Rahmen des Sozialen Dialogs auf europäischer Ebene vertragliche Vereinbarungen abzuschließen, konnte in Ermangelung geeigneter Akteure nicht zum Erfolg führen" (Blank 1992, 652). Verbindliche Abmachungen - in Analogie zu nationalen Kollektivverträgen - fehlten völlig; zustande kamen

[2] Vgl. zu den im folgenden nicht behandelten historischen Aspekten des Problems u.a. Teague 1989b, 88ff; Dolvik 1999, 115ff; zur häufig vernachlässigten Sicht von UNICE Tyszkiewicz 1999.

lediglich etliche gemeinsame Stellungnahmen zu bestimmten, von der Kommission vorgeschlagenen Themen (u.a. Einführung neuer Technologien, Anpassungsfähigkeit des Arbeitsmarktes sowie Zugang zur beruflichen Bildung) (Carley 1993a, 115ff; Weiss 1994, 1259f, Europäische Kommission/GD V 1995, EIRR 1997a).

Diese Stellungnahmen, die den Kanon der Gemeinsamkeiten nahezu erschöpfen, binden die Sozialpartner jedoch nicht in ihren zukünftigen Entscheidungen; ihre Bedeutung ist vor allem politisch-symbolischer, nicht hingegen praktischer Art.[3]

Obwohl diese Variante des Sozialdialogs das gegenseitige Verständnis der Sozialpartner förderte, erfüllte sie nicht die hohen Erwartungen, die vor allem die Kommission und die Gewerkschaften in sie gesetzt hatten. Das wesentliche Problem bestand darin, daß die Arbeitgeberverbände sie als ausreichend und geeignet für eine europäische Sozialpolitik ansahen und nicht bereit waren, in eine neue, anspruchsvollere Phase der Aushandlung von Kollektivverträgen einzutreten (Rhodes 1991; Hall 1994).[4]

[3] Die anstehenden Arbeiten werden vom Ausschuß des sozialen Dialogs bestimmt und koordiniert. Derzeit bestehen vier Arbeitsgruppen: Makroökonomie, berufliche Bildung, Arbeitsmarkt, Rassismus (BDA 1996).

[4] „However, because of the employers' refusal to enter into binding agreements, the 'Val Duchesse social dialogue' never went beyond non-binding joint opinions." (Falkner 1999, 86).

Abb. 5.1: Im Rahmen des sozialen Dialogs gemeinsam erarbeitete Texte

- Gemeinsame Stellungnahme zur kooperativen Wachstumsstrategie für mehr Beschäftigung (6. November 1986)
- Gemeinsame Stellungnahme zur Ausbildung und Motivation sowie zur Unterrichtung und Anhörung (6. März 1987)
- Gemeinsame Stellungnahme zum Jahreswirtschaftsbericht 1987/88 (26. November 1987)
- Gemeinsame Stellungnahme betreffend die Schaffung eines europäischen Raums für berufliche und räumliche Mobilität und die Verbesserung der Funktionsfähigkeit des Arbeitsmarktes in Europa (13. Februar 1990)
- Gemeinsame Stellungnahme zur Allgemeinbildung, Erstausbildung, beruflichen Bildung und Erwachsenenbildung (19. Juni 1990)
- Gemeinsame Stellungnahme "Neue Technologien, Arbeitsorganisation, Anpassungsfähigkeit des Arbeitsmarktes" (10. Januar 1991)
- Gemeinsame Stellungnahme zum Übergang von der Schule ins Erwachsenen- und Berufsleben (5. April 1991)
- Vereinbarung (31. Oktober 1991) Beitrag zu den Arbeiten der Regierungskonferenz
- Gemeinsame Stellungnahme über einen möglichst breiten und wirksamen Zugang zur beruflichen Weiterbildung (20. Dezember 1991)
- Gemeinsame Erklärung zur Zukunft des sozialen Dialogs (3. Juli 1992)
- Eine erneuerte kooperative Wachstumsstrategie für mehr Beschäftigung (3. Juli 1992)
- Gemeinsame Stellungnahme zu beruflichen Befähigungsnachweisen und zur Zertifizierung (13. Oktober 1992)
- Empfehlung des Europäischen Gewerkschaftsbundes (EGB), der Union der Industrie- und Arbeitgeberverbände Europas (UNICE) und des Europäischen Zentralverbands der öffentlichen Wirtschaft (CEEP) zur Funktionsweise der beratenden Ausschüsse in den verschiedenen Bereichen (Juni 1993)
- Gemeinsame Stellungnahme betreffend die Aktionen und künftigen Rolle der Gemeinschaft im Bereich der allgemeinen und beruflichen Bildung unter Berücksichtigung der Rolle der Sozialpartner (28. Juli 1993)

- Vorschläge der Sozialpartner für die Umsetzung des dem Protokoll über die Sozialpolitik im Vertrag über die Europäische Union beigefügten Abkommens (29. Oktober 1993)
- Gemeinsame Stellungnahme: Frauen und Berufsbildung (3. Dezember 1993)
- Der Rahmen für die Grundzüge der Wirtschaftspolitik (5. Dezember 1993)
- Gemeinsame Stellungnahme zum Beitrag der beruflichen Bildung zur Bekämpfung der Arbeitslosigkeit und zur Wiedereingliederung der Arbeitslosen in den Arbeitsmarkt vor dem Hintergrund der durch das Weißbuch geschaffenen neuen Situation (4. April 1995)
- Leitlinien der Sozialpartner zur Umwandlung des konjunkturellen Umschwungs in einen dauerhaften und arbeitsplatzschaffenden Wachstumsprozeß - gemeinsame Stellungnahme, erarbeitet von der makroökonomischen Gruppe des sozialen Dialogs (16. Mai 1995)
- Gemeinsame Erklärung über die Verhütung von Rassendiskriminierung und Fremdenfeindlichkeit sowie Förderung der Gleichbehandlung am Arbeitsplatz (21. Oktober 1995)
- Beschäftigungsmaßnahmen im Anschluß an die Tagung von Essen - Gemeinsame Erklärung der Europäischen Sozialpartner zum Europäischen Gipfel von Madrid (Dezember 95/21. Oktober 95)
- Rahmenvereinbarung über Elternurlaub (14. Dezember 1995)
- Beschäftigung in Europa: ein Vertrauenspakt. Beitrag von EGB, UNICE und CEEP (29. November 96)
- Gemeinsame Stellungnahme von UNICE, EGB und CEEP zum Vorschlag für einen Beschluss über die Durchführung der zweiten Phase des gemeinschaftlichen Aktionsprogramms in der Berufsbildung Leonardo da Vinci (1. Oktober 1998)
- Gemeinsame Erklärung der europäischen Sozialpartner zu den beschäftigungspolitischen Leitlinien 1999 (9. Dezember 1998)
- Gemeinsame Stellungnahme zur Reform des Ständigen Ausschusses für Beschäftigungsfragen (9. Dezember 1998)

Quelle: Europäische Kommission/GD V 1995, 24-25; Europäische Kommission/GD V 1999, 8-12.

2. Im Vorfeld der Unterzeichnung des Vertrages über die Europäische Union bzw. des Abkommens über die Sozialpolitik unterbreiteten die Sozialpartner einen in einer ad hoc-Gruppe im Rahmen des "traditionellen" Sozialdialogs ausgearbeiteten, gemeinsamen Vorschlag zur Änderung des damaligen Art. 118 EWG-Vertrag (Bercusson/Van Dijk 1995, 3ff; Schulz 1996, 60ff; Falkner 1998b, 78ff, Tyszkiewicz 1999, Dolvik 1999, 160ff). Der Vorschlag der Sozialpartner, der ihren Einfluß auf die sozialpolitischen Entscheidungsprozesse stärken sollte, findet sich in fast wörtlicher Formulierung im Abkommen über die Sozialpolitik und damit mittelbar im Vertrag über die Europäische Union (Buda 1993, 90).[5] Im Rahmen des EU-Vertrages, der die EG-Gründungsverträge grundlegend revidierte, einigten sich die Mitgliedstaaten, auf dem durch die Sozialcharta und das sie begleitende Aktionsprogramm der späten 80er Jahre (Lange 1993) vorgezeichneten Weg der Integration in der Arbeits- und Sozialpolitik weiter voranzuschreiten mit dem Ziel, die Kluft zwischen ökonomischer und sozialer Integration zu schließen.

UNICE war zur Kooperation bereit, weil verbandsintern die Befürchtung bestand, der Vertrag über die Europäische Union "would lead to more social legislation, much of it on the basis of qualified majority voting. The agreement between UNICE/CEEP and the ETUC thus offered the employer side an "insurance policy", providing it with an opportunity to modify if not deflect more intrusive social legislation" (Addison/Siebert 1992b, 17).[6] Der EGB hingegen erhoffte sich eine Stärkung der Autonomie der Sozialpartner, wenn nicht gar den Eintritt in echte Tarifverhandlungen. Insgesamt gilt: "Beide Seiten haben durch die Maastrichter Kompromißlösung zusätzliche "neue Karten" in die Hand bekommen: Während UNICE (für die Nichtintervention erstrebenswert ist) eine Möglichkeit zur Verzögerung sozialpolitischer Rechtsakte gegeben wurde, kann der EGB (der sozialgestaltendes Eingreifen der EG anstrebt) auf die indirekte Drohung möglicher Sozialrichtlinien der Elf hoffen" (Falkner 1993a, 37).

---

[5] Dennoch gilt: „Although the CEU (Commission of the European Union, B.K.) has been busy dis-associating itself from the October agreement - giving full credit to the social partners - it did in fact mastermind the entire run up to the signing of the deal in close cooperation with the European secretariats of the social partners" (Kluth 1998, 127).

[6] Generell gilt nicht nur aus rational choice-Perspektive: "With legislation threatened in a wide range of areas, and much of it on the basis of qualified majority voting, UNICE has opted for seeking joint regulation rather than awaiting legislative intervention" (EIRR 1992d, 29).

Diese Pläne waren nicht zwischen allen 12 Mitgliedsländern konsensfähig. Großbritannien stimmte nicht zu und erhielt eine opt out-Klausel, so daß das Sozialabkommen nur für 11 Mitgliedsländer galt. Diese Spaltung, die immer von zweifelhafter praktischer Relevanz war, verlor ihre Bedeutung erst nach dem Regierungswechsel im Frühjahr 1997, als die neue Regierung Großbritanniens das Sozialprotokoll unterzeichnete und durch dieses "opt back in" die Sonderstellung beendete (vgl. Kap.1). - Für die Ende 1995 der EU beigetretenen Länder (Finnland, Österreich, Schweden) galten die Regelungen von Anfang an ohne jedwede Einschränkungen. Mit der Ratifizierung des Amsterdamer Vertrags von 1997 substituiert das Sozialkapitel (Art. 136-145), die alten Bestimmungen des Sozialprotokolls und wird damit Bestandteil des Gemeinschaftsrechts, ohne daß inhaltlich-substantielle Änderungen vorgenommen werden.

3. Mit dem Abkommen über die Sozialpolitik sollte ein Regulierungssystem von "twin pillars of the social dimension" (Rhodes 1995, 81) entstehen, mit einem legislativen und einem Sozialdialogpfeiler. Das Abkommen versucht, den Einfluß der Sozialpartner bei der Ausgestaltung und Umsetzung der Sozialpolitik massiv zu stärken[7] und der Gemeinschaft neue Kompetenzen zu übertragen. Es europäisiert damit ganz bestimmte Teile des Arbeitsrechts und vereinfacht die Abstimmungsverfahren im Ministerrat, die in der überwiegenden Mehrzahl der Fälle bis dato Einstimmigkeit (nach Art. 94 EG-Vertrag) vorausgesetzt hatten (Bercusson 1996):

- Rechtsvorhaben nach Art. 137, Abs. 1 EG-Vertrag erfordern, um europäisches Recht zu werden, qualifizierte Mehrheitsentscheidungen anstatt Einstimmigkeit im Ministerrat. Diese Rechtsbasis verstärkt die Rechtsetzungsmacht der Gemeinschaft vor allem in bezug auf die Arbeitsumwelt. Dieser Absatz schließt ein: Schutz der Gesundheit und Sicherheit der Arbeitnehmer, Arbeitsbedingungen, Unterrichtung und Anhörung der Arbeitnehmer, Chancengleichheit von Männern und Frauen auf dem Arbeitsmarkt und Gleichbehandlung am Arbeitsplatz sowie die berufliche Eingliederung von aus dem Arbeitsmarkt ausgegrenzten Personen.

[7] Mit Inkrafttreten des Maastrichter Vertrages „wurde die Existenz der europäischen Interessenverbände legitimiert und ihre gesetzgeberische Tätigkeit im Sozialbereich anerkannt" (Matyja 1999, 46).

- Rechtsvorhaben nach Art. 137, Abs. 3 EG-Vertrag erfordern hingegen Einstimmigkeit. Sie beziehen sich auf soziale Sicherheit und sozialen Schutz der Arbeitnehmer, Schutz der Arbeitnehmer bei Beendigung des Arbeitsvertrages, Vertretung und kollektive Wahrnehmung der Arbeitnehmer- und Arbeitgeberinteressen, Beschäftigungsbedingungen der Staatsangehörigen dritter Länder, finanzielle Beiträge zur Förderung der Beschäftigung und zur Schaffung von Arbeitsplätzen.
- Gemäß Art. 137, Abs. 6 EG-Vertrag kann die Regelung von Streik und Aussperrung nicht auf der Basis des Abkommens erfolgen; damit bleiben die zentralen Bereiche Koalitionsrecht und Arbeitskampfrecht ausgeklammert.

Der soziale Dialog erhält zudem eine neue Perspektive: In Zukunft sollen die Sozialpartner diese Möglichkeiten gemeinsamer Entscheidungsfindung in gegenseitiger Übereinstimmung nutzen, um auf europäischer Ebene "zur Herstellung vertraglicher Beziehungen, einschließlich des Abschlusses von Vereinbarungen" (Art. 139, Abs. 1 EG-Vertrag) zu gelangen.

Diese "new machinery" der sozialpolitischen Integration ist im Vergleich zu ihren Vorläufern stärker formalisiert und garantiert den Dachverbänden der Sozialpartner Konsultationsrechte in recht frühen Stadien des politischen Entscheidungsprozesses anstelle der seit Mitte der 80er Jahre üblichen, lediglich informellen Anhörungen; sie institutionalisiert damit innerhalb des Normsetzungsverfahrens der Gemeinschaft Gestaltungsbefugnisse der Sozialpartner, die über reines Lobbying hinausgehen. Infolge dieser rechtlichen Neuerung mit ihren erweiterten Beteiligungsrechten haben die Sozialpartner einen Status erreicht, der dem des Gesetzgebers durchaus ähnlich ist (Addison/Siebert 1997, 41). Die früher übliche, eher pluralistische Form des Interessenausgleichs wird abgelöst durch eine stärker formalisierte Variante, "the formulation of EC policy through collective bargaining" (Rhodes 1995, 109).[8]

Dieser Schritt impliziert also Priorität für institutionalisierte Konsultationsverfahren und auf freiwilliger Basis stattfindende Verhandlungen sowie für Abkommen der

[8] Allgemein gilt: "In fact, there are some signs that the Commission, at least, wants to secure a form of *institutionalisation of consultation* in order to make consultation more manageable and predictable... This can perform two functions: it can assist in consensus-building and it can be a means of subtly causing the different policy stake-holders to accept a common "framing" of policy problems" (Mazey/Richardson 1996, 210).

Sozialpartner vor "staatlicher" Rechtsetzung, welche die Kommission einleitet und der Rat beschließt, ohne daß private Akteure wesentlichen Einfluß nehmen könnten. Daher bezeichnen einige Beobachter den neuen Sozialdialog als zweite Säule der europäischen Sozialpolitik (Rhodes 1995) und weniger als reine Formalie ohne weiterreichende sozialpolitische sowie rechtliche Folgen.
Durch dieses revidierte Verfahren, welches für die Phasen der Politikformulierung und der Entscheidungsfindung prozedurale Vorgaben macht, erkennen die politischen Gremien der EU den Vorrang bilateraler Vereinbarungen der Sozialpartner vor Gesetzen offiziell an.[9] Die Kommission verzichtet im Rahmen einer veränderten Arbeitsteilung zwischen den korporativen Akteuren zunächst auf ihr Initiativrecht bzw. Vorschlagsmonopol und greift nicht einseitig in die "staatsfreie" Selbstregulierung und Gestaltungsfreiheit der Verbände ein (Kommission der Europäischen Gemeinschaften o.J.). Eine derartige prozedurale Regulierung, eine "législation négociée", ist in der Arbeits- und Sozialpolitik in Deutschland, im Gegensatz etwa zu Frankreich, unbekannt. Der potentielle Gegenstandsbereich von Vereinbarungen ist lediglich durch den oben skizzierten Wortlaut des Abkommens über die Sozialpolitik begrenzt und nicht mit den Objektbereichen der nationalen Tarifpolitiken identisch.

4. Die im Sozialabkommen skizzierten, prozedural noch recht unbestimmten Verfahren der Anhörung auf Gemeinschaftsebene strukturierte die Kommission später, unter anderem auf der Basis gemeinsamer Vorschläge der Sozialpartner (ETUC/CEEP/UNICE 1993) in einem zweistufigen Verfahren folgendermaßen (Kommission der Europäischen Gemeinschaften 1993b; WSA 1994): Falls die Kommission eine Initiative plant, findet stets eine erste Anhörung der Sozialpartner statt "zur möglichen Ausrichtung einer Gemeinschaftsaktion".[10] Falls die Kommission danach weiterhin eine "Gemeinschaftsaktion für zweckmäßig" hält, was nicht unbedingt der Fall sein muß, erfolgt eine zweite Anhörung zum "Inhalt

[9] "In short, the Maastricht innovations constituted a significant departure from the weak provisions for social partner involvement in EC policy making during the pre-Maastricht era" (Falkner 1998b, 84).

[10] Die Kommission erweiterte 1993 von sich aus das Konsultationsverfahren der Sozialpartner über gemeinsame Ausschüsse und informelle Arbeitsgruppen auch auf alle sozialpolitischen Initiativen, die nicht nach dem Abkommen über die Sozialpolitik erfolgen.

des vorgesehenen Vorschlags". Nach der Durchführung dieser beiden, nunmehr zwingend vorgeschriebenen Konsultationen sind zwei Verfahrensweisen bei der politischen Realisierung der Kommissionsinitiative möglich (Verhandlungs- vs. Anhörungsweg):

- Die Sozialpartner können ein beabsichtigtes Gesetzgebungsverfahren anhalten, indem sie der Kommission mitteilen, daß sie in Verhandlungen eintreten und versuchen wollen, eine Vereinbarung über den betreffenden Sachverhalt zu schließen.[11] Die Kommission stellt ihre eigene Initiative zunächst für den für Verhandlungen vorgegebenen Zeitraum von neun Monaten[12] zurück und verzichtet auf eine gesetzliche Regulierung, falls es zu einer privaten Vereinbarung kommt. Der Ministerrat verleiht einer freiwillig getroffenen kollektiven Vereinbarung Rechtskraft, indem er sie auf gemeinsamen Antrag der Sozialpartner und auf der Basis eines Vorschlags der Kommission durch einen Rechtsakt umwandelt und damit den Inhalt garantiert. [13]
- Falls keine autonome Vereinbarung zustande kommt oder eine geschlossene als unzureichend angesehen wird, verbleibt das Initiativrecht bei der Kommission. Sie kann nach der zweiten Anhörung der Sozialpartner, deren Beteiligung also auch bei dieser Variante, dem sog. Anhörungsweg, gewahrt bleibt, die von ihr grundsätzlich als notwendig erachtete Regulierung auf gesetzlichem Wege voranbringen: Sie unterbreitet ihren eigenen Vorschlag dem Ministerrat und dieser beschließt eine Rahmenvereinbarung, etwa in Form einer Richtlinie.

---

[11] Für die Formulierung adäquater Strategien ist die Frage relevant, ob die Verhandlungen stattfinden sollen, bevor oder nachdem die Kommission ihren Vorschlag unterbreitet hat. Über die Konsequenzen dieser Konstellationen wird kaum nachgedacht; zu den Ausnahmen gehört Bercusson 1994, 20ff.

[12] Falls alle Akteure, also auch die Kommission, zustimmen, kann diese Frist verlängert werden. Auf jeden Fall verhindert die Vorgabe von Fristen eine Verschleppung von Verhandlungen bzw. eine bewußte Verzögerung des Verhandlungsprozesses.

[13] Zunächst war nicht definitiv geklärt, ob der Inhalt der quasi-legalisierten Abkommen während dieses Verfahrens verändert werden darf.

Abb. 5.2: Übersicht zur Verfahrensweise bei der praktischen Umsetzung des Abkommens über die Sozialpolitik

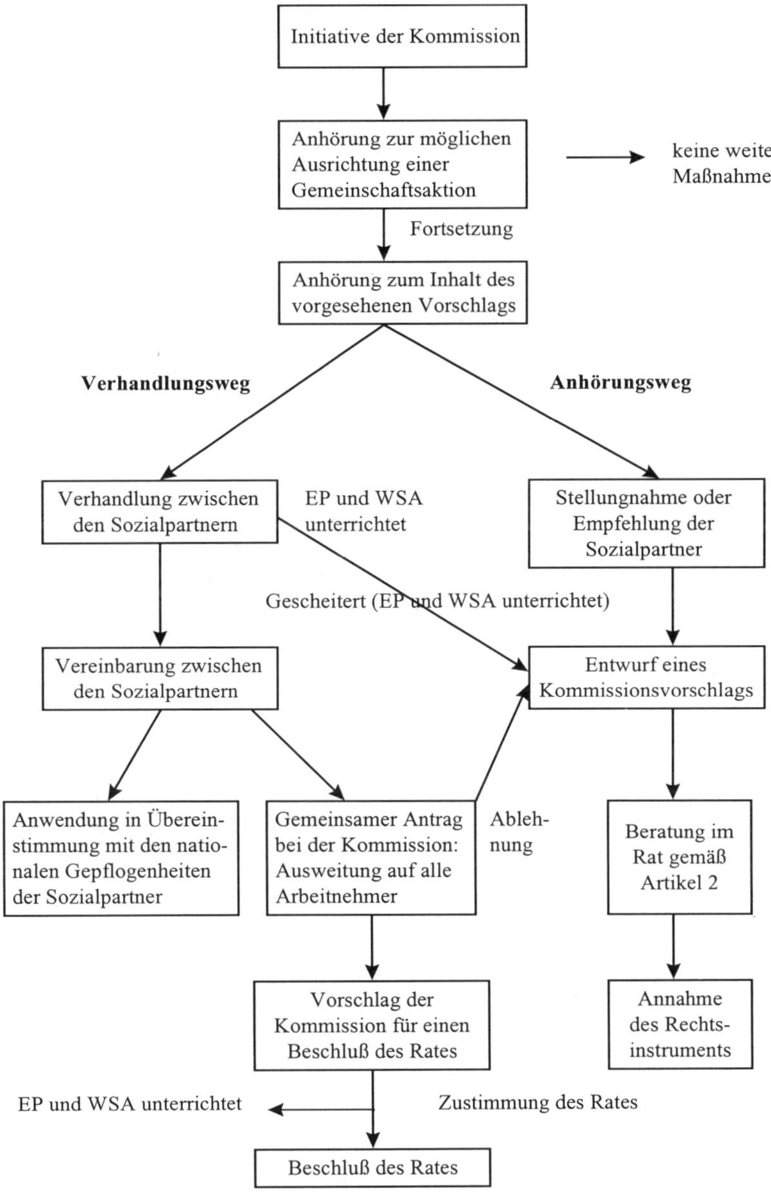

Quelle: Kommission der Europäischen Gemeinschaften 1993b.

Wir wissen aus unseren nationalen Erfahrungen, daß wir explizit zwischen dem Abschluß von Kollektivverträgen und ihrer Implementation unterscheiden müssen. Diese nicht nur in analytischer Sicht wichtige Unterscheidung wurde in der älteren US-amerikanischen Literatur unter der Rubrik "administering the contract" ausführlich behandelt, später allerdings in der industrial relations-Literatur, vor allem in der deutschsprachigen, weitgehend vernachlässigt. In letzter Zeit haben nicht nur verschiedene Akteure, sondern auch externe Beobachter (Lecher et al. 1998) wiederholt den reinen Abschluß von Rahmenvereinbarungen auf der Zentralebene schon als Indikator für den zunehmenden Erfolg von Sozialdialogen genommen, ohne die erheblichen Implementationsprobleme zu berücksichtigen.
Das Problem wird dadurch verschärft, daß bei europäischen Regulierungen nicht nur die aus den nationalen Kontexten bekannten Probleme bestehen, sondern daß eine weitere Ebene der "Umsetzung" bewältigt werden muß, und daß die rechtlichen und/oder vertraglichen institutionellen Voraussetzungen auf nationaler Ebene deutlich differieren. Die EU im allgemeinen und die Kommission im speziellen verfügen in der Arbeits- und Sozialpolitik im Gegensatz zu anderen Politikfeldern (Majone 1997) nicht über eigene Kompetenzen und/oder Institutionen; aufgrund dieses Fehlens einer vertikalen Implementionshierachie sind die europäischen Gremien daher immer auf Verfahren und Institutionen sowie die Kooperation der Mitgliedstaaten angewiesen.
Die auf supranationaler Ebene getroffenen Rahmenvereinbarungen müssen unabhängig von der Art ihres Zustandekommens auf jeden Fall in verbindlicher Form implementiert werden (EIRR 1994d, 28-36).[14] Die Vorgaben der EU sind notwendigerweise recht allgemein und offen gehalten, da sie mit ganz verschiedenen Rechtsordnungen sowie informellen "customs and practices" vereinbar sein müssen. Dadurch werden erhebliche Interpretationsprobleme sowie Gestaltungsspielräume auch für politisches Lobbying auf nationaler Ebene eröffnet.
Im Vertrag über die Europäische Union finden sich keine definitiven Aussagen über Mechanismen zur Implementation auf nationaler Ebene. Art. 139, Abs. 2 EG-Vertrag formuliert lediglich in recht allgemeiner Form zwei Alternativen: "Die Durchführung der auf Gemeinschaftsebene geschlossenen Vereinbarungen

erfolgt entweder nach den jeweiligen Verfahren und Gepflogenheiten der Sozialpartner und der Mitgliedstaaten oder ... auf gemeinsamen Antrag der Unterzeichnerparteien durch einen Beschluß des Rates auf Vorschlag der Kommission" (Kommission der Europäischen Gemeinschaften 1993b, 4).[15] Diese Formulierung "rückt die Sozialpartner in die Handlungsposition eines europäischen Fachgesetzgebers oder jedenfalls in die eines Vorformulierers von Gemeinschaftsrecht" (Höland 1995, 426).

Aus dieser vagen, unbestimmten Formulierung resultierten erhebliche prozedurale Schwierigkeiten, welche die Kommission nicht präventiv, sondern erst später bei der Implementation der ersten, von den Sozialpartnern geschlossenen Rahmenabkommen sukzessiv anging, indem sie in mehreren Mitteilungen einen einigermaßen kohärenten Bezugsrahmen zu entwickeln versuchte. Wir werden die verschiedenen Aspekte dieser Probleme im folgenden ausführlich behandeln.

Der soziale Dialog soll durch die Neuerungen des Sozialprotokolls eine inhaltliche Erweiterung und normative Aufwertung erfahren. Die verbesserten Möglichkeiten zur selbständigen und direkten Formulierung von "Quasi-Richtlinienvorschlägen" sollen die Autonomie- bzw. Handlungsspielräume der Sozialpartner bei der Ausgestaltung der sozialen Dimension des Binnenmarktes ausbauen sowie ihre Einflußmöglichkeiten im Gesetzgebungsverfahren stärken. Zugleich sollen die Sozialpartner Druck ausüben können, um die weitgehende Pattsituation in der Arbeits- und Sozialpolitik zu überwinden, indem sie die von der Kommission ausgehende Initiative nach den Anhörungen in eigener Regie übernehmen und eigenständige Vereinbarungen abschließen. Insgesamt werden "Beteiligungs- und Handlungsmöglichkeiten für die Sozialpartner unter drei Gesichtspunkten erweitert bzw. verfestigt: Konsultation, Rechtsetzung und Rechtsdurchführung" (Höland 1995, 430).

Wie bereits ausgeführt, waren die von der Kommission schon lange als Sozialpartner auf zentraler Ebene anerkannten Dachverbände UNICE für die Privatwirtschaft und CEEP für öffentliche Unternehmen auf Arbeitgeber- sowie EGB auf Arbeitnehmerseite. Nach Abschluß des Vertrages über die Europäische Union

[15] Vgl. zu möglichen Auslegungen Guéry 1992, 581-599 sowie WSA 1994, 15. Zu Umsetzung und Kontrolle von Verträgen im einzelnen EGI 1992, 99-109. - Der EuGH würde sich vermutlich auf die Inhalte derartiger Verträge berufen.

bzw. des Sozialprotokolls versuchten mehrere, bis dato nicht am Sozialdialog beteiligte Arbeitnehmer- und Arbeitgeberverbände, formell als Sozialpartner anerkannt und an den erweiterten und aufgewerteten Sozialdialogen als gleichberechtigte Partner im Rahmen der Anhörungsverfahren beteiligt zu werden. Vorteile aus der Anerkennung nicht nur als Konsultations-, sondern auch formal als Sozialpartner ergeben sich für diese zumeist relativ jungen Verbände

- vor allem durch den automatischen und damit frühzeitigen Einbezug in das offizielle Informationsnetzwerk der EU, besonders das der Kommission, wodurch sich die Kosten sowohl der Informationsbeschaffung als auch der Einflußnahme des Verbandes deutlich reduzieren;
- durch eine Erhöhung der verbandlichen Attraktivität für potentielle Mitglieder sowie der Legitimität gegenüber den aktuellen Mitgliedern, wobei eine Ablehnung des Anerkennungsantrages den gegenteiligen Effekt einer Realisierung der „Exit"-Option hervorrufen kann, die aufgrund der prinzipiell freiwilligen Mitgliedschaft stets gegeben ist;
- sowie durch die Verbreiterung der finanziellen Basis der Verbandsarbeit infolge der Unterstützung aus Mitteln der EU; bis zur offiziellen Anerkennung erfolgt die Finanzierung in der Regel ausschließlich durch Beiträge sowie Spenden der Mitglieder.

Weiterhin ist die Anerkennung wichtig, weil die politischen Entscheidungsträger der EU nationale Einzelorganisationen nicht als Gesprächs- und Verhandlungspartner akzeptieren.

5. In den 90er Jahren versuchte die Kommission, die trotz Subsidiaritätsprinzip und erweiterter Handlungsmöglichkeiten der Sozialpartner nach wie vor der zentrale Akteur innerhalb der tripartistischen Strukturen von Sozialdialogen ist, mehrfach die Etablierung von Kooperationsmustern zwischen den Sozialpartnern und den supranationalen Institutionen. Das Ziel bestand in der leichteren und besseren Anwendbarkeit der Rechtsvorschriften des Sozialabkommens, dessen Vorgaben recht allgemein gehalten sind, was zunächst ihre Akzeptanz als politische Kompromisse erhöht, später allerdings die Implementation getroffener Regelungen erheblich erschwert.

Ähnlich wie in anderen Politikfeldern verfaßte die Kommission im Laufe der Jahre (1993, 1996, 1998) verschiedene sog. Mitteilungen, die sich zunächst vor allem auf die zentrale, später auch auf die sekorale Ebene bezogen. Diese Mitteilungen sind wichtig, da sie den kleinsten gemeinsamen Nenner zwischen den heterogenen Interessen der Akteure[16] definieren, und weil sie versuchen, die Voraussetzungen für die Anwendung europäischer Rechtsvorschriften zu konkretisieren. Wir vertreten explizit die Ansicht, daß diese Verfahrensregulierung durch Mitteilungen für die Praxis von Sozialdialogen bislang wichtiger sind als die Inhalte ihrer später noch im einzelnen zu behandelnden Anwendungen. Daher werden wir uns zunächst auf die prozeduralen und nicht auf die folgenden substantiellen Regelungen konzentrieren. - Im übrigen folgen die einzelnen Etappen der Verfahrenskonkretisierung deutlich dem Politikzyklus, vor allem den Phasen der Agenda-Gestaltung, der Politikformulierung sowie der Politikimplementation. Diese schrittweise Regulierung klärt zumindest einige der offenen Fragen und schafft Pfadabhängigkeiten für weitere Verhandlungen.
In der ersten "Mitteilung der Kommission über die Anwendung des Protokolls über die Sozialpolitik" (KOM (93) 600 endg.) versuchte sie, Einzelheiten des bereits erwähnten zweistufigen Konsultationsverfahrens stärker zu strukturieren und leichter handhabbar zu machen. Weiterhin setzte die Kommission sich insbesondere mit den bis dato nur vage formulierten, für alle Sozialdialoge wichtigen und daher kontrovers diskutierten Problemen der "Repräsentativität" bzw. der Anerkennung von Verbänden auseinander (zur juristischen Problematik zusammenfassend Piazolo 1999, 174ff). Zu dieser Frage ließ die Kommission 1993 eine "Studie über die Sozialpartner (Repräsentativität)" anfertigen. Diese Untersuchung kam zu dem Schluß, daß die Einbeziehung von folgenden Kriterien abhängen soll:

- "Die Organisationen sollten branchenübergreifend, sektor- oder berufsspezifisch sein und über eine Struktur auf europäischer Ebene verfügen,
- sie sollten aus Verbänden bestehen, die in ihrem Land integraler und anerkannter Bestandteil des Systems der Arbeitsbeziehungen sind, sollten Verein-

[16] "Die dominierenden Kernbestandteile der Akteursstrategien bestanden darin, die (weiten) Spielräume der Institution Sozialdialog zum einen auszuloten und zum andern ... den spezifischen Eigeninteressen anzupassen. Die Lernerfahrungen seit der EBR-Richtlinie basierten auf einem "trial and error"-Prozeß" (Sörries 1999, 89).

barungen aushandeln können und so weit wie möglich alle Mitgliedstaaten vertreten,
- sie sollten über die geeigneten Strukturen verfügen, um effektiv an dem Anhörungsprozeß teilnehmen zu können" (Kommission der Europäischen Gemeinschaften 1993b, 13; WSA1994).

Die Kommission, die über das Monopol der Anerkennung als Sozialpartner verfügt, prüfte anhand des Konzepts der Repräsentativität noch einmal die offiziell vorliegenden Anträge. Auf Arbeitnehmerseite erkannte sie auf Dachverbandsebene die Conféderation Européenne des Cadres (CEC) (EIRR 1989, 25-26; EIRR 1994e, 31-32) und EUROCADRES an, nicht aber die Confédération Européenne des Syndicats Indépendants (CESI) (EIRR 1994f, 25-27; EIRR 1994e, 31-32). Auf Arbeitgeberseite enthält die Liste "eine Reihe von sektoralen Organisationen ... (z.B. im Bereich Handel, Banken, Versicherungen, Transport)" (Buda 1995, 298f).[17]

Die Operationalisierung des Schlüsselbegriffs "Repräsentativität" war für Außenstehende nicht immer und unbedingt transparent und nachvollziehbar (WSA 1994, 5ff). "Representativeness as a criterion is not necessarily the most straightforward method of identifying labour and management entitled under the Agreement. Rather than facing the difficult option of explicitly renouncing the criterion of representativeness, the Commission put forward criteria which refer only to representativeness of Member States, and then only as far as possible. The Commission has effectively opted for administrative decision as the short term solution to the problem of selecting which organisations fall within the scope of labour and management in the Agreement" (Bercusson/Van Dijk 1995, 14f).

Bereits vorliegende und zukünftige Anträge "sollen entsprechend den Erfahrungen mit den neuen Verfahren des Abkommens sowie der Entwicklung des sozialen Dialogs überprüft werden" (Kommission der Europäischen Gemeinschaften 1993b, 13). Die Veränderung der Kriterien ist Gegenstand eines komplexen Aushandlungsprozesses zwischen Kommission, Ministerrat, Europäischem Parla-

[17] Diese sektoralen Verbände wurden faktisch schon viel früher anerkannt. Sie nehmen seit langem an Dialogen, etwa à la Val Duchesse, im Rahmen der formellen Paritätischen Ausschüsse und informellen Arbeitsgruppen teil. Eine gesonderte Untersuchung der Repräsentativität fand nur bei EUROCOMMERCE statt.

ment, WSA und Sozialpartnern. Die Notwendigkeit einer Wiederholung bzw. Ergänzung dieser ersten Repräsentativitätsstudie ergibt sich vor allem hinsichtlich der Anerkennung als Sozialpartner für sektorale Dialoge, die in der ersten Studie zumindest nicht vollständig geklärt worden waren (vgl. Kap.6).[18] Es ging u.a. um die Anerkennung von Verbänden, die schon in anderen Gremien, wie Gemeinsamen Ausschüssen, über bestimmte Anhörungsrechte verfügen und insofern einen gewissen Grad an Repräsentativität beanspruchen können.

In der Folgezeit versuchten auf beiden Seiten Verbände der zentralen wie sektoralen Ebene, die in dieser ersten Runde nicht offiziell als Sozialpartner anerkannt worden waren, weiterhin politischen Druck auszuüben, um ihre Anerkennung durchzusetzen (EIRR 1995a). Auf Seiten der Gewerkschaften bestand das Problem darin, daß zumindest einige der bereits anerkannten Verbände - im Gegensatz zu anderen nationalen und supranationalen Akteuren - im Prinzip keine neuen Mitglieder akzeptieren wollten, um ihr Repräsentationsmonopol nicht zu gefährden, welches ihnen erlaubte, Außenseiterpositionen nicht explizit berücksichtigen zu müssen. Auf Seiten der Arbeitgeber bestanden Differenzen u.a. hinsichtlich der Sektoren, welche die Dachverbände nicht oder zumindest nicht vollständig abdeckten sowie über den Einbezug einer gesonderten Vertretung der kleinen und mittleren Unternehmen (Union Européen de l'artisan et des petit et moyennes enterprises - UEAPME). Sie verfügt in einigen Mitgliedsländern (u.a. der Bundesrepublik), die über eine entsprechende Größenstruktur von Unternehmen haben, über eigenständige Organisationen. "Although UNICE would claim that its remit and its SME Committee together mean that it also has the interests of small firms at heart, UEAPME regards it as an organisation dominated by the interests of large enterprises." (Greenwood 1997, 120). Wir kommen auf die spätere Lösung dieser Probleme noch ausführlich zurück.[19]

---

[18] Die öffentliche Ausschreibung erfolgte im Sommer 1995.

[19] Das grundsätzliche Problem läßt sich folgendermaßen zusammenfassen: "The Commission's basis for recognising only CEEP, ETUC and UNICE has no status in law, and the document in which the recognition is provide, COM 600/93, is only an opinion document (about the degree of representativity of the social partners) with only the status of "soft law". The Commission's ability to make rulings on matters of representativity is not included in the Treaties" (Greenwood 1999, 157).

In der zweiten "Mitteilung der Kommission zur Entwicklung des Sozialen Dialogs auf Gemeinschaftsebene" (KOM (96) 448 endg.) stellt sie eine Reihe allgemeiner Fragen nach neuen Teilnehmern des Sozialdialogs auf zentraler und sektoraler Ebene, Kriterien der Repräsentativität und des Status von Organisationen, möglichen Reformen, Verbesserung der Effizienz, besserer Koordination sektoraler Dialoge, Verfahrensänderungen, der Zukunft verschiedener Ausschüsse sowie den rechtlichen Möglichkeiten des Rats zur Änderung vorgelegter Entwürfe. Die Kommission versucht allerdings nicht, diese Fragen selbst zu beantworten oder die Probleme zu lösen, sondern formuliert Fragen, welche die Sozialpartner beantworten sollen.

Man kann diese zweite, "als Konsultationspapier angelegte" Mitteilung zutreffender als "Grünbuch" bezeichnen, weil die Kommission nur die Agenda für zukünftige Entwicklungen zu definieren versucht, ohne ihre eigene Position zu Einzelheiten aufzuzeigen. In bezug auf zukünftige Themen schlägt die Kommission vor, daß sich "der soziale Dialog sowohl auf branchenübergreifender als auch auf sektoraler Ebene vor allem der Frage der Beschäftigung zuwenden" sollte. Sie empfiehlt lediglich, den Diskurs zwischen allen Akteuren zu stimulieren, womit sie sich zumindest temporär von der weiteren Politikdefinition verabschiedet. Wendon (1998) argumentiert, daß die Generaldirektion V ("Beschäftigung, Arbeitsbeziehungen und soziale Angelegenheiten") als die für Sozialdialoge zuständige GD versucht, Teile ihres eigenen Kompetenz- und Verantwortungsbereichs auf die privaten Akteure zu verlagern und dadurch ihre eigene Position intern zu verbessern. Falls es ihr gelingt, in diesen hochgradig kontroversen Bereichen Ergebnisse zu erzielen, hätte sie ihr Ziel ohne Verausgabung eigener Ressourcen erreicht. Nicht nur externe Beobachter zeigten sich enttäuscht über dieses Verfahren.

In dieser zweiten Mitteilung hebt die Kommission hervor, daß die Beteiligung am Dialog auf gegenseitiger Anerkennung der Partner und weniger auf einer offiziellen Entscheidung beruhe; sie äußert den Wunsch, die Sozialpartner mögen enger an der Lösung der Frage der Repräsentativität mitarbeiten. Im Vergleich zur Kommission betonen einige nationale Regierungen, daß die Anzahl der Teilnehmer nicht strikt begrenzt sein sollte (Kommission 1996). Unabhängig von dieser Auffassung sind die "Val Duchesse"-Sozialpartner an einer Begrenzung der teil-

nehmenden Organisationen interessiert, da sie ansonsten eine Schwächung ihrer eigenen Verhandlungspositionen befürchten.
Sowohl auf Dachverbands- als auch auf Branchenebene sind weitere Probleme vorhanden bzw. vorhersehbar:

- ".. the duty imposed on the Commission to consult the social organization prior to any Community action formalizes the lobby action and consequently requires more demanding credentials to the confederations" (Treu 1994, 13).
- Die Schwierigkeiten infolge der Begrenzung der Gegenstandsbereiche von Übereinkommen auf die Schnittmengen nationaler Regulierung, d.h. auf "qualitative" Probleme unter explizitem Ausschluß der Arbeitsentgelte, sind kaum zu überwinden.
- Der eigentümliche policy mix aus vertraglicher und gesetzlicher Regulierung ist nicht identisch mit dem jeweiligen nationalen mix. Außerdem ist sein genauer rechtlicher Status, etwa der wichtige Unterschied zu einer Richtlinie, faktisch ungeklärt, worauf wir noch näher eingehen werden.

Auf diese zweite Mitteilung erfolgten mehr als 80, mehr oder weniger detaillierte Antworten, die Mitte 1997 zu einem Minigipfel führten. Die Reaktionen der nationalen Regierungen und Sozialpartner waren zahlreich, aber kontrovers in den Einzelheiten (European Commission/DG V 1997), womit der Kommission kaum geholfen war. Die dritte, nach mehrfacher Ankündigung erfolgte Mitteilung "Anpassung und Förderung des sozialen Dialogs auf Gemeinschaftsebene" (KOM (98) 322 endg.) sollte die aufgeworfenen Fragen beantworten und den eingeleiteten Prozeß prozeduraler Strukturierung weiterführen. Das generelle Ziel bestand in Wahrung und Sicherung der bereits erreichten Ergebnisse sowie in der Erzielung weiterer Fortschritte.
Nach Kommissionsmeinung hat UNICE dieses Ziel durch seine Weigerung, über die Kommissionsinitiative zum "Vorschlag für eine Richtlinie des Rates zur Festlegung eines allgemeinen Rahmens für die Information und Anhörung der Arbeitnehmer in der Europäischen Gemeinschaft" in Verhandlungen einzutreten, ernsthaft infrage gestellt (Eironline 1998). Daher sollte die Mitteilung den Sozialpartnern die sich verändernden politischen Rahmenbedingungen bewußt machen, vor allem die Existenz des Beschäftigungskapitels des Amsterdamer Vertrages, die

Beitrittsanträge osteuropäischer Staaten sowie die Perspektiven der WWU. Mit dem Ziel einer Erweiterung des Umfangs sowie einer Verbesserung der Effektivität der Sozialdialoge schlägt die Kommission Veränderungen auf folgenden Politikfeldern vor (EIRR 1998f, 13-17):

- Information durch Institutionalisierung effizienterer Kommunikationsverfahren,
- Konsultation durch Ersatz der alten Formen von Sozialdialogen,
- Beschäftigungsfragen durch die Formulierung von Leitlinien,
- Verhandlungen durch Stärkung weiterer Entwicklungen auf der zentralen wie auf der sektoralen Ebene.

Insbesondere sollen sich Aktivitäten der Sozialdialoge in Zukunft auf Beschäftigungsfragen konzentrieren, die durch die Einfügung des Beschäftigungskapitels in den Amsterdamer Vertrag wichtiger werden und die, im Gegensatz zu den Inhalten der ersten Rahmenabkommen des zentralen Dialogs, auch auf nationaler Ebene von vorrangiger Bedeutung sein sollen (vgl. Kap.8). Außerdem betont die Kommission im Gegensatz zu ihren ersten beiden Mitteilungen nachdrücklich die Perspektiven des "neuen" Sozialdialogs auf Branchen- im Verhältnis zu seinem Äquivalent auf Makroebene; sie betont explizit, daß "das Abkommen über die Sozialpolitik nichts enthält, was mögliche unter dieses Abkommen fallende sektorale Verhandlungen einschränkt, die entweder sektorübergreifende Vereinbarungen ergänzen oder unabhängig auf den betreffenden Sektor beschränkte Vereinbarungen zum Ziel haben" (KOM (98) 322, 16). Vor dem Hintergrund des sog. Verhandlungsweges als Alternative zur Gesetzgebung betrachtet sie die Entwicklung sektoraler Verhandlungen als Schlüsselproblem.

Seit dieser dritten Mitteilung sowie einer ergänzenden Entscheidung der Kommission vom Mai 1998 finden sektorale Sozialdialoge unter veränderten institutionellen Rahmenbedingungen statt. Die Kommission führt einen Ansatz ein, der die vorhandenen Dialogstrukturen harmonisiert mit dem Ziel, alle Sektoren in die Lage zu versetzen, möglichst effektive Beiträge zu leisten. Wir kommen auf diese Änderungen im folgenden Kapitel ausführlich zurück.

5.2. Versuche und Ergebnisse

Die Anzahl der von den Sozialpartnern EGB, UNICE und CEEP unternommenen Versuche, über den durch das Abkommen über die Sozialpolitik geschaffenen Verhandlungsweg zu Rahmenvereinbarungen zu gelangen, blieb in den 90er Jahren eng begrenzt. Wir skizzieren zunächst die einzelnen Projekte im Sinne stilisierter Fakten, bevor auf die verschiedenen Probleme eingehen.

1. Den ersten Versuch unternahmen die Sozialpartner 1993/94 mit dem Ziel, die Frage der Interessenvertretung in multinational tätigen Unternehmen zu klären. Trotz verschiedener Initiativen und Richtlinienvorschläge konnte das kontrovers diskutierte, hochgradig politisierte Problem über mehr als zwei Jahrzehnte nicht gelöst werden, da Einstimmigkeit im Ministerrat notwendig war (Art. 94 EG-Vertrag) (vgl. Kap.3 und 4). Die Kommission unterbreitete ihren neuen Entwurf zur Richtlinie "über die Einsetzung eines Europäischen Betriebsrats oder die Schaffung eines Verfahrens zur Unterrichtung und Anhörung der Arbeitnehmer in gemeinschaftsweit operierenden Unternehmen und Unternehmensgruppen" und leitete das Anhörungsverfahren ein.
Einige EGB-Mitglieder stellten die Frage, warum der EGB überhaupt verhandeln sollte, wenn realistischerweise davon auszugehen sei, daß die Kommission ihren Richtlinienentwurf auf jeden Fall verabschieden würde. Weiterhin stellte sich die Frage, ob UNICE bereit sein würde, von ihrer am Status quo orientierten Strategie abzugehen. Andere Mitglieder argumentierten, daß bei einem zu erwartenden Fehlschlag der EGB die erste Gelegenheit zum Test des neuen Regulierungsrahmens aus der Hand geben würde. - UNICE hingegen beabsichtigte, in Verhandlungen einzutreten, um die antizipierte Gesetzgebung durch eine freiwillige Vereinbarung der Sozialpartner zu verhindern und um den Prozeß der Politikformulierung besser kontrollieren zu können. UNICE unterbreitete trotz interner Probleme der Interessenaggregation dem EGB einen Verhandlungsvorschlag.
Die sich am Kommissionsvorschlag ausrichtenden, jedoch gegensätzlichen Strategien der Sozialpartner waren dafür verantwortlich, daß sie nicht in der Lage waren, diesen zentralen Bereich europäischer Arbeitsbeziehungen selbständig zu regulieren. Die für den Fehlschlag verantwortlichen Gründe wurden nicht völlig

geklärt, jede Seite wies der anderen die Schuld zu (EIRR 1994a, Falkner 1998b, 97ff, Piazolo 1999, 42f). Nach diesem Scheitern der Sozialpartner unterstrich die Kommission die politische Glaubwürdigkeit ihres Richtlinienentwurfs, indem sie das Gesetzgebungsverfahren wieder aufgriff. Der Fehlschlag einer Verhandlungslösung führte im Herbst 1994 zur Verabschiedung der EBR-Richtlinie auf der Basis des Verfahrens der qualifizierten Mehrheitsentscheidung, dessen Einführung sich als die entscheidende Veränderung erwies. Portugal stimmte als einziges Mitgliedsland nicht zu, Großbritannien hatte von seinem Recht auf "opt-out" Gebrauch gemacht.

2. Sämtliche Ende der 80er Jahre unternommenen Versuche, einen Kompromiß im Ministerrat zum Gegenstandsbereich "Beweislast bei geschlechtsbedingter Diskriminierung" zu erzielen, waren am Erfordernis der Einstimmigkeit gescheitert. 1995 griff die Kommission den lange Zeit anhängigen Vorschlag wieder auf. 1996 traten die Sozialpartner zwar in das erste und zweite Anhörungsverfahren ein, teilten jedoch nach Abschluß der zweiten Anhörung der Kommission nicht mit, daß sie beabsichtigten, das Verfahren nach dem Abkommen über die Sozialpolitik (Art. 139 EG-Vertrag) einzuleiten. Beide Sozialpartner lehnten die Aushandlung einer Vereinbarung ab, "da die Materie Fragen des Prozeßrechts aufwirft, für deren Entscheidung die Sozialpartner nicht berufen sind" (Heinzemann 1997, 130) bzw. die systemimmanent außerhalb ihres Einflußbereiches liegt.
Daher blieb die Initiative bei der Kommission, die Mitte 1996 auf der Basis des Sozialabkommens (Art. 137, Abs. 1 EG-Vertrag) einen Richtlinienentwurf annahm, den sie dem Europäischen Parlament sowie dem WSA zur Stellungnahme zuleitete. Der Ministerrat verabschiedete den Vorschlag Ende 1997 einstimmig, ohne Änderungswünsche des EP zu berücksichtigen (EIRR 1998a 14ff). Mit der anschließenden Richtlinie sollte "eine wirksame Durchführung der Maßnahmen gewährleistet werden, die von den Mitgliedstaaten in Anwendung des Gleichbehandlungsgrundsatzes getroffen werden, damit jeder, der sich wegen Nichtanwendung des Gleichbehandlungsgrundsatzes für beschwert hält, seine Rechte nach etwaiger Befassung anderer zuständiger Stellen gerichtlich geltend machen kann" (Art. 1 des Richtlinienentwurfs).

3. Die Frage des Rechts von Beschäftigten auf Sonderurlaub aus familiären Gründen hatte für die Kommission schon seit 1983/84 gewisse Priorität. Großbritannien blockierte alle Regulierungsversuche, die wiederum Einstimmigkeit im Ministerrat erforderten, aus grundsätzlichen Erwägungen gegen eine gesetzliche Regelung, so daß über einen Zeitraum von mehr als 10 Jahren kein Ergebnis zustande kam. Der letzte Versuch scheiterte im Herbst 1994 unter deutscher Präsidentschaft wiederum am Veto Großbritanniens. Dadurch geriet die Kommission unter politischen Druck einiger Mitgliedstaaten, was zu einer neuen Initiative auf der Grundlage des Sozialabkommens führte.

Der 1995 von der Kommission unterbreitete Vorschlag "zur Vereinbarkeit von Berufs- und Familienleben" (KOM (96) 26 endg.) enthielt nicht nur Vorstellungen zum Eltern-, sondern auch zu Familien- und Bildungsurlaub. Die Kommission schnürte ein Paket aus verschiedenen Vorschlägen, die sonst nicht angenommen worden wären. Nach der ersten Anhörung erklärten die Sozialpartner, über Fragen des Elternurlaubs verhandeln zu wollen, und ersuchten die Kommission, ihre eigene Initiative nicht weiter zu verfolgen. Nach der zweiten Anhörung begannen im Juli die freiwilligen Verhandlungen, die im November 1995 mit einer "Rahmenvereinbarung über Elternurlaub" endeten. Beim Entwurf dieses Rahmenabkommens zum sog. Elternurlaub war u.a. strittig die Forderung der Arbeitgeber, kleine Unternehmen von der Regelung auszunehmen und die Vereinbarung auf Eltern zu beschränken, die sich um ihre Kinder kümmern wollten.

Die Gremien der drei beteiligten Dachverbände ratifizierten anschließend den Vorschlag der Verhandlungskommission[20], die Kommission wandelte ihn in eine Richtlinie um. Der Ministerrat, dem die Kommission auf Antrag der Sozialpartner das Rahmenabkommen vorlegte, stimmte im März 1996 vergleichsweise schnell zu und machte es damit verbindlich für alle Mitgliedstaaten. Die Umsetzung auf die nationale Ebene hat innerhalb von drei Jahren zu geschehen.[21] Die Mitglied-

[20] Damit war noch nicht die Frage geklärt, ob das Abkommen auch für Dritte gilt, die nicht Mitglieder der vertragsschließenden Verbände sind.

[21] Dazu gehören die Ausgestaltung der garantierten idividuellen Mindestrechte auf drei Monate unbezahlten Urlaub einschl. der Rückkehrmöglichkeiten auf die alte oder eine gleichwertige Stelle sowie der Berücksichtigung betrieblicher Notwendigkeiten und ggfls. einem vollständigen oder partiellen Lohnausgleich.

staaten können gemäß Subsidiaritätsprinzip günstigere als die Minimalregelungen des Rahmenabkommens einführen oder beibehalten. Die Hauptinhalte sind:

- Die Richtlinie formuliert Mindestanforderungen, die ein Recht auf Elternurlaub in den drei Ländern garantieren, in denen es bis dato nicht existierte (Irland, Belgien, Luxemburg).
- Die Vereinbarung garantiert Arbeitnehmern einen Anspruch auf nicht mit Mutterschutzurlaub zu verwechselndem Elternurlaub von mindestens drei Monaten, der genommen werden kann bis zu dem von den Mitgliedstaaten und/oder den Sozialpartnern festzulegenden Alter des Kindes von höchstens acht Jahren.
- Der Anspruch ist grundsätzlich nicht auf den anderen Elternteil übertragbar und besteht unabhängig von dessen beruflicher Situation.
- Die Vereinbarung regelt einen Freistellungsanspruch in Fällen dringender familiärer Erfordernissen und bei höherer Gewalt.

Mögliche Auslegungsschwierigkeiten sollen nach Meinung der Sozialpartner wie folgt beigelegt werden: "The prevention and settlement of disputes and grievances arising from the application of this agreement shall be dealt with in accordance with national law, collective agreements and practices. Without prejudice to the respective role of the Commission, national courts and the Court of Justice, any matter relating to the interpretation of this agreement at European level should, in the first instance, be referred by the Commission to the signatory parties who shall give an opinion" (CEEP/ETUC/UNICE 1995, 4).

Beide Sozialpartner (Hornung-Draus 1996b, Lapeyre 1996) sowie die Kommission betrachten das Übereinkommen als bedeutenden Erfolg des neuen Verfahrens und betonen seine Offenheit für nationalspezifische Implementation sowie seine materielle "Flexibilität". Die externen Einschätzungen der strategischen Bedeutung dieses Verhandlungsergebnisses hingegen sind unterschiedlich:

- Einerseits betonen unabhängige "Euro-Pessimisten", daß der Inhalt nicht zu den zentralen Bestandteilen europäischer Sozialpolitik gehört bzw. die relative Nachrangigkeit des im Gegensatz zu anderen nicht sonderlich kontroversen oder schwierigen Problems für die europäische Sozialpolitik. Außerdem bestehen in der überwiegenden Mehrzahl der Mitgliedsländer entsprechende nationale Regelungen, welche durch das Rahmenabkommen nicht verändert werden (im einzel-

nen EIRR 1995e). Schließlich betonen Kritiker den inhaltlichen Minimalcharakter des Abkommens, u.a. seine fehlenden finanziellen Leistungen, im Vergleich zu früheren Richtlinienentwürfen.[22]
"The draft agreement arguably seems to be rather more significant for the fact that it has been concluded, than for its content. Existing provisions in the majority of Member States are already superior to the agreement's provisions in many, if not all, areas ... - though notable exceptions are Ireland, Belgium and Luxembourg. Furthermore, the agreement is virtually silent on contentious issues such as income during leave, leaving many vital matters to be decided at national level" (EIRR 1995f, 3). Das Rahmenabkommen stelle im Gegensatz zum fehlgeschlagenen Versuch über EBR kein Nullsummenspiel dar; zudem verfüge die Mehrzahl der Mitgliedsländer bereits über in der Regel weiterreichende nationale Rechte, die durch das Abkommen unberührt bleiben.
- Andererseits betrachten "Euro-Optimisten" das Abkommen als erste und substantielle, im Sinne eines Verhandlungs- bzw. Vertragsabschlusses erfolgreiche und deswegen richtungsweisende Anwendung des neuen Verfahrens des Protokolls über die Sozialpolitik.[23] Sie betonen, daß es die Beziehungen zwischen den Sozialpartnern stärken (BDA 1996) und den ersten Schritt zu einem Euro-Korporatismus darstellen könne (Falkner 1996a und b).
In dieser Sichtweise setzte das Übereinkommen auch ein positives Zeichen für die im Frühjahr 1996 begonnene Konferenz der Staats- und Regierungschefs über die Neuverhandlung des Unionsvertrages ("Maastricht II").[24] Die Sozialpartner

[22] Für andere: "Vom Verfahren her neu, vom Inhalt her höchst bescheiden ist die Richtlinie ... Allerdings stellt ein Anspruch auf unbezahlte Freistellung für drei Monate nach der Geburt eines Kindes nicht eben eine Spitzenleistung sozialpolitischer Gesetzgebung dar" (Däubler 1997, 103).

[23] "Das Abkommen stellt ganz abgesehen von seinem Inhalt schon deswegen eine entscheidende Weiterentwicklung des Sozialen Dialogs dar, weil zum ersten Male hier die Sozialpartner die Initiative ergriffen haben und auf einem Gebiet, auf dem eine Gemeinschaftsregelung gescheitert war, durch eigenständige Verhandlungen eine Regelung geschaffen haben. Darüberhinaus stellt das Abkommen und seine beabsichtigte Umsetzung durch Ratsbeschluß nach Art.4 Abs.2 ... eine Bewährungsprobe für dieses Verfahren dar" (Bödding 1996, 48). Die offizielle Position der Kommission lautet sehr ähnlich (Kommission der Europäischen Gemeinschaften 1996, 3, 13).

[24] „The timing too is significant; it is hardly a coincidence that the parties' agreement on parental leave was concluded in November 1995, just prior to the preliminary phase of the intergovernmental conference. It can be argued that this unsubtle hint from the member states to the parties - that they should cease prevarication and define their role in the Social Protocol - forced the labour-market parties to strike a compromise" (Jensen/Madsen/Due 1999, 131).

brauchten mindestens ein erfolgreich abgeschlossenes Verfahren, um ihre Fähigkeit und Bereitschaft zur Erfüllung der hohen, durch das Sozialabkommen definierten Erwartungen sowohl seitens der Kommission als auch seitens der Mitgliedsstaaten unter Beweis zu stellen.[25] Damit stand die Legitimität der Sozialpartner vor und während der Regierungskonferenz zur Disposition; es bedurfte eines zumindest in symbolischer, wenngleich nicht unbedingt in inhaltlicher Hinsicht richtungsweisenden Zeichens hinsichtlich ihrer Fähigkeit und Bereitschaft zu Verhandlungslösungen bzw. ihrer positiven Einschätzungen der Verfahren und Perspektiven des Sozialdialogs.[26] "By and large, the importance of the Parental Leave Agreement is .. in its existence rather than in its contents. The symbolic importance of the first collective agreement at the EU level which opened up the conventional route for EC social policy compensated for the fact that the agreed minimum standards were low" (Falkner 1998b, 122).

4. Im September 1995 eröffnete die Kommission erneut das vorgesehene Anhörungsverfahren, indem sie eine Initiative über die "Flexibilisierung der Arbeitszeit und Absicherung der Arbeitnehmer" ("atypische Beschäftigungsverhältnisse") einleitete. Sie griff damit einen Problembereich erneut auf, der seit den 80er Jahren wiederholt auf der politischen Agenda gestanden hatte, aber aufgrund der damaligen Einstimmigkeitserfordernis nicht zu einem Abschluß gebracht werden konnte (Schmidt 1992, Mückenberger 1995). Die Sozialpartner schlossen nach den anschließenden, recht langwierigen Verhandlungen im Juni 1997 ein zweites Rahmenabkommen, welches auf spezifische Art die Forderungen der Unternehmen nach mehr Flexibilität und die Vorstellungen der Teilzeitbeschäftigten nach mehr Gleichberechtigung mit den Vollzeitbeschäftigten am Arbeitsplatz zu kombinieren versucht (KOM (97) 392 endg.).

---

[25] "This subject seems apt or a compromise because of its lower degree of politicization in the past ... and its lower ranking within the priorities of both sides of industry" (Falkner 1996a, 8).

[26] Trotz dieses Abschlusses besteht weitgehend Einigkeit, "daß sich der Soziale Dialog ... nach wie vor in der Entwicklungsphase befindet" (BDA 1996, 3). Auch die offizielle Meinung der Kommission weist in diese Richtung: "Die ersten Erfahrungen mit den neuen Verfahren haben .. gezeigt, daß die Sozialpartner nur in begrenztem Umfang in der Lage sind zu reagieren und daß es darüber hinaus gewisse verfahrenstechnische Probleme gibt" (Kommission 1996, 14).

Gemäß Par. 1 liegt der materielle Schwerpunkt auf dem Ziel, die Beseitigung von Diskriminierung von Teilzeitbeschäftigten sicherzustellen und die Qualität der Teilzeitarbeit zu verbessern. Damit soll das Prinzip der Nichtdiskriminierung in Relation zu Vollzeitbeschäftigten kodifiziert werden. Die Rahmenvereinbarung erlaubt jedoch eine unterschiedliche Behandlung "aus objektiven Gründen", welche in drei Öffnungsklauseln spezifiziert werden:

- Die Vereinbarung erstreckt sich nicht auf Sozialversicherungsfragen. Die Sozialpartner erkennen an, daß die gesetzliche Regelungen der sozialen Sicherheit der Entscheidung der Mitgliedstaaten unterliegen (Präambel);[27]
- die Mitgliedstaaten können Teilzeitbeschäftigte, die "nur gelegentlich arbeiten", aus sachlichen Gründen ganz oder teilweise von den Bestimmungen dieser Vereinbarung ausschließen (Par. 2, Ziffer 2);
- die Mitgliedstaaten können den Zugang zu besonderen Beschäftigungsbedingungen von einer bestimmten Betriebszugehörigkeitsdauer, Arbeitszeit oder Lohn- und Gehaltsbedingungen abhängig machen (Par. 4, Ziffer 4).

Sowohl beide Sozialpartner als auch die Kommission bezeichnen das Rahmenabkommen als weiteren grundlegenden Erfolg zur Vertiefung der sozialen Dimension des Binnenmarktes und zum Wachstum der Beschäftigung. Kritiker (wie Teile des EP oder des WSA) heben die Beschränkung des Inhalts auf reguläre, permanente Teilzeitarbeit hervor, d.h. die weit gefaßten Öffnungsklauseln[28], sowie den deklaratorischen Charakter des Abkommens und seinen weit verbreiteten Gebrauch unbestimmter Rechtsbegriffe, die im Implementationsprozeß nationalspezifischen Interpretationen durchaus offenstehen. "With such a broad sweep of significant and undefined qualifications to the general principle, there is at the very least substantial grounds for doubt that the Directive is strong enough or clear enough to achieve its aim of the removal of discrimination against part-time workers" (Jefferey 1998, 196). Weiterhin sind weitreichende Folgen des Rahmenabkommens unwahrscheinlich, da substantielle und weiterreichende Regelungen

[27] Diese Formulierung hat Einfluß auf die Möglichkeit, geringfügige Beschäftigung zu regulieren.

[28] "In any case, there is ample scope for judicial activism on the part of the ECJ which might in the end have to interpret the standards set by management and labour" (Falkner 1998b, 140).

zur Teilzeitarbeit in der Mehrheit der Mitgliedsländer auf gesetzlicher oder kollektivvertraglicher Basis bereits bestehen (EIRR 1997b; EIRO 1997).

Innerhalb des EGB wurde das Rahmenabkommen nicht einstimmig ratifiziert;[29] einige nationale Dachverbände - wie der DGB - stimmten wegen des aus ihrer Sicht unbefriedigenden Verhandlungsergebnisses nicht zu (Kreimer-de Fries 1997).[30] Dagegen war UNICE infolge des hohen Grades "ausgehandelter Flexibilität" des Abkommens nicht mit internen Problemen des Interessenausgleichs konfrontiert und zeigte sich mit dem Ergebnis durchaus zufrieden.[31]

Externe Beobachter betonen ein weiteres Problem: In der zweiten Anhörungsphase entschlossen sich die Sozialpartner zu Verhandlungen, beschränkten diese gleichwohl auf die Regelung regulärer Teilzeitarbeit. Die Probleme atypischer Beschäftigungsverhältnisse, vor allem geringfügiger Beschäftigung, waren zwar Teil des ursprünglichen Kommissionsvorschlags (EIRR 1998c), wurden aber zu Verhandlungsbeginn ausgeschlossen, da das Mandat von UNICE explizit auf Teilzeitarbeit beschränkt war. In der Präambel der Vereinbarung bekunden die vertragsschließenden Parteien ihre Absicht, "die Notwendigkeit ähnlicher Abkommen für andere flexible Arbeitsformen in Erwägung zu ziehen". Allerdings bestand kein Zweifel, daß die verbleibenden Gegenstandsbereiche erhebliche Schwierigkeiten bei den Verhandlungen sowie beim Vertragsabschluß bereiten würden. Befristete Verträge sind in nahezu allen Mitgliedsländern von zunehmender Bedeutung (Delsen 1995) und machen inzwischen, bei erheblichen Unterschieden zwischen den Mitgliedsländern, deutlich mehr als 10% aller Arbeitsverträge aus.

---

[29] "So bestand auch bei den Verhandlungen zur Teilzeit der Druck für die Sozialpartner, zu beweisen, daß die Vereinbarung zum Elternurlaub keine einmalige Sache war. Dieser Druck war so hoch, daß der EGB trotz starker Kritik aus den Nationalverbänden es vorzog, einen relativ substanzlosen Kompromiß mit den Arbeitgeberverbänden einzugehen, als hinzunehmen, daß der Soziale Dialog totgesagt werden könnte" (Piazolo 1999, 201).

[30] "The major benefit ... from the ETUC's viewpoint is, however, at the procedural rather than the substantial level. The agreement is thought to represent a qualitative leap with a view to the consolidation of contractual relations at the European level... Furthermore, the agreement is seen to open a chance for other Euro-level negotiations on different forms of atypical work, while a failure of the negotiations was perceived to close this door on a long-term basis" (Falkner 1998b, 142).

[31] Dagegen gilt: ".. the Directive constitutes nothing more than a simple request to employers to think about unspecified measures in relation to the areas listed. It is not clear how such weak provisions can hope to be effective in achieving the aim of improving the quality of part-time work; it is not clear whether they can really be said to constitute legal regulation at all" (Jefferey 1998, 197).

5. Die Sozialpartner traten im Frühjahr 1998 erneut in Verhandlungen über Fragen befristeter Beschäftigung ein und legten nach kontroversen, zehnmonatigen Verhandlungen schließlich Anfang 1999 einen Kompromiß als Vertragsentwurf vor (Clauwaert 1999). Die supranationalen Dachverbände zeigten sich zufrieden mit dessen Inhalt und ratifizierten den Entwurf, den die Kommission im Frühjahr 1999 dem Ministerrat vorlegte mit dem Ziel, eine Richtlinie verabschieden zu lassen.
Das Rahmenabkommen bezeichnet unbefristete Verträge als die allgemeine Form von Beschäftigungsverhältnissen und betont das Prinzip der Nicht-Diskriminierung befristeter in Relation zu dauerhaft Beschäftigten in bezug auf die Beschäftigungsbedingungen, sofern keine "objektiven Gründe" für eine Ungleichbehandlung vorliegen. Es formuliert Rahmenregelungen zur Verhinderung von Mißbrauch (u.a. wiederholte Befristung, Geltungsbereich bzw. Ausschlußkriterien, Vertragsdauer) sowie zur Einführung von Mindeststandards (u.a. Information über Aus- und Weiterbildungsmöglichkeiten, Einbezug in Grenzwerte für Mitbestimmungsregelungen), die auf nationaler Ebene jeweils festzulegen und zu konkretisieren sind (EIRR 1999a). Fragen der Sozialversicherung werden ausschließlich auf nationaler Ebene geregelt.
Diese Rahmenvereinbarung ist nach zwei Fehlschlägen der dritte Abschluß der Sozialpartner gemäß den Regelungen des Sozialabkommens. Die Inhalte, welche reine Rahmenregelungen minimaler Anforderungen darstellen, haben starken "Soll-Charakter" und überlassen die inhaltliche Konkretisierung verschiedener Vorgaben (wie Angabe objektiver Gründe für die Erneuerung befristeter Verträge, maximale Befristungsdauer, zulässige Anzahl wiederholter Befristungen) gemäß dem Subsidiaritätsprinzip[32] weitestgehend den nationalen Akteuren. Der Regelung durch Gesetzgebung, Kollektivvertrag oder "customs and practice sowie der nationalspezifischen Interpretation, ggfls. auch einer gerichtlichen Klärung (etwa "objektiver Gründe") wird erhebliche Bedeutung zukommen. "It is unlikely that the majority of member states will be obliged to alter to any significant extent existing statutory and agreed provisions as a result of this agreement, once it is given legal force" (EIRR 1999b, 16).

[32] Vgl. zur juristischen Dimension der Frage der Anwendbarkeit des Subsidiaritätsprinzips bei dem Sozialabkommen zusammenfassend Piazolo 1999, 74ff.

Veränderungen infolge des Rahmenabkommens sind nur in Großbritannien und Irland aufgrund der voluntaristischen Traditionen zu erwarten, die keine Restriktionen definieren. Andere Formen atypischer Beschäftigung (vor allem Leih-, aber auch Telearbeit) bleiben nach wie vor explizit ausgeschlossen, obwohl sie, wie erwähnt, schon seit den 80er Jahren auf der politischen Agenda stehen - und werden möglicherweise Gegenstand zukünftiger Verhandlungen sein. - Mit diesem Abkommen zeichnet sich ein neuer Regulierungstyp ab, der mehr auf Koordination nationaler Regelungen denn eigenständige "Europäisierung" setzt. Die Kommission wird in Zukunft die Initiative in der Arbeits- und Sozialpolitik weitestgehend den Sozialpartnern überlassen anstatt eigene Vorstellungen zu unterbreiten bzw. durchzusetzen.

6. Die Kommission leitete Mitte 1996 eine Initiative zum Kampf gegen sexuelle Belästigung am Arbeitsplatz ein, da sie die in einer Reihe von Mitgliedsländern auf ihre Initiative vorgenommenen, recht unterschiedlichen Regulierungen (EIRR 1998c und g) als unzureichend erachtete. Die Sozialpartner sollten sowohl bei der Formulierung als auch bei der Implementation einer verbindlichen EU-Regelung eine zentrale Rolle spielen, traten allerdings nach der zweiten Anhörung im Frühjahr 1997 nicht in Verhandlungen ein. "ETUC was and remains keen to try to negotiate an accord, but ... UNICE feels that a binding instrument at European level is not the right way to make progress in this area." (EIRR 1997b, 17). Die Kommission zögert bei ihrem weiteren Vorgehen mit dem möglichen Einsatz verbindlicher Instrumente.

Abbildung 5.3: Anwendungen des neuen Verfahrens des sozialen Dialogs

Kommissions-initiative	Ergebnis des zweistufigen Anhörungsverfahren	Verabschiedung der Richtlinie	Umsetzung in deutsches Recht
Europäische Betriebsräte (1994)	keine Verhandlungen der Sozialpartner, Kommissionsvorschlag	Richtlinie 94/45/EG vom 22.09.1994	Gesetz über Europ. Betriebsrat (EBRG) vom 28.10.1996
Elternurlaub (1995)	Verhandlungen der Sozialpartner, Rahmenabkommen	Richtlinie 96/34/EG vom 03.06.1996	Kein Umsetzungsbedarf (deutsches Recht entspricht bereits den Forderungen der RL)
Beweislast im Falle der Diskriminierung aufgrund des Geschlechts (1995)	keine Verhandlungen der Sozialpartner, Kommissionsvorschlag	Richtlinie 97/80/EG vom 15.12.1997	*Umsetzungsfrist: 01.01.2001*
Sexuelle Belästigung (1996)	keine Verhandlungen der Sozialpartner, Kommissionvorschlag	---	---
Flexibilisierung der Arbeitszeit (1995)	Verhandlungen der Sozialpartner über Teilzeitarbeit, Rahmenabkommen	Richtlinie 97/81/EG vom 15. 12.1997	*Umsetzungsfrist: 20.01.2000*
Befristete Arbeitsverträge	Verhandlungen der Sozialpartner, Rahmenabkommen	Richtlinie 99/70/EG vom 28. Juni 1999	*Umsetzungsfrist: 10.07.2001*
Information und Konsultation (1997)	keine Verhandlungen der Sozialpartner, Kommissionsvorschlag	noch anhängig	
Ausnahmen von der Arbeitszeitrichtlinie (1998)	Sozialpartnerverhandl. in den <u>Sektoren</u> Seeverkehr (erfolgr.) und Straßenverkehr (scheitern), integrierter Kommissionsvorschl.	Richtlinie 99/63/EG vom 21. Juni 1999 (nur Seeverkehr)	*Umsetzungsfrist: 30.06.2002*
Leiharbeit (2000)	Verhandlungsbeginn		

Quelle: Bansbach (1999: 37), eigene Ergänzungen

7. Die Frage der Information und Konsultation der Arbeitnehmer in nationalen Unternehmen steht seit Mitte 1997 wieder auf der politischen Agenda. Eine besondere Schwierigkeit liegt darin, daß "this issue is problematic in some countries - such as the UK - which do not have statutory information and consultation structures in place" (EIRR 1998a, 17). Die Sozialpartner traten nach der zweiten Anhörung nicht in freiwillige Verhandlungen ein. UNICE weigerte sich nach internen Diskussionen und längerem Zögern unter Verweis auf das Subsidiaritätsprinzip und weil sie keine Notwendigkeit europäischer Regulierung sah; CEEP und EGB hingegen befürworteten ein Rahmenabkommen (EIRR 1998d). Daraufhin machte die Kommission ihre Drohung wahr und legte im Herbst 1998 einen Richtlinienentwurf vor, den sie allerdings nur recht zögerlich weiter verfolgte. "...whether it will attract sufficient support in the Council of Ministers remains to be seen, but in the meantime at least the lines are somewhat clearer. The Commission wants further social integration, and the employers do not." (Greenwood 1999, 159).

5.3. Probleme des Sozialdialogs: Sozialpartner und Implementation

1. Die Strategien der korporativen Akteure im Rahmen des Sozialdialogs[33] leiten sich aus ihren generellen Zielen ab und weisen daher erhebliche Differenzen auf:[34]

- Der EGB hält eine Vertiefung und Erweiterung der sozialen Dimension des Binnenmarktes im allgemeinen sowie des sozialen Dialogs zwischen den Sozialpartnern im besonderen für zwingend erforderlich, um den Grad sozialer Regulierung zu erreichen, der in der integrierten ökonomischen Gemeinschaft notwendig ist. Als mögliche Mittel betrachtet der EGB Lobbying, Anhörung und Teilnahme am Sozialdialog und, falls möglich Kollektivverhandlungen, welche die sektorale Ebene einschließen sollten.

[33] Vgl. zum folgenden auch Keller/Sörries 1998a, 1999b.

[34] „Es ist .. zu betonen, dass ... die einzelwirtschaftliche Tätigkeit, d.h. die Förderung der partikularen Interessen der eigenen Mitglieder, die UNICE in ihren Aktivitäten vorantreibt. So unterscheidet sich das europäische Konzept der UNICE grundsätzlich von jenem des EGB, bei dem die Ausdehnung gemeinschaftlicher Kompetenzen auf das Gebiet der Sozialpolitik im Vordergrund steht" (Matyja 1999, 71f).

- UNICE hingegen ist vor allem orientiert an der Erhaltung des Status quo, der sich mit ihren Interessen am ehesten deckt. „By in particular stressing dialogue as the means to establish a foundation for common European level labour market regulation, organised employers first attempted to avoid binding legislation in the field while hoping the general push for integration in the economic realm would somehow reflect in a deregulaton of national labour markets. Or if this is rephrased, employers intended to use Europe as a vehicle of deregulation where a deluted EU labour market policy setting was eventually to substitute national settings in which labour had a strong entrenched position.“ (Kluth 1998, 132).

UNICE gibt ausschließlich aus wohl kalkulierten, rein taktisch begründeten Überlegungen, nicht aber aus inhaltlichen Überzeugungen, ehemals festgefügte Vetopositionen auf. Sie nimmt vorsichtige Kursänderungen dann vor, wenn die Kommission glaubhaft Initiativen ankündigt und daher begründeter Anlaß zu der Vermutung besteht, daß eine Fortführung der Blockadetaktik eine aus Verbandssicht strengere Gesetzgebung in Form einer Richtlinie nicht länger würde verhindern können.[35] In diesen Fällen, und nur in diesen, versucht UNICE, durch freiwillig ausgehandelte und damit besser zu beeinflussende Rahmenabkommen eine drohende Intervention der Kommission zu verhindern, d.h. im Verbandssinne ungünstigeren, weil verbindlichen Richtlinie zuvor zu kommen (Schoenaich-Carolath 1996).[36]

Die Arbeitgeberverbände haben ihre alten, ausschließlich auf Verhinderung zielenden Strategien den vor allem durch die Regelungen des Sozialabkommens veränderten Rahmenbedingungen angepaßt: "As long as decisions in Brussels were taken on the basis of unanimity, a purely national strategy of lobbying was sufficient in most cases, since every single government had the power to veto a

[35] So heißt es in einem Bericht der BDA über die Aufnahme von Verhandlungen im Rahmen einer Gemeinschaftsinitiative deutlich: "Die UNICE verfolgte mit diesem Vorgehen das Ziel, eine aus Arbeitgebersicht günstigere inhaltliche Ausgestaltung des Rechtsinstruments zum Elternurlaub zu erreichen, als dies nach Stand der Dinge auf der Grundlage eines von der Kommission ausformulierten und anschließend von den zuständigen EU-Organen beratenen bzw. beschlossenen Instruments zu erwarten ist" (BDA 1996, 2).

[36] Eine Selbsteinschätzung kommt zu folgendem Schluß: "Daß der Soziale Dialog aus Arbeitgebersicht durchaus zu positiven Ergebnissen führen kann, zeigt der erfolgreiche Abschluß zur Teilzeitarbeit. Dieses Abkommen sieht weit günstigere Regelungen vor, als durch eine Kommissionsrichtlinie zu erwarten gewesen wäre ..." (BDA 1997, 38).

decision in the Council. With the introduction of qualified majority voting, this strategy was no longer efficient, because one, or even more governments could be overruled by the majority. It became necessary for employers to coordinate their positions and their lobbying at European level, so as to develop a truly European position, with which they could convince at least a number of governments, sufficient for constituting a potential blocking majority of their views" (Hornung-Draus 1998b, 150; ähnlich in allgemeinerer Form Matyja 1999, 51).[37]

Sofern UNICE überhaupt in freiwillige Verhandlungen eintritt, verfolgt sie also das Ziel, durch die aktive Teilnahme an Sozialdialogen eine in ihrem Sinne günstigere Ausgestaltung zu erreichen, als das nach "Lage der Dinge auf der Grundlage eines von der Kommission ausformulierten und anschließend von den zuständigen EU-Organen beratenen bzw. beschlossenen Instruments zu erwarten ist" (Schoenaich-Carolath 1996, 2).[38] Bis dato besteht die generelle Strategie aus drei Teilen: nationale Traditionen und Verfahren sollen respektiert und erhalten werden, die Autonomie der Sozialpartner soll auf allen Ebenen beibehalten bleiben, ihre Freiheit zur Führung von Sozialdialogen soll uneingeschränkt sein, und schließlich sollen alle sozialpolitischen Maßnahmen "der Verbesserung der Wettbewerbsfähigkeit der Unternehmen, und damit dem sozialen Fortschritt und der Beschäftigung" dienen (Hornung-Draus 1996a). Der Sozialdialog soll ein Positivsummenspiel darstellen.[39]

Allgemein gilt daher: "Auch nach dem Maastrichter Abkommen über die Sozialpolitik mit seiner Stärkung des Sozialen Dialogs bleibt die Stellung der UNICE eher reserviert. Zwar wird die gestärkte Rolle der Sozialpartner begrüßt, jedoch wird ausdrücklich betont, daß auch nach dem Abkommen über die Sozialpolitik Kollektivverhandlungen, die zum Abschluß von Vereinbarungen führen, nur auf

[37] „Employers can no longer rely on a policy that aims at blocking the enactment of legislation. To be influential, they have to put forward positions that address the contents of proposals, a policy that has been pursued by the ETUC over the years on many stalled issues" (Roethig 1995, 281).

[38] Beim zweiten Nachdenken stellen wir fest, daß die Situation für den EGB durchaus eher umgekehrt strukturiert sein kann: Warum soll er noch in Verhandlungen eintreten, wenn er gesetzliche Regelungen haben kann?

[39] Die Selbsteinschätzungen stimmen in erstaunlichem Maße überein. "Die allgemeine politische Linie der Arbeitgeber könnte wie folgt umschrieben werden: Verhandlungen zu einem Thema sind sinnvoll, wenn auf diesem Gebiet durch Vereinbarungen mit den Gewerkschaften ein besseres Ergebnis erreichbar erscheint als durch die Gesetzgebung des Ministerrats" (Heinzemann 1997, 130).

Initiative der Kommission stattfinden werden" (Bödding 1996, 58; ähnlich Hall 1994, 300; Tyszkiewicz 1999, 45). Eine grundlegende Änderung in der Bewertung des Sozialdialogs ist demnach nicht der Grund für die gelegentliche Aufnahme von Verhandlungen. Grundsätzlich ist aus Verbandssicht die Verhinderung einer Lösung einfacher als deren Aushandlung.[40]

Die Annahme, daß die europäischen Dachverbände über dieselbe Organisationskapazität verfügen wie ihre nationalen Mitgliedsverbände, ist unrealistisch. Sie sind nicht autonom gegenüber ihren Mitgliedern, sondern hängen in starkem Maße von deren europäischem Engagement ab; der Grad der Europäisierung von Handlungsstrategien differiert zwischen nationalen Systemen der Arbeitsbeziehungen (Ebbinghaus/Visser 1994). Als notwendige Voraussetzung ihrer Handlungsfähigkeit benötigen Verbände auf der europäischen Ebene ein Verhandlungsmandat ihrer nationalen Mitgliedsorganisationen, welches sie nicht generell sondern nur gelegentlich-fallweise erhalten:[41]

- Beim EGB erfolgte die notwendige Satzungsänderung (Art. 13) 1995; die nationalen Mitgliedsverbände können ihre europäische Spitzenorganisation seitdem durch qualifizierte Mehrheitsentscheidungen mandatieren. Diese Änderung intendiert eine Stärkung und Intensivierung der Verhandlungskapazität des europäischen Dachverbandes und kann im Rahmen der "Einflußlogik" als verbandlichem Steuerungsmodus als wichtiger Schritt in Richtung auf eine Internationalisierung der Interessenvermittlung angesehen werden.[42]
- Innerhalb von UNICE sind ähnliche innerverbandliche Veränderungen zu beobachten. UNICE kann - muß aber nicht - ein notwendiges Verhandlungsmandat

[40] Vor allem vor der Verabschiedung des Sozialabkommen galt: "For business opposing supranational institution-building, organisational weakness - the inability of its peak associations to speak for their members - can .. be a source of political strength as it contributes to perpetuating the corresponding weakness of its adversaries" (Streeck 1993b, 111).

[41] In dem aus "eurooptimistischer Sicht" günstigsten Fall wäre wohl eine ad hoc, aber keine generelle Mandatierung zu erwarten. Aus der Sicht der Gewerkschaften in sozialstaatlicher Hinsicht stärker entwickelten Staaten ist zudem häufig unklar, was sie durch eine Mandatierung ihrer europäischen Verbände - und damit durch einen Kompetenzverlust auf nationaler Ebene - überhaupt zusätzlich erreichen können.

[42] Beobachter interpretieren das Sozialprotokoll daher als "push factor" für die Europäisierung nationaler Gewerkschaftspolitiken (Dolvik 1996).

erhalten.[43] Aber der Entscheidungsprozeß unterscheidet sich von den beim EGB, der Veränderungen vorgenommen hat, in einem zentralen Aspekt: Im Präsidium ist Konsens zwischen den Mitgliedsorganisationen nach wie vor für alle auf der Basis des Sozialabkommens anstehenden Entscheidungen notwendig. Diese interne Regel kann die Politikfähigkeit gegenüber der EU im allgemeinen sowie die Fähigkeit zur Ratifizierung von Vereinbarungen mit dem EGB im besonderen einschränken, weil nur eine Gegenstimme zur Blockade und damit zum Scheitern von Verhandlungen ausreicht.[44]
Möglicherweise sollte dieses prozedurale Problem jedoch nicht überbetont werden, da umfangreiche informelle Konsultationen der verbandlichen Untergliederungen vor und während der Verhandlungen stattfinden, so daß alle Mitglieder in den Prozeß der Entscheidungsfindung eng eingebunden sind. Außerdem wird in allen Fragen stets Wert auf möglichst breite Mehrheiten gelegt, auch wenn dadurch der Prozeß der Entscheidungsfindung verlängert und verkompliziert wird.

2. Probleme bestehen sowohl auf der europäischen als auch auf der nationalen Ebene. Auf der europäischen Ebene betreffen die Hauptschwierigkeiten die Teilnahme sowie die Repräsentativität der vertragsschließenden Parteien. Repräsentativität bzw. Mandatierung kann kein Exklusivrecht der an der Aushandlung von Rahmenabkommen beteiligten europäischen Dachverbände von "management and labour" sein. Im Gegensatz zu UNICE scheint der EGB keine größeren inter-

[43] Das verbandspolitisch heikle Problem der Mandatierung ist innerhalb von UNICE folgendermaßen gelöst: "Die Entscheidung, auf europäischer Ebene Verhandlungen mit den anderen Sozialpartnern aufzunehmen, wird von dem Exekutivkomitee gefällt. Wenn Verhandlungen aufgenommen werden sollen, wird das Mandat vom Exekutivkomitee an die Abteilung "Soziale Angelegenheiten" des UNICE-Sekretariats weitergegeben, die dann ein Verhandlungsteam zusammenstellt, abgestimmt auf das Thema der Verhandlungen. Die Durchführung wird dann von dieser Abteilung koordiniert und verwaltet. Zwischen dem Verhandlungsteam und den Mitgliedsverbänden von UNICE besteht konstanter Kontakt, um sicherzustellen, daß nicht an den Mitgliedsverbänden vorbei verhandelt wird und um die Gefahr einer Ablehnung des Verhandlungsergenisses durch die Mitgliedsorganisationen zu verringern, die aufgrund des Einstimmigkeitserfordernisses als relativ hoch eingeschätzt wird" (Piazolo 1999, 51f).

[44] Eine andere Modifizierung des internen Entscheidungsprozesses betraf die Mitglieder des Verhandlungskomitees: In Angelegenheiten, die sich auf das Sozialabkommen beziehen, nahm der britische Dachverband CBI (Confederation of British Industry) zwar teil - und war in diesem Sinne nicht ausgeschlossen -, war aber wegen des "opt out" Großbritanniens nicht stimmberechtigt.

nen Implementationsprobleme zu haben, da der Verhandlungsausschuß aus Repräsentanten der Branchenorganisationen besteht.[45]
Schwierigkeiten bestehen vor allem auf Seiten der Arbeitgeber. Zunächst ist das Verhältnis zwischen den als Sozialpartner anerkannten Arbeitgeberverbänden UNICE und CEEP trotz einer gewissen formalen Fragmentierung bzw. der dualen Repräsentation relativ unproblematisch, da CEEP nur gemeinwirtschaftliche Unternehmen und UNICE ausschließlich in der Privatwirtschaft organisiert. "Although two cross-sectoral organisations represent management interests in the social dialogue, one of them (i.e. CEEP) is de facto a minor partner. It seems that the Secretary-General who representend CEEP in the plenaries never actually spoke... It seems that although CEEP has quite specific interests as an industrial organisation..., CEEP's members' interests as employers do not in principle diverge from UNICE's. This means that with a view to employer (as opposed to producer) interests, the groups are in fact non-competitive..." (Falkner 1998b, 163).
Auf Arbeitgeberseite besteht ein weiterer, kleinerer Verband, der nicht zu den „Val Duchesse"-Sozialpartnern gehört. „UEAPME was originally formed as a result of the amalgamation of various European trade associations and organisations of medium-sized enterprises in 1979. Its member organisations currently represent a total of 5 million businesses employing some 20 million people. The organisation has a number of committees spanning the major policy aeas of the EU, which meet to draw up its policy decisions... The main stated objectives of UEAPME are to: inform its members about developments in European policy; promote joint action on the part of national organisations at European level; and ensure that the interests and views of its members are understood and reflected by the EU institutions" (Eironline 1999a, 1).
Ein spezifisches Problem des Rahmenabkommens über den Elternurlaub bestand in seiner Geltung für kleine und mittelgroße Unternehmen: UEAPME, die sich im Vergleich zu UNICE als repräsentativere Vertretung dieser Interessengruppe betrachtet, war nicht unmittelbar an den Verhandlungen beteiligt und fühlte sich

[45] Dennoch scheint z.B. der öffentliche Sektor im EGB schlecht vertreten zu sein; auf Arbeitgeberseite ist er gar nicht repräsentiert.

daher nicht an deren Ergebnis gebunden. UEAPME bezweifelte, daß der Dachverband UNICE zu Verhandlungen sowie zum Abschluß von Verträgen für alle Gruppen von Unternehmen berechtigt war und versuchte, das erste Rahmenabkommen als Hebel zur Durchsetzung eigener Interessen zu benutzen: Der Verband stellte die Repräsentativität der vertragsschließenden Partei in Frage und rief, nachdem Appelle an die Kommission erfolglos geblieben waren, den EuGH an mit dem Ziel, die Richtlinie annullieren zu lassen. UEAPME behauptete, alle Voraussetzungen der Teilnahme zu erfüllen, aber in sämtlichen Phasen "vollständig unbeachtet" geblieben zu sein; der Verband betrachtete den derzeitigen Sozialdialog als "closed shop", verlangte aus organisationsinternen Gründen eine eigenständige Beteiligung (EIRR 1996; 1997b) und drängte auf direkte Beteiligung als anerkannter Sozialpartner an allen zukünftigen Verhandlungen.[46]
Die Kommission[47] argumentierte, daß sie das Rahmenabkommen sorgfältig auf seine Rechtmäßigkeit geprüft habe; sie blieb bei ihrer Meinung, daß alle Veränderungen für kleine und mittelständische Unternehmen, die in ihrer ersten "Mitteilung zur Entwicklung des Sozialdialogs auf Gemeinschaftsebene" von 1993 definiert worden waren, im Rahmenabkommen der Sozialpartner Berücksichtigung gefunden hatten. Der EuGH entschied im Sommer 1998 gegen die Klage von UEAPME (zu juristischen Aspekten Bercusson 1999, Jacobs/Ojeda-Aviles 1999, 70-74). Dieses Urteil war nicht überraschend: "... it is hardly conceivable that the EC Court of Justice would open 'Pandora's box' and actually hinder the development of effective collective bargaining at the European level by an increase in the number of participants against the will of the key actors" (Falkner 1998b, 168f).

Nach dieser Entscheidung verhandelten UNICE und UEAPME über ein Kooperationsabkommen, welches sie schließlich Ende 1998 unterzeichneten. Der Vertrag, "bringing to an end an aggressive conflict" (Pochet/Arcq 1999, 181), gilt für die Makroebene: Die Repräsentanten beider Verbände sollen in Vorbereitungstreffen

[46] Ein anderes Problem besteht darin, daß nicht nur "Outsider", sondern auch Mitglieder der Dachverbände sich nicht vertreten fühlen können.

[47] "... the Commission clearly preferred collective negotiations to be conducted by a small but workable group of Euro-associations only. The more representative and encompassing they were, the better. It nevertheless chose a voluntary approach" (Falkner 1998b, 167).

der Arbeitgeberseite sowie in Plenarsitzungen mit dem EGB dieselben Rechte haben, keiner der beiden Verbände soll über ein Vetorecht verfügen. "The two organisations will use their "best endeavours to reach consensus on the positions to be defended in the social dialogue while fully respecting the autonomy of the two European organisations" (EIRR 1999c, 3). UNICE verpflichtet sich zur Konsultation von UEAPME, bevor in Verhandlungen oder anderen Treffen des Sozialdialogs öffentlich Positionen der Arbeitgebergruppe eingenommen werden (Foster 1999a).

Die Einschätzung der Konsequenzen dieses recht allgemein bis unverbindlich gehaltenen "Friedensabkommens" ist schwierig. Es scheint, als sei der Konflikt zwischen beiden Verbänden zumindest geschlichtet, vielleicht sogar gelöst. Das Abkommen kann dazu führen, daß im Rahmen von Sozialdialogverhandlungen auf Arbeitgeberseite eine breitere Palette von Partikularinteressen, vor allem von kleinen und mittelständischen Unternehmen, Berücksichtigung findet. Ob die Verbände trotz potentiell unterschiedlicher Positionen vor und während der Verhandlungen intern Konsens erzielen können, ist eine offene Frage. Auf jeden Fall sind in Zukunft externe Herausforderungen der Anwendbarkeit von Richtlinien weniger wahrscheinlich. Faktisch dürfte im Konfliktfall UNICE trotz der offiziellen Aufwertung des ehemaligen Kritikers dominieren. Dies dürfte der Fall sein sowohl aufgrund der bestehenden Größenverhältnisse als auch aufgrund der Zusammensetzung des Verhandlungsgremiums, d.h. des Beobachterstatus des einzigen UEAPME-Vertreters.

Dieser Konflikt kann mit den sich partiell überschneidenden Organisationsdomänen im Bereich der kleinen und mittelständischen Unternehmen erklärt werden, für die beide Verbände Repräsentativität reklamieren. Typischerweise wurde der in den Organisationsstrukturen angelegte, lange Zeit nur latente Konflikt erst virulent, als das erste verbindliche Rahmenabkommen gemäß den Verfahren des Sozialabkommens ausgehandelt wurde.

Unabhängig von der spezifischen Konstellation zwischen UNICE und UEAPME könnten in Zukunft auch andere Verbände (wie Eurocommerce oder CEMR) eine ähnliche Strategie wie UEAPME verfolgen, um ihre formale und vollständige Anerkennung als Sozialpartner durchzusetzen. Dieses grundsätzliche Problem der "hinreichenden kollektiven Repräsentativität" der vertragschließenden Parteien bzw. der demokratischen Legitimation wird in sektoralen Sozialdialogen in noch stärkerem Maße auftreten als in zentralen - und sowohl rechtlich als auch faktisch noch schwieriger zu lösen sein.[48]

Auf Arbeitnehmerseite bestand ein ähnliches, allerdings weniger virulentes Problem zwischenverbandlichen Wettbewerbs, da zwei Organisationen die Gruppe der Führungskräfte organisieren:
- Der Council of European Professional and Managerial Staff (EUROCADRES) vertritt ausschließlich diese Gruppe; er ist dem EGB angeschlossen, ohne allerdings über den offiziellen Status eines Gewerkschaftsausschusses zu verfügen. Durch die Gründung von EUROCADRES deckt der EGB das gesamte Spektrum der Arbeitnehmer und ihrer divergierenden Interessen ab.
- Die Confédération Européenne des Cadres (CEC) ist ein unabhängiger Verband, der versucht, „more participation of managerial staff in social dialogues" (CEC 1999) zu erreichen; sein Organisationsbereich ist schmal im Vergleich zu dem des EGB. CEC hat Mitgliedsverbände in allen EU-Mitgliedsstaaten; die Beziehungen zu den Gewerkschaften sind recht unterschiedlich ausgestaltet.

Zunächst hatten der EGB und seine Gewerkschaftsausschüsse den Zugang zum Sozialdialog auf zentraler Ebene monopolisieren können. Da später sowohl EUROCADRES als auch CEC offiziell als Sozialpartner anerkannt wurden, mußten beide von der Kommission bei allen sozialpolitischen Initiativen offiziell konsultiert werden. Die Organisationen schlossen Mitte 1999 ein „Protocol of Cooperation for the European Social Dialogue", welches einen Verbindungsausschuß einrichtet, „to facilitate co-operation between the two organisations and the representation of European executive, managerial and professional staff in the institutional bodies and processes of the European social dialogue" (Eurocadres/ CEC 1999, 1). Beide verpflichteten sich, auftretende Konflikte intern zu lösen (Weber 1999a). Obwohl keine formalen Hierarchien bestehen, werden die Positionen von EUROCADRES und daher die des EGB dominieren.

[48] "As organizational fragmentation and boundary disputes are much more widespread at sectoral than at interprofessional level, it may be exceedingly difficult to establish which parties would be involved in a specific social dialogue" (Jacobs/Ojeda-Aviles 1999, 69).

Wahrscheinlich sind sowohl auf Seiten der Arbeitgeber als auch der Arbeitnehmer potentielle Interessenkonflikte nicht letztendlich gelöst, sondern von der zwischen- auf die innerverbandliche Ebene verlagert worden. Die Interessenkonstellationen auf der zuletzt genannten Ebene werden komplexer und daher schwieriger zu organisieren und zu vermitteln. Allerdings können die geschlossenen Abkommen die Verhandlungsstrukturen rationalisieren (u.a. Dauer von Treffen, Vermeidung von Duplizierungen). Aus der Außenseiterperspektive bedeuten sie das Ende der „closed-shop"-Phase des sozialen Dialogs.

Die Rahmenvereinbarungen zu Elternurlaub und Teilzeit zeigen ein weiteres strukturelles Problem auf, da sie nur Teile der Inhalte des für die erste Anhörung vorgesehenen Kommissionsvorschlages einschlossen.[49] Das Muster von Verhandlungen bestand bis dato darin, daß die Sozialpartner ihre Abkommen nur zu einigen ausgewählten, konsensfähigen Bestandteilen des ursprünglichen Pakets abschlossen. Diese Tatsache fand in den positiven Einschätzungen seitens der Kommission und der Sozialpartner kaum Erwähnung.
Dieses "strategic choice" der Akteure wirft die Frage auf, was mit den restlichen, kontroversen Komponenten des ursprünglichen Vorschlags geschehen soll.[50] Die Kommission wird zum zentralen Akteur: Sie kann entweder den Gesetzgebungsweg weiter verfolgen und einen neuen Kompromißvorschlag unterbreiten, oder sie kann den Rest des ursprünglichen Pakets unberührt und damit ungelöst lassen. Falls die Kommission die unerledigten Probleme nicht erneut aufgreift, kontrollieren die Sozialpartner nicht nur die Ergebnisse ihrer eigenen Verhandlungen, die dann mit dem Output des gesamten Verfahrens identisch sind, sondern auch die Ergebnisse der übrigen Teile des Vorschlagspakets. Im zuletzt genannten Fall könnten die Prozeduren des Sozialabkommens instrumentalisiert werden, um weitere sozialpolitische Maßnahmen zu politisierten Gesetzesvorhaben zu verhin-

---

[49] Im ersten Fall enthielt das von der Kommission vorgeschlagene Verhandlungspaket auch Familien- und Bildungsurlaub; im zweiten Fall waren verschiedene Formen atypischer Beschäftigung vorgesehen, u.a. geringfügige Beschäftigung.

[50] In juristischer Perspektive ist die Antwort eindeutiger als in politischer: "Die Teilbereiche.., über die die Sozialpartner keine Vereinbarung getroffen haben, stehen, wenn die Sozialpartner nicht mit Einverständnis der Kommission eine Verlängerung der Beratungszeit, um auch in diesem Teilbereich eine Vereinbarung zu verhandeln, erhalten haben, der Kommission für einen eigenen Gesetzgebungsentwurf frei" (Piazolo 1999, 115).

dern. Erheblicher politischer Druck seitens der nationalen Regierungen und des Europäischen Parlaments würde notwendig, um die Kommission zu veranlassen, die Regulierung des übriggebliebenen Rests erneut in Angriff zu nehmen. Der Widerstand, vor allem von UNICE, wäre beachtlich.
Das Beispiel der EBR-Richtlinie zeigt ein ähnliches strategisches Problem, bei dem wiederum die Kommission im Mittelpunkt steht: Wird sie, wenn sie "eine Gemeinschaftsmaßnahme für zweckmäßig" hält, ihre eigene Initiative auf jeden Fall verfolgen, d.h. mit oder ohne Zustimmung und Unterstützung der Sozialpartner? Falls sie sich entschließen sollte, in diesem relativ späten Stadium des politischen Prozesses keinen Vorschlag zu unterbreiten, würde sie die Macht des nicht-kooperierenden Sozialpartners vergrößern, alle möglichen Ergebnisse zu bestimmen. Freiwillige Verhandlungen würden entweder kein Übereinkommen erzielen oder überhaupt nicht stattfinden.

3. Neben diesen organisationsinternen und -externen Problemen der Sozialpartner stellen sich mehrere Fragen hinsichtlich der Verfahrensweisen bei der Implementation; insgesamt bestehen "nicht unerhebliche Interpretations- und Umsetzungsschwierigkeiten" (Runggaldier 1998, 212; aus juristischer Sicht zusammenfassend Bödding 1996, Piazolo 1999). Insbesondere die ersten Rahmenabkommen dienten als Präzedenzfälle, um die weitgehend unspezifizierten prozeduralen Regeln des Sozialabkommens schrittweise zu konkretisieren; sie haben daher einen enormen Einfluß auf die weitere Entwicklung von Verfahrensweisen sowie die Implementation von Rahmenvereinbarungen nach dem Sozialabkommen.
Am Beispiel des Rahmenabkommens zum Elternurlaub lassen sich grundsätzliche Schwierigkeiten bzw. Regulierungslücken des Sozialabkommens verdeutlichen:
- Unterschiedliche Auffassungen bestehen hinsichtlich des genauen Umfangs bzw. der Grenzen der rechtlichen und vor allem faktischen Regelungskompetenz der Sozialpartner, die auf nationaler Ebene deutliche Unterschiede aufweisen.
- Darf der Ministerrat Ergänzungen vornehmen bzw. den Inhalt von Rahmenabkommen ändern und damit die definitive Entscheidungsmacht ausüben bzw. die im Sozialabkommen formulierten Kompetenzen der Sozialpartner einschränken? Falls dies der Fall sein sollte, wäre der Einfluß des Ministerrates derselbe

wie bei allen anderen Entscheidungsverfahren gemäß den konventionellen Regelungen des EG-Vertrages.[51] Falls dies nicht der Fall sein sollte, würden die Einflußmöglichkeiten der Sozialpartner im Vergleich zu ihren früheren Optionen deutlich vergrößert.[52] Deshalb bezweifeln einige nationale Regierungen, ob ein solcher Machtzuwachs für sie akzeptabel wäre. - Man kann argumentieren, daß die Unmöglichkeit der Veränderung von Inhalten seitens des Rates zu einer Konstellation führen würde, die einer auf nationaler Ebene existierenden und garantierten Tarifautonomie durchaus vergleichbar wäre. Allerdings besteht gegenwärtig auf supranationaler Ebene keine Tarifautonomie; mit ihrer Einrichtung ist in absehbarer Zukunft nicht zu rechnen.
Die Kommission vertritt in ihrer ersten, bereits skizzierten "Mitteilung über die Anwendung des Protokolls über die Sozialpolitik" (KOM (93) 600 endg.) dezidiert die Ansicht, daß der Ministerrat nicht über substantielle Veränderungsrechte verfüge und den Text des Rahmenabkommens der Sozialpartner nicht verändern dürfe; sie droht mit dem Rückzug ihres Vorschlags und ggfls. der Wahl eines anderen Regulierungsverfahrens, falls daß der Ministerrat versuchen sollte, Änderungen an den Rahmenvereinbarung der Sozialpartner vorzunehmen. Eine mögliche, wenngleich unwahrscheinliche Konstellation konfligierender Interessen könnte folgendermaßen aussehen: Falls der Ministerrat seine Zustimmung verweigert, wäre das Rahmenabkommen null und nichtig. In diesem Fall würde die Kommission möglicherweise ihre eigene Initiative wieder aufnehmen und das im Sozialabkommen vorgesehene Gesetzgebungsverfahren noch einmal beginnen, wahrscheinlich mit der zweiten Anhörung der Sozialpartner. Eine andere Option könnte darin bestehen, daß der Ministerrat zwar nicht den Inhalt des Abkommens ändern, aber über die geeigneten Instrumente der Umsetzung entscheiden kann.

---

[51] Ob Einstimmigkeit erforderlich ist oder der Ministerrat mit qualifizierter Mehrheit entscheiden kann, hängt vom Gegenstand des Abkommens ab. Bei Mehrheitsentscheidungen kann sich ein Problem für die kleinen bzw. weniger entwickelten Länder stellen, "... die als größte "Verlierer von Maastricht" bezeichnet wurden, weil sie im Rahmen der neuen qualifizierten Mehrheit unter den elf Abkommenssignataren (nur mehr 44 Stimmen sind dafür erforderlich), vergleichsweise leicht überstimmt werden könnten und daher diese Ausprägung von Mehrheitsentscheidungen in der Sozialpolitik eher zu verhindern trachten dürften" (Falkner 1994, 235f).

[52] Die Kommission sowie die Dachverbände vertreten die Position, daß keine Änderungen vorgenommen werden dürfen; der Ministerrat hält dies sehr wohl für möglich. "Dadurch wird die Vermutung gestützt, daß es sich bei dem Verfahren des Abkommens um ein politisches Tauschgeschäft zwischen der Kommission und den Verbänden handelt" (Boockmann 1995, 201).

- Eine weitere, selten diskutierte Frage ist, ob die Kommission ihrerseits inhaltlich strikt an den Vorschlag der Sozialpartner gebunden ist oder ob sie diesen verändern darf (Bödding 1996, 106ff; Piazolo 1999, 130ff). Unstrittig ist lediglich, daß die Kommission als "Hüterin der Verträge" Gültigkeit und Rechtmäßigkeit des Rahmenabkommens sicherzustellen hat (repräsentativer Status der Vertragschließenden Parteien, deren Verhandlungsmandate, "Vereinbarkeit" jedes Artikels des Übereinkommens mit dem Gemeinschaftsrecht sowie Berücksichtigung besonderer Belange kleiner und mittelständischer Unternehmen gemäß Art. 137, Abs. 2 EG-Vertrag). Verfügt aber die Kommission über die rechtliche Möglichkeit, den Inhalt des von den Sozialpartnern autonom ausgehandelten Kompromisses nicht nur zu kommentieren, sondern ihn auch zu verändern? Falls dies der Fall sein sollte, könnte das Machtgleichgewicht in Richtung Kommission oder Sozialpartner verschoben werden. Andernfalls würde die Kommission "als eine Art Bote" (Weiss 1998b, 639) agieren.

- Weiterhin ist die vom Ministerrat vorzunehmende Wahl der Rechtsinstrumente ungewiß. "Another point of interest is that it has never been clear if the Council is intended to use a Decision, the legal instrument provided for in the Treaty, or simply to make a decision and implement via another instrument .. If there is a Decision, it must be adressed to specific parties, and it remains to be seen if these will be the Member States, trade unions, employers' associations, individual employers and employees, or some combination of these" (EIRR 1996b, 18). Die Rechtsqualität einer "décision" (im Französischen) in der Bedeutung des Art. 139 bezieht sich auf Art. 249 des EG-Vertrages, ist aber nicht definitiv bestimmt. Falls der Ministerrat das Instrument der Richtlinie als geeignetes Mittel der Umsetzung auswählt, hätten die Mitgliedstaaten die Rahmenvereinbarung zu implementieren, ohne ihren Inhalt wesentlich abändern zu können. In den anderen Fällen, d.h. bei einer Entscheidung, Empfehlung oder Stellungnahme (Art. 249 EGV), wären ihre Optionen der Reaktion auf europäische Regulierung weniger eingeschränkt.[53]

---

[53] Allgemein gilt: "Regulations and directives on social issues have the most significance in the area of labour law... the European Union has only a meagre harvest to show for all its efforts, particularly in substantive terms" (Nagelkerke 1995, 344).

Der rechtliche Status der Abkommen ist also ungeklärt: Handelt es sich, etwa aufgrund der notwendigen zustimmenden Entscheidung des Ministerrats in Form eines Beschlusses, um ein Äquivalent zu einer Verordnung, einer Richtlinie, einer Entscheidung oder um einen Rechtskonstrukt sui generis? (im einzelnen Bödding 1996, 117ff, Piazolo 1999, 144ff).[54] Die Klärung der Frage nach der Qualität des Rechtsakts ist relevant, weil im Fall einer Implementation der Vereinbarung durch nationale Gesetzgebung bindende Verpflichtungen für die Mitgliedstaaten entstehen, was bei einer Implementation durch Kollektivverträge nicht unbedingt der Fall sein muß. Ein Vorteil dieser Variante mag in ihrer größeren "Flexibilität" liegen. Für die Umsetzung durch mehrgliedrige Verträge gilt: "Nachteil dieser Konstruktion ist, daß nicht sichergestellt werden könnte, daß die einzelnen Verträge tatsächlich denselben Inhalt hätten, da sie nach Verhandlungen von den nationalen Verbänden geschlossen werden müßten. Auch wäre die Wirkung einer so durchgeführten Vereinbarung von Staat zu Staat unterschiedlich und unterläge national differierenden Kündigungs- und Änderungsmöglicheiten" (Bödding 1996, 100).

Auf jeden Fall bereitet der Implementationsprozeß auf nationaler Ebene zusätzliche, nicht zu unterschätzende Schwierigkeiten, welche strategische Manöver der korporativen Akteure sowie ein erneutes, intensives Lobbying der nationalen Sozialpartner einschließen. Supranationale Regulierung definiert eo ipso nur einen weit gesteckten Bezugsrahmen, der vor allem durch nationale "customs and practices" ganz unterschiedlich ausgefüllt werden kann. Einerseits ist ein hoher Grad an Flexibilität notwendig: Europäische Regelungen müssen mit den jeweiligen nationalen Systemen der Arbeitsbeziehungen kompatibel sein, da sie diese nicht ersetzen sondern lediglich ergänzen. Andererseits kann der Inhalt von Rahmenabkommen aus Sicht einzelner Akteure erheblich verwässert werden.[55]

Wie wir aus den Erfahrungen mit der Implementation der EBR-Richtlinie wissen, enthält die supranationale Regulierung nur einen recht allgemein gehaltenen Bezugsrahmen, der durch nationale "Gebräuche und Gepflogenheiten" sowie

[54] Die Kommission entschied sich beim Elternurlaub für eine Richtlinie, die das Rahmenabkommen als Anhang enthielt; sie verpflichtete damit die Mitgliedstaaten zur Durchführung.

[55] Ganz allgemein gilt: „...the current trend is for the Commission to propose general framework laws, consistent with the new vogue for subsidiarity. The difficults with this new approach is that member states ... have demonstrated their inventiveness in „interpreting“ legislation to their own advantage.“ (Richardson 1996, 288f).

durch Lobbying spezifiziert wird (Schöffler 1998). In diesem Fall waren die Interpretationsspielräume größer als bei anderen Richtlinien, da vorher keine nationalen Regelungen bestanden hatten. Bei anderen Gegenständen (wie Elternurlaub oder Teilzeit) sind lediglich Anpassungen bzw. Ausfüllung bereits bestehender nationaler Regelungen notwendig, d.h. die "Pfadabhängigkeit" ist größer. Bei beiden Konstellationen ergeben sich für die Sozialpartner also zwei Möglichkeiten bzw. Formen der Einflußnahme: Zum einen auf das Zustandekommen der supranationalen Regelung gemäß den Verfahren des Sozialabkommens, die eine doppelte Anhörung garantieren, zum andern auf die Ausgestaltung der nationalen Umsetzung durch Lobbying.

- Das Europäische Parlament, das einzige unmittelbar demokratisch legitimierte Organ der EU, ist gemäß den besonderen Verfahrensweisen des Art. 139, Abs. 2 EG-Vertrag - ebenso wie der WSA - im Gegensatz zu anderen Prozeduren der Willensbildung (Konsultation, Kooperation, Ko-Dezision) nicht formal am Prozeß beteiligt. "Among the EC institutions, the EP sems most adversely affected by the new procedures. In contrast to other policy areas, the Maastricht Treaty did not introduce the co-decision procedure in the realm of social policy. Decisions are at best taken under the co-operation procedure, if not only after non-binding consultation of the EP... By contrast, the Commission itself plays a central role in the realm of the SA. It acts as policy broker between the social partners as well as the Council delegation and the EP, tactically using its rights of initiative" (Falkner 1996b, 203f).

Die Kommission informiert gemäß ihrer Aussage in der ersten "Mitteilung über die Anwendung des Protokolls über die Sozialpolitik" (KOM (93) 600 endg.) das EP lediglich informell über die Phasen der Anhörung und bittet um Stellungnahme, bevor sie den Entwurf an den Ministerrat zur formalen Entscheidung weiterleitet. Damit stellt sich ein grundsätzliches Demokratieproblem: "The agreement itself was prompted by the proposals of the unelected Commission, and concluded by economic interest groups. The text is inviolable, and the member states' governments meeting in the Council of Ministers are essentially asked to "take it or leave it", with no chance of amendment ... The EU's only directly elected institution, the European Parliament .., is given no consultative role in the procedures of the

Procedures of the Agreement on social policy, and neither is the Economic and Social Committee ... The adoption ... will create new rights and obligations ... basically at the behest of the three social partners" (EIRR 1996c, 23; kritisch auch Schulz 1996, 112; Jefferey 1998, 203f). - Bei der Neuverhandlung des Vertrages über die Europäische Union („Maastricht II") forderte das EP eine Erweiterung seiner Rechte, letztendlich aber ohne durchschlagenden Erfolg.[56]

4. Das Abkommen über die Sozialpolitik skizziert, wie bereits erwähnt, zwei unterschiedliche Implementationsverfahren für Rahmenvereinbarungen (Vertrags- vs. Gesetzesstrategie):

- Zum einen können geschlossene Vereinbarungen "nach den jeweiligen Verfahren und Gepflogenheiten der Sozialpartner und der Mitgliedstaaten" (Art. 139, Abs. 2 EG-Vertrag) auf freiwilliger Basis durch Kollektivverträge auf nationaler Ebene implementiert werden.
- Zum andern kann die Implementation "auf gemeinsamen Antrag der Unterzeichnerparteien durch einen Beschluß des Rates auf Vorschlag der Kommission" (Art. 139, Abs. 2 EG-Vertrag) erfolgen.

Falls die korporativen Akteure die erste Alternative wählen, ist eine einigermaßen kohärente Implementation auf nationaler Ebene aufgrund der deutlichen rechtlichen und institutionellen Unterschiede zwischen nationalen Systemen der Arbeitsbeziehungen sehr unwahrscheinlich. Ein weiterer entscheidender Faktor ist die Tatsache, daß die auf freiwilliger Basis implementierten Vereinbarungen eine Deckungsrate von 100 Prozent sicherstellen müßten. Implizite Voraussetzung wären entweder ein sehr hoher Zentralisierungsgrad des nationalen bargaining-Systems und der beteiligten Verbände/Dachverbände auf beiden Seiten oder eine sehr enge, strikte Koordination sektoraler Verhandlungen. Aktuelle komparative Studien zeigen allerdings, daß die Deckungsraten in den westeuropäischen Ländern sehr unterschiedlich sind. Sie liegen in einigen Ländern (Niederlande, Portugal und Spanien) vergleichsweise niedrig (bei ungefähr 60 Prozent); sehr hohe Deckungsraten bestehen nur in einigen Ländern (Belgien, Finnland, Schweden)

[56] "... the Commision as well as the Council kept their crucial roles in the innovative procedures in post-Maastricht social policy. This is not so for the EP which under the contractual route was replaced as a co-decision maker by the 'social partners'" (Falkner 1998b, 128).

(Traxler 1996b). Ansonsten wäre eine das sog. "erga omnes-Prinzip" anwendende Allgemeinverbindlicherklärung notwendig, um den Inhalt von Kollektivverträgen auf Nichtmitglieder der Vertragschließenden Parteien auszuweiten; dieses Rechtsinstrument existiert allerdings nicht in allen EU-Mitgliedstaaten (z.B. Dänemark oder Italien) (Addison/Siebert 1997, 230f, Piazolo 1999, 118ff).[57]
M.a.W.: Während die Gesetzesstrategie für alle relativ verbindliche Normen schafft, ist dies bei der "freiwilligen" Vertragsstrategie, aufgrund der deutlich unterschiedlichen nationalen coverage rates, nicht unbedingt der Fall. "This approach (of implementation by national collective bargaining, B.K.) may in principle accomodate national diversity, but in practice it will encounter other impediments. These include conditions placed on the representatives of workers' organizations (Belgium, Spain, and France); requirements for ratification of collective agreements by vote of the membership (Denmark); agreements that are not legally enforceable (the United Kingdom and Ireland); the growing practice of union derecognition (the United Kingdom); and regionalization of sectoral bargaining (Germany and Spain). And, unlike the other member states, Denmark, Irland, Italy, and the United Kingdom have no provision for extending agreements to nonunionized workers" (Rhodes 1995, 117). Daher ist die Folgerung plausibel, daß die privaten Akteure diese voluntaristische Form der Implementation, wenn überhaupt, nur in Ausnahmefällen anwenden werden.
Bei dem zweiten der oben genannten Implementationsverfahren, der Gesetzesstrategie, wäre der Grad der Uniformität bzw. Homogenität relativ größer als im Falle der Vertragsstrategie. Bei der Gesetzesvariante, welche die wahrscheinlichere bzw. häufigere bei zukünftigen Vereinbarungen sein dürfte, ergeben sich ebenfalls verschiedene, bis dato ungelöste Probleme. Diese Variante wirft zudem in besonderer Schärfe das grundsätzliche, bereits in allgemeiner Form skizzierte

[57] "In fast allen Ländern gilt ... das sogenannte Erga-Omnes-Prinzip. Daneben gibt es in den meisten Ländern die Möglichkeit, Tarifverträge von seiten der Regierung für allgemeinverbindlich zu erklären und damit auch alle nicht-tarifgebundenen Unternehmen zur Zahlung von Tariflöhnen zu verpflichten. Von dieser Möglichkeit wird allerdings in sehr unterschiedlich starkem Umfang Gebrauch gemacht. Schließlich ist in diesem Zusammenhang auch auf die Existenz gesetzlicher Mindestlöhne hinzuweisen, die in der Hälfte der EU-Staaten zur Anwendung kommen" (Molitor 1997, 269).

Problem der demokratischen Legitimation auf europäischer Ebene auf.[58] Die Sozialpartner verfügen über kein Mandat der EU-Bürger, die dennoch von den Ergebnissen der abgeschlossenen Vereinbarungen betroffen sind. Wo liegen die Grenzen privater Regulierung durch die Sozialpartner, etwa in Zusammenhang mit nationalen Sozialversicherungssystemen?

Möglicherweise werden sich in empirischer Perspektive die Unterschiede zwischen den beiden skizzierten Implementationsverfahren als weniger prinzipiell und eindeutig erweisen, als wir bei formaler Sichtweise derzeit vermuten. Die nationalen Sozialpartner könnten in Zukunft an der nationalen Umsetzung durch Gesetze in frühen Phasen des Entscheidungsprozesses durch formale und/oder informelle Konsultation sowie Lobbying beteiligt sein und das offizielle Ergebnis beeinflussen bzw. mitbestimmen.

5.4. Einschätzung und Perspektiven

1. Versuche der Anwendung der Verfahren des neuen Sozialdialogs blieben in den 90er Jahren relativ selten;[59] sie führten aus euro-optimistischer Sicht zu enttäuschenden und durchaus ambivalenten Ergebnisse, die sich zu drei Gruppen zusammenfassen lassen:

- Bisher liegen nur wenige Rahmenvereinbarungen vor. Zumindest bei den ersten beiden, nämlich beim Elternurlaub sowie bei der Teilzeitarbeit, war der bloße Abschluß wichtiger als ihr Inhalt. Die Abkommen sollten zeigen, daß die Sozialpartner willens und in der Lage sind, die von ihnen geforderte und ihnen übertragene Verantwortung wahrzunehmen. Vor dem Hintergrund der bisherigen Erfahrungen kommt vor allem dem ersten Rahmenabkommen über Elternurlaub weniger wegen seines Inhalts sozialpolitische Bedeutung zu, da es nur in einer kleinen

[58] In der drastischen Sprache des deutschen Arbeitsrechts lauten diese Bedenken wie folgt: "Es ist nichts dagegen einzuwenden, daß Sozialpartner Initiativen ergreifen, Vereinbarungen treffen und auf diese Weise Regelungsvorschläge ausarbeiten. Aber es ist nicht hinzunehmen, daß die in Art.251 EG-Vertrag dem Europäischen Parlament zugedachte Rolle von den Sozialpartnern substituiert wird... Für eine so weitgreifende Kompetenz, wie das Sozialprotokoll und jetzt der Vertrag sie ihnen einräumt, fehlt den Sozialpartnern schlicht die Legitimation" (Weiss 1998b, 640).

[59] Insofern ist die These, „daß direkt-staatliche regulative Politik zunehmend durch eine prozedurale Politik der Selbstregulierung durch die unmittelbar Beteiligten verdrängt wird“ (Mückenberger 1999, 325) in empirischer Perspektive nicht zu teilen.

Zahl von Mitgliedsländern zu Verbesserungen führen wird.[60] Unsere Schlußfolgerung lautet vielmehr, daß dieses Abkommen wichtiger ist wegen der auftretenden Verfahrensfragen bzw. der vorläufigen Klärung prozeduraler Probleme.

- Der erste Verhandlungsversuch zum kontroversen Gegenstand der EBR schlug während der zweiten Anhörung vollständig fehl. Die Kommission mußte das Verfahren wieder aufgreifen, indem sie ihren eigenen Vorschlag weiter verfolgte und dem Ministerrat zur Beschlußfassung vorlegte. Diese Absage an Verhandlungen macht die im folgenden zu belegende Hypothese plausibel, daß sich nur nichtkonfliktuelle Vorschläge für eine Regulierung durch die Sozialpartner eignen, und daß es nach wie vor einer aktiven Rolle der Kommission bedarf, um die Vorhaben zu Ende zu führen. Bisher sind eher randständige, nicht hingegen zentrale Probleme der Arbeitsbeziehungen (wie Beschäftigungsfragen) behandelt worden.
- Die Sozialpartner werden nicht in jedem Fall aktiv den Prozeß steuern, d.h. von ihren durch das Sozialabkommen erweiterten und verbesserten Optionen zum Abschluß von Übereinkommen Gebrauch machen. Allgemein gilt, daß die Sozialpartner als die zentralen Akteure nicht alle möglichen, von der Kommission initiierten sozialpolitischen Vorschläge als geeignet für Verhandlungen und Vereinbarungen ansehen. "This concerns topics touching on judicial principles and procedures, such as the burden of proof in sex discrimination cases and the fight against sexual harassment. Furthermore, social security issues seem outside the conventional path towards EC social law, at least for the moment" (Falkner 1998b, 194).

Wir können die wenigen vorliegenden Ergebnisse weder als tragfähige Grundlage für eine Substantiierung von Verhandlungen zwischen den Sozialpartnern noch als Keimzelle eines "europäischen" industrial relations-Systems ansehen. Gegenteilige, in der aktuellen Literatur mehrfach vertretene Einschätzungen, wonach im Sozialprotokoll "ein erhebliches Potential für die Forcierung europäischer Verhandlungen zu liegen" (Molitor 1997, 295; ähnlich Treu/Biagi 1998, 217 et passim) scheint, lassen sich durch empirische Analysen nicht bestätigen. Das grundsätz-

[60] "Aus der Perspektive der privaten Akteure stellt sich .. die Frage, ob nicht die inhaltliche Leere der Vereinbarungen dem Instrument seinen politischen Boden entzieht und nicht, wie von einigen unterstellt, die bloße Absage an Verhandlungen" (Sörries 1999, 89).

liche Problem läßt sich folgendermaßen formulieren: "Da Verhandlungssysteme auf freiwillige Zustimmung angewiesen sind, werden auf Umverteilung zielende Maßnahmen unter egoistisch-rationalen Beteiligten in der Regel nicht mehrheitsfähig sein. Verhandlungen können zwar die Wohlfahrt steigern, aber sie werden dabei die jeweils gegebene Ausgangsverteilung im Prinzip nur reproduzieren" (Scharpf 1991, 629).

Auf absehbare Zeit sind die Sozialpartner, die potentiellen Promotoren des Sozialdialogs, aus unterschiedlichen Gründen nicht willens bzw. nicht in der Lage, die für europäische Vereinbarungen im Rahmen des aufgewerteten sozialen Dialogs notwendigen faktischen Voraussetzungen in gegenseitiger Übereinstimmung zu schaffen. "The possibility of such free-standing European-level bargaining is .. something remote. There has after all been nothing to stop the partners doing so in the past, notably within the Val Duchesse dialogue, and they have failed to do so. Neither side now excludes such agreements, but both consider them unlikely in the foreseeable future" (EIRR 1994d, 36). Damit bleibt die Fragmentierung infolge konfliktärer Interessenlagen innerhalb und zwischen Akteuren auch in Zukunft bestehen. Die Wahrscheinlichkeit eines "bargaining in the shadow of the law" (Bercusson 1992, 185; 1994, 20) ist auch unter Einbezug der Kommission gering.

Die bisherigen Erfahrungen zeigen, daß Erfolgsaussichten für soziale Dialoge allenfalls bei den Objektbereichen bestehen,

- die von einem spezifischen Problem ausgehen, an dessen Lösung beide Sozialpartner potentielles Interesse im Sinne der Erwartung eines Positivsummenspiels entwickeln,
- die transnationale Dimensionen aufweisen, d.h. auf rein nationaler Ebene nicht zu lösen sind.

Die zentralen Fragen der Sozialpolitik bleiben faktisch ausgeschlossen, da die hochgradig konfliktorischen Bereiche (wie Entgelte oder Arbeitskampfprobleme), wie einleitend erwähnt, von vornherein aus dem Abkommen über die Sozialpolitik ausgeklammert wurden. Vereinbarungen sind nur in relativ unkritischen und konsensfähigen Randbereichen möglich. „In the end, the social dialogue has some moderate influence on the EU agenda. It is, however, an instrument neither for policy-making nor for developing a common approach on specific policies among the social partners (their positions are too antagonistic)“ (Roethig 1995, 277). Die tatsächlich stattfindenden Verhandlungen dienen eher der Sammlung weiterer Erfahrungen und dem Austausch von Informationen als echten sozialpolitischen Verbesserungen durch konfliktlösende Vereinbarungen.[61]

2. Die aufgewerteten Sozialdialoge sind kein Angebot für die tagesaktuelle Politik der Sozialpartner als "Quasi-Gesetzgeber" und damit generell keine Alternative zu Richtlinien, welche die Kommission initiiert. Die Sozialdialoge sind im günstigsten Fall Vorläufer eines langfristig zu schaffenden collective bargaining-Systems, nicht aber kurz- oder mittelfristig gleichwertige Alternative im Sinne gemeinschaftsrechtlicher Grundlagen für verbindliche Kollektivverträge. Die Formen der Interessendurchsetzung haben unterschiedliche zeitliche Perspektiven (Keller/Henneberger 1995, 143ff):

- Kurzfristig wird das "Euro-Lobbying" (Hoffmann 1991, 261-286; Van Schendelen 1993; Mazey/Richardson 1993a; Pedler/Van Schendelen 1994), das mit dem nationalen zeitlich parallel und inhaltlich eng verschränkt stattfindet, die für Verbände effizienteste Form der Einflußnahme auf die EU-Entscheidungsträger bleiben. Dabei gilt auch in unserem Politikfeld die Feststellung: "Eine "Europäisierung" der Interessenvermittlung findet nicht in der Form statt, daß die nationalen Verbände zugunsten "ihrer" europäischen Föderationen an Bedeutung verlieren, sondern daß sie sich auf die veränderte Adressatenstruktur einstellen, sich in Politiknetze mit transnationaler Dimension einbringen und aufgrund einer Ausweitung in der Wahrnehmung ihres Handlungsumfeldes sich die Definition der eigenen Interessen ändert" (Kohler-Koch 1992, 103; ähnlich Mazey/Richardson 1993b, 246ff).
- Die Dachverbände werden allenfalls mittelfristig im Rahmen des sozialen Dialogs Verhandlungen führen können mit dem Ziel, gemeinsame Interessen im breiten Spektrum von Arbeits-, Sozial- und Industriepolitik durchzusetzen sowie Aufgaben der politischen Koordination und Unterstützung wahrzunehmen (horizontale statt

[61] "Somewhat uncharitably, the European social dialogue could be described as the dialogue of the unwilling and the unable; but perhaps, we should allow more room for symbolism" (Tsoukalis 1997, 134).

vertikaler Integration).[62] Im übrigen ist zu vermuten, daß die Nutzung auch weiterhin eher bei peripheren und nicht konfliktträchtigen Problemlagen erfolgen wird.
- Allenfalls in langfristiger Perspektive können Tarifverträge im engeren Sinne die Vereinbarungen durch soziale Dialoge ergänzen, wenngleich nicht ablösen; für die Aufnahme autonomer Verhandlungen der Tarifpartner gibt es bislang keinerlei konkrete Vorbereitungen rechtlich-institutioneller oder organisatorischer Art. Insofern gilt: "... transnational bargaining on wages and working conditions is still on the remote horizon..." (Clarke/Bamber/Lansbury 1998, 321).

Bei realistischer Einschätzung ist das Angebot von Verhandlungen bzw. Vereinbarungen im Rahmen sozialer Dialoge nicht Mittel zum Zweck der Überwindung von Pattsituationen in konfliktuellen Bereichen der Arbeits- und Sozialpolitik, sondern aufgrund seines optionalen Charakters lediglich Ausdruck einer neuen politischen Leerformel, die Richtlinien per Selbstentlastung der Kommission faktisch verhindert. "The impression is given that all that is intended is that the agreement may just be an appeal to the social partners and the Member States to arrange the issues concerned in a particular way, in a manner which accords with currently prevailing approaches, and that it is left to the Member States and the social partners themselves whether, and in what way, they will actually implement the political intentions" (Weiss 1992a, 11f).
Das Abkommen über die Sozialpolitik schafft keine neue Qualität der kollektiven Regulierung, sondern lediglich eine formale Option, welche die korporativen Akteure aufgrund der Rahmenbedingungen in eigener Regie nur in konsensuellen Randbereichen inhaltlich ausfüllen können. Die Neuerungen erweisen sich kaum als Aufbruch zu neuen Ufern, den die "Euro-Optimisten"[63] erhofft hatten. "Alles in allem steht dahin, ob in Maastricht die Kompetenzen der Gemeinschaft zu sozialpolitischen Regelungen tatsächlich erweitert oder nur umgeschichtet wurden. Fest steht nur, daß neue Demarkationslinien gezogen wurden" (Weiss 1992b, 591).

[62] Zu einer ganz ähnlichen Einschätzung der Perspektiven kommt auch die BDA: Man muß "zugleich nüchtern sehen, daß diese neue Form des Sozialen Dialogs, wie auch die Kommission richtig erkannt hat, zunächst eine gewisse Zeit der Entwicklung benötigen wird. Insofern ist also Geduld und Realismus gefordert ..." (BDA 1994, 182).

[63] So wertet etwa Bercusson: "A quantum leap in the role of collective bargaining was the result of the Maastricht negotiations on social policy in the Community" (Bercusson 1992, 182).

Der soziale Dialog kann in einem Monolog enden "with unions weakened by recession and structural changes in the economy" (Hepple 1993, III).
Ein Argument, welches Kritiker schon seit dem Abschluß des Vertrages über die Europäische Union vorbringen (für andere Blank 1992, 658ff; Teague/Grahl 1992, 124ff), ist durchaus zutreffend. Die Aufgabe der Verbände im Rahmen ihrer formal erweiterten Handlungsspielräume kann nicht darin bestehen, Quasi-Richtlinien zu formulieren und dadurch der Kommission ein Alibi für weitgehende Untätigkeit in der Sozial- und Arbeitspolitik zu liefern. Die politischen Akteure verhalten sich in Anbetracht der ihnen bekannten Überforderung der supranationalen Verbände opportunistisch, wenn sie unter dem dilatorischen Formelkompromiß des wieder entdeckten Prinzips der Subsidiarität angeben, nicht einseitig in die Sphäre staatsfreier Selbstregulierung und Gestaltungsautonomie der Verbände eingreifen zu wollen. Statt dessen soll auf das Initiativrecht des Gesetzgebers verzichtet, der Vorrang bilateraler-autonomer Abkommen offiziell anerkannt und deren Legalisierung im Rahmen einer veränderten Arbeitsteilung quasi garantiert werden.
Das Subsidiaritätsprinzip favorisiert implizit eine liberales bzw. neokonservatives Ordnungsmodell, ohne die für eine europäische Politik notwendigen institutionellen Rahmenbedingungen angemessen zu berücksichtigen."... the principle of subsidiarity is more accurately conceived of as a symbolic concept, its main purpose being to present a convincing impression of consensus at European level on the subject of future regulation of the European labour market ... Each of the three bodies (the trade union/employers' organisations and the Commission) .. refers to the principle of subsidiarity without, however, applying the same interpretation ... Reference to the principle .. is not .. a key to the understanding of future regulation of the labour market at the European level, but rather a key to the understanding of the strategic positions - in relation to one another - aimed at by employers, trade unions, member states and EC institutions" (Due et al. 1991, 94).

Last but not least: Zwischen der Option zum Abschluß von Rahmenvereinbarungen im Kontext zentraler oder sektoraler Sozialdialoge und Tarif- bzw. Kollektivverhandlungen mit autonomer Normsetzungsbefugnis und unmittelbarer Bindungswirkung im engeren Sinne bestehen qualitative Unterschiede, so daß beide Formen nicht gleichgesetzt oder verwechselt werden dürfen:

- Von der Verfahrensweise her haben trilaterale Sozialdialoge unter aktiver Beteiligung der Kommission konsultativ-konsensuellen Charakter. Bilaterale Kollektivverhandlungen zwischen den Sozialpartnern hingegen schließen die Existenz von Drohpotentialen und ggfls. den Einsatz von Arbeitskampfmaßnahmen ein; ein Zwang zur friedlichen Einigung existiert bei bestehender Tarifautonomie nicht.
- Erstere eröffnen gewisse Gestaltungsspielräume durch Rahmenvereinbarungen, die nach Abschluß der notwendigen Anhörungen zustande kommen können; letztere erfordern autonome Verhandlungs- und Durchsetzungsmacht.
- Aus der Akteursperspektive finden die Varianten mit bzw. ohne Beteiligung von EU-Organen statt. In historischer Sicht gehört die zuerst genannte Variante zu den Vorformen der "union recognition", "the process by which management formally acknowledges the legitimacy or a union's right to determine jointly terms and conditions" (Gold 1992, 21), während letztere ausdifferenzierte Arbeitsbeziehungen zur notwendigen Voraussetzung hat.
- Im Gegensatz zur Mehrheit der Mitgliedstaaten und der Dachverbände der Gewerkschaften hat die überwiegende Mehrzahl von Arbeitgeberverbänden, falls überhaupt, nur ein sehr begrenztes Interesse an sozialpolitischer Regulierung auf supranationaler Ebene; sie sind an nicht-bindenden Empfehlungen und Beratungen orientiert und verhandeln nur angesichts einer antizipierten Intervention der Kommission, um die Ergebnisse von Verhandlungen beeinflussen zu können anstatt externen und damit nicht-kontrollierbaren Regulierungen ausgesetzt zu sein. Diesem Minimalanspruch entspricht ihre organisatorische Schwäche, die eine entscheidende Variable für europäische Kollektivverhandlungen darstellt.

Vertreter der Arbeitgeber sowohl auf internationaler[64] als auch auf nationaler Ebene (Kirchner 1988, 151-169; Knevels 1991, 37-42; Schoenaich-Carolath 1998, 285) machen diese zentralen Unterschiede immer wieder deutlich; Repräsentanten der Arbeitnehmer hingegen (EGB 1993; Meyer 1993, 20; Buschak/Kallenbach 1994) und andere Beobachter[65] hingegen vernachlässigen ihn häufig.

[64] Der Generalsekretär von UNICE erklärt in einem häufig zitierten Statement explizit: "Dialogue should not be confused with negotiation of collective agreements. It is an entirely separate process, with different objectives" (EIRR 1992d, 29; ähnlich auch Hornung-Draus 1994a, 230ff). Die entgegengesetzte Einschätzung findet sich u.a. bei Guéry 1992, 582.

[65] Für andere Jacobi 1994a, 17 et passim; Cressey/Gill/Gold 1998, 62f; Kim 1999. Die entgegengesetzte Position vertreten u.a. Weiss 1990, 152f, Birk 1997, 454 und Mückenberger 1999, 332.

Nach dem impliziten, von allen Akteuren geteilten Verständnis könnten die Sozialpartner auch von sich aus in autonome Verhandlungen eintreten und freiwillige Rahmenabkommen abschließen, ohne daß eine entsprechende Initiative der Kommission notwendig wäre. Der Objektbereich ihrer unabhängigen Verhandlungen wäre aufgrund der allgemeinen Vertragsfreiheit nicht limitiert, d.h. nicht durch die Vorgaben des Abkommens über die Sozialpolitik begrenzt.[66] Diese rechtlich mögliche Alternative hat allerdings eine Reihe impliziter, derzeit und auf absehbare Zukunft nicht erfüllter Voraussetzungen, etwa die Mandatierung durch die Mitgliedsverbände, eine andere Konstellation von Interessen und wohl auch die fehlenden institutionellen Rahmenbedingungen für die Einhaltung von Verträgen.

3. Die Santer-Kommission schlug in der zweiten Hälfte der 90er Jahre nur Maßnahmen vor, die auf das Aktionsprogramm der Sozialcharta von 1989 zurückgingen. Sie startete keinerlei neue, eigene Initiativen, sondern reaktiviert lediglich Vorhaben die früher wegen der Einstimmigkeitserfordernis im Ministerrat, vor allem wegen des Widerstands Großbritanniens, nicht durchgesetzt werden konnten. Ihre generelle Strategie bestand in der Konsolidierung und Implementation[67] der bisher erreichten Resultate, nicht aber in der Initiierung und Förderung weitergehender Regulierungen europäischer Sozialpolitik, die in stärkerem Maße den Sozialpartnern überlassen werden soll.[68]

Diese Strategie der Santer-Kommission stellte eher ein Programm des vorläufigen Attentismus als einen politischen Masterplan dar und wirkte ähnlich wie die Zurückhaltung einiger Mitgliedstaaten bei der Vertiefung der sozialen Dimension. Deren zentrales Interesse liegt eher in der Einführung und Konsolidierung der

[66] "Die Autonomie der Sozialpartner steht nicht einem Initiativmonopol der Kommission bei dem Sozialabkommen entgegen. Auch bieten Autonomie der Sozialpartner und institutionelle Gründe keine Basis für die Annahme eines Aufforderungsrechts der Sozialpartner gegenüber der Kommission" (Piazolo 1999, 109).

[67] Ausgehend vom Arbeitsschutz argumentiert Eichener (1993, 224) zutreffend: ".. wenn die Kommission ihre legislativen Aufgaben zur Schaffung des Binnenmarktes weitgehend abgearbeitet haben wird, erscheint es als nicht unwahrscheinlich, daß sie sich neue Aufgaben und Zuständigkeiten im Umsetzungsbereich suchen wird."

[68] Ein Beleg ist das Aktionsprogramm 1988 - 2000. "With a good deal of emphasis on consolidation, this programme contains nothing like the raft of new social legislative initiatives seen in the 1989 programme" (EIRR 1998b, 14).

WWU als in der Schaffung einer europäischen Arbeits- und Sozialpolitik, die den fortlaufenden wirtschaftlichen und strukturellen Wandel zu flankieren hätte. Die Fortsetzung dieses Kurses ist eher wahrscheinlich als das Gegenteil.
Aus verschiedenen Gründen bleibt auch nach der formalen Stärkung des Einflusses der privaten Akteure bzw. ihrer europäischen Dachverbände durch das Abkommen über die Sozialpolitik der Sozialdialog eine "quasi-staatliche" Veranstaltung, bei dem die Kommission die Schlüsselrolle des "prime mover" einnimmt:[69]
- Zum einen hat die Kommission als "Hüterin der Verträge" nicht nur laut Par. 118b EWG-Vertrag generell, sondern für alle Varianten des Sozialdialogs (gemäß Art. 138, Abs.1 EG-Vertrag) explizit die Aufgabe, "die Anhörung der Sozialpartner auf Gemeinschaftsebene zu fördern" sowie zweckdienliche Maßnahmen zu erlassen, "um den Dialog zwischen den Sozialpartnern zu erleichtern", "wobei sie für Ausgewogenheit bei der Unterstützung der Parteien sorgt". Dem Ministerrat bleibt, wie ausführlich beschrieben, die endgültige Entscheidung über die von der Kommission unterbreiteten Vorschläge der Sozialpartner vorbehalten.
- Zum andern bejahen, wie ausgeführt, die Sozialpartner Fortschritte in der Europäischen Sozialpolitik weder vorbehaltlos noch ausnahmslos, so daß Initiativen zur Regulierung zwar nicht unbedingt rechtlich, wohl aber faktisch in der überwiegenden Mehrzahl der Fälle von der Kommission ausgehen müssen. Dieses Initiativ- und Vorschlagsrecht im Rahmen des "agenda setting" ist im übrigen ihr wichtigstes Recht im Institutionengefüge der EU, welches faktisch nicht von einer wie immer gearteten "Autonomie" der Sozialpartner abgelöst wird.[70]

Das wesentliche Argument aus "euro-optimistischer" Perspektive lautet, daß die Interessen der Kommission im Gegensatz zu denen nationaler Akteure - und auch anderer EU-Institutionen wie des Ministerrates - von vornherein auf europäischer Ebene ansetzen und daher integrationsfördernd wirken. Die Kommission als wichtiger korporativer Akteur kann nicht nur die Rolle eines neutralen Moderators übernehmen, sondern darüber hinaus als politischer Akteur die europäische

---

[69] Auch der WSA (1994, 12) weist der Kommission eine aktive Rolle zu: "Zwischen dem sozialen Dialog und der Kommission besteht eine flexible Dynamik... Die Kommission kann den Fortschritt fördern oder einen festgefahrenen sozialen Dialog wieder in Gang bringen."

[70] Zu den Aufgaben der Kommission in der Sozialpolitik allgemein Pierson/Leibfried 1995, 435ff.

Sozialpolitik voranbringen: Sie könne ihre Initiativrechte wahrnehmen bzw. eigene Vorschläge, vor allem in Form von Richtlinien, glaubhaft androhen für den Fall, daß die Sozialpartner nicht selbst aktiv werden bzw. in Verhandlungen nicht zu Übereinkommen gelangen. Diese Drohung mit dem Gesetzgebungsverfahren ist geeignet, heilsamen Druck auszuüben.

Die reine Verweigerungshaltung eines Sozialpartners wird nur dann inopportun, wenn die Kommission glaubhaft eigene Initiativen androht. Außerdem werden sich die faktisch eingeschränkten Handlungsmöglichkeiten der Kommission nicht grundlegend ändern:

- Ihre materiellen und sonstigen Ressourcen, etwa für direkte oder indirekte Kompensationsgeschäfte mit den übrigen Akteuren im political bargaining, sind und bleiben in der Arbeits- und Sozialpolitik begrenzt.[71] "Im Unterschied zu Nationalstaaten wird im politischen Diskurs über die EG .. zumeist nicht davon ausgegangen, daß ein Ausgleich im Geben und Nehmen auch über einzelne Politikbereiche hinaus und gegebenenfalls erst über längere Frist erfolgt" (Falkner 1994, 240).

Es ist es nicht problemadäquat, die Kommission als einheitlichen korporativen Akteur mit einem gemeinsamen Interesse zu konzeptualisieren. Sie verfolgt nicht nur Eigeninteressen (Wendon 1998), sondern ist intern fraktioniert, was u.a. zu Verzögerungen oder sogar zu Nicht-Entscheidungen führen kann (Christiansen 1996). "The Commission as the actor which comes closest to having an overview of the distribution of costs and benefits across areas and time, is itself not a unified actor. Rather, beneath the surface of a formal independence from national interests, divergent national and sectoral loyalties re-emerge very quickly" (Héritier 1996, 17; ähnlich auch Falkner 1994, 24f).[72]

Bei Aufgabe der sowohl aus methodologischen als auch aus empirischen Erwägungen unrealistischen "unified actor"-Annahme in bezug auf die Kommission (vgl. Kap.6) wird deutlich, daß Interessenunterschiede nicht nur innerhalb einzelner, sondern vor allem zwischen den Generaldirektionen weiter bestehen, nicht nur in bezug auf generelle Positionen, sondern vor allem sofern Gemeinschafts-

---

[71] Dies gilt, obwohl in den 90er Jahren die Ausgaben merklich erhöht wurden.

[72] "The clash of regulatory philosophies is replicated in the Commission between DG-5 (social affairs) and DG-2 (economic and financial affairs)" (Rhodes 1995, 88; vgl. auch Falkner 1994, 138ff, 222ff).

vorhaben mit sozialen Implikationen betroffen sind. Initiativen der Kommission, die einen breiten internen Konsens voraussetzen, werden eher die Ausnahme bleiben, als daß sie zur Regel werden. Die für die Sozialdialoge zuständige GD V ("Beschäftigung, Arbeitsbeziehungen und soziale Angelegenheiten") dürfte im internen Willensbildungs- und Entscheidungsprozeß nur begrenzt durchsetzungsfähig sein.

- Ein "sanfter" Druck seitens der Kommission, der zur Initiierung von Aktivitäten der Sozialpartner weiterhin notwendig bleibt, wird bei sektoralen in noch stärkerem Maße als bei branchenübergreifenden Sozialdialogen fehlen. Die Mechanismen des Abkommens über die Sozialpolitik setzen implizit eine starke Kommission mit einem kohärenten Gesamtkonzept voraus, die es faktisch nicht geben muß.
- Die Kommission kann keine in allen Mitgliedsländern einigermaßen einheitlich-homogene Implementation garantieren, da sie, wie ausgeführt, auf dieser Ebene weder über eigene Organisationen noch über Instrumente verfügt; zu erwarten ist eine voluntaristische Heterogenität infolge der alternativen Durchführungsmechanismen und divergierenden nationalen Interessen.
- Bestimmte potentielle Gegenstandsbereiche sozialpolitischer Regulierung sind für Verhandlungen offensichtlich nicht geeignet, wie die Initiative zur Umkehrung der Beweislast in Fällen geschlechtsspezifischer Diskriminierung zeigt.
- Der Einfluß nationaler Entscheidungsträger, deren divergierenden Interessenlagen die bestehenden Entscheidungsstrukturen durchaus entgegenkommen können, sowie die dadurch verursachte hochgradige Fragmentierung werden kaum abnehmen.
- Schließlich ist die Sozialpolitik nach wie vor keine genuine Gemeinschaftsaufgabe und genießt keine umfassende Legitimität bei den korporativen Akteuren, was die Handlungsoptionen nicht nur der Kommission a priori einschränkt und auf ausgewählte und konsensfähige Politikfelder beschränkt.

Die Kommission beabsichtigt, eine soziale Dimension zu schaffen, ohne selbst allzu stark einzugreifen; des weiteren ist sie gehalten, das oben erwähnte Prinzip der Subsidiarität zu respektieren. Die Abgabe weiterer Rechte an die Sozialpartner kann zum einen als Ausfluß des Prinzips der Subsidiarität interpretiert werden, zum andern aber auch, wie bereits erwähnt, als Versuch, für Fehlschläge von Versuchen im Rahmen von Sozialdialogen andere Akteure verantwortlich zu machen. Grundsätzlich ist die Kommission an der Stärkung ihrer eigenen Position im Vergleich zu der des Ministerrates interessiert und versucht daher, strategische Koalitionen mit den Sozialpartnern einzugehen.

Aufgrund ihres Initiativ- und Vorschlagsmonopols definiert die Kommission sowohl die Richtung als auch wesentlich die Inhalte europäischer Arbeits- und Sozialpolitik. Daher bleibt sie weiterhin der politische Unternehmer in der "political machinery" der neuen Sozialdialoge. Selbst wenn sie wiederholt das erneuerte Prinzip der Subsidiarität und die zentrale Bedeutung der den Sozialpartnern zugedachten größeren Rolle hervorhebt, wird sie die "driving force" jeder weiteren Sozialintegration bleiben. "The Commission, as an actor whose interests lie in the further development of European level competencies, continues to be the most proactive force in the development of the social dialogue, to the point of UNICE and other business organisations complaining about being "pressurised" by it" (Greenwood 1999, 163).

Auf der Basis der bisherigen Ergebnisse des Sozialdialogs ist es unwahrscheinlich, daß die Sozialpartner ihre erweiterten Handlungsmöglichkeiten in absehbarer Zukunft intensiver nutzen werden.[73] Angesichts der Grundhaltung von UNICE, daß nationale Traditionen nicht durch supranationale Regulierung und gegensätzliche Interessen der Sozialpartner verletzt werden sollten, werden Initiativen der Kommission unerläßlich bleiben. Diese sind nicht nur bei Fehlschlägen des Verfahrens des Sozialdialogs notwendig, sondern generell als glaubwürdige Drohung, ggfls. das Gesetzgebungsvariante anzuwenden mit dem Ziel, das Verfahren des Sozialabkommens nicht nur in Gang zu setzen sondern auch zu halten. "It is very important to see the Commission reacting on failures to negotiate in the social dialogue by pushing forward its own proposals. Only if that remains the line will the employers realise that they cannot simply refuse collective bargaining in the social dialogue, which they otherwise might be inclined to do. Given the absence of industrial muscle of the trade unions in the European Social Dialogue this is one

[73] Die Kommission argumentiert folgendermaßen: „Brennpunkt des sozialen Dialogs ist derzeit die Frage, ob die Sozialpartner imstande sind, den ihnen in den Verträgen von Maastricht und Amsterdam zugebilligten Raum auch auszufüllen" (KOM(2000) 113endg., 7). Auf empirischer Basis ist die Frage zu verneinen.

of the few effective pressures which can be brought to bear on employers in the present circumstances" (Jacobs/Ojeda-Aviles 1999, 59).
Falls Verhandlungen der Sozialpartner stattgefunden haben, aber gescheitert sind, wird die Kommission in der Regel nicht ihren ursprünglichen Richtlinienentwurf weiterverfolgen, sondern ihre weiteren Vorschläge auf der Basis der zwischen den Sozialpartnern bereits erzielten Teilkompromisse unterbreiten. Insofern unterscheidet sich die Konstellation eines Scheiterns von der Nichtaufnahme von Verhandlungen nach der zweiten Konsultation. Beide Sozialpartner werden ihre Verhandlungstaktiken an diesen, ihnen bekannten Rahmenbedingungen orientieren. Auf der einen Seite sollte der Kommissionsvorschlag genügend Manövrierspielraum lassen und Konzessionen bei den Verhandlungen ermöglichen, um die Interessen der Parteien (besonders von UNICE) zufrieden zu stellen. Andererseits sollte er gewisse Minimalgrenzen der Regulierung vorgeben, um zu höheren Standards der sozialen Dimension beizutragen.
Ohne die Ausarbeitung einer strategischen Blaupause der Kommission für die Weiterentwicklung der sozialen Dimension des Binnenmarktes ist das Gelingen des gesamten Arrangements unwahrscheinlich. Die Entwicklung und Implementation einer solchen Blaupause setzt allerdings die Lösung eines weiteren Problems voraus. Die Kommission müßte den Ministerrat von der Notwendigkeit sozialpolitischer Regulierung überzeugen, da alle Projekte durch das "Nadelöhr" des Rats gelangen müssen, der als intergouvernementales Organ die Interessen der Mitgliedsländer repräsentiert.[74] Initiativen der Kommission haben nur dann Aussicht auf Erfolg, wenn sie vom Ministerrat vollständig gestützt und geteilt werden, da letzterer im Ratifizierungsverfahren eine zentrale Rolle spielt. Insofern wird die Kommission keine Initiativen starten, von deren Erfolgsaussichten sie nicht überzeugt ist. Solange die Mitgliedstaaten dem Wettbewerb nationaler Systeme mehr verpflichtet sind als einem eigenständigen europäischen Sozialmodell, verbleibt der Sozialdialog unter der Kontrolle der Kommission, die ihrerseits wiederum in hohem Maße vom Rat abhängig ist.

---

[74] Innerhalb des Ministerrats verfolgen die Mitgliedstaaten einen intergouvernementalen Ansatz, der entwickelt wurde, um die Autonomie und Substanz nationaler Systeme vor allzuweit gehender europäischer Gesetzgebung zu schützen.

6. Sozialdialoge auf sektoraler Ebene

6.1. Einleitung und Problemstellung

Bisher haben wir uns, wie in der Einleitung zu Kap.5 angezeigt, ausschließlich mit den Problemen und Ergebnissen des Sozialdialogs auf zentraler Ebene befaßt. Kritiker können gegen dieses Vorgehen einwenden, daß Sozialdialoge auf sektoraler Ebene als Regulierungsinstrument für die Entwicklung einer "europäischen" Arbeitspolitik, besonders für Fragen der Arbeitsbeziehungen, aus verschiedenen Gründen besser geeignet sein könnten. "At this level, the problems of organising capacity are not yet so great as at the macro level, where they have become almost unmanageable; equally, at the meso level the fragmentation of interests is not yet so pronounced as at the micro level, where the risk is that trade unions may see their power position eroded" (Traxler 1996a, 296). Weiterhin könnten im Vergleich zum zentralen Sozialdialog bessere und angepaßtere, d.h. flexiblere und spezifischere Abkommen vereinbart werden. Zumindest in einigen Mitgliedsländern, u.a. in Deutschland und Italien, werden derartige Probleme traditionell auf der Sektor- oder Branchenebene geregelt, auf der die Interessen im Vergleich zur zentralen Ebene homogener sind; die Sektorebene "represents the backbone of the bargaining structure in most continental European countries" (Treu 1996, 181; ähnlich Traxler 1996b, Schulten 1998b).

Diese Annahme wird unterstrichen durch die Vermutung, daß Quantität und Qualität supranationaler Probleme notwendigerweise mit der Bereitschaft zur Interessenvertretung gerade auf dieser Ebene verbunden sind. Insgesamt ergibt sich "das Paradoxon, daß obwohl in der Mehrzahl der westeuropäischen Staaten die Branche oder der Sektor immer noch die zentrale Tarifvertragsebene darstellt, die Meso-Ebene innerhalb der europäischen Arbeitsbeziehungen immer am wenigsten entwickelt ist" (Schulten 1999, 202).

Im Gegensatz zu den europäischen Dachverbänden der Zentralebene, UNICE, CEEP und EGB, sind einige sektorale Organisationen aufgrund der Realisierung der sog. Grundfreiheiten des Binnenmarktes, vor allem der Dienstleistungsfreiheit sowie der Freizügigkeit, mit einer fortschreitenden Europäisierung insbesondere der Produkt-, in einigen Branchen (wie der Bauwirtschaft) auch der Arbeitsmärkte konfrontiert. Die sozialen Folgen sektoraler Restrukturierungsprozesse (wie im Bereich von Post und Telekommunikation) müssen ebenfalls auf dieser Ebene bewältigt werden. Die fortschreitende internationale Arbeitsteilung und Wirtschaftsverflechtung erodiert in unterschiedlichem Ausmaß die Gestaltungsmacht der nationalen Tarifvertragsparteien.

Von entscheidender Bedeutung wird sein, ob auf supranationaler Ebene Institutionen entstehen, welche die neuen, transnationalen Herausforderungen aufgreifen und gestalten können. Nicht nur die Vollendung des Binnenmarktes, sondern vor allem die Einführung der WWU (vgl. Kap.1) werden Strategien zur Bewältigung ihrer sozialen Folgen in verstärktem Maße erforderlich machen, da die WWU zu mehr institutionalisiertem Wettbewerb zwischen nationalen Arbeitsbeziehungen (Bouget 1998, Jacobi 1998) sowie zu asymmetrischen Schocks (De Grauwe 1997) führen kann.

Wir müssen zwischen mindestens zwei Typen nationaler industrial relations-Systeme unterscheiden (vgl. Kap.2): In monistischen Systemen (wie vor allem in Großbritannien) werden alle Verhandlungen zur Regulierung der Arbeitsverhältnisse auf Betriebsebene geführt. In dualen Systemen (wie in Deutschland, Österreich oder den Niederlanden) finden die Kollektivverhandlungen typischerweise auf der Branchen- oder Sektor-, und nicht auf der Betriebsebene statt. In diesen Ländern bestehen formal voneinander unabhängige Interessenvertretungen auf beiden Ebenen; die nationalen Tarifvertragsparteien sind als die Hauptakteure auf Sektorebene anzusehen.

Die gesamte Diskussion steht unter der expliziten oder zumeist impliziten Prämisse, daß Arbeitsbeziehungen des monistischen Typs in der EU dominieren werden. Es wird jedoch nicht begründet, aus welchen Gründen dies der Fall sein sollte und welche nationalen Rückwirkungen für den dualen Typ resultieren würden. Wenn eine europäische Regulierung auf der übergeordneten Ebene nicht gelingt, ist eine notwendige Voraussetzung für die Funktionsweise dieses nationalen Typus nicht mehr gegeben. Die sektorale Variante des Sozialdialogs könnte einen starken positiven oder negativen Einfluß vor allem auf duale Systeme der Arbeitsbeziehungen haben. Wird nun auf europäischer Ebene das Schwergewicht einseitig auf die Entwicklung zentraler Sozialdialoge gelegt, können Arbeitsbeziehungen auf sektoraler Ebene in den Mitgliedstaaten erheblich geschwächt werden.

Monistische Systeme werden demgegenüber weniger von sektoralen sozialen Dialogen und deren Ergebnissen sowie Entwicklungsperspektiven beeinflußt. Die Akteure sind auf die Unternehmens- bzw. Konzernebene fokussiert, auf der schon supranationale Organe in Form von EBR existieren bzw. eingerichtet werden; sie sind kaum an der Institutionalisierung und Förderung sektoraler Dialoge interessiert, weil diese Ebene für sie relativ unwichtig ist.
Bevor wir zur Analyse sozialer Dialoge in ausgewählten Sektoren übergehen, wollen wir die institutionelle Infrastruktur des sektoralen Sozialdialogs erörtern. Neben den Bestimmungen des Gemeinschaftsrechts müssen wir zwischen zwei zusammenhängenden, gleichwohl zeitlich verschobenen Varianten unterscheiden.

Zwischen den 60er und späten 90er Jahren fanden die "alten" Sozialdialoge in zwei Formen statt (Sörries 1999, 99ff): Die hochgradig formalisierten "Paritätischen Ausschüsse" gingen auf formale Beschlüsse der Kommission zurück, welche sich auf Sektoren mit integrierten Gemeinschaftspolitiken (wie Agrarpolitik) bezogen.[1] Die weniger formalisierten "Informellen Arbeitsgruppen" hatten entweder die jeweiligen Sozialpartner selbst auf rein freiwilliger Grundlage gegründet oder sie waren auf gemeinsamen Antrag der Sozialpartner ins Leben gerufen worden. Beide Formen, besonders aber die "Paritätischen Ausschüsse", erfüllten vor allem Konsultations- und Beratungsaufgaben und stellten der Kommission notwendige Informationen zur Verfügung (Pappi/Schnorpfeil 1996). "In practice the JCs and IWPs have served similar purposes, notably in assisting the Commission in the elaboration and implementation of Community social policy affecting their respective actors and in creating a climate of confidence and mutual understanding between the parties" (Dolvik 1999, 156).

[1] "JCs were revived in the transport sectors in the early 1980s - covering inland navigation (1980), railways (1984) and road transport (1985) - as the EC developed a common transport policy... New JCs were formally set up in maritime transport (1987), civil aviation (1990), and telecommunications (1990)." (Dolvik 1999, 156).

Abbildung 6.1: Institutioneller Rahmen sektoraler Sozialdialoge

Paritätische Ausschüsse (PA)	Informelle Arbeitsgruppen (IAG)
- Landwirtschaft (1963)	- Schuhindustrie (1977)
- Straßenverkehr (1965)	- Zuckerindustrie (1984)
- Binnenschiffahrt (1967)	- Gastgewerbe (1984)
- Eisenbahnverkehr (1972)	- Versicherungen (1987)
- Seefischerei (1974)	- Banken (1990)
- Seeverkehr (1987)	- Groß- und Einzelhandel (1990)
- Zivilluftfahrt (1990)	- Baugewerbe (1991)
- Telekommunikation (1990)	- Möbelindustrie (1992)
- Post (1994)	- Textil- und Bekleidungsindustrie (1992)
	- Gebäudereinigung (1992)
	- Holzindustrie (1994)
	- Private Sicherheit (1994)

Quelle: Kommission der Europäischen Gemeinschaften (1996), Anhang II

Die Sozialpartner führten diese "alten" Sozialdialoge in mehr als 20 Sektoren und gaben mehr als 100 Gemeinsame Erklärungen und Stellungnahmen ab, die sich auf Rechtssetzungs- und Regulierungsvorhaben der EU mit sozialen Auswirkungen in den Sektoren bezogen. Außerdem führten sie mit finanzieller Unterstützung der Kommission Forschungsprojekte zu EU-Aktivitäten durch, u.a. Arbeits- und Gesundheitsschutz, Qualifizierung der Arbeitnehmer, Auswirkungen des elektronischen Handels sowie der Einführung des EURO) (zusammenfassend Kommission 1996, Anhang II; Kommission 1998c; Europäische Kommission/GD V 1998b).
Bei der Zuordnung von Resultaten zu Sektoren ergibt sich ein zumindest auf den ersten Blick erstaunliches Ergebnis: Die Mehrzahl der Abschlüsse kam in verschiedenen Sparten des Dienstleistungssektors zustande und nicht in den industriellen Kernsektoren (wie Metall- oder Chemieindustrie), obwohl letztere in allen Mitgliedsländern auf nationaler Ebene das "pattern bargaining" betreiben.[2] Die

[2] „In some important sectors such as shipbuilding, the motor industry, construction, textiles and the chemical industries no joint committees have been established due to strong reservations from the employers.“ (Kluth 1998, 108)

Resultate beziehen sich auf Gegenstandsbereiche wie Formulierung und Implementierung von EU-Politiken (u.a. Liberalisierung und Privatisierung der Post- und Telekommunikationsdienste oder gemeinsame Agrarpolitik). Die Sozialpartner formulierten Gemeinsame Stellungnahmen zu Bereichen gemeinsamer Interessen (wie Arbeits- und Gesundheitsschutz, Industriepolitik, berufliche Bildung, Arbeitszeit). "In the majority of cases the results of the sectoral dialogue involve joint statements with respect to the Commission, usually as a reaction to (proposed) policy of the Commission." (Van den Toren 1999, 8).

Die Ergebnisse dieser "alten" Sozialdialoge verbesserten sich, seit die Mitgliedstaaten Mitte der 80er Jahre die Vollendung des Binnenmarktes beschlossen, indem sie die Einheitliche Europäische Akte verabschiedeten, der ein Aktionsprogramm folgte (vgl. Kap.2). Falls sozialpolitische Fragen überhaupt behandelt wurden, waren sie eher konsensualer Natur. Die kontroversen, zentralen Bereiche der Arbeitsbeziehungen (wie Löhne und Gehälter) blieben ausgeklammert, da die Arbeitgeberverbände nicht an supranationalen Regulierungen interessiert waren.

Abbildung 6.2: Inhalt gemeinsamer Stellungnahmen

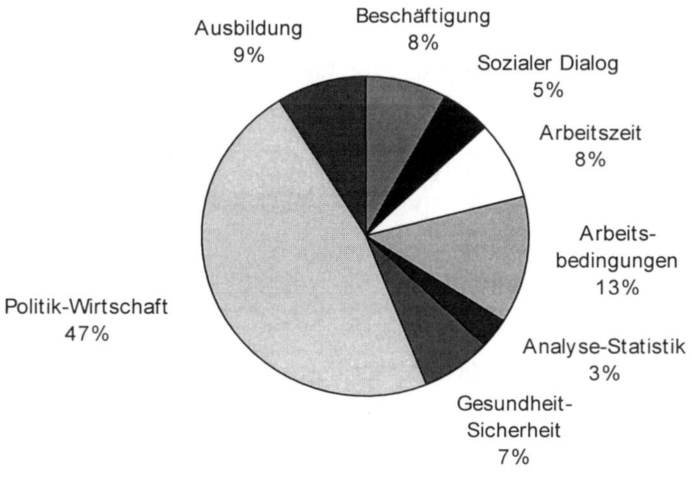

Quelle: Europäische Kommission/GD V 1998b:13

Die lange und wechselvolle Geschichte dieser Variante des sektoralen Dialogs über gemeinsame Ausschüsse, die wir bis in die 60er Jahre zurückverfolgen können, bietet nach aller Erfahrung wenig Anlaß zu Optimismus: "The Commisson's aim in establishing these bodies were ambitious ... but the outcome fell far short of this goal ... collective bargaining did not occur" (EIRR 1992c,14-17; Grahl/Teague 1991, 50ff).[3]

In bezug auf ihren Beitrag zu künftigen EU-Politiken haben diese Gemeinsamen Stellungnahmen den Charakter reiner Absichtserklärungen. Einerseits fördern sie den Austausch von Informationen und zeigen die allmähliche Verbesserung des gegenseitigen Verständnisses der Sozialpartner. Diese Entwicklung stellt eine notwendige Voraussetzung dar für das Entstehen eines spezifischen europäischen Sozialmodells, welches sich sowohl von dem japanischen als auch dem US-amerikanischen unterscheidet (Buda 1995, Europäische Kommission/GD V 1998b). Außerdem ermöglichen diese Stellungnahmen, konträre Positionen nach innen zu klären und anschließend gemeinsam nach außen zu vertreten. Die Gremien arbeiteten vor allem in Phasen, in denen die Sozialintegration als weniger wichtig angesehen wurde, weil die allgemeine Erwartung bestand, daß automatisch spill-overs von ökonomischen zu sozialen Problemen eintreten würden.

Andererseits bezweifeln Kritiker, die für einen integrierten Ansatz von Sozialpolitik, einschl. eines mehr oder weniger kohärenten industrial relations-Systems, eintreten (Treu 1996), den europäischen "Mehrwert" und betonen wiederholt die Tatsache, daß diese Gemeinsamen Stellungnahmen die vertragschließenden Parteien nicht binden. M.a.W.: Der entscheidende Nachteil besteht, zumindest aus Sicht der Kommission und der Gewerkschaften darin, daß sie für die Parteien nicht verbindlich sind.

Das Abkommen über die Sozialpolitik, der bereits ausführlich beschriebene neue institutionelle Rahmen, ermöglicht neben der Aufwertung des zentralen-branchenübergreifenden Dialogs auch die Einrichtung dezentral-sektoraler Dialoge auf Sektor- bzw. Branchenebene. Horizontal-branchenübergreifende und vertikal-

[3] Zusammenfassend gilt: "This leads to a significant harmonization and better structuring of the respective sectors and reduces the possibility of a unilateral use of the still-existing differences. However, social dialogue at the sectoral level is still in its early stages." (Pitschas/Peters 1997, 33).

sektorale Dialoge sollen im Prinzip gleichwertig bzw. gleichberechtigt sein; sie sollen den jeweiligen Sozialpartnern bzw. korporativen Akteuren institutionell verbesserte Optionen zur Verfügung stellen, um durch die Aushandlung und den Abschluß von bindenden Rahmenabkommen eigenständige Beiträge zur sozialpolitischen Integration leisten zu können.

Die aktuelle Literatur befaßt sich zum einen mit nationalen Arbeitsbeziehungen in komparativer Perspektive (Ebbinghaus/Visser 1994, 1997); zum anderen beziehen sich Beiträge lediglich auf die Makroebene europäischer Arbeits- und Sozialpolitik (Weiss 1994, Rhodes 1995, Streeck 1996a, Falkner 1998b). Erstaunlicherweise wird die sektorale Variante sozialer Dialoge kaum behandelt, obwohl gerade diese, wie ausgeführt, aufgrund der collective bargaining-Strukturen in verschiedenen Mitgliedsländern unerläßliche Komponenten europäischer Kollektivverhandlungen konstituieren (Traxler/Schmitter 1995, Jensen et al. 1999, Treu 1997). Diese Variante ist der Gegenstand unserer folgenden Analyse.

Wir werden in diesem Kapitel der Frage nachgehen, ob sich sektorale soziale Dialoge zu einem Instrument entwickeln lassen, das die Europäische Sozialpolitik im allgemeinen und europäische Arbeitsbeziehungen im besonderen etablieren und fördern kann. Nach einer kurzen Darstellung sektoraler Sozialdialoge behandeln wir die Charakteristika ausgewählter Sektoren. In methodischer Perspektive basieren die Fallstudien auf qualitativen (Leitfaden-)Interviews, die wir mit staatlichen und privaten korporativen Akteuren sowohl der nationalen als auch der europäischen Ebene geführt haben. Derartige vertiefende Fallstudien fehlen bisher in der Literatur.

Die empirischen Sektorstudien, die Handlungsmöglichkeiten und -grenzen herausarbeiten, analysieren jeweils zunächst die Organisationsentwicklung der korporativen Akteure, die notwendige, wenngleich nicht hinreichende Voraussetzungen für kollektives Handeln darstellen. Danach fokussieren wir die Analyse auf die Verbandspolitiken, d.h. auf erzielte Ergebnisse, oder, wie in einigen der ausgewählten Sektoren, auf ausgebliebene Ergebnisse. Ausgehend von diesen empirischen Ergebnissen ziehen wir Schlüsse für die Evolution des Sozialdialogs. Abschließend diskutieren wir zukünftige Entwicklungsperspektiven.

6.2. Sozialdialoge in ausgewählten Sektoren

Wir fokussieren die empirische Analyse auf ausgewählte Sektoren, deren Produkt- und/oder Arbeitsmärkte sich in unterschiedlicher Geschwindigkeit europäisieren:

- Die Metallindustrie gehört zu den Kernsektoren der Volkswirtschaften fast aller Mitgliedstaaten und gilt als "pattern setter" nationaler Tarifverhandlungen. Aus dieser nationalen Dominanz kann die These abgeleitet werden, daß dieser Sektor die Entwicklung europäischer Arbeitsbeziehungen maßgeblich beeinflusst (Marginson/Sisson 1998). Des Weiteren ist die Metallindustrie im Kontrast zu anderen ein "offener", dem internationalen Wettbewerb ausgesetzter Sektor, wobei sich die internationale Verflechtung vornehmlich auf die Produkt- und weitaus weniger auf die Arbeitsmärkte bezieht.
- Die Bauwirtschaft sieht sich im Vergleich zur Mehrzahl der übrigen Sektoren nicht nur mit einer Europäisierung ihrer Produkt-, sondern in größerem Ausmaß als andere auch ihrer Arbeitsmärkte konfrontiert (Köbele/Cremers 1994). Die Entsenderichtlinie, die Mindeststandards von Arbeitsbedingungen für innerhalb der EU ins Ausland entsandte Arbeitnehmer vorschreibt, stellt eine politisch kontroverse Antwort auf diese Form der transnationalen Arbeitsteilung dar.
- Innerhalb des Verkehrssektors lassen sich ebenfalls grenzüberschreitende Wirtschaftsaktivitäten in beträchtlichem Umfang feststellen (z.B. Binnenschiffahrt, Straßenverkehr). Des Weiteren dient dieser fragmentierte Sektor zur Analyse der seit einiger Zeit bestehenden Paritätischen Ausschüsse; sie sind bei der Konzipierung und Durchführung der Gemeinschaftspolitik auf sektoraler Ebene der Kommission behilflich, "wobei das Ziel in der Verbesserung und Harmonisierung der Lebens- und Arbeitsbedingungen in den einzelnen Wirtschaftsbereichen sowie in der Verbesserung der wirtschaftlichen Lage und der Wettbewerbspositionen der betreffenden Branchen besteht" (Europäische Kommission/GD V 1996, 29).
- Die Auswahl der Sektoren rundet der Öffentliche Dienst ab. Im Gegensatz zur Privatwirtschaft scheint er kaum vom Prozeß der Europäisierung der Faktormärkte tangiert und somit eine letzte nationale Bastion zu sein (Jacobi/Keller 1997). Als ein typisch "geschlossener" Sektor ist er am anderen Ende eines Kontinuums über den Grad des internationalen Wettbewerbs anzusiedeln.

1. In der Metallindustrie ist auf Arbeitnehmerseite der Europäische Metallgewerkschaftsbund (EMB) einer der ältesten und mit fast 50 Mitgliedsorganisationen einer der größten Gewerkschaftsausschüsse innerhalb des EGB. Der großen Heterogenität des Sektors entspricht verbandsintern eine große Anzahl von Komitees und Arbeitsgruppen. Die nationalen Mitgliedsgewerkschaften teilen ein generelles Interesse an einer vertieften Koordinierung nationaler Gewerkschaftsaktivitäten, an unterschiedlichen Formen einer engeren Koordination nationaler Tarifverhandlungen und sogar an zukünftigen Verhandlungen über eine Reihe von Themen auf europäischer Ebene (z.B. Arbeitsbedingungen im allgemeinen und Arbeitszeit im speziellen). Gleichwohl hat sich bisher nicht herauskristallisiert, ob die unabhängigen, in ihren Strategien und Konzepten differierenden Mitgliedsverbände bereit sind, Hauptbestandteile ihrer Ressourcen und Kontrollrechte auf die transnationale Ebene zu transferieren und somit ihre Autonomie und Souveränität selbst einzugrenzen. Die Bereitschaft, dem EMB entweder ein generelles oder ein mehr objektzentriertes, ad-hoc Verhandlungsmandat zu übertragen, ist nicht überall vorhanden. Zumindest einige Mitglieder favorisieren eher eine engere Koordinierung nationaler Tarifverhandlungen als eine umfassende Europäisierung der Interessenvermittlung (Gerstenberger-Sztana/Thierron 1998).

Auf Arbeitgeberseite wäre die Western European Metal Trades Employers' Organisation (W.E.M.) der potentielle Verhandlungspartner des EMB. Die W.E.M. versucht, einen multinationalen Informationsaustausch innerhalb ihrer Mitglieder zu organisieren, der allerdings nicht ausschließlich auf EU-spezifische Themen konzentriert ist. Die Verbandsstruktur besteht aus dem EG/EU-Ausschuß sowie dem Ausschuß für Tariffragen, die beide 1989 eingesetzt wurden. Die W.E.M. hat, im Gegensatz zu anderen europäischen Wirtschaftsverbänden, keine Lobbying- oder analoge Aktivitäten entwickelt. Ob und wie lange diese Selbstzurückhaltung andauern wird, ist schwer abzuschätzen.

W.E.M ist bislang definitiv nicht an der Aufnahme eines sektoralen Sozialdialogs interessiert, da nach ihrer Interpretation sektorspezifische Probleme im Bereich europäischer Arbeits- und Sozialpolitik vollständig fehlen. Sie bekundet kein Interesse, die offizielle Anerkennung als Sozialpartner durch die Kommission zu erlangen, weil dieser Schritt eine Institutionalisierung des sektoralen Dialogs präjudizieren könnte. Das genaue Gegenteil ist das Ziel: W.E.M. lehnt den sektoralen

Dialog ab, da er als möglicher Ausgangspunkt für europäische Kollektivverhandlungen dienen könnte. Die Strategie der Mitglieder, ihre europäische Organisation politisch schwach zu halten (z.B. bei der Ausstattung mit Ressourcen), soll unerwünschte Entwicklungen auf supranationaler Ebene unterbinden.
W.E.M unterstützt deshalb die von UNICE formulierte und nach wie vor präferierte Strategie, Verhandlungen nur in den Fällen aufzunehmen, in denen es um die Verhinderung qualitativ weitreichender Gesetzesvorhaben der Kommission geht. Die Prioritäten des Verbandes umfassen einen Austausch von Positionen sowie eine Verbesserung des gegenseitigen Verständnisses, aber definitiv nicht Verhandlungen und freiwillige, autonome Rahmenvereinbarungen (über qualitative Aspekte von Arbeitsbedingungen), und schon gar nicht Kollektivverhandlungen. Alle offiziellen Versuche des EMB zur Etablierung eines Sozialdialogs wies W.E.M. zurück (Miller 1995), was dazu beitrug, daß der EMB eine stärkere Koordinierung nationaler Strategien einleitete (Schulten 1998b).
In kurz- bis mittelfristiger Perspektive sind die Aussichten für die Aufnahme eines sozialen Dialogs daher gering. In langfristiger Betrachtung kann aus zwei Entwicklungen eine partielle, fallweise Verlagerung der Regelungskompetenz von der nationalen auf die supranationale Ebene resultieren: Zum einen kann eine Ausweitung möglicher Diskursgegenstände (z.B. im Bereich von Industriepolitiken) erfolgen, die verbesserte Schnittstellen für beide Seiten bedeuten. Zum anderen können gemeinsame Interessen auf beiden Seiten, die mit einem länderübergreifenden Strukturwandel korrelieren (z.B. in der Autoindustrie oder dem Schiffbau oder dem Maschinenbau) zur Bündelung derartiger grenzüberschreitender, subsektoraler Interessen im Sinne einer Vereinbarung von Mindeststandards führen.

2. In der Bauindustrie werden die Beschäftigten und ihre Gewerkschaften auf der europäischen Ebene von der Europäischen Föderation der Bau- und Holzarbeiter (EFBH) repräsentiert, die wie der EMB Mitglied des EGB ist. Die EFBH erfüllt die von der Kommission aufgestellten Kriterien eines europäischen, sektoralen Sozialpartners und ist als solcher anerkannt. Angesichts der Auswirkungen und Probleme der fortschreitenden Integration der europäischen Bauarbeitsmärkte (z.B. Entsendeproblematik) versuchte die EFBH eine Koordinierung der Gewerkschaftspolitiken zu europäischen Themen. Aus diesem Grund realisierte sie in Zusam-

menarbeit mit einigen nationalen Gewerkschaften ein Projekt über europäische Tarifverhandlungen im Baugewerbe, mit dem die beteiligten Gewerkschaften den Versuch unternahmen, ihre Informationen über Stand und Entwicklung der Arbeitsbeziehungen in anderen Staaten zu vertiefen und auszubauen (Baumann et al. 1997). Das Projekt gilt darüber hinaus als erster Schritt zu einer qualitativ verbesserten Kooperation autonomer Gewerkschaften.

Dem allgemeinen Ziel einer Weiterentwicklung der Gewerkschaftsaktivitäten auf europäischer Ebene entspricht eine gewisse Mandatierung der EFBH, über deren Ausmaß gleichwohl die Mitglieder unterschiedliche Meinungen vertreten. Während einige Gewerkschaften mittel- bis langfristig ihrem europäischen "Brückenkopf" ein Mandat zur Führung von Kollektivverhandlungen übertragen wollen, lehnen andere diesen weitgehenden Schritt einer Europäisierung der Arbeitsbeziehungen ab. Bisher ließ sich nur ein Mandat zur Etablierung von EBR durchsetzen. Dieses Mandat ist nicht auf die Konzernebene beschränkt, sondern kann auf sektorale Verhandlungen ausgedehnt werden, sofern die Mitglieder der politischen Relevanz zustimmen. Vor allem Gewerkschaften aus Skandinavien sind sehr zurückhaltend, wenn es um eine Intensivierung der europäischen Gewerkschaftsarbeit geht.

Das Pendant der EFBH ist die Fédération de l'Industrie Européenne de la Construction (FIEC). Wie die Arbeitnehmerorganisation erlangte auch die FIEC den Status eines sektoralen Sozialpartners, mit dem sie über einen privilegierten Zugang zum Informationsnetzwerk der EU verfügt. Ihre Hauptaufgabe ist das Lobbying gegenüber europäischen Gremien. Bei der Interessenvermittlung räumt die FIEC Produkt- im Gegensatz zu Arbeitsmarktinteressen Priorität ein. Gleichwohl betont sie aufgrund der institutionellen Veränderungen, die seit Ende der 80er Jahre in der Europäischen Sozialpolitik eingetreten sind (u.a. Einheitliche Europäische Akte, Sozialabkommen), verstärkt sozialpolitische Themen.

Als Sozialpartner verfolgt der Verband Anhörungen im Rahmen des Sozialabkommens, indem er u.a. Stellungnahmen zu Kommissionsinitiativen erarbeitet. Des weiteren willigte FIEC in einen Sozialdialog mit der EFBH ein, verweigert jedoch die Aufnahme von Verhandlungen über europäische Themen. Vielmehr betonen sowohl die FIEC als auch ihre Mitgliedsverbände das Prinzip der Subsidiarität, das nach ihrer Auffassung das Leitmotiv europäischer Regulierung sein sollte. Daher gibt es aus der Perspektive der Arbeitgeber, von wenigen Ausnahmen abgesehen, keinen europäischen Handlungsbedarf (Sörries 1999).

Ohne Hilfestellung und Unterstützung der Kommission starteten die Sozialpartner der Bauwirtschaft 1990 ihren Sozialdialog (Carley 1993a), den die Kommission als Informelle Arbeitsgruppe klassifizierte (Europäische Kommission 1996, 86-88). Anfänglich beschränkten die Sozialpartner ihren Diskurs auf Aus- und Weiterbildung sowie Arbeits- und Gesundheitsschutz. Diese Dominanz qualitativer Objektbereiche von Arbeitsbedingungen änderte sich fundamental mit der Intensivierung der Europäisierung sektoraler Arbeitsmärkte. Seit 1993 absorbiert die Frage der Entsendung von Arbeitskräften im Rahmen der Dienstleistungsfreiheit als einer der vier Grundfreiheiten der EU einen Großteil der Verbandsressourcen. 1993 einigten sich die Sozialpartner auf ihre zweite gemeinsame Stellungnahme, mit der beide Seiten aktiv für eine Regulierung auf der europäischen Ebene eintraten. Diese Stellungnahme, die dem Ministerrat übersandt wurde, unterstützte durch ihre Fokussierung auf den Bausektor die Öffnung eines "window of opportunity", das 1996 zur Verabschiedung der "Richtlinie über die Entsendung von Arbeitnehmern im Rahmen der Erbringung von Dienstleistungen" führte (Sörries 1997).[4]

Die Sozialpartner selbst waren nicht in der Lage, diese komplexe Problemstellung effektiv zu lösen, da zum einen keine geeignete Rechtsgrundlage für eine Selbstregulierung vorhanden war, und da zum anderen FIEC keinen internen Konsens erzielen konnte. Auch nach Verabschiedung der Richtlinie opponieren Mitglieder aus den Hauptentsendungsstaaten (u.a. Portugal) gegen die europäische Regulierung, die sie für markt- und gesetzeswidrig halten. Eine Rechtsgrundlage stand den Sozialpartnern nicht zur Verfügung, da das Sozialabkommen (Art. 137, Abs. 6 EG-Vertrag) Entgeltfragen von einer gesetzlichen Regulierung explizit ausnahm. Somit bot die Entsendeproblematik in institutionalistischer Sicht keine Gelegenheit zur Förderung der "Europäisierung" der Arbeitsbeziehungen.

---

[4] Aktuell werden sektorale Positionen u.a. am Beispiel der Entsenderichtlinie deutlich, welche die Arbeitsbedingungen, insbesondere die Entgelte, von Arbeitnehmern des Baugewerbes regelt, die vorübergehend in einem anderen Mitgliedsland tätig werden. Die Anhänger der zuerst skizzierten Position votieren gegen die Anwendung des sog. Produktionsortprinzips, dessen Einführung die Anhänger der zuletzt skizzierten Position fordern, um Einkommen und Sozialstandards zu sichern (Sörries 1997).

3. Der Verkehrssektor, für den transnationale Mobilität von Arbeitskräften ebenso wie transnationale Wirtschaftsaktivitäten prägend sind, läßt sich in Subsektoren aufteilen (u.a. Straßen-, Schienen-, See- und Luftverkehr). Diese hochgradige Heterogenität spiegelt die Existenz von Paritätischen Ausschüssen für jeden Subsektor wider. Unsere Analyse konzentriert sich angesichts seiner ökonomischen Bedeutung auf den Straßenverkehr (Wahl 1996).

Der offiziell anerkannte Sozialpartner auf der Arbeitnehmerseite ist der Verband der Verkehrsgewerkschaften in der Europäischen Union (VVEU). Die Verbandsstrategien umfassen u.a. Lobbying auf europäischer Ebene sowie die Verbesserung der Arbeitsbedingungen. Angesichts der neuen Selbstregulierungspotentiale des Sozialabkommens institutionalisierten die Mitgliedsverbände ein Mandatierungsverfahren, obwohl eine sektorale Anwendung der Regelungen des Sozialabkommens noch nicht erfolgt war. Mit diesem vergleichsweise frühen Schritt wurde deutlich, daß die nationalen Gewerkschaften eher bereit sind, ihrem sektoralen "Brückenkopf" Kompetenzen zu übertragen als einem Transfer auf die Zentralebene der Dachverbände zuzustimmen. Aus diesem Grund dient der VVEU der Strukturidentität sowie als Gegenpart des EGB. Das Mandatierungsverfahren signalisiert, daß Kollektivverhandlungen mit europäischen Arbeitgeberverbänden zu den langfristigen Zielen des Gewerkschaftsausschusses gehören.

Auf Arbeitgeberseite ist der potentielle Verhandlungspartner die Internationale Straßentransport-Union (IRU). Die IRU hat einen europäischen Ausschuß eingerichtet, der sich ausschließlich mit europäischen Themen befaßt. Ihre Hauptaufgabe besteht in der Artikulation der Interessen der Unternehmen gegenüber den europäischen Akteuren. Neben dem Lobbying führt der Verband Forschungsprojekte durch, welche die wirtschaftliche Entwicklung des Straßenverkehrs nachzeichnen sollen. Intraverbandlich führt die Heterogenität der europäischen Arbeitsbeziehungen zu Schwierigkeiten bei der Formulierung und Implementierung gemeinsamer Politiken zu arbeits- und sozialpolitischen Themen.

1985 setzte die Kommission einen Paritätischen Ausschuß für den Straßenverkehr ein, in dem die Sozialpartner repräsentiert sind. Dieser Ausschuß hat sich in drei Arbeitsgruppen ausdifferenziert: Aus- und Weiterbildung, neue Technologien und Arbeitszeit. Seine Zielsetzung und Hauptaufgabe besteht in der Versorgung der Kommission mit relevanten Informationen und Detailkenntnissen für ihre

Politikformulierung. Dadurch erfüllen die Sozialpartner eine wichtige Funktion für die Kommission, die auf diesen Beitrag bei der Durchführung von Gemeinschaftsaufgaben gemäß Art. 70 EGV angewiesen ist. Im Gegenzug unterstützt die Kommission die Arbeit des Ausschusses logistisch, indem sie die Sitzungen vollständig organisiert (EIRR 1992c).

Die Sozialpartner haben vier nicht-bindende, gemeinsame Stellungnahmen verabschiedet. Hauptsächlich befassen sie sich mit Aspekten des Arbeitsschutzes sowie mit technischen Fragen, die sich auf Kommissionsinitiativen beziehen. Von dauerhafter Bedeutung war die 1993 in Kraft getretene Arbeitszeitrichtlinie, die u.a. die oben genannten Subsektoren ausklammerte. Daher versuchte die VVEU, eine sektorspezifische Lösung durch Verhandlungen mit der IRU zu erreichen. Die Gewerkschaften betonten damit die Notwendigkeit einer sektoralen Regulierung. Allerdings lehnten die Arbeitgeber jegliche Form von Verhandlungen ab und favorisieren lediglich nicht-bindende Empfehlungen. Im Fall der Arbeitszeitregulierung verwiesen sie vielmehr darauf, daß die Anwendung bestehender rechtlicher Rahmenbedingungen verbessert werden sollte. Deshalb beschränkte sich der Verband auf das Lobbying gegenüber der Kommission. Verhandlungen nach dem Verfahren des Sozialabkommens wurden somit als unwahrscheinlich und wenig hilfreich eingestuft. Allerdings setzte die Kommission ihrerseits die Frage der Arbeitszeitregulierung in den ausgeschlossenen Sektoren mit einem Weißbuch wieder auf die Tagesordnung.

4. Der Öffentliche Dienst ist dadurch charakterisiert, daß auf Arbeitgeberseite Organisationen nicht existieren (Keller/Henneberger 1997). Auf der Arbeitnehmerseite ist der Mitte der 70er Jahre gegründete Europäische Gewerkschaftsverband für den Öffentlichen Dienst (EGÖD) einer der größeren Gewerkschaftsausschüsse innerhalb des EGB; er ist seit geraumer Zeit als Sozialpartner offiziell anerkannt. Bisher haben sich seine Verbandsaktivitäten auf das Lobbying beschränkt, wenngleich der EGÖD zu Verhandlungen bereit ist und Themenvorschläge für gemeinsame Aktionen mit Arbeitgebervertretern unterbreitet hat (Beschäftigungspolitik, Sozialpolitik, Mobilität von Arbeitnehmern, Arbeitnehmerfähigkeiten und Qualifikationen) (FAOS 1996).

Eine weitere Schwierigkeit auf der Gewerkschaftsseite ergibt sich aus der 1991 erfolgten Gründung einer zweiten Organisation, der Europäischen Union der Unabhängigen Gewerkschaften (CESI). CESI ist nicht Mitglied des EGB und konkurriert deshalb mit dem EGÖD um Mitglieder und politischen Einfluß. CESI stellt, ebenso wie externe Beobachter (Clever 1997), vor allem die monopolartige Repräsentation durch den EGB bzw. den EGÖD in Frage und verlangt die offizielle Anerkennung als Sozialpartner sowohl für die zentrale als auch für die sektorale Ebene. Bisher war sie nicht in der Lage, diesen privilegierten Status zu erlangen, welcher von erheblicher politischer wie organisatorischer Relevanz für alle Verbände auf europäischer Ebene ist. Er bedeutet nicht nur die automatische Teilnahme an allen Entscheidungsprozessen sowie die Integration in das Informationsnetzwerk der EU, sondern ebenso finanzielle Unterstützung seitens der Kommission für Verbandsaktivitäten.

Das grundlegende Problem des sektoralen Dialogs besteht darin, daß die nationalen Arbeitgeber bzw. deren Verbände sich bisher nicht zu einer transnationalen Organisation zusammengeschlossen haben, die ihre Interessen nach außen vertreten könnte. Arbeitgeber, insbesondere der kommunalen, in föderalen Mitgliedstaaten aber auch der regionalen (Länder-) Ebene, müßten sich zunächst organisieren, um im nächsten Schritt einen Sozialdialog einleiten zu können. Die Organisationsprobleme wären weniger dringlich auf der Ebene der Zentralstaaten, wo nationale Ministerien informelle Arrangements treffen könnten - wenn solche überhaupt notwendig wären.

Aufgrund prohibitiver Startkosten ist die Gründung eines neuen Verbandes die unwahrscheinlichste Alternative. Vielmehr werden nationale Arbeitgeber eher versuchen, einer der schon existierenden Organisationen beizutreten, z.B. dem Rat der Europäischen Gemeinden und Regionen (RGRE) oder dem Europäischen Zentralverband der Öffentlichen Wirtschaft (CEEP). CEEP ist als offizieller Sozialpartner der Zentralebene anerkannt und war Vertragspartner bei den ersten Rahmenabkommen auf europäischer Ebene (Villeneuve 1997). Allerdings würde die Mitgliedschaft von Verbänden öffentlicher Arbeitgeber eine nachhaltige Ausdehnung und Neuausrichtung der Verbandsdomäne der CEEP mit sich bringen, womit eine interne Neustrukturierung induziert wäre. Der RGRE ist derzeit kein

Arbeitgeberverband im engeren Sinne, könnte aber für eine Modifizierung seines Status optieren, wodurch er seine Organisationsdomäne ausweiten könnte. Aufgrund der fehlenden Organisation auf Arbeitgeberseite kam ein Sozialdialog bisher nicht zustande. Des weiteren würde ein zukünftiger Sozialdialog angesichts der enormen Heterogenität des Sektors sehr fragmentiert sein, wobei Abkommen in einigen Subsektoren (wie öffentlichen Ent- und Versorgungsbetrieben) wahrscheinlicher sind als in anderen (wie kommunalen und regionalen Dienstleistungen). Dialoge würden nicht alle Teile der Öffentlichen Dienste einschließen, da diese in den Mitgliedstaaten sehr unterschiedlich definiert und organisiert sind.

6.3. Ergebnisse sektoraler Dialoge

1. Nachdem wir die Voraussetzungen und Erfahrungen von Sozialdialogen in ausgewählten Sektoren behandelt haben, fassen wir die Ergebnisse unserer Analyse zusammen.[5] Obwohl die Verfahren des Sozialabkommens sowohl auf der zentralen als auch auf der sektoralen Ebene Anwendung finden können, sind sie auf der sektoraler Ebene nicht in Anspruch genommen worden. Der sektorale Dialog ist bisher lediglich die dezentrale Variante des älteren Ansatzes, den die Kommission zuerst für die Zentralebene entwickelte (vgl. Kap.5). Die sektoralen Sozialpartner begrenzen ihre interverbandlichen Aktivitäten auf die Verbesserung des gegenseitigen Verständnisses und auf den Austausch von Informationen. Daraus resultierten Lobbying-Aktivitäten ohne autonom-bindende Abkommen.

Die Anwendung des Sozialabkommens bleibt zwar nicht rechtlich, wohl aber faktisch auf die Zentralebene beschränkt, auf der bisher, wie im vorigen Kapitel ausgeführt, die Sozialpartner nur wenige Rahmenabkommen geschlossen haben. Ähnlich pessimistische Ergebnisse wie für den "neuen" sozialen Dialog auf zentraler Ebene ergeben sich auch für die Sektoren: "Results at sectoral level, due to continuing employer refusal to entertain anything resembling European-wide collective bargaining, are even less impressive" (Streeck 1994, 167). Die Ergebnisse erschöpfen sich in gemeinsamen Stellungnahmen, die insbesondere in kleineren, weniger politisierten Sektoren zustande kamen (z.B. im Verkehrssektor).

[5] Vgl. zum folgenden auch Keller/Sörries 1998b, 1999a.

Für die Sektor- bzw. Branchenebene geben erste empirische Untersuchungen Anlaß zu pessimistischen Prognosen (Sörries 1999). Der sektorale Sozialdialog ist aus mehreren Gründen in noch geringerem Maße entwickelt als der zentrale:

- Zum einen sind supranationale Sektor- bzw. Branchenverbände, die als institutionelle Voraussetzungen für Verhandlungslösungen bzw. kollektive Träger zu gelten haben, entweder nicht vorhanden, was vor allem auf Seiten der Arbeitgeber der Fall ist, oder recht schwach in ihrer Durchsetzungsfähigkeit bei der Wahrnehmung derartiger Aufgaben, was bei den Gewerkschaftsausschüssen der Fall ist.
- Zum andern liegen bislang keine praktischen Erfahrungen mit Übereinkommen vor, so daß "customs and practices" keine Bedeutung erlangen können. Das Problem der Repräsentativität von Verbänden ist vor allem auf Sektorebene schwierig zu lösen.

Die organizational domains der supranationalen Branchenverbände entsprechen wegen nationalspezifischer Unterschiede der Sektoren bzw. der Organisationsbereiche nicht dem ihrer nationalen Mitgliedsverbände. Daher müssen nicht nur national, sondern vor allem auch supranational zahlreiche inner- und zwischenverbandliche Abgrenzungsschwierigkeiten auftreten. Vor allem Verbände, die nach dem Industrieverbandsprinzip organisiert sind, müssen zum Zweck der Interessenabstimmung und -koordination interne Differenzierungen vornehmen, um an verschiedenen, subsektoralen Sozialdialogen teilnehmen zu können. Bereits für die Vergangenheit gilt: "As there has been no clear definition of the notion of sector at Community level, the sectoral social dialogue has sometimes also suffered from uncertainty as to its true scope and this has discouraged the Commission from its potential to the full" (European Commission/DG V 1995, 9).

Wie eingangs bereits skizziert, müßte ein europäisches System der Arbeitsbeziehungen Impulse gerade von der sektoralen Ebene, u.a. durch sektorale Sozialdialoge, erhalten; entsprechend dem in einer Reihe von Mitgliedsländern üblichen collective bargaining müßten die Branchenverbände Verhandlungen führen und Rahmenabkommen schließen. Allerdings befinden sich diese Dialoge allenfalls in einem Anfangsstadium. Insofern stützen beide Varianten von Sozialdialogen nicht die von mehreren Autoren vertretenen optimistischen Positionen hinsichtlich ihrer Entwicklungspotentiale (Falkner 1996a und 1998b, Jacobi 1995, Treu 1997).

Insgesamt sind die Organisationen auf der Ebene von Dachverbänden eindeutig weiter entwickelt als auf der von Sektoren.

Die Gewerkschaftsausschüsse, die Vereinigungen bzw. Brückenköpfe nationaler, autonomer Branchengewerkschaften (vgl. Kap.2), sind auf die Führung transnationaler Kollektivverhandlungen unterschiedlich vorbereitet:[6] Sie sind, von wenigen Ausnahmen abgesehen, in ihrer Ressourcenausstattung zu schwach zur Übernahme von Aufgaben, die bislang nationale Gewerkschaften wahrnehmen. "Noch bescheidener als die personelle und materielle Ausstattung des Dachverbandes nimmt sich diejenige der .. Gewerkschaftsausschüsse aus, wenngleich sich deren Haushaltsvolumen in den letzten Jahren zum Teil erheblich erweiterten. Zudem bestehen hier zwischen den einzelnen Berufssekretariaten große Unterschiede. Mit neun Beschäftigten ist der Europäische Metallgewerkschaftsbund (EMB) das am besten ausgestattete Sekretariat. Eine Reihe anderer Ausschüsse - wie der Montanausschuß, die Ausschüsse Textil, Bergbau und Chemie - mußten sich hingegen bislang mit einem Generalsekretär und einer Verwaltungskraft begnügen" (Müller 1995, 461).

Weiterhin sind sie infolge der fehlenden bis zögerlichen Mandatierung (vgl. Kap. 5) durch ihre Mitgliedsverbände nicht in der Lage, im Rahmen sektoraler Dialoge Aufgaben zu erfüllen, d.h. Handlungsfähigkeit zu entwickeln, die über einen reinen Informationsaustausch hinausgehen und echte Koordinationsleistungen erfordern würden. "This lack of resources coupled with differences over strategy and policy has resulted in many of the trade union industrial committees losing their way, neither meeting the needs of trade unions at sector level nor making an effective input into the institutional structure of the Community" (Grahl/Teague 1991, 60f). Bei beiden Voraussetzungen der Interessenvertretung, sowohl der "logic of influence" als auch der "logic of membership", dominieren nach wie vor strikt nationale Orientierungen.

Die Arbeitgeberverbände sind nicht autonom handlungsfähig: Da die Dachverbände an sektoralen Dialogen wenig interessiert sind, haben sie kaum supranationale Branchenverbände aufgebaut, die den Gewerkschaftsausschüssen ent-

[6] Weitere Unterschiede sind deutlich: "... the most mobilized sectoral union committees concern the following industrial sectors: metal; food, catering; chemical sector; building and wood trades" (Goetschy 1991, 269).

sprechen bzw. vergleichbar wären. Innerhalb einer Struktur, die im Vergleich zu den Industrieverbänden auf Arbeitnehmerseite stärker fragmentiert ist, bestehen allenfalls Zusammenschlüsse innerhalb eng umgrenzter Teilsektoren (etwa im Automobilbau, in der Chemie- oder Nahrungsmittelindustrie), was die Kommunikation innerhalb und zwischen Verbänden erschwert. "... EC-level sectoral groups have historically formed as the Community has extended its policy domain. For a relatively small investment, an industry can get the Commission to hear its case, and perhaps to act in its favour. Other benefits, such as status, a listening post in Brussels, contact with other national-level representatives in one`s sector, and influence within the EC-level interest group also accrue with participation." (Gorges 1993, 82).

Weiterhin besteht "... a profusion of sectoral and branch associations, the majority of which regard themselves purely and simply as industrial or economic associations without any mandate for social affairs (European Commission/DG V 1995, 9). Damit handelt es sich im Sinne der in einigen Mitgliedsländern, u.a. im deutschen System der Arbeitsbeziehungen, analytischen und faktischen Unterscheidung (Windmuller/Gladstone 1984) weniger um spezielle Arbeitgeber- als vielmehr um allgemeine Wirtschaftsverbände ohne sozialpolitische Mandatierung, die vor allem Produktmarkt-, aber kaum Arbeitsmarktinteressen vertreten.

Die Wahrscheinlichkeit, daß UNICE seine restriktive Politik weiter verfolgt und trotz einiger verbandsinterner Widerstände auch im intra-organizational bargaining auf Branchenebene durchsetzen kann, ist größer als die einer grundlegenden Kursänderung. "UNICE .. intends to resist sectoral negotiations: ... its post-Maastricht strategy is to confine its participation in European-level negotiations to those issues which are the subject of a Commission initiative under the social policy protocol, and these are seldom likely to be sector-specific" (Hall 1994, 305). Die gegenteilige Annahme ist nicht realistisch: Gemeinsame sektorale Interessen dominieren nicht; sie haben sich bislang kaum in supranationalen Branchenverbänden organisiert und sind daher nicht autonom handlungsfähig.[7] - Diese Einschätzung deckt sich mit dem Selbstverständnis: "Das Schwergewicht der

[7] Ein Wandel wäre eher für den Fall zu erwarten, daß die nationalen Dachverbände ihre Position ändern.

europäischen Sozialpolitik ist zweifelsohne horizontaler Natur und sollte entsprechend im branchenübergreifenden Sozialen Dialog behandelt werden, wo die einzelnen sektoralen Gesichtspunkte bereits durch die nationalen Spitzenverbände der Sozialpartner berücksichtigt werden." (Hornung-Draus 1996a, 199).
Die Arbeitgeberverbände, deren Mehrheit bislang freiwillige Vereinbarungen auf branchenübergreifender Ebene prinzipiell nicht abschließen wollte, weil die Beibehaltung des status quo ihrer Interessenlage besser entsprach, werden auch in Zukunft auf sektoraler Ebene kaum entgegengesetzte Strategien verfolgen.[8] "The absence of effective employer organisation and lack of interest in going beyond diffuse joint opinions continue to hamper the efforts of the European Commission to develop the sectoral social dialogue at European level" (Bercusson 1993, 262).

Insgesamt stellt sich die Frage, welche konkreten Vorteile aus der Sicht von UNICE der Aufbau internationaler Branchenverbände im Vergleich zur derzeitigen Struktur überhaupt bieten könnten: Jede Abweichung vom Status quo, der seit langem durch die systematische Verhinderung von Verhandlungen gekennzeichnet ist, könnte nur zum Status quo minus führen, nämlich zu deren Einführung und damit zur Einschränkung der "managerial prerogatives". Die Hoffnung auf eine Umkehrung von Mehrheitsverhältnissen ist trotz interner Fraktionierungen nicht realistisch. Schließlich sind in Zeiten zunehmenden "Regimewettbewerbs" die Arbeitgeberverbände mehr an weiterer Dezentralisierung auf nationaler Ebene denn am Aufbau supranationaler Systeme der Interessenvertretung und Verhandlungen interessiert. Vor allem in den Sektoren, welche die Führungsrolle übernehmen, sind die Perspektiven eines neuen Forums auf europäischer Ebene für sie nicht attraktiv, weil eine derartige Strategie den dominierenden Interessen ihrer nationalen Zielsetzungen zuwider laufen würde (Fröhlich et al 1997).
Aus den empirischen Ergebnissen folgt, daß die Erwartung eines weitgehend homogenen und kohärenten europäischen Modells der Arbeitsbeziehungen nicht realistisch ist. Die Annahme eines überall relativ gleichförmigen Verlaufs sekto-

---

[8] "Opposition to Community involvement in industrial relations has not been confined to "peak" employers organizations. A survey of British personnel managers at company level found that Community industrial relations initiatives were almost unanimously regarded as unwarranted and unwelcome intrusions. The significance of this obstacle should not be underestimated" (Teague 1993, 397).

raler Entwicklungen trifft nicht zu, da heterogene Ausgangslagen vorhanden sind, und da der Grad der Internationalisierung und damit der Anreiz zu supranationalen Aktivitäten recht unterschiedlich ausgeprägt sind (Kommission der Europäischen Gemeinschaften 1996, Anhang I). Erhebliche Differenzen bestehen nicht nur zwischen, sondern auch innerhalb von Sektoren.[9] Deutliche Unterschiede der Regulierungsdichte existieren zwischen einzelnen Bereichen (etwa Arbeits- und Gesundheitsschutz versus den Kernbereichen der Arbeitsbeziehungen).
Ein europäisches Sozialmodell würde, wenn es sich jemals einstellen sollte, sehr fragmentiert und mit starken, auseinanderstrebenden Kräften konfrontiert sein. Die fragmentierten Strukturen nationaler Systeme werden auf supranationaler Ebene nicht nur beibehalten, sondern sogar verstärkt: Vor allem duale Systeme der Arbeitsbeziehungen würden eine allmähliche Erosion ihrer sektoralen Ebene erfahren, während die monistischen in geringerem Maße tangiert würden.

2. Ein weiteres überraschendes Ergebnis besteht in der Tatsache, daß die eingangs formulierte Hypothese, wonach sich Sozialdialoge vor allem in den Kernsektoren (wie Metall oder Chemie) entwickeln würde, durch die Fallstudien nicht bestätigt wird. Das Gegenteil ist der Fall: Sozialdialoge bestehen in kleineren, dem Dienstleistungsbereich zuzuordnenden Sektoren (wie Verkehr, Versicherungen, Telekommunikation, Handel, Hotel und Gaststätten).
Notwendige Voraussetzungen und Barrieren für deren Einrichtung sind:
- Die Institutionalisierung von Paritätischen Ausschüssen in einigen und Informellen Arbeitsgruppen in anderen Sektoren korreliert mit der Etablierung bzw. Implementation von Gemeinschaftskompetenzen der EU (wie im Verkehrs-, Agrar- Kohle- und Stahlbereich) (EIRR 1992c, Europäische Kommission/GD V 1997b). Die Integration in sektoralen Politikfeldern fördert somit die Evolution von Sozialdialogen: ".. in areas, where the Community controlled powers and resources for sectoral policies, development of European interest organisations continued to grow." (Dolvik 1999, 32).

---

[9] „Konflikte zwischen Branchen, der Wettbewerb unter den Unternehmen, nationale Interessenunterschiede und zahlreiche andere Faktoren machen die Vereinheitlichung und Vermittlung europäischer Positionen im Bereich der europäischen Industrie- und Arbeitgeberorganisationen zu einem oft schwerfälligen Prozess.“ (Matyja 1999, 179).

- Sozialdialoge existieren ebenfalls in Sektoren, die von Liberalisierungstendenzen (vor allem Telekommunikation, Elektrizität) sowie den Konsequenzen der Vollendung des Binnenmarktes (Bauindustrie) in besonderem Maße betroffen sind und daher reagieren mußten.
- Ein repräsentativer, spezieller Arbeitgeber- als Ergänzung zum allgemeinen Wirtschaftsverband muß vorhanden sein, unabhängig von seiner politischen und organisationsstrukturellen Ausgestaltung. Seine Mandatierung durch die nationalen Mitgliedsverbände ist eine conditio sine qua non.
- Notwendig ist nicht nur eine quantitativ wie qualitativ starke europäische Verpflichtung der Gewerkschaftsausschüsse; ihre Mitgliedsverbände müssen ihren Beiträge auch tatsächlich leisten. Diese Voraussetzung umfaßt die Bereitschaft nationaler Gewerkschaften, Kontrollrechte und Mandate zur Führung von Verhandlungen an ihre supranationalen Pendants zu transferieren. Bis dato wurden einige Gewerkschaftsausschüsse ausschließlich mit Mandaten zur Etablierung von EBR ausgestattet. Insbesondere skandinavische Gewerkschaften verzögern den nächsten Schritt einer umfassenderen Mandatierung für sektorale Verhandlungen, weil sie keine wesentlichen Vorteile von Regulierungen der supranationalen Ebene erwarten (Dolvik 1994, 1997). Verhandlungsorgane wie auf der Zentralebene existieren nicht.
- Die Dialoge konzentrieren sich auf sozialpolitische Fragen, die aufgrund gemeinsamer Interessen mehr oder weniger konsensualen Charakter haben (wie Aspekte des Gesundheits- und Arbeitsschutzes) (Eichener 1996, Konstanty/ Zwingmann 1996). Die Kernbestandteile der potentiell konfliktorischen Arbeitsbeziehungen werden nicht einbezogen. Diese Form der Themenselektion wird bedingt durch die Weigerung der Arbeitgeber, sich mit arbeitspolitischen Fragen auf der europäischen Ebene zu befassen.

Unsere Analysen zeigen weiterhin ungleiche Entwicklungen sowie wesentliche Differenzen zwischen den Sektoren (Bauwirtschaft versus Öffentlicher Dienst oder versus Metallsektor), da der Prozeß der Internationalisierung sowohl der Produkt- als auch der Arbeitsmärkte die Branchen in unterschiedlichem Umfang und Ausmaß erfaßt. Diese Entwicklungen ziehen ungleiche Geschwindigkeiten der sozialen Integration in den Sektoren nach sich; infolgedessen verlaufen die Europäisierung der Sozialpartner sowie der Formen ihrer Interessenvermittlung sehr ungleichmäßig. Wenn Rahmenvereinbarungen gemäß Sozialabkommen in Zukunft überhaupt ausgehandelt werden, wird dies nicht in "geschlossenen" Sektoren (z.B. den Hauptbereichen des Öffentlichen Dienstes), sondern eher in "offenen", internationalisierten Sektoren geschehen (z.B. Verkehr).

Die Existenz von Paritätischen Ausschüssen und Informellen Arbeitsgruppen sollte nicht mit der "neuen" Variante von Sozialdialogen gemäß Sozialabkommen verwechselt werden, die zu vertraglichen Vereinbarungen führen kann. Da die entwickelten Institutionen genauso weiterarbeiten, werden die modifizierten Prozeduren des "neuen" Sozialdialogs auf sektoraler Ebene faktisch irrelevant.

Innerhalb der bestehenden Sozialdialoge ist eine weitergehende Differenzierung nach Inhalten notwendig. Ein automatischer „Spill-over", der von gemeinsamen ordnungspolitischen (wie in der Telekommunikation) oder Produktmarktinteressen (wie im Schiffsbau) ausgeht und auf die Regelung arbeits- und sozialpolitischer Probleme gerichtet sein könnte, ist keinesfalls zwingend, wenngleich er im Interesse der Arbeitnehmer und ihrer Vertretungen liegen würde (Sörries/Bansbach 1999).

Schließlich sollte der trilaterale Sozialdialog auch in seiner sektoralen Variante nicht mit bilateralen Kollektivverhandlungen verwechselt werden (Jacobi 1995), die rein rechtlich schon vor der Verabschiedung des Sozialabkommens möglich waren. Bei ersteren ist die notwendige Verpflichtungsfähigkeit der Verbände kaum gegeben; die institutionellen Voraussetzungen (fehlendes Streikrecht, Ausschluß zentraler Verhandlungsgegenstände wie Entgelte) sind andere.

In Zusammenfassung unseres Arguments ist es sehr unwahrscheinlich, daß eine integrative Entwicklung in absehbarer Zukunft stattfindet. Unsere Analyse führt zu dem Schluß, daß die grundlegende rechtliche Innovation des Sozialabkommens nicht, wie häufig angenommen, in der Institutionalisierung der doppelten Anhörung sowie der Autorisierung der Sozialpartner zum Abschluß von Rahmenvereinbarungen auf europäischer Ebene besteht (Falkner 1999, 90ff), sondern in der Einführung qualifizierter Mehrheitsentscheidungen in bestimmten Bereichen. Für die Entwicklung der Arbeits- und Sozialpolitik wäre die Umstellung der Entscheidungsverfahren von Einstimmingkeit zu qualifizierter Mehrheit in weiteren Bereichen überaus wichtig, da im Vergleich zu älteren Vorgaben des Unionsvertrages Maßnahmen leichter durchgesetzt werden können.

In empirischer Perspektive hat das häufig betonte Subsidiaritätsprinzip keine überzeugende Basis und ist nicht in der Lage, zur Überwindung der skizzierten Hindernisse beizutragen. "In some cases, the calls for subsidiarity might have come as a blessing to a Commission overloaded with the details of regulatory policy-making; but at the same time, the demands for subsidiarity ... have raised the spectre of a "repatriation" of some areas of EC policy-making back to the national level ... It is difficult to see how such an abstract notion - assuming a clear delineation of competences between different levels of government and the primacy of the lower levels - can be meaningfully implemented in the EU" (Christiansen 1996, 89).
Diese Schlußfolgerungen bringen uns zurück zu unserer Vermutung (vgl. Kap.5), daß nämlich das neue Verfahren des Sozialdialogs nur über grundlegende Defizite europäischer Arbeits- und Sozialpolitik hinwegtäuscht (zu einer anderen Einschätzung Treu 1997). „It is safer to say that: the Treaty's drafters used an imprecise word without properly weighing up its implications and without verifying that it was compatible with a system based on the allocation of specified powers; in the social policy field, the drafters of the annexed Protocol and its accompanying Agreement failed to realize that the provisions they were adopting were logically inconsistent with the entire development of Community law on social policy between 1951 and 1992. Nothing more, and nothing less“ (Lyon-Caen 1996, 62).
Trotz des anhaltenden Optimismus der Kommission in bezug auf die Stärkung des Sozialdialogs zögern die Sozialpartner nach wie vor, die Vorschriften des Sozialabkommens zu nutzen. Die Fähigkeit der Mitgliedstaaten, Versuchen der Entwicklung einer breit angelegten europäischen Sozialpolitik enge Grenzen zu setzen, bleiben unberührt. Die Inkorporierung der Sozialpartner kann als letzten Endes erfolgloser Versuch gewertet werden, die Kluft zwischen sozialer und ökonomischer Integration zu schließen.
Die Medaille hat allerdings zwei Seiten: Man muß anerkennen, daß einige wenige Fortschritte auf der Makroebene erzielt wurden; demgegenüber fehlen Anwendungen auf der Branchenebene, die in der Mehrzahl der Mitgliedsländer nach wie vor von erheblicher Bedeutung ist. Lediglich die Anzahl der nicht-bindenden Gemeinsamen Stellungnahmen innerhalb des "alten" Sozialdialogs" hat seit Mitte der

80er Jahre zugenommen.[10] Diese Entwicklung steht in Zusammenhang mit der Politik der Kommission, die sich auf allgemeine Sozialpolitik und nicht auf spezifische Probleme der Arbeitsbeziehungen konzentriert.

Die Internationalisierung der Volkswirtschaften ist, wie bereits mehrfach erwähnt, erheblich weiter fortgeschritten als die der Arbeits- und Sozialpolitik.[11] Die deutliche Kluft zwischen wirtschaftlicher und sozialer Integration kann sich trotz einer allmählichen Ausdehnung sozialpolitischer Aktivitäten und Befugnisse durchaus weiter vertiefen, weil die Geschwindigkeiten differieren. "The growing competition among different social regimes and the possibility allowed by the principle of "mutual recognition" for individual enterprises to engage in "regime shopping", that is, choosing less costly and more flexible social regimes, might result in a sharp reduction of labor protection and influence on the labor market, and in a corresponding freedom of choice by international managers" (Treu 1992, 19).

Demgegenüber wäre die Schaffung einer "European industrial relations area" als Teil der "sozialen Dimension" aus mehreren Gründen wichtig: "Its main function would be to diffuse and generalize employment and labour market policies and attitudes in line with the new productive system... Perhaps of equal importance, the European industrial relations area would check developments which block arrangements intrinsic to a new growth model... Overall, a European industrial area would have a determining influence on the direction of national labour market and employment systems inside the EC" (Teague/Grahl 1990, 172).

Insgesamt gilt in diesem Kontext ein Zusammenhang, der schon am Beispiel anderer Politikfelder eruiert wurde: „Europäische regulative Politik stellt sich - unter dem Dach vager übergeordneter Steuerungsphilosophien wie „Subsidiarität" - auf

---

[10] Auf der empirischen Basis der Fallstudien sind bestimmte optimistische Prognosen nicht nachzuvollziehen: „Vor dem Hintergrund der zunehmenden ökonomischen Internationalisierung und grenzüberscheitenden Restrukturierung von Unternehmen im Binnenmarkt läßt die sozialpolitische Integration ... dynamische Elemente erkennen, die sich in der Aufnahme des Sozialprotokolls und eines Beschäftigungskapitels in den Amsterdamer Vertrag ebenso niedergeschlagen haben wie in einer Intensivierung des Sozialen Dialogs zwischen Kommission, europäischen Unternehmensverbänden und Gewerkschaftsorganisationen auf multisektoraler und sektoraler Ebene." (Platzer/Weiner 1998, 410)

[11] Dieser Aspekt spielt in der umfangreichen US-amerikanischen Literatur keine Rolle. Die im North American Free Trade Agreement (NAFTA) geregelte Freihandelszone zwischen den USA, Kanada und Mexiko ist anderer Natur und schließt eine soziale Dimension aus (Belous/Lemco 1993). Eine Reihe vergleichender EG-/NAFTA-Aspekte werden behandelt in Sbragia 1992a.

der konkreten und instrumentellen Ebene .. als bunter Flickenteppich regulativer Traditionen und Ansätze dar, die aus den nationalen Regulierungserfahrungen in die europäischen Maßnahmen einfließen. Nicht nur innerhalb eines Politikbereiches, manchmal unter dem Dach ein- und derselben Direktive, stehen verschiedene Ansätze zur Auswahl nebeneinander, wenn in der Verhandlungsphase anders ein Konsensus nicht herbeigeführt werden konnte, d.h. es werden Formelkompromisse erreicht" (Héritier 1997, 273).

Unsere Ergebnisse zeigen, daß die auf den spezifischen sektoralen Bedingungen basierenden Sozialdialoge sich in einem frühen Entwicklungsstadium befinden. Auch in Zukunft werden sie eine enorme "Varianz" aufweisen.

- Eine Möglichkeit besteht darin, daß Sozialdialoge nicht an Bedeutung gewinnen; in einigen Sektoren werden sie vielmehr langsam auslaufen, da die Sozialpartner das Problem der Themenfindung nicht konstruktiv lösen wollen oder können. Insbesondere in Sektoren, in denen multinational tätige Unternehmen eine dominierende Rolle spielen, haben die schwachen Arbeitgeberverbände wenig Anreize zur Aufnahme von Sozialdialogen (z.B. Metall- oder Chemieindustrie) (Marginson/ Sisson 1994, Van den Toren 1999). Die multinational tätigen Unternehmen haben direkten Zugang zu den Entscheidungsträgern (u.a. in der Kommission) und können spezifische Probleme möglicherweise schneller und effizienter über "ihre" EBR lösen, ohne daß Kompromisse in sektoralen Dialogen notwendig werden.
- In einigen anderen Branchen (wie dem Hotel- und Gaststättengewerbe) wird die Reichweite von Sozialdialogen vermutlich aufgrund eines Mangels an konsensualen Verhandlungsobjekten begrenzt sein. In Anbetracht der Tatsache, daß es sowohl erhebliche Unterschiede zwischen Branchen als auch in den supranationalen Herausforderungen gibt, werden Fortschritte ungleichmäßig bleiben. In der Mehrzahl der Fälle werden die Sozialpartner sich mit Fragen der allgemeinen Sozialpolitik und nicht mit Problemen spezifischer Arbeitsbeziehungen befassen.
- Die zentralen Probleme von Arbeitsbeziehungen werden, falls überhaupt, nur in wenigen ausgewählten Branchen (wie Bau oder Verkehr) verhandelt; lediglich in diesen Branchen werden sektorale Sozialdialoge an Bedeutung gewinnen.

6.4. Verbesserung der Erfolgsaussichten sektoraler Dialoge

Die empirischen Analysen zeigen, daß sich sektorale Dialoge trotz ihrer potentiellen Bedeutung für europäische Arbeitsbeziehungen noch in einer frühen Phase befinden und sich allenfalls langfristig entwickeln werden. In diesem Abschnitt eruieren wir aus normativer Perspektive notwendige Voraussetzungen ihrer Weiterentwicklung, die auf der europäischen Ebene erfüllt sein müssen. Auf der Basis unserer Fallstudien identifizieren wir vier zusammenhängende Bedingungen:

- Erstens würde eine weitere Dezentralisierung bzw. Disaggregierung von Sozialdialogen, insbesondere in heterogenen Sektoren, die Wahrscheinlichkeit weiterreichender Ergebnisse erhöhen.
- Zweitens müßte eine Verbesserung der Koordination von Interessen zwischen den korporativen Akteuren der Zentral- und der Sektorebene erreicht werden.
- Drittens müßten die Anwendungsbedingungen des Sozialabkommens sowie die Implementation von Rahmenabkommen auf nationaler Ebene definitiv und abschließend geklärt werden.
- Viertens müßte die zukünftige politische Rolle der Kommission als Prozeßmanager im Institutionengefüge bestimmt werden.

1. In der Einleitung dieses Kapitels haben wir argumentiert, daß im Gegensatz zu den wenigen Ergebnissen der zentralen die sektorale Variante des Dialogs für flexiblere und angepaßtere Rahmenabkommen stehen könnte. Erhebliche Unterschiede beobachten wir nicht nur, wie bisher analysiert, zwischen Sektoren. Auch innerhalb von Sektoren (wie Verkehr oder öffentlichem Dienst) bestehen aufgrund von Interessenunterschieden deutliche Differenzen. Daher ist zu vermuten, daß die sektorale Ebene nicht in allen Fällen die am besten für Abschlüsse geeignete darstellt. Wir können nicht ohne weiteres unterstellen, daß die Verbände dieser Ebene in jedem Fall die Aktivitäten ihrer Mitglieder koordinieren und deren Interessen mediatisieren können. Diese Schwierigkeit führt dazu, daß die Wahrscheinlichkeit des Scheiterns steigt.
Aufgrund der bei beiden Sozialpartnern gegebenen Heterogenität von Interessen wäre selbst die Branchenebene (etwa die Metall- oder Chemieindustrie) noch zu heterogen für Abkommen. Relativ bessere Aussichten auf Erfolg würden aufgrund

einer größeren Homogenität materieller Interessen Varianten von Sozialdialogen haben, die noch stärker dezentralisiert sind als im Abkommen über die Sozialpolitik vorgesehen, d.h. die in Teilbereichen einzelner Sektoren stattfinden (etwa im Metallsektor im Maschinenbau, Automobil, Stahl, Schiffbau etc. oder im Verkehrssektor entsprechend den Transportträgern bzw. Subsektoren wie Schienenverkehr, Straßengüterverkehr-, Luftverkehr, Binnen- und Hochseeschiffahrt). Eine weitergehende Dezentralisierung der sektoralen Dialoge könnte außerdem zu einer Spezifizierung und Konkretisierung ihrer Inhalte beitragen.[12]

Soll die weitere Dezentralisierung zu Ergebnissen führen, erfordert diese Struktur als conditio sine qua non die Existenz entsprechender Verbände auf beiden Seiten, was durchaus nicht in allen Branchen der Fall ist. Zusätzlich muß deren Aus- bzw. Binnendifferenzierung im Sinne einer arbeitsteiligen Kooperation und/oder eine entsprechende Erweiterung und Umdefinition der Aufgabenstellung und Ziele erfolgen (etwa vom allgemeinen Unternehmens- oder Wirtschafts- zum spezifischen Arbeitgeberverband). Die Substrukturen müßten aus permanenten und stabilen Gruppierungen, wie Arbeitsgruppen oder Unterausschüssen, bestehen, die Entscheidungen für ihren Organisationsbereich relativ autonom treffen und implementieren können. Die notwendigen innerverbandlichen Umstrukturierungsprozesse, die weiterhin neue interne Koordinationsverfahren erfordern würden, wären gleichwohl äußerst schwierig. Eine andere Möglichkeit besteht darin, daß sich Verbände für Subsektoren konstituieren und ihre Aktivitäten koordinieren, was u.a. durch Kooperationsabkommen geschehen kann.

Nach dem Industrieverbandsprinzip aufgebaute Verbände müßten aufgrund ihrer breiten Organisationsdomäne an verschiedenen, nicht miteinander verbundenen subsektoralen Dialogen teilnehmen und im Falle überlappender und daher konfliktorischer Bereiche Abstimmungsprozesse vornehmen. Zusammenschlüsse von Gewerkschaften, wie sie u.a. in der Bundesrepublik stattfinden (Keller 1999b), erhöhen die Schwierigkeiten vertikaler und horizontaler Interessenvermittlung:

---

[12] Ein Gegenargument lautet, daß die Akteure aus praktischen Gründen keine Zersplitterung des Dialogs wollen, weil dieser Schritt die Transaktionskosten erhöhen würde. Diese Position setzt allerdings expliziten Konsens zwischen den Verbänden voraus, welcher aufgrund fortdauernder Interessengegensätze in der Regel nicht gegeben ist.

Größere Gewerkschaften sind an mehr Sozialdialogen beteiligt als ihre kleineren Vorgänger und müssen versuchen, die Strategien der ehemals unabhängigen Akteure der subsektoralen Ebene intern zu koordinieren. Gleichzeitig werden die Ressourcen für die Erreichung supranationaler Ziele durch die sog. Mergers nicht notwendigerweise zunehmen. Ferner würden nationale, auf der sektoralen Ebene angesiedelte Verhandlungssysteme von derartigen Dezentralisierungstrends beeinflußt; die Entwicklungen könnten eine weitere unkoordinierte Dezentralisierung nationaler Arbeitsbeziehungen nach sich ziehen (Traxler 1995).

Eine solche Entwicklung würde sich in Trends der Dezentralisierung bzw. Verbetrieblichung, die in mehreren EU-Mitgliedsländern bereits seit den 80er Jahren bestehen (Katz 1993, Ebbinghaus/Visser 1997, Ferner/Hyman 1998), durchaus einfügen - und diese sogar fördern. Gleichzeitig würde die Entwicklung homogener und kohärenter supranationaler Arbeitsbeziehungen noch unwahrscheinlicher; auf nationaler Ebene ohnehin bestehende Fragmentierung von Interessen würden durch supranationale Entwicklungen noch verstärkt.

In einigen Sektoren (wie der Bauwirtschaft mit ihrer Entsendeproblematik aufgrund der Integration ihrer Arbeitsmärkte) könnte supranationale Regulierung durch die Vorgabe von Sockelstandards nationale Standards verbessern, während in der Mehrzahl Unterstützung unwahrscheinlich ist. Weiterhin dürften die Aussichten für die Entwicklung derartiger subsektoraler Dialoge innerhalb hochgradig vergemeinschafteter (Kohle, Stahl, Landwirtschaft) oder internationalisierter (Telekommunikation, Verkehr) Sektoren günstiger sein als in den primär weiterhin national orientierten (wie den Kernbereichen des öffentlichen Dienstes).[13]

Die konkrete Ausgestaltung dieser noch stärker dezentralisierten sozialen Dialoge würde wesentlich davon abhängen,

- welche Organisationsstrukturen die Arbeitgeberseite entwickelt,
- welche strategischen Optionen sich die Arbeitnehmerorganisationen offen halten wollen und
- welche potentiellen Gegenstandsbereiche die privaten Akteure in Übereinstimmung mit der Kommission identifizieren können.

[13] Im übrigen müßten wohl nicht immer und unbedingt Organisationen aus allen Mitgliedsländern beteiligt sein. Die Nutzung dürfte auch innerhalb kleinerer Bereiche eher bei peripheren und nicht konfliktträchtigen Problemlagen erfolgen.

2. Das für einen Erfolg wichtige Verhältnis zwischen zentralen und sektoralen Sozialdialogen ist ambivalent und wurde weder im Sozialabkommen selbst noch in den anschließenden Mitteilungen der Kommission spezifiziert bzw. geklärt.[14] In analytischer Perspektive scheinen zwei Szenarien möglich:

- Zum einen können sich zentrale Dialoge weiterhin mit allgemeinen-sektorübergreifenden Problemen beschäftigen, während sektorale Dialoge bereichsspezifische Fragestellungen aufgreifen. In diesem Fall könnten letztere allgemein gehaltene Rahmenabkommen spezifizieren, die auf zentraler Ebene ausgehandelt wurden. Diese Variante wird auch innerhalb der Kommission favorisiert (Flynn 1997, KOM (98) 322 endg.). M.a.W.: Eine gewisse Aussicht auf Erfolg kann für sektorale Sozialdialoge bestehen, wenn sie sich über Implementationsverfahren mit branchenübergreifenden Dialogen zur Konkretisierung von Rahmenabkommen verknüpfen lassen.[15]

Allerdings würde die Realisierung eines solchen nahezu idealtypischen kaskadenartigen Modells eine ausdifferenzierte Arbeitsteilung sowohl innerhalb als auch zwischen den korporativen Akteuren der beiden Ebenen, also zwischen Dach- und Branchenorganisationen, voraussetzen. Die dazu notwendige Kooperation besteht gegenwärtig nicht und wird aufgrund divergierender Interessen auch in Zukunft kaum zu erreichen sein. Insgesamt erscheint dieser Ansatz zu "zentralistisch-institutionalistisch" sowie zu hierarchisch in bezug auf das Verhältnis zwischen Dach- und Mitgliedsverbänden konzipiert; weiterhin unterschätzt er die Schwierigkeiten sektoraler Abkommen.

- Zum andern können einige sektorale Sozialpartner einen unabhängigen Ansatz bei der Problemdefinition und -lösung bevorzugen, indem sie sich ohne besondere vertikale oder horizontale Rückkoppelung mit den Dachverbänden auf ihre spezifischen Probleme konzentrieren. Langfristig werden einige Akteure der Sektorebene (u.a. Hochseeschiffahrt und Schienenverkehr) aufgrund organisatorischer

[14] Die Kommission selbst sieht folgende Ansatzpunkte für eine Ausweitung des sozialen Dialogs: Hinwendung zu Fragen der Beschäftigung, Aufbau eines Systems für den sozialen Dialog in den Ländern Mittel- und Osteuropas, Verbesserung des Informationsaustausches zwischen den Teilnehmern sowie der Kommunikation, Unterstützung gemeinsamer Initiativen, Erschließung neuer Ebenen (Kommission der Europäischen Gemeinschaften 1996, 17ff).

[15] "In den wichtigsten Industriesektoren werden sektorale Vereinbarungen wohl nur möglich werden im Gefolge von branchenübergreifenden Vereinbarungen und/oder Vereinbarungen auf der Ebene von europäischen Unternehmen dieser Sektoren" (Buda 1995, 310f).

Eigeninteressen sowie ökonomischer Gründe versuchen, ihren Einfluß gegenüber den Akteuren der Zentralebene zu stärken. Diese Entwicklung würde durch nationale Mitglieder verursacht, die nicht bereit sind, Teile ihrer knappen Ressourcen an die europäischen Dachverbände abzugeben. Dieser Trend würde zu einer Zunahme der Autonomie und Bedeutung der sektoralen in Relation zu zentralen Dialogen beitragen. Dieser Ansatz dürfte realistischer, weil weniger voraussetzungsvoll sein als die Annahme einer kaskadenförmigen Koordination im zuerst skizzierten Fall. Diese branchenspezifischen Probleme dürften die deutliche Mehrheit ausmachen; es bedarf allerdings sektoraler sozialpolitischer Initiativen der Kommission, die nicht zu erwarten sind.

In den genannten Szenarien werden Rahmenabkommen nur ausgehandelt, wenn beide Seiten zustimmen können. Die Existenz konsensualer Objektbereiche ist somit eine unerläßliche Voraussetzung, die, wie ausgeführt, schnell ausgeschöpft sein kann. Deshalb werden Inhalte von Rahmenabkommen, die nach dem Sozialabkommen ausgehandelt werden, sich stark an sektoralen Spezifika orientieren und somit einen engen Regelungsbereich aufweisen. Eine inkrementalistische, sektorspezifische Entwicklung ist das wahrscheinlichste Szenario. Kurzfristig wird lobbying die wichtigste Aktivität der Sozialpartner bleiben; mittelfristig könnten Sozialdialoge in einigen Sektoren an Bedeutung gewinnen.

Auf beiden Seiten besteht das Problem der sektoralen Koordinierung von Interessen und Strategien durch die europäischen Dachverbände, sofern sie deutlich differierende Entwicklungen zwischen den Ebenen ausschließen wollen. Nach unseren Ergebnissen unterscheiden sich die Interessen der Akteure der Sektordurchaus von denen der Zentralebene:

- Die Organisationsstruktur des EGB ist für die Interessenaggregation und -mediatisierung besser ausgelegt, da eine interne Differenzierung existiert: Die Gewerkschaftsausschüsse sind nicht nur seit den frühen 80er Jahren Mitglied des Dachverbandes, sondern haben seit 1991 auch Stimm- und Mitbestimmungsrechte im internen Entscheidungsprozeß (Dolvik 1997). Gleichwohl konnten sich die sektoralen Verbände und ihr Dachverband nicht auf einen detaillierten Ansatz zur Aushandlung europäischer Rahmenabkommen einigen.

- Auf Arbeitgeberseite ist die Situation komplexer und verwirrender, da die reine Zahl der Verbände größer ist als auf Gewerkschaftsseite. Sie sind keine direkten Mitglieder von UNICE, die keinen formalen, mit dem des EGB vergleichbaren Unterbau hat (vgl. Kap.2). Ein weiteres besonderes Merkmal der Sektorebene besteht darin, daß Verbände entweder nicht bestehen oder nicht über genügend Ressourcen verfügen, um in Verhandlungen einzutreten. Es dominiert die Strategie einer Verteidigung des Status quo, der durch weitgehend fehlende supranationale Regulierung gekennzeichnet ist. UNICE als Hauptakteur auf der Zentralebene präferiert nach wie vor diesen Ansatz; die überwiegende Mehrzahl der Sektororganisationen (u.a. IRU und W.E.M.) teilt ihn. Allerdings deckt sich diese Status quo-Ausrichtung nicht mit allen sektoralen Interessenlagen, die selektiv positive Regulierungen präferieren können (wie die Entsenderichtlinie in der Bauindustrie).[16] Daher ist es wenig überraschend, daß UNICE sich bei divergierenden sektoralen Interessen im fortschreitenden Integrationsprozeß mit erheblichen Problemen konfrontiert sieht.

3. Die europäische Arbeits- und Sozialpolitik gewann mit der Einheitlichen Europäischen Akte Ende der 80er sowie dem Sozialabkommen des Maastrichter Vertrages Anfang der 90er Jahre allmählich an Bedeutung (vgl. Kap.1). Als Antwort auf diese externen Entwicklungen begann UNICE Anfang 1993 mit dem Aufbau eines informellen Netzwerks, des "European Employers' Network" (EEN).[17] Infolge dieser Änderungen der Rahmenbedingungen "wird eine systematische Koordinierung der sozialpolitischen Positionen notwendig .., um der Gefahr einer Inkohä-

[16] Mögliche Interessengegensätze werden beispielhaft am Fall der Entsenderichtlinie deutlich, welche die Arbeitsbedingungen, insbesondere die Entgelte, von Arbeitnehmern regeln soll, die vorübergehend in einem anderen Mitgliedsland tätig werden: Der Branchenverband der Bauwirtschaft, FIEC, wollte nach internen Diskussionen letztendlich ebenso wie der zuständige Gewerkschaftsausschuß, EFBH, eine europäische Regulierung durchsetzen. UNICE votierte aufgrund der Interessenlagen in anderen Sektoren vehement dagegen, konnte aber eine entsprechende Vereinbarung letzten Endes nicht verhindern. - Als sehr schwierig erwies sich die Interessenvereinheitlichung auf der nationalen Ebene zwischen BDA und ZDB (Zentralverband des Deutschen Baugewerbes) bzw. HVBI (Hauptverband der Deutschen Bauindustrie). Selbst wenn sich die zuständigen Branchenverbände der Bauwirtschaft einig sind, kann eine Regelung also immer noch am Widerstand einiger nationaler Regierungen scheitern.

[17] Kenntnisse über das EEN sind, wenn man von den wenigen zitierten Insiderinformationen absieht, in der Literatur so gut wie nicht vorhanden. Die empirische Forschung wird erschwert durch die Tatsache, daß es weder eine Geschäftsordnung noch Tagesordnungen gibt und keine Sitzungsprotokolle angefertigt werden.

renz in der Politik der Arbeitgeber vorzubeugen. UNICE hat mit der Gründung des "European Employers' Network" die Voraussetzungen für eine solche Koordination geschaffen ..." (Hornung-Draus 1994a, 239).
Das EEN (EIRR 1993d, 3) soll den freiwilligen Austausch über sektorale Aktivitäten und Strategien ermöglichen, dem informellen Informations- und Erfahrungsaustausch dienen sowie eine bessere und verstärkte Konsultation und Koordination herstellen. "Its objectives are to provide a forum for the exchange of views and informations on social policy between European employer organisations, to promote convergence of views and positions among employers in order to enhance their ability to make strong and credible representations to the Community Institutions and European Trade Unions, and to prevent proliferation or duplication of overlapping agreements at the European level" (Hornung-Draus 1998a, 229).
Dabei sollen weder die teilnehmenden Sektorverbände ihre Autonomie und Entscheidungsfreiheit aufgeben noch soll UNICE sich formal in sektorspezifische Belange einmischen, deren Abstimmung in der ausschließlichen Kompetenz der Branchenverbände bleibt. Allgemein gilt: "Because of its mission to represent the interests of busines taken as a whole, the formal position taken by UNICE is that it does not intervene in sector-specific affairs unless there are broader implications for the entire constituency of business, or where a sectoral interest group is not present." (Greenwood 1997, 105). Neben diesen Binnenaufgaben dürfte das EEN das externe Ziel verfolgen, eine gewisse Repräsentativität von UNICE gegenüber den politischen Akteuren und der Öffentlichkeit zu dokumentieren.
Bis Ende der 90er Jahre entschlossen sich mehr als 60 europäische sektorale Wirtschafts- und Unternehmensverbände zur Mitarbeit. Sie repräsentieren mit der einzigen Ausnahme des öffentlichen Sektors das gesamte Spektrum relevanter branchenspezifischer Interessen, welches von der Landwirtschaft bis in die Dienstleistungssektoren reicht. Falls innerhalb einer Branche mehr als ein Verband besteht (wie etwa bei Banken), können auch mehrere Verbände Mitglieder des EEN sein. Die hohe Mitgliederzahl zeigt an, daß das EEN von den Beteiligten als nützlich und notwendig erachtet wird.
Das Netzwerk basiert strikt auf den Prinzipien der Freiwilligkeit, Informalität und Vertraulichkeit; es ist kein Entscheidungsgremium und verfügt weder über Formalstrukturen noch über feste, hauptamtliche Mitarbeiter oder offizielle Mandate der

Mitgliedsverbände. Pro Jahr finden, und zwar jeweils nach den Sitzungen des Social Affairs Committee als eines der fünf Policy Committees von UNICE (vgl. Kap.2), drei bis vier Treffen statt, an denen ein offiziell benannter Vertreter pro Mitgliedsverband teilnimmt. Diese Veranstaltungen, die UNICE logistisch und administrativ "koordiniert", (u.a. Einladung auf eigene Initiative oder die von Mitgliedern, Bereitstellung von Räumen und Übersetzern, Verbreitung von Dokumenten, Benennung eines Vorsitzenden), vermitteln einen allgemeinen Überblick über ein breites, aktuelles Themenspektrum.

Neben der horizontalen Vermittlung von Information und Einleitung einer Verhaltensabstimmung zwischen den betroffenen Branchenorganisationen, die sich auf sektorale wie subsektorale Probleme (etwa bei Banken im allgemeinen oder im Verkehrssektor in bezug auf die Arbeitszeitrichtlinie) beziehen kann, wird zugleich eine vertikale Verhaltenskoordination zwischen UNICE und den Branchenverbänden angestrebt.[18] Für letztere erweist sich das EEN als notwendig, da UNICE die im Gegensatz zum EGB aufgrund der fehlenden formalen sektoralen Untergliederung über keine institutionalisierten Kanäle der Koordination verfügt.

Das übergeordnete Ziel des Netzwerks besteht also in einer informellen Abstimmung von Interessen sowohl auf horizontaler als auch vertikaler Ebene, in der Koordinierung oder sogar Kanalisierung genereller Politiken von UNICE sowie in der Vermeidung fragmentierter und inkohärenter Arbeitgeberpositionen vor allem gegenüber der Kommission und den Gewerkschaften. Die vertikale Informationsvermittlung innerhalb des EEN erstreckt sich nicht nur auf alle Phasen von Sozialdialogverhandlungen sondern auf sämtliche Positionen von UNICE. Die regulären oder ad hoc-Treffen können, je nach Allgemeinheitsgrad des Problems, entweder alle Mitglieder oder (wie im Falle befristeter Beschäftigung) vor allem die jeweils besonders betroffenen Branchen umfassen. UNICE lernt die Positionen und

---

[18] "Issues which are specific to one particular sector are dealt with by the sectoral organisation concerned. UNICE is always willing to support and assist such organisations if requested to do so and, in any case, hopes to be kept closely informed through E.E.N. of the matters under discussion. In the context of a horizontal issue, when aspects arise which are specific to or of major importance for one or a few sectors, UNICE will invite the organisations concerned to take part in discussions in the relevant UNICE working group, in addition to informing and consulting the E.E.N. Equally, when sectoral organisations representing business at the European level are approached by the Commission or the trade unions on any horizontal issue, UNICE would expect to be informed and closely involved before a reply is given" (UNICE 1993, 3).

potentiellen Probleme seiner Mitgliedsverbände kennen, die ihrerseits versuchen können, Einfluß auf die offizielle Position von UNICE zu nehmen.
Die horizontale Variante sorgt neben dem ansonsten schwierigeren Austausch von Informationen zwischen den Mitgliedsverbänden auch für feed-back an und für den Dachverband, vor allem in Branchen mit komplexen Organisationsstrukturen und heterogenen Interessen. Eine zeitliche Abstimmung der Sitzungen mit verbandsexternen Vorgaben erweist sich als notwendig, um gemeinsame Maßnahmen (wie Stellungnahmen zu Kommissionsdokumenten wie Grün- oder Weißbüchern) koordinieren zu können.
Bislang verfolgt diese Plattform definitiv nicht das Ziel, den sozialen Dialog auf Branchenebene zu institutionalisieren und zu forcieren. Möglicherweise soll das EEN nicht nur mehr Transparenz über sektorspezifische Entwicklungen durch Verbesserung des Informationsaustausches schaffen, sondern auch dem Zweck dienen, Sonderentwicklungen auf sektoraler Ebene infolge branchenspezifischer Konzessionsbereitschaft zu verhindern. Nachdem die Kommission sich gemäß ihrer Absichtserklärung in der dritten Sozialdialog-Mitteilung (vgl. Kap.5) entschlossen hat, in Zukunft die sektorale Integration zu intensivieren und sektorale Aktivitäten zu ermutigen, werden für UNICE vermehrt verbandsinterne Koordinations- und Kooperationsprobleme entstehen.
Das rein freiwillige EEN wird aufgrund seines auf absehbare Zukunft schwachen, weil informellen Status nicht in der Lage sein, diese weitergehenden Aufgaben zu bewältigen. Dieses Argument, welches der bekannten These der "strength of weak ties" widerspricht, wird unterstützt durch die Tatsache, daß einige Verbände bereits für sektorspezifische Regulierungen votiert haben (z.B. Bauwirtschaft oder Seeschiffahrt). Ihre spezifischen Interessen an branchenspezifischer Regulierung (etwa von Aus- und Weiterbildungsfragen) decken sich nicht immer und unbedingt mit den allgemeinen UNICE-Interessen an einer möglichst engen Begrenzung der EU-Regulierung, die sich ihrerseits mit dem Subsidiaritätsprinzip ergänzen. Einige Mitglieder fordern für die Zukunft eine stärkere Formalisierung der Kooperationsbeziehungen des Netzwerks, welche auch die Rolle des Dachverbandes verändern würde, der mehr als bisher divergierende Interessen schlichten und abstimmen müßte.

In langfristiger Perspektive kann die Kooperation sektoraler Verbände im EEN zumindest in einigen Branchen eine zweite Säule bilden und die Fébis (Fédérations européennes par branches d'industrie) ergänzen, die seit vielen Jahren bestehen und bislang vornehmlich für wirtschaftliche Angelegenheiten zuständig waren (z.B. gemeinsame Agrarpolitik, technische Harmonisierung). Wenn wir weiterhin zwischen allgemeineren und spezifischeren Formen der Interessenvertretung unterscheiden, wie es auf nationaler Ebene in zumindest einigen größeren Mitgliedstaaten (u.a. Deutschland, Frankreich, Spanien) der Fall ist (Traxler 1998a), sind die Zusammenschlüsse auf europäischer Ebene eindeutig Wirtschafts- und keine Arbeitgeberverbände, da sie sich mit wirtschaftlichen und nicht mit sozial-, insbesondere tarifpolitischen Angelegenheiten befassen. Diese Verbände konzentrieren sich in ihren Politiken zunächst auf die Vollendung des Binnenmarktes, dann auf die Einführung der WWU und stellen die Entwicklung der sog. sozialen Dimension des Binnenmarktes hintan.

Ungeklärt muß die Frage bleiben, ob sektorale Verbände, die nicht Mitglieder von UNICE sind, möglicherweise eine aktivere als die traditionelle Politik betreiben werden mit dem Ziel, ihre sektorspezifischen Interessen durch autonome Rahmenabkommen durchzusetzen.[19] Das aktuelle Problem, daß Gewerkschaftsausschüsse häufig keine Gesprächs- bzw. Verhandlungspartner haben, wäre damit zumindest in einigen Branchen zu lösen. Zumindest können wir unterstellen, daß sich zwischen Branchen Interessenunterschiede ergeben können, die kaum vom Dachverband zu mediatisieren sind.

Auf nationaler Ebene entspricht dem EEN der von der BDA eingerichtete Gesprächskreis "Sozialer Dialog", dem die deutschen Fachspitzenverbände angehören (sog. horizontale vs. vertikale Kommunikation). "Damit soll sichergestellt werden, daß vor allem Fachverbände, die ihrerseits Mitglied eines auf euro-

[19] Eine deutlich optimistischere Position wird offiziell von Gewerkschaftsseite vertreten: "There may be various reasons for the different attitudes shown by the employers:
- ideological considerations for not engaging in the sectoral dialogue, according to the restrictive policies of UNICE.
- political disagreement with UNICE and support for a valid and genuine dialogue. Some employers' organisations oppose the policy of only conducting a dialogue/negotiations at the inter-occupational level and/or are not even related or connected to UNICE.
- necessity of getting information on EC policies from the Commission and a wish to build political goodwill, e.g. to create better prospects for Commission support of a specific sector e.g. one facing a crisis" (European Trade Union Institute 1993, 61).

päischer Ebene bestehenden Fachspitzenverbandes sind, unmittelbar über alle den Sozialen Dialog betreffenden Fragen und Entwicklungen informiert werden" (BDA 1993, 178).[20]

4. Bisher haben wir die institutionellen Voraussetzungen für den Abschluß von Rahmenabkommen behandelt. Mit dem anschließenden, gleichermaßen relevanten Problem der Implementation hat sich die Integrationsforschung kaum befaßt.
In bezug auf Sozialdialoge der zentralen Ebene sind Probleme der nationalen Umsetzung und Implementation inzwischen durch die Praxis der ersten Verfahren weitgehend gelöst (vgl. Kap.5). Auf der sektoralen Ebene sind die Schwierigkeiten aufgrund fehlender Erfahrungen mit "sektoralen" Richtlinien und Rahmenabkommen weitgehend ungeklärt, obwohl die Kommission ihrer dritten Sozialdialog-Mitteilung Lösungen in Analogie zu denen der Zentralebene vorgeschlagen hat.
Gemäß Sozialabkommen bestehen die bereits in Zusammenhang mit den zentralen Sozialdialogen in Kap.5 behandelten Optionen, nämlich nationale Gesetzgebung oder Kollektivverhandlungen (zur juristischen Diskussion Bercusson 1996, Bödding 1996, Piazolo 1999). „Die Durchführung der auf Gemeinschaftsebene geschlossenen Vereinbarungen erfolgt entweder nach den jeweiligen Verfahren und Gepflogenheiten der Sozialpartner und der Mitgliedstaaten oder ... auf gemeinsamen Antrag der Unterzeichnerparteien durch einen Beschluß des Rates auf Vorschlag der Kommission“ (Art. 139, Abs. 2 EGV).
Die erste Alternative, die auf nationale Gesetzgebung hinausläuft, bedeutet, daß die Kommission die Rahmenvereinbarung der Sozialpartner übernimmt und auf deren gemeinsame Veranlassung dem europäischen "Gesetzgeber", dem Ministerrat, zur Beschlußfassung vorlegt. Die zweite Alternative, nationale Kollektivverhandlungen, dagegen rekurriert auf einer freiwilligen Umsetzung in Übereinstimmung mit den "Verfahren und Gepflogenheiten der nationalen Sozialpartner und der Mitgliedstaaten". Beide Varianten (Gesetzgebungs- vs. Verhandlungsweg), die das Sozialabkommen als formal gleichwertig ansieht, warfen in der Praxis auf der Zentralebene eine Reihe von Interpretationsproblemen auf.

[20] Die BDA betont explizit, daß der Ausschuß "Sozialer Dialog" "ein autonomes Gremium zur Koordinierung der Sozialpartner auf europäischer Ebene ist und kein Entscheidungsgremium" (BDA 1993, 177).

Die nationale Implementation europäischer Rahmenabkommen soll gewährleisten, daß alle Beschäftigten von der Regelung erfaßt werden und somit eine gewisse Kohärenz der europäischen Sozialpolitik sichergestellt ist. Bei der Gesetzgebungsvariante wandelt der Ministerrat auf Vorschlag der Kommission das von den Sozialpartnern ausgehandelte Rahmenabkommen in eine verbindliche Regelung um, und zwar in Form einer Richtlinie, und überläßt diese anschließend den nationalen Gesetzgebern zur Implementation innerhalb vorgegebener Fristen. Bei der vertraglich-voluntaristischen Variante müssen notwendige Voraussetzungen für die Gewährleistung einer flächendeckenden Implementation erfüllt sein: Entweder muß eine hohe Deckungsrate nationaler Kollektivverträge gegeben oder die Möglichkeit einer Allgemeinverbindlichkeitserklärung (Anwendung des erga-omnes Prinzips) garantiert sein.

Die institutionellen Möglichkeiten variieren deutlich innerhalb der EU (vgl. Kap.5). Infolgedessen ist diese Alternative auf wenige Länder begrenzt und daher als generelle Strategie auf europäischer Ebene in absehbarer Zukunft unwahrscheinlich. Aus diesem Grund bevorzugten sowohl die Kommission als auch die Sozialpartner der Zentralebene bei den ersten Rahmenabkommen die Implementation via Gesetzgebung; eine faktische Gleichrangigkeit der beiden, in formaler Hinsicht gleichwertigen Varianten ist nicht gegeben.

Im Vergleich zum "neuen" Sozialdialog auf Zentralebene könnte die Alternative einer Implementation durch nationale Kollektivverhandlungen für die sektorale Variante an Bedeutung gewinnen: Die potentiellen Regelungsgegenstände wären vergleichsweise konkreter, und die institutionellen Voraussetzungen könnten eher erfüllt sein. Allerdings bleiben zwei Probleme ungelöst: Die entscheidende Frage der Repräsentativität der europäischen Verbände ist in einigen Sektoren nach wie vor umstritten (z.B. im Öffentlichen Dienst).[21] Hohe Deckungsraten auf sektoraler Ebene können nicht in allen Mitgliedstaaten der EU als gegeben unterstellt werden (z.B. Nahrungsmittelsektor). Empirische Untersuchungen zeigen vielmehr erhebliche Unterschiede zwischen den Mitgliedstaaten; die Deckungsraten liegen (mit ungefähr 60%) vergleichsweise niedrig in Ländern wie den Niederlanden,

[21] Diese Frage ist Gegenstand einer laufenden Repräsentativitätsstudie, die zu einer Revision der Liste sektoraler Verbände führen wird, welche von der Kommission als Sozialpartner anerkannt worden sind.

Portugal und Spanien (Traxler 1996b). Eine Alternative wäre die Ausweitung der Kollektivverträge auf nicht-organisierte Arbeitnehmer und Arbeitgeber mit Hilfe des erga omnes-Prinzips, welches nicht in allen Mirgliedsländern besteht (Dänemark, Italien). Last but not least: Rahmenabkommen müssen nicht notwendigerweise alle Mitgliedstaaten einschließen, sondern nur die vom Regelungsgegenstand direkt betroffenen.

Aufgrund der zu antizipierenden Schwierigkeiten der Vertragsstrategie, die im Kontext des zentralen sozialen Dialogs deutlich geworden sind, dürfte die Umsetzung per Gesetz trotz formaler Gleichrangigkeit der Alternativen wahrscheinlicher sein. Sektorale Verhandlungen dürften einerseits konkreter, andererseits aufgrund der verbandsstrukturellen Voraussetzungen aber auch komplizierter sein.

6.5. Exkurs: Der sektorale Sozialdialog des Verkehrssektors

1. Im Gegensatz zu den im vorigen Kapitel behandelten Entwicklungen auf der Makroebene gab es lange Zeit auf der Branchenebene keine Rahmenabkommen auf der "neuen" Basis des Sozialabkommens, dessen Anwendung auf die Makroebene beschränkt blieb. Echte Verhandlungen auf sektoraler Ebene fanden zumindest bis Ende der 90er Jahre nicht statt. Zwei Ergebnisse deuten möglicherweise ein Nachziehen an:

Aufgrund der von Anfang an gemeinsamen Landwirtschaftspolitik der EWG ist der "alte" sektorale Sozialdialog "involving unions, employers and European Commission representatives - .. the oldest and in many ways most institutionalised tripartite consultation process of its kind in Europe. It is organised in the form of a Joint Committee on Social Problems of Agricultural Workers which operates through a number of permanent working groups". (Weber 1997, 2). Dieser Dialog blieb lange Jahre relativ bedeutungslos und kam über gemeinsame Erklärungen nicht hinaus. Die Sozialpartner der Landwirtschaft, die European Federation of Agricultural Workers' Unions (EFA) und die Employers' Group of the Committee of Agricultural Organisations in the European Union (COPA/COGECA), schlossen nach längeren, kontroversen Verhandlungen schließlich 1997 die erste "Rahmenempfehlung zur Verbesserung der entlohnten Beschäftigung in der Landwirtschaft in den Mitgliedstaaten der Europäischen Union".

Diese Empfehlung wurde aufgrund ihres in historischer Perspektive potentiellen Pilotcharakters für die Entwicklung sektoraler Sozialdialoge von einigen externen Beobachtern hochgelobt (Weber 1997). Sie wurde allerdings nicht entsprechend den prozeduralen Vorgaben des Sozialabkommens geschlossen und gehört insofern zum Kanon der "alten", nicht-verbindlichen Sozialdialoge. Beide Sozialpartner haben - im Gegensatz zur Kommission - wenig Interesse an einer Ratifizierung bzw. nationalen Umsetzung über Kollektivverträge gemäß den Regularien des Sozialabkommens und betonen den rein empfehlenden Charakter ihres Abkommens.[22] Probleme bestehen vor allem hinsichtlich der Mandatierung, da EFA nur über ein generelles Verhandlungsmandat verfügte und auf Arbeitgeberseite Einstimmigkeit erforderlich war. Verbandsinterne Kritik erfahren vor allem die Inhalte der Empfehlung; Verbesserungen der Beschäftigungsbedingungen sind allenfalls in einigen südlichen Mitgliedsländern zu erwarten (Bansbach 1999).

Im Mittelpunkt unserer folgenden Analyse[23] steht der Verkehrssektor, in dem das bisher einzige verbindliche Rahmenabkommen geschlossen wurde. Wir analysieren zunächst seine Besonderheiten und aktuellen Entwicklungen und vergleichen diese anschließend mit denen ausgewählter anderer Sektoren.

Für den Verkehrssektor sind transnationale Wirtschaftsaktivitäten ebenso prägend wie transnationale Mobilität von Arbeitskräften sowie unterschiedliche Sozialstandards in den Mitgliedsländern. Der hochgradige heterogene Sektor läßt sich in einem ersten Analyseschritt nach den Verkehrsträgern in Subsektoren aufteilen: Eisenbahnen, Straßenverkehr, Binnen- und Hochseeschiffahrt (einschl. Seefischerei[24]) sowie Zivilluftfahrt. Diese Differenzierung spiegelte sich in der Existenz von Paritätischen Ausschüssen für jeden Subsektor (Seefischerei 1974, Binnenschiffahrt 1980, Eisenbahnen 1985, Straßenverkehr 1985, Hochseeschiffahrt 1987, Zivilluftfahrt 1990). Die Ausschüsse, die nach Abstimmung mit den Sozial-

[22] Die "Bestimmungen zur Arbeitszeit" vereinbaren eine maximale Länge der Jahresarbeitszeit von 1827 Stunden mit erheblichen Flexibilitätsspielräumen; außerdem schlagen sie einige Zusatzkonditionen bei den Arbeitsbedingungen vor (Europäische Kommission/GD V 1998b, 13).

[23] Vgl. zu diesem Abschnitt auch Keller/Bansbach 2000a und b.

[24] In der Prodi-Kommission ist der Agrarkommissar auch gleichzeitig Fischereikommissar; die Fischereipolitik - i.S. von Organisation der Fischereiressourcen etc. - wird also mehr im Zusammenhang mit der Agrarpolitik gesehen. Die Beschäftigten sind jedoch im Verkehrssektor organisiert, da sich, was Sozialfragen (z.B. Arbeitszeiten) anbetrifft, oft ähnliche Problematiken wie in der Hochseeschiffahrt ergeben.

partnern durch formale Beschlüsse der Kommission in Sektoren mit Gemeinschaftspolitiken eingerichtet wurden, hatten, wie bereits ausgeführt, vor allem die Funktion von Informations- und Konsultationsorganen für die Kommission. Bemerkenswert ist in diesem Zusammenhang die Tatsache, daß der Verkehrssektor allein sechs von insgesamt nur neun Paritätischen Ausschüssen stellte.[25] Im Gegensatz zu der Mehrzahl der übrigen Sektoren gab es in allen Subsektoren nicht nur einen relativ intensiven Austausch von Informationen sowie Konsultationen, sondern in einigen Bereichen gelegentlich auch gemeinsame Aktivitäten (wie Studien oder Projekte) und Verhandlungen. Gegenstand der Sozialdialoge waren vor allem: Beschäftigung und Arbeitsbedingungen, Gesundheit und Sicherheit sowie später, worauf wir noch ausdrücklich zurückkommen, die Regulierung der Arbeitszeit (vgl. die Auflistungen in Weber 1998).

Abbildung 6.3: Sektorale Dialoge in der Europäischen Union

Sektor	Sozialer Dialog	Informations-austausch	Informelle Konsultation	Verhandlung/ formal advice	Gemeinsame Aktion	Gesamt
Landwirtschaft		15	3		4	**22**
Telekommunikation	2	17	3			**22**
Postdienste	1	7	1		1	**10**
Hotel- und Gaststättengewerbe		4				**4**
Reinigungsindustrie		3				**3**
Handel	1	3			1	**5**
Baugewerbe	1	1				**2**
Holzindustrie	1	1				**2**
Schuhwaren		2			2	**4**
Textil-Bekleidung		1			1	**2**
Zuckerindustrie					1	**1**
Private Sicherheit					1	**1**
Zwischensumme:	*6*	*54*	*7*	*0*	*11*	***78***
Eisenbahnen		11	5	1		**17**
Straßenverkehr		2	2			**4**
Zivilluftfahrt		10	4		1	**15**
Seefischerei		9				**9**
Binnenschiffahrt		6				**6**
Hochseeschiffahrt	1	5	1		1	**8**
Verkehrssektoren:	*1*	*43*	*12*	*1*	*2*	***59***
	7	**97**	**19**	**1**	**13**	**137**

Quelle: Van den Toren (1999: 7); eigene Übersetzung und optische Veränderungen

[25] Die anderen PAs waren: Landwirtschaft (1974), Fernmeldewesen (1990), Postwesen (1994).

2. Die aktuellen Entwicklungen in sämtlichen Teilsektoren stehen in engem Zusammenhang mit der Ende 1993 verabschiedeten „Richtlinie über bestimmte Aspekte der Arbeitszeitgestaltung“ (KOM(93) 104 endg.).[26] Diese Richtlinie hatte aufgrund einer Ratsentscheidung, die gegen den expliziten Willen der Kommission zustande gekommen war, vor allem den gesamten Verkehrssektor, aber auch Mediziner in der Ausbildung ausgenommen. In ihrem im Sommer 1997 nach einer informellen Anhörung der Sozialpartner vorgelegten „Weissbuch zu den Sektoren und Tätigkeitsbereichen, die von der Arbeitszeitrichtlinie ausgeschlossen sind“ bekräftigte die Kommission ihre Entschlossenheit, die insgesamt rund 5,6 Mill. Arbeitnehmer dieser „ausgeschlossenen Sektoren“ (oder 4% aller Beschäftigten in der EU) in den Geltungsbereich einzubeziehen. „Hauptziel der Richtlinie ist der Schutz der Arbeitnehmer vor einer Beeinträchtigung ihrer Sicherheit und ihrer Gesundheit infolge übermäßig langer Arbeitszeiten, unzureichender Ruhepausen oder einer unausgewogenen Arbeitsorganisation“ (KOM(97) 334 endg.). Ein weiteres Ziel bestand in der Ausschaltung von Wettbewerbsverzerrungen aufgrund unterschiedlicher nationaler Regelungen und Bedingungen.
Die Kommission erläuterte, daß zur Festlegung verbindlicher Mindeststandards verschiedene Instrumente möglich sein sollten: ein unverbindlicher Ansatz im Sinne von Empfehlungen, ein rein sektoraler Ansatz, ein „differenzierter“ Ansatz, der zwischen Richtlinie und besonderen sektoralen Vorkehrungen unterscheidet, sowie ein einheitlicher „horizontaler“ Ansatz ohne sektorspezifische Eingriffe. Gegenstand der Regulierung sollten u.a. sein: Jahresurlaub, Gesundheitsschutz bei Nachtarbeit, Ruhepausen und maximale Jahresarbeitszeit für mobile wie nichtmobile Arbeitnehmer. Gemäß dem im Maastrichter Unionsvertrag revitalisierten Subsidiaritätsprinzip (vgl. Kap.2) sollten freiwillige Verhandlungen der Sozialpartner Vorrang haben vor Initiativen der Kommission. Die offizielle Ankündigung sektorspezifischer Regulierung setzte die Sozialpartner unter erheblichen Zugzwang, da im Falle eines Scheiterns freiwilliger Verhandlungen eine für alle Akteure verbindliche Richtlinie auf der Basis eines Kommissionsvorschlages drohte.

[26] Die wichtigsten Inhalte sind: eine minimale Ruhezeit von 11 aufeinanderfolgenden Stunden innerhalb von 24 Stunden, eine Ruhepause bei Arbeitszeiten von mehr als sechs Stunden, eine minimale, ununterbrochene Ruhezeit von einem Tag pro Woche, eine durchschnittliche wöchentliche Arbeitszeit von maximal 48 Stunden (einschl. Überstunden), Begrenzung der Nachtarbeit auf maximal 8 innerhalb von 24 Stunden, bezahlter Jahresurlaub von vier Wochen.

Nach den beiden Anhörungen gemäß den Regelungen des Sozialabkommens (vgl. Kap.5) verstärkten die sektoralen Sozialpartner ihre Aktivitäten vor allem im Rahmen ihrer Paritätischen Ausschüsse, deren Existenz sich insofern als überaus hilfreich erwies. Diese Verhandlungen wurden beeinflußt durch den Plan der Kommission, die Arbeitnehmer der „ausgeschlossenen" Sektoren mit den übrigen gleichstellen zu wollen. Freiwillige Rahmenabkommen über die Länge der Arbeitszeiten kamen schließlich im Herbst 1998 für die Hochseeschiffahrt[27] sowie für die Eisenbahnen zustande (EIRR 1998b).

Das Rahmenabkommen der Sozialpartner für die Eisenbahnen wurde nicht als eigenständige Richtlinie implementiert; seine Inhalte wurden in die Erweiterung der allgemeinen, „horizontalen" Richtlinie desselben Inhalts übernommen. Der Richtlinienvorschlag ging in das Gesetzgebungsverfahren. Das inhaltlich abweichende Abkommen der Hochseeschiffahrt wurde, wie von der Kommission vorgeschlagen (European Commission/DG VII 1998), im Juni 1999 gemäß den Verfahren des Sozialabkommens, d.h. auf Antrag der Sozialpartner sowie auf Empfehlung der Kommission durch eine Entscheidung des Rates, in eine Richtlinie (99/63/EG) umgewandelt. Für deren Umsetzung gilt eine dreijährige Frist. Damit wurde zum ersten Male auf Sektorebene ein verbindliches Rahmenabkommen nicht nur geschlossen, sondern auch tatsächlich implementiert.

Mit ca. 2/3 aller im Verkehrssektor Beschäftigten ist der Straßenverkehr der quantitativ mit Abstand wichtigste Teilsektor.[28] In diesem Bereich kam trotz intensiver Verhandlungen kein Rahmenabkommen zustande: Die Sozialpartner FST (Federation of Transport Workers' Unions in the European Union)[29] und IRU (International Road Transport Union) konnten sich nach langwierigen Verhandlungen nur auf eine gemeinsame Definition von Arbeitszeit einigen (Gesamtarbeitszeit vs.

---

[27] Die maximalen Arbeitszeiten sollen sein: 14 Stunden innerhalb eines 24-Stunden-Zeitraums und 72 Stunden innerhalb eines Sieben-Tage-Zeitraums; dabei soll das Prinzip des 8-Stunden-Tags gelten. Die minimalen Ruhezeiten sollen betragen: 10 Stunden innerhalb eines 24-Stunden-Zeitraums und 77 Stunden innerhalb eines Sieben-Tage-Zeitraums. Die Pausen können in zwei Perioden geteilt werden, von denen eine mindestens sechs Stunden betragen muß. Die Mitgliedsländer können Ausnahmen von diesen Regelungen vornehmen.

[28] Die Kommission schätzt offiziell folgende Beschäftigtenzahlen: Straßenverkehr 3,5 Mill., Eisenbahnen 965000, Luftverkehr 375000, Hochseeschiffahrt 160000, Binnenschiffahrt 45000 (Weber 1998).

[29] Im Juni 1999 wurde die FST in die European Transport Workers' Federation (ETF) umgewandelt. Damit beschränkt sich der Organisationsbereich nicht mehr nur auf die EU.

reine Lenkzeit); Dissens bestand über einen von der Arbeitgeberseite geforderten Ausnahmekatalog für die nationale Ebene.

Die Kommission machte nach dem Scheitern dieser freiwilligen Verhandlungen Ende 1998 ihren Vorsatz wahr: Sie leitete, wie bereits erwähnt, das Gesetzgebungsverfahren ein mit dem Ziel einer „horizontalen" Ausweitung des Geltungsbereichs zentraler Elemente der bereits bestehenden Arbeitszeitrichtlinie auf Zivilluftfahrt, Eisenbahnen, Binnenschiffahrt und Seefischerei sowie subsektorspezifische Richtlinien für Straßenverkehr und Hochseeschiffahrt.[30]

Der Richtlinienvorschlag für den Straßenverkehr stößt aus zwei Gründen auf Schwierigkeiten: Zum einen bezieht er sich nicht nur auf abhängig Beschäftigte, sondern auch auf Selbständige. Zum andern hat er eine doppelte Rechtsgrundlage, weil er sowohl Arbeits- und Gesundheitsschutz als auch Verkehrssicherheit zum Inhalt hat. Der umstrittene Vorschlag im Verkehrsministerrat ist blockiert.

Abbildung 6.4: Ausweitung der Arbeitszeitrichtlinie auf die Verkehrssektoren

Tätigkeitsbereich	Anwendung aller Bestimmungen der Richtlinie 93/104/EG	Aufhebung von Verschlechterungen im Rahmen von 93/104/EG	Ergänzung von 93/104/EG zur Ausgestaltung best. Regelungsbereiche*	Sektorspezifische Zusatzvereinbarungen	Nur sektorspezifische Regelungen
Nicht-mobile Arbeiter (Straßen- und Luftverkehr, Binnen- und Hochseeschiffahrt, Fischerei)	X	X			
Eisenbahnen	X	X			
Hochseefischer			X	In Vorbereitung	
Flugbesatzungen			X	Vereinbarung zur Arbeitszeit (inkl. Flugzeiten)	
Mobile Arbeiter in der Binnenschiffahrt			X	In Vorbereitung	
Mobile Arbeiter im Bereich Straßenverkehr			X	Vorschlag für eine Richtlinie	
Seefahrer (Hochseeschiffahrt)					Rahmenabkommen => Richtlinie 99/63/EG

* Angemessene Ruhezeiten, Jahresurlaub, Jahresarbeitszeit, Gesundheitsuntersuchungen

Quelle: European Commission/DG VII (1998); eigene Übersetzung und eigene Änderungen

[30] Vorgesehen sind außerdem lange Übergangsfristen für Ärzte in Ausbildung sowie flexible Lösungen für Hochseefischer.

3. Als Ergebnis zeigt sich eine recht komplexe Struktur sektoraler Regulierung, die dem ursprünglichen Kommissionsvorschlag eines „differenzierten“ Ansatzes folgt, indem sie zwischen horizontalen und vertikalen Maßnahmen unterscheidet. Die inhaltliche Konkretisierung der notwendigerweise „flexiblen“ Regelungen[31] soll allerdings weitgehend den Mitgliedstaaten bzw. Sozialpartnern überlassen bleiben (Weber/Foster 1999).

Ob die beiden skizzierten Rahmenabkommen mittel- und langfristig einen Trend zu „neuen“, verbindlichen sektoralen Sozialdialogen begründen können, wie manche Beobachter annehmen, ist eine offene Frage. Auf der einen Seite gibt es in „euro-optimistischer“ Sicht zumindest eine erste, von den Sozialpartnern geschlossene Rahmenvereinbarung im Bereich der Hochseeschiffahrt im Sinne einer Anwendung des Verfahrens des Sozialabkommens; dieser Vertrag hat nicht nur zu einer Richtlinie geführt, sondern kann auch Auswirkungen auf andere Sektoren haben.[32]

Auf der anderen Seite ist in „euro-pessimistischer“ Perspektive diese Entwicklung nicht durch eigenständige Initiativen der Sozialpartner zustande gekommen; sie ist vielmehr den spezifischen Randbedingungen geschuldet, nämlich der Ausfüllung von Regelungslücken einer bereits bestehenden „horizontalen“ Richtlinie. Nachdem die Kommission ihr Ziel einer Ausweitung der Arbeitszeitrichtlinie formuliert hatte, übte sie erheblichen Druck auf die Sozialpartner aus und ließ keinen Zweifel an ihrer Entschlossenheit, im Falle des Scheiterns freiwilliger Verhandlungen die Initiative selbst wieder zu übernehmen.

Der Verkehrssektor ist auf den ersten Blick im Rahmen des generellen Musters ganz und gar untypisch zu sein, weil mit den Arbeitszeiten ein genuiner und zentraler Gegenstandsbereich von Arbeitsbeziehungen reguliert wurde. Bei genaueren Analyse zeigt sich allerdings die bereits erwähnte Tatsache, daß lediglich eine bestehende, sektorspezifische Regelungslücke geschlossen wurde, wobei die

[31] Die zentralen Regelungselemente sollen sein: durchschnittliche Wochenarbeitszeit von max. 48 Stunden bei langen Ausgleichszeiträumen, Jahresurlaub von vier Wochen, regelmäßige Gesundheitsuntersuchungen für Nachtarbeiter, adäquate Ruhezeiten für mobile Arbeitnehmer. Die zwischen den Sozialpartnern getroffene Vereinbarung wird unverändert in den Kommissionstext übernommen.

[32] Die stets recht optimistische European Industrial Relations Review (EIRR 1998, 14) spricht gar von „a pioneering step for the sectoral dialogue“ bzw. von „something of a breakthrough in terms of sectoral social dialogue“.

Kommission und nicht die Sozialpartner die Initiative ergriff. Das Ergebnis dürfte daher kaum generalisierbar sein, da in aller Regel der Druck der Kommission auf sektoraler noch mehr als auf zentraler Ebene fehlen wird: An sektoralen Sozialdialogen wären jeweils verschiedene Generaldirektionen (GD) zu beteiligen, etwa in dem von uns analysierten Sektor die stets federführende GD V („Beschäftigung und soziale Angelegenheiten") sowie die GD VII („Verkehr"). Aufgrund interner Fraktionierungen und Interessengegensätzen zwischen den GDs werden Initiativen eher die Ausnahme bleiben.
Bisher hat die Kommission auch kaum Initiativen zu sektoralen Regulierungsvorschlägen entwickelt, da der Ausgleich divergierender sektoraler Interessen in der Regel zu komplex, zu eng gefaßt und zu widersprüchlich sein würde (Keller/ Sörries 1998b, 343f). Statt eigene Initiativen einzuleiten, hat sie die Strategie verfolgt, unter dem Vorzeichen von „Subsidiarität" die Sozialpartner in die Pflicht zu nehmen. Die Grenzen des Erfolgs sind offensichtlich ...

4. Bisher haben wir die Besonderheiten der Sozialdialoge im Verkehrssektor behandelt. Im folgenden wollen wir diese mit den Strukturen und Ergebnissen in anderen Sektoren vergleichen sowie gemeinsame Problemlagen aufzeigen.
Seit Mitte der 80er Jahre hat sich die Anzahl sektoraler Sozialdialoge mehr als verdreifacht; gleichzeitig verdoppelte sich die Anzahl der jährlich angenommenen gemeinsamen Texte (Europäische Kommission/DG V 1998, 12f). Allerdings blieben alle Ergebnisse, wie bereits erwähnt, unverbindlich für die beteiligten Sozialpartner und hatten lediglich beratenden Charakter für die Kommissionsarbeit. Diese Dialoge, deren Wert eher symbolischer denn praktischer Art war, führten jedoch zu einer gegenseitigen Anerkennung der Akteure und förderten damit die Akzeptanz der jeweiligen Interessen (Sörries 1999, 216).
Der Verkehrssektor nahm in diesem Rahmen eine herausgehobene Stellung ein. Die Anzahl seiner Paritätischen Ausschüsse und sektoralen Dialoge war überproportional hoch. Er „paßt" in das allgemeine Muster: Förderlich für die Aufnahme von Dialogen ist entweder die Existenz einer seit längerem bestehenden sektoralen Gemeinschaftspolitik oder eine zunehmende bzw. hochgradige Internationalisierung der Produkt- sowie besonders der Arbeitsmärkte. In den Sektoren, in denen diese Voraussetzungen nicht gegeben sind, mangelt es entweder generell

an Akteuren, vor allem auf der Arbeitgeberseite (z.B. öffentlicher Dienst), oder bei den vorhandenen Akteuren an Anreizen zur Entwicklung von Dialogstrukturen (wie in der Chemie- oder Automobilindustrie).

Insbesondere am Beispiel des Verkehrssektors läßt sich zeigen, daß eine weitergehende Dezentralisierung von der sektoralen auf die subsektorale Ebene die Voraussetzungen für die Einrichtung von Sozialdialogen verbessert bzw. ihre Erfolgswahrscheinlichkeit erhöht. Der wesentliche Grund besteht darin, daß aufgrund der auf Seiten beider Sozialpartner gegebenen Heterogenität von Interessen häufig selbst die Branchenebene (etwa die Metall- oder die Chemieindustrie oder der öffentliche Dienst) noch zu heterogen für Abkommen ist. Eine größere Homogenität materieller Interessen läßt sich durch eine stärkere Dezentralisierung der Sozialdialoge erreichen, d.h. in Teilbereichen einzelner Sektoren. Eine weitergehende Dezentralisierung der sektoralen Sozialdialoge könnte außerdem über eine Spezifizierung und Konkretisierung ihrer Inhalte zu einer Verbesserung der Qualität beitragen.

Die in den Paritätischen Ausschüssen des Verkehrssektors vertretenen, von der Kommission als repräsentativ anerkannten Sozialpartner haben ohne Ausnahme den Übergang in die neue Struktur in Angriff genommen: Sie haben gemeinsame Anträge gestellt, welche die Kommission mehrheitlich akzeptiert hat. Damit ist im Verkehrssektor der Übergang relativ reibungslos vollzogen, und die Strukturen der neuen, vereinheitlichten Sozialdialoge sind in institutioneller Hinsicht weiter entwickelt als in der überwiegenden Mehrzahl der übrigen Sektoren, womit freilich noch keine Aussage über die Qualität potentieller, zukünftiger Ergebnisse getroffen ist. Unsere Analyse des Verkehrssektors zeigt, daß bestimmte Schwellen im Sinne autonomer, substantieller Vereinbarungen noch längst nicht erreicht sind.

6.6. Ausblick: alte vs. neue Struktur sektoraler Sozialdialoge

Bis Ende der 90er Jahre hat die Kommission in ihrer Politik dem Sozialdialog der Zentralebene höchste Priorität beigemessen. Sie muß in Kooperation mit den Mitgliedstaaten sogar als "prime mover" für dessen Entwicklungen und Ergebnisse angesehen werden, zumal die Interessen der Sozialpartner deutlich differieren. Allerdings erwies sich diese einseitige Ausrichtung als problematisch: Einerseits hat die Kommission gemäß Gemeinschaftsrecht ebenso Aufgaben in sektoralen Kontexten wahrzunehmen (z.B. gemeinschaftliche Verkehrs- oder Telekommunikationspolitik). Andererseits sollten sektorale Dialoge gestärkt werden, da industrie- und sozialpolitische Maßnahmen von gleichrangiger Bedeutung im Integrationsprozeß sind.

Aus diesen Gründen ist die Kommission in hohem Maße sowohl für die Entwicklung als auch für die Ergebnisse der sektoralen Variante von Sozialdialogen verantwortlich, wenn sie auch nicht an allen Dialogen permanent beteiligt ist (z.B. Bausektor). In ihrer zweiten Mitteilung zur Entwicklung des sozialen Dialogs auf der Gemeinschaftsebene (vgl. Kap.5) machte die Kommission allerdings nicht explizit deutlich, daß den sektoralen Sozialpartnern die Anwendung des Sozialabkommens offensteht. Dieser Schritt erfolgte erst in der dritten Mitteilung "Anpassung und Förderung des sozialen Dialogs auf Gemeinschaftsebene" (KOM (98) 322 endg.).

Die Kommission stellte in der sektoralen Version des traditionellen Sozialdialogs den privaten Akteuren logistische Unterstützung zur Verfügung (Bereitstellung von Räumen, Dolmetschern, etc.). Darüber hinaus war sie der Ansprechpartner der Gewerkschaften bei Definition und Ausarbeitung der Themen für die Arbeit der Paritätischen Ausschüsse und Informellen Arbeitsgruppen. Die Sozialpartner haben sich im Rahmen ihrer Sozialdialogtreffen in der Regel mit qualitativen Aspekten von Arbeitsbedingungen befaßt (Arbeitszeit, Gesundheits- und Arbeitsschutz, Aus- und Weiterbildung) oder mit Objektbereichen, die unmittelbar mit Kommissionsinitiativen (z.B. Richtlinien) verknüpft waren.

Mit Ausnahme von Regelungen zum Arbeits- und Gesundheitsschutz wurden kaum sektorale Vorhaben realisiert. Zusammenfassend gilt: "The limited results in the intersectoral social dialogue, the rare initiatives undertaken in the sectoral dialogue risk making the European social dialogue a legal and institutional success without practical results" (Villeneuve 1997, 106). Ein zusätzliches, von der Kommission selbst vorgebrachtes Argument lautete, daß es gemäß dem erneuerten und bekräftigten Prinzip der Subsidiarität den Sozialpartnern überlassen bleiben sollte, mögliche Objektbereiche für Verhandlungen zu definieren. Allerdings zögerten die privaten Akteure mit Verhandlungen, u.a. weil die prozeduralen

Probleme des Sozialabkommens nicht in allen Details auch für prinzipiell mögliche sektorale Anwendungen geklärt waren.
Schließlich akzeptierte die Kommission ihre Verantwortung für die Weiterentwicklung sektoraler Dialoge. Nach Konsultation der nationalen und supranationalen Sozialpartner kündigte sie in ihrer dritten Sozialdialog-Mitteilung (vgl. Kap.5) vom Frühjahr 1998 ihre Absicht an, eine grundlegende Umstrukturierung der sektoralen Sozialdialoge durchzuführen: Durch den „Beschluss der Kommission vom 20. Mai 1998 zur Einsetzung von Ausschüssen für den sektoralen Dialog zur Förderung des Dialogs zwischen den Sozialpartnern auf europäischer Ebene“ wurden die seit langem bestehenden Paritätischen Ausschüsse und Informellen Arbeitsgruppen zum Ende des Jahres 1998 aufgelöst, da, wie die Kommission nach Anhörungen schlußfolgerte, „die gegenwärtigen Strukturen positiven Entwicklungen häufig hinderlich sind. Die gemeinsamen Ausschüsse und informellen Arbeitsgruppen sind inzwischen überinstitutionalisiert oder pflegen Arbeitsweisen, die sich in puncto Zweckmäßigkeit überlebt haben“ (KOM (98) 322 endg., 9).
Die bestehenden, heterogenen Dialogformen werden im Rahmen eines „stärker harmonisierten Ansatzes“ durch einheitliche Ausschüsse ersetzt, die einen gemeinsamen Antrag der für die Branche repräsentativen Sozialpartner voraussetzen.[33] Die Kommission entscheidet über diesen Antrag auf der Basis ihrer für Repräsentativität definierten Kriterien, ihrer politischen Opportunitäten sowie der Bereitschaft der Sozialpartner, nicht nur in Diskussionen einzutreten, sondern auch verbindliche Rahmenabkommen zu schließen.
Die Einführung dieser neuen Formen der Interessenvertretung, die „das Schlüsselforum für den sektoralen Dialog darstellen (Anhörung, gemeinsame Aktion und Verhandlungen)“, ist die Reaktion auf Klagen verschiedener Sozialpartner, daß die alten Strukturen positive Entwicklungen verhindern würden. Die relative Privilegierung der alten Gremien, die auf Ressourcen der Kommission (vor allem für die Kosten von Vorbereitungstreffen und reguläre Sitzungen, Kosten für Dolmetscher, Erledigung von Sekretariatsaufgaben) zurückgreifen konnten, soll im Rahmen eines "stärker harmonisierten Ansatz" zugunsten einer "gerechten Behand-

[33] Intern kontrovers diskutiert wurde die Frage, ob die Kommission zu einem solch weitreichenden Eingriff in bestehende Strukturen überhaupt berechtigt war.

lung der verschiedenen Wirtschaftssektoren" sowie durch eine Vereinheitlichung der Dialogformen aufgehoben werden. Die Auflösung der formal eingesetzten, relativ privilegierten Paritätischen Ausschüsse gestaltete sich schwieriger als die der Informellen Arbeitsgruppen.

Die Kommission intendiert mit dieser Umstrukturierung eine Stärkung der in bezug auf Ressourcen schwachen europäischen Organisationen, welche die Verhandlungen in Zukunft führen sollen, zulasten der Entscheidungen in Ausschüssen, die lediglich unverbindliche Stellungnahmen abgaben. Die neuen Ausschüsse sollen auf gemeinsamen Antrag der sektoralen Sozialpartner nach Prüfung ihrer Repräsentativität sowie nach Vorlage eines gemeinsam erstellten Arbeitsprogramms gebildet werden. Sie sollen bei allen Maßnahmen der Gemeinschaft mit sozialen Auswirkungen beteiligt werden und den sektoralen Sozialdialog entwickeln und fördern. Die Ausschüsse sollen sich eigene allgemeine Verfahrens- sowie spezifische Tagesordnungen geben.

Die Aktivitäten sollen sich weniger auf ein breites Spektrum von Themen, sondern vor allem auf die Umsetzung der Leitlinien gemäß dem sog. Luxemburger Verfahren des Beschäftigungskapitels des Amsterdamer Vertrages (vgl. Kap.8) konzentrieren. "As part of the necessary strengthening of the social dialogue, the social partners at all levels will be involved in all stages of this approach and will have their contribution to make to the implementation of the 'guidelines'. That contribution will be regularly assessed" (European Council 1997, No. 18).

Das Ziel der Kommission bestand in einer Vereinheitlichung der bestehenden Strukturen mit dem Ziel, ihre Ergebnisse durch effektivere Beteiligung zu verbessern: In Anlehnung an Regelungen für die Zentralebene werden die alten durch "neue flexiblere Gremien" ersetzt, die den sektoralen Sozialdialog verbessern und fördern sowie eine effizientere und zielgerichtete Arbeit ermöglichen sollen. In Zukunft gibt es Ausschüsse für den Sozialdialog nur noch „in jenen Sektoren, in denen die Sozialpartner einen gemeinsamen Antrag auf Teilnahme am Dialog auf europäischer Ebene stellen".

Nach einer entsprechenden Aufforderung der Kommission lagen bis Ende 1999 insgesamt 23 offizielle Anträge vor.[34]

[34] Mündliche Auskunft der DG V/D1 vom Dezember 1999.

Abbildung 6.5: Alte und neue Strukturen des sektoralen Sozialdialogs

	NEW STRUCTURE		OLD STRUCTURES		
	Joint request for a Sectoral Dialogue Committee	New dialogue	Joint Committees	Informal Working Group	Non-structured Group
Agriculture	1		1		
Banks	1			1	
Civil Aviation	1		1		
Cleaning	1			1	
Commerce	1			1	
Construction	1			1	
Culture	1	1			
Fisheries	1		1		
Footwear	1			1	
Horeca	1			1	
Inland navigation	1		1		
Insurance	1			1	
Leather	1	1			
Maritime transport	1		1		
Personal services	1	1			
Postal services	1		1		
Privare security	1			1	
Railways	1		1		
Road transport	1		1		
Sugar	1				1
Telecommunications	?		1		
Temporary work	1	1			
Textiles and clothing	1			1	
Wood	1				1
Local public services					1
Electricity and gas					1
Graphisme					1
Media					1
	23	4	9	9	6

Quelle: Europäische Kommission/DG V, persönliche Auskunft, 20/12/1999

Ob es infolge dieser Umstellung in Zukunft nicht nur zu vereinzelten Vorschlägen der Kommission, sondern auch zu eigenständigen Initiativen der Sozialpartner bzw. zu verbindlichen Rahmenabkommen und nicht nur unverbindlichen Stellungnahmen kommen wird, ist nach unserer Analyse trotz gegenteiliger Behauptungen der Kommission (Kommission 1998c) eine durchaus offene Frage. Die auf den ersten Blick überraschend große Anzahl gemeinsamer, in kurzer Zeit vorgelegten Anträge muß relativiert werden: Eine nähere Analyse der Anträge von Sozialpartnern zeigt, daß es sich bei der überwiegenden Mehrzahl lediglich um eine Überführung bzw. Fortsetzung der alten Dialoge handelt; diese gemeinsamen Initiativen dürften eher der weiteren Nutzung der finanziellen und organisatorischen Ressourcen der Kommission (u.a. Bereitstellung von Übersetzungsdiensten, Übernahme der Reisekosten und Veranstaltungsorganisation) denn der Realisierung qualitativ neuer Ziele dienen.

Die neuen, einheitlichen Ausschüsse werden in der überwiegenden Mehrzahl der Fälle lediglich die seit langem bestehenden Gremien ablösen und deren auf der Basis bereits etablierter Kontakte geleistete Arbeit fortsetzen, so daß es sich überspitzt formuliert um die unmittelbare Fortsetzung der alten Formen bzw. um die alten Dialoge in neuem Gewande handelt. Einige wenige, wirklich neue Gremien werden hinzukommen (z.B. Medien, Gerberei), vor allem in relativen kleinen und daher nicht sehr bedeutenden, privaten Dienstleistungsbereichen. Sie werden bestehende Kontakte formalisieren und als Instrumente für Lobbying dienen.

Insgesamt ergibt sich eine deutliche Konzentration auf vor allem kleinere, weniger bedeutende Dienstleistungssektoren; ob diese ihre Bereiche (etwa auf sämtliche persönliche Dienstleistungen) ausdehnen können, ist eine offene Frage. Die bisher asymmetrische und recht heterogene Verteilung wird sich, wenn überhaupt, nur allmählich ändern. Quantitativ bedeutende Sektoren (wie Metall, Chemie oder der öffentliche Sektor) sind trotz ihrer fundamentalen Bedeutung für die Volkswirtschaften sowie für nationale Kollektivverhandlungen weiterhin ausgeschlossen. Die "Deckungsrate" bleibt daher gering.

Für die vor allem in Sektoren mit seit langem etablierten Gemeinschaftspolitiken bestehenden Paritätischen Ausschüsse kann dieses "Angebot der Kommission" sogar eine Verschlechterung gegenüber dem Status quo ante in der Ressourcenausstattung bedeuten: Es erfolgt eine Reduzierung der Aufwandsentschädigung auf höchstens 15 Teilnehmer pro Partei plus 5 eigenfinanzierte, der „hochrangigen Plenarsitzungen" auf eine pro Jahr mit der Option auf weitere Treffen bei entsprechenden Arbeitsplänen sowie des erreichten Status der Mitglieder, da keine offizielle Nominierung sondern eine Hinzuziehung zu einzelnen Veranstaltungen erfolgt. Die Stärkung der europäischen Organisationen zulasten der Ausschüsse bedarf der finanziellen und logistischen Unterstützung der Kommission.

Die ersten Einschätzungen der neuen Entwicklung sind widersprüchlich. Einerseits bestehen große Hoffnungen: "new era in sectoral social dialogue takes shape" (Weber 1999a, 1); der sektorale Dialog "is entering a new phase" and "shapes up to meet the requirements of an increasingly focused policy agenda" (Weber 1999b, 12; Gilman/Weber 1999, 424-5). Andererseits wird behauptet, die Kommission "does not do much more than offer a general framework for the setting up of sectoral committees and bring the existing Joint Committees under this new label. Not too ambitious an approach!" (Jacobs/Ojeda-Aviles 1999, 59).[35] Ob mit Hilfe dieser Umstrukturierung bzw. Reorganisation ein flächendeckendes System sektoraler Sozialdialoge bzw. eine Verbesserung der Aussichten von Abschlüssen etabliert werden kann, ist eine durchaus offene Frage:

- Die geringen Anreize für die Aufnahme von Dialogen verändern sich für potentielle Akteure nicht entscheidend, vor allem nicht auf Seiten der sektoralen Unternehmens- bzw. Arbeitgeberverbände. Es ist nicht ersichtlich, weshalb die Interessen der Akteure, die unter den alten Rahmenbedingungen keine freiwilligen Abkommen geschlossen haben, sich allein durch die Vereinheitlichung der Strukturen wesentlich ändern sollen. Substantielle Fortschritte der Qualität und Inhalte sektoraler Dialoge aufgrund der vorgenommenen Neustrukturierung sind in absehbarer Zukunft daher eher unwahrscheinlich.
- Die verbandspolitisch kritische Frage einer permanenten oder zumindest ad hoc-Mandatierung für Verhandlungen einschl. Abschlüsse bleibt nach wie vor ungeklärt. Die Motivation bzw. die Kalküle der Sozialpartner bestehen einzig und allein darin, daß nur ein gemeinsamer Antrag die Fortsetzung bestehender Dialoge sowie vor allem den weiteren Zugriff auf Ressourcen der Kommission ermöglichen kann, die ihrerseits eine Unterstützung der alten Dialogformen explizit ausschließt.
- Die autonome Definition von Verhandlungsgegenständen sowie der Abschluß entsprechender Rahmenabkommen werden unter den Vorzeichen von praktizierter Subsidiarität und der damit verbundenen, weitgehenden Abstinenz der Kommission bei Themenfindung und Zielverfolgung aufgrund heterogener Interessen nicht in allen Sektoren gleichermaßen gelingen. Die Kommission will im Gegensatz zu ihrer Praxis im zentralen Sozialdialog lediglich als Moderator fungieren, nicht jedoch als dritter korporativer Akteur, der von seinem Initiativrecht Gebrauch

[35] Die aktuelle Einschätzung der Kommission ist im Gegensatz zu ihrem sonst üblichen Optimismus eher vorsichtig-abwartend: „Bei diesem Dialog wird zunächst häufig versucht, die dem sozialen Dialog entsprechende Problematik aufzuzeigen und ein gemeinsames „Vokabular" auszutesten. So läßt sich erklären, weshalb die Verpflichtungen, die sich aus dem sektoralen sozialen Dialog ergeben, in diesem Stadium recht eingeschränkt sind." (KOM(2000) 113 endg., 7).

macht, indem er Objektbereiche vorschlägt und beim Scheitern von Verhandlungen die Regulierung per Gesetzgebung durchsetzt. Statt dessen sollen die sektoralen Sozialpartner diesen Dialog eigenverantwortlich-autonom gestalten und für Abschlüsse nutzen, ohne daß das bekannte "bargaining in the shadow of the law" stattfindet. Dieser Aufbau von Druck bzw. diese glaubhafte Drohung der Kommission, das Verfahren durch Unterbreitung eines eigenen Regulierungsvorschlags auf jeden Fall zu Ende zu führen, waren bisher der Grund für die Aufnahme von Verhandlungen bzw. für Abschlüsse auf zentraler Ebene.
Aus unterschiedlichen, bereits diskutierten Gründen ist es unwahrscheinlich, daß die Kommission sektorale Fragen in stärkerem Maße aufgreifen wird. Mit der Intensivierung sektoraler Aktivitäten und Sozialdialoge werden interne Schwierigkeiten der Abgrenzung und Verantwortung virulent: Erstens können sektorale Interessen widersprüchlich, vergleichsweise eng und recht heterogen sein. Zweitens sind bei sektoralen Sozialdialogen die Probleme der Kompetenz und Verantwortlichkeit sowohl innerhalb der Kommission als auch der Kommission insgesamt weniger eindeutig als auf der Makroebene.
Innerhalb der Kommission ist die GD V ("Beschäftigung, Arbeitsbeziehungen und soziale Angelegenheiten") für Agenda setting, Politikformulierung und Implementation der zentralen Dialoge zuständig. Verantwortung und Federführung für die sektoralen Dialoge werden auch nach einer Dezentralisierung bei der GD V bleiben; gleichwohl müssen andere involvierte, sog. Fach-GDs (u.a. GD IV - Wettbewerb, GD VI - Landwirtschaft oder GD VII - Verkehr), systematischer in Vorbereitung sowie Durchführung einbezogen werden. In diesen Fällen müßten die GDs ihre horizontale wie auch vertikale Kommunikation neu strukturieren sowie auch intern zum Interessenausgleich kommen, der angesichts unterschiedlicher Politikstile, Interessen und Strategien nur schwierig zu erreichen wäre (European Commission/DG V 1997, 10ff). Zudem würden die bereits skizzierten Koordinationsprobleme mit der Anzahl der teilnehmenden GD noch ansteigen.[36]

[36] Ein erster Schritt besteht in der Kontaktaufnahme der DG V mit anderen, "thematisch" befaßten DGs, die jeweils einen Beamten als festen, für den entsprechenden sektoralen Dialog zuständigen Ansprechpartner und Teilnehmer an den Ausschußsitzungen bestimmen. Jenseits dieser reinen Informations- und Konsultationsdimension ist die Frage, ob die DG V bei Verhandlungen lediglich als Facilitator und Moderator agiert, und die Abarbeitung möglicherweise kontroverser Themen anderen DGs überlassen bleibt, oder ob sie wesentliche eigene Interessen durchzusetzen versucht.

- Schließlich werden die bekannten Probleme sowohl der Repräsentativität als auch der Mandatierung von Verbänden auf beiden Seiten, vor allem bei den Arbeitgebern, fortbestehen. In offiziellen Dokumenten, u.a. in ihrer dritten Sozialdialog-Mitteilung, hat die Kommission die Kriterien für Repräsentativität wohl bewußt weich formuliert;[37] gewisse Interpretationsspielräume sind u.a. notwendig wegen länderspezifisch unterschiedlicher Definitionen bzw. Abgrenzungen von Sektoren sowie Organisationsstrukturen (allgemeine Wirtschafts- versus spezifische Arbeitgeberverbände, Repräsentativität in Subsektoren).[38]

Aus den genannten Gründen ist in Zukunft eher mit gemeinsamen Stellungnahmen und allenfalls mit einer geringen Zahl verbindlicher sektoraler Rahmenabkommen zu rechnen, die "weiche" Themen (wie Berufsbildung, Arbeitssicherheit, Gesundheit, Telearbeit) zum Gegenstand haben, so daß die Unterschiede zwischen den beiden Formen faktisch gering sein werden. Überspitzt formuliert: Die Dialoge werden auch in absehbarer Zukunft primär als Instrumente des gemeinsamen Lobbying der Sozialpartner gegenüber den europäischen Akteuren dienen. Weiterhin wird die Entwicklung der Dialoge deutlich zwischen Branchen differieren und erheblich von den bisherigen sektorspezifischen Entwicklungen abhängen. Die Dominanz des zentralen Dialogs wird trotz der explizit anerkannten Bedeutung der Sektorebene grundsätzlich fortbestehen.

Letztlich ungeklärt bleibt der Umfang der Finanzierung durch die Kommission; auch eine Einsparung knapper Mittel könnte durchaus beabsichtigt sein, obwohl für den intendierten, systematischen Ausbau sektoraler Sozialdialoge (u.a. Häufigkeit der Sitzungen, Umfang des Dolmetschens, Einbeziehung der Beitrittsländer) eher der Einsatz erheblicher zusätzlicher Ressourcen notwendig wäre.[39]

---

[37] In Analogie zur Makroebene sind die Kriterien für Repräsentativität folgende (C(1998) 2334): "(a) they shall relate to specific sectors or categories and be organised at European level; (b) they shall consist of organisations which are themselves an integral and recognized part of Member States' social partner structures and have the capacity to negotiate agreements, and which are representative of several Member States; (c) they shall have adequate structures to ensure their effective participation in the work of the Committees."

[38] Darüber hinaus gilt: „Die Kommission kann nicht in die Verhandlungen eingreifen. Es obliegt den Sozialpartnern, darüber zu befinden, wer am Verhandlungstisch Platz nimmt, und sie sind dafür verantwortlich, die notwendigen Kompromisse zu erzielen. Die Anerkennung des Rechts jedes Sozialpartners, seine Verhandlungspartner auszuwählen, ist ein wesentlicher Bestandteil der Autonomie der Sozialpartner." (KOM(98) 322 endg., 15).

[39] Die zukünftigen Entscheidungen des EP über die Bewilligung von Mitteln werden wesentlich von den Ergebnissen und Entwicklungsperspektiven der Dialoge in ihrer neuen Form abhängen.

Sofern die Kommission ihren Integrationsansatz in Zukunft tatsächlich modifiziert und zur Intensivierung der Dialoge beiträgt, müßte sie diesen verstärkt mit Aktivitäten auf sektoraler Ebene koordinieren. Diese Koordination müßte die Hauptakteure der nationalen Tarifverhandlungen umfassen, die angesichts ihrer faktischen tariflichen Gestaltungskraft einen wesentlichen und notwendigen Beitrag zum Abbau der Arbeitslosigkeit leisten könnten (KOM (97) 497 end.).

Die Implementation bzw. Umsetzung der beschäftigungspolitischen Leitlinien des Beschäftigungskapitels auch im Rahmen sektoraler Sozialdialoge soll gemäß den Vorstellungen der Kommission sowie der Sozialpartner nicht nur zur Verbesserung der unbefriedigenden Beschäftigungssituation beitragen, sondern auch die Sozialdialoge auf der Makro- wie der Branchenebene fördern. Die nationalen Sozialpartner sollen ihre Regierungen auch unterstützen bei der Formulierung und Implementation der nationalen Aktionspläne, die aufgestellt werden, nachdem die allgemeinen Ziele in Form von Leitlinien auf der europäischen Ebene festgelegt wurden. Vor allem die supranationalen Sozialpartner sollen in die Koordinierung und Überwachung der Beschäftigungspolitik einbezogen werden (vgl. Kap.8).

Allerdings ist schwierig zu sehen, weshalb Sozialdialoge unter diesen spezifischen Voraussetzungen Fortschritte erzielen sollen, obwohl sie in allen anderen Politikfeldern mehr oder weniger stagnieren.[40] Sämtliche, in diesem Beitrag behandelten Probleme der korporativen Akteure und der Anwendung der Rechtsvorschriften sowie der Implementation würden auf beiden Ebenen wieder auftreten.

[40] Eine Rolle kann die Mitteilung zur Arbeitsorganisation spielen, welche die Sozialpartner vor allem in die Umsetzung der dritten Säule, Anpassung der Beschäftigungsfähigkeit, einzubeziehen versucht.

7. Perspektiven europäischer Kollektivverhandlungen

Im Rahmen internationaler Vergleiche von Systemen der Arbeitsbeziehungen (vgl. Kap.2) unterscheiden wir zwischen monistischen, wie etwa in den skandinavischen Ländern oder in Italien, und dualen, wie etwa in Deutschland. Diese institutionellen Unterschiede bewirken Differenzen u.a. in der Struktur der Interessenvertretung, den Instrumenten der Interessendurchsetzung, dem Zentralisierungsgrad sowie - aktuell - dem Ausmaß der Dezentralisierung und Verbetrieblichung. In dualen Systemen steht die Frage nach Differenzen und Verbindungen zwischen den Akteuren der betrieblichen und der überbetrieblichen Ebene nota bene im Mittelpunkt der Analyse, was in monistischen kaum ein Problem darstellt.

Die seit einer Reihe von Jahren geführte Diskussion um eine Einschränkung der "management prerogatives" zugunsten bilateraler Prozeduren der Entscheidungsfindung (vgl. Kap.3 und 4) soll uns im folgenden nur noch insoweit beschäftigen, wie sie für ein anderes Problem unmittelbar relevant ist. Sie ist für unsere spezifische Frage nach den Möglichkeiten, oder wie wir argumentieren werden, Unmöglichkeiten europäischer Kollektivverhandlungen nur mittelbar relevant. Wir bewegen uns bei dieser Frage nach dem "Herzstück" der Arbeitsbeziehungen auf tarifpolitisch wie wissenschaftlich gleichermaßen ungesichertem Terrain. Dennoch wollen wir das Wagnis eingehen, Prognosen zu formulieren und Bandbreiten der Entwicklung abzuschätzen, denn anders lassen sich Wissenslücken nicht füllen und Handlungswissen nicht gewinnen.[1]

Wir wollen bei unserem Versuch, Antworten auf diese offenen Fragen zu finden, nicht nur, wie in der EU-Diskussion inzwischen allgemein üblich, organisationstheoretisch, sondern wiederum auch interessenpolitisch argumentieren. Unsere Fragestellung ist auch von praktischem Interesse: Anders als die Vollendung des Binnenmarktes Anfang der 90er Jahre wird die Einführung der WWU Ende der 90er Jahre durch feste Wechselkurse und eine einheitliche Währung zu einem höheren Stellenwert der Tarifpolitik führen und die Entwicklung entsprechender Strukturen für Kollektivverhandlungen notwendig machen.

[1] Vgl. zu den hier nicht behandelten historischen Aspekten u.a. Teague 1989b, 88ff.

Wir werden zunächst die institutionellen, rechtlichen und politischen Voraussetzungen sowie vorhersehbare Implementationsprobleme behandeln. Anschließend befassen wir uns mit Gründen, Varianten und Konsequenzen eines konzernzentrierten, transnationalen Systems von Kollektivverhandlungen, welches als wahrscheinlichste Alternative anzusehen ist. Abschließend fassen wir die Ergebnisse unserer Analyse zusammen und geben einen Ausblick.

7.1. Verbände als institutionelle Voraussetzung

In bezug auf die Verhandlungsebene bestehen grundsätzlich vier Alternativen (Guéry 1992, 595-596; Hepple 1993, 25):

- supranational-branchenübergreifend zwischen den supranationalen Dachverbänden EGB und UNICE oder CEEP,
- branchenweit oder sektoral zwischen den Gewerkschaftsausschüssen und entsprechenden Organisationen der Unternehmer,
- in Grenzregionen zwischen den interregionalen Gewerkschaftsräten und entsprechenden Organisationen der Unternehmer,
- transnational-betrieblich, vor allem zwischen EBR und Management in transnational-europaweit tätigen Unternehmen.

Auf die Sondersituation der Interregionalen Gewerkschaftsräte in Grenzregionen gehen wir nicht näher ein. Die Zusammenarbeit im Rahmen der "Interregios" ist enger als üblich, stellt aber einen regional bedingten Sonderfall dar (Müller 1994, 257-264). Zudem gilt: "Die tarifpolitische Perspektive für die interregionalen Gewerkschaftsräte ist sehr unklar: Vor allem das Fehlen einer entsprechenden Organisation auf Arbeitgeberseite läßt es unwahrscheinlich erscheinen, daß diese Institutionen eine Keimzelle europäischer Tarifpolitik ist" (Molitor 1995, 175).

Wir unterscheiden vier Varianten europäischer Tarifpolitik (Lecher 1991b, 463f):

- Abkommen, welche die europäische Dimension bisheriger, nationaler Tarifpolitik betreffen,
- Abkommen zu national zwar regelbaren, aber nicht geregelten Sachverhalten,
- Abkommen zur Festschreibung nationaler Tarifverträge auf europäischer Ebene,
- Abkommen zur Vereinheitlichung nationaler Tarifverträge.

Auf den ersten Blick müßten aus der spezifischen Sicht der Funktionsbedingungen dualer Systeme, wie des deutschen, Kollektivverhandlungen auf der überbetrieblich-sektoralen Ebene institutionalisiert werden, um nach der Verabschiedung der EBR-Richtlinie ein System supranationaler Arbeitsbeziehungen zu komplettieren. Dadurch würden die nationalen lediglich um eine relativ neue, internationale Regelungsebene ergänzt, nicht aber ersetzt.

Ein solche duale Struktur hätte eine Reihe institutioneller Voraussetzungen. Dazu gehören repräsentative Verbände als kollektive Träger, die nicht nur pro forma, sondern auch faktisch willens und in der Lage sein müßten, europäische Tarifverträge abzuschließen. Die interne und externe Legitimität dieser Verbände, die Interessen vertikal zu integrieren hätten, müßte durch Konstitution als autonome Tarifvertragsparteien sowie durch Übertragung von Verhandlungsvollmachten seitens der nationalen, in ihrer Tarifpolitik bislang autonomen Verbände gestärkt werden. Sie würden bei Dominanz eines sektoralen bargaining vor erheblichen innerorganisatorischen Willensbildungs-, Koordinations- und Abstimmungsproblemen stehen, die aus heterogenen, international-europaweiten Interessenlagen in bezug auf gemeinsame Forderungen, Verhandlungsziele und Durchsetzungsstrategien resultieren. Diese Schwierigkeiten einer vertikalen Integration von Interessen würden die bekannten Probleme horizontaler Aggregation und Vereinheitlichung durch nationale Industrieverbände deutlich übersteigen.

Die notwendige materielle und politische Unterstützung der europäischen Verbände durch ihre nationalen Mitgliedsverbände ist und bleibt unzureichend. "Cross-national union collaboration in the EC .. remains minimal principally because of the preoccupation of key national actors with quite specific national problems. In particular, German unions since 1990 are completely absorbed with the problems of German unification" (Turner 1993a, 3). Supranationale Verbände der Sektorebene müßten von ihren nationalen Mitgliedsverbänden mit Verhandlungsvollmacht bzw. Normsetzungsbefugnis sowie den notwendigen materiellen und personellen Ressourcen ausgestattet werden. Solche supranationalen Verbände sind auf beiden Seiten nicht vorhanden. Damit bestehen jeweils interne Probleme, die gelöst werden müssen, bevor die externen angegangen werden können (intraorganizational vs. interorganizational bargaining):

1. Innerhalb des EGB, seiner Mitglieder und deren Branchengewerkschaften ist die Verteilung von Kompetenzen und Aufgaben durchaus strittig[2]: Der EGB und insbesondere seine französischen Mitgliedsbünde tendieren zu einer zentralisierten Lösung, während vor allem deutsche, österreichische und nordeuropäische Branchengewerkschaften mehr Kompetenzen anstreben (Kreimer 1992, 43f). Die Gewerkschaften bemühen sich seit Jahren, ihre internationalen Branchenorganisationen sowohl quantitativ als auch qualitativ auszubauen und deren Rechte innerhalb des internationalen Dachverbandes EGB zu stärken. Diese Ansätze erfolgen in verschiedenen Branchen mit unterschiedlicher Intensität sowie mit differierendem Erfolg. Die insgesamt 14 Europäischen Gewerkschaftsausschüsse als sektorale Vereinigungen bzw. Brückenköpfe autonomer Branchengewerkschaften mit grenzüberschreitenden Aufgaben sind ebenso wie die nationalen Dachverbände ordentliche Mitglieder des EGB mit Stimmrecht und haben formalen Einfluß bei allen außer Finanzfragen (vgl. Kap.2).

"Diese Verzahnung von Dachorganisation und Branchenorganisationen auf übernationaler Ebene wird die Kollektivverhandlungsfähigkeit beider Institutionen sicherlich fördern" (Lecher 1993a, 409). Dennoch ist ein solidarischer "Internationalismus" bisher rein verbaler Art geblieben: Die notwendige horizontale und vertikale Koordinierung und Abstimmung zwischen den Mitgliedsverbänden ist noch nicht erreicht. "In the past, EICs have served mainly to exchange information between national unions in the same sector and to lobby at the European level, sometimes in conjunction with employers" (Turner 1993, 22). Die notwendige materielle und politische Unterstützung der supranationalen durch die nationalen Verbände ist und bleibt mangelhaft.

Die Gewerkschaftsausschüsse, "which vary widely in size, organisation, age and level of activity" (Carley 1993a, 118) sind auf transnationale Kollektivverhandlungen unterschiedlich vorbereitet; sie sind, von wenigen Ausnahmen abgesehen, zu schwach und zu klein, um die verschiedenen Aufgaben (u.a. im Rahmen des sektoralen sozialen Dialogs) zu erfüllen. "This lack of resources coupled with differences over strategy and policy has resulted in many of the trade union industrial

[2] "The weakness of their (the European labor unions, B.K.) Brussels headquarters is not an "organizational" coincidence, but it reflects divergent national interests and the underlying national imbalances, in particular among weaker and stronger member states" (Treu 1992, 21).

committees losing their way, neither meeting the needs of trade unions at sector level nor making an effective input into the institutional structure of the Community" (Grahl/Teague 1991, 60f).

Diese Initiativen werden in den einzelnen Branchen mit unterschiedlicher Intensität sowie mit differierendem Erfolg betrieben. Analysen zeigen, daß die Gewerkschaftsausschüsse "bislang über keine einheitlichen Organisationsstrukturen verfügen und - bedingt durch unterschiedliche Voraussetzungen sowohl interner wie externer Art - die tatsächlichen Möglichkeiten ihrer gewerkschaftlichen Interessenvertretung im Rahmen der Gemeinschaft sehr verschieden ausfallen" (Stöckl 1986, 222).

Aktivitäten zum "Aufbau einer europäischen Tarifunion" startet vor allem der Europäische Metallgewerkschaftsbund in der Gemeinschaft (EMB). "Im Vergleich mit den anderen europäischen Gewerkschaftsausschüssen fällt der EMB nicht nur wegen seiner hohen Mitgliederzahl, seiner Finanzstärke und umfangreichen Aktivitäten auf, sondern auch hinsichtlich seiner integrativen Rolle innerhalb der europäischen Gewerkschaftsbewegung. Die ... Informationstreffen der europäischen Gewerkschaftsausschüsse untereinander sind im wesentlichen auf die Initiative des EMB zurückzuführen" (Stöckl 1986, 125, ähnlich 138). Der EMB[3] diskutiert seit seiner ersten tarifpolitischen Konferenz 1993 im Rahmen einer "europaweiten Vernetzung der Tarifpolitik" Maßnahmen wie regelmäßige Berichte über die gewerkschaftliche Lage in der Metallbranche mit dem Ziel tarifpolitischer Konsequenzen, die Einrichtung eines europaweiten Tarifarchivs mit elektronischem Zugang sowie eine Koordinierung von Branchen und Sektoren wie z.B. der Automobilindustrie (N.N. 1993, 532f; Gerstenberger-Sztana/Thierron 1994, 214ff).

Die Koordinations- und Abstimmungsprobleme wären bei sektoralem bargaining erheblich, da die Interessen in bezug auf Forderungen, Ziele und Strategien noch stärker differieren als auf der nationalen Ebene; hier sind die Verbände nach verschiedenen Prinzipien organisiert (u.a. Berufs- vs. Industrieverband, Richtungs- vs. Einheitsgewerkschaft). Die Gewerkschaftsausschüsse müßten den Anforderungen innerverbandlicher Demokratie genügen und

[3] "EMF is one of the largest of the EICs in terms of membership, and has more substantial resources than many, with, for example, the highest number of full-time staff in its Brussels secretariat" (EIRR 1994g, 18).

- international ausgewogen besetzte Tarifkommissionen bilden, die Koordinationsaufgaben wahrnehmen,
- ihren europäischen Verhandlungskommissionen bzw. -führern entweder ein generelles oder, was wahrscheinlicher wäre, ein spezifisches, ad hoc Mandat erteilen, um diese in den Verhandlungen zu legitimieren,
- die Wahrnehmung dieses transnationalen Mandats und seiner Träger kontrollieren, um Verträge genehmigen bzw. ratifizieren zu können,
- im Rahmen eines gewerkschaftlichen Gegengewichts ggf. Urabstimmungen sowie Kampfmaßnahmen zur Durchsetzung gemeinschaftsweiter Tarifverträge organisieren.

Eine Übertragung von Verhandlungsvollmachten von nationalen, in ihrer Tarifpolitik bislang autonomen Gewerkschaften auf supranationale ist auf absehbare Zukunft jedoch unrealistisch; derzeit bestehen nur Entwürfe zur Mandatierung aber keinerlei Beschlüsse. Gleiches gilt für die Durchführung grenzüberschreitender Mobilisierungs- oder Arbeitskampfaktionen, zumal ein europäisches Arbeitskampfrecht fehlt (Hergenröder 1991; Jacobs 1991).

2. Generell gilt: "The influential European employers' organisations - especially UNICE - have demonstrated a distinct reluctance to discuss a European level for collective bargaining. There is justification for maintaining that the national employer associations have not taken any initiative to place the issue of a European level for legislation and collective agreements on industrial relations on the agenda; rather the contrary" (Jensen et al. 1992, 6). Die Arbeitgeberverbände haben keine sektoralen Organisationen aufgebaut, die den Gewerkschaftsausschüssen vergleichbar wären bzw. entsprechen (vgl. Kap.2). Innerhalb einer stärker fragmentierten Organisationsstruktur bestehen kaum Branchenverbände, sondern allenfalls Zusammenschlüsse innerhalb eng umgrenzter Teilsektoren (etwa im Automobilbau oder in der Chemieindustrie); dadurch wird die Kommunikation zwischen den horizontalen und sektoralen Verbänden deutlich erschwert. "An unwritten agreement ensures that UNICE does not comment or make policy on specific sectoral matters while the sector employers groups stay clear of issues of more general concern" (Grahl/Teague 1991, 49f).

Der vorsichtige Aufbau europäischer Fachspitzenverbände innerhalb von UNICE begann erst in den frühen 90er Jahren: Das European Employers' Network (EEN) (EIRR 1993d, 3) soll dem informellen Informations- und Erfahrungsaustausch sowie der besseren und verstärkten Koordination dienen, ohne daß die Teilnehmer ihre Entscheidungsautonomie aufgeben (vgl. Kap.6).

Dem EEN sollen die in den FEBIS (Fédérations Européennes par Branches d'Industrie)[4] zusammengeschlossenen Fachspitzenverbände angehören. "UNICE .. brings together Febies to exchange information on developments in Social Affairs. This is becoming ever more important given the proliferation of the social dialogue at sectoral level. Despite this cooperation, we need to underline the real challenge presented to UNICE by the need for closer cooperation with such bodies. Febies have their own deep-rooted traditions and there is often rivalry both within Febies and between them. Creating workable and stable lobbying coalitions for this diverse set of interests is exceedingly difficult and complex" (Collie 1993, 222). Über den Aufbau echter Branchenverbände jenseits des informellen EEN denkt innerhalb des internationalen Dachverbandes UNICE niemand ernsthaft nach.

Vollkommen offen bleibt die Frage, welche konkreten Vorteile aus der Sicht von UNICE denn internationale Branchenverbände im Vergleich zur derzeitigen Situation überhaupt bieten könnten: Jede Abweichung vom langjährigen status quo, der durch die Verhinderung von Kollektivverhandlungen gekennzeichnet ist, könnte nur zum status quo minus führen, nämlich zu deren Einführung und damit zu einer wesentlichen Einschränkung der "managerial prerogatives". Selbst wenn wir annehmen, daß das EEN ernsthaft das Ziel verfolgt, den sozialen Dialog auf Branchenebene zu institutionalisieren bzw. zu forcieren und nicht dem Zweck dient, Sonderentwicklungen auf der sektoralen Ebene zu kontrollieren und branchenspezifische Konzessionen zu verhindern, wird bis zur Funktionsfähigkeit aller Erfahrung nach noch viel Zeit vergehen.

Mehr als ungewiß ist zudem die Frage, ob es sich dann um Arbeitgeberverbände im Sinne der für die deutschen Arbeitsbeziehungen typischen, aber nicht in allen Mitgliedsländern üblichen Unterscheidung von Wirtschafts- bzw. Unternehmens-

[4] "Ihre Anzahl dürfte über 400 betragen und reicht von der alteingesessenen und starken Vertretung der chemischen Industrie mit rund 60 Sekretariatsmitarbeitern bis zum Einmannbüro der Kugelschreiberhersteller Europas" (Hoffmann 1991, 283).

und Arbeitgeberverbänden mit ihrer spezifischen Aufgabenteilung in der Wirtschafts- bzw. Sozialpolitik handeln wird. "The structure of these groups varies among the member states. In some cases, notably Germany, separate employer and industry federations exist ... However, more typically the two are combined ... In some countries, the services sector is included, in others not; in some publicly owned companies are included, in others not. Generally, the membership consists of national associations, but occasionally companies are included as well. In addition to these organizations, each country has its own national chamber of commerce ... plus a variety of other cross-sectoral organizations" (Calingaert 1993, 120; Windmuller/Gladstone 1984).

Schließlich wäre das Problem einer Mandatierung der Verhandlungskommission bzw. der transnationalen durch nationale Verbände mindestens so ungeklärt wie auf Gewerkschaftsseite. Eine weitere Differenzierung des Verbandssystems würde in diesem Fall im Gegensatz zu nationalen Erfahrungen den fundamentalen Interessen des bestehenden Verbandes widersprechen; sie ist deswegen eher unwahrscheinlich.

7.2. Rechtliche Voraussetzungen

Ein Szenario umfassender, weiträumig-grenzüberschreitender Flächentarifverträge im Rahmen autonomer Kollektivverhandlungen auf Gemeinschaftsebene ist auch mittel- und langfristig unrealistisch, da neben den vorhandenen Interessendivergenzen auch die institutionellen Probleme seiner potentiellen Träger bestehen bleiben.[5] Neben diesen institutionellen fehlen auch zentrale rechtliche Voraussetzungen, die durch politische Grundsatzentscheidungen erst geschaffen werden müßten. In dieser Perspektive besteht das Grundproblem in der fehlenden Vereinheitlichung bzw. in den Differenzen zwischen nationalen Systemen.

1. Zunächst weisen die Reichweiten der gesetzlichen versus vertraglichen bzw. sozial- versus tarifpolitischen Regulierung im Vergleich der Mitgliedstaaten erhebliche Unterschiede auf; Beispiele sind: Festlegung von Mindestbedingungen des Arbeitsverhältnisses einschl. Entgelte, Gleichstellung von Frauen und Männern,

[5] "A Europeanwide system of collective bargaining remains an unlikely immediate outcoume of the continuing effort to complete the internal European market" (Silvia 1991, 641).

Dauer, Lage und Verteilung der Arbeitszeit einschl. ihrer Flexibilisierung, Kündigungsschutz (Mosley/Kruppe 1992; Hardes 1993, 78-103), Schutzvorschriften für atypische Beschäftigungsverhältnisse[6] (u.a. Befristung, Teilzeit, Leiharbeit), Humanisierung der Arbeit (im einzelnen Bosch 1992, 333).

Wenn wir das Ausmaß staatlicher Regulierung des Arbeitsmarktes bzw. der Beschäftigungsbedingungen als Differenzierungskriterium nehmen, können wir grob drei Ländergruppen unterscheiden (Due et al. 1991, 90ff; Hall 1994, 290f):

- das romanisch-deutsche Modell mit weitreichenden, allgemein verbindlichen gesetzlichen Regelungen und dem Staat als wichtigem Akteur,
- das anglo-irische Modell mit voluntaristischer Tradition sowie einer vergleichsweise geringen Bedeutung gesetzlicher Vorgaben bzw. des Staates,
- das nordische Modell mit Kollektivverträgen als zentralem Regelungsmechanismus und deutlich begrenzten Aufgaben des Staates.

Verhandlungsobjekte, die in einzelnen Ländern bereits gesetzlich und damit allgemein verbindlich geregelt sind, können auf supranationaler Ebene kaum noch mit Aussicht auf Erfolg über Kollektivverträge angegangen werden. Zumindest bleibt das "richtige" Mischungsverhältnis der Regulierungsinstrumente Gesetz und Vertrag auf europäischer Ebene ungeklärt, so daß Effekte gegenseitiger Entlastung und Ergänzung, wie wir sie auf nationaler Ebene beobachten, nicht auftreten können.

Die beiden Modi stehen auf nationaler Ebene faktisch eher in einem komplementären als in einem substitutiven Verhältnis, wobei allerdings deutliche Differenzen zwischen einzelnen Ländern bestehen. Internationale Vergleiche (Ferner/Hyman 1998) zeigen:

- Die "Varianz" ist bei freiwilligen Vereinbarungen deutlich größer als bei gesetzlichen Vorgaben, die eher vereinheitlichend wirken.
- Die Regelungsdichte erreicht auf den verschiedenen Ebenen (national, sektoral, betrieblich) bei Verträgen häufig nicht dasselbe Ausmaß wie bei Gesetzen; gewisse Minimalstandards sind nicht verbindlich garantiert.

---

[6] Vgl. zur Definition der hier nicht behandelten minimalen Beschäftigungsstandards für prekäre, vom "Normalarbeitsverhältnis" abweichende Beschäftigungsverhältnisse (u.a. befristete, Leiharbeits-, Teilzeitarbeitsverhältnisse) Mückenberger 1991, 1-17; Walwei/Konle-Seidl/Ullmann 1991, 30-71; Mückenberger 1993, 593-600; Walwei 1993a, 584-593.

- Die Gewerkschaften sind bei gesetzlichen Regelungen zumeist in einer günstigeren Position, da sie ihre knappen Ressourcen nicht für die fallweise Aushandlung von Rechten im Prozeß eines kaum kalkulierbaren do ut des mit den Arbeitgeberverbänden einzusetzen brauchen, sondern sich auf andere Gegenstände konzentrieren können. Insofern ist ihr Votum für die gesetzliche Variante ebenso verständlich wie das der Arbeitgeberverbände für die vertraglich-freiwillige Regulierung.
- Last but not least können, wie die in den 80er Jahren in verschiedenen Ländern unternommenen Deregulierungsversuche zeigen, gesetzliche Regelungen häufig nicht ohne politische Kosten zurückgenommen werden.

2. In Analogie zu nationalen Regelungen wäre neben der Koalitionsfreiheit als sozialem Grundrecht eine gemeinschaftsrechtliche Normsetzungsbefugnis zu etablieren. Diese Tarifautonomie bzw. -hoheit müßte ein gemeinschaftliches Arbeitskampfrecht einschließen, d.h. die Möglichkeit zu international-grenzüberschreitenden Mobilisierungs- und Arbeitskampfaktionen. Derzeit kann die Wirksamkeit nationaler Streiks häufig durch Verlagerung der Produktion ins Ausland unterlaufen werden.

Weder das ursprüngliche Gemeinschaftsrecht, noch die Sozialcharta, noch das soziale Aktionsprogramm schaffen die für den Abschluß transnationaler Tarifverträge notwendigen, einheitlichen koalitions- und tarifrechtlichen Voraussetzungen.[7] Das soziale Aktionsprogramm zur Umsetzung der Sozialcharta betont zu "Koalitionsfreiheit und Tarifverhandlungen" lediglich die Rolle des sozialen Dialogs; weitergehende Aussagen zum Koalitions- und Tarifvertragsrecht werden nicht getroffen, das grundsätzliche Problem einer Definition sozialer Grundrechte wird nicht angegangen. Die Frage eines grenzüberschreitenden Streikrechts der Gewerkschaften als notwendige Voraussetzung ihrer tatsächlichen Streikfähigkeit bleibt schließlich auch im Sozialkapitel des Amsterdamer Vertrages (Art. 137, Abs. 6 EGV) explizit aus der Kompetenz der Gemeinschaft ausgeklammert; gleiches

[7] "From the outset, drafts of the Social Charta were ambitious in aims but evasive on methods" (Hyman 1991a, 632).

gilt für das Aussperrungsrecht der Arbeitgeber, das die Mitgliedstaaten völlig unterschiedlich regeln, sowie für das Koalitionsrecht (Coen 1993, 6ff).
Die Tatsache, daß diese strategischen Grundsatzentscheidungen zu Tarifautonomie und "europäischem" Arbeitskampf im Sozialprotokoll wiederum nicht getroffen werden, sondern explizit und ausschließlich in nationaler Kompetenz verbleiben, ist gewiß kein Zufall. Sie wird durch das politische System der EU verursacht, das eher als fragmentiert-pluralistisch und nicht als integriert-eurokorporatistisch zu bezeichnen ist (Streeck/Schmitter 1991, 136-143). Ein gewisser Souveränitätsverzicht der Mitgliedstaaten, der für bestimmte Regelungen auch außerhalb einer Politischen Union notwendig wäre, ist unwahrscheinlich. "National systems of collective bargaining are .. largely exempt from Community intervention, a principle that appears consistent with the general hesitancy of the Community to intervene in institutional areas that are central to the complex national and regional systems of investment and production" (Lange 1993, 11; ähnlich Hall 1994, 287ff).

Die nicht vorhandenen Regelungen zu einem europäischen Arbeitskampfrecht bzw. zur Harmonisierung der stark differierenden nationalen Vorgaben werden auch in absehbarer Zukunft nicht zustande kommen.[8] Alle supranationalen Entscheidungen müßten einstimmig getroffen werden, da das Koalitions- und Arbeitskampfrecht nicht Bestandteil des Vertrages über die Europäische Union ist.
Die EU-Organe als quasi-staatliche Akteure auf supranationaler Ebene werden die notwendigen Rahmenbedingungen im Sinne von "constraints and opportunities" auch aus anderen Gründen nicht schaffen wollen bzw. wegen der Interessendifferenzen nicht schaffen können:
- Tarifautonomie existiert nicht in allen Mitgliedstaaten: So ist etwa in Frankreich, Belgien und Spanien, zwischenzeitlich auch in Italien, eine durchaus aktive, formelle wie informelle Partizipation des Staates und nicht die eigenverantwortlich-autonome Aushandlung der Entgelte und übrigen Arbeitsbedingungen durch die Tarifvertragsparteien die Regel (Blanpain 1992, 97-114; Bispinck/Lecher 1993).

[8] Das Fehlen gesetzgeberischer Initiativen wird umso plausibler, wenn wir uns die Schwierigkeiten des Arbeitskampfrechts auf nationaler Ebene vergegenwärtigen, etwa die des sog. Richterrechts in Deutschland.

- Neben diesem Problem von Tripartismus vs. Bipartismus ist die Frage nach dem rechtlichen und faktischen Geltungsbereich von Verträgen national unterschiedlich geregelt. So sind etwa die Inhalte britischer oder irischer Betriebskollektivverträge nicht rechtlich verbindlich und damit nicht einklagbar; "customs and practices" sind von erheblich größerer Bedeutung als in kontinental-europäischen Ländern.
- Weiterhin kennt etwa Großbritannien kein Pendant zur staatlichen Allgemeinverbindlichkeitserklärung (des normativen Teils von Tarifverträgen), wie sie in Deutschland, Frankreich oder den Niederlanden möglich ist. Das Fehlen dieses erga omnes-Prinzips bedingt, daß ein deutlich geringerer Prozentsatz der Arbeitnehmer von Tarifverträgen erfaßt wird.[9] Ähnliches gilt für romanische Länder, so daß eine Umsetzung über nachgeordnete Verträge erhebliche Probleme aufwerfen würde.
- Vor allem in Ländern mit einem niedrigen Organisationsgrad der Arbeitgeber (u.a. Italien, Irland), bleibt die Frage nach einem gemeinschaftlichen Verfahren der Allgemeinverbindlichkeit ungeklärt, d.h. der Geltung von Tarifverträgen über den Kreis der Mitglieder der Vertragsparteien hinaus.[10] Gleiches gilt für prozedurale bzw. Verfahrensregeln zur Beilegung von kollektiven Interessenkonflikten bzw. Regelungsstreitigkeiten in Form von Schlichtungsverfahren, die staatlich verordnet oder zwischen den Tarifvertragsparteien freiwillig-autonom vereinbart werden können. Diese Konflikte sind in der Mehrzahl der Länder von Rechtsstreitigkeiten zu unterscheiden (Zachert 1993, 193-200).
- Eine durchaus nicht in allen Ländern übliche Friedenspflicht (in Analogie etwa zu der des deutschen Tarifvertragsgesetzes) während der Laufzeit von Verträgen ist ebenso wie Regelungen über den transnationalen Geltungsbereich bzw. die gemeinschaftsrechtliche Verbindlichkeit kollektivvertraglicher Abmachungen ausdrücklich nicht Teil des Gemeinschaftsrechts.

---

[9] In Großbritannien wurden im Jahre 1990 die Arbeitsbedingungen von nur noch 54% aller Beschäftigten durch Verträge abgedeckt, während im Jahre 1984 "the coverage of the workforce by agreements" noch 71% betrug (Millward et al. 1992, 93-96).

[10] Vergleichbare Probleme treten auch in den Ländern mit konkurrierende Gewerkschaften auf.

Damit sind alle zentralen Teile des Arbeits- und Sozialrechts nach wie vor ausgeklammert.[11] Insgesamt gilt: "Eine realistische Aussicht, jemals auf sektoraler Basis europaweite Tarifverhandlungen führen zu können, besteht .. immer weniger, abgesehen vielleicht von wenigen Sonderfällen. Dies nicht nur, weil es weithin keine Arbeitgeberverbände gibt, die als Tarifpartner in Frage kämen, und weil die Europäische Union nie in der Lage sein wird, ein stützendes Tarifrecht nach Art des deutschen Tarifvertragsrechts bereitzustellen. Ebenso wichtig ist, daß viele andere europäische Gewerkschaften Flächentarife nicht kennen oder wollen, und daß die erste und bisher einzige Arena partiell europäisierter industrieller Beziehungen eben die europäischen Betriebsräte sind" (Streeck 1996b, 365).

7.3. Implementationsprobleme

1. Wir wollen nunmehr in einem einigermaßen kühnen Gedankenexperiment unterstellen, daß irgendwann alle fehlenden Voraussetzungen auch ohne den "big bang" gegeben sein werden: Aktionsfähige internationale Branchenverbände sollen nicht nur auf beiden Seiten existieren, sondern sogar zum Abschluß europäischer Kollektivverträge bereit sein; die notwendigen rechtlichen Voraussetzungen wurden durch politische Willensakte geschaffen.

Selbst in dieser Situation wäre die Implementation im Sinne einer Durchführung bzw. Kontrolle der Einhaltung von Vertragsinhalten auf nationaler sowie auf sektoraler und dezentral-betrieblicher Ebene immer noch ein ungelöstes Problem. Diese Schwierigkeiten der Umsetzung bzw. Durchführung wurden in der alten US-amerikanischen Industrial Relations-Diskussion zunächst unter dem label "administering the contract", später unter "administering the employment relationship" intensiv behandelt. In der deutschen Diskussion findet das Problem wegen des vergleichsweise hohen Grades der Verbindlichkeit, der aus der weitgehenden Verrechtlichung der Arbeitsbeziehungen resultiert, traditionell weniger Beachtung. Die Bedeutung für unseren Kontext wird deutlich, wenn wir uns vergegenwärtigen, daß etwa die Inhalte britischer oder irischer Betriebskollektivverträge nicht rechtlich verbindlich und damit nicht einklagbar sind (Fulton 1995).

---

[11] Die rechtlichen Probleme, die bei der Schaffung eines solchen Rechts zu lösen wären, diskutiert im Detail Stiller 1991, 218ff.

Durchsetzungsinstrumente sind nach wie vor explizit nicht Teil des Gemeinschaftsrechts; sie bleiben vollständig in der Kompetenz und damit im Belieben nationaler Regierungen, welche über beträchtliche Interpretationsspielräume verfügen, da sie die supranationalen Vorgaben entsprechend ihren "customs and practices" implementieren müßten. Allgemein gilt: "In many instances, this procedure has failed to ensure that the contents of directives are properly implemented through national law. For example, with the exception of Greece, the Commission has successfully launched infringement proceedings against every member State at the European Court for failing to implement the 1975 Equal Pay Directive properly" (Teague 1993, 395).[12]

Auch im Vertrag über die Europäische Union finden sich keine definitiven Aussagen über Mechanismen zur Kontrolle der Einhaltung von Vertragsinhalten. Das Abkommen über die Sozialpolitik bleibt recht vage (vgl. Kap.5). Zentrale Vorgaben bestehen lediglich über das "ob", nicht aber über das "wie" der Implementation. Vor allem bei der nationalen Variante der Umsetzung sind wegen der notwendigen Kooperation von Sozialpartnern und "Staat" Probleme vorprogrammiert; "... a complex combination of collective agreements and legislation would simply add to the problems of monitoring the implementation of directives, especially if company agreements were also to be included ... This raises the spectre of widespread evasion" (Rhodes 1991, 270). Außerdem favorisieren einige Mitgliedsländer gesetzliche, andere (Dänemark, Großbritannien, Irland, Italien) vertraglich-freiwillige Formen. Diese werfen Probleme auf: "First, unless backed up by statute, the use of collective bargaining agreements may leave parts of the workforce unprotected ... Second, a complex combination of collective agreements and legislation would exacerbate the problems of monitoring the implementation of Directives, especially if company agreements were also to be included" (Rhodes 1992, 38).

Infolge des Fehlens eines supranationalen Tarifvertragsrechts wäre eine auch nur einigermaßen einheitliche Implementierung und Durchsetzung von Inhalten euro-

[12] Im breiteren Kontext ergibt sich: "A further dimension of decision making relates to the enforcement of EC directives. The incidence of violations of directes remains high, with about 2194 instances of noncompliance during 1986-1988. France accounts for 19 percent, Spain 15 percent, Greece and Italy 13 percent each, UK 9 percent, and West Germany 7 percent ... The EC directive loses its substantive meaning if it cannot be enforced" (Kuruvilla 1991, 26).

päischer Kollektivverträge nicht gewährleistet; sie wäre aufgrund der fortbestehenden nationalen "forces of diversity" (Teague 1993, 392) in rechtlicher und faktischer Hinsicht nicht einmal wahrscheinlich. "Da es bislang kein europäisches Tarifvertragsrecht gibt, bliebe den Arbeitsgerichten im Streitfall nichts anderes übrig, als den abgeschlossenen Tarifvertrag nach dem jeweiligen nationalen Recht zu beurteilen. Dies hätte angesichts der großen nationalen rechtlichen Unterschiede bzgl. Tariffähigkeit, Tarifgebundenheit und Wirkung von Tarifverträgen zur Folge, daß die abgeschlossenen europäischen Tarifverträge von Land zu Land unterschiedlich wirken würden" (Molitor 1995, 176f). Eine Lösung auf der Basis und nach dem Prinzip des kleinsten gemeinsamen Nenners, also der wie immer zu definierenden Schnittmenge der nationalen Tarifrechte, liefe Gefahr, zur europapolitischen Null-Lösung ohne verpflichtenden Charakter zu werden.

Konkrete Schritte zur Umsetzung sind wegen fehlender Durchsetzungsmacht nationaler Handlungsträger auch in Zukunft kaum zu erwarten. Eine erfolgreiche Implementation würde zum einen auf beiden Seiten die Bereitschaft zum konstruktiven Dialog auch in kritischen und kontroversen Bereichen voraussetzen. Zum andern würden Rechtsprobleme bei der Implementation derartiger Abkommen auftreten, da ihnen unmittelbare Bindungswirkung und Normungskraft fehlt: Für die Mitgliedstaaten besteht keinerlei Verpflichtung, die Vereinbarungen verbindlich umzusetzen; auch die notwendige Verpflichtungsfähigkeit der Verbände ist nicht garantiert.

Schließlich können die Nationalstaaten die Umsetzung von Richtlinien in nationales Recht durch spezifische Interpretationen unterlaufen, indem sie generelle und/oder spezifische Vorgaben in Ermangelung einer gemeinsamen Rechtstradition unterschiedlich interpretieren. " ... in the process of implementing a Community directive through national law, lawyers at the member State level frequently deal with concepts and language outside their legal vocabulary which can cause distortions and ambiguities. Furthermore, ambiguities arising out of particular directives have led to confusion about the exact intention of some of the Community's labour legislation. Finally, it has been convincingly argued that some member States have used their control over the "ports of entry", through which Community law is implemented domestically, to water down some of the labour and employment directives" (Teague 1993, 395).

Damit bliebe nur der andere im Sozialabkommen vorgesehene Weg, nämlich eine Initiative der Kommission, die zu einem Beschluß des Rates führen müßte (Carley 1993a, 130f) (vgl. Kap.5). Die politische Durchsetzung eines flankierenden, gemeinschaftsweit geltenden konsistenten Tarifvertragsrechts, welches verbindliche Referenzpunkte setzen und integrierend wirken könnte, ist aber in Zukunft aufgrund der genannten Bedingungen unwahrscheinlich. Zusammenfassend gilt: "The imposition of the legal pattern of one state on all the others would not be possible either politically or practically, whilst the invention of a new European model, disconnected from all domestic systems, would still raise serious questions of implementation and its relationship with those systems" (Gold 1992, 26). Zudem verfügt die EU über keine eigenen Durchführungsorgane, sondern ist auf die freiwillige und enge Kooperation der Mitgliedstaaten angewiesen.

2. Auch nach der Ratifizierung des Vertrages über die Europäische Union findet dieser wichtige Aspekt zu wenig Berücksichtigung.[13] Wir wollen im folgenden das Implementationsproblem nicht wie bisher von seinen rechtlichen und tatsächlichen Voraussetzungen, sondern von den potentiellen Trägern und deren Interessen her angehen. Die Aufgaben der Durchsetzung getroffener Vereinbarungen können nur die Arbeitnehmervertretungen übernehmen; andere geeignete Institutionen (z.B. Qualitätszirkel, Arbeitsgruppen) existieren kaum und sind im Kontext nationaler - darunter der deutschen - Arbeitsbeziehungen nur schwer vorzustellen.
Vorgaben europäischer Tarifverträge wären dann in Analogie zu rein nationalen vermutlich Rahmenvereinbarungen, welche vor allem Mindeststandards, allgemeine Ziele und prozedurale Regeln vorgeben würden. Sie müßten an die spezifischen Randbedingungen auf der nationalen, regionalen und betrieblichen Ebene angepaßt bzw. konkretisiert werden, um das notwendige Ausmaß an Flexibilität zu ermöglichen. Diese Umsetzung müßte im Gegensatz zu der rein nationaler Verträge in zwei Etappen erfolgen, nämlich zunächst durch die EBR und anschließend durch die nationalen BR, die weiterhin existieren. Diese mehrstufige Prozedur würde notwendigerweise neue Probleme einer einigermaßen einheitlichen Umsetzung auf und zwischen den einzelnen Ebenen mit sich bringen.

---

[13] Zu den wenigen Ausnahmen zählen Hepple 1993, 26ff; Bercusson 1994, 23ff.

Damit wäre eine weitere notwendige, wenngleich keinesfalls hinreichende Voraussetzung für europäische Kollektivverträge die Existenz eines flächendeckenden und handlungsfähigen Systems von EBR. Anders formuliert: Die Funktionsfähigkeit der einen, der überbetrieblich-sektoralen Ebene, setzt die der anderen, betrieblichen, voraus. Wie die Diskussion um EBR zeigt, sind wir von einer Situation, in der diese Bedingungen erfüllt wären, weit entfernt (vgl. Kap.4).

7.4. Einschränkung des Gegenstandsbereichs

1. Wir wollen unser Gedankenexperiment fortsetzen. Selbst wenn wir entgegen vorgängiger Erfahrung optimistisch annehmen, daß die Themenfindung kein prinzipielles Problem darstellen würde, wäre ihre Reichweite dennoch eng begrenzt:
- Alle Entgeltfragen, die nach wie vor den zentralen Gegenstandsbereich nationaler Tarifpolitik ausmachen, scheiden aus; sie würden ex definitione zu einem Nullsummenspiel bzw. zum rein distributiven bargaining führen (Walton/McKersie 1991). Auch in Zukunft werden erhebliche Differenzen in den Lohnkosten bzw. in den für den internationalen Wettbewerb wichtigeren Lohnstückkosten sowie der Produktivität bzw. ihrer Entwicklung und damit Unterschiede in der Entlohnung bestehen. "The data show that although unit labour costs amongst Member States are converging substantial differences exist in levels of labour productivity and hourly labour costs across countries. Thus Germany is characterised by high hourly labour costs, but also high levels of labour productivity. Britain, in contrast, is characterised by low hourly labour costs, but also by poor levels of labour productivity" (Marginson et al. 1993, 188).

Diese deutlichen Differenzen zwischen "Hochlohn-" und "Niedriglohnländern" werden weiterhin den Abschluß von Lohn- und Gehaltstarifverträgen auf nationaler, Branchen- oder sogar Betriebsebene erforderlich machen. "And to the extent that market integration is accompanied by a globalisation of the European economy it may effectively disintegrate its component parts, dividing those which have more solid foundations for growth - the well-regulated high pay/high productivity areas - from those which do not. This is a worst case scenario, but one for which portents already exist" (Rhodes 1991, 273). Eine generelle Erhöhung der Entgelte verbietet sich, weil dadurch Standortvorteile vor allem der südlichen Mitgliedstaaten verloren gehen würden; die entgegengesetzte Strategie einer Nivellierung nach unten würde am Widerstand der Arbeitnehmer und ihrer Organisationen aus den nördlichen (Hochlohn-)Ländern scheitern.[14]

- Vorgaben durch Rahmenvereinbarungen wären nur bei bestimmten Objekten einer "qualitativen" Tarifpolitik möglich; hierzu gehören etwa Arbeitsschutz und -sicherheit, Urlaub, Flexibilisierung, Dauer und Lage der Arbeitszeit[15], Fragen der Gestaltung der Arbeitsorganisation, Ausbildung, berufliche Weiterqualifizierung bzw. Fortbildung[16], Chancengleichheit von Männern und Frauen. Allgemein gilt, daß qualitative Aspekte an Bedeutung gewinnen werden.

Bei supranationalen Kollektivverhandlungen wäre der Objektbereich von vornherein enger begrenzt als bei nationalen[17]: Aussicht auf Erfolg besteht allenfalls bei den Gegenständen, an denen beide Parteien im Sinne eines Positivsummenspiels potentielles Interesse entwickeln, die transnationale Dimensionen aufweisen und die nicht gerade als Test für die Konfliktfähigkeit der Akteure dienen sollten. Supranationale Vereinbarungen würden nationale keinesfalls ersetzen, sondern lediglich um eine zusätzliche Regelungsebene ergänzen. Europäische Tarifverträge wären in Analogie zu nationalen lediglich Rahmenvereinbarungen, welche vor allem einheitliche, nicht-unterschreitbare Mindeststandards, allgemeine Ziele und eher prozedurale als inhaltliche Regeln formulieren. Für die Länder mit Regelungen oberhalb dieser Mindeststandards würde sich allenfalls ein indirekter Nutzen insofern einstellen, als die Spannbreiten zwischen nationalen Standards verringert und dadurch der Druck auf hohe nationale Standards reduziert würde.

---

[14] Auch die gelegentlich geäußerte Idee einer Vorgabe von Mindestlöhnen, etwa in Höhe von x Prozent des jeweiligen nationalen Durchschnittsentgelts, ist nicht realistisch, zumal verschiedene Länder (wie etwa Deutschland) keine gesetzlichen Mindestlöhne kennen.

[15] Der EGB-Kongreß erklärte 1988 die 35-Stunden-Woche in seinem Beschluß über kollektivvertragliche Ziele zum Ziel aller europäischen Gewerkschaften, allerdings ohne Terminierung und inhaltliche Festlegung. Vgl. skeptisch zu dieser Perspektive Bastian 1989, 257-287.

[16] Für diese Vermutung einer eher "qualitativ" als "quantitativ" ausgerichteten europäischen Tarifpolitik sprechen im Bereich von Qualifizierung auch externe Faktoren (u.a. kleinere Alterskohorten, Zuwanderung relativ unqualifizierter Arbeitnehmer, abnehmende "Halbwertszeit" erworbenen Wissens und erlernter Fähigkeiten).

[17] Die Akteure sehen das Problem ähnlich: "Die Auswahl von Themen und Gegenständen für europäische Kollektivvertragsverhandlungen sollte sehr sorgfältig überlegt werden. Jeder Versuch, einen Katalog aufzustellen, wäre abstrakt, verfrüht und unproduktiv" (EGI 1992, 50).

2. Den bisher einzigen "Europäischen Rahmenvertrag" haben im Herbst 1990 CEEP und EGB über die Berufsbildung in öffentlichen Unternehmen geschlossen. "Damit sollen Aufstiegsmöglichkeiten der Arbeitnehmer gefördert und die geographische und berufliche Mobilität im Unternehmen und zwischen den Unternehmen gefördert werden" (CEEP 1990, 11). Die strategisch relevante Frage, ob dieser Vertrag Modellcharakter hat oder nur von singulärer Bedeutung ist, ist nach den bisherigen Erkenntnissen nicht strittig:[18]

- Er ist sektoral auf Schienenverkehr und Energieversorgung begrenzt.
- Er gilt nur für öffentliche Unternehmen mit dem Staat als Verhandlungspartner, nicht hingegen für die Privatwirtschaft.
- UNICE lehnt den Vertrag von Anfang an strikt ab.
- "Despite being called an agreement, the document is not binding on the members of the signatory parties, merely inviting enterprises affiliated to CEEP to implement it through dialogue and/or agreements with other enterprises" (EIRR 1992d, 29).
- Die Vertragspartner haben keine Maßnahmen zur Implementation der Inhalte durch bi- oder multilaterale Verträge, paritätische Kommissionen oder dezentrale soziale Dialoge ergriffen. Solche Schritte sind in Anbetracht der skizzierten Implementationsprobleme auch in Zukunft unwahrscheinlich.

Die Bedeutung des Vertrages, der primär eine tarifpolitische Absichtserklärung darstellt, ist eher symbolischer denn faktischer Art; er hat keine Signalfunktion für europäische Kollektivverträge mit Verbindlichkeitscharakter.

Damit ergibt sich eine ernüchternde Zwischenbilanz: Die nationalen und supranationalen Voraussetzungen für europäische Kollektivverhandlungen sind in institutioneller, interessenpolitischer, organisatorischer und rechtlicher Hinsicht nicht gegeben. Die notwendige Implementation von Verträgen wäre nicht zu leisten. "A Europeanwide system of collective bargaining remains an unlikely immediate outcome of the continuing effort to complete the internal European market" (Silvia 1991, 641). Insofern besteht im Interesse der Realisierung der sozialen Dimension des Binnenmarktes kaum Hoffnung, daß die Kontroversen in Zukunft

[18] Deutlich optimistischere Meinungen vertreten u.a. Lecher 1993a, 411; Markmann 1991, 281; Goetschy 1991, 270; Carley 1993a, 132f.

stärker um die konkrete Ausgestaltung vertraglicher Normierungen und nicht mehr so sehr um das Prinzip autonomer Verhandlungen gehen.

7.5. Zentralisierung oder Dezentralisierung als Alternativen?

Unsere bisherige Argumentation läuft auf den Beleg der praktischen Unmöglichkeit europäischer Kollektivverhandlungen hinaus. Ihr läßt sich vor allem aus nicht-deutscher Perspektive entgegenhalten, daß sie an den nationalspezifischen Funktionsbedingungen orientiert sei und insofern einen "germanic bias" aufweise. Aber aus den Diskussionen der vergangenen Jahrzehnte (etwa um die fünfte Richtlinie zum Unternehmensrecht in den 70er oder um die Vredeling-Richtlinienvorschläge in den 80er Jahren) haben wir zumindest eines gelernt: Jeder Versuch, die Institutionen und Regeln eines nationalen Systems zum Referenzmodell zu machen und auf andere Länder zu übertragen, ist aus politischen Gründen a priori zum Scheitern verurteilt. Insofern muß jede Suche nach dem einen homogenen, strikt an nationalen Vorbildern orientierten Modell vergeblich sein.
Im folgenden wollen wir daher versuchen, die Begründung der praktischen Unmöglichkeit europäischer Kollektivverhandlungen anders zu führen. Dabei wollen wir uns von den Rahmenbedingungen der deutschen Arbeitsbeziehungen stärker lösen und uns einer komparativen Analyse zuwenden, die es ermöglichen soll, Politikoptionen deutlicher zu erkennen. Zunächst wollen wir die beiden im nationalen Rahmen durchaus realisierten "strategic choices" näher betrachten, nämlich ein stärker zentralisiertes und ein völlig dezentralisiertes System.

1. Eine zentralisierte Lösung hätte als institutionelle Voraussetzung, daß die europäischen Dachverbände in enger Abstimmung mit ihren Mitgliedern, den nationalen Dachverbänden, die Kollektivverhandlungen zu führen hätten. Sowohl EGB als auch UNICE sind jedoch aufgrund der skizzierten Gründe kaum geeignet und faktisch nicht in der Lage. In mehreren großen Ländern sind die nationalen Dachverbände, vor allem DGB (Weiss 1987, 111, 120) und TUC, nicht tatsächlich Tarifpartei.[19] Daher ist nicht einzusehen, weshalb bzw. wie sie Verhandlungen auf EU-

[19] In einigen Ländern wird durchaus auf nationaler Ebene verhandelt.

Ebene führen sollten. Weiterhin würden die europäischen Dachverbände kaum ein Generalmandat zum Abschluß intersektoraler Rahmen-Tarifverträge von ihren nationalen Mitgliedsverbänden erhalten.[20] Schließlich ist die Heterogenität der Interessen auf dieser Ebene noch größer als auf Branchenebene.

Die deutschen Industriegewerkschaften wären wie die Arbeitgeberverbände kaum bereit, ihre auf der nationalen Ebene unumstrittene Zuständigkeit für die Tarifpolitik und damit wesentliche Teile ihrer Autonomie an ihre europäischen Dachverbände abzutreten. "Daran wird sich auch in absehbarer Zeit nichts ändern, geht doch die Entwicklung selbst innerhalb der einzelnen Mitgliedstaaten in Richtung auf Dezentralisierung hin zur betrieblichen Ebene" (Däubler 1992a, 334).

Ebenso fehlt in anderen Mitgliedstaaten ein originäres Interesse bei "starken" Verbänden; lediglich Gewerkschaften wie die französischen könnten sich eine Kompensation nationaler "Schwäche" auf europäischer Ebene erhoffen (Lecher 1993 b, 421-429; Dufour 1993, 105-131). Schließlich wären alle Ergebnisse aufgrund der Ebene des Abschlusses notwendigerweise extrem inflexibel und daher in Zeiten zunehmender Flexibilisierung für beide Partner gleichermaßen unattraktiv. Die für den Fall eines mittleren Zentralisierungsgrades bereits geschilderten Umsetzungs- und Implementationsprobleme von Rahmenverträgen wären bei einer hochgradigen Zentralisierung noch schwieriger zu bewältigen, da sie dann sogar in drei Stufen gelöst werden müßten.

Die Alternative einer stärkeren Zentralisierung ist aufgrund fehlender institutioneller Voraussetzungen in zumindest einigen wichtigen Mitgliedsländern nicht realistisch und wegen ihrer potentiellen Ergebnisse wenig attraktiv für die Akteure. Die Aufgaben der supranationalen Dachverbände werden daher auch in Zukunft nicht im zweiseitigen collective bargaining bzw. in der eigenverantwortlich-autonomen Führung von Tarifverhandlungen liegen. EGB und UNICE werden eher für das dreiseitige political bargaining zuständig sein und bleiben, d.h. für nicht-verbindliche gemeinsame Erklärungen im Rahmen des zentralen Sozialdialogs sowie für die Vertretung allgemein-branchenübergreifender Interessen bei den europäischen Institutionen. Dieses Lobbying geschieht vor allem

[20] Für andere: "In short, the CBI sees no grounds for the extension of collective bargaining to the European level, nor does it see UNICE as a body to negotiate on its behalf in Brussels" (Eberlie 1993, 205).

- bei der Kommission, dem Initiator der Gemeinschaftspolitiken, bzw. deren jeweils zuständigen Generaldirektionen,
- beim Ministerrat als "Gesetzgeber",
- weniger bei dem trotz einiger Kompetenzgewinne seit 1986 nach wie vor relativ machtlosen Europäischen Parlament
- sowie bei der Euro-Bürokratie (Mazey/Richardson 1993c, 3-26).[21]

2. Die andere Option tendiert in die entgegengesetzte Richtung. Aufgrund von Problemen bei der Aggregation und Mediatisierung von Interessen, die mit dem Zentralisierungsgrad tendenziell zunehmen, setzt sie dezentral an. Das Ergebnis wären dezentralisierte, ausschließlich auf Unternehmensebene angesiedelte Kollektivverhandlungen als analoge Konstruktion zu nationalen Arbeitsbeziehungen wie etwa in Großbritannien.

In einem monistischen System wären im Gegensatz zum dualen die betrieblichen Vertretungen für die Durchsetzung sämtlicher Interessen zuständig, ohne daß eine überbetriebliche Koordination und Abstimmung von Partialinteressen stattfinden würde. Die in verschiedenen Ländern auf beiden Seiten bestehenden überbetrieblichen Institutionen würden weitgehend funktionslos; die Verbände würden ihre stabilisierend-ausgleichenden und transaktionskostenreduzierenden Funktionen verlieren.[22] Nationale Erfahrungen zeigen als Resultat deutliche Unterschiede in allen Regelungen, also bei Entgelten und allen übrigen Arbeitsbedingungen; zudem entstehen hohe Transaktionskosten bei Situations- und Humanfaktoren als "Betriebskosten des Systems".

An einer derartigen Entwicklung, die wir im klassischen Jargon als "Balkanisierung", im aktuellen als "Japanisierung" bezeichnen, haben die deutschen Akteure auf beiden Seiten kein sonderliches Interesse, wie die Diskussion seit den 80er Jahren zeigt: Die Arbeitgeberverbände votieren zwar für eine "Flexibilisierung" der Arbeitsbeziehungen im allgemeinen und der Kollektivverhandlungen

[21] Vgl. zu den Möglichkeiten der Interessenvertretung der Sozialpartner Stöckl 1986, 38-103 sowie Calingaert 1993.

[22] Ein ungeklärtes Problem ist, wie in diesem Fall die Relation von pattern setting und pattern following aussehen könnte. Derzeit hat die deutsche Tarifpolitik faktisch eine Pilotfunktion für andere Länder (z.B. Belgien und Niederlande).

im besonderen, nicht jedoch für Dekollektivierung etwa nach dem Vorbild Großbritanniens in den 80er Jahren.[23] Das Ziel besteht eher in einer kontrollierten Flexibilisierung als in einer vollständigen (Bispinck 1995; Zohlnhöfer 1996).

3. Ein ganz anderes und, wie wir sehen werden, überzeugenderes Argument gegen den Versuch einer Begründung der praktischen Unmöglichkeit transnationaler Kollektivverhandlungen lautet: Die skizzierten Voraussetzungen müssen gar nicht notwendigerweise erfüllt sein, um europäische Kollektivverhandlungen in Gang zu setzen. Wir können anhand der recht urwüchsigen historischen Entwicklungen der Tarifbeziehungen in verschiedenen Ländern nachvollziehen, daß der Grundsatz "structure follows strategy" galt: Die korporativen Akteure entwickelten Institutionen und vor allem Verfahrensregeln jeweils erst, nachdem Verhandlungen im andauernden Stadium rechtlich und faktisch ungeregelter Beziehungen längst geführt worden waren. Insofern erfolgte die Durchsetzung kollektiver Interessen in der Regel bereits vor der Befestigung von Institutionen und der Etablierung formalisierter Regeln der Tarifautonomie seitens des Staates.

Wir wollen im folgenden eine ganz bestimmte Entwicklung aus dem möglichen Spektrum detaillierter verfolgen und andere Ansatzpunkte nur kurz erwähnen.[24] Zu den zunächst nicht ausführlich behandelten Varianten gehören

- wechselseitige Information über Strategien und Ergebnisse,
- zwar national geführte, aber international informell abgestimmte Verhandlungen über dieselben Objekte (etwa die Verkürzung von Arbeitszeiten oder über die Begrenzung von Überstunden),
- die Verabredung gegenseitiger Hilfsaktionen bei Arbeitskämpfen,
- gemeinsame Aktionen zur Unterstützung nationaler und/oder grenzüberschreitender Verträge.[25]

---

[23] Entsprechende Forderungen werden zwar von Minderheiten (wie der Aktionsgemeinschaft Selbständiger Unternehmer - ASU) gelegentlich erhoben, sind jedoch innerhalb der Arbeitgeberverbände nach wie vor nicht mehrheitsfähig.

[24] Vgl. zu praktischen Vorformen tariflicher Abmachungen Däubler 1992a, 330f; Bercusson 1993, 263ff; Traxler 1993, 495.

[25] Vgl. zu diesem Komplex aus gewerkschaftlicher Perspektive Lang/Sauer 1989, 222ff; Blank 1992, 649f; Buda 1991b, 60-69; Janssen 1993, 552-560.

7.6. Gründe für konzernzentrierte Kollektivverhandlungen

In der Tat kann vor allem das Management multinationaler Unternehmen eines gar nicht mehr so fernen Tages auf die Idee kommen, in direkte Verhandlungen mit "seinen" EBR einzutreten.[26] Pragmatische Gründe können liegen in der

- Reduktion von Transaktionskosten,
- Vereinheitlichung eigener Strategien,
- Kartellierung des konzerninternen Arbeitsmarktes,
- Überlegung, daß "kooperative" Strategien eher die Wettbewerbsfähigkeit sichern und den Strukturwandel fördern als "konfliktorische".[27]

Dieser Schritt mit dem Ziel des Abschlusses von Kollektivverträgen im Konzern könnte unabhängig von Verbandszuständigkeiten und -disziplin sowie ohne die Existenz verrechtlichter Rahmenbedingungen erfolgen; entsprechende Regelungen müßten vor allem bei starker Heterogenität nicht notwendigerweise den gesamten Konzern umfassen, sondern könnten sich u.a. an Produktlinien und/ oder Geschäftseinheiten orientieren. Gegenstand der Verhandlungen wären bestimmte konzernspezifische Probleme, etwa der bereits erwähnte Qualifizierung bzw. Weiterbildung und/oder Flexibilisierung, der Arbeitszeit, des Arbeits- und Gesundheitsschutzes.[28]

---

[26] „As MNCs deepen their European-level management structures, they increasingly have the capacity to develop pan-European approaches to industrial relations and employment patterns. Where production and market servicing are organized on a European scale, companies are looking to secure similar levels of labour perfomance through implementation of similar employment and working practices across different European countries“ (Marginson 2000, 21).

[27] „Für das Konzernmanagement ergibt sich die Möglichkeit, auf übernationaler Konzernebene vereinheitlichende Regelungen mit dem EBR zu Arbeitsbedingungen zu treffen und daraus einen möglicherweise doppelten Vorteil zu ziehen. Erstens die auf europäischer Ebene praktisch ausfallenden sektoralen-flächenbezogenen Arbeitgeberfunktionen konzernbezogen zu besetzen und zweitens zugleich tendenziell die Gewerkschaften als Verhandlungspartner ins Abseits zu stellen“ (Lecher 1999b, 232).

[28] Evidenz für diese Thesen findet sich auch in der Literatur über nationale Arbeitsbeziehungen: "It is not hard to see why large multi-plant corporations might manifest this preference for single-employer bargaining. Using a transactions-cost approach, Aoki .. argues that as the size of firms becomes larger, internalizing more specific employment structures and more diverse activities, firms could benefit from breaking away from multi-employer bargaining, settling for higher wages and running their industrial relations. British survey evidence suggests that there is a link between large, multi-plant firms, foreign-owned companies, high concentration industries, and single employer bargaining" (Brown/Walsh 1991, 49-50).

Die Positionen der europäischen Dachverbände zu derartigen "high trust and low conflict"-Initiativen, im Rahmen derer Tarifbeziehungen durch eine spezifische Art von Arrangements auf Konzernebene entstehen, wären eindeutig:

- Der EGB als Vertreter allgemein-supranationaler Interessen würde einen solchen Trend nicht verhindern wollen und aus seiner verbandspolitischen Logik nicht behindern können: Die nationalen Dachverbände haben aufgrund ihrer vorgängigen Erfahrungen recht heterogene Präferenzen für unterschiedliche Verhandlungsebenen (Betrieb, Region/Branche, Nation) (Bridgford/Stirling 1994, 125ff). Daher kann sich der EGB keine exklusive Priorität für nur ein nationales Modell "leisten", sondern muß integrative Strategien favorisieren.[29]
- UNICE würde sich gegen ein informell-dezentrales System weniger sträuben als gegen alle Alternativen, vor allem weil es den eigenen ordnungspolitischen Konzepten eines "deregulated space" entspricht: Es setzt im Gegensatz zu den Komponenten eines "organized space" nur ein Minimum an Regelungsdichte voraus. Außerdem dient es eigenen Interessen, indem es den präferierten Vorrang von eigenbestimmten Verträgen gegenüber fremdbestimmten Gesetzen als dominierenden "mode of regulation" explizit anerkennt und festschreibt. Schließlich ist es mit dem nachdrücklich unterstützten Prinzip der Subsidiarität kompatibel.

Eine solche Entwicklung mit einem gewissen Experimentalcharakter bei "Organisation und Management der Vielfalt" bräuchte nur wenige gemeinsame Elemente als Funktionsvoraussetzung.[30] Die Gestaltung nach wenigen und zudem weitgehend informellen Regeln könnte auch aus anderen Gründen eine gewisse Attraktivität für verschiedene Akteure haben:

---

[29] Dieses interne Problem wird in der offiziellen EGB-Strategie deutlich. Einerseits wird betont, daß "die europäischen Gewerkschaftsausschüsse und Branchen eine Schlüsselrolle in der Einrichtung" europäischer Kollektivverhandlungen spielen; andererseits sollen die zuständigen Organe "auf berufsübergreifender und Branchenebene und gegebenenfalls für transnationale Unternehmen entscheiden" (EGB 1993).

[30] Diese Prognose unterscheidet sich von anderen, die von einer zeitlichen Sequenz bzw. einem stufenweisen Aufbau ausgehen: "Europäische Firmentarifverträge können den Einstieg in ein europäisches Tarifwesen darstellen, zu dem auch Vereinbarungen aus sektoraler und Branchenebene gehören" (Stiller 1991, 333).

- Organisationsprobleme wären vergleichsweise einfach zu lösen; institutionelle Voraussetzungen im Sinne der schwierigen Organisierung von encompassing groups auf beiden Seiten wären kaum notwendig.
- Konzernbezogene Verträge könnten den Vorrang nationaler Tarifverträge im Sinne des Subsidiaritäts- bzw. Günstigkeitsprinzips zunächst anerkennen, gleichwohl langfristig erhebliche Rückwirkungen auf diese ausüben. In diesem Szenario wäre eine Kombination aus nationalen und transnationalen Regelungen wahrscheinlich: Letztere würden aufgrund der zunehmenden wirtschaftlichen Integration sowie der (tatsächlich oder vermeintlich) veränderten Wettbewerbspositionen allmählich wichtiger, während erstere erodieren.
- Diese Verbindung kann in Analogie zu Regelungen in anderen Politikfeldern so gestaltet werden, daß transnationale Verträge ergänzenden Charakter haben und lediglich Mindestbedingungen vorgeben, die national durchaus über-, nicht aber unterschritten werden dürfen.[31] Im günstigsten Fall können hohe Grade an Verbindlichkeit und Flexibilität miteinander vereinbar werden, ohne die internationale Wettbewerbsfähigkeit zu beeinträchtigen oder bereits erreichte, höhere nationale Standards zu gefährden.[32]
- Die Durchführungs- und Implementationsprobleme wären aufgrund der niedrigeren Verhandlungsebene geringer als bei allen Alternativen, die eo ipso auf einer höheren Ebene ansetzen. Insofern besteht ein Zusammenhang zwischen Verhandlungsebene und -gegenständen: Je dezentraler (zentraler) die Ebene, desto spezifischer (allgemeiner) die Objekte. Die komplizierte Implementation von Vertragsinhalten durch Rechtsprechung würde eine geringe Rolle spielen.
- Ein hohes Maß an Flexibilität in ihren verschiedenen Formen (u.a. numerisch-extern, funktional, qualifikatorisch oder in bezug auf Entgelte, vor allem auf die Lohnstruktur) wäre bei dezentralisierten Verhandlungen eher zu erreichen als bei zentralisierten. Insofern würde dieses "grass roots"-Szenario den Trends zur Dezentralisierung der Regelungsebene bzw. zur Verbetrieblichung der Arbeitsbeziehungen sogar entgegenkommen. Diese Trends sind seit den 80er Jahren in

[31] Dabei würden Probleme der Kompatibilität auftreten.

[32] Schließlich wären als Formen auch Verträge nach dem sog. Cafeteria-Modell, also mit Auswahlmöglichkeiten aus einer vorgegebenen, begrenzten Anzahl von Alternativen, möglich.

verschiedenen Ländern in unterschiedlichen Varianten und Ausmaßen deutlich (Ferner/Hyman 1998; Katz 1993, 3-22).

- Eine entscheidende institutionelle Voraussetzung, nämlich die Existenz handlungsfähiger Akteure, ist im Prinzip seit der Verabschiedung der EBR-Richtlinie erfüllt. Einige auf freiwilliger Basis zustande gekommenen EBR verfügen zudem bereits über gewisse Verhandlungserfahrungen mit "ihrem" zentralen Management und eignen sich deswegen als Nukleus konzernzentrierter Verhandlungen (vgl. Kap. 4). Insofern kann sich die lange Zeit recht zögerliche bis ablehnende Haltung weiter Teile des Managements durchaus ändern; die Einengung von Handlungsspielräumen durch EBR-Aktivitäten muß innerhalb der Unternehmensphilosophie nicht mehr dominieren.[33]

- Last but not least gilt: "... company level agreements across the member states would be beneficial in a number of ways. In the first place, the area would have a strong corporate foundation, thus diminishing the possibility of its simply being an institutional artifact of the Community. Furthermore, through participating in European industrial relations at the company level, employers and managers may become less hostile to the Community having a presence in the European labour market, thereby allowing for more cooperative strategies at the institutional level" (Teague/Grahl 1992, 88).

7.7. Varianten und Konsequenzen

Die Folgen einer Entwicklung zu dezentralisierten, konzernnahen europäischen Tarifbeziehungen sind nicht eindeutig auszumachen, zumal sich Trends der Zentralisierung und Dezentralisierung sowohl auf der Mikro- als auch auf der Makroebene überlagern (Marginson et al. 1993, 182-190). Die Entwicklung wird nicht in allen Branchen und/oder multinationalen Konzernen gleichzeitig einsetzen, sondern zunächst ad hoc sowie schrittweise erfolgen und erst allmählich mehr Konzerne umfassen. Andere, weiterhin primär national orientierte Sektoren bleiben weitgehend unbeeinflußt.[34]

---

[33] Außerdem würde ein solches System zu den Prinzipien postfordistischer Produktion passen.

[34] Die klassisch-hoheitlichen Kernbereiche des öffentlichen Dienstes können als Paradebeispiel dienen (Keller/Henneberger 1995).

Diese Variante von Arbeitsbeziehungen würde zu einer größeren, national bislang unbekannten Vielfalt führen. Das Ergebnis wäre kein relativ integriertes System europäischer Kollektivverhandlungen im stringenten, bisher ausschließlich verwandten Sinne des Terminus; eine partielle Konvergenz in Richtung auf ein transnationales neues Modell mit zentralen, allgemein verbindlichen Elementen würde nicht stattfinden. Das Resultat wäre ein weitgehend unkoordiniertes "patchwork" von Verhandlungsebenen, -themen und -akteuren, das durch konzernspezifische Reaktionen auf unterschiedliche "constraints and opportunities" noch bunter würde. Die kontrovers diskutierte Frage "convergence or divergence" (Teague 1993; Ramsay 1991, 559ff) wäre in Richtung auf Divergenz zu beantworten.

Derartige europäischen Arbeitsbeziehungen wären in institutioneller Perspektive schwach entwickelt und stark voluntaristisch bzw. kaum legalistisch geprägt. Sie würden damit sämtliche Nachteile aufweisen, die wir aus der praktischen Erfahrung mit ähnlich fragmentierten nationalen Systemen, vor allem dem Großbritanniens, kennen. Diese Alternative würde auf supranationale Verhandlungen in einer begrenzten, von Fall zu Fall wechselnden Anzahl von beteiligten Konzernen mit Stammsitzen in verschiedenen Ländern hinauslaufen; sie würde nicht alle Mitgliedsländer betreffen und auf ihre spezifische Art zu einem "Europa der (mindestens) zwei Geschwindigkeiten" beitragen.

Diese "Euro-Variante" der Verbetrieblichung würde am ehesten bei Vorliegen spezifischer Rahmenbedingungen entstehen, nämlich bei vereinheitlichten Managementstrukturen, in weitgehend internationalisierten Branchen sowie bei relativ homogenen Produkt- und Dienstleistungslinien bzw. bei bestimmten Produktmarktinteressen multinationaler Konzerne (etwa Automobilbau, Versicherungen, Teile der Chemieindustrie, Transport). "In sum, management-trade union relations are more likely to emerge (a) where companies have a single ownership and management structure within Europe; produce similar products and services in different locations or integrate production across locations; or have strong business reasons, such as restructuring plans, for engaging in a dialogue with unions; (b) where unions are able to create an encompassing organization covering all affiliates in an enterprise; (c) where enterprise organization within companies already exists at national level; and (d) where significant groups within the work force are potentially mobile across borders" (Marginson 1992, 540). Die Konzerne, die bereits EBR eingerichtet haben, können am ehesten mit derartigen Kollektivverhandlungen beginnen: Zum einen sind institutionelle Voraussetzungen gegeben, zum andern bestehen am ehesten funktionale Notwendigkeiten.

Dieses "single-employer bargaining" wäre deutlich dezentralisiert, in hohem Maße fragmentiert, mehr empfehlender denn verbindlicher Natur, eher dereguliert, bistatt tripartistisch ausgerichtet und auf die Etablierung individualisierter "employee relations" im Rahmen eines human resource management als auf betriebliche Arbeitsbeziehungen orientiert. Dieser transnationale Pluralismus würde zu einem europäischen Minimalstaat ohne vollständig ausgebildete politische Institutionen (vgl. Kap.2) "passen", der sich explizit zu Prinzipien der Subsidiarität und Deregulierung bekennt und der nicht auf Harmonisierung oder Konvergenz setzt.

Den seit den 80er Jahren hinreichend bekannten Betriebssyndikalismus auf nationaler (Hohn 1988) würde ein ebenso stabiler Konzernsyndikalismus bzw. -egoismus auf supranationaler Ebene ergänzen. Dieser Partikularismus der Interessen würde die "ins" weiter zu Lasten der "outs" auf externen Arbeitsmärkten und "semi-outs" in atypischen Beschäftigungsverhältnissen (Keller/Seifert 1995) bevorzugen, indem er Vorteile internalisiert, Nachteile hingegen externalisiert. Gerade in dieser polarisierenden Verteilung von Arbeitsmarktchancen kann paradoxerweise eine gewisse Attraktivität für die EBR liegen: Das stets befürchtete, in Einzelfällen durchaus realistische Ausspielen "ihrer" Belegschaften in Unternehmensteilen in verschiedenen Ländern würde infolge eines engeren Informationsaustauschs erheblich erschwert.

Eine weitgehende Fragmentierung auf der Mikroebene des Konzerns wäre auf der Makroebene mit einer Verteilung von costs and benefits verbunden, die ungleicher wäre als bei einer gewissen Zentralisierung. In der Makroperspektive wäre diese Alternative mit allen Nachteilen der Fragmentierung befrachtet, die wir aus traditionell dezentralisierten Systemen kennen (u.a. keine vergleichbaren Wettbewerbsbedingungen, deutliche Lohndifferenzen zwischen vergleichbaren Gruppen von Arbeitnehmern). Die konzernübergreifende Koordination "betrieblicher" Interessen bzw. deren Rückkoppelung durch Industriegewerkschaften und Fachspitzenverbände der Arbeitgeber sowie die Realisierung von Kollektivgütern wären problematisch; zudem würden die Differenzen zwischen Unternehmen zunehmen.

Die Schwierigkeiten bei der Analyse dieser fragmentierten Variante von Arbeitsbeziehungen bestehen in einer "neuen Unübersichtlichkeit" konvergierender und divergierender Trends. Die praktische Konsequenz wäre eine ähnliche Entwicklung wie die der US-amerikanischen labor relations (Kochan/Katz/McKersie 1986; Katz/Kochan 1992; Turner 1991; Weiler 1990) mit

- stark unterschiedlich prosperierenden Regionen und Sektoren innerhalb eines einheitlichen Wirtschafts- und Währungsraumes,
- deutlicheren Differenzen in den Einkommen und übrigen Arbeitsbedingungen,
- niedrigeren Deckungsraten als bei überbetrieblichen Verhandlungssystemen,
- vergleichsweise wenigen und schwachen Schutzrechten der Arbeitnehmer,
- wenigen, kaum handlungsfähigen Arbeitgeberverbänden
- relativ schwachen Gewerkschaften vom Typ der „business unions“.

Die Gewerkschaften würden eng definierte ökonomische Interessen vertreten, die sie vor allem im collective bargaining und weniger durch political bargaining durchsetzen würden, ohne jedoch auf europäischer Ebene über geeignete Instrumente zu verfügen. Eine Fragmentierung würde entlang der Konzerngrenzen erfolgen, welche die neuen Grenzlinien "betriebsinterner" Arbeitsmärkte definieren. Konzerngewerkschaften für multinationale Unternehmen könnten allmählich an die Stelle von Industrieverbänden bzw. encompassing organizations treten.
Gewerkschaften könnten prinzipiell als legitime Interessenvertreter anerkannt sein; unwahrscheinlich erscheint ein "union exclusion" im britischen Sinne sowie vor allem ein "union busting" seitens der anderen Akteure im Sinne des Einsatzes aktiver Maßnahmen zur Ausschaltung von Gewerkschaften wie in den USA seit den 80er Jahren. "In short, the Community has already generated employer-labour contacts and other accompanying developments at European level consistent with a commitment to continue Europe's traditional labour-intensive approach to industrial relations. This is not to say however that resistance to such an approach will not arise both from some Member State governments or from some employers whose possible over-estimation of the value of a deregulated and decentralised approach, as practised in the USA, conflicts with the essentially co-operative perception in European industrial relations and the culture from which it has grown" (Roberts 1992, 10).

Unklar bleiben in diesem Szenario eines „multinationalen“ company bargaining die Funktionen und Aufgaben der bestehenden Verbände. Wenn wir nicht einen generellen Funktionsverlust unterstellen, müssen die Gewerkschaften - ebenso wie die Arbeitgeberverbände - ihre strategische Position innerhalb eines solchen fragilen Modells der Interessenvertretung auf jeden Fall neu bestimmen.

Die Konsequenzen dieser Entwicklung für nationale Arbeitsbeziehungen wären durchaus unterschiedlich: "Duale" Systeme wie das deutsche wären in stärkerem Ausmaß betroffen als monistische wie das britische. Erstere wären massiven Erosionstendenzen ausgesetzt, die vor allem die "widersprüchliche Einheit" von betrieblichen und überbetrieblichen Interessenvertretungen bzw. deren wechselseitige Abhängigkeit und arbeitsteilige Kooperation betreffen würden. Außerdem würden die Konzernteile aus "ihren" nationalen bargaining units weitgehend ausscheiden und dadurch nicht nur die Verhandlungsmacht der Gewerkschaften, sondern das gesamte collective bargaining-System schwächen. Die großen, multinational tätigen Unternehmen würden die aus nationalen Systemen der Arbeitsbeziehungen bekannten Funktionen des pattern bargaining nicht mehr übernehmen und damit ohnehin bestehende Erosionstendenzen verstärken.

Dieser Trend würde nicht kurz- und mittelfristig, wohl aber langfristig zu einem Umbau führen müssen, da den Industriegewerkschaften die Basis ihrer "betrieblichen" Macht entzogen würde (ähnlich Streeck 1991, 317ff). Außerdem wäre in Anbetracht unterschiedlicher "modes of regulation" mit spill-over-Effekten in nach wie vor rein national orientierte Bereiche bzw. Sektoren zu rechnen.[35]

7.8. Exkurs: Sozialdialoge und nationale Tarifverhandlungen

1. Für den Erfolg der gemeinsamen Währung müssen bestimmte Voraussetzungen erfüllt sein: "Integration der Wirtschaftspolitik zwischen den beteiligten Regionen; möglichst identische Inflationsraten in den zu integrierenden Regionen; ähnlicher Entwicklungsstand und sektorale Struktur der beteiligten Volkswirtschaften; wirksamer Finanzausgleich. Es besteht Übereinstimmung, daß die EU-Länder

[35] Die Entwicklung in Richtung auf konzernzentrierte transnationale Kollektivverhandlungen halten wir aus den genannten Gründen für eine wahrscheinliche Alternative. Eine ganz andere Frage ist, ob man sie für wünschenswert halten soll (Streeck 1992, 320-329).

diese Voraussetzungen noch nicht erfüllen und auch über den Arbeitsmarkt ... nicht die notwendigen Anpassungen zu erwarten sind” (Walwei 1997, 133f).

Die institutionelle Ausgestaltung der Lohnpolitik bleibt - anders als die Geld- und Währungspolitik - aus dem Unionsvertrag ausgeklammert; dennoch wird die WWU erhebliche Konsequenzen haben (zur Lohnpolitik und -entwicklung auf dem Wege zur WWU Hofmann 1993, 116ff): Nach der Realisierung der WWU sind Wechselkursänderungen als Instrument der nationalen Wirtschaftspolitiken zur Behebung außenwirtschaftlicher Ungleichgewichte bzw. zur Abfederung exogener asymmetrischer Schocks in Form von Nachfragerückgängen nicht mehr möglich, ”so daß sich .. ungleiche Zuwachsraten oder Lohnstückkosten ... unmittelbar in Verschiebungen der preislichen Wettbewerbspositionen der beteiligten Volkswirtschaft niederschlagen" (Coen 1992, 2068).

Die Lohnpolitik wird nach Aufgabe der nationalen geldpolitischen Autonomie bzw. integrierten Kapital- und Gütermärkten zum entscheidenden Instrument zur Beeinflussung der nationalen Wettbewerbsfähigkeit.[36] Als Anpassungsinstrument muß an die Stelle der vorher möglichen, von einzelnen Ländern (u.a. Italien) intensiv genutzten nationalen Korrekturen der Wechselkurse mehr Lohnflexibilität nach unten treten.[37] Vor allem sektorale Lohnstrukturen und -differentiale werden sich ändern, da bei sektoralen Schocks die Tarifpolitik als Korrektiv reagieren muß.[38]

Ein wichtiges Anpassungsinstrument wird also die Lohnpolitik sein (Busch 1992b, 594-600; Coen 1994, 175-182). Der Anpassungsdruck kann sich ungleich auf die Branchen verteilen, wobei etwa die öffentlichen Sektoren aufgrund von Budgeteinschränkungen infolge der dauerhaften Erfüllung bzw. Einhaltung der finanzpolitischen Konvergenzkriterien einen erheblichen Teil der Lasten zu tragen haben.[39]

---

[36] Ein Einwand lautete, daß die nationalen Zentralbanken, vor allem die kleinerer Mitgliedsländer, ihre Autonomie längst an die Bundesbank abgegeben hatten, welche die Geldpolitik, einschl. der Zinspolitik, für ganz Europa bestimmte. Die D-Mark war die europäische Ankerwährung.

[37] ”Eine Währungsunion verlangt .. in ihren Teilräumen eine größere Flexibilität der Löhne” (Sachverständigenrat 1995, 253; ähnlich 1997, 233).

[38] Ein grundsätzlicher Einwand gegen diese Mainstream-Argumentation lautet, daß verschiedene nationale Währungen bereits vor Beginn der WWU so eng aneinander gekoppelt waren, daß schwachen Regierungen kompetitive Abwertungen ohnehin nicht mehr möglich waren bzw. große Veränderungen nach Beginn der WWU eher unwahrscheinlich sind.

[39] Ein Gegenargument lautet, daß auch vor Einführung der WWU allenfalls gesamtwirtschaftliche, nicht aber sektorale Schocks durch nationale Geldpolitiken bekämpft werden konnten. Das Auftreten sektoraler Schocks dürfte aber eher wahrscheinlich sein.

Weiterhin kann der Anpassungsdruck zur Verstärkung regionaler Disparitäten sowie zu nationalen Restrukturierungsmaßnahmen führen. "Reale Wechselkursänderungen werden notwendig, wenn die Länder der Währungsunion unterschiedlich stark wachsen, wenn der Konjunkturrhythmus zwischen ihnen asynchron verläuft, wenn sich realwirtschaftliche Schocks asymmetrisch auf die Länder auswirken, wenn bei symmetrischen Schocks einzelne Länder flexibler reagieren und wenn die Arbeitslosigkeit stark divergiert" (Sachverständigenrat 1997, 232).

Der Problemdruck für die Lohnpolitik wird dadurch verstärkt, daß andere Anpassungsinstrumente nicht infragekommen:

- Neben nach unten flexibleren Löhnen wäre Faktormobilität im Sinne einer erhöhten regionalen und/oder zwischenstaatlichen Mobilität der Arbeitnehmer als weiteres Anpassungsinstrument denkbar. In Anbetracht der faktisch langfristig geringen Mobilität zwischen den EU-Mitgliedsländern (vgl. Kap.8) ist dieses Instrument, abgesehen von Branchen wie der Bauwirtschaft sowie eher kurzfristigen Wanderungen in bestimmten Segmenten von Hochqualifizierten, kaum geeignet, um strukturelle Unterschiede auszugleichen.
- Als indirekte Folgen im Rahmen der durch die WWU eingeengten nationalen Handlungsspielräume sind allmähliche Angleichungen und Zentralisierungstendenzen der Steuer- bzw. der Finanzpolitiken zu erwarten, obwohl die nationale Autonomie in diesen Politikfeldern - im Gegensatz zur Geld- bzw. Währungspolitik - formal erhalten bleibt. Transfers öffentlicher Ressourcen in entwicklungsschwache Regionen bzw. in Länder mit aktuellen wirtschaftlichen Problemen im Sinne eines kompensierenden und konfliktmindernden Finanzausgleichs, wie ihn vor allem föderalistisch organisierte Länder wie die Bundesrepublik kennen und praktizieren, sind institutionell ausgeschlossen (sog. no bail-out clause). Ebenfalls nicht vorgesehen ist ein deutlicher Ausbau des Gemeinschaftshaushalts (in Höhe von 1,27% des Bruttoinlandsprodukts der Union), der in strikter Übereinstimmung mit dem Subsidiaritätsprinzip relativ klein bleiben soll.

Rückwirkungen auf die Arbeits- und Sozialpolitik, u.a. auf die nationalen sozialen Sicherungssysteme im allgemeinen sowie auf die Tarifpolitik im besonderen, sind wahrscheinlich. Analysen zeigen, "daß die Bedingungen für die Erfolgschancen gewerkschaftlicher Tarifpolitik sich in den Mitgliedsstaaten der Gemeinschaft sehr stark unterscheiden und insofern eine annähernd gleichmäßige Entwicklung der realen Lohnstückkosten in der Wirtschafts- und Währungsunion nicht erwartet werden darf. Vielmehr ist ... zu befürchten, daß eine divergente Lohnpolitik zu erheblichen Ungleichgewichten in der Wettbewerbsfähigkeit der einzelnen nationalen Volkswirtschaften führen wird" (Busch 1994, 122).

Die tarifpolitischen Empfehlungen für diese Konstellation, welche die Akteure in ihren Kalkülen berücksichtigen müssen, sind uneinheitlich (Peters 1995, 318ff; Molitor 1997, 284ff); die Vorstellungen reichen von "regional differenzierter Produktivitätsorientierung der Lohnpolitik", welche die Arbeitgeberverbände favorisieren (Fröhlich et al. 1997), bis zur "Europäisierung der Tarifpolitik" (Rhein 1994, 376), welche die Gewerkschaften bevorzugen. Die seit Commons unumstrittene Aufgabe der Gewerkschaften, nämlich "to take wages out of competition", wird im Rahmen regionaler Lohnpolitiken in der WWU schwieriger zu erfüllen sein.[40]

Damit stellt sich die Frage nach dem adäquaten europäischen System für Kollektivverhandlungen, u.a. nach dessen Zentralisierungsgrad, bzw. nach den institutionellen Veränderungen nationaler Systeme. Die empirischen Befunde nationaler Studien sind nicht einheitlich. Während ursprünglich bei stark dezentralisierten sowie hochgradig zentralisierten Systemen die beste makroökonomische Performance (u.a. in bezug auf Preisniveaustabilität) vermutet wurde (sog. Hump-shape-Hypothese), wurde später ein mittlerer Zentralisierungsgrad mit hochgradiger Koordination als vorteilhaft angesehen (Traxler 1996b, 1997a).[41]

Auf europäischer Ebene ist ein relativ zentralisiertes oder weitgehend koordiniertes bargaining im Sinne korporatistischer Regimes auf nationalstaatlicher Ebene aufgrund der bestehenden nationalen Unterschiede der Arbeitsbeziehungen im allgemeinen und der Kollektivverhandlungen im besonderen kaum realistisch; es erscheint auch aufgrund notwendigerweise mangelnder Flexibilität nicht unbedingt wünschenswert. Daher kann es aus makroökonomischen Gründen (u.a. Preisniveaustabilität, Beschäftigung) darauf ankommen, einen institutionellen Rahmen zu schaffen, der eine kontrollierte Dezentralisierung ermöglicht. "Where industry-

[40] Aus der entgegengesetzten Position ist die Situation eindeutig: "Kurzum: Beschäftigungsorientierte und damit stabilitätskonforme Lohnabschlüsse sind nur zu erwarten, solange die Bildung eines europäischen Lohnkartells nicht gelingt" (Molitor 1997, 261, ähnlich 297).

[41] Zum Zusammenhang von Unabhängigkeit der Zentralbank und Koordinationsgrad des Tarifverhandlungssystems Hall/Franzese 1997.

level bargaining is predominant, the following objectives should be considered: greater autonomy for enterprise-level negotiations and encouragement of negotiation over productivity and flexibility; reduction of automatic indexation; and greater scope for regional variation in basic rates, especially for regions with employment difficulties" (Marsden 1992b, 597). - Da rechtliche Angleichungen zumindest kurz- und mittelfristig ausscheiden, ist eine Koordination der Lohnpolitiken auf freiwilliger Basis die realistische Alternative. Das Interesse der Gewerkschaften an supranationaler Abstimmung ist deutlich größer als das der Arbeitgeber.

2. Die Ausgangssituation ist dadurch gekennzeichnet, daß die seit langem fortschreitende ökonomische Integration Westeuropas mit der Einführung der WWU ihren Höhepunkt erfährt. Wegen des Wegfalls der Option von Wechselkursänderungen verstärkt sie den Handlungs- bzw. Anpassungsdruck für die Tarif-, insbesondere Lohnpolitiken, die nach wie vor rein national geführt werden. Ihre Regulierungs- und Steuerungskompetenz nimmt infolge der Vergemeinschaftung des Politikfeldes ab. In Anbetracht dieser veränderten Rahmenbedingungen suchen Gewerkschaften, vor allem die der Metallindustrie, nach neuen Strategien.[42]
Der im folgenden diskutierte Ausweg läßt sich wie folgt charakterisieren: Sowohl nationale Gewerkschaften als auch Gewerkschaftsausschüsse, die sektoralen Zusammenschlüsse nationaler Organisationen auf supranationaler Ebene (vgl. Kap.2), streben eine qualitativ engere und quantitativ häufigere, sektorale Kooperation im Rahmen der Vertretung gemeinsamer nationaler Interessen an. Sie bemühen sich um eine bessere Koordinierung ihrer nationalen Tarifpolitiken, zunächst mit der Intention der Informationsvermittlung und -gewinnung, später mit dem Ziel der Entwicklung und Implementation gemeinsamer Leitlinien und Strategien (u.a. Rückkehr zur produktivitätsorientierten anstatt Fortsetzung der wettbewerbsorientierten Lohnpolitik, Festlegung von Mindeststandards für Arbeitszeiten bzw. Verhinderung von Unterbietungskonkurrenz) (Schulten 1998, Lecher

[42] "The politics of the social dimension is best described as a struggle over whether to leave the formation of a new European industrial relations system to spontaneous convergence among national systems. The alternative is to construct a European industrial relations regime by political means. In fact, to the extent that the postwar European tradition of labor-inclusive industrial relations is not automatically reproduced by market forces, its preservation today would appear to depend on European integration proceeding through political channels" (Streeck 1993a, 97).

1998a, 1999a, EIRR 1998e, Schulten/Bispinck 1999). Sie versuchen, ihre Forderungen grenzüberschreitend abzustimmen bzw. zu koordinieren, sie aber weiterhin in Tarifverhandlungen mit nationalen Arbeitgeberverbänden und nicht gegenüber supranationalen Sozialpartnern durchzusetzen.[43] Ein Schritt war im Jahr 1998 die Gemeinsame Erklärung von Doorn (Kreimer-de Fries 1999).

Das Ziel besteht in der Begrenzung des Wettbewerbs nationaler Regime bzw. der Ausschaltung von Sozialdumping durch Verständigung auf gemeinsame Ziele. Die seit den 80er Jahren dominierende "Wettbewerbsorientierung" der Tarifpolitik, welche die infolge von Produktivitätszuwächsen vorhandenen Verteilungsspielräume nicht ausnutzen konnte, soll zugunsten einer europäischen Koordinierungsregel "Tarifabschlußvolumen entspricht der Summe aus Inflationsrate und der gleichgewichtigen Beteiligung am Produktivitätsfortschritt" aufgegeben werden und den "verteilungspolitischen Absenkungswettlauf" überwinden. Über die Nutzung des Verteilungsspielraums (u.a. für Lohnerhöhungen, Arbeitszeitverkürzung, Aus- und Weiterbildungsmaßnahmen) entscheiden weiterhin die nationalen Gewerkschaften autonom, d.h. gemäß den jeweiligen Regelungen und Verfahren.

M.a.W.: Die originäre Aufgabe der Tarifpolitik, "to take wages out of competition", soll unter veränderten Rahmenbedingungen durch eine "europäische Koordinierung nationaler Tarifpolitiken" bewahrt werden. Es geht um Ansätze einer grenzüberschreitenden, im günstigsten Fall europaweiten Vernetzung bzw. vorsichtigen Koordinierung nationaler Tarifpolitiken, nicht jedoch um "europäische" Tarifpolitik im Sinne einer supranational-eigenständigen Politikarena bzw. echten europaweiten "Harmonisierung". "In the evolving multi-tiered form of trade union integration, the national level has remained the primary locus of trade union power and action, though increasingly embedded in European frameworks of co-operation. Despite signs of growing vertical co-ordination, the dominant rationale has been to promote horizontal co-ordination on a transnational basis in order to protect national institutions against 'regime shopping'" (Dolvik 1999, 216).

---

[43] "Der Kerngedanke des "Koordinierungsansatzes" besteht darin, daß innerhalb der europäischen (Branchen-)Gewerkschaften gemeinsam tarifpolitische Ziele formuliert werden, die dann nach der Konvergenzmethode unter den jeweils spezifischen Bedingungen innerhalb der verschiedenen nationalen Tarifvertragssysteme umgesetzt werden sollen" (Schulten 1999, 205).

3. Dieser "europäische Koordinierungsansatz" steht vor programmatisch wie praktisch ungelösten Schwierigkeiten verbandsinterner wie -externer Art:
Eine erste ungeklärte Frage ist die interne Durchsetzbarkeit bzw. Verpflichtungsfähigkeit. Die (Dach-)Verbände verfügen über keinerlei interne Sanktionsmöglichkeiten; sofern die Koordinierung überhaupt gelingt, bleibt sie folgenlos für die nach wie vor autonom agierenden Gewerkschaften, die sich in ihren immer noch nationalen Tarifpolitiken nicht an die rein freiwillig eingegangenen Selbstverpflichtungen halten bzw. kein effektives Verhandlungskartell bilden. So können einzelne Gewerkschaften niedrigere Abschlüsse tätigen, um ihre nationale Wettbewerbsfähigkeit im "Standortwettbewerb" zu sichern.
Ein Vorschlag lautet, im Tarifpolitischen Ausschuß über die Tarifpolitik einer Organisation zu diskutieren, die sich drei Jahre lang nicht an die gemeinsam vereinbarte Leitformel gehalten und Abschlüsse unterhalb der Preissteigerungsrate getätigt hat; ein anderes Instrument soll eine öffentliche Berichtspflicht der nationalen Gewerkschaften über die Ergebnisse ihrer Tarifpolitik "im Licht der EMB-Koordinierungsregel" sein. Reichweite und Sanktionsfähigkeit derartiger "weicher" Instrumente sind allerdings offensichtlich begrenzt.
Ein anderes Problem innerhalb der "logic of membership" besteht in der bereits erwähnten autonomen Nutzung der Verteilungsspielräume seitens der nationalen Verbände, wodurch einerseits die Akzeptanz des Ansatzes erhöht, andererseits aber die Implementationsphase aus der Koordinierung im engeren Sinne ausgeklammert wird; eine Mandatierung im Sinne einer Kompetenzverlagerung von der nationalen auf die supranationale Ebene findet eigentlich nicht statt.
Problematisch ist außerdem die Begrenzung des Ansatzes auf die Gewerkschaften weniger "Kernländer", nämlich Belgien[44], Deutschland, Niederlande und Luxemburg. Die Frage des Einbezugs weiterer Organisationen aus Ländern mit anderen institutionellen Rahmenbedingungen sowie "customs and practices", die nicht aufgegeben werden sollen, ist nicht geklärt, würde aber die angestrebte Koordinierung erheblich erschweren.[45]

---

[44] Belgien stellt insofern eine Besonderheit dar, als aufgrund gesetzlicher Regelung eine Orientierung der Tarifpolitik an der Entwicklung in den Ländern der vier wichtigsten Handelspartner erfolgt.

[45] Eine Option könnte darin bestehen, in anderen Regionen (wie in Skandinavien oder zwischen Frankreich und Spanien) ähnliche Verabredungen zu treffen.

Schwierigkeiten werden generell beim Versuch der Koordinierung von Forderungen aus monistischen und dualen Systemen der Arbeitsbeziehungen entstehen, da zusätzlich zu den bereits genannten Problemen die unterschiedlichen Verhandlungsebenen relevant werden; Probleme sind zu erwarten, wenn etwa Organisationen aus den rechtlich und/oder faktisch stark dezentralisierten industrial relations-Systemen Großbritanniens und Frankreichs einbezogen werden sollen, die auf nationaler Ebene kaum Konzertierungsmaßnahmen kennen.
Auch das Problem horizontaler vs. vertikaler Koordination zwischen nationalen Gewerkschaften und supranationalen Gewerkschaftsausschüssen ist nicht geklärt; der jeweils zuständige Ausschuß müßte wohl als Koordinationsinstanz fungieren. Weiterhin ist in diesem Zusammenhang erstaunlich, daß Konzepte sektoraler Koordinierung bislang ausschließlich für die Metallindustrie - und in anderer Form und Zielrichtung für die Bauwirtschaft - diskutiert werden; die Gründe für die deutliche Abstinenz aller anderen Branchen, die nach dem Beginn der WWU vor recht ähnlichen Ausgangssituationen stehen, sind nicht bekannt.
Außerdem bleibt die zentrale Frage der externen Durchsetzung transnational zu koordinierender Forderungen gegenüber nationalen Arbeitgeberverbänden ausgeblendet. Der propagierte Vorteil des "Koordinierungsansatzes", weniger als andere Varianten einer "Europäisierung" von der Existenz von Arbeitgeberverbänden bzw. deren Verhandlungs- und Konzessionsbereitschaft abhängig zu sein, schlägt in den Nachteil "autonomer Handlungsfähigkeit" um, der die konkreten Formen der Ausübung "gemeinsamen Drucks" in getrennten Kollektivverhandlungen bis hin zur Organisation transnationaler Arbeitskampfmaßnahmen offen läßt.
Die überwiegende Mehrzahl der sektoralen Unternehmer- und Arbeitgeberverbände wendet sich ebenso strikt wie ihre nationalen und europäischen Dachverbände gegen jede Form supranationaler Verhandlungen - nicht nur in bezug auf Löhne und Gehälter; sie werden diese festgefügte Position in entsprechenden Verhandlungen unmißverständlich vertreten. Insofern ist die zwischen nationalen Akteuren stattfindende horizontale Koordinierung, auch wenn sie keine echte Integration impliziert, in der Tat primär ein Problem für die Gewerkschaften.
Weiterhin sollen im Gegensatz zu der ex definitione gegebenen Einschränkung potentieller Gegenstandsbereiche von Sozialdialogen auf "weiche" Themen, wie Elternurlaub oder Teilzeitbeschäftigung (vgl. Kap.5), die "harten", potentiell kon-

fliktorischen Themen, vor allem Löhne/Entgelte und Arbeitszeiten, im Mittelpunkt stehen. Die Begründung für diese Fokussierung lautet, daß diese Themen "den Kernbereich der tarifpolitischen Regimekonkurrenz" ausmachen. Wären nicht "weiche", daher weniger konfliktträchtige Themen, eher als Keimzelle im Sinne der notwendigen Schaffung von Vertrauen und Kooperationsbereitschaft für "koordinierte" Tarifverhandlungen geeigneter?
Schließlich sind auch die Beziehungen zu bzw. die Vereinbarkeit mit aktuellen nationalen Sozial- bzw. Beschäftigungspakten (wie in Dänemark, Irland, Niederlanden, Portugal) (Hassel 1999) nicht definitiv geklärt. Diese tripartistischen Arrangements beinhalten in der überwiegenden Mehrzahl der Länder faktische Lohnmoderation bzw. eine "wettbewerbsorientierte Lohnpolitik", die der "Koordinierungsansatz" gerade zu verhindern sucht. In eine ähnliche, im Ergebnis lohnpolitisch moderierende Richtung weist im übrigen der Mitte 1999 vereinbarte "makroökonomische Dialog" mit dem Ziel eines "möglichst spannungsfreien Zusammenwirkens von Lohnentwicklung, Finanz- und Geldpolitik" (vgl. Kap.8). Nicht nur die Kommission verweist immer wieder auf den Zusammenhang zwischen Reallohnentwicklung und Investitionsrentabilität.
Last but not least bleibt ein Argument, welches weder neu noch originell, gleichwohl folgenreich ist: Der Koordinierungsansatz kann, vor allem wenn er über eine Reihe von Lohnrunden konsequent verfolgt wird, ein Grundproblem jeder produktivitätsorientierten Lohnpolitik ex definitione nicht lösen: Nicht nur die bestehenden Lohnstrukturen, sondern auch die Verteilungsrelationen werden durch den mehr oder weniger bewußten Verzicht auf eine "Umverteilungskomponente" zementiert. Die Operationalisierung der zentralen Stellgröße "Produktivitätsentwicklung" müßte nicht nur nach Ländern, sondern wohl auch nach Branchen differenziert erfolgen. Daß dieser Vorgang weniger ein rein meßtechnisch-statistisches als ein tarif- und interessenpolitisches Problem darstellen wird, ist eindeutig. Manche Beobachter befürchten zudem, daß die Verteilungsunterschiede bei Anwendung der "europäischen Koordinierungsregel" zunehmen werden.

Der Nachteil voluntaristischer Arrangements wie des "Koordinierungsansatzes" besteht im fehlenden institutionellen Rahmen, der eine gewisse Vorhersehbarkeit und Implementationsfähigkeit von Ergebnissen ermöglicht. Wir wissen aus aktuellen vergleichenden Studien nationaler collective bargaining-Systeme, daß ihre ökonomische Performanz (vor allem Beschäftigungshöhe und Inflation) dann am besten ist, wenn sie von geeigneten institutionellen Rahmenbedingungen gestützt werden (Traxler 1998b). Auf supranationaler Ebene bestehen derartige Stützen, wenn auch nur in Ansätzen, ausschließlich für sektorale Sozialdialoge, nachdem die Kommission deren Umstrukturierung beschlossen hat (vgl. Kap.6).

Als Konsequenz des "Koordinierungsansatzes" würden nationale Kollektivverhandlungen nicht an Dominanz verlieren.[46] Die Gewerkschaften sollen von der Konstitution und Kooperationsbereitschaft europäischer Arbeitgeberverbände weniger abhängig werden als bei supranationalen Verhandlungen. In Anbetracht der politischen Schwäche vor allem des sektoralen Sozialdialogs wollen die Akteure versuchen, einen von einer echten "Europäisierung" abweichenden Entwicklungspfad einzuschlagen.

In diesem Szenario räumen die Gewerkschaften der aktiven Entwicklung "ihrer" Sozialdialoge keine hohe Priorität ein; eher wäre das Gegenteil der Fall. Somit würden vor allem die bis dato unterentwickelten sektoralen Sozialdialoge keinen zusätzlichen Impulse von den Sozialpartnern der nationalen wie auch der europäischen Ebene erhalten. Der notwendige, bisher kaum erfolgte Aufbau supranationaler Strukturen wird durch die reine Koordinierung nationaler Strategien verzögert, wenn nicht behindert. Das Ziel ist die Stabilisierung der eigenen nationalen Verhandlungssysteme durch Berücksichtigung der europäischen Dimension und nicht der eigentlich notwendige Aufbau eines supranationalen collective bargaining-Systems.

Schulten unterscheidet drei Konzepte bzw. Strategien:

- Entwicklung von Sozialdialogen, Mindeststandards, Korridormodelle u.ä als Vorstellung einer "supranationalen" Tarifpolitik;
- Strategien einer Re-Nationalisierung, die Tarifpolititik im nationalen Wettbewerbskorporatismus sehen;
- Koordinierungsansatz ("Tarifpolitik im europäischen Mehrebenensystem").

[46] Ähnlich in anderem Kontext: "The influence of national systems on the shaping of social Europe will probably be greater than expected, at least in the short run, given the slowing-down of the Maastricht policies...." (Treu 1996,185).

Die Frage ist, ob sich diese Ansätze notwendigerweise ausschließen, oder ob sie Pfade einer "Europäisierung" angeben, etwa als Reaktion auf spezifische Rahmenbedingungen? Falls letzteres der Fall sein sollte, könnten etwa sektorale Sozialdialoge und Koordinierung nationaler Tarifpolitiken in verschiedenen Branchen auftreten (z.B. Bauwirtschaft versus Metallindustrie). Dann würde nur die Strategie 2 die übrigen ausschließen, 1 und 3 sich hingegen nicht; der Koordinierungsansatz kann zu sektoralen Sozialdialogen führen, oder es kann sich bei Objektbereichen eine arbeitsteilige Kooperation ergeben, innerhalb derer Sozialdialoge für "weiche" Sozialpolitik, Koordinierung für "harte" Tarifpolitik zuständig wären. Einerseits lösen Sozialdialoge die tarifpolitische Konkurrenz nicht und sind keine Antwort auf nationale Tarifpolitiken, u.a. weil sie "harte" Themen explizit ausschließen. Andererseits ist die Entwicklung des "Koordinierungsansatzes" wesentlich auch Reflex bzw. Reaktion auf die Weigerung der Arbeitgeberverbände zentraler Branchen - und gerade auch der Metallindustrie -, sektorale Sozialdialoge einzuleiten bzw. verbindliche Rahmenabkommen zu schließen.

Last but not least: Implizite Voraussetzungen des "Koordinierungsansatzes" sind Systeme sektoraler Tarifverträge (wie etwa in Deutschland) sowie Tarifautonomie, die national nicht überall gegeben ist (z.B. Belgien) (Piazolo 1999, 166ff). Weitgehende Übereinstimmung besteht in der Einschätzung, daß die sektorale Ebene wichtiger ist als die zentrale. Zwar gilt das Argument, daß in der Mehrzahl der EU-Mitgliedsländer trotz Dezentralisierung und Deregulierung nach wie vor sektorale Verhandlungen dominieren (Traxler 1997).

Warum sollte es aber ein solches System auf europäischer Ebene unbedingt geben? Etwa aus britischer Sicht, oder allgemein aus der Perspektive dezentraler Systeme, würde "Koordination" eher konzern- (z.B. Ford-UK und Ford-Europe) denn sektororientiert verlaufen. Damit wäre eine andere, bisher nicht behandelte Alternative der "Europäisierung" unter den aktuellen Vorzeichen von Dezentralisierung, Deregulierung und Flexibilisierung auf nationaler Ebene nicht sektorale, sondern konzernzentrierte Verhandlungen (Marginson 1998); die bestehenden EBR würden strategische Anknüpfungspunkte für das Management bieten.

Diese Ansätze würden nota bene die Gefahr der Entwicklung konzernsyndikalistischer Tendenzen in sich bergen und wären vor allem aus der Sicht dualer Arbeitsbeziehungen problematisch, da sie deren sektorale Ebene schwächen würden, weil multinational tätige Unternehmen supranational verhandeln würden, mit dem Ziel der Vereinheitlichung bestimmter, vor allem qualitativer Arbeitsbedingungen. Ob die von manchen Beobachtern erhoffte Instrumentalisierung der EBR für tarifpolitische Zwecke nationaler Gewerkschaften eine Alternative darstellen kann, ist eine offene Frage.

8. Europäisierung der Arbeitsmärkte und Arbeitsmarktpolitik?

8.1. Europäisierung der Arbeitsmärkte?

Nachdem wir uns mit verschiedenen Problemen der Arbeitsbeziehungen auf betrieblicher, sektoraler und gesamtwirtschaftlicher Ebene befaßt haben, wollen wir im folgenden auf Probleme der Arbeitsmärkte eingehen. Letztere finden in der Literatur erstaunlicherweise weniger Beachtung als erstere (zu den Ausnahmen gehören Michie/Smith 1994, Adnett 1996, Addison/Siebert 1997a), obwohl ihre Bedeutung für die ökonomische und soziale Entwicklung der EU unwidersprochen ist. Wir wollen vor allem zwei Fragestellungen behandeln: Findet eine Europäisierung der nationalen Arbeitsmärkte tatsächlich statt? Welches sind, in Anbetracht andauernder, hoher Arbeitslosigkeit in nahezu allen Mitgliedsländern, die constraints and opportunities einer europäischen Arbeitsmarkt- und Beschäftigungspolitik?

1. Auf der politischen Agenda stand Anfang der 90er Jahre die Vollendung des Binnenmarktes durch die uneingeschränkte Mobilität für Güter und Dienstleistungen sowie für Kapital. Die vierte Grundfreiheit, die vollständige und ungehinderte Freizügigkeit für Arbeitnehmer[1], war kontinuierlich vorangetrieben und stufenweise realisiert worden (Schmid/v. Dosky 1990, 49ff): 1964 wurde die Freizügigkeitsverordnung (damals gemäß Art. 48 Abs. 2 und 3 EWG-Vertrag) erlassen. Seit Verwirklichung der Zollunion 1968 konnten die Bürger der sechs Gründerstaaten auch in allen übrigen Mitgliedsländern Beschäftigung suchen bzw. ihre Berufe wie die jeweiligen Inländer ausüben, ohne eine besondere Arbeits- oder Aufenthaltserlaubnis zu benötigen (zusammenfassend Engelen-Kefer et al. 1995, 552ff).[2] Dieses sog. Niederlassungsrecht wurde im Lauf der Jahre sukzessiv auf die Staatsbürger der später beigetretenen Mitgliedsländer sowie auf Nichterwerbstätige wie Studenten und Rentner ausgedehnt.

[1] Diese schließt die Niederlassungsfreiheit von EG-Selbständigen ein.

[2] Einschränkungen bestehen in Teilen des öffentlichen Dienstes (Keller/Henneberger 1997).

Eine im Vergleich zum bereits erreichten Rechtszustand weitergehende formale Gleichbehandlung aller Arbeitnehmer auf den Arbeitsmärkten der Mitgliedstaaten wurde im wesentlichen durch Schließung bestehender Rechtslücken erreicht:
- Die wechselseitige Anerkennung von Ausbildungsgängen und -abschlüssen aus nationalen Systemen schulischer und beruflicher Bildung (sog. Schaffung von Berufsausübungsfreiheit) wurde sukzessive vorgenommen im Rahmen der Vollendung der beruflichen Freizügigkeit, zur Erleichterung und Erhöhung der Mobilität sowie aus Gründen der Herstellung von mehr Transparenz am Arbeitsmarkt.[3] Vereinbart wurden Mindeststandards in der Ausbildung; das Ziel bestand in der Formulierung von Entsprechungen und nicht in Harmonisierung.
- 1988 schließlich erfolgte der wesentliche Schritt zur Anerkennung der berufsqualifizierenden "Hochschuldiplome, die eine mindestens dreijährige Berufsausbildung abschließen" (Fels/Lemke/Wittkämper 1989). Diese Regelung schließt die deutschen Fachhochschulen ein.
- Eine nach langen Diskussionen 1992 verabschiedete Richtlinie zur gegenseitigen Anerkennung von beruflichen Abschlüssen fixierte als einziges Kriterium die Länge der Ausbildung und verzichtete damit auf alle inhaltlichen Vorgaben, d.h. auf eine Harmonisierung im engeren Sinne zugunsten der Schaffung vergleichbarer Wettbewerbsbedingungen.

"Um die Mobilität von Wanderarbeitnehmern nicht wegen der Aufrechterhaltung der sozialen Sicherheit zu behindern, wurden Regelungen des Ausgleichs und der Übertragung von Leistungsansprüchen nationaler Systeme der sozialen Sicherung in der EU vereinbart" (Kiehl/Werner 1998, 6). Seit Ende der 80er Jahre wurden zudem zur Förderung der Mobilitätsbereitschaft Bildungs- und Mobilitätsprogramme initiiert. Damit war die Entwicklung zu einem gewissen Abschluß gekommen. "Die Herausforderungen bei der Gewährleistung der Freizügigkeit in der Gemeinschaft verlagern sich .. immer mehr von der Schaffung rechtlicher Regelungen hin zur Überwindung praktischer Probleme der Umsetzung des freizügigkeitsrelevanten Rechts" (Tegtmeier 1993, 321).

Die faktischen Folgen dieser Beseitigung formalrechtlicher Mobilitätshindernisse dürfen jedoch nicht überschätzt werden, "abgesehen vielleicht von einer größeren

[3] Der EuGH erweiterte berufliche Bildung auf Hochschulbildung.

Transparenz hinsichtlich der in den EG-Ländern existierenden Qualifikations- und Bildungsstufen" (Werner 1994a, 55). In einem breiteren Kontext können wir diese Entwicklungen dahingehend zusammenfassen, "daß die Europäische Gemeinschaft bislang eine konstitutionell eng begrenzte Sozialpolitik praktiziert hat, die nicht weit über die Förderung von Arbeitskräftemobilität und Freizügigkeit hinausgeht. In der traditionellen Sozialpolitik ist die Europäische Gemeinschaft ein Nachzügler geblieben und wird dies höchstwahrscheinlich auch weiterhin bleiben" (Schmidt 1998, 249).

Insgesamt ist der "Vergemeinschaftungsgrad" im Bildungsbereich sehr gering; auch in Zukunft wird es kein europäisches Berufsbildungssystem, sondern eine Pluralität von Systemen und damit einen Systemwettbewerb geben. Bereits vor der gegenseitigen Anerkennung der Bildungsabschlüsse konnten Unternehmen entsprechende Arbeitskräfte einstellen, so daß neue Wanderungspotentiale kaum entstehen dürften. Auch ohne formale Harmonisierung kann sich eine gewisse Vorreiterrolle des deutschen Systems der dualen beruflichen Bildung ergeben, das im internationalen Vergleich - im Gegensatz zur zunehmend kritischen nationalen Diskussion - als vorbildlich anerkannt ist (Adnett 1996, 93ff). Dieses System kann durchaus zu komparativen Vorteilen im intensivierten europäischen Wettbewerb führen (zusammenfassend Tessaring 1990, 89-112; international vergleichend Teague 1989c, 23ff). - Ganz anders stellt sich hingegen die Situation bei der Weiterbildung dar, deren Bedeutung u.a. aus demographischen und qualifikatorischen Gründen zunimmt in Relation zur Erstausbildung: Die Bundesrepublik mit ihrer eher kurativen als präventiven Politik liegt lediglich im Mittelfeld der Mitgliedsländer (Reissert 1992, 467-471).

2. Im Gegensatz zu den Prognosen der gängigen Migrationstheorien neoklassischer Provenienz sowie der impliziten Absicht der Römischen Verträge führte die sukzessive Abschaffung der formal-gesetzlichen und anderen institutionellen Mobilitätshindernisse bzw. die rechtliche Gleichstellung mit Inländern faktisch nicht zu erheblichen Wanderungen. Gegen Ende der 80er Jahre galt: "On the contrary, migration among Member States has decreased since the Rome Treaty became effective. The interpenetration degree of European labour markets (that is, the number of foreigners divided by the total number of employed) is only 2 per cent"

(Molle/Mourik 1988, 336-337; ähnlich Ambrosius 1996, 48f). Auch Mitte der 90er Jahre liegt der Anteil der ausländischen Arbeitskräfte in den meisten Mitgliedsländern unter 5%; Ausnahmen sind die sog. Einwanderungsländer Österreich, Belgien, Deutschland, Frankreich, Luxemburg. In einigen Ländern beträgt der Anteil sogar weniger als 2% (Dänemark, Finnland, Griechenland, Italien, Portugal) (Kiehl /Werner 1998, 24). „In sum, labour market harmonisation appears not to be a practically feasible nor a politically desirable project to graft on to the 1992 programme" (Teague 1989c, 32).

Abbildung 8.1: Ausländische Erwerbspersonen in der EU*

Länder	Ausländische Erwerbspersonen aus EU-Staaten	Ausländische Erwerbspersonen aus Nicht-EU-Staaten	insgesamt
Österreich	1,3	8,5	9,8
Schweden	2,1	2,4	4,4
Finnland	0,1	0,7	0,8
Belgien	6,1	2,1	8,2
Dänemark	0,9	1,4	2,2
Deutschland	3,1	5,8	8,9
Griechenland	0,2	1,6	1,8
Spanien	0,3	0,5	0,8
Frankreich	2,4	3,9	6,3
Irland	2,8	0,7	3,6
Italien	0,1	0,4	0,4
Luxemburg	36,1	3,8	40,0
Niederlande	1,8	2,0	3,8
Portugal	0,2	0,9	1,1
Vereinigtes Königreich	1,6	2,0	3,5
EU insgesamt	1,8	2,9	4,7

Kleine Abweichungen durch Runden von Zahlen

* Anteile von ausländischen Erwerbspersonen an allen Erwerbspersonen in 1996

Quelle: Walwei (1999: 36)

Eine massive Zuwanderung ausländischer Arbeitskräfte in die Bundesrepublik fand - im Gegensatz etwa zu den USA[4] - entgegen den Erwartungen der Wettbewerbsmodelle des Arbeitsmarktes nicht statt. Die EG-Ausländer-Wohnbevölkerung, die in den 60er und frühen 70er Jahren zugenommen hatte, ging seit Mitte der 70er Jahre zurück; gleichzeitig stieg allerdings die Gesamt-Ausländer-Wohnbevölkerung. Über 70% der Anfang der 90er Jahre sozialversicherungspflichtig beschäftigten knapp 1,78 Mill. Ausländer stammten aus Nicht-EG-Staaten (Bundesanstalt für Arbeit 1991, 717ff; Werner 1990, 113-121), für welche die Freizügigkeitsregelungen nicht galten; ihr Anteil nahm langfristig sogar zu. Die Zahl der EG- bzw. EU-Arbeitnehmer nahm deutlich ab und stieg erst seit den späten 80er Jahren aufgrund der günstigeren Arbeitsmarktlage wieder leicht an.[5]
"Bemerkenswert ist .., daß im Gegensatz zu den anderen Qualifikationsgruppen die Beschäftigung von Fach- und Hochschulabsolventen stark angestiegen ist" (Walwei 1994, 138).
"Grenzüberschreitende Mobilität hängt nicht zuletzt ab von den Unterschieden im wirtschaftlichen Entwicklungsniveau und damit von der Verfügbarkeit der Arbeitsplätze sowie den Verdienstmöglichkeiten. In den letzten beiden Dekaden ergab sich aber eine Angleichung des wirtschaftlichen Entwicklungsniveaus durch die verstärkten Handelsbeziehungen zwischen den EU-Ländern. Zur Konvergenz haben auch die Bemühungen der Europäischen Kommission beigetragen, durch eine finanzielle Umverteilung im Wege der Strukturfonds (v.a. Regional- und Sozialfonds) die schwächeren Regionen der Gemeinschaft zu unterstützen..." (Walwei 1997, 157). Seit den späten 80er Jahren hat die Bedeutung dieser Regionalpolitiken in quantitativer Hinsicht deutlich zugenommen.
Die Relationen der BRD finden sich in ähnlicher Form auch in den anderen Mitgliedsländern. Mitte der 90er Jahre waren in der EU 7,77 Mill. Ausländer beschäftigt, von denen ca. 37% aus EU-Staaten stammten (Walwei 1993b, 48ff; 1998, 15); diese Größenordnungen werden sich in Zukunft kaum ändern; Ausnahmen

---

[4] "Während die Nettowanderung in der Gemeinschaft .. in den 70er Jahren nur die Hälfte des US-Wertes erzielte, sank sie in den 80er Jahren sogar auf ein Viertel des US-Referenzwertes" (Busch 1994, 92). Vgl. auch Molitor 1997, 258f.

[5] In Zahlen: 1977: 730.000, 1987: 492.000; 1990: 503.000; 1994: 587.000 (Straubhaar 1988, 45-62; Werner/Walwei 1992, 1-12; Walwei 1997, 156).

werden einige grenzüberschreitende "Euro-Regionen" sein, etwa im deutsch-französischen oder deutsch-niederländischen Grenzgebiet, die aber durch andere Mobilitätsformen (u.a. Pendler, Grenzgänger) charakterisiert sind.

Die in der öffentlichen Diskussion gelegentlich geäußerte und auf der Basis neoklassischer Annahmen prima facie plausible Vermutung, daß nach Vollendung des Binnenmarktes zahlreiche Arbeitnehmer vor allem aus den südlichen EU-Ländern auf die Arbeitsmärkte der nördlichen, vor allem den deutschen drängen würden, ist aus mehreren Gründen unwahrscheinlich (Vogler-Ludwig 1989; Mitchell 1995; 59ff):

- Die seit Mitte der 70er Jahre gegebenen Bedingungen und Erfahrungen lassen, zumal deutlich unterschiedliche Lohnniveaus und autonome nationale Sozialleistungssysteme bestehen bleiben, keine massenhaften Wanderungen, sondern eher das Gegenteil erwarten. "Die Wirtschaftsentwicklung in der zweiten Hälfte der achtziger Jahre vor allem in Spanien, aber auch in Portugal und teilweise in Griechenland verdeutlicht .., daß die positiven Integrationseffekte rascher gegriffen haben und daß die Anpassung über Güter- und Dienstleistungshandel sowie über Kapitaltransfers erfolgt ist und weniger über Wanderungsbewegungen von Arbeitskräften" (Straubhaar 1994, 210).
- Eine gewisse weitere Angleichung des wirtschaftlichen Entwicklungs- und Wohlstandsniveaus, die sich auch in den Löhnen und Gehältern widerspiegelt, sowie eine stärkere Entwicklung des Sozialraums Europa in Ergänzung zum weitgehend integrierten Wirtschaftsraum würden auch in Zukunft ökonomisch motivierte Wanderungen eher verhindern als verstärken.
- Die in allen Mitgliedsländern fortbestehende bzw. in den 90er Jahren zunehmende hohe Arbeitslosigkeit sowie das im Vergleich zu den USA und Japan recht moderate Beschäftigungswachstum werden auch weiterhin eher mobilitätshemmend wirken; ähnliches gilt für die Muster der Erwerbsbeteiligung, die deutlich zwischen den Mitgliedsländern differieren (Adnett 1996, 2ff).
- Ein qualifikatorischer mismatch, wie er für die 90er Jahre typisch ist, bestand in den 60er Jahren kaum. Er verhindert massenhafte Wanderungen von Unqualifizierten und schlecht Qualifizierten in Länder, in denen sowohl die Anzahl als auch der Anteil entsprechender Tätigkeiten langfristig deutlich abnehmen. M.a.W.: Indi-

viduelle Wanderungsentscheidungen hängen von der Wahrscheinlichkeit ab, im Zielland eine der eigenen Qualifikation adäquate Beschäftigung zu finden.
Die Frage nach der zukünftigen Mobilität von Arbeitskräften innerhalb der EU muß in einer weitergehenden Analyse nach mehreren Kriterien differenziert werden. Eine erste Modifikation hat nach der Betriebsgröße zu erfolgen; Konsequenzen werden sich vor allem für größere Unternehmen ergeben. Generell gilt: "Im ganzen gesehen ist anzunehmen, daß die unternehmensinternen Arbeitsmärkte im Zuge der europäischen Integration an Bedeutung zunehmen werden, und daß sie sich in einem gewissen Umfang über die nationalen Grenzen hinweg ausdehnen werden. Damit wird die Aufgabe, den qualifizierten Arbeitnehmern innerhalb der Gemeinschaft eine echte Freizügigkeit zu verschaffen, erheblich erschwert..." (Marsden 1994a, 130).
Ein weiteres Kriterium stellt die Qualifikation dar: Vor allem Fach- und Führungskräfte, insbesondere die mit Fachhochschul- oder Hochschulabschluß (Sadowski 1993a, 483ff; Thom 1992; 14ff; Marsden 1992a, 3-35), werden allmählich mobiler, ohne daß jedoch Massenwanderungen in einer Richtung entstehen (zu den Motiven von Anbietern und Nachfragern Walwei 1993c). "Hochqualifiziertes Personal zählt zu den entscheidenden Wettbewerbsvorteilen der Unternehmen im europäischen Binnenmarkt. Insofern wird es für die Personalabteilungen der Unternehmen darauf ankommen, die zusätzlichen Rekrutierungspotentiale in Europa auszuschöpfen" (Walwei/Werner 1992, 493). Allerdings handelt es sich um eine relativ kleine Gruppe in Relation zur Gesamtbeschäftigtenzahl.
Zunehmende Mobilität wird primär eher ein Merkmal von bestimmten Produkt- und Gütermärkten als von Arbeitsmärkten sein, allerdings Folgen für die Arbeitsmärkte haben. Zusammenfassend gilt: "Das Entstehen gemeinschaftsweiter Arbeitsmärkte sollte man sich .. nicht in Form von zunehmenden Verknüpfungen zwischen lokalen Arbeitsmärkten in der Gemeinschaft, sowie von zunehmenden interregionalen unternehmensinternen Wanderungsbewegungen über nationale Grenzen hinweg vorstellen, und nur in einer Minderheit von Fällen in Form von Märkten, die sich über die ganze Gemeinschaft erstrecken" (Marsden 1994b, 2). Im übrigen könnte Mobilität von Kapital als Substitut für die ansonsten zum Ausgleich von Lebensbedingungen notwendige Mobilität von Arbeit dienen, zumal Kapital allemal mobiler ist als Arbeit.

Bei den Auswirkungen können wir weiterhin zwischen Folgen für Güter- und Dienstleistungsmärkte unterscheiden: Während bei Märkten für standardisierte Massengüter Tendenzen einer Produktionsverlagerung ins Ausland auftreten, sind sie bei bestimmten Dienstleistungen eher unwahrscheinlich. Private und öffentliche Dienstleistungen, die personennah und vor Ort erbracht werden müssen, können ex definitione nicht verlagert werden (haushalts- vs. unternehmensorientierte Dienstleistungen). Bei anderen Dienstleistungen (z.B. Banken und Versicherungen) bestehen Tendenzen der Internationalisierung bzw. Globalisierung.

Wahrscheinlicher als massive Wanderungsbewegungen innerhalb der EU sind in Zukunft erhebliche Zuwanderungen aus den Ländern des Mittelmeerraums nach Südeuropa sowie vor allem aus Mittel- und Osteuropa nach Westeuropa (Werner 1994b, 240ff). Die grundlegenden politischen Veränderungen der späten 80er und frühen 90er Jahre haben die ehemals nahezu unüberwindbaren Mobilitätsbarrieren beseitigt und die jahrzehntelange, hermetische Abschottung der westeuropäischen Arbeitsmärkte nach Osten beendet (als Fallstudie Marek 1995, 279-297). Solange die krassen Wohlstands- und Einkommens- bzw. Entwicklungsgefälle zwischen Westeuropa und den zentral- und osteuropäischen Reformländern bestehen bleiben, werden sich Wanderungen nicht wirksam verhindern lassen - mit welchen politischen Mitteln auch immer (Sohinger/Rubinfeld 1993).[6]
Insofern wäre selbst eine gemeinsame Migrations- bzw. Einwanderungspolitik aller EU-Länder kein Allheilmittel (zu konkreten Vorschlägen Gusy 1994, 227ff). Trotz wiederholter Absichtserklärungen konnte eine solche Politik auch im revidierten Unionsvertrag wegen differierender Interessen der Mitgliedsländer nicht realisiert werden. Diese Vermutungen massiver illegaler Zuwanderungen werden bestätigt durch die Erfahrungen anderer Industrienationen mit relativ offenen Grenzen zu weniger entwickelten Ländern, etwa der USA zu Mexiko.
Die in rechtlicher Perspektive zentrale Unterscheidung zwischen Gewährung von Freizügigkeit für gemeinschaftsangehörige Arbeitnehmer und Ausschluß der Drittstaatenangehörigen bzw. von Politiken der offenen Binnengrenzen und koordi-

[6] Die Ermöglichung befristeter Migration (Gast-, Saison-, Werkarbeitnehmer) soll den Migrationsdruck senken.

nierten Kontrollen der Außengrenzen ist faktisch nur von begrenzter Bedeutung (Ketelsen 1991b, 114-125). Eine stärkere Segmentierung der europäischen Arbeitsmärkte in solche mit relativ geschützten und solche mit prekären Arbeitsverhältnissen - einschl. der weiteren Zunahme verschiedener atypischer Beschäftigungsverhältnisse sowie illegaler Beschäftigung - ist bei einer Zunahme der Zuwanderungen wahrscheinlich. Ressourcentransfers sowie Investitionen in die Entwicklung der osteuropäischen Staaten sind aus westeuropäischer Sicht daher schon aus rein egoistischen Motiven notwendig (Böhning 1991, 445-458; Dauderstädt 1993, 388-414).

3. Vor allem Gewerkschaften aus nördlichen Mitgliedsländern üben seit Ende der 80er Jahre wiederholt deutlich Kritik am Binnenmarktprojekt.[7] Sie weisen v.a. hin auf die Gefahr eines "Sozialdumpings" durch Verschärfung des ökonomischen und sozialen Unterbietungswettbewerbs infolge deutlich geringerer Lohnkosten (einschl. Lohnnebenkosten) bzw. erheblich niedrigerer Sozialleistungsniveaus in den südlichen Mitgliedstaaten. "Social dumping ... refers to the possibility of the less-favored states artificially restraining the growth of wages and social benefits to obtain a comparative advantage against richer member states. It is feared that such strategies could cause cost- and price-reducing battles inside the EC, having a negative impact on employment and economic growth levels" (Teague/Grahl 1990, 169f).[8] Die Gewerkschaften begründen u.a. mit diesen Verweisen auf ein "race to the bottom" ihre Forderungen nach der umfassenden Realisierung der sozialen Dimension des Binnenmarktes.
Diese Kritik (Busch 1992a, 277ff; Due et al. 1991, 91ff; Falkner 1993b, 261-276; Adnett 1996, 264ff) ist in ihrer generellen Form aus mehreren Gründen unzutreffend, eher gilt das Gegenteil:
- Die seit langem bestehende Freizügigkeit der Produktionsfaktoren hat trotz deutlicher Kostendifferentiale nicht zu massiven Verlagerungen von Produktionsstätten oder Investitionsströmen geführt.

[7] Zur Sicht der deutschen Gewerkschaften u.a. Breit 1989; Steinkühler 1989; Däubler/Lecher 1991.

[8] Aus empirischer Perspektive auch Erickson/Kuruvilla 1995, 35-53.

- Potentielle Standort- und damit Wettbewerbsvorteile der südlichen Mitgliedsländer würden bei einer stärkeren Egalisierung unterminiert, was den Widerstand der Mittelmeeranrainer gegen entsprechende Maßnahmen plausibel macht. Das grundsätzliche Problem wird deutlich am Beispiel der Entsenderichtlinie in der Bauindustrie: Die Durchsetzung gleicher Entlohnung von In- und Ausländern (gemäß dem Prinzip "gleicher Lohn für gleiche Arbeit") schützt die Inländer vor Unterbietungskonkurrenz, reduziert zugleich aber die Attraktivität der Ausländer. Ähnliches gilt für andere sozialpolitische Regelungen: "The Social Charter represents the interests of labor in nations with high standards and, to a lesser extent, in those with lower standards. It also offers protection to governments that fear loss of jobs and taxes to lower-standard nations. Also, many high-wage employers, especially the least mobile ones, will benefit from the charter, since it imposes higher costs on their competitors" (Jacoby 1995a, 15f).
- Bei den sozialen Sicherungssystemen bestehen institutionelle Schranken gegen einen Leistungsmißbrauch auf EU-Ebene ("Sozialtourismus") infolge des Territorial- bzw. Produktionsortprinzips. Demnach gelten für die direkt im Ausland tätigen Beschäftigten eines Unternehmens nicht die rechtlichen und tariflichen Regelungen des Sitzlandes ihres Unternehmens, sondern die des Produktionsorts. Ansprüche gegenüber der Arbeitslosenversicherung müssen innerhalb der Landesgrenzen erworben werden, ein Wohnsitz im Inland muß vorhanden sein. In anderen Fällen gelten die Bestimmungen des Beschäftigungs-, nicht des Herkunftsortes. Eine "Harmonisierung" der nationalen Sozialversicherungssysteme auf hohem Niveau wird in absehbarer Zukunft nicht stattfinden (Walwei/Werner 1991, 72-88; Schmähl 1990).[9]
- "A critical weakness of the social dumping argument is its over-reliance on labour costs in the locational decisions of firms. Not only are unit labour costs the more appropriate measure for locational decision-making, but it may be that commercial strategy may be dominated by market considerations. Where cost factors do dominate then transportation and energy cost together with taxation considerations may dominate labour cost differences" (Adnett 1996, 266).

[9] Ein besonderes Problem stellt die grenzüberschreitende Leiharbeit dar.

Die Diskussion um die Wettbewerbsfähigkeit deutscher Unternehmen sowie um "Standortvorteile bzw. -nachteile im Binnenmarkt" kommt immer wieder auf. In diesem Kontext werden folgende Argumente zu wenig berücksichtigt:

- Das oft angeführte hohe Lohnniveau stellt für sich noch keinen aussagefähigen Indikator für die relative Wettbewerbsposition dar, da es lediglich einen Teil der Produktionskosten ausmacht. Außerdem sind die enormen Exporterfolge der deutschen Wirtschaft, die sich in der positiven Handelsbilanz niederschlagen, sowohl in den 80er als auch in den 90er Jahren trotz hoher Lohnkosten erzielt worden. Schließlich haben sich die Löhne und Gehälter seit den 80er Jahren recht moderat entwickelt (Bispinck/WSI-Tarifarchiv 1996).
- Die Entwicklung der Lohnstückkosten, d.h. die der Relation von Löhnen zu Produktionsergebnissen bzw. -leistung, verläuft in der Bundesrepublik im EU-Vergleich ebenso günstig wie die Zunahme der gesamtwirtschaftlichen Leistung je Erwerbstätigen (Buttler/Walwei 1990, 50f).
- Andere relevante Standortkriterien bzw. Wettbewerbsfaktoren (wie Zustand der Infrastruktureinrichtungen, Qualifikationsniveau der Arbeitnehmer, System der dualen beruflichen Bildung, Steuersystem, stabile politische Rahmenbedingungen, "kooperative" Arbeitsbeziehungen mit wenigen Arbeitskämpfen) sind im EU-Vergleich nicht nachteilig zu bewerten.[10]
- Die notwendige Differenzierung nach Branchen unterbleibt häufig.

4. Die arbeitsmarktpolitisch relevante Frage, wie sich die Anzahl der Arbeitsplätze infolge der Vollendung des Binnenmarktes entwickelt, ist kaum exakt zu beantworten. Der Ende der 80er Jahre vorgelegte Cecchini-Bericht zu den "Kosten der Nichtverwirklichung Europas" (Cecchini/Catinat/Jacquemin 1988; zur Kritik Franzmeyer 1990, 29ff; Ambrosius 1996, 158ff, Ziltener 1999, 154ff) war recht optimistisch in seinen mittel- und langfristigen Prognosen über Wachstum und Beschäftigung: Infolge der Beseitigung nicht-tarifärer Handelshemmnisse sollten ohne weitere flankierende wirtschaftspolitische Maßnahmen innerhalb von sechs

[10] Im einzelnen Volkmann 1989, 543-549 sowie Walwei/Werner 1992, 496. Andere Positionen vertreten Soltwedel 1990, 240ff und Klös 1992, 127-143.

Jahren knapp zwei Millionen zusätzliche Arbeitsplätze entstehen sowie ein deutlicher Abbau der registrierten Arbeitslosigkeit eintreten.

Diese mittelfristigen Beschäftigungszuwächse durch Intensivierung des nationalen und internationalen Wettbewerbs, Kosteneinsparungen durch Realisierung von Skalenerträgen in Produktion und Absatz, Abschaffung der Grenzkontrollen sowie stärkerer Spezialisierung waren unrealistisch hoch kalkuliert (Altvater/Mahnkopf 1993, 76ff). "Diese Zahlen wird man wohl eher als politische Daten verstehen müssen, die der Öffentlichkeit einen groben Eindruck von den Möglichkeiten vermitteln sollten, die der Binnenmarkt der EG verschafft" (Suntum 1992, 18).

Andere Prognosen sind weniger optimistisch als die ex ante-Analyse des Cecchini-Reports (Prognos 1990). Aus der Realisierung des Binnenmarktprojekts soll zwischen 1988 und 2000 eine Erhöhung der Bruttowertschöpfung von 4,2% oder jährlich 0,3% - 0,4% resultieren. Die positiven Beschäftigungseffekte belaufen sich demnach auf 2,2 Mill. Erwerbstätige (Anstieg um 1,6%), von denen 500.000 auf die exportstarke BRD entfallen. Die in der überwiegenden Mehrzahl der Länder (vor allem aufgrund des Rückgangs der Geburtenüberschüsse) günstige demographische Entwicklung mit einem gemeinschaftsweit nur geringen Zuwachs des Beschäftigtenpotentials (Chesnais 1990, 65-84) sowie eine Zunahme der Beschäftigung führen zu einem gewissen Rückgang der Arbeitslosenquote, ohne daß allerdings Arbeitslosigkeit als wichtiges Problem verschwinden würde (Konle-Seidl et al. 1990, 205-226; Konle-Seidl/Walwei/Werner 1991, 7-19). Insgesamt steigt aus demographischen Gründen die Nachfrage stärker als das Angebot an Arbeit, was zu einer gewissen Entlastung der Arbeitsmärkte führt.

"Ob diese Schätzungen zutreffend waren, läßt sich aufgrund der Vielfältigkeit möglicher Einflußfaktoren ... nicht sagen. Klar erscheint zumindest die positive Richtung des Effekts der Integration zu sein. Unsicherheit besteht .. über die konkrete Größenordnung des Effekts, die Dauer des Effekts ... und die möglichen Verteilungseffekte der Integration (und des damit verbundenen zunehmenden Wettbewerbs) auf Sektoren, Regionen und Personengruppen" (Walwei 1998, 3).

Innerhalb der gesamtwirtschaftlichen Nettoeffekte sind ungleiche Verteilungen der möglichen Beschäftigungsgewinne des Binnenmarktes in bezug auf Sektoren, Regionen, Gruppen der Bevölkerung, Betriebsgrößen etc. wahrscheinlich (Institut der deutschen Wirtschaft 1989, 34ff; Sperling 1989, 313-339; Schubert 1989, 566-

575; Prognos 1990, 97ff). Der Grad der Betroffenheit differiert zwischen Branchen; stark betroffen sind u.a. Telekommunikation, pharmazeutische Industrie, Nahrungsmittelindustrie, KFZ-Hersteller und Zulieferer. Die strukturelle Arbeitslosigkeit steigt vor allem bei schlecht qualifizierten sowie älteren Arbeitnehmern. Das relative Entwicklungsgefälle, welches entgegen den ursprünglichen Intentionen durch die sog. Süderweiterung der EG um Spanien, Portugal und Griechenland in den 80er Jahren zunahm, kann sich weiter vergrößern, wenn nicht durch entsprechende Maßnahmen gegengesteuert wird.
Generell kommt es zu weiteren Rationalisierungsmaßnahmen, einer stärkeren internationalen Arbeitsteilung und Spezialisierung der Volkswirtschaften bzw. entwickelter Regionen auf die Produktion qualitativ hochwertiger Güter. "Diversifizierte Qualitätsproduktion" bzw. flexible Spezialisierung löst das tayloristisch-fordistische Modell der Produktion standardisierter Massengüter allmählich ab. Die für einen Erfolg dieses neuen Produktionsmodells notwendigen institutionellen Voraussetzungen im Sinne eines Systems von constraints und opportunities, die durch politische Intervention geschaffen werden müßten, fehlen derzeit weitgehend.[11] Die Anforderungen an die Qualifikationen werden weiterhin steigen.

Die Frage nach der Entwicklung der Anzahl der Arbeitsplätze stellte sich nicht nur Anfang der 90er Jahre in bezug auf die Vollendung des Binnenmarktes; dieselbe Fragestellung bezieht sich Ende der 90er Jahre auf die Zeit nach Einführung der WWU - und die Antworten sind ähnlich ungewiß. Sie hängen u.a. ab von der Zahl der Teilnehmer sowie vom Standpunkt der Betrachtung (Monetaristen vs. Ökonomisten) (Löhr 1997, 322ff). Die Diskussion hat sich von der Frage der Schaffung von Beschäftigungsmöglichkeiten verlagert zum Problem des Erhalts von Arbeitsplätzen. "Zu berücksichtigen ist .. zunächst der Arbeitsplatzabbau bei Banken und Unternehmen in den Bereichen, die mit Umtausch und Währungsmanagement zu tun haben. Zweifellos ist dies der Produktivität förderlich. Erst mit der Zeit helfen die verbesserten Rahmenbedingungen jedoch dabei, neue Arbeitsplätze zu schaffen, aber auch dann nur in den Unternehmen, die sich im härter werdenden Wettbewerb zu behaupten vermögen" (Jochimsen 1998, 184).

---

[11] Vgl. die Überlegungen bei Streeck 1989, 24-53 sowie Streeck/Schmitter 1991, 153ff.

Umverteilungsmaßnahmen bleiben notwendig, u.a. um im Verteilungswettbewerb die Akzeptanz nicht nur der wirtschaftlichen, sondern auch der politischen Union bei den weniger privilegierten Mitgliedern zu sichern.[12] Dazu gehören vor allem eine gemeinschaftsweite Sozialpolitik, die zu Beginn der 90er Jahre beträchtlich aufgestockten Strukturfonds sowie der mit dem Vertrag über die Europäische Union eingeführte sog. Kohäsionsfonds zur regionalen Förderung. Aus letzterem erfolgenZahlungen zugunsten der Mitgliedsländer an den geographischen Rändern (Griechenland, Portugal, Spanien, Irland), um zur Angleichung der Lebensbedingungen in den vier ärmsten Mitgliedsländern beizutragen.[13]

8.2. Vom Weißbuch zum Beschäftigungskapitel

In den frühen 90er Jahren nahm die Arbeitslosigkeit in den EU-Mitgliedstaaten nochmals zu. Mitte der 90er Jahre betrug sie (einschl. einer wachsenden Zahl von Dauerarbeitslosen) ca. 18 Mill., was einer Arbeitslosenquote von ca. 11% entsprach und deutlich über dem Durchschnitt der 80er Jahre lag. Im Triadenvergleich (Japan, USA, Westeuropa) lag zudem die EU-weite Beschäftigungsquote (mit ca. 60%) deutlich unter der Japans und der USA (mit über 70%) (Teague 1994, 317f); die Beschäftigungsintensität des Wachstums war in Westeuropa relativ gering im Vergleich zu den anderen Wirtschaftsblöcken (Schubert 1997, 80ff, Walwei 1997, 135ff).

Deutliche Änderungen waren kurz- und mittelfristig kaum zu erwarten, so daß Handlungsbedarf nicht nur auf nationaler, sondern auch auf supranationaler Ebene bestand. Vor allem eine EU-weit koordinierte - und nur in diesem Sinne europäische - Arbeitsmarkt- und Beschäftigungspolitik gelangte allmählich in den Mittelpunkt des Interesses. Verschiedene Akteure übten seit Anfang der 90er Jahre gemeinsam politischen Druck auf die Organe der Gemeinschaft aus, um eine forcierte Politik durchzusetzen. Vorläufiges Ergebnis dieser Bemühungen ist das Beschäftigungskapitel des in Amsterdam revidierten Unionsvertrages.

[12] Zum hier nicht näher behandelten Problem der Gleichbehandlung jenseits des damaligen Art. 119 EWGV Autorinnengemeinschaft 1991.

[13] Der Fonds wurde auf dem Gipfel von Edinburgh Ende 1992 mit 30 Milliarden DM ausgestattet.

Im folgenden eruieren wir die zwischen "Eurooptimisten" und "Europessimisten" kontrovers diskutierten Möglichkeiten und Grenzen einer solchen neuen, supranational koordinierten Politik. Zunächst gehen wir kurz auf die erste, weitgehend abgeschlossene Etappe ein, für die das Weißbuch "Wachstum, Wettbewerbsfähigkeit, Beschäftigung" konstitutiv ist. Im Mittelpunkt steht das Beschäftigungskapitel, wobei wir zunächst Entwicklung und Rahmenregelungen darstellen. Anschließend behandeln wir auf der Basis der bisherigen Erfahrungen verschiedene Probleme der Anwendung, wobei Probleme der Implementation sowie der supranationalen und nationalen Finanzierung in Mittelpunkt stehen. Danach geht es um Einschätzungen und Perspektiven des Beschäftigungskapitels, bevor der Ansatz makroökonomischer Koordinierung behandelt wird. Zum Schluß ziehen wir ein Fazit, nennen Ansatzpunkte für eine alternative Politik und skizzieren den eingetretenen Wandel der Regulierungskonzepte.[14]

1. Die Kommission[15] legte Ende 1993 ihre Empfehlungen in Form eines Weißbuchs vor (Kommission der Europäischen Gemeinschaften 1993c), dem ein "Aktionsprogramm zur Beschäftigungsförderung" folgte; das ehrgeizig bis kühne Ziel, welches nicht ausschließlich durch Wirtschaftswachstum zu erreichen war, bestand in einer Halbierung der Arbeitslosenquote bis zum Jahr 2000 durch die Schaffung von mindestens 15 Mill. neuer Arbeitsplätze. Die Vorschläge setzen im Rahmen eines Policy mix auf eine Stärkung der Wettbewerbsfähigkeit in der weltweiten Triade. Durch Verbesserung der Rahmenbedingungen (u.a. durch Haushalts- und Geldpolitiken) sowie durch koordinierte Wachstumsprogramme (u.a. Informationsnetze, transeuropäische Energienetze, Verkehrsnetze, Telekommunikationswesen) sollen nicht nur bestehende Arbeitsplätze erhalten, sondern auch die notwendigen neuen Beschäftigungsmöglichkeiten geschaffen werden (zur Diskussion der Vorschläge Walwei 1997, 140ff). Angeregt werden weiterhin recht heterogene Maßnahmen:

---

[14] Wir gehen nicht ein auf rein nationale Beschäftigungspakte, die in den vergangenen Jahren in verschiedenen EU-Mitgliedsländern geschlossen wurden (Gill et al. 1999, 316ff).

[15] Zunächst beschlossen die Staats- und Regierungschefs auf dem Gipfel von Edinburgh Ende 1992 eine "Initiative für Wachstum und Beschäftigung". Sie setzten auf gemeinschaftliche Wachstumsinitiativen, die vor allem Infrastrukturvorhaben (wie transeuropäische Netze) fördern und die zunehmende Arbeitslosigkeit bekämpfen sollten.

- die Anpassung der Bildungs- und Berufsbildungssysteme (Erst- und Weiterbildung) an veränderte Bedingungen,
- Verbesserung der internen und externen Flexibilität auf dem Arbeitsmarkt (einschl. Lohnflexibilisierung und Flexibilisierung der Arbeitszeiten),
- neue Formen der Arbeitsorganisation
- sowie die gezielte Senkung der Arbeits- bzw. Lohnnebenkosten.

Das Weißbuch versteht sich als "Plädoyer für aktives Handeln" und setzt weniger als etwa das Weißbuch von 1985 oder die Sozialcharta von 1989 auf beschäftigungspolitische Aktivitäten der EU, sondern im Rahmen des Subsidiaritätsprinzips stärker auf Aktivitäten der Mitgliedsländer sowie auf private Initiativen, d.h. solche der Sozialpartner und betrieblichen Akteure. "Nach dem gängigen Verständnis wird .. postuliert, daß Arbeitsmarktpolitik inklusive der Schulung von Arbeitslosen gemäß dem in der Post-Maastricht-Ära der EG viel diskutierten "Subsidiaritätsprinzip" Sache der Mitgliedstaaten sei" (Falkner 1994, 179). Forderungen nach einer weitgehenden Deregulierung der Arbeitsmärkte finden sich im Gegensatz zu den in den Mitgliedstaaten seit den frühen 80er Jahren geführten Diskussionen nur bei wenigen Objektbereichen (Lockerung des gesetzlichen Kündigungsschutzes, Kürzung der Arbeitslosenunterstützung).[16] "Vielmehr ist ein neues, vernünftiges und vereinfachtes Regulierungs- und Anreizsystem nötig ..." (Kommission der Europäischen Gemeinschaften 1993c, 136; ähnlich 142f).[17]

Die marktwirtschaftlich orientierten Vorschläge sind nicht unbedingt neu und stoßen, u.a. aufgrund ihrer angebotsorientierten Fundierung, im europäischen Kontext auf dieselbe Kritik wie im nationalen (König 1994, Schmid 1995, Foden/ Ramos Yuste 1997). Sie stellen ein heterogenes Maßnahmenbündel ohne klares ordnungspolitisches Leitbild dar, das sich aus Beiträgen der Mitgliedstaaten und Sozialpartner sowie Vorschlägen der Kommission zusammensetzt. "Die bekannte und durchaus bewährte Tradition im EG-/EU-Integrationsprozeß findet sich auch im Weißbuch wieder. Gemeint ist der Versuch, verschiedene Welten in ein neues

[16] "Vor dem Hintergrund der in Deutschland nach wie vor anhaltenden Diskussion über die Notwendigkeit einer Deregulierung auf dem Arbeitsmarkt fällt die eher zurückhaltende Behandlung dieses Aspekts im Weißbuch auf. Die Arbeitsmarktderegulierung wird zwar an verschiedenen Stellen erwähnt, aber immer als Standpunkt einiger Mitgliedstaaten referiert, ohne daß erkennbar würde, daß sich die EU-Kommission solchen .. Maßnahmen ... vorbehaltlos anschließt" (Franz/Profit 1994, 3f).

[17] Zu nationalen Systemen der Arbeitsmarktregulierung in Europa Teague 1994, 338ff.

Konzept einzubinden: Wirtschaftsinterventionistische Strategien keynesianistischen Zuschnitts sowie Bekenntnisse zu Sozialstaatlichkeit und Tarifpartnerschaft stehen neben streng neoliberalen Deregulierungsvorschlägen und konservativen Formeln von Lohnleitlinien" (Jacobi 1994b, 621).

Die vorgeschlagenen Maßnahmen stellen in ihrer Summe einen typischen politischen Formelkompromiß unterschiedlicher Vorstellungen neoklassischer und keynesianischer Provenienz dar, die nur als unverbindliche Anregungen für die Politiken der Mitgliedstaaten und privaten Akteure dienen können. Es handelt sich um ein Menü mit Empfehlungscharakter, dessen Vorschläge kaum in der Lage sind, als leitbildartige Blaupause für eine integrierte europäische Politik zu dienen. "Deutlich wird, daß die Kommission mit Kompromißformeln Widersprüche zwischen den verschiedenen Interessengruppen und den Mitgliedstaaten, die an der Erstellung des Weißbuchs beteiligt waren, teils zu überdecken, teils in eigene, neue Lösungsvorschläge umzuformulieren versucht" (Schmid 1995, 269).

In der Folgezeit wurden kaum konkrete Schritte zur Bekämpfung der Arbeitslosigkeit im Rahmen gemeinsamer und koordinierter Arbeitsmarkt- und Beschäftigungspolitik eingeleitet, obwohl die Gewerkschaften entsprechende Maßnahmen forderten (EGB 1994) und die Staats- und Regierungschefs bei ihren Treffen (Essen 1994[18], Madrid 1995) Empfehlungen zur Konkretisierung und Umsetzung des Weißbuchprogramms aussprachen (Foden 1996, 1997, Kaufmann 1996). Symbolische Politik ersetzte praktische Konsequenzen, so daß von "high priority but modest progress" (Foden 1997, 115) die Rede war. Anders formuliert: "Since 1994 .. plans have centred on the strategy of publicly sponsored investment in Europe-wide transport and communications networks. Ambitious proposals were put forward both by the European Parliament and by the Commission. They had already been very much diluted to win the consent of national governments, but then failed to win agreement on financing at the Florence Council of June 1996. With the Florence Council, the fig-leaf covering the absence of an effective EU employment strategy was stripped away" (Aaronovitch/Grahl 1997, 183f).

[18] Die fünf Prioritäten des Essener Gipfels waren: Investitionen in Aus- und Weiterbildung, höhere Beschäftigungsintensität ökonomischen Wachstums, Reduzierung der Lohnnebenkosten, Förderung aktiver Arbeitsmarktpolitik anstatt passiver Lohnersatzleistungen, Orientierung von Maßnahmen auf Problemgruppen des Arbeitsmarktes (im einzelnen Foden 1997).

Mit dem Weißbuch standen Probleme der Arbeitsmarkt- und Beschäftigungspolitik zum ersten Male auf der politischen Agenda der EU, wenngleich nicht gleich berechtigt und nicht auf einer Stufe mit denen der Wirtschafts- und Währungspolitik. Abgesehen von der traditionellen, auf die vollständige Realisierung des Binnenmarktes ausgerichteten Förderung von Mobilität und Freizügigkeit der Arbeitnehmer lagen alle Kompetenzen in diesem Politikfeld nach wie vor bei den souveränen Mitgliedstaaten.

2. Aufgrund der unbefriedigenden Arbeitsmarkt- und Beschäftigungssituation erhoben im Vorfeld der Regierungskonferenz zur Revision des Unionsvertrages ("Maastricht II") mehrere Mitgliedsländer (u.a. Österreich, Schweden, Dänemark), einzelne EU-Organe (u.a. EP und WSA) sowie Gewerkschaften Forderungen nach einer stärkeren "Europäisierung" der Arbeitsmarkt- und Beschäftigungspolitik bzw. einer besseren Koordinierung nationaler Initiativen und Maßnahmen (im einzelnen Aust 1997, Tidow 1998, Platzer 1997, Johanssen 1999). Diese zunächst recht unterschiedlichen Pläne waren zu Beginn der Regierungskonferenz im Frühjahr 1995 politisch nicht konsensfähig, da ihre Annahme Einstimmigkeit im Ministerrat voraussetzte, einige Mitgliedsländer (vor allem Deutschland, Frankreich, Großbritannien) sie aber ablehnten (Hörburger 1998, 109ff).[19]
Nach den Wahlen, vor allem in Frankreich im Frühsommer 1997, aber auch in Großbritannien im Frühjahr 1997, änderten sich die Mehrheitsverhältnisse im Ministerrat. Diese "triggering events" führten neben öffentlichem Druck dazu, daß im revidierten Unionsvertrag („Amsterdamer Vertrag“) eine politische Kehrtwende erfolgte: Zum einen wurde das Abkommen über die Sozialpolitik eingegliedert, welches aufgrund des opt-outs Großbritanniens lediglich als Anhang zum Maastrichter Vertrag vereinbart worden war (vgl. Kap.2); zum andern wurde ein eigenständiges Kapitel zur Beschäftigung aufgenommen (Art. 125 - 130). "It highlights a shift in emphasis from the enactment of employment law/the body of rules directly concerned with the employment relationship) to the creation of employment policy

[19] Schwierig zu beantworten ist die Frage, warum bestimmte Regierungen in einer frühen Phase der Diskussion pro Beschäftigungskapitel votierten, obwohl dieses nicht konsensfähig war. Eine mögliche Antwort besteht darin, daß Regierungen sich durch die "Internationalisierung" des Beschäftigungsproblems von nationaler Verantwortung entlasten können.

(measures directly concerned with the creation and maintenance of employment, including measures concerned with training) (Barnard/Deakin 1998, 134).

Die Beschäftigungspolitik (gemäß dem neuen Art. 109 des Amsterdamer Vertrages) soll in Analogie zu anderen Politikfeldern in Zukunft folgende recht komplexe Struktur haben (Europäische Kommission/GD V 1997a):
- Auf europäischer Ebene legt der Ministerrat auf Vorschlag der Kommission und nach Anhörung verschiedener Gremien (EP, WSA; Ausschuß der Regionen, Beschäftigungsausschuß) jährlich mit qualifizierter Mehrheit "Leitlinien für beschäftigungspolitische Maßnahmen der Mitgliedsländer" in Form mittelfristiger, möglichst konkreter Zielvorgaben vor, die quantifizierenden und detaillierten Charakter haben können. Die Leitlinien müssen mit den "Grundzügen zur Wirtschaftspolitik" (Art. 99, Abs.2) vereinbar sein und das Subsidiaritätsprinzip beachten; sie sind "von den Mitgliedstaaten in ihrer Beschäftigungspolitik zu berücksichtigen".
- Die Mitgliedstaaten setzen diese allgemeinen Grundsätze bzw. Leitlinien in Form mehrjähriger "nationaler beschäftigungspolitischer Aktionspläne"[20] (im folgenden NAP) inhaltlich um und konkretisieren sie, wobei ihnen die Wahl der Mittel und Instrumente frei steht; sie berichten dem Ministerrat und der Kommission jährlich über ihre wichtigsten Maßnahmen und die Bedingungen ihrer Durchführung (Grundsatz der multilateralen Überwachung).
- Die nationale Implementation der Beschäftigungspolitik im Sinne der Einhaltung der Zielvorgaben, nicht hingegen die Wahl der Instrumente, unterziehen Ministerrat und Kommission "nach einem gemeinsamen Verfahren der Bewertung der Ergebnisse" einer jährlichen Prüfung. Deren Ergebnisse werden in einem gemeinsamen Beschäftigungsbericht für das entsprechende Gipfeltreffen zusammengefaßt und veröffentlicht. Außerdem kann der Ministerrat auf Empfehlung der Kommission mit qualifizierter Mehrheit und ohne Einschaltung anderer Gremien "Empfehlungen an die Mitgliedstaaten richten, wenn er dies aufgrund der Ergebnisse dieser Prüfung für angebracht hält" sowie Anreizmaßnahmen "zur Förderung

[20] In der Bundesrepublik stimmt das federführende Wirtschaftsministerium die Erstellung des NAP mit verschiedenen anderen, vor allem mit dem Forschungs-, Bildungs- und Arbeitsministerium ab, die für einzelne Leitlinien zuständig sind; die Sozialpartner werden konsultiert und dadurch in den Prozeß einbezogen (im einzelnen Sperlich 1998, 69ff).

der Zusammenarbeit zwischen den Mitgliedstaaten und zur Unterstützung ihrer Beschäftigungspolitik durch Initiativen beschließen".

- Ein vom Ministerrat einzurichtender bzw. zu restrukturierender ständiger Beschäftigungsausschuß, in den die Kommission und jeder Mitgliedstaat zwei Mitglieder entsenden, soll "mit beratender Funktion zur Förderung der Koordinierung der Beschäftigungs- und Arbeitsmarktpolitik" tätig werden; er hört die Sozialpartner an und kann Stellungnahmen abgeben.

- Last but not least: Die Formulierung und Implementation dieser Politik soll und kann keine Domäne staatlicher Akteure bleiben: Die nationalen und europäischen Sozialpartner sollen sowohl nach den Vorstellungen der Kommission als auch gemäß ihren eigenen Forderungen (ETUC/UNICE/CEEP 1997) eine wesentliche, aktivere Rolle spielen, die über gemeinsame Erklärungen deutlich hinausgeht; ihre Beteiligung, u.a. in Form von erweiterten und ausgebauten Sozialdialogen, soll in Übereinstimmung mit der bestehenden nationalen und europäischen Gesetzgebung, Übereinkommen und Praktiken erfolgen und sich über alle Phasen des Politikzyklus erstrecken, d.h. vom Programmentwurf über die nationale Umsetzung bis zur Evaluation von Zielvorgaben zur Beschäftigungsentwicklung. Diese stärkere Einbeziehung der nationalen und europäischen Sozialpartner soll außerdem den bisher nur schwach entwickelten sozialen Dialog sowohl auf gesamtwirtschaftlicher als auch auf sektoraler Ebene (vgl. Kap.5 und 6) stärken und dessen bislang heterogenen Inhalte auf Beschäftigungsfragen fokussieren.

Abbildung 8.2: Beschäftigungskapitel des Amsterdamer Vertrages

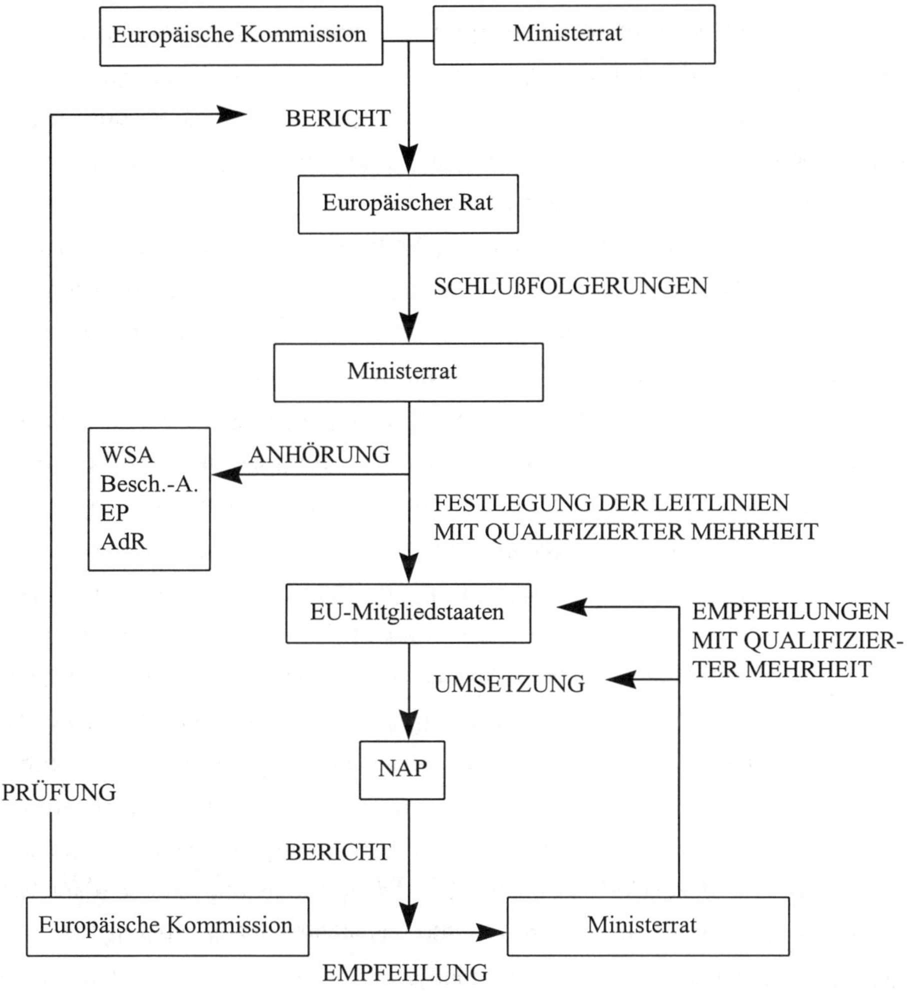

Auf einem gesonderten sog. Beschäftigungsgipfel im November 1997 konkretisierten die Staats- und Regierungschefs diese allgemein gehaltenen Rahmenvorgaben und beschlossen Optionen zur besseren und stärkeren Koordinierung der nationalen Beschäftigungspolitiken. Die für 1998 vereinbarten, auf Vorschläge der Kommission zurückgehenden 19 Leitlinien lassen sich zu vier Blöcken zusammenfassen (KOM (97) 497 endg.):

- Verbesserung der Beschäftigungsfähigkeit (u.a. Bekämpfung der Jugendarbeitslosigkeit, Verhinderung von Langzeitarbeitslosigkeit, Betonung aktiver Maßnahmen zugunsten von Arbeitslosen),
- Entwicklung des Unternehmergeistes (durch die leichtere Gründung und Führung von Unternehmen sowie ein beschäftigungsfreudigeres Steuersystem),
- Förderung der Anpassungsfähigkeit der Unternehmen und ihrer Arbeitnehmer,
- Stärkung und Ausbau der Maßnahmen für Chancengleichheit.

Weiterhin soll nicht nur Unterbeschäftigung möglichst weitgehend abgebaut, sondern auch die im "Triadenvergleich" mit Japan und den USA (knapp 74%) niedrige Beschäftigungsquote der EU (ca. 60%) aus demographischen, sozialen und wirtschaftlichen Gründen deutlich gesteigert werden.

Auf dem Beschäftigungsgipfel beschlossen die Staats- und Regierungschefs, diesen sog. Luxemburger Prozeß von Zielvorgaben, Zeitplan und Monitoring schon 1998 zum ersten Male in allen Mitgliedstaaten durchzuführen (KOM (98) 316 endg.), obwohl der revidierte Unionsvertrag noch nicht ratifiziert war, was verfassungsrechtlich problematisch, aber eben politisch gewollt war. Die Leitlinien bzw. Säulen wurden auf dem Wiener Gipfel Ende 1998 für 1999 nahezu linear fortgeschrieben (European Commission/DG V 1999a) und damit die eingeleitete Strukturierung des Politikfeldes bestätigt.[21] Die Beschäftigungsstrategie soll während eines Fünfjahreszeitraums (1997 - 2002) weiterentwickelt werden.

Diese beschlossenen Maßnahmen sollen zugleich die Effektivität (durch Mehrheitsentscheidungen statt Einstimmigkeit) und die Legitimität (durch Konzentration auf die auf nationaler Ebene bzw. für nationale Arbeitsbeziehungen zentralen Beschäftigungsfragen) erhöhen (Goetschy 1999). Die Leitlinien bzw. Säulen sind allerdings recht heterogen in ihrer Ausrichtung, von unterschiedlichem Abstrak-

[21] Außerdem soll möglichst bald ein europäischer Beschäftigungspakt geschlossen werden.

tionsgrad und nicht in allen Belangen eng aufeinander abgestimmt (Pascual 1999b). Weiterhin fällt, ähnlich wie im nationalen Rahmen, eine deutliche Angebotsorientierung der vorgeschlagenen Maßnahmen auf.

8.3. Probleme der Umsetzung und Anwendung

Unabhängig von den bisherigen Plänen und Maßnahmen ist in absehbarer Zukunft eine integrierte, aktive EG-Arbeitsmarktpolitik mit dem Ziel einer wirksamen Bekämpfung der Massenarbeitslosigkeit aus verschiedenen, im folgenden zu behandelnden Gründen nicht zu erwarten.

1. Da die zur erfolgreichen Implementation notwendige freiwillige Kooperation aller nationalen Regierungen sowie supranationalen und nationalen privaten Akteure nicht immer und überall bedingungslos vorausgesetzt werden kann, entsteht ein Dilemma: Die kooperationsbereiten Partner brauchen keine Anreize, die bei den nicht-kooperationsbereiten fehlen.[22] Zunächst kann die "zusammenfassende Bewertung der Ergebnisse" der NAPs durch die Kommission auf unterschiedlich deutliche, im Verfahren nicht spezifierte Arten erfolgen.[23] Anschließend können die oben erwähnten, nunmehr mit qualifizierter Mehrheit möglichen Empfehlungen des Ministerrats an einzelne Mitgliedstaaten auf zwei Schwierigkeiten stoßen:
- Zum einen war zunächst fraglich, ob sie tatsächlich ausgesprochen würden; zumindest sieht der Unionsvertrag keinen Automatismus vor.[24] "Delegates from some member states argue that the employment strategy process is as yet in its

---

[22] In Österreich haben Sozial- und Wirtschaftsministerium in Abstimmung mit anderen Ressorts sowie den Sozialpartnern den NAP erarbeitet. Die Sozialpartner haben Teile autonom ausgehandelt - und können daher leichter auf dessen Umsetzung verpflichtet werden.

[23] Für die erste Runde gilt, daß die Kommission "did not choose too diplomatic a path in emphasizing the weaknesses of certain documents" (Pochet 1999, 275). Für 1999 gilt: "The Commission's assessment of individual member states ranged from: a considerable amount of praise for a solid labour market performance ... to a mixed report ... to reports where, despite recent recoveries in the labour market, serious structural difficulties still need to be adressed..." (EIRR 1999e, 13).

[24] „... the Commission somewhat controversially issued individual recommendations to member states advising them on how they could better implement their individual employment policies. Although this process is provided for by the employment strategy and, in any case, the recommendations are not binding, many member states expressed the view that this was a little heavy-handed as, according to the spirit of the employment strategy, the issuing of recommendations should be a last resort rather than a first option. However, the Commission ... maintained that the process should be given some teeth in order for things to move forward“ (EIRR 2000, 36).

infancy and therefore it is too early for the Commission to pass judgement on the performance of member states' labour markets. There is also a feeling that this provision was intended to be used only as a measure of last resort, and that the Commission has overreacted in invoking it in this way." (EIRR 1999e, 13). Außerdem können die von Empfehlungen betroffenen Regierungen versuchen, durch geschicktes Verhandeln im Rat der Arbeits- und Sozialminister im Vorfeld Änderungen und Abschwächungen des Entwurfs durchzusetzen.[25]

- Zum andern ist eine durchaus offene Frage, ob ausgesprochene Empfehlungen, die lediglich unverbindlichen Charakter haben, eine Verhaltensänderung bewirken würden, da sie innenpolitisch entweder bedeutungslos bleiben oder anders instrumentalisiert werden können.[26] Mögliche Empfehlungen an Mitgliedstaaten würden nicht publiziert, was in der öffentlichen Diskussion weitgehend unbekannt ist.

Außerdem sind im Amsterdamer Unionsvertrag keinerlei Sanktionen gegen Länder vorgesehen, welche die vereinbarten Beschäftigungsziele nicht erreichen. Damit steht diese voluntaristische Vereinbarung im Gegensatz zur WWU, in deren Rahmen in Art. 101 EG-Vertrag bzw. im ergänzenden Stabilitäts- und Wachstumspakt verbindliche Sanktionskataloge bei "übermäßigen öffentlichen Defiziten" vorgegeben sind. Anders formuliert: Die fehlende "harte", einigermaßen verbindliche Steuerung durch Recht kann durch die eingeführte "weiche" über zusätzliche Informationen und bench marking nicht substituiert werden; funktionale Äquivalente bestehen nicht.[27]

Ob in Anbetracht dieser ambivalenten Situation die "Leitlinien die Mitgliedstaaten unter erheblichen Rechtfertigungsdruck (setzen, B.K.), da sie jährlich über die Maßnahmen berichten müssen" (Weiss 1998b, 642; ähnlich Biagi 1998, 24, 29;

[25] "As this area is subject to qualified majority voting, it seems likely that, at the very least, some modifications will be made to the recommendations as they now stand" (EIRR 1999e, 13).

[26] Wenn die, in der Bundesrepublik u.a. vom Sachverständigenrat wiederholt vertretene Meinung dominiert, daß jedwede "Europäisierung" der Beschäftigungspolitik a priori den falschen Weg zur Bekämpfung der Arbeitslosigkeit darstellt, würde eine Empfehlung keinen Strategienwandel bewirken oder auch nur einleiten. Vgl. zur Kritik auch Feldmann 1998.

[27] ".. the major difference ... is that under the employment policy procedures, the worse that can happen to a member state is to receive a non-binding recommendation. Under EMU, a member state which fails to observe warnings issued by the Council in relation to excessive levels of national debt and excessive budget defcits may be subject to a fine" (Barnard/Deakin 1999, 358).

Bogai 1998, 854)[28], muß bezweifelt werden. Die strategischen Einflußmöglichkeiten relevanter Bezugsgruppen bzw. der öffentlichen Meinung, die deutlichen Druck vor allem auf die Regierungen, aber auch auf die privaten Akteure des Arbeitsmarktes ausüben müßten, werden in dieser Argumentation überschätzt. Tatsächlich sind die nationalen Wahrnehmungen sehr unterschiedlich: "For instance in Germany, it was stated that the Luxembourg summit did not alter the main fact that employment policies are part of the member States competence; in Spain, the target adopted for the unemployed in training schemes was considered inadequate and in Britain, the summit drew rather little interest altogether. Only in France and Italy did Governments present the summit's conclusions as a breakthrough towards devising innovative European policies" (Barbier 1998, 463).

Jenseits der allgemein gehaltenen Formulierungen des Beschäftigungskapitels waren Präferenzen vor allem für quantifizierende Zielvorgaben von Anfang an bei der Kommission deutlich vorhanden, nicht hingegen bei der Mehrzahl der nationalen Regierungen. Diese Konstellation ist sowohl auf grundsätzliche Bedenken gegen eine Abgabe weiterer Kompetenzen[29] als auch auf die Unterschiedlichkeit der Beschäftigungssituationen (etwa Österreich und Luxemburg vs. Spanien) zurückzuführen; vor allem die mit hohen nationalen Arbeitslosenquoten konfrontierten Länder (wie Spanien) wollen keine striktere Selbstbindung eingehen.

Damit bleibt die Frage nach der Verbindlichkeit von Zielen (z.B. Anteil der jugendlichen oder Langzeitarbeitslosen in aktivierenden Maßnahmen der Aus- und Weiterbildung) bzw. der Selbstverpflichtung der Akteure weitgehend unbeantwortet. Die offizielle Empfehlung lautet, zusätzliche quantitative Ziele auf nationaler Ebene in den NAPs zu formulieren. Dieser Schritt wäre allerdings auch ohne den europäischen Beschäftigungspakt möglich gewesen und kann nicht als wirksamer Ersatz für Nicht-Handeln auf europäischer Ebene angesehen werden.

---

[28] Ähnlich aus britischer Sicht: "However, it is hoped that public scrutiny of national policies will ensure that member states take this issue seriously" (EIRR 1998i, 1). "It is hoped that ... peer pressure will ensure a high degree of compliance" (EIRR 1998j, 26).

[29] Heftige Kritik übt u.a. der Sachverständigenrat (1997, 12; ähnlich auch 1998, 200f, 208f): "Damit würde ein Weg eingeschlagen, der gerade nicht der Notwendigkeit entspricht, die Arbeitsmärkte flexibler zu gestalten. Es ist eindringlich vor europaweiten quantitativen Zielvorgaben zu warnen, denn dabei können die nationalen Besonderheiten nicht berücksichtigt werden, und es besteht die Gefahr, daß verstärkt in arbeitsmarktpolitischen Programmen Zuflucht gesucht wird."

Selbst im Idealfall einer gelungenen europaweiten Koordination würden der EU bzw. konkret der Kommission, ähnlich wie in anderen Politikfeldern, eigene Institutionen und Instrumente fehlen, mit deren Hilfe diese Beschäftigungspolitiken nicht nur national, sondern vor allem auch regional und betrieblich umgesetzt werden könnten.[30] Massive Implementationsprobleme, die zweifellos aufgrund nationaler Präferenzen und Besonderheiten entsprechender Politiken auftreten würden, wären ähnlich wie bei verschiedenen Problemen von Arbeitsbeziehungen (u.a. Europäische Betriebsräte, Umsetzung von Rahmenvereinbarungen nach dem Sozialabkommen) kaum zufriedenstellend zu bewältigen.

2. Ein mit den skizzierten Implementationsproblemen verwandter Kritikpunkt setzt an den NAPs an, die zur Implementation der Gesamtstrategie unverzichtbar sind. Rein formale Vergleiche der Prozesse der Politikformulierung bzw. deren anschließende Klassifizierung, wie sie u.a. die Kommission selbst (SEC (1998) 1688 final) sowie die Sozialpartner mehrfach anstellen, sind wenig aussagekräftig; sie können nur einen ersten, zwar notwendigen, aber nicht hinreichenden Schritt der Umsetzung darstellen.[31] Zudem sind die ersten Beurteilungen der Inhalte recht kritisch: "... most NAPs consist of a mere list of initiatives which often are just what countries where carrying out already and lack an integrated approach; - the NAPs do not provide sufficient evaluation about the resource and budget implications, and the employment effect of the measures proposed and taken; ... the majority of NAPs fail to define precise objectives of a quantitative nature, the concrete resources affected to the measures, the timetable for implementation and the statistical tool which will enable to evaluate the outcome" (Goetschy 1998a, 18).
Das grundsätzliche Problem besteht darin, daß die NAP notwendigerweise Kompromisse recht heterogener Interessen darstellen, die sowohl innerhalb der Regierungen bzw. zwischen ihren Ministerien als auch zwischen den Dach- und Branchenverbänden der Sozialpartner bestehen, wobei letztere in unterschiedlicher

---

[30] Dieses Problem hat die Kommission selbst schon früh gesehen: "Wie diese Instrumente (einer beschäftigungsorientierten Arbeitsmarktpolitik, B.K.) eingesetzt werden, hat überwiegend der einzelne Mitgliedstaat unter Berücksichtigung der jeweiligen innerstaatlichen Gegebenheiten zu entscheiden" (Kommission der Europäischen Gemeinschaften 1993c,150).

[31] Überzeugendere Forschungsstrategien müssen an der Implemenation einzelner Säulen und/oder Leitlinien ansetzen und versuchen, diese zu implementieren.

Intensität an Formulierung und Umsetzung beteiligt sein können. Die Schwierigkeiten werden an der relativen Unverbindlichkeit zumindest einiger der ersten NAP deutlich, welche die Konfliktverarbeitung im Sinne der Vermittlung konträrer Positionen einfach von der Phase der Politikformulierung in die der Implementation verlagern und mehrfach die kontroversen Finanzierungsprobleme ausklammern. Sie gehen additiv statt selektiv vor, indem sie ganz unterschiedliche Maßnahmen aneinanderreihen anstatt auszuwählen, bereits bestehende Konzepte und Instrumente schlichtweg fortschreiben anstatt sie auf die präzisierten Zielvorgaben zu "justieren" und kaum neue Ideen und Vorschläge geschweige denn Gesamtstrategien zur Arbeitsmarktpolitik enthalten (KOM (1998) 316 endg).[32] "Die bisherigen Zielformulierungen bleiben sehr allgemein und die angestrebte Quantifizierung der jeweiligen Zielerreichung erweist sich in nicht wenigen Fällen als ausgesprochen schwierig. Auch fehlt es bisher an einer aus beschäftigungspolitischer Sicht wünschenswerten Kohärenz des Zielkatalogs" (Walwei 1999b, 38).

Außerdem können die kontroversen Finanzierungsfragen in den NAPs durchaus offen bleiben; "Luftbuchungen" sind nicht auszuschließen. Folgen vorgeschlagener Maßnahmen für die Haushalte können unerwähnt oder zumindest ungelöst bleiben; derartige Probleme können aus der Phase der Politikformulierung in die der Implementation verschoben werden. Schließlich zeigt sich bereits in den ersten NAPs, u.a. in der ersten Säule, der sog. Beschäftigungsfähigkeit, ein implizites Konstruktionsproblem des Beschäftigungskapitels in Form einer Reduzierung der Beschäftigungs- auf reine Arbeitsmarktpolitik. Erstere wäre im Rahmen gesamtwirtschaftlicher Strategien, deren Orientierung und Anlage zunächst nicht problematisiert wurde, umfassender anzulegen, mit anderen Politiken im Sinne eines makroökonomischen Policy Mix abzustimmen und auf die Aufrechterhaltung bzw. in der aktuellen Situation an der Herstellung eines höheren Beschäftigungsniveaus zu orientieren.

---

[32] Ihre offizielle Einschätzung des ersten deutschen NAP faßt die Kommission folgendermaßen zusammen: "Overall, the NAP is a continuation of existing, and recently reformed policies and does not yet constitute a strategic and coherent instrument commensurate with the scale of the German unemployment problem and the striking imbalances between Eastern and Western länder. The revision of the NAP will provide the new government with an opportunity to restructure labour market policy expenditure, now characterised by a high rate of passive measures, and set clear targets in compliance with the Employment Guidelines" (SEC (1998) 1688 final, 60).

Weiterhin besteht das Problem, daß in den regelmäßig zu erstellenden nationalen Berichten über die Umsetzung der NAP rein quantitative Betrachtungsweisen dominieren können, weil die "Erfolge" der eigenen Politik nach außen demonstriert und Risiken sowie Fehlschläge verschwiegen werden sollen. Dabei kann die "Qualität" neuer Arbeitsplätze unberücksichtigt bleiben. "Fears have been voiced in some quarters that the quantified targets may lead to the accelerated development of forms of employment (involuntary part-time, badly paid and insecure jobs, job schemes bearing litte close relationship to the classic labour market) lacking adequate social protection and recognition..." (Goetschy 1998b, 136). Ähnliche Bedenken gegen eine Dominanz der "Tonnenideologie" bestehen u.a. in bezug auf die vorgeschlagenen "Maßnahmen der Aus- und Weiterbildung". Schließlich können Ziele, wie Beschäftigungsfähigkeit als eine der vier Säulen, in den Mitgliedsländern durchaus unterschiedliche Bedeutungen und arbeitsmarktpolitische Konsequenzen haben.[33]

Schließlich ist auch eine gleichgewichtige Berücksichtigung der o.g. Säulen bzw. Leitlinien, vor allem der vierten Säule, der Chancengleichheit zwischen Frauen und Männern, nicht unbedingt vorauszusetzen. Ein auf der Ebene der Mitgliedsländer mögliches Aufschnüren des auf europäischer Ebene formulierten Kompromißpaketes verhindert eine gleichmäßige Implementation seiner Inhalte, die zumindest in bezug auf einzelne Säulen recht unbestimmt bleiben. Demgegenüber gehören auf EU-Ebene Gleichstellungsfragen zu den wenigen, infolge mehrerer früher Richtlinien (1975, 1976) und expliziter Behandlung in zahlreichen offiziellen Dokumenten (Sozialcharta der späten 80er, Grün- und Weißbücher im Verlauf der 90er Jahre) zu den wenigen, stark regulierten Bereichen der Sozialpolitik. Ausgangspunkt ist Art. 141 des EG-Vertrages, der den "Grundsatz des gleichen Entgelts für Männer und Frauen bei gleicher Arbeit" formuliert. Demgegenüber sind konkrete Maßnahmen in der Mehrzahl der Mitgliedsländer vergleichsweise selten geblieben.

---

[33] "... over and above consensus concerning a very general goal.., the category of employability is far from unequivocal given the widely ranging underlying economic and social models and the ambiguous - to say the least - links between this concept and employment... The same formal objective is far from having an identical meaning in each national setting and, behind partial similarities, the continuing prevalence of strong national specifities is stressed" (Lefresne 1999, 460).

Auf diese Schwierigkeiten bei der Umsetzung wird in der aktuellen Diskussion um NAPs mehrfach hingewiesen.[34] Evaluationsstudien registrieren "... a persistent tendency between the declared aims of the plans and the measures actually taken to promote equality" (Lemière/Silvera 1999, 510). Die kommissionsoffizielle Auswertung der ersten NAP kommt zu folgendem Resultat: ".. the policy content of the fourth pillar (equal opportunity, B.K.) in most NAPs remained relatively modest and lacks integration... Although a growing number of Member States acknowledge the importance of gender mainstreaming, concrete examples of the application of this principle are still rare" (SEC (1998) 1688 final, 24).
Geschlechtsspezifische Unterschiede, die nicht nur berufliche Segregation und Lohnunterschiede, sondern auch den sog. gender gap bei Arbeitslosigkeits- und Beschäftigungsquoten einschließen, werden wahrscheinlich weiterhin bestehen. "While there can be no doubt that these plans have resulted in genuine advances between 1998 and 1999, ... much works remains to be done if equality is not to remain a mere principle but is to be reflected in the practices of all the social players" (Lemière/Silvera 1999, 519).
Andererseits können die Sozialpartner interessiert sein an der Implementation von Maßnahmen zu Ausbildung, lebenslangem Lernen oder sogar zur Arbeitsorganisation innerhalb des Rahmens der Modernisierung der Arbeitsbeziehungen. Dadurch könnten sie, wahrscheinlich sogar durch Kollektivverhandlungen, zur Implementation der Säule der "Anpassungsfähigkeit" beitragen.

3. Eine weitere Gruppe von Problemen hat mit der Finanzierung der Beschäftigungspolitik zu tun, die aus Gemeinschafts- und/oder nationalen Mitteln erfolgen kann. Wie schon bei der Umsetzung der Maßnahmen des Weißbuchs Mitte der 90er Jahre bestehen Probleme bei der Finanzierung, die zu Spannungen zwischen den Mitgliedsländern bzw. im Ministerrat führen können. Als aktuelle Rahmenbedingung gilt, daß im Gegensatz zum Weißbuch von 1993, welches öffentliche Anleihen zur Finanzierung transeuropäischer Netze empfahl, definitiv keine

[34] Am Beispiel des ersten NAPs Österreichs wird argumentiert: "Große Schwächen des NAP, die sich bei der Umsetzung der frauenspezifischen Maßnahmen in verstärktem Maße nachteilig auswirken können, sind ungeklärte Finanzierung, Unverbindlichkeit der Maßnahmen und mangelnde Quantifiziertheit" (BEIGEWUM-Arbeitskreis 1998, 46).

neuen nationalen oder supranationalen Ausgabenprogramme beschlossen oder vorgesehen werden. Durch diese mehr oder weniger explizite Prämisse wurde die Akzeptanz der Pläne, ein Beschäftigungskapitel zu schaffen, bei den Mitgliedsländern erleichtert bzw. deren politische Umsetzung überhaupt erst ermöglicht.[35]
Die eine Option, nämlich eine Ausweitung des EU-Haushalts, wird auch in Zukunft politisch kaum durchzusetzen sein, da alle Mitgliedsländer eher geringere als höhere Zahlungen leisten wollen; vor allem die sog. Nettozahler (besonders die Bundesrepublik, Niederlande, Großbritannien, Schweden) drängen massiv auf Neuverteilung der Lasten. Infolge der auf der Basis des Amsterdamer Vertrages weiterhin nicht vorhandenen fiskalpolitischen Kompetenzen der EU "wird es künftig nur der EU-Haushalt selbst sein, auf den eine europäische Beschäftigungspolitik ihre Hoffnungen richten kann. Wann dieser jedoch das nötige Gewicht haben wird, ist nicht abzusehen" (Engelen-Kefer et al. 1995, 565).
Auch eine weitere Option[36], nämlich eine deutliche Umschichtung von Mitteln innerhalb des bestehenden Haushalts, fällt weitgehend aus. Sie wäre zum einen aufgrund langfristiger Festlegungen erheblicher Budgetanteile[37] allenfalls mittel- und langfristig in begrenztem Umfang möglich und zum andern als Verteilungskampf im Sinne eines Nullsummenspiels politisch kaum zu bewerkstelligen. Außerdem besteht ein Konkurrenzverhältnis zu anderen aktuellen Politikzielen wie der als notwendig anerkannten und beschlossenen, allerdings nur vorsichtig terminierten Osterweiterung der EU (Jochimsen 1998, 246ff). Deren Realisierung wird den Einsatz erheblicher finanzieller Mittel - vor allem im Rahmen der Agrar- und Strukturpolitik (Tsoukalis 1997, 248-258) - erfordern; sie kann in latentem Gegensatz zur sog. Vertiefung der bisher erreichten Integration stehen.

[35] So heißt es im ersten NAP der Bundesrepublik: "Die Luxemburger Beschlüsse stellen sicher, daß die nationale Verantwortung insbesondere im Hinblick auf länderspezifische Unterschiede und die Subsidiarität gewahrt bleibt. Auch beachten die Beschlüsse den bestehenden Finanzrahmen und damit die erforderliche Haushaltsdisziplin" (Deutscher Bundestag 1998, 3).

[36] Gemäß Finanzbeschluß des Gipfels von Edinburgh im Jahre 1992 betrug der EU-Haushalt bis 1999 max. 1,27% des BIP der Mitgliedstaaten. Allgemein gilt: "Two basic characteristics of the EU budget are its very small size, compared with national budgets, and the legal requirement for zero balance between revenue and expenditure. This means a limited role in terms of allocation and redistribution, while the stabilization function of the budget for individual countries or regions as well as for the EU economy as a whole has so far been completely excluded" (Tsoukalis 1997, 211).

[37] Die Ausgaben für die Landwirtschaft betragen nach wie vor fast 50% und gehen in relativer Betrachtung nur sehr allmählich zurück, die Ausgaben für regionalpolitische Maßnahmen durch Strukturfonds liegen bei knapp einem Drittel des EU-Gesamthaushalts.

Die Kommission sieht diese Schwierigkeiten und argumentiert, daß Beschäftigungsprojekte in den Mitgliedsländern nicht durch eine Erhöhung des EU-Haushalts, sondern u.a. durch Umschichtungen im Budget sowie aus Mitteln der Europäischen Investitionsbank (EIB) finanziert werden sollen. Die EIB soll den Zusammenhalt der Mitgliedsländer stärken und die Entwicklung der schwächsten Regionen durch Vergabe günstiger Kredite fördern; ihr aktueller Aktionsplan, das sog. Amsterdamer Sonderaktionsprogramm, soll kleine und mittlere Unternehmen, neue Technologien, neue Sektoren sowie den Ausbau transeuropäischer Netze mit bis zu 10 Mrd. ECU fördern. Weiterhin soll gemäß einer Vereinbarung von Ministerrat und EP durch Umschichtung von Mitteln eine neue Haushaltslinie eingerichtet werden, der 450 Mill. ECU zur Schaffung dauerhafter Arbeitsplätze insbesondere in kleinen und mittleren Unternehmen zur Verfügung stehen sollen ("Europäische Beschäftigungsinitiative") (Europäische Kommmission 1997).

Die Beschäftigungswirkungen dieser Pilotprojekte und Maßnahmen sind ungewiß. Festzuhalten ist, "daß die EIB auch schon in den Vorjahren auf entsprechende Anfragen des Europäischen Rates Investitionsmaßnahmen in Milliardenhöhe ... durch Kredite unterstützt hatte, ohne daß dies - zumindest anhand offizieller Arbeitslosenquote oder Beschäftigungsrate erkennbare - nachhaltige Beschäftigungseffekte mit sich gebracht hätte" (Sperlich 1998, 64; ähnlich 68; ähnlich Tsoukalis 1997, 204). Finanzierungsprobleme bleiben auf jeden Fall bestehen, auch wenn die Kommission offiziell statt von eigentlich notwendigen höheren Ausgaben bloß von "einer Neuordnung der Ausgaben" ausgeht, "um mit den heutigen Haushaltsmitteln einen maximalen Erfolg erzielen zu können" (KOM (97) 497 endg., 2).

Die Umsetzungs- und Realisierungschancen derartiger Pläne (etwa zur Finanzierung transeuropäischer Netze für Energieversorgung, Telekommunikation, Verkehr und Umweltschutz im Sinne der Vorschläge schon des Weißbuchs) in Zeiten angespannter öffentlicher Budgets sind selbst bei anhaltendem Wirtschaftswachstum ungewiß. Allgemein gilt: "Despite its significant growth in recent years, the EU budget represents only 2.4 per cent of all the public-sector spending of the member states, and less than 1.3 per cent of the gross domestic product (GDP) of the Union. By comparison, around 50 per cent of the wealth produced in the member states is spent by the national and local governments. The EU budget is not only

very small but also rigid: almost 70 per cent of total appropriations consists of compulsory expenditures for programmes such as the Guarantee Section of the European Agricultural Guidance and Guarantee Fonds" (Majone 1996, 265).
Die seit den späten 80er Jahren mehrfach reformierten, vor allem zu Beginn der 90er Jahre aufgestockten Strukturfonds (Europäischer Sozialfonds, Europäischer Fonds für Regionale Entwicklung, Europäischer Ausrichtungs- und Garantiefonds für die Landwirtschaft, Kohäsionsfonds) bilden die Hauptinstrumente der Strukturpolitik (Tsoukalis 1997, 202-209). Sie könnten nicht nur wie bisher für redistributive Politiken im Sinne eines im Gemeinschaftsvertrag vereinbarten Abbaus regionaler wirtschaftlicher und sozialpolitischer Disparitäten genutzt werden. Insbesondere der Europäische Sozialfonds könnte nach einer Restrukturierung nicht nur wie bisher helfen, die Beschäftigung in den wirtschaftlich weniger entwickelten Regionen zu verbessern, sondern größere Bedeutung im Rahmen einer "europäischen" Beschäftigungspolitik erlangen.
Die seit längerem geplante Reform in Richtung auf "Unterstützung der Anpassung und Modernisierung von Bildungs-, Ausbildungs- und Beschäftigungspolitiken" mit einer ausdrücklichen "Anbindung an die beschäftigungspolitischen Aktionspläne der Mitgliedstaaten im Rahmen der europäischen Beschäftigungsstrategie" (Europäische Kommission/GD V 1998a, 9; ähnlich 1997a, 39ff) wird die genannten grundlegenden Probleme der Finanzierung allerdings nicht lösen können, zumal die Osterweiterung der EU, wie bereits erwähnt, erhebliche Mittel aus diesen Fonds in Anspruch nehmen wird.[38] "Der tatsächliche Einfluß der Fonds auf die nationalen Beschäftigungslagen ist .. nur schwer zu qualifizieren" (Tidow 1998, 9).

4. Neben dem EU-Haushalt könnten die nationalen Haushalte, möglichst im Sinne einer konzertierten Strategie, zur Finanzierung in Betracht kommen. Die prekären Lagen der öffentlichen Haushalte aller Mitgliedsländer (vor allem Belgiens und Italiens) verhindern allerdings massive zusätzliche Ausgaben für Maßnahmen aktiver Arbeitsmarktpolitik. Zum einen wird dieser Trend noch verstärkt durch die Anstrengungen zur Erfüllung der fiskalischen Konvergenzkriterien (aktuelles

---

[38] Eine deutlich optimistischere Position vertritt Roth (1998, 75f), der davon ausgeht, daß das Beschäftigungskapitel der EU "mit Hilfe der Strukturfonds neue Handlungsmöglichkeiten eröffnet".

Budgetdefizit in Höhe von maximal 3% des BIP, Schuldenstand in Höhe von maximal 60% des BIP) (vgl. Kap.1).[39] Zum andern geht es in mittelfristiger Perspektive nicht nur um eine niedrigere Neuverschuldung, sondern im Rahmen von "nachhaltiger Entwicklung" sogar um ausgeglichene Budgets bzw. Haushaltsüberschüsse. M.a.W.: Expansive nationale Finanzpolitiken werden aufgrund der Kriterien zur Sicherung der sog. Nachhaltigkeit nach dem Beitritt zur WWU faktisch unmöglich - unabhängig davon, wie man deren Erfolgsaussichten im integrierten Binnenmarkt einschätzen mag (Glyn/Rowthorn 1994). Der Vollständigkeit halber ist zu erwähnen, daß Transfers an einzelne Mitgliedsländer institutionell ausgeschlossen sind.

Deutliche Umverteilungen innerhalb der nationalen Haushalte zugunsten einer Finanzierung von Arbeitsmarkt- und Beschäftigungspolitiken dürften nicht konsensfähig sein. Die aus den nationalen Diskussionen bekannten, recht unterschiedlichen Beurteilungen der Sozialpartner in bezug auf die konkrete Ausrichtung von Beschäftigungsstrategien im Spannungsfeld von Angebots- vs. Nachfrageorientierung treten wieder auf, u.a. in bezug auf die "Flexibilität der Arbeitsmärkte" in numerischer, funktionaler, temporaler, interner vs. externer Hinsicht, in bezug auf die Notwendigkeit bzw. Sinnhaftigkeit weiterer Deregulierungsmaßnahmen sowie den Umfang aktivierender Maßnahmen bzw. Beschäftigungsprogramme.

Während konservative Regierungen und Arbeitgeberverbände nach wie vor auf "Marktkräfte", möglichst wenig supranationale Regulierung und strikte Anwendung des Subsidiaritätsprinzips setzen, favorisieren sozialdemokratisch geführte Regierungen und Gewerkschaften mehr und konkretere Maßnahmen bis hin zur Einführung "sozialer Konvergenzkriterien" in mehr oder weniger strikter Analogie zu den fiskalischen und monetären Konvergenzkriterien der WWU. Die bereits skizzierten Auseinandersetzungen über die Quantifizierung von Zielen beschäftigungspolitischer Leitlinien sind Ausdruck dieser Schwierigkeiten.

[39] "Die Maastricht-Kriterien zur Staatsverschuldung erweisen sich als fatale Knebelung einer rationalen Beschäftigungspolitik. Sie müßten um eine konjunkturelle Komponente erweitert werden. Angebracht wäre eine Nachfragepolitik, die nicht nur konjunkturbedingte Defizite akzeptiert, sondern darüber hinausgehende antizyklische Kredite bewußt einsetzt" (Oberhauser 1996, 228).

Schließlich bleiben die für Beschäftigungsprobleme relevanten Finanz- und Steuerpolitiken - im Gegensatz zur Geld- und Währungspolitik - auch auf der Basis des Amsterdamer Unionsvertrages in der Zuständigkeit der Nationalstaaten, d.h. sie werden weder vergemeinschaftet noch koordiniert; eine "föderalistische" Finanzverfassung steht nicht auf der politischen Agenda.[40]

5. Verschiedene Akteure, u.a. die Kommission, äußern wiederholt die Hoffnung, daß zentrale und/oder sektorale Sozialdialoge wirksame Instrumente zur Formulierung und Durchsetzung einer europäisch "koordinierten Beschäftigungsstrategie" werden könnten, nachdem sie auf Beschäftigungsprobleme fokussiert werden sollen. Als zentrales Regelungsinstrument europäischer Arbeits- und Sozialpolitik gilt in diesem Kontext das zunächst dem Maastrichter Vertrag als Anhang beigefügte Sozialabkommen, welches inzwischen ohne wesentliche Änderungen in den Amsterdamer Unionsvertrag integriert wurde (vgl. Kap.5 und 6). Es ersetzt die Einstimmigkeitserfordernis in ausgewählten Bereichen durch die Möglichkeit qualifizierter Mehrheitsentscheidungen, soll dem bereits erwähnten Subsidiaritätsprinzip Geltung verschaffen sowie den Einfluß der Sozialpartner auf zentraler und sektoraler Ebene gleichermaßen stärken, indem diese auf freiwilliger Basis verbindliche Rahmenvereinbarungen schließen können.

Weitreichende Hoffnungen sind auf der Basis der bisherigen Erfahrungen mit den Verfahren des Sozialabkommens ziemlich unbegründet.[41] Die wenigen verbindlichen Rahmenabkommen, welche die Dachverbände der europäischen Sozialpartner auf der Zentralebene bisher geschlossen haben, behandeln nicht die zentralen Themen der Arbeits- und Sozialpolitik und klammern kontroverse Fragen aus. Darüber hinaus sind Umsetzungs- sowie Implementationsprobleme auf nationaler Ebene weitgehend ungelöst (vgl. Kap.5).

---

[40] "Solange eine supranationale Fiskalpolitik Utopie bleibt, erscheint eine gewisse Koordination nationaler Finanzpolitiken unausweichlich. Dies setzt zunächst eine Verständigung der Länder über das konjunkturelle Bild und danach die Bereitschaft zum gemeinsamen Handeln voraus" (Walwei 1999b, 37).

[41] Die Kommission (KOM(2000) 113 endg.) verweist zur Erklärung auf die für den branchenübergreifenden Dialog ihrer Meinung nach wie vor wichtige Unterscheidung zwischen dreiseitiger Konzertierung und autonomem zweiseitigen Dialog. Erstere ist u.a. im Kontext des Beschäftigungskapitels gemeint, letztere in Zusammenhang mit dem Sozialprotokoll.

Auf sektoraler Ebene, die von unverzichtbarer Bedeutung für Formulierung und Umsetzung gerade von Beschäftigungspolitiken wäre, liegen bisher keine verbindlichen Rahmenabkommen vor und sind in zentralen Branchen (wie der Metallindustrie oder dem öffentlichen Dienst) auch in absehbarer Zukunft nicht zu erwarten. Die Gründe liegen vor allem in der organisatorischen Schwäche der Akteure sowie in fortbestehenden Interessendifferenzen zwischen den Sozialpartnern; die Arbeitgeberverbände wollen lediglich unverbindliche Empfehlungen, während die Gewerkschaften verbindliche Rahmenabkommen favorisieren (vgl. Kap.6).

Erhebliche Differenzen innerhalb und zwischen Branchen, deutlich vorhersehbare Implementationsprobleme sowie fortbestehende Interessendivergenzen zwischen den sektoralen Sozialpartnern wären auch bei der Umsetzung von Leitlinien sowohl auf europäischer als auch auf nationaler Ebene zu erwarten. Wie die Sozialpartner die notwendigen Koordinations- und Aggregationsleistungen ausgerechnet im Rahmen tendenziell konfliktorischer Beschäftigungspolitiken erbringen sollen, ist auf der Basis der bisherigen Erfahrungen mit Sozialdialogvereinbarungen nicht zu erkennen. Außerdem sind die Sozialpartner in dem o.g., neu zu bildenden Beschäftigungsausschuß nur schwach vertreten, was ihre Integration in den gesamten Prozeß zusätzlich erschwert.[42]

UNICE, der zentrale Akteur auf Arbeitgeberseite, votierte von Anfang an gegen die Aufnahme des Beschäftigungskapitels in den revidierten Unionsvertrag (Tidow 1998, 49f). UNICE "expressed its concern about a possible breach of the principle of subsidiarity and argued that the majority of social and labour market policy issues should be addressed by governments and social partners at the national level" (Eironline 1998a, 2). Nachdem die politische Entscheidung gefallen war, versuchte UNICE, die Formulierung und Umsetzung der Leitlinien mit dem Ziel der Durchsetzung eigener Interessen zu beeinflussen.[43] Demgegenüber forderte der EGB, wie bereits erwähnt, schon früh ein Beschäftigungskapitel mit weitreichen-

[42] Damit ist auch eine gelegentlich erhoffte Rückwirkung von nationalen auf supranationale Vereinbarungen im Sinne einer Stärkung des schwach entwickelten sozialen Dialogs nicht wahrscheinlich.

[43] In dem sozialpolitischen Strategiepapier „Releasing Europe's employment potential" fordert UNICE „a qualitative approach ...rooted in the principles of subsidiarity and proportionality" anstelle eines „purely quantitative approach to social policy" (UNICE 1999, 11).

den Kompetenzen und setzt sich nach dessen Aufnahme in den Unionsvertrag für die Umsetzung ein (Sperlich 1998, 29ff).

Last but not least würden Vereinbarungen der Sozialpartner auf nationaler Ebene, die notwendigerweise auf betrieblicher Ebene implementiert werden müssen, wichtiger sein als europäische Rahmenverträge.[44] Daher müßten die nationalen Sozialpartner, vor allem die Verbände auf Branchen- bzw. Sektorebene, in die Politikformulierung und -umsetzung einbezogen sein, was bisher nur ansatzweise geschehen ist und in Anbetracht der bestehenden Interessendivergenzen prinzipiell schwierig sein dürfte, wenn man von wenigen konsensuellen Bereichen (wie der beruflichen Bildung) absieht.

Sozialdialoge im Rahmen des Beschäftigungskapitels haben einen völlig anderen Stellenwert. Sie sind, im Gegensatz zum bindenden Charakter nach dem Sozialprotokoll, rein freiwillig und nicht-verpflichtend. Sie finden gemäß den strukturellen Voraussetzungen der Vor-Maastricht-Phase statt, die als gemeinsame Stellungnahmen abgegeben werden. Außerdem können deutliche Unterschiede im Grad aktiver Partizipation auf nationaler Ebene vor. Das Ausmaß der Integration auf nationaler, regionaler und lokaler Ebene ist unterschiedlich gemäß den rechtlich-institutionellen Bedingungen, den etablierten "customs and practices" und den verschiedenen Phasen des Politikzyklus (Foden 1999). Eine gewisse Pfadabhängigkeit zwischen nationaler und supranationaler Integration und Partizipation ist mehr als wahrscheinlich.

8.4. Einschätzungen und Perspektiven

Eine Einschätzung des Beschäftigungskapitels fällt notwendigerweise schwer in Anbetracht der geringen, weil kurzen Erfahrungen bei der Anwendung und Umsetzung seiner Rahmenregelungen, zumal Erfahrungslernen der verschiedenen Akteure (u.a. Mitgliedsländer, Sozialpartner) durchaus möglich ist. Die ersten Beurteilungen dieses neuen, zunächst nur ansatzweise konturierten Politikfeldes differieren deutlich zwischen "Europessimisten" (Aust 1997) und "Eurooptimisten"

[44] Die Koordination müßte so angelegt sein, daß die sektoralen Sozialpartner (z.B. die Gewerkschaften der Bauindustrie) gemeinsame Positionen vereinbaren, welche die Mitgliedsverbände national und der Dachverband supranational durchzusetzen versuchen.

(Magnusson 1998); sie reichen von "simple co-ordination" bis "a policy of convergence, even if this policy is still in the early stages" (Biagi 1998, 23).[45] Dennoch lassen sich einige Aussagen treffen.
Durch das Beschäftigungskapitel erhalten Beschäftigungsprobleme einen höheren politischen Stellenwert im Vorfeld der WWU, ohne daß jedoch ein Gleichgewicht zwischen monetärer und sozialer Integration hergestellt würde. Die angestrebte reine Koordination nationaler Beschäftigungspolitiken[46] hat eine andere Qualität als die Konvergenz im Fall der WWU und wird auch bei geschickter Nutzung der "weichen" Steuerungsinstrumente durch die Kommission eine "soziale Konvergenz" kaum erreichen können. Dieses Ergebnis ist Ausdruck der Tatsache, daß von Anfang an "signifikante Auffassungsunterschiede entlang des Kontinuums "intergouvernementale Optimierung" und "supranationale Vergemeinschaftung" der EU-Beschäftigungspolitik zutage getreten" (Platzer 1997, 234) waren, die letztlich nicht gelöst werden konnten. "Consensus ... over employment was only possible on two conditions: national employment policies should continue to play the principal role, and major and costly programmes at EU level should be avoided" (Goetschy 1999, 125).

Die institutionellen Verfassungen der nationalen Arbeitsmärkte differieren erheblich (Soskice 1994, 69-90); ihre Ergebnisse sind deutlich unterschiedlich (Siebert 1997). Die Regimes der Arbeitsmarktpolitiken weisen ebenfalls erhebliche Unterschiede auf, etwa in den Relationen von Ausgaben für passive bzw. aktive Maßnahmen (Adnett 1996, 36ff) oder in der Bedeutung, die sie letzteren beimessen (Schömann 1995). Nationale Institutionen, welche für die Implementation einer koordinierten europäischen Politik zuständig sein müßten, sind nicht in allen Mitgliedsländern in gleichem Umfang vorhanden.

---

[45] Die Kommission selbst spricht in der ihr eigenen optimistischen Sicht gar von "a watershed in the development of the European employment strategy" (SEC (1998) 1688 final, 1). Die ILO hingegen bleibt recht unbestimmt in ihren Prognosen über die Wirkungen: "... the attention given to unemployment by the European Union countries, and reflected in the coordination objectives for labour market policy introduced after their 1997 Luxembourg meeting, should go some way towards raising the employment intensity of growth" (ILO 1998, 25).

[46] Platzer (1999, 189) bezeichnet diese neue Situation recht euphemistisch als "horizontale Europäisierung".

Der Grad der Integration der nationalen Arbeitsmärkte ist, wie wir bereits gesehen haben, mit einer Intra-EU-Mobilität von ca. 2-3% nach wie vor gering, obwohl die Mobilitätshemmnisse seit Ende der 60er Jahre allmählich abgebaut wurden; von einer "Europäisierung" oder Integration nationaler Arbeitsmärkte kann auch in Anbetracht fortbestehender Unterschiede in bezug auf Produktivität, Entlohnung und übrige Arbeitsbedingungen nicht die Rede sein.[47] Wir registrieren u.a. erhebliche Unterschiede in der Höhe der Arbeitslosigkeit (Sachverständigenrat 1995, 253), eine ausgeprägte Regionalisierung des Beschäftigungsproblems (Cripps/ Ward 1994, 242ff) (u.a. Nord- vs. Süditalien, alte vs. neue Bundesländer) sowie Segmentationsprozesse der Arbeitslosigkeit (u.a. in bezug auf Jugend- oder Langzeitarbeitslosigkeit).

Diese deutlichen Strukturdifferenzen lassen einheitliche Maßnahmen weder effizient noch sinnvoll erscheinen;[48] vielmehr ist "ein hohes Maß an regionaler Variabilität als unverzichtbar anzusehen" (Walwei 1999a, 137). In Anbetracht dieser Ausgangslage sind homogene Strategien ausschließlich in bezug auf Zielvorgaben, nicht hingegen in bezug auf Maßnahmen der Umsetzung zu gewährleisten. Weiterhin muß der primäre Ansatzpunkt in Anbetracht der Problemlage auf der nationalen Ebene liegen; nicht nur die Implementation sondern auch die Formulierung der Politiken muß dezentral erfolgen. Die "Programmgestaltung" des Beschäftigungskapitels versucht folgerichtig, dieser heterogenen Konstellation durch das "flexible" Luxemburger Verfahren mit Zielvorgaben, Zeitplan und Monitoring Rechnung zu tragen, anstatt irgendeine Art von Einheitlichkeit und Homogenität anzustreben (Bogai 1998, 854). Sie eröffnet durch dieses „management by objectives" allerdings zugleich diskretionäre Interpretations- und Handlungsspielräume für die Akteure auf nationaler, regionaler und betrieblicher Ebene.[49]

---

[47] Ob grundlegende Änderungen als Folge der Währungsunion eintreten werden, ist ungewiß. Eine Annäherung dürfte wahrscheinlicher sein als eine echte Integration.

[48] Diese Schlußfolgerung läßt sich im internationalen Vergleich etwa auch konkret am Beispiel der Jugendarbeitslosigkeit bzw. entsprechender Maßnahmen belegen (Pascual 1999a und b).

[49] Insofern sind bestimmte Bedenken wohl überzeichnet: Die Leitlinien "bergen die Gefahr, die länderspezifischen Ansätze zur Bekämpfung der Arbeitslosigkeit in eine EU-weite Schablone zu pressen und dadurch die nationalen Träger der Wirtschafts- und Tarifpolitik aus ihrer Verantwortung für die Beschäftigung zu entlassen" (Duwendag 1998, 266). - Vgl. zu Beispielen, wie unterschiedlich einzelne Leitlinien in den Mitgliedsländern interpretiert und umgesetzt werden, Sachverständigenrat 1998, 37ff.

Einerseits werden die Einflußmöglichkeiten der Kommission gestärkt durch die neue Option, Leitlinien für die "Entwicklung einer koordinierten Beschäftigungspolitik" formulieren sowie ggfls. Empfehlungen an die Mitgliedstaaten aussprechen zu können. Andererseits verfügt die Kommission nach wie vor über keine wirklich "harten", zusätzlichen Kompetenzen einschl. abgestufter Sanktionen zur Makrokoordinierung auf EU-Ebene, wie sie im Rahmen der gemeinsamen Geld- und Währungspolitik (Art. 104 EG-Vertrag) verbindlich festgeschrieben sind. Sie bleibt reduziert auf "weiche" und damit unverbindliche Vorgehensweisen wie Verbesserung des Informationsstandes in den Mitgliedsländern, Vermittlung nationaler, sog. best Practices an alle übrigen Mitgliedstaaten, Versachlichung der Diskussion durch benchmarking[50] sowie länderübergreifende Evaluation von Maßnahmen nach gemeinsamen Kriterien. Die erneute Erweiterung der Handlungsspielräume der Kommission ist daher formeller, nicht materieller Art. Die angestrebte Koordination nationaler Beschäftigungspolitiken hat eine andere Qualität als im Fall der Währungsunion und wird eine "soziale Konvergenz" kaum erreichen.

Die europäischen Akteure verfügen wegen der nach wie vor nationalen Zuständigkeiten über keine Sanktionsmöglichkeiten, sondern sind beim "Grundsatz der multilateralen Überwachung" auf die freiwillige Kooperation der Mitgliedsländer angewiesen. Das Beschäftigungskapitel bedeutet explizit "keinerlei Harmonisierung der Rechts- und Verwaltungsvorschriften der Mitgliedstaaten" (Art. 129 EG-Vertrag), sondern formuliert lediglich "Anreizmaßnahmen zur Förderung der Zusammenarbeit zwischen den Mitgliedstaaten und zur Unterstützung ihrer Beschäftigungsmaßnahmen durch Initiativen" (wie Austausch von Informationen und best practices, vergleichende Analysen, Einführung innovativer Maßnahmen, Pilotprojekte). Damit ist ein multilaterales monitoring der Arbeitsmarktpolitik ausgeschlossen, wie es in einigen Mitgliedsländern ansatzweise besteht (Auer/Kruppe 1996). Selbst die Kommission mahnt die "Entwicklung vergleichbarer Beschäftigungsindikatoren" an, die bislang nur einige Mitgliedstaaten vorgelegt haben.

---

[50] Der in der Managementlehre zur Messung von Organisationsperformanz entwickelte Ansatz beabsichtigt die "Ermittlung der relativen Position jedes Mitgliedstaates im Vergleich zum Durchschnitt der drei Besten anhand ausgewählter quantitativer Indikatoren" (WSA 1999, 6) - und nicht nur für den EU-Durchschnitt; Beispiele für nationale Best Practices im Rahmen der Säulen bzw. Leitlinien sollen eine erhebliche Rolle im Erfahrungsaustausch zwischen Ländern sowie beim "Grundsatz der multilateralen Überwachung" spielen.

Die Zuständigkeiten für die Umsetzung von Maßnahmen verbleiben, ähnlich wie in einer Reihe anderer Politikfelder, weitestgehend bei den souveränen Mitgliedstaaten, die in ihrer Mehrzahl entgegen anderslautenden öffentlichen Ankündigungen definitiv nicht zur Abgabe weiterer Zuständigkeiten bzw. Ressourcen an die EU und nur ansatzweise zur Entwicklung gemeinsamer Strategien bereit sind. Daher gilt die allgemeine Erkenntnis: ".. die Sozialpolitik - einschließlich der Arbeitsmarkt- und Beschäftigungspolitik - bildet eine der wenigen fast intakten Bastionen nationaler Souveränität, und schon aus diesem Grund werden die nationalen Regierungen alles versuchen, sie zu erhalten" (Lecher/Nagel/Platzer 1998, 31).
Zudem gilt auch im Kontext der Beschäftigungspolitik strikt das im Maastrichter Unionsvertrag programmatisch wiederbelebte und erneuerte Prinzip der Subsidiarität (vgl. Kap.1), welches die Zuständigkeiten der unteren Ebenen stärken sowie nationalen, regionalen und lokalen Maßnahmen Priorität vor supranationalen einräumen soll. Seine Bedeutung in der Arbeits- und Sozialpolitik ist umstritten (van Kersbergen/Verbeek 1994); es kann u.a. zu einer Selbstentlastung der Kommission sowie zu einer Überforderung der Sozialpartner führen. "Zusammenfassend ergibt sich, daß die EU-Beschäftigungsinitiativen aus einer Mixtur von politischem Druck, guten Absichten und Sach- und Zeitzwängen zustande gekommen sind. Allein diese Entstehungsgeschichte als politische Formelkompromisse läßt schon Zweifel aufkommen, ob sie dem Beschäftigungsziel förderlich sein können" (Duwendag 1998, 258). Im Gegensatz zu anderen Politikfeldern haben unabhängige Akteure (wie europäische Agenturen) keine Bedeutung.
Wir haben gezeigt, daß die Mitte der 90er Jahre diskutierte, im Beschäftigungskapitel umgesetzte Idee eines "Vertrauenspaktes für Beschäftigung" vor allem wegen der Finanzierungs- sowie Implementationsprobleme allenfalls in Ansätzen zu realisieren sein wird.[51] Eine genuine europäische Politik im engeren Sinne kommt trotz des sog. Luxemburger Verfahrens nicht zustande, welches einerseits durchaus realistisch ist in bezug auf die tatsächlich vorhandenen Optionen, andererseits beschränkt bleibt in bezug auf seine möglichen Wirkungen. Es konkretisiert bzw. formalisiert im wesentlichen ähnliche Beschlüsse des Essener Gipfels

[51] Insofern ist die aus strikt stabilitätsorientierter Sicht geäußerte Befürchtung, daß infolge des Beschäftigungskapitels "die Geldpolitik in den Dienst der Beschäftigungspolitik zu stellen" (Sachverständigenrat 1997, 232) sei, vermutlich überzogen.

Ende 1994 (Europäische Kommission/GD V 1997a, 9f), die sich auf Empfehlungen des Weißbuchs von 1993 beziehen.
Insofern stellt das Beschäftigungskapitel in seiner intergouvernementalen Ausrichtung und letztendlichen Unverbindlichkeit keine grundsätzliche Neuerung dar, sondern steht in einer gewissen Kontinuität der Entwicklung. Insgesamt zielt das Verfahren auf einen reinen Abgleich der nationalen Beschäftigungspolitiken, was ex definitione noch keine genuine europäische Politik ausmacht.
Bereits der Maastrichter Unionsvertrag sah vor, daß die Förderung eines "hohen Beschäftigungsniveaus" (Art. 2) zu den Gemeinschaftsaufgaben gehört; weiterhin haben die Mitgliedstaaten ihre Wirtschaftspolitik so auszurichten, daß sie "zur Verwirklichung der Ziele der Gemeinschaft im Sinne des Artikels 2 beitragen" (Art. 98 EU-Vertrag). Damit war bereits der enge Zusammenhang von Beschäftigungs- und allgemeiner Wirtschaftspolitik deutlich, der später durch Vorkehrungen zur „makroökonomischen Koordinierung" konkretisiert werden sollte.
Im Falle des Beschäftigungskapitels handelt es sich lediglich um eine vorsichtige Änderung der Arbeitsteilung zwischen den nationalen und supranationalen Akteuren bei unbestrittener und fortbestehender primärer Zuständigkeit der Mitgliedstaaten. Aufgrund dieser im Prinzip unveränderten Verteilung "harter" Kompetenzen stehen der Kommission echte Sanktionsmöglichkeiten für den Fall der Nichteinhaltung bzw. -erreichung von Zielvorgaben - im Gegensatz etwa zur dauerhaften Einhaltung der Konvergenzkriterien der WWU im Sinne des Stabilitäts- und Wachstumspaktes - ebenso wie den anderen Akteuren auf europäischer Ebene nicht zur Verfügung, wodurch die Effektivität eingeschränkt wird.
Unsere Prognose lautet, daß die Ansätze "europäischer" Beschäftigungspolitik in absehbarer Zukunft lediglich appellativen Charakter haben und über den bloßen Austausch von Informationen, u.a. über nationale best practices und benchmarking, kaum hinausgehen, keine wesentlichen Verhaltensänderungen bei nationalen Akteuren bewirken und keinen erheblichen europäischen „Mehrwert" haben werden. Sie werden aus den genannten Gründen weder rechtlich noch faktisch zum "europäischen" Politikfeld; eine echte soziale Umverteilung wird nicht stattfinden. Beschäftigungspolitik wird nicht zu den wenigen, hochgradig regulierten Bereichen der Arbeits- und Sozialpolitik gehören, zu denen vor allem Arbeits- und Gesundheitsschutz sowie die bereits erwähnte Chancengleichheit zu rechnen

sind. Ob in "eurooptimistischer" Sicht ihre langfristigen Aussichten anders einzuschätzen sind, ist eine derzeit nicht zu klärende Frage.

Ob eine europäische Beschäftigungspolitik, die sich erst im statu nascendi befindet, in der Lage sein wird, die im Vergleich zur ökonomischen nach wie vor schwach entwickelte soziale Dimension des Binnenmarktes bzw. die Sozialunion zu stärken sowie einen echten "europäischen Mehrwert" in der Beschäftigungspolitik zu erzeugen, ist eine offene Frage (zur kommissionsoffiziellen optimistischeren Prognose auch Larsson 1998). Auf die typischerweise gegebene Langwierigkeit europäischer Politikprozesse zu setzen, bedeutet jedenfalls, sich auf eine ungewisse Perspektive einzulassen. Zusammenfassend gilt: "... it appears excessively optimistic to suggest that a comprehensive and benign employment policy model can be pursued by the EU through the creation of a social dimension. Such a view overinflates the capacity of the EU and underestimates the present difficulties in the European labour market" (Teague 1994, 343).

Wie in "eurooptimistischer" Sicht ihre langfristigen Aussichten einzuschätzen sind, ist derzeit kaum zu klären. Die Antworten hängen von der zukünftigen Entwicklung nationaler Politiken ab. Bei einer *ergebnisorientierten* Analyse sind in den ersten Runden kaum positive Resultate zu verzeichnen; "a lot of procedural innovation with a rather weak content" (Pochet 1999, 275) ist die treffende Charakterisierung des Sachverhalts. Bei einer *prozeßorientierten* Betrachtungsweise hingegen scheinen weiterreichende Ergebnisse möglich zu sein.[52] Auf jeden Fall benötigt die Etablierung von Prozeduren, Regeln, Kooperationsmustern und Monitoring viel Zeit, die in Anbetracht der Problemlage kaum zur Verfügung steht.

Durch die Einführung des Beschäftigungskapitels in den revidierten Unionsvertrag erfährt der neo-voluntaristische Politiktypus, den das Abkommen über die Sozialpolitik des Maastrichter Vertrages zu stärken versuchte und der seitdem ansatzweise konsolidiert wurde, keine grundsätzlichen Änderungen (Goetschy/Pochet 1997). Inwieweit die Kommission im Prozeß der Anwendung der verfahrenstech-

[52] "... it is nevertheless our impression that the procedures of preparing the NAPs and discussing them at European level have started to influence policy-making in the member states. Certainly the subjection of the NAPs to critical review, as in the national reports which follow, but also through the official machinery, Commission communication etc., forces governments to answer for what they do in response to the guidelines, and, at least incrementally, to revise policies" (Foden/Magnusson 1999, 20).

nischen Rahmenregelungen ihre Einflußmöglichkeiten aus institutionellem Eigeninteresse (Christiansen 1996) ausbauen und sich, etwa durch geschicktes Verhandeln, zusätzliche Kompetenzen verschaffen kann, ist in bezug auf Beschäftigungspolitik, ähnlich wie bei anderen Bereichen der Arbeits- und Sozialpolitik, eine offene Frage; die Antwort hängt u.a. ab von der Zusammensetzung der Kommission, den Chancen der Koalitionsbildung sowie der freiwilligen Kooperationsbereitschaft der Mitgliedstaaten.

Die Kommission ist solange kaum für eine fehlende integrierte Politik verantwortlich zu machen, wie die Mitgliedstaaten nicht bereit sind, ihr die notwendigen Kompetenzen zu übertragen. Die Kommission ist und bleibt auf die Bereitschaft der Mitgliedsländer zur freiwilligen Abstimmung bzw. Koordination angewiesen. Sie kann unter den gegebenen Rahmenbedingungen ausschließlich als Koordinationsforum für nationale Politiken dienen, begleitende Maßnahmen einleiten sowie weit gesteckte Rahmenvorgaben machen; Umsetzung und Implementation bleiben Aufgaben der nationalen Akteure. Eine von manchen Beobachtern befürchtete weitgehende "Harmonisierung" der nationalen Arbeitsmarktpolitiken ist weder inhaltlich notwendig noch institutionell im Beschäftigungskapitel angelegt. Es gibt keine Evidenz für die Annahme, daß die Kommission zum zentralen Akteur wird oder "von oben" eine Entwicklung einleiten könnte.

Eine gewisse, vorsichtige Koordination einzelstaatlicher Maßnahmen seitens der Kommission ist in Anbetracht der Verfassung der Arbeitsmärkte sowie der rechtlichen und faktischen Kompetenzverteilung zwischen nationalen und europäischen Institutionen und Akteuren kurz- und mittelfristig die einzig realistische Perspektive zur Einleitung europäischer Initiativen. Ob diese Schwäche der Akteure der europäischen Ebene langfristig zur Stärke werden und das Ziel einer wirksamen Einflußnahme erreichen kann, ist kaum vorherzusagen. Ein Wechsel des Politikstils weg von eher symbolischen Aktionen mit primär innenpolitischen Orientierungen hin zu höherem Stellenwert einer stärker vergemeinschafteten Beschäftigungspolitik könnte vor allem durch den Ausgang nationaler Wahlen bzw. die damit verbundene Veränderung von Mehrheitsverhältnissen im Ministerrat eingeleitet werden.

8.5. Beschäftigungskapitel und Makroökonomische Koordinierung

Verschiedene Akteure (u.a. Kommission, Ministerrat, WSA, Gewerkschaften) vertreten die Ansicht, daß ein Gesamtkonzept entwickelt werden müsse, welches sowohl die Grundzüge der allgemeinen Wirtschaftspolitik als auch alle übrigen beschäftigungsrelevanten Politikfelder umfaßt; eine stärkere "Verzahnung" bzw. bessere horizontale und vertikale Koordination von Tarif-, Geld-, Finanz- und Wirtschaftspolitik mit den beschäftigungspolitischen Leitlinien sowie Strukturreformen seien notwendig.

1. Wesentliche Politikfelder sind einer europaweiten Koordinierung im Rahmen eines wirksamen Policy Mix mit beschäftigungswirksamen Implikationen (u.a. Senkung der Lohnnebenkosten) weitgehend entzogen. ".. employment policy remains quite separate from monetary union. However, in order to conduct effective employment policies ... a certain consistency between monetary, economic and employment policies must be established... it is doubtful that the model chosen at Amsterdam was the best choice" (Goetschy/Pochet 1997, 618).
Dieser komplexe Ansatz ist schwierig zu realisieren, da er zum einen die institutionellen Gegebenheiten der EU berücksichtigen muß, zum andern eine informelle, aber verpflichtende Verhaltensabstimmung nationaler und supranationaler Akteure (EZB, Kommission, Ministerien der Mitgliedstaaten, nationale Tarifvertragsparteien) bei der Entwicklung makroökonomischer Determinanten erfordert:
- Für die Geldmengen-, Zins- und Wechselkurspolitik ist seit Anfang 1999 auf supranationaler Ebene die EZB zuständig, die unabhängig von politischen Weisungen ist und den strikten Auftrag hat, "die Preisstabilität zu gewährleisten" (Art. 105, Abs. 1 EG-Vertrag).[53] Bei gegebener Preisstabilität soll die EZB laut Unionsvertrag (u.a. durch ihre Geldpolitik) die allgemeine Wirtschaftspolitik unterstützen und zur Verstetigung des Wachstums sowie einem hohen Beschäftigungsstand beitragen.

---

[53] "... besteht der Beitrag, den die Geldpolitik zur mittel- und langfristigen Förderung des Beschäftigungswachstums und Bekämpfung der Arbeitslosigkeit leisten kann, in der Gewährleistung der Preisstabilität... Die Gewährleistung der Preisstabilität schafft insgesamt günstige Bedingungen für die Förderung des langfristigen Wachstumspotentials, das für die Verbesserung der Beschäftigungssituation auf mittlere Sicht erforderlich ist" (Europäische Zentralbank 1999, 35).

- Hingegen bleiben die für die Lösung von Beschäftigungsproblemen gleichermaßen relevanten Finanzpolitiken auch auf der Basis des Amsterdamer Unionsvertrages in der Zuständigkeit der Nationalstaaten. Sie werden weder vergemeinschaftet noch notwendigerweise strikt koordiniert; eine "föderalistische" Finanzverfassung steht ebenso wenig auf der Agenda wie eine politische Union.
Auch die Tarif-, insbes. Lohnpolitik findet nach wie vor ausschließlich auf nationaler, zumeist sektoraler Ebene statt. Eine "Europäisierung" ist in absehbarer Zukunft nicht zu erwarten; selbst eine von einigen Gewerkschaften begonnene transnationale "Koordinierung" (sog. Doorner Erklärung) mit dem Ziel der Ausschaltung von Unterbietungskonkurrenz und der Rückkehr zur produktivitätsorientierten Lohnpolitik steckt in den Anfängen (vgl. Kap.7).

Politische Pläne zur engeren makroökonomischen Koordinierung sowie zu einem "Europäischen Beschäftigungspakt" bzw. supranationalen Bündnis für Arbeit wurden im Vorfeld des Wiener Gipfels Ende 1998 diskutiert (UNICE/CEEP/ETUC 1998), auf dem Gipfel offiziell vorgeschlagen und nach umfangreichen Vorabstimmungen in den Gremien auf dem Kölner Gipfel Mitte 1999 schrittweise konkretisiert. Das Ziel besteht in "einem möglichst spannungsfreien Zusammenwirken von Lohnentwicklung, Finanz- und Geldpolitik" (sog. Köln-Prozeß).[54]
Mitte 1999 einigten sich die Staats- und Regierungschefs auf die Einführung eines „makroökonomischen Dialogs" im Sinne einer institutionalisierten Gesprächsrunde der für die verschiedenen Politiken zuständigen Entscheidungsträger (Kommission, EZB, Sozialpartner, Rat der Wirtschafts- und Finanzminister (ECOFIN), Rat der Arbeits- und Sozialminister) bzw. auf die Entwicklung eines kooperativen, konsistenten makroökonomischen Policy Mix mit dem Ziel eines "nicht-inflationären und beschäftigungswirksamen Wachstums". Ergänzen soll dieser regelmäßige Dialog aller beteiligten Akteure die "Weiterentwicklung und bessere Umsetzung der koordinierten Beschäftigungsstrategien" des sog. Luxemburger Prozesses im Rahmen der nationalen Umsetzung der beschäftigungspolitischen Leitlinien mit

[54] Die offizielle "Kurzformel" lautet: "Verbesserte Koordination der makroökonomischen Politiken - in der vollen Autonomie der agierenden Akteure auf der nationalen und europäischen Ebene - erbringt mehr Beschäftigung, Synergien, die aus gegenseitigem Vertrauen, engem Zusammenwirken sowie aus einer sachgerechten Abstimmung resultieren" (Tegtmeier 1999, 50).

Hilfe der NAPs, sowie die Betonung der ökonomischen Notwendigkeit von "Strukturreformen zur Verbesserung der Wettbewerbsfähigkeit und der Funktionsweise der Waren-, Dienstleistungs- und Kapitalmärkte" (sog. Cardiff-Prozeß).[55] "Rat und Kommission, die Sozialpartner und die EZB werden auf der Fachebene und auf der politischen Ebene so zusammenwirken, daß alle für die Beschäftigung relevanten Politikbereiche und Entscheidungen sich zu größtmöglichen Synergieeffekten verbinden" (BMA 1999, 5f).

2. "Dieser institutionalisierte Dialog wird seinerseits zur "Europäisierung" der Beschäftigungspolitik beitragen und zwar zunächst und ausschließlich in der Form, daß durch das Dialogverfahren die finanzpolitische, die lohn- und einkommenspolitische sowie die geldpolitische Dimension der Beschäftigungspolitik in einen systematischen Informationsaustausch treten und die Akteure "gezwungen" sind, die Rahmenbedingungen ihrer Entscheidungen untereinander transparent und nachvollziehbar zu machen, im günstigsten Falle zu akkordieren." (Platzer 1999, 189f). Die notwendige Verläßlichkeit des Handelns bzw. die für Abstimmungsprozesse Kooperation im Rahmen dieses "wirtschaftspolitischen Dreiklangs" kann bei den einzelnen Akteuren auf Schwierigkeiten stoßen:
- So kann vor allem die EZB bei stärkerer Einbindung in die gemeinsame "Verantwortung für Wachstum und Beschäftigung" eine faktische Einschränkung ihrer vertraglich garantierten Souveränität beim Einsatz der geldpolitischen Instrumente, konkret ihrer stabilitätsorientierten Geldpolitik, befürchten.[56] Rangordnungen

[55] Die offizielle "Wirkungsformel" lautet: „Eine verläßliche Finanzpolitik, die die Vorgaben des Stabilitäts- und Wachstumspaktes einhält, und eine von den Sozialpartnern in eigener gesamtwirtschaftlicher Verantwortung wahrgenommene Lohnpolitik sichern gemeinsam langfristig Preisstabilität. Damit wird der Weg frei für die nationalen Zentralbanken bzw. für die Europäische Zentralbank, sich in diesem Gesamtprozeß durch ihre eigenen autonomen Entscheidungen mit dem Ziel, Beschäftigung positiv zu stimulieren, einzubringen" (Tegtmeier 1999, 53).

[56] Der Sachverständigenrat faßt diesen Sachverhalt folgendermaßen zusammen: "Wir sehen es als selbstverständlich an, dass sich die wirtschaftspolitischen Entscheidungsträger gegenseitig informieren, und als nützlich, dass man aus den jeweils "besten Praktiken" die für das eigene Land adäquaten Lehren zieht. Eine formale Koordinierung zwischen europäischer Geldpolitik und nationaler Finanzpolitik halten wir jedoch für bedenklich... Sie verträgt sich nicht mit der vertraglich garantierten Unabhängigkeit der Europäischen Zentralbank. Die Gefahr ist groß, dass Verantwortlichkeiten verwischt werden, um von eigenen Fehlern abzulenken, und dass, wenn nachhaltige Fortschritte beim Abbau der Arbeitslosigkeit ausbleiben, eine "uneinsichtige" europäische Geldpolitik in der Öffentlichkeit als Hauptursache gebrandmarkt wird und damit der Grundsatz von Kompetenz und Haftung seine disziplinierende Kraft verliert" (Sachverständigenrat 1999, 148).

der Ziele bzw. Prioritätensetzungen lassen sich nur schwierig operationalisieren. Einen möglichen Zielkonflikt zwischen den Erwartungen der Stabilitäts- und Beschäftigungspolitiken würde die EZB wohl, ähnlich wie früher die Bundesbank, zugunsten der Preisstabilität lösen, d.h. eine wie immer geartete Modifikation des Ziels der Preisniveaustabilität nicht akzeptieren.[57]

- Die Tarifpartner befürchten eine mehr oder weniger gravierende Einschränkung der Tarifautonomie bzw. ihrer Unabhängigkeit durch "Lohnleitlinien".[58] Manche Gewerkschaften antizipieren Restriktionen für ihre Tarif- bzw. Lohnpolitiken, für welche die Kompromißformel einer "mittelfristigen Produktivitätsorientierung" bzw. einer strikten "Beachtung des Ziels der Preisstabilität" gelten soll. Weiterhin vertreten die Sozialpartner unterschiedliche Positionen in bezug auf Sinnhaftigkeit bzw. Notwendigkeit von Maßnahmen zur Beschäftigungsförderung, nämlich "stimulate domestic demand and economic government on the one hand; follow a policy of supply and subsidiarity on the other" (Pochet/ Arcq 1999, 187).

Von einer wirksamen europaweiten Koordinierung ihrer nationalen Politiken, die nicht mit einer genuinen "europäischen" Tarifpolitik zu verwechseln ist, sind die Gewerkschaften weit entfernt (vgl. Kap.7). Bei allen Akteuren ist unumstritten, daß die unterschiedlich ausgestalteten nationalen Lohnpolitiken nach der Einführung der gemeinsamen Währung bzw. des damit verbundenen Wegfalls der Option von Wechselkursänderungen als Anpassungsinstrument dienen werden; diese Entwicklung ist umso wahrscheinlicher, als die Mobilität zwischen den Mitgliedstaaten, wie bereits erwähnt, nach wie vor gering ist und daher als Ausgleichsmechanismus nicht in Frage kommt.

[57] Hierzu heißt es in einem Monatsbericht der EZB: "Insgesamt gesehen sind nun angesichts der Tatsache, daß der Kurs der Geldpolitik mit der Gewährleistung der Preisstabilität im Euro-Währungsgebiet in Einklang steht und somit die Basis für starkes, nachhaltiges Wachstum schafft, die Anstrengungen in anderen Politikbereichen zu verstärken, damit Fortschritte bei der Förderung der Beschäftigung und bei der Erreichung stabilerer Haushaltssalden erleichtert werden" (Europäische Zentralbank 1999, 7).

[58] Die europäischen Sozialpartner betonen in einer gemeinsamen Erklärung, "daß die Autonomie aller .. betroffenen Parteien gewahrt bleiben muß und daß das Ziel im Austausch von Informationen - nicht aber im Eingehen bindender Verpflichtungen - bestehen sollte, damit gewährleistet ist, daß jede Partei, wenn sie ihre eigenen Maßnahmen beschließt, in der Lage ist, der Denkweise und den Absichten der anderen Parteien Rechnung zu tragen" (BMA 1999, 20).

Auch steht die koordinierte Lohnpolitik der nationalen Einzelgewerkschaften - ebenso wie die Politiken anderer Akteure - vor einem Trittbrettfahrer-Problem: In großen Gruppen können einzelne Akteure, besonders wenn direkte Sanktionen (vor allem Zwang) fehlen, ihren eigenen Beitrag zurückhalten und hoffen, daß das Kollektivgut dennoch erstellt wird und sie an ihm partizipieren. Zudem wenden sich die Arbeitgeber und ihre Verbände strikt gegen jede Form supranationaler Tarifpolitik; ihr Widerstand gegen eine horizontale Koordinierung der Lohnpolitiken wird vehement sein, da der Status quo ihren Interessen besser entspricht.

- Außerdem setzen die Mitgliedstaaten deutlich unterschiedliche Akzente nicht nur in ihren Finanz-, sondern auch in ihren Beschäftigungspolitiken, wobei der vormalige Konsens über eine reine Angebotsorientierung weniger stabil geworden zu sein scheint; auf europäischer Ebene sind Konflikte zwischen den Räten (vor allem zwischen den Arbeits- und Sozial- bzw. Wirtschafts- und Finanzministern) zu erwarten. Letztere werden vermutlich eine Fortsetzung der Konsolidierungspolitik präferieren, d.h. eine weitere, möglichst schnelle Konsolidierung der öffentlichen Haushalte durch den Abbau vor allem struktureller Defizite im Sinne des Stabilitätspakts zur Sicherung der "Nachhaltigkeit" der Konvergenzkriterien, die für den Beitritt zur WWU galten. Beschäftigungspolitische Impulse von Seiten der nationalen Finanzpolitiken im Sinne einer Stimulierung der Binnennachfrage zur Erreichung einer höheren Gesamtnachfrage sind unwahrscheinlich.

Auch die Beziehungen zwischen EZB und Finanzministern können zu Konflikten führen, etwa bei der Auslegung der fiskalpolitischen Vorgaben des Stabilitäts- und Wachstumspakts zur Sicherung der "Nachhaltigkeit" der Beitrittskriterien Eine engere Koordinierung der Steuerpolitiken (etwa im Bereich der Unternehmenssteuern), die nicht mit einer "Steuerharmonisierung" zu verwechseln ist, spielt wegen andauernder Interessendivergenzen zwischen den Mitgliedsländern sowie der Furcht vor Verlust nationaler Souveränitätsrechte keine besondere Rolle.[59]

[59] Die offiziellen Zielvorgaben versuchen die Quadratur des Kreises: "Die Finanzpolitik ist den Zielvorgaben des Stabilitäts- und Wachstumspaktes verpflichtet, was unter anderem bedeutet, daß die Haushalte mittelfristig sicher annähernd ins Gleichgewicht oder zu einem Überschuß gebracht werden müssen. Außerdem sollten die Staatshaushalte zugunsten höherer Investitionen und zur Bewältigung anstehender Herausforderungen wie des zunehmenden Alters der Bevölkerung auch umstrukturiert werden. Zugleich muß die gesamtwirtschaftliche Entwicklung im Blick behalten werden" (BMA 1999, 13).

Ebenfalls institutionell ausgeschlossen sind Transfers öffentlicher Ressourcen in entwicklungsschwache Regionen bzw. in Länder mit aktuellen wirtschaftlichen Problemen im Sinne eines kompensierenden und konfliktmindernden Finanzausgleichs, wie ihn vor allem föderalistisch organisierte Länder wie die Bundesrepublik kennen und praktizieren (sog. no bail-out clause). Ebenso wenig vorgesehen ist ein deutlicher Ausbau des Gemeinschaftshaushalts, der in strikter Übereinstimmung mit dem Subsidiaritätsprinzip relativ klein bleiben soll.
Aufgrund dieser Interessendivergenzen gestaltet sich eine strikte Umsetzung der auf der Makroebene ansetzenden Strategie, die über reine vertrauensbildende Maßnahmen und Verbesserung des gegenseitigen Verständnisses hinausgeht, schwierig; das Gelingen der horizontalen wie vertikalen Koordination unterschiedlicher Interessen ist jedoch unabdingbar für einen Erfolg dieses erweiterten "institution building". Das Grundproblem besteht in der Wahrung von Unabhängigkeit und Autonomie aller Entscheidungsträger bei gleichzeitiger Sicherung der strikt freiwilligen Kooperation. Problematisch ist nicht nur die Integration der Lohnpolitik in ein Gesamtkonzept bzw. der Policy Mix; das Trittbrettfahrer-Problem besteht in verschiedenen Politikfeldern.
Die Gefahr einer Einigung auf dem kleinsten gemeinsamen politischen Nenner nach einer Generaldebatte über unterschiedliche Gegenstände ist nicht von der Hand zu weisen, zumal - zumindest bisher - kein verbindlichen, quantifizierenden Zielvorgaben (vor allem in bezug auf Wachstum und Beschäftigung) vereinbart wurden, wie sie einige Länder (besonders Frankreich) vorgeschlagen und gefordert hatten. Die weit gesteckten, rein verfahrenstechnisch gehaltenen Rahmenvorgaben des makroökonomischen Dialogs können bei der notwendigen substantiell-inhaltlichen Ausgestaltung unterschiedlich ausgefüllt werden, wobei neben den Aktivitäten der genannten korporativen Akteure u.a. die Initiativen der jeweiligen Präsidentschaft für die Ergebnisse eine wesentliche Rolle spielen werden.

3. Strategische Ansatzpunkte für einen alternativen Policy Mix lassen sich durchaus benennen: Die relativ einseitige Stabilitätsorientierung der WWU, die auf Nachfragebelebung durch Preisstabilität und günstige Rahmenbedingungen setzt, müßte durch die deutlichere Akzentuierung von Wachstum und Beschäftigung ergänzt werden. Eine stärkere, über den derzeitigen Umfang hinausgehende

Quantifizierung von Zielvorgaben im Sinne von Output-Indikatoren mit dem Ziel einer weitergehenden Selbstbindung der nationalen Akteure sowie striktere und verbindliche Zeitpläne bei der Durchführung beschäftigungspolitischer Maßnahmen sind prinzipiell durchaus möglich, wie die Einhaltung der fiskalischen und monetären Konvergenzkriterien des WWU-Beitritts gezeigt hat.

Eine engere Verzahnung der Beschäftigungs- nicht nur mit der allgemeinen, künftig stärker koordinierten Wirtschaftspolitik sowie eine bessere Abstimmung der weiterhin autonomen nationalen Finanzpolitiken wären ebenso Teil einer alternativen, im erwähnten "makroökonomischen Dialog" institutionalisierten Gesamtstrategie wie eine entsprechende Ausrichtung der gemeinsamen Geldpolitik, ohne in die vertraglich fixierte Autonomie der EZB einzugreifen. Ein temporäres Ausnutzen der Obergrenzen der vertraglich zulässigen Neuverschuldung wäre dabei hilfreich. Seit dem Wiener Gipfel Ende 1998 favorisieren manche Akteure und Beobachter sogar die Bündelung und den Einsatz von Währungsreserven der nationalen, die mit dem Übergang zur EZB frei werden, für Investitionsprogramme zugunsten von Beschäftigung, Forschung und Entwicklung und sprechen sich weiterhin für stärker nachfrageorientierte Politiken aus, die supranational zu koordinieren wären ...

9. Zusammenfassung und Ausblick

9.1. Zusammenfassung

1. Nationale Arbeits- und Sozialpolitiken sind in entwickelten Industrienationen seit langem etabliert, jedoch in ihrer Reichweite ex definitione territorial begrenzt. Infolge der seit den 80er Jahren fortschreitenden Liberalisierung vor allem von Finanz- und Kapitalmärkten sowie der Internationalisierung von Produktmärkten werden supranationale Regulierungen auch der Arbeitsmärkte notwendig, obwohl diese im Gegensatz zu anderen Märkten weitgehend nationale Domänen bleiben. Solche Regulierungen verfolgen das Ziel, die Bewältigung der sozialen Folgen von "Europäisierung" und "Globalisierung" als Varianten der Internationalisierung nicht allein den "Marktkräften" zu überlassen, wie neoliberale und -konservative Programmatik und Praxis vorschlagen, sondern bewußt und aktiv zu beeinflussen, um die beträchtliche Kluft zwischen wirtschaftlicher und sozialer Integration zu verkleinern und sozialstaatliche Prinzipien auch supranational durchzusetzen.

In Anbetracht der behandelten Probleme ist die Annahme plausibel, daß jedwede Form supranationaler Regulierung in weniger ökonomisch integrierten und politisch organisierten, aber globalisierten Kontexten auf größere Schwierigkeiten stoßen wird als in der hier ausschließlich analysierten EU. In der EU dürften die Erfolgsaussichten supranationaler Regulierung vergleichsweise günstig sein, da im Stadium der fortgeschrittenen wirtschaftlichen Verflechtungen sowie der sukzessive zunehmenden politischen Integration, im Gegensatz zu anderen Wirtschaftsräumen (u.a. ASEAN, Mercosur, NAFTA), gemeinsame Institutionen sowie prozedurale Regeln der Konfliktverarbeitung zumindest in Ansätzen vorhanden sind; zudem gehört im Gegensatz zu anderen regionalen Blöcken die sog. soziale Dimension zum offiziellen politischen Integrationsprogramm. Versuche supranationaler Regulierung, die zu der etablierten nationalen eher in Komplementaritäts- denn in Substitutionsverhältnissen stehen, stoßen zumeist auf erhebliche politische und institutionelle Schwierigkeiten; das Interesse der privaten und staatlichen korporativen Akteure an der Regulierung einzelner Politikfelder ist durchaus unterschiedlich.

Wir haben die zentralen Probleme exemplarisch für die Politikfelder der kollektiven Arbeitsbeziehungen und Arbeitsmarktpolitik untersucht, wobei wir in heuristischer Perspektive drei miteinander verbundene Ebenen (betrieblich, überbetrieblich-sektoral und gesamtwirtschaftlich) unterschieden haben, die bei bestehenden und fortdauernden deutlichen Unterschieden für die Entwicklung einer sozialen Dimension des Binnenmarktes relevant sind. Die aktuelle Diskussion und Literatur befaßt sich vorrangig mit Problemen der betrieblichen, vernachlässigt aber die sektorale Ebene. Diese ist für duale Systeme der Arbeitsbeziehungen von erheblicher Bedeutung, für die im Gegensatz zu monistischen die "widersprüchliche Einheit einer arbeitsteiligen Kooperation der Akteure der betrieblichen und sektoralen Ebene", also von Betriebsräten und Gewerkschaften, konstitutiv ist (Jacobi/Keller/ Müller-Jentsch 1998).
Die auf der Mikro-, Meso- und Makroebene auftretenden, spezifischen Probleme haben wir nicht nur untersucht für die Phase der Politikformulierung sondern, soweit dies aufgrund der bis dato eingetretenen Entwicklung überhaupt möglich war, auch für die Phase der Implementation von Regulierungen. Die Umsetzung europäischer Rahmenregelungen auf den nachgeordneten Ebenen stellt eine eigenständige, bisher nur ungenügend berücksichtigte Phase des Politikzyklus dar. Branchenspezifische Besonderheiten, die von generellen Entwicklungstrends abweichen, haben wegen der notwendigen Fokussierung des Beitrags wenig Berücksichtigung gefunden. Ebenfalls nicht ausführlich behandelt haben wir die anderswo hinreichend dokumentierte Genesis der Probleme (Ambrosius 1996).

2. Die Vorgeschichte der Einführung von Partizipationsrechten im Sinne von „stylized facts" ist schnell erzählt (vgl. Kap.3): Die kontroverse Diskussion in bezug auf die betriebliche Ebene drehte sich seit den frühen 70er Jahren um die Einführung von Partizipationsrechten der Arbeitnehmer in einer aufgrund von Fusionen, Übernahmen und joint ventures schnell wachsenden Anzahl multinational tätiger Unternehmen. Zum einen scheiterten mehrere, von der Kommission unterbreitete, u.a. von den Gewerkschaften unterstützte Vorschläge (u.a. Vredeling-Richtlinienentwürfe der 80er Jahre) jeweils am Widerstand der nationalen und vor allem des europäischen Arbeitgeberverbandes UNICE. Zum andern war das im Unionsvertrag (heute Art. 94 EG-Vertrag) vorgeschriebene Verfahren der politischen

Entscheidungsfindung von zentraler Bedeutung: Da Einstimmigkeit im Ministerrat erforderlich war, genügte bereits das Veto eines Landes zur Verhinderung von Beschlüssen. Dieses Veto legten in den 80er und frühen 90er Jahren mit großer Regelmäßigkeit die konservativen Regierungen Großbritanniens ein.

Aufgrund dieses andauernden politischen Stillstandes versuchten seit Mitte der 80er Jahre einzelne Arbeitnehmervertretungen, mit den Unternehmensleitungen auf freiwilliger Basis Regelungen zu vereinbaren, um strategische Beteiligungsdefizite und Informationsnachteile zu kompensieren. Die Anzahl dieser freiwilligen und damit reversiblen Abkommen nahm zwar allmählich zu, blieb aber insgesamt gering; allenfalls kam ihnen ein gewisser Pilotcharakter für die verbindliche und flächendeckende, spätere Regulierung durch Gesetzgebung zu. Die Intensität der Beteiligungsrechte blieb durchgehend gering (Marginson et al. 1998).

Seit 1994 besteht die Richtlinie "über die Einsetzung eines Europäischen Betriebsrats oder die Schaffung eines Verfahrens zur Unterrichtung und Anhörung der Arbeitnehmer in gemeinschaftsweit operierenden Unternehmen und Unternehmensgruppen", deren Ziel in der "Stärkung des Rechts auf Unterrichtung und Anhörung der Arbeitnehmer" (Art.1) besteht. Ihre Verabschiedung wurde nach komplizierten und langwierigen, über zwei Jahrzehnte andauernden Kontroversen erst durch eine institutionelle Änderung des Abstimmungsverfahrens möglich: Die Mitgliedstaaten stellten im Protokoll über die Sozialpolitik des Vertrages über die Europäische Union das entsprechende Verfahren der Entscheidungsfindung von Einstimmigkeit auf qualifizierte Mehrheitsbeschlüsse um (vgl. Kap.1).

Diese Richtlinie mußte bis 1996 von allen Mitgliedsländern umgesetzt werden, was in Deutschland im "Gesetz über Europäische Betriebsräte" und nicht durch Änderung des BetrVG geschah (vgl. Kap.4). Diese Implementation verlief, was in soziologischer Perspektive wenig überrascht, weitgehend entsprechend den nationalen "customs and practices" sowie unter Berücksichtigung nationaler Idiosynkrasien. Die Mitgliedstaaten konnten die Form der Umsetzung (Gesetz vs. Vertrag) frei wählen, wobei sich die Mehrzahl für die gesetzliche Variante entschied, da notwendige Voraussetzungen für die vertragliche Form (u.a. hohe coverage rate nationaler Kollektivverträge, Option der Allgemeinverbindlichkeitserklärung) nicht gegeben sind. Auch Mischformen von zentralisierten Verträgen und ergänzenden Gesetzen kamen vor (u.a. in Belgien und Italien).

Bis zum Ende der Implementationsphase konnten die Akteure weiterhin Vereinbarungen auf freiwilliger Basis abschließen. Von dieser Option machten ca. 400 der insgesamt ca. 1500 betroffenen Arbeitnehmervertretungen und Unternehmensleitungen Gebrauch, da unternehmensspezifische Regelungen nicht nur leichter möglich waren als nach den recht langwierigen Prozeduren der Richtlinie, sondern auch schneller in Kraft treten konnten, um u.a. bei Restrukturierungsmaßnahmen eingesetzt zu werden. Im übrigen genießen diese sog. Art.13-Vereinbarungen Bestandsschutz bei Erfüllung bestimmter Mindestbedingungen, d.h. sie können trotz der Existenz einer gültigen Richtlinie weiter bestehen, wenn die vertragschließenden Parteien dies wünschen.

Seit Beginn der Phase der gesetzlich-obligatorischen Einführung von EBR im Herbst 1996 kamen zunächst nur wenige Vereinbarungen nach dem regulären Richtlinienverfahren, sog. Art.6-Vereinbarungen, zustande, was die Schwierigkeiten bei der Einrichtung weiterer EBR indiziert. Eine erhebliche Zahl von MNU steht der EBR-Richtlinie nach wie vor skeptisch bis ablehnend gegenüber; sie versuchen, die durch die Richtlinie eingeräumten Fristen durch Zuwarten bzw. Verhandlungen im Rahmen des sog. Besonderen Verhandlungsgremiums auszuschöpfen und in den unternehmensspezifisch-flexiblen Abkommen möglichst wenige ihrer "management prerogatives" abzugeben bzw. Vereinbarungen allenfalls im Sinne der subsidiären Vorschriften der Richtlinie zu treffen, d.h. ohne substantielle Rechte zu garantieren. Auch nach den Umsetzungen der Richtlinie in den Mitgliedstaaten sind Probleme der Implementation auf Konzernebene nur zum Teil gelöst.

Vergleiche machen deutlich, daß Zusammensetzung (etwa reine Arbeitnehmervertretungen wie in Deutschland vs. gemischte Gremien wie in Frankreich) und Handlungsorientierung der EBR weitgehend den etablierten nationalen Mustern folgen. Die ersten komparativ angelegten, über die reine Analyse von Vereinbarungstexten hinausgehenden empirischen Analysen (Lecher et al. 1998, 1999) zeigen nicht nur formale Muster auf, sondern auch informelle Informations- und Kommunikationsnetze, wobei in analytischer Perspektive mehrere Aktionsfelder zu unterscheiden sind. Die interne und externe Kooperation gestaltet sich relativ schwierig aufgrund fehlender Erfahrungen sowie fortbestehender Interessenunterschiede nicht nur zwischen Management und Arbeitnehmervertretern, sondern auch innerhalb der beiden Seiten (u.a. Vertreter des Mutter- vs. der Tochterunternehmen, Eigeninteressen des Managements an EBR, Ausdifferenzierung einer internen Führungs- und Arbeitsstruktur, Probleme bei der Verzahnung von EBR und Gewerkschaften).

Die existierenden EBR verfügen lediglich über Unterrichtungs- und Anhörungs-, nicht aber über echte Mitbestimmungs- im Sinne von Vetorechten; sie sind insofern nicht mit nationalen Interessenvertretungen zu vergleichen und haben aufgrund ihrer schwachen Partizipationsrechte etwa mit Betriebsräten nach dem BetrVG kaum mehr als den Namen gemein. Sie können bei der Lösung reiner Informations- und Konsultationsprobleme hilfreich sein, da sie die Bedingungen transnationaler Information und Kommunikation verbessern. Darüber hinaus (etwa bei Investitionsentscheidungen, Produktionsverlagerungen oder Betriebsschließungen im Sinne von Nullsummenkonflikten) bleiben ihre Einflußmöglichkeiten eng begrenzt; Tauschgeschäfte nach dem Prinzip des do ut des können sie aufgrund fehlender Verhandlungsmacht kaum abschließen. Hinzu kommen praktische Schwierigkeiten (u.a. Sprachprobleme im Sinne des sog. Babylon-Effekts, geringe Sitzungsfrequenz, Fehlen eines institutionellen Unterbaus auf nationaler Ebene, Ressourcenknappheit).

Die unternehmensspezifisch ausgehandelten Vereinbarungen ermöglichen einerseits ein hohes Ausmaß an „Flexibilität“ ihrer Inhalte; andererseits erschweren sie aufgrund ihrer hohen "Varianz" eine einigermaßen vereinheitlichende Entwicklung, die gesetzliche Vorgaben voraussetzen würde. Ein weiteres Problem besteht darin, daß die supranationalen Akteure - in Analogie zu den bekannten betriebssyndikalistischen Tendenzen auf nationaler Ebene - aufgrund von spezifischen, parallel gelagerten Interessen (u.a. im Arbeits- und Gesundheitsschutz, bei Fragen von Aus- und Weiterbildung) konzernorientierte Verhandlungen entwickeln können, die bestehende nationale collective bargaining-Systeme schwächen würden (vgl. Kap.7). Ob EBR sich mittel- und langfristig flächendeckend vom "Informationsforum zur handlungsfähigen Interessenvertretung" (Lecher et al. 1998) entwickeln werden, ist eine durchaus offene Frage, die wahrscheinlich nur für einen gewissen Anteil zu bejahen sein wird - von der Kooperation der Akteure ganz zu schweigen, die aus Sicht dualer Systeme der Arbeitsbeziehungen notwendig wäre.

Unser erstes Zwischenfazit ist ambivalent und lautet: Auf betrieblicher Ebene sind die Stadien und Probleme einer supranationalen Normsetzung am deutlichsten zu erkennen, der Prozeß der Regulierung ist infolge der Existenz der EBR-Richtlinie weiter fortgeschritten als auf den übrigen Ebenen und befindet sich in der Implementationsphase, deren Probleme allerdings beträchtlich sind. Obwohl die Intensität der vereinbarten Partizipations-, d.h. Informations- und Konsultationsrechte der EBR rechtlich und faktisch bei weitem nicht das Niveau verschiedener nationaler Regelungen erreicht, können EBR aufgrund ihrer Institutionalisierung eher als korporative Akteure der sektoralen Ebene Kristallisationskerne für die Entwicklung europäischer industrial relations werden. Diese würden vermutlich keinen "dualen" Charakter aufweisen und deutliche Rückwirkungen auf die nationale Ebene haben, d.h. letztere schwächen.

3. Regelungen zu Partizipationsrechten von Arbeitnehmern auf Unternehmens- in Analogie zur Betriebsebene bestehen nicht, obwohl die Kommission seit den frühen 70er Jahren wiederholt Vorschläge unterbreitet hat (vgl. Kap.4). Auch eine Ende der 80er Jahre vollzogene Änderung des Regulierungskonzepts, die durch eine Ergänzung statt wie früher eines Ersatzes nationaler Regelungen sowie durch eine generelle Flexibilisierung statt einer Vereinheitlichung akzeptanz- und kompromißfördernd bei den Mitgliedsländern wirken sollte, konnte die interessenpolitische Pattsituation nicht lösen.
In den späten 90er Jahren versuchte die Kommission, die Einführung einer eigenständigen Europäischen Aktiengesellschaft (SE), an der MNU u.a. generell aus steuerlichen Gründen sowie aktuell wegen der WWU Interesse haben, an die Vereinbarung von Mitbestimmungsregelungen zu knüpfen. Die von der sog. Davignon-Kommission (vgl. Kap.4) unterbreiteten Vorschläge schlagen die SE als Option und nicht als verpflichtende Gesellschaftsform vor. In jeder SE, also unabhängig von Schwellenwerten oder Gründungsland, sollen die Arbeitnehmer in verbindlicher Form am "Geschäftsablauf des Unternehmens beteiligt" werden durch Beteiligung an den Unternehmensorganen (Verwaltungsrat, Aufsichtsrat). Durch diese Regelung würde zum ersten Mal in allen Mitgliedsländern ein Mindestmaß an "Unternehmensmitbestimmung" eingeführt, dessen Intensität vermutlich gering bleiben würde. Bei der Umsetzung, die sich u.a. aufgrund erheblicher nationaler

Unterschiede schwierig gestalten müßte, würde ein den Prinzipien der EBR-Richtlinie korrespondierendes Regulierungsmuster dominieren. - Bei der politischen Umsetzung dieser Pläne zur „unternehmerischen“ Mitbestimmung ist im Gegensatz zur „betrieblichen“ nach wie vor Einstimmigkeit im Ministerrat notwendig, die trotz intensiver Bemühungen einer wachsenden Mehrheit und mehreren Kompromißangeboten nicht erreicht wird.

4. Auf der sektoralen Ebene steht das Problem der Entwicklung eines Systems von Kollektivverhandlungen bzw. ihrer funktionalen Äquivalente im Mittelpunkt der Diskussion. Auf Arbeitgeberseite dominiert das Interesse an der Konservierung des status quo, d.h. eines Zustandes ohne supranationale Regulierung, während Gewerkschaften kurz- und mittelfristig supranationale Rahmenabkommen schließen bzw. langfristig in Analogie zu nationalen sogar autonome bargaining-Systeme etablieren wollen.
Der ”alte”, seit Mitte der 80er Jahre bestehende Sozialdialog zwischen Kommission und europäischen Dachverbänden der Sozialpartner verlief recht schleppend. Jenseits individueller Prädispositionen und politischer Wunschvorstellungen bleibt festzuhalten, daß die Resultate dürftig blieben (vgl. Kap.5). Verbindliche Abmachungen - in Analogie zu Verträgen auf nationaler Ebene - fehlten völlig; es kam lediglich zu gemeinsamen Stellungnahmen zu bestimmten, von der Kommission vorgeschlagenen Themen (u.a. Einführung neuer Technologie, Anpassungsfähigkeit des Arbeitsmarktes, Zugang zur beruflichen Bildung). Diese Erklärungen, die nicht-bindend für zukünftige Entscheidungen der Sozialpartner waren, blieben eher politisch-symbolisch als praktischer Art. Sie erschöpften den Kanon der Gemeinsamkeiten, ohne die hohen Erwartungen einiger Akteure, vor allem der Kommission und der Gewerkschaften, zu erfüllen.
Im Protokoll über die Sozialpolitik des Vertrages über die Politische Union erweiterten die Mitgliedstaaten in den frühen 90er Jahren die im Rahmen des ”alten” Sozialdialogs bestehenden, begrenzten Einflußmöglichkeiten der privaten Akteure auf die Formulierung der EU-Sozialpolitik. Die Sozialpartner erhalten zum einen die Garantie einer formalisierten doppelten Konsultation bei allen Initiativen der Kommission; zum andern sollen sie die ”new machinery" gemeinsamer Entscheidungsfindung in gegenseitiger Übereinstimmung ”zur Herstellung vertraglicher

Beziehungen, einschließlich des Abschlusses von Vereinbarungen" (Art. 139, Abs. 1 EG-Vertrag) nutzen (vgl. Kap.5). Dieser "neue" Sozialdialog stellt einen konkreten Ausfluß des programmatischen und erneuerten Subsidiaritätsprinzips mit seiner strikten Betonung dezentral-privater Regulierung dar und führt explizit die Priorität quasi-autonomer Vertragsabschlüsse vor gesetzlicher Regulierung ein.
Außerdem führt das Sozialprotokoll qualifizierte Mehrheitsentscheidungen anstelle der bis dato notwendigen Einstimmigkeit im Ministerrat bei einem Teil der Rechtsvorhaben ein. Zentrale Bereiche (Entgelte, Koalitions- und Arbeitskampfrecht) bleiben allerdings explizit ausgeklammert. Insofern dürfen Abkommen nach dem Verfahren des Sozialprotokolls nicht mit Tarifverträgen bzw. Kollektivverhandlungen verwechselt werden. Das Sozialprotokoll wurde später ohne substantielle inhaltliche Änderungen in den Amsterdamer Unionsvertrag integriert (vgl. Kap.1).
Eine der aktuellen Kontroversen zwischen "Euro-Optimisten", zu denen u.a. die Kommission sowie mehrere Sozialpartner gehören, und "Euro-Pessimisten", zu denen neben externen Beobachtern auch verschiedene Akteure zu zählen sind, dreht sich um die Frage, ob das Protokoll über die Sozialpolitik die Chancen einer positiven, über den Abbau bestehender vorhandener Hindernisse hinausgehender Integration der Arbeits- und Sozialpolitik verbessert hat.
Auf der Makroebene haben die Dachverbände UNICE, CEEP und EGB in den 90er Jahren nur in wenigen Fällen Rahmenabkommen abgeschlossen (Elternurlaub 1995, Teilzeit 1997, befristete Beschäftigung 1999). Einige Versuche (vor allem der EBR-Entwurf) scheiterten in frühen Stadien. Die Einschätzungen ihrer strategischen Bedeutung sind recht unterschiedlich (vgl Kap.5).
Unsere These lautet, daß die ersten Rahmenabkommen in prozeduraler Perspektive, d.h. wegen der Weiterentwicklung und Konkretisierung der Implementationsverfahren sowie aufgrund der Etablierung von "customs and practices", wichtiger sind als in materieller Hinsicht. Sie bringen nur in wenigen Mitgliedsländern Verbesserungen bereits bestehender Standards und zeigen das klassische Dilemma europäischer Arbeits- und Sozialpolitik, die durch die Vorgabe von Minimalstandards nur selektiv wirken kann. Zudem sind die Resultate allgemeiner sozial- und nicht spezifischer arbeitspolitischer Art. In empirischer Perspektive ist die häufig anzutreffende, optimistische Schlußfolgerung einer neuen Qualität europäischer Arbeits- und Sozialpolitik aufgrund der durch das Sozialprotokoll eröffneten

Optionen zumindest voreilig, wenn nicht falsch, weil sie rein formal argumentiert, indem sie den Abschluß von Rahmenabkommen mit deren Inhalten sowie mit ihrer erfolgreichen Implementation gleichsetzt.
Zum einen sind die Implementations- bzw. nationalen Umsetzungsprobleme dieser Rahmenabkommen aufgrund unzureichend entwickelter Verfahren erheblich. Probleme stellen vor allem dar: Repräsentativität der Verbände, Reichweite ihrer Regelungskompetenzen, Rechte der europäischen korporativen Akteure, vor allem der Kommission, des Ministerrats und des EP, Qualität des Regelungsinstruments der Richtlinie, Formen der Umsetzung per Gesetz und/oder Vertrag. Unsere empirischen Analysen zeigen, daß die notwendigen Prozeduren sowohl im Sozialprotokoll selbst als auch in den anschließenden Sozialdialog-Mitteilungen der Kommission nur ansatzweise und grob formuliert sind; sie werden erst im Verlauf der Implementation der ersten Abkommen in einem politischen Prozeß von trial and error allmählich konkretisiert (vgl. Kap.5).
Selbst wenn diese Implementationsprobleme im Verlaufe der Umsetzung weiterer Rahmenabkommen gelöst oder zumindest reduziert werden können, sind aufgrund fortdauernder Interessendifferenzen zwischen den Sozialpartnern substantielle Fortschritte kaum zu erwarten. Die Arbeitgeberverbände wollen primär den status quo erhalten, da er ihren Interessen am ehesten entspricht; sie geben ihre Vetoposition nur aus taktischen Überlegungen, nicht hingegen wegen einer Änderung inhaltlicher Überzeugungen auf. UNICE wird auch in Zukunft dann - und nur dann - in Verhandlungen eintreten, wenn die Kommission glaubhaft eigene Initiativen ankündigt bzw. androht; das Ziel besteht darin, den Verfahrensverlauf zu kontrollieren und die Inhalte von Abschlüssen stärker zu beeinflussen als dies im Rahmen des Gesetzgebungsverfahrens möglich wäre. Insofern haben sich in rational choice-Perspektive für UNICE durch die institutionalisierten Vorgaben des Sozialprotokolls zwar die Rahmenbedingungen, nicht aber die Ziele des Handelns geändert: Während früher lobbying-Aktivitäten zur Verhinderung von Regelungen die adäquate Verbandsstrategie darstellten, ist es nunmehr die aktive Teilnahme an Verhandlungen.

5. Neben den auf gesamtwirtschaftlich-intersektoraler Ebene bestehenden branchenübergreifenden Dialog können laut Sozialprotokoll gleichberechtigte dezentral-sektorale Dialoge auf Branchenebene treten, die ebenfalls zu verbindlichen Rahmenabkommen führen. Ihre Abschlüsse könnten in Analogie zu einer Reihe nationaler bargaining-Systemen, in denen Kollektivverhandlungen üblicherweise branchenspezifisch geführt werden, sogar flexibler und spezifischer sein als solche auf Makroebene, deren Ergebnisse zudem eher allgemein sozial- als spezifisch tarifpolitischer Natur sind. Außerdem dürften die Interessen der korporativen Akteure homogener und die Notwendigkeit einer "Europäisierung" in verschiedenen Branchen größer sein als auf der Makroebene.
Die "alten" sektoralen Sozialdialoge, die in Paritätischen Ausschüssen und Informellen Arbeitsgruppen stattfanden, führten zu einer Reihe gemeinsamer Stellungnahmen (vgl. Kap.6). Diese trugen zur Verbesserung des gegenseitigen Verständnisses und zum Austausch von Informationen bei, stellten jedoch keine verbindlichen Rahmenvereinbarungen dar. Derartige Erklärungen waren schon vor Verabschiedung des Sozialprotokolls möglich; wir können sie bis in die 60er Jahre zurückverfolgen.
Für die Sektor- bzw. Branchenebene geben die empirischen Analysen des Sozialdialogs ebenfalls Anlaß zu pessimistischen Prognosen. Die "new machinery" des Sozialprotokolls blieb auf sektoraler Ebene ohne Konsequenzen, da die Sozialpartner keine verbindlichen Rahmenabkommen abschlossen. Ein Grund bestand in der unzureichenden Entwicklung der notwendigen institutionellen Infrastruktur. Probleme stellten ähnlich wie auf der Makroebene dar: Repräsentativität der Verbände, Transfer von Verhandlungsautonomie von der nationalen auf die europäische Ebene, d.h. Erteilung von ad hoc oder permanenten Verhandlungsmandaten durch die Mitgliedsverbände. Schließlich wären die Probleme der Implementation von Ergebnissen ähnlich wie auf der Zentraleebene erheblich.
Weiterhin erweist sich die "Internationalisierung" der Interessenverbände bei beiden Sozialpartnern, vor allem bei den Arbeitgebern, als schwierig. Auf Gewerkschaftsseite existieren in allen Branchen supranationale Zusammenschlüsse nationaler Verbände in Form von Gewerkschaftsausschüssen, welche Mitglieder des EGB sind. Sie könnten sich wohl nicht kurz-, aber mittelfristig bei entsprechender Ressourcenausstattung zu Verhandlungspartnern entwickeln (vgl. Kap.2). Auf

Arbeitgeberseite verfügt der Dachverband UNICE keine entsprechende Untergliederung: Zusammenschlüsse existieren bei weitem nicht in allen Branchen; bei den bestehenden, häufig stark fragmentierten Verbänden kann (etwa in der Metallindustrie) nicht unbedingt Verhandlungsbereitschaft und -fähigkeit vorausgesetzt werden, so daß die Gewerkschaftsausschüsse gar keine Verhandlungspartner finden (vgl. Kap.6).

Das Interesse der Arbeitgeber an supranationalen Rahmenabkommen ist auf der sektoralen Ebene noch geringer als auf der Makroebene, so daß mit dem flächendeckenden Ausbau von Verbänden mit funktionierender Binnendifferenzierung in Zukunft kaum zu rechnen ist. Wenn wir, wie in einigen Mitgliedsländern üblich, zwischen Wirtschafts- und Arbeitgeberverbänden unterscheiden, handelt es sich eher um allgemeine Wirtschaftsverbände ohne sozialpolitische Mandatierung. Im übrigen versucht UNICE seit den frühen 90er Jahren, durch den Aufbau eines informellen Netzwerks, des European Employers' Network, auf freiwilliger Basis einen Informations- und Erfahrungsaustausch über sektorale Aktivitäten und Strategien zu ermöglichen sowie eine horizontale und vertikale Koordinierung von Positionen zu erreichen.

Initiativen kamen vor allem in kleineren Branchen des privaten Dienstleistungssektors (z.B. Verkehr, Versicherungen, Telekommunikation) zustande und weniger in den großen Branchen (z.B. Metall- oder Chemieindustrie), die auf nationaler Ebene das pattern bargaining betreiben. Die Inhalte der Stellungnahmen konzentrieren sich auf sozialpolitische Aspekte, die aufgrund gemeinsamer Interessen der Akteure eher konsensualen Charakter haben, klammern aber die potentiell konfliktorischen Kernbestandteile der Arbeitsbeziehungen aus.

Die deutlichen Differenzen zwischen den Branchen führen zu zwei Thesen. Die frühe Etablierung von Gemeinschaftskompetenzen (wie bei Agrar, Kohle und Stahl) korrespondiert mit der Entwicklung und den Ergebnissen von Sozialdialogen; die sektorale Integration fördert deren Evolution. Die ungleichen Entwicklungen werden durch die sektoral unterschiedlich verlaufenden Prozesse der Internationalisierung der Produkt- und Arbeitsmärkte mitverursacht; in stärker internationalisierten Sektoren (wie Telekommunikation, Verkehr, Bau) sind aufgrund der Problemlagen die Voraussetzungen günstiger als in primär national orientierten (wie den Kernbereichen des öffentlichen Sektors). - Im übrigen stärkt das

Fehlen sektoraler Vereinbarungen die Tendenzen zur Entwicklung monistischer, betrieblich orientierter "europäischer" Arbeitsbeziehungen, wie sie auch in einigen Mitgliedstaaten dominieren (z.B. Großbritannien); zu rechnen ist mit entsprechenden Rückwirkungen vor allem für duale nationale Systeme, deren sektoraler Part geschwächt wird.

Unser zweites Zwischenfazit lautet: Aus den genannten Gründen ist explizit zu unterscheiden zwischen zentralen und dezentralen Sozialdialogen auf der einen sowie Kollektivverhandlungen mit autonomer Normsetzungsbefugnis auf der anderen Seite, zumal das Sozialprotokoll, wie bereits erwähnt, zentrale Bereiche ausklammert. Dessen grundlegende Innovation besteht nicht, wie häufig behauptet wird, in der Institutionalisierung der doppelten Anhörung bzw. der Autorisierung der Sozialpartner zum Abschluß von Rahmenabkommen. Bedeutung erlangte vielmehr die Umstellung der Entscheidungsverfahren von Einstimmigkeit auf qualifizierte Mehrheiten in spezifizierten Bereichen, da Vetopositionen einzelner Mitgliedsländer an Bedeutung verlieren.
Die Kommission wird, falls Sozialdialoge als Instrumente der Arbeits- und Sozialpolitik in Zukunft erfolgreich sein sollen, trotz der formalen Aufwertung des Status der Verbände bzw. der Erneuerung und strikten Betonung des Subsidiaritätsprinzips nach wie vor der zentrale Akteur im Regulierungsprozeß bleiben müssen, indem sie von ihrem Initiativrecht bzw. -monopol systematisch Gebrauch macht. Der sozialpolitische Attentismus der Santer-Kommission, der im Gegensatz zum deutlich höheren Aktivitätsniveau ihrer Vorgängerinnen stand, zeigte sich im Rahmen eines neo-voluntaristischen Politiktypus u.a. darin, daß sie keine neuen Initiativen startete.[1] Sie griff lediglich ältere, bis auf die Sozialcharta der späten 80er Jahre zurückgehende, bis dato aber infolge der lang andauernden Vetopolitik Großbritanniens unerledigte Gesetzesvorhaben wieder auf (z.B. EBR, Beweislast

[1] „Zentral für die Erklärung des Scheiterns des Deloristischen Projektes ist sicher, dass die Kommission im sozialpolitischen Bereich keine starken Bündnispartner wie im Falle des Binnenmarktprojektes oder der Technologiepolitik hatte. Darüber hinaus hängt das Scheitern aber auch mit der institutionellen Grundordnung der europäischen Ebenen von Staatlichkeit zusammen. Trotz der Bemühungen der Delors-Kommission benachteiligen die bestehenden Entscheidungsprozesse die Gewerkschaften. Die nationalen Regierungen können leicht eine „reaktive Strategie“ verfolgen, und die Unternehmerverbände können sich hinter deren Vetomacht verstecken“ (Ziltener 1999, 182).

bei geschlechtsspezifischer Diskriminierung, Elternurlaub, Teilzeitarbeit)[2], setzte aber ansonsten auf Verbesserung der „Implementation“ sowie „Konsolidierung“ der bereits erreichten Resultate.

Initiativen der Kommission, die bei beiden Varianten des Sozialdialogs Promotor von Verhandlungen und Prozeßmanager im Institutionengefüge sein müßte, sind vor allem auf sektoraler Ebene kaum zu erwarten, weil interne und externe Interessenunterschiede auftreten, d.h. solche zwischen den dann beteiligten, mehreren Generaldirektionen bzw. zwischen Branchenverbänden. Im übrigen ist die Relation zwischen zentralen und dezentralen Dialogen theoretisch wie empirisch ungeklärt; von einem reinen Komplementaritätsverhältnis kann nicht voraussetzungslos ausgegangen werden.

Nach wie vor bestehen erhebliche Differenzen zwischen den rapiden ökonomischen Strukturveränderungen und den nur schwach entwickelten Verbandsstrukturen und -politiken. Die Schwierigkeiten resultieren sowohl aus institutionellen Unterschieden zwischen den Mitgliedstaaten als auch aus ökonomischen, juristischen und organisatorischen Problemen der Etablierung europäischer Arbeitsbeziehungen, ohne die eine Realisierung der sozialen Dimension des Binnenmarktes nicht möglich sein wird. Ansätze zur Integration der nationalen zu eigenständigen transnationalen Kollektivvertragsbeziehungen fehlen; europäische-supranationale Institutionen als notwendige Voraussetzung und potentielle Träger sind kaum zu erkennen.

Eine echte "Harmonisierung" im Rahmen einer "europäischen Tarifunion" wäre aufgrund der vorgängigen Erfahrungen sowie im Sinne der Bewahrung nationaler Vielfalt weder möglich noch wünschenswert. Eine gewisse Angleichung bzw. verzahnte Koexistenz nationaler Systeme hingegen wäre im Interesse einer gewissen Integration anzuraten (sog. Mindestharmonisierung).[3]

---

[2] Die einzige relevante Ausnahme ist die Initiative zu Information und Konsultation auf nationaler Ebene, die aber nicht zuende geführt wurde.

[3] Eine Regelung "wird weiterhin schwierig bleiben; kurzfristig sind nur geringe Veränderungen zu erwarten. Wenn Fortschritte auftreten, so werden diese eher aus politischen Veränderungen in den Mitgliedsländern oder aus dem Europaparlament als durch den Einfluß der Sozialpartner auf europäischer Ebene ausgelöst werden" (Krieger 1991, 34).

6. Auf der Makroebene stehen in Anbetracht der Mitte der 90er Jahre in nahezu allen Mitgliedsländern hohen Arbeitslosigkeit Perspektiven und Möglichkeiten einer europäischen Arbeitsmarkt- und Beschäftigungspolitik im Mittelpunkt. Bereits Ende der 60er begann der längst abgeschlossene Abbau formaler Mobilitätsbarrieren bzw. die Herstellung der Freizügigkeit der Arbeitnehmer in der EU. Überraschend ist prima facie die Tatsache, daß der Interpenetrationsgrad nationaler Arbeitsmärkte trotzdem gering blieb. Die Relationen widersprechen durchaus gängigen Migrationstheorien, vor allem solchen neoklassischer Provenienz. Allerdings darf diese geringe Grad an "Europäisierung" nicht darüber hinwegtäuschen, daß Bewegungen auf Kapitalmärkten Arbeitsmarktprobleme verschärfen.
Bemerkenswert war in der ersten Hälfte der 90er Jahre das Weißbuch "Wachstum, Wettbewerbsfähigkeit, Beschäftigung", das u.a. im Rahmen eines policy mix ein recht heterogenes Bündel von Maßnahmen neoklassischer wie keynesianischer Provenienz vorschlug und als Blaupause für die Koordination nationaler Politiken dienen sollte. Dem Weißbuch folgten ein "Aktionsprogramm zur Beschäftigungsförderung" sowie auf späteren Gipfeltreffen ausgesprochene Empfehlungen zur Konkretisierung von Maßnahmen, die allerdings keine praktischen Konsequenzen hatten (vgl. Kap.8).
1997 wurde ein Beschäftigungskapitel als eigenständiger Titel in den Amsterdamer Vertrag aufgenommen, wodurch sich die Aussichten einer Koordination der nationalen Beschäftigungspolitiken verbessern sollen. In Analogie zu anderen Politikfeldern hat der Ansatz folgende Struktur: Der Ministerrat legt auf Vorschlag der Kommission mit qualifizierter Mehrheit "Leitlinien für beschäftigungspolitische Maßnahmen der Mitgliedsländer" in Form mittelfristiger Zielvorgaben vor. Die Mitgliedstaaten setzen diese Rahmenvorgaben in mehrjährigen "nationalen beschäftigungspolitischen Aktionsplänen" inhaltlich um, wobei ihnen die Wahl der Mittel und Instrumente frei steht; sie berichten jährlich über ihre Maßnahmen.
Die nationale Implementation im Sinne der Einhaltung der Zielvorgaben nicht hingegen die Wahl der Instrumente, unterziehen Ministerrat und Kommission "nach einem gemeinsamen Verfahren der Bewertung der Ergebnisse" einer jährlichen Prüfung. Außerdem kann der Ministerrat mit qualifizierter Mehrheit Empfehlungen an die Mitgliedstaaten richten sowie Anreizmaßnahmen "zur Förderung der Zusammenarbeit zwischen den Mitgliedstaaten und zur Unterstützung ihrer

Beschäftigungspolitik durch Initiativen beschließen". Die Maßnahmen sollen zugleich die Effektivität (durch Mehrheitsentscheidungen) und die Legitimität (durch Fokussierung auf die national zentralen Fragen von Beschäftigung) erhöhen.
Die Probleme einer europäischen Beschäftigungspolitik bestehen vor allem in der notwendigen Kooperation der Mitgliedsländer bei der Umsetzung der Zielvorgaben sowie in deren Finanzierung. Die Kommission verfügt traditionell im Gegensatz zu den übrigen behandelten Politikfeldern über kein Kompetenzen in der Beschäftigungspolitik. Ihre Einflußmöglichkeiten werden zweifellos gestärkt durch die Option, Leitlinien formulieren sowie Empfehlungen aussprechen zu können; sie hat allerdings jenseits der Koordinierung nationaler Maßnahmen nach wie vor wenig echte Kompetenzen. Letztere verbleiben vollständig in nationaler Autonomie, so daß eine genuine europäische Politik nicht zustande kommt. Da Sanktionen bei Nichteinhaltung bzw. -erreichung der Zielvorgaben - im Gegensatz zur dauerhaften Einhaltung der Konvergenzkriterien der WWU - nicht vorgesehen sind, ist eine strikte Notwendigkeit zur freiwilligen Kooperation aus Sicht der Mitgliedstaaten kaum gegeben. Damit entsteht ein Dilemma: Die kooperationsbereiten Partner brauchen keine Anreize, die bei den nicht-kooperationsbereiten fehlen.
Die Finanzierung könnte entweder aus dem Etat der EU oder aus denen der Mitgliedsländer erfolgen. Beide Optionen stoßen auf erhebliche Restriktionen nicht nur im Sinne eines Volumenproblems sondern auch aufgrund differierender Vorstellungen in bezug auf Umverteilung bzw. nationale Paradigmen der Beschäftigungspolitik. Deutliche Umschichtungen innerhalb des EU-Haushalts, der immer noch (zu fast 50%) durch die Ausgaben für die Agrarpolitik dominiert wird, sind politisch kaum durchzusetzen. Gleiches gilt in bezug auf eine Ausweitung der Ausgaben, da alle Mitgliedsländer, vor allem die Nettozahler, eher geringere als höhere Zahlungen leisten wollen; außerdem wird die Osterweiterung der EU den Einsatz erheblicher finanzieller Mittel erfordern.
Eine erhebliche Aufstockung nationaler Ausgaben, scheidet ebenfalls aus wegen der durchweg hohen Verschuldung aller öffentlichen Haushalte. Diese Situation wird verschärft durch die Notwendigkeit der Erfüllung der fiskalischen Kriterien beim Beitritt zur WWU, insbesondere durch die strikte Begrenzung der Neuverschuldung auf max. 3% des BSP, sowie durch die Sicherung der sog. Nachhaltigkeit, die expansive nationale Finanzpolitiken faktisch unmöglich macht.

Zudem differieren die Vorstellungen der nationalen und europäischen Sozialpartner in bezug auf notwendige Voraussetzungen und Maßnahmen einer erfolgreichen Politik ebenso deutlich wie die der Regierungen der Mitgliedstaaten. Weiterhin besteht das Problem, daß in den Berichten über die Umsetzung der nationalen Beschäftigungspläne rein quantitative Betrachtungsweisen dominieren werden, weil die "Erfolge" der eigenen Politik demonstriert werden sollen. Außerdem werden ähnlich wie bei den anderen skizzierten Politikfeldern massive Implementationsprobleme auftreten, da die Kommission in Ermangelung eigener Institutionen und Instrumente auf die Mitgliedstaaten angewiesen ist. - Die Prognose lautet daher, daß die Ansätze "europäischer" Beschäftigungspolitik nur appellativen Charakter haben und über den Austausch von Informationen kaum hinausgehen.

7. Der Prozeß der europäischen Einigung verläuft nach wie vor recht schleppend, soweit er die Flankierung der ökonomischen Integration durch die Realisierung der sozialen Dimension betrifft ("Markt ohne Demokratie") (Scharpf 1995, 85ff). Die materiellen Ergebnisse des Binnenmarktprojekts in den zentralen Bereichen kollektiver Arbeitsbeziehungen sind auch nach der nahezu vollständigen Abarbeitung der arbeits- und sozialpolitischen Projekten der 80er Jahre (vor allem EEA 1987, Gemeinschaftscharta der sozialen Grundrechte der Arbeitnehmer 1989, soziales Aktionsprogramm zur Umsetzung der Sozialcharta) nicht überwältigend.
Integrationserfolge sind nicht pauschal zu negieren.[4] Punktuelle Interventionen, die in Teilbereichen der Arbeits- und Sozialpolitik durchaus erfolgen (vor allem Arbeits- und Gesundheitsschutz, Gleichstellung von Frauen und Männern, Wanderarbeitnehmer bzw. Freizügigkeit der Arbeitnehmer, Richtlinie "über bestimmte Aspekte der Arbeitszeitgestaltung") (Addison/Siebert 1992b; Sadowski 1993b), führen jedoch lediglich zu relativ isolierten Einzelmaßnahmen bzw. zu einem "patchwork of minimum social standards" (Rhodes 1995, 103); sie können ein fehlendes, kohärentes Gesamtkonzept nicht ersetzen.

[4] "Eine Analyse der europäischen Regulation des technischen Arbeitsschutzes ergibt das überraschende Ergebnis, daß es auf der EG-Ebene zu einer innovativen Regulation auf höchstem Schutzniveau gekommen ist und nicht zu einem sozialen Dumping bzw. einer Regulation auf dem niedrigsten gemeinsamen Niveau, wie es insbesondere von seiten der Gewerkschaften befürchtet wurde und aufgrund von sozialwissenschaftlichen Analysen der Entscheidungslogik im Europäischen Rat auch zu erwarten war" (Eichener 1993, 231).

Typisch für die Gesamtsituation ist die Tatsache, daß die Regelungsdichte bzw. -intensität erhebliche Unterschiede zwischen Politikfeldern aufweisen: Während etwa der Arbeits- und Gesundheitsschutz weitgehend "europäisiert" ist, bleiben die soziale Sicherungssysteme nationale Domänen (O'Reilly/Reissert/Eichener 1996). Unwahrscheinlich sind damit Entwicklungen zu einem einheitlichen europäischen Sozialmodell, "which is understood as a specific combination of comprehensive welfare systems and strongly institutionalised and politicised forms of industrial relations" (Grahl/Teague 1997, 405).

Als Fazit unserer Analyse ergibt sich, daß die supranationale Regulierung der Arbeitsverhältnisse in der EU auch in bezug auf Verfahren, vor allem aber in bezug auf Inhalte nur ansatzweise entwickelt ist. Sie ist zudem auf den behandelten Ebenen (Mikro-, Meso-, Makroebene) unterschiedlich weit fortgeschritten. In Anbetracht der aktuellen Entwicklungen sind Prozesse einer stärkeren Heterogenisierung und Fragmentierung von Arbeitsbedingungen und kollektiven Arbeitsbeziehungen wahrscheinlicher als die von "Euro-Pessimisten" befürchtete bzw. von "Euro-Optimisten" erhoffte "Homogenisierung" bzw. "Vereinheitlichung".
Anzeichen für eine Entwicklung relativ zentralisierter, einheitlicher europäischer Kollektivverhandlungen sind noch weniger auszumachen als die betrieblicher Interessenvertretungen in multinationalen Konzernen. Ansätze einer eigenständigen "europäischen" Entwicklung mit allerdings ungewissen Perspektiven bzw. einen Fortschritt im zentralen Bereich kollektiver Arbeitsbeziehungen mag man infolge der EBR-Richtlinie auf der Betriebsebene sehen, deren Bedeutung in Zeiten der Dezentralisierung und Verbetrieblichung zunimmt.
Sozialdialoge haben in ihrer zentralen-branchenübergreifenden, vor allem aber in ihrer dezentral-sektoralen Variante nur eine begrenzte Reichweite. Das Beschäftigungskapitel schließlich bietet allenfalls erste Ansätze zur Koordinierung nationaler, jedoch nicht zur Entwicklung autonomer europäischer Politiken, wozu die nicht unbedingt zu erwartende Kooperation der Mitgliedsländer notwendig wäre und Finanzierungs- sowie Umsetzungsprobleme gelöst werden müßten.
Neben rechtlich-institutionellen Schwierigkeiten und Implementationsproblemen sind vor allem Organisationsprobleme sowie Interessenunterschiede zwischen den Sozialpartnern für diese Situation verantwortlich: Regelungen kommen vor

allem bei parallel gelagerten Interessen zustande. Bei konfligierenden Interessen hingegen, die für die Mehrzahl der zentralen Probleme kollektiver Arbeitsbeziehungen typisch sind, "lohnt" sich für den nicht-kooperationsbereiten Akteur das Festhalten am Status quo zur Verhinderung weiterreichender Lösungen.

Probleme einer Internationalisierung der Arbeits- und Sozialpolitik sowie Fragen der Interessendurchsetzung und -vermittlung bleiben wichtig, obwohl sie ebenso wenig auf der politischen Agenda stehen wie die eines europäischen Wohlfahrts- und Sozialstaates.[5] Die EU-Mitgliedsländer sind in unterschiedlichem Ausmaß Sozialstaaten (Esping-Andersen 1990; Leibfried/Pierson 1992, 333-366) und werden dies auch bleiben.[6] "The combination of fragmented interests, a continued critical role for governments, and a particular set of decision rules governing Community social policy implies that no general European social "model" is likely to develop" (Lange 1992, 256).

8. Generell gilt: „In the area of policy-making, the EU shows how „regulation“ has become the key instrument of modern governance“ (Hix 1999, 364). Wir beobachten einen deutlichen Wandel der Regulierungskonzepte der europäischen Arbeits- und Sozialpolitik, der sich von "hard law" zu "soft law" vollzieht:

- Bis weit in die 80er Jahre dominierten Vorstellungen einer echten "Harmonisierung" des Rechts im Sinne einer einseitigen Angleichung aller übrigen an die besten bzw. höchsten nationalen Regelungen durch Vereinheitlichung unterschiedlicher rechtlicher Standards (etwa in Mitbestimmungsfragen an die deutschen Regelungen). Diese Pläne einer strikten „Vereinheitlichung“ waren sowohl im normativen Sinne ehrgeizig als auch im empirischen Sinn unrealistisch, da sie kaum mehrheitsfähig waren bzw. sich nicht gegen den andauernden Widerstand durchsetzen ließen. Die Mitgliedsländer waren nicht zur Aufgabe ihrer nationalen Systeme bereit; die sozialen und ökonomischen Unterschiede sowie die Differenzen in den nationalen Regulierungssystemen waren zu groß. „Moreover, collective

[5] Zu den dabei auftretenden Problemen im einzelnen Pitschas 1993, 91-118.

[6] "... European social policy will for a long time, and for all practical purposes forever, be made simultaneously at two levels: a supranational and a national one, with complex interactions between them, and among the national systems operating in the international order and situated in the integrated economy that underlies it" (Streeck 1995, 32).

labour law issues have traditionally been regarded as less susceptible to harmonization ... than individual rights or substantive provisions. This is because collective institutions and procedures are seen as integral to national policy and social power relations and so member states will normally be anxious to prevent their disruption“ (Hall 1994, 291).

- Seit den späten 80er Jahren, konkret seit der Einheitlichen Europäischen Akte (vgl. Kap.1), dominieren aufgrund der Erfahrungen mit den Schwierigkeiten dieses Harmonisierungsansatzes „flexiblere“ Konzepte der strikten wechselseitigen Anerkennung bestehender Standards sowie der Einführung verbindlicher Sockel- oder Mindeststandards. Diese dürfen auf den nachgeordneten Ebenen freiwillig jederzeit über-, jedoch nicht unterschritten werden (etwa bei der EBR-, Elternurlaubs- oder Teilzeitrichtlinie). Die Mitgliedstaaten müssen die EU-Regelungen innerhalb festgelegter Fristen (von ca. zwei bis drei Jahren) implementieren, können aber die Mittel und Instrumente der Umsetzung frei wählen (Gesetzgebungs- vs. Verhandlungsweg), so daß sie nationale Prinzipien und Verfahren stärker berücksichtigen können. Europäische Institutionen, vor allem die Kommission bzw. auf deren Intervention der Europäische Gerichtshof, überwachen lediglich das “ob”, nicht jedoch das “wie” der Umsetzung. Generell gilt: „Reflecting the debate about ‘subsidiarity’, there has been general agreement between the Commission and the member states on the desirability of a lighter regulatory framework, based on minimum standards rather than ‘upward harmonization’, with the aim of ensuring greater compatibility with existing national practice.“ (Hall 1994, 306)

Diese neueren Konzepte sollen sowohl aus Sicht der ”nördlichen” Mitgliedsländer Unterbietungskonkurrenz und Nivellierung nach unten verhindern als auch aus Sicht vor allem der ”südlichen” Mitgliedsländer Überforderung unmöglich machen. Diese neueren, mehrheitlich geteilten Vorstellungen sind weniger ambitiös und weitreichend als die älteren; sie sind zwar politisch eher kompromißfähig und durchsetzbar, stoßen aber dennoch auf die skizzierten Schwierigkeiten, u.a. in der häufig vernachlässigten, jedoch überaus wichtigen Implementationsphase. Echte Konvergenz findet nicht statt, da die Eigenheiten nationaler Systeme weitgehend erhalten bleiben; die Umsetzung erfolgt gemäß den landesspezifischen „customs and practices“.

- Am Beispiel des Beschäftigungskapitels zeigt sich ein dritter, aufgrund seiner impliziten Voraussetzungen durchaus anspruchsvoller, zugleich aber weniger weitreichender Typus der Regulierung, der in geringerem Maße auch nur "soft law"-Charakter aufweist als sein unmittelbarer Vorgänger. Dieser Typus setzt unter den Vorzeichen von Subsidiaritätsprinzip und Flexibilitätsanforderungen auf supranational-zentraler Ebene nur auf die rein freiwillige Koordination[7] national-dezentraler Maßnahmen, ohne wesentlich einschränkende Vorgaben zu machen; Selbstregulierung der Sozialpartner durch Rahmenabkommen und Verträge soll wichtiger werden und den Einfluß der Kommission durch Gesetzgebung zurückdrängen.[8]

Für die aktuelleren Ansätze der Regulierung typisch ist ein eigentümlicher, auf nationaler Ebene (u.a. in der Bundesrepublik) häufig eher ungewöhnlicher, auf EU-Ebene durch die Berücksichtigung des Subsidiaritätsprinzips begünstigter Policy Mix von collective bargaining- und legislativen Elementen. Außerdem sind aktuelle Versuche, ähnlich wie auf nationaler Ebene, stärker als ältere an Maximen prozeduraler und nicht substantieller Regulierung ausgerichtet (Verfahren vs. Inhalte als Gegenstand); letztere findet erst auf nationaler Ebene in Verhandlungen statt. Zudem muß die Kompatibilität europäischer mit den stark unterschiedlichen nationalen Regelungen prinzipiell gegeben sein, was nur durch einen allgemein gehaltenen, „flexiblen" Bezugsrahmen gelingen kann, der eo ipso erhebliche Freiräume für die nationale Umsetzung lassen muß.
Aufgrund dieser weitreichenden Nicht-Intervention in nationale Muster wird die nationale Akzeptanz erhöht. Zugleich werden politische Spielräume für ein erneutes, mehr oder weniger intensives lobbying auf nationaler Ebene nach Verabschiedung der europäischen Regelung eröffnet, so daß sich der tatsächliche

[7] "Coordination .. has become the entering wedge or an incremental, rights-based "homogenization" of social policy. Neither "supranationalization" nor "harmonization" seems an appropriate label or this dynamic, since each implies more policy control at the centre than currently exists" (Leibfried/ Pierson 1996, 197).

[8] Das gegenwärtige Regime läßt sich als "Neo-Voluntarismus" bezeichnen, "an emerging commitment to a de-centralized regulatory regime with preference for "soft" over "hard", and "private" over "public" order, operating under a "variable geometry" of participants that are protected from central intervention by ample opportunities for opting out, as well as by a general presumption of precedence of both market forces and local traditions over universalistic normative regulation" (Streeck 1994, 171; ähnlich 1999, 5ff).

Verlust an Autonomie bzw. Souveränität der Mitgliedstaaten in engen Grenzen hält. Die EBR-Richtlinie belegt diesen Zusammenhang.

Die seit langem bestehende, beträchtliche Kluft zwischen ökonomischer und sozialer Integration kann trotz anderslautender Erklärungen, etwa im Vorfeld des Maastrichter Vertrages, aufgrund differierender Interessen der Akteure nicht geschlossen werden (ähnlich Jacobi 1992a, 773). Die ökonomischen Rahmenbedingungen, die sich zu Beginn der 90er Jahre in allen Mitgliedsländern verschlechterten und zur Zunahme der Arbeitslosigkeit führten, haben eine weitergehende Durchsetzung der sozialen Dimension eher behindert als befördert. "... the social policy order of the day has shifted from constructing social regulatory policies at the European level to reconfiguring labor market and other arrangements to allow the European economy to compete in the world market" (Ross 1995, 388).

Die ursprünglich, bei der Aushandlung des Maastrichter Unionsvertrages intendierte parallele Realisierung von wirtschaftlicher und politischer Union findet nicht statt; stattdessen wird die wirtschaftliche Integration zügig vorangetrieben, während die Entwicklung der politischen Union weitgehend stagniert. Die Kluft kann sich in Zukunft in Anbetracht der fortschreitenden ökonomischen bei stagnierender sozialer Integration sogar noch verbreitern, wenn sich an dem im Amsterdamer Unionsvertrag dokumentierten Attentismus nichts ändert. Die Einführung der WWU vergrößert bzw. erhöht den Regulierungsbedarf infolge der vollständigen Integration der bis dato nationalen Geld- und Währungspolitiken, ohne daß mittelfristig wirksame Konzepte und Instrumente zur Realisierung vor allem prozeduraler "labour standards" vorhanden wären. Neben inhaltlichen Defiziten können die Folgen ungleicher Entwicklung von Markt- bzw. Politikintegration bestehen in

- massiven Defiziten politischer Legitimität[9] vor allem in Zeiten hoher und andauernder Arbeitslosigkeit, bzw. einem geringeren Grad von Akzeptanz der Gemeinschaft bei "ihren" Bürgern, wofür Indikatoren spätestens seit dem knappen Ausgang der Referenden zur Ratifizierung des Vertrages über die Politische Union (Dänemark, Frankreich) sprechen (ähnlich Schulte 1993, 246);

[9] „In the absence of a well-organized European labour movement, the main political reason for taking action in the field of labour law is the need to win support from the populations of the Member States... To bannish social policy to the bottom of the list of priorities would seriously undermine the legitimacy of the Community in the event of anything other than favourable circumstances“ (Däubler 1996, 166).

- Gefahren für die politische Stabilität sowie Schutzbedürfnisse des einzelnen,
- evtl. sogar in Verlusten "sozialer" Produktivität (Streeck 1993b, 122ff).[10]

Wir sind Mitte der 90er Jahre in eine neue Phase europäischer Sozialpolitik eingetreten, die durch ein niedriges Niveau an Aktivitäten bei der weiteren Integration gekennzeichnet ist. Indikatoren deuten darauf hin, "daß die Europäische Union in Sachen Sozialpolitik in Zukunft weniger eine konkret gestaltende als vielmehr eine koordinierende Rolle innehaben wird, die darauf zielt, Konvergenz bei Wahrung der Vielfalt in Europa zu realisieren" (Walwei 1997, 148). Unter Berücksichtigung der vorgebrachten Argumente ist es nicht überraschend, daß die Sozialpolitik keine Priorität im Rahmen der Regierungskonferenz bzw. bei der Neufassung des Unionsvertrages hatte. Daher ist die Annahme plausibel, daß die seit langem bestehende, beachtliche Lücke zwischen wirtschaftlicher und sozialer Integration in Zukunft nicht geschlossen wird, sondern sich eher noch erweitern wird.

Die Arbeits- und Sozialpolitik droht im europäischen Bermudadreieck von Vertiefung vs. Erweiterung, Bundesstaat vs. Staatenbund, variable Geometrie vs. konzentrische Kreise etc. unterzugehen. Die Mitte der 90er Jahre begonnene neue Phase im stop and go-Zyklus europäischer Arbeits- und Sozialpolitik ist charakterisiert durch weniger neue Initiativen als seit Mitte der 80er Jahre sowie dem Schwerpunkt auf Kontrolle, Analyse und Implementation bereits bestehender, vor allem im Rahmen des sozialen Aktionsprogramms zur Umsetzung der Sozialcharta eingeleiteten Regelungen.[11] "It seems probable .. that the Union will avoid, for the foreseeable future, any ambitious legislative proposals. Rather, EU social policy will rely on specific interventions to promote experimentation in national policy and seek to encourage the diffusion of programmes which have achieved some success. This is a coordinating and communicational role, rather than a governmental one in the narrow sense" (Grahl/Teague 1997, 421).[12]

---

[10] Zur Skizzierung alternativer Entwicklungspfade Leibfried 1992, 97-118.

[11] Zu den offiziellen Plänen Kommission der Europäischen Gemeinschaften/GD V 1994a und b; European Commission/DG V 1995; EIRR 1995g, 12-19.

[12] "A social policy cycle seems to have developed, moving from periods of upturn, with a high level of Community-level legislative activity, to periods of downturn, characterised by retrenchment and consolidation" (EIRR 1994h, 16).

Die Gegner einer weitergehenden sozialen Integration setzen auf "Konsolidierung des bisher schon Erreichten" und geben vor allem eine potentielle "Verschlechterung der Wettbewerbsbedingungen auf den Weltmärkten" als Grund für ihren Widerstand an. Notwendig wären eindeutige Absichtserklärungen der Kommission in Form einer Auflistung ihrer Vorstellungen über die künftige Ausgestaltung der Sozialpolitik, wobei deutlich zu machen wäre, daß die Kommission gewillt ist, die als notwendig erachteten Maßnahmen über eigene Initiativen, u.a. in Form von Richtlinien, zu realisieren, falls die Sozialpartner in ihren vorrangigen Verhandlungen nicht zu Ergebnissen in Form von Rahmenvereinbarungen gelangen.
Aus institutionalistischer Sicht fehlen die grundlegenden rechtlichen Vorgaben für weitere Fortschritte, die vor allem von der Möglichkeit abhängen werden, Teile des konstitutionellen Rahmens neu auszutarieren, um der Sozialpolitik mehr Raum zu geben. Eine grundlegende Revision des Vertrages über die Europäische Union, welche auf dem Amsterdamer Gipfel Mitte 1997 nicht erzielt wurde, wird notwendig. In diesem Rahmen könnte auch die Kluft zwischen ökonomischer und sozialer Integration verkleinert werden.[13]
Ähnlich wie in anderen Politikfeldern (z.B. Umweltschutz, Infrastruktur, Technologie) sind auch in der Arbeits- und Sozialpolitik Re-Regulierungen durch Vorgaben verbindlicher Mindest- und Schutznormen auf supranationaler Ebene notwendig, um die Arbeitnehmer gegen Risiken zu schützen.[14] Diese neuen, politisch umstrittenen und aufgrund deutlicher Interessendivergenzen nur allmählich und fallweise durchzusetzenden Re-Regulierungen müssen flexibel sein und zugleich Kriterien der Sozialverträglichkeit genügen.
In Anbetracht der seit den 80er Jahren beschleunigten wirtschaftlichen Integration wäre eine schnelle Realisierung der sozialen Dimension mit substantiellen und vor

[13] Manche Beobachter hegen die Hoffnung, daß sozialdemokratisch geführte Regierungen, die in der Mehrzahl der großen Mitgliedsländer an den Regierungen beteiligt sind, der Schaffung der sog. sozialen Dimension mehr Aufmerksamkeit schenken werden als ihre konservativen Opponenten.

[14] "...the present state of Community labour and social legislation is inadequate and its legal base uncertain; that ist future progress, for reasons related to the inadequacy of the legal base, is tied up with the debates over the role of regulation in the process of economic integration; and that a viable economic case can be made for social policy harmonization as a central part of the process of economic integration, not in terms of the imposition of uniformity nor with the parity of costs in mind, but as a floor of labour standards whose goals include the promotion of labour as a productive resource" (Deakin 1997, 144).

allem prozeduralen "labour standards" notwendig.[15] Die langen Zeiträume, welche die allmähliche Entwicklung nationaler Arbeitsbeziehungen in Anspruch nahmen, stehen im Rahmen des "Projekts Europa" nicht zur Verfügung; "decisions currently being taken and the institutions resulting from such decisions will impose their stamp at the European level of industrial relations for a long time to come" (Jensen et al. 1992, 6).

Damit geht es in integrationstheoretischer Perspektive um die Differenz zwischen negativer Integration, die lediglich den Abbau vorhandener Hindernisse will, und positiver Integration, welche auf die Entwicklung gemeinsamer Institutionen und koordinierter Politiken setzt. Im Sinne der zuletzt genannten Position werden - ähnlich wie in anderen Politikfeldern eines "European organized space" - eine politische Regulierungen der Beschäftigungsbedingungen durch public policies im Sinne einer Vorgabe verbindlicher Mindest- und Schutznormen auf der supranationalen Ebene notwendig, um eine stärkere Entwicklung der sozialen Dimension der Gemeinschaft zu erreichen, die Delors als deren "Achillesferse" bezeichnete. Neben den zum Teil schon vorhandenen individuellen (z.B. Arbeits- und Gesundheitsschutz, zusammenfassend Hernichel 1995, 274-292) wären vor allem kollektive soziale Rechte zu garantieren, selbst wenn letztere schwieriger durchzusetzen sind. Die Überarbeitung des Vertrages über die Europäische Union hat derartige Ergebnisse nicht erreicht (zu Vorschlägen EGI 1996). Politische Strategien deregulierter Flexibilisierung wären durch regulierte Flexibilisierung abzulösen, die minimalistische durch eine echte europäische Arbeits- und Sozialpolitik zu ersetzen.

[15] "Ein .. politisches, solidarisches und kulturelles Nachwachsen braucht jedoch viel mehr Zeit als die vorauseilende ökonomische Dynamik, vielleicht zu viel Zeit. Europa könnte auch daran scheitern, daß es ökonomisch zu schnell davonzieht, ohne rechtzeitig mit den notwendigen begleitenden Institutionen nachzukommen" (Münch 1993, 13).

9.2. Ausblick

1. Befürworter und Gegner der Währungsunion sind auszumachen: "Unions (and employers) in export-oriented industries generally favor stable exchange rates and monetary integration, while those in nontradables and import-competitive industries tend to prefer a flexible regime because they have little to gain from integration" (Jacoby 1995b, 153). Vorteile sehen die Befürworter u.a.

- in der Senkung bzw. dem Wegfall von Transaktionskosten im Waren- und Kapitalverkehr durch Eliminierung von Wechselkursproblemen (z.B. Entlastung von Kosten des Devisenumtauschs, unternehmensinterne Kosten)[16],
- in der Eindämmung bzw. Ausschaltung von Währungsspekulationen, die zu Verschiebungen der Wettbewerbsfähigkeit infolge von Wechselkursänderungen führen können (sog. Abwertungsdumping) mit dem Ziel, die eigene Wettbewerbsposition (unter Inkaufnahme einer erhöhten Inflationsrate infolge von abwertungsbedingten Steigerungen der Importpreise)[17] zu verbessern,
- in der Stabilisierung von Exportchancen (z.B. Maschinenbau, Chemieindustrie) infolge der unwiderruflich fixierten Umrechnungskurse,
- in größerer Planungs-, Kalkulations- und Investitionssicherheit für Unternehmensentscheidungen sowie mehr Markt- bzw. Preistransparenz und Intensivierung des Wettbewerbs.

Ein weiteres Argument pro WWU lautet, daß Anstrengungen zur Haushaltskonsolidierung bzw. zum Abbau strukturell-langfristiger Haushaltsdefizite auch unabhängig von der Existenz bzw. Erfüllung der Konvergenzkriterien in verschiedenen Ländern notwendig sind, um crowding out-Effekte zu verhindern und um langfristig günstige Rahmenbedingungen für Wachstum und Beschäftigung zu fördern.[18]

[16] Das Gegenargument lautet: "Averaging the transaction costs incurred by firms and individuals, they conclude that currency conversion costs come to 0.4 percent of GDP for the EC as a whole. This hardly seems an adequate return on a project riven with uncertainties and risks" (Eichengreen 1993, 1327).

[17] Falls dieser abwertungsbedingte Preisauftrieb Anlaß für Lohnsteigerungen ist, kann es zu lohnkostenbedingten Preisanhebungen kommen, welche erneute Verschlechterungen der nationalen Wettbewerbsfähigkeit bedingen und Anreize für weitere Abwertungen bieten.

[18] Damit ist noch keine Aussage über die soziale Ausgewogenheit von Sparmaßnahmen gemacht. Außerdem können als Folge der strikten Einhaltung der Kriterien kurzfristig Verluste an Beschäftigung auftreten. "... arithmetical limits are (as is now widely recognised) conceptually erroneous. Budgetary policy should be evaluated on much wider criteria, in particular the macroeconomic

Insofern werden die ohnehin anstehenden Anpassungsmaßnahmen nur beschleunigt. Außerdem könne ein stabiler Euro eher als jede nationale Währung zur Anlage- und Reservewährung auf einer breiten ökonomischen Basis werden (kritisch Wyplosz 1997, 15f), gerade auch im Vergleich zu US-Dollar und Yen, und Europa im sog. Triadenwettbewerb besser positionieren; die Anfälligkeit gegenüber Dollarschwankungen nimmt aufgrund der Größe des Währungsblocks ab.

Die Preissteigerungsraten gingen seit den 80er Jahren in der Mehrzahl der OECD-Mitgliedsländer im Vergleich zu den 70er Jahren deutlich zurück[19]; auch die langfristigen Zinssätze konvergieren. Schwierigkeiten bereiten - entgegen den ursprünglichen Annahmen - vor allem die geforderten strikten Begrenzungen der aktuellen Haushaltsdefizite, d.h. der Nettoneuverschuldung, sowie der langfristigen Staatsverschuldung. Das Spannungsverhältnis zwischen monetären und fiskalpolitischen Konvergenzkriterien ist schwierig zu lösen (DIW 1996, 93-99).
Einige Mitgliedsländer (u.a. Italien, Belgien) erfüllten die finanzpolitischen Konvergenzkriterien nur mit Mühe, wobei vor allem die Schuldenstandsquote besondere Probleme bereitete (Sachverständigenrat 1996, 158ff). Eine restriktive Geld- sowie eine strikte Sparpolitik der öffentlichen Haushalte, von der keine expansiven Impulse ausgehen, sind bei andauernd hoher struktureller Arbeitslosigkeit aufgrund innenpolitischer Bedingungen kaum durchzusetzen. Deutliche Ausgabenkürzungen können aufgrund deflationierender Tendenzen kurzfristig zu mehr Arbeitslosigkeit und höheren Ausgaben bei den Systemen sozialer Sicherung führen, wenngleich sie mittel- und langfristig die Rentabilität verbessern und über erhöhte Investitionen zu mehr Beschäftigung führen können. Das Ziel besteht in einer langfristig positiven Wirkung auf Wachstum und Beschäftigung.

---

situation prevailing at the time. But it could, if necessary, be argued quite convincingly, that it would be reasonable to exceed the 3% limit temporarily by giving a deliberate stimulus to demand in current circumstances. It would be absurd for the Community to prolong the recession by calling in aid inappropriate and misconceived limits, whose only rationale was to avoid any danger of inflationary budgetary policies" (Smith 1994, 262f).

[19] Die wichtigsten Gründe sind "die restriktive Geldpolitik, die auf die Konsolidierung der öffentlichen Haushalte gerichtete Finanzpolitik, die Baisse auf den Rohstoffmärkten (ein starker Verfall der Ölpreise) und eine Reduktion der realen Lohnstückkosten aufgrund der hohen Arbeitslosigkeit und der Schwächung der Gewerkschaften" (Busch 1994, 32).

Nicht alle EU-Mitgliedsländer nehmen unmittelbar bei der Gründung an der WWU teil, da nicht alle Staaten sämtliche Konvergenzkriterien erfüllen bzw. über opt out-Klauseln verfügen. Diese Spaltung führt zu einem unter integrationspolitischen Aspekten problematischen, weil von den Folgen her nur schwer abzuschätzenden "Europa der differenzierten bzw. mindestens zwei Geschwindigkeiten" in weiteren Politikfeldern. Die existierende Teilwährungsunion impliziert das Problem der sog. variablen Geometrie auch bei der Integration bzw. Vergemeinschaftung der Geld- und Währungspolitiken.

Zukünftige Währungsspekulationen von Nicht-Teilnehmern gegenüber teilnehmenden Ländern mit dem Ziel der Erreichung kurzfristiger Wettbewerbsvorteile durch Verbilligung der eigenen Produkte infolge gezielter Abwertungen müssen vermieden werden. Das Problem besteht in der Neudefinition der kurz- und mittelfristigen Währungsbeziehungen; es geht um die Formulierung von langfristigen Kopplungen für Integrationsstufen mit unterschiedlichen Bandbreiten, gerade auch für die Länder, die erst relativ spät der WWU beitreten werden (Bordogna 1996, 303-313; Duijm/Herz 1996). Die "outs" werden über eine allmähliche Verringerung von Schwankungsmargen an die WWU herangeführt, um eine Vertiefung bestehender ökonomischer Differenzen zu verhindern. Dies geschieht gemäß den Beschlüssen des Amsterdamer Gipfels Mitte 1997 durch eine Nachfolgeregelung für das Europäische Währungssystem ("EWS II" als neues Wechselkursregime): Der Euro soll den verbleibenden nationalen Währungen als Orientierung für Leitkurse und Bandbreiten dienen. Falls die Wechselkurse über eine vorgegebene, sog. normale Bandbreite vom Mittelkurs abweichen, können im Prinzip die EZB und vor allem die nationalen Zentralbanken intervenieren (Sachverständigenrat 1997, 146; Jochimsen 1998, 115ff).

Die strikte Einhaltung der Konvergenzkriterien nicht nur vor, sondern auch nach dem Beitritt zur WWU ist notwendig für einen "Stabilitätspakt zur Sicherung der Haushaltsdisziplin" der gemeinsamen Währung (Beitritts- vs. Dauerkriterium). Die vertraglich geforderte Erfüllung des Kriteriums "eines hohen Grades an dauerhafter Konvergenz" war nach Meinung von Kritikern institutionell nicht hinreichend abgesichert (Sachverständigenrat 1995, 254f). Das Problem besteht darin, daß einzelne Mitgliedsländer die vorgegebenen, eng gezogenen Grenzen des Budgetdefizits überschreiten, damit die gemeinschaftliche Verschuldung sowie das Zinsniveau im gesamten Währungsraum erhöhen (sog. Zins-spillovers) und die Investitionstätigkeit beeinträchtigen können. Die Befürchtung lautet, "daß bei unsoliden Staatsfinanzen, also bei übermäßigen Budgetdefiziten und bei hohen Staatsschulden, in der Währungsunion ein Konfliktpotential entstehen kann, mit der Folge des politischen Drucks auf die Partnerländer, Transfers bereitzustellen, oder auf die Notenbank, eine eher weiche Geldpolitik zu betreiben... Ein stabiler Geldwert ist dann gefährdet. Solide Staatsfinanzen sind eine wichtige Voraussetzung für eine funktionstüchtige Währungsunion" (Sachverständigenrat 1997, 228).

Zur Sicherung der sog. Nachhaltigkeit brachten mehrere Mitgliedsländer (u.a. Deutschland) einen ergänzenden haushaltspolitischen "Stabilitätspakt für Europa" in die Diskussion (Jochimsen 1998, 92ff). Der Mitte 1997 geschlossene "Stabilitäts- und Wachstumspakt" beabsichtigt die Konkretisierung, Ergänzung und Weiterentwicklung von Art.101 des EG-Vertrages mit dem Ziel, Vertrauen zu schaffen und die Funktionsfähigkeit der Währungsunion zu sichern. Für den Fall einer Überschreitung der vereinbarten Defizitgrenzen wird ein mehrstufiges Sanktions- und Disziplinierungsinstrument in Form eines Strafenkatalogs eingeführt, der in der ersten Stufe aus einer unverzinsten Hinterlegung eines bestimmten Teil des BIPs (sog. Stabilitätseinlage) sowie, falls das Defizit innerhalb vorgegebener enger Fristen nicht abgebaut wird, in der zweiten Stufe aus unwiderruflichen Geldbußen besteht.[20]

Der Mechanismus der Sanktionen wird automatisch vom Ministerrat auf Veranlassung der Kommission in Kraft gesetzt, wenn nicht "außergewöhnliche und zeitlich befristete Umstände", die der Mitgliedstaat nicht zu verantworten hat oder die auf einen schwerwiegenden ökonomischen Abschwung zurückzuführen sind, für das Budgetdefizit verantwortlich sind. Dieser Stabilitätspakt bedeutet einen Schritt in Richtung auf eine Europäische Union bzw. einen gewissen weiteren Verlust nationaler Souveränität.

[20] Die erste Einlage besteht aus einem Festbetrag in Höhe von 0.2 Prozent des BIP sowie einem variablen Betrag in Höhe von 1/10 der Differenz zwischen dem Defizit, welches in Prozentwerten des BIP des Vorjahres ausgedrückt wird, und dem Referenzwert von 3%. Weitere Einlagen bis zu einem Grenzwert von 0.5 Prozent des BIP können verhängt werden, wenn das Defizit nicht abgebaut wird.

2. Ein einheitlicher Wirtschaftsraum bedarf als politischer Klammer nicht nur einer gemeinsamen Geld- und Währungspolitik, sondern einer engen Abstimmung auch der Wirtschafts-, Finanz-, Sozial- und Tarifpolitiken. Die Währungsunion, die ursprünglich kein Ziel in sich sondern lediglich Mittel zur Politikintegration sein sollte, wäre als alleiniger "Schrittmacher" der von einigen Akteuren angestrebten politischen Union überfordert (zur Diskussion der Integrationstheorie Busch 1996, 281-311). Die notwendige Integration weiterer Politikfelder ist bislang nicht vereinbart, geschweige denn institutionell abgesichert.

Die für flankierende Maßnahmen im Sinne einer Formulierung materieller Mindeststandards auf dem Weg zu einer politischen und sozialen Union notwendigen institutionellen Voraussetzungen können verschiedene Formen annehmen: Eine engere Verschränkung nationaler Kollektivverhandlungen, funktionierende soziale Dialoge oder gar Tarifverhandlungen, eine integrierte, aktive Arbeitsmarkt- und Beschäftigungspolitik auf Gemeinschaftsebene oder allgemein eine Sozialpolitik der EU mit Transferleistungen.

Diese Voraussetzungen sind derzeit nicht gegeben - und ihre Einrichtung ist nicht wahrscheinlich; vielmehr bleiben diese Politikfelder unter nationaler Souveränität. Die durch den Vertrag über die Europäische Union eingeführten Kohäsionsfonds sowie die übrigen Fonds, vor allem die Strukturfonds, sind sowohl aus rechtlichen als auch aus quantitativen Gründen nicht in der Lage, möglicherweise infolge von Schocks auftretende regionale Ungleichgewichte mit sich ausweitenden Einkommensdisparitäten durch Transferzahlungen zu kompensieren. Der auf dem Amsterdamer Gipfel Mitte 1997 beschlossene Beschäftigungs- und Wachstumspakt bedeutet einen Schritt in Richtung einer sozialen Flankierung der WWU durch Abstimmung von Wirtschafts- und Beschäftigungspolitik (vgl. Kap.8).[21]

Die sozialpolitischen Interventionschancen der EU sind auch nach Beginn der WWU eng begrenzt; öffentliche Steuer- und Ausgabenprogramme zur Unterstützung regionaler Anpassungsprozesse sind nicht vorgesehen. "Active national fiscal policies will be needed more than ever after monetary union, and imposing unnecessary constraints is a major error, especially in the absence of a

[21] In dieselbe Richtung weist auch die Forderung (z.B. Frankreichs), beschäftigungspolitische Ziele in den Katalog der Beitrittskriterien aufzunehmen.

Community-wide fiscal system" (Bean 1992, 51). Allerdings sind nationalen expansiven Fiskalpolitiken als Stabilisierungsinstrumenten infolge der strikten Begrenzung der Neuverschuldung bzw. der kurzfristigen Haushaltsdefizite enge Grenzen gesetzt (vgl. Kap.8). Für "wirtschaftliche Normallagen" strebt die EU mittelfristig ein "Defizitziel" an, daß nahe an einem ausgeglichenen Budget oder sogar bei einem leichten Überschuß liegt; von diesem Ziel darf nur in "extremen" Ausnahmefällen mit Zustimmung der Partner abgewichen werden.

In Zukunft müssen nach der Intensivierung des Wettbewerbs durch den Abbau der Handelsschranken vor allem weitere Regeln des sozialen Zusammenwachsens formuliert und implementiert werden (Birk 1990). Eine über die auf dem Gipfel von Maastricht 1991 beschlossene Ausdehnung des Prinzips der qualifizierten Mehrheitsentscheidung auf weitere Politikfelder[22] anstelle der dominierenden Einstimmigkeit im Ministerrat ist unumgänglich, wenn eine Beschleunigung des Einigungsprozesses in Richtung auf das Fernziel eines europäischen Bundesstaates mit einem Minimum an Binnenföderalismus erreicht werden soll.[23]

Die allmähliche, freiwillige Aufgabe nationaler Souveränitätsrechte bzw. deren Übertragung auf supranationale Institutionen, d.h. auf Kommission und Parlament, wäre die Konsequenz. Verschiedene nationale Akteure lehnen eine "Europäisierung" weiterer Politikfelder allerdings mehr oder weniger kategorisch ab. Von einem Ausbau der zentralen Kompetenzen bzw. einer "Demokratisierung" der Entscheidungsstrukturen der Gemeinschaft durch institutionelle Reformen würden die europäischen Gremien, vor allem das EP, profitieren.

Nach der Realisierung der WWU stehen weitere Integrationsschritte auf der politischen Agenda Disposition (vor allem Außen- und Sicherheitspolitik, Innen- und Rechtspolitik). Das Ziel ist die "communitarization of matters which had lain until then within the sphere of intergovernmental cooperation" (Noel 1992, 153). Wegen grundlegender Meinungsverschiedenheiten zwischen den Mitgliedstaaten (Integrationisten vs. Befürworter einer Zusammenarbeit souveräner Staaten) sind diese Pläne weniger weit vorangekommen als die WWU, obwohl die gleichzeitige

---

[22] Zu den Änderungen, die der Unionsvertrag für die europäischen Institutionen hat, im einzelnen EIRR 1993e, 14-20.

[23] Dadurch würden die notwendigen inter- und intraorganisatorischen Prozesse der Koalitionsbildung für bestimmte issues verändert.

Fortentwicklung im Interesse einer ausgewogenen Integration verschiedener Politikfelder wünschenswert gewesen wäre. Die Frage, ob die WWU Mittel oder Ziel sein soll, ist nach wie vor nicht definitiv entschieden.

3. Die EU steht vor der Frage, ob sie ihre Politik in Zukunft eher auf eine Vertiefung der wirtschaftlichen und politischen Integration oder auf eine erneute Erweiterung ausrichten soll (deepening vs. widening) (Deubner 1995).[24] Die Mitgliedstaaten bewerten beide Ziele nicht nur im Einzelfall, sondern auch generell unterschiedlich. Eine zeitgleiche Erreichung dürfte kaum ohne Probleme möglich sein; möglicherweise behindert das eine Ziel das andere.
Das Wachstum von ursprünglich sechs Mitgliedern (Benelux, BRD, Frankreich, Italien) auf zwölf in den 70er (England, Dänemark, Irland) und 80er Jahren (Griechenland, Portugal und Spanien) bis auf fünfzehn in den 90er Jahren (Österreich, Schweden, Finnland) bereitete infolge der zunehmenden Heterogenität Schwierigkeiten bei der sozialen und politischen Integration. Eine weitere einfache Fortschreibung bestehender Regelungen ist bei der nächsten Neuverhandlung des Unionsvertrages bzw. Beitrittsrunde definitiv nicht mehr möglich. Vielmehr steht eine grundlegende Reform der institutionellen Grundlagen und prozeduralen Regeln bzw. Entscheidungsverfahren auf der politischen Agenda. Ein zentrales Problem in bezug auf die Entscheidungs- und Arbeitsfähigkeit der Gremien ist die Neuverteilung der "Stimmgewichte" zwischen größeren und kleineren Mitgliedsländern in der größeren EU. Im Rahmen der Reform geht es um

- die Zahl der Kommissare, um eine Aufblähung zu verhindern,
- die Stimmengewichtung im Ministerrat, um Mehrheitsentscheidungen auch weiterhin zu ermöglichen,
- den (bislang halbjährigen) Turnuswechsel der Präsidentschaft,
- sowie die Anzahl der Mitglieder des EP.

Neben institutionellen Reformen steht die Vergemeinschaftung weiterer Politikfelder und damit die Abgabe weiterer nationaler Kompetenzen an supranationale Institutionen.

[24] Diese politische Frage stellt sich auch für die Verbände (Seideneck 1993, 543-552).

Nach der "Norderweiterung" Mitte der 90er Jahre steht die schrittweise "Osterweiterung" im Mittelpunkt der Auseinandersetzung (Jarrett 1995, 321-332). Eine stärkere politische und wirtschaftliche Unterstützung der Systemtransformation zur Marktwirtschaft in Osteuropa erweist sich im gesamteuropäischen Interesse zur Verhinderung eines "fortress Europe" als notwendig; sie kann über das Schicksal der Reformregierungen und damit die politische Stabilität mitentscheiden.
Seit 1991 wollen die ehemaligen RGW-Mitgliedstaaten aus Mittel- und Osteuropa (vor allem Tschechien, Slowakische Republik, Polen, Ungarn, auch Rumänien, Bulgarien) dem "Gemeinsamen Europäischen Haus" beitreten.[25] Eine Erweiterung wird die bestehenden Probleme der politischen Willensbildung (u.a. Zusammensetzung der Kommission und des Ministerrats) sowie die Verteilungsregeln (u.a. für die Strukturfonds) weiter verkomplizieren; sie wird einen grundlegenden Umbau der Institutionen erfordern, der über die vorsichtigen Änderungen des Vertrags über die Europäische Union hinausgehen muß. Außerdem gilt: "Admitting countries whose policy legacy is rooted in a command economy creates unique challenges as well as more generic ones, such as how to ensure that the wealthy countries will not be overwhelmed by those needing assistance, how to protect decision-making processes from paralysis, how to handle extraordinary cultural diversity, and whether to continue to require that member states accept all the Community's accumulated regulations..." (Sbragia 1992b, 14).
Aus diesen Gründen werden diese Staaten über die seit den frühen 90er Jahren bestehenden Assoziierungsverträge hinaus eine Vollmitgliedschaft erst nach längeren Anpassungszeiträumen erreichen. Präzise Formulierungen der Aufnahmebedingungen und konkrete zeitliche Vorstellungen über mögliche Beitrittstermine legte die EU lange nicht vor (zur Kritik u.a. Busch 1992a, 323ff). Die Kommission empfahl in einer Art Formelkompromiß lediglich eine membership-à-la-carte in Form indirekter Beteiligung an der außen- und sicherheitspolitischen Zusammenarbeit durch regelmäßigen politischen Dialog, die raschere Öffnung der EU-Märkte für Exporte dieser Länder durch Zollsenkungen und Handelsliberalisierung sowie Investitionshilfen zur Integration in die westeuropäische Verkehrs-, Kommunikations- und Energievernetzung.

[25] Der Beitritt Maltas und Zyperns wird keine grundsätzlichen Probleme aufwerfen.

Der Transfer und die Implementation des „acquis communautaire“ erfordert nicht nur den Aufbau administrativer und rechtlicher Strukturen in den Beitrittsländern, sondern auch die Kooperation der Akteure der Wirtschafts- und Sozialpolitik. Die Sozialpartner sollen ein wichtige Rolle in der Entwicklung eines „europäischen“ Sozialmodells spielen. Der Aufbau von Dialogstrukturen ist unverzichtbar aber extrem schwierig: "Like their economic systems, the industrial relations frameworks within the accession states are somewhat turbulent and operate in very different environment than that of western European models of industrial relations... In particular, employers' organisations undergoing processes of privatisation and restructuring often do not really constitute an organised entity, while trade unions are experiencing problems of representation, with a reduction in density levels... These conditions are by no means conducive to stable sectoral and intersectoral bargaining between social partners" (Foster 1999b, 4).
Die Sozialpartner sowohl der Mitglieds- als auch der Beitrittsländer sind, wie sie in ihrer "joint declaration on the occasion of the conference in Warsaw" (European Commission/DG V 1999b) angekündigt haben, bereit, sich diesen Aufgaben zu stellen. Ob sie dazu auch tatsächlich in der Lage sind, wird sich zeigen.

Literaturverzeichnis

Aaronovitch,S./Grahl,J. (1997): Building on Maastricht. In: Gowan,P./Anderson,P. (eds.): The question of Europe, London-New York: 178-202.
Abbott,K. (1998): The ETUC and its role in advancing the cause of European worker participation rights. In: Economic and Industrial Democracy 19: 605-631.
Addison,J.T./Siebert,W.S. (1991): The social charta of the European Community: Evolution and controversies. In: Industrial and Labor Relations Review 44: 597-625.
Addison,J.T./Siebert,W.S. (1992a): The social charta: Whatever next? In: British Journal of Industrial Relations 30: 495-513.
Addison,J.T./Siebert,W.S. (1992b): The E.C. Social Charta: Recent developments and the Maastricht summit, Ms. o.O.
Addison,J.T./Siebert,W.S. (1994): Recent developments in social policy in the new European Union. In: Industrial and Labor Relations Review 48: 5-27.
Addison,J.T./Siebert,W.S. (1997a): Labour markets in Europe, London.
Addison,J.T./Siebert,W.S. (1997b): The course of European-level labour market regulation. In: Addison,J.T./Siebert,W.S. (eds.): Labour markets in Europe, London: 9-61.
Addison,J.T./Siebert,W.S. (1999): Regulating European labour markets: More costs than benefits?, London.
Aden,H. (1999): Die Umsetzung europäischer Umweltrichtlinien: Kommission und EuGH als Akteure der Implementationskontrolle. In: Zeitschrift für Rechtssoziologie 20: 317-332.
Adnett,N. (1996): European labour markets. Analysis and policy, London-New York.
Altvater,E./Mahnkopf,B. (1993): Gewerkschaften vor der europäischen Herausforderung. Tarifpolitik nach Mauer und Maastricht, Münster.
Ambrosius, G. (1996): Wirtschaftsraum Europa. Vom Ende der Nationalökonomien, Frankfurt/Main.
Armingeon,K. (1991a): Die doppelte Herausforderung der europäischen Gewerkschaften. In: Gewerkschaftliche Monatshefte 42: 371-381.
Armingeon,K. (1991b): Towards an European system of labor relations? Paper presented to the Annual Meeting of the American Political Science Association, Panel on "European Integration and Collective Action", August 29 - September 1, Washington, D.C.
Armingeon,K. (1993): Auf dem Weg zu einem europäischen politischen System? In: Journal für Sozialforschung 33: 255-271.
Auer,P./Kruppe,Th. (1996): Monitoring of labour market policy in EU member states. In: Schmid,G./O'Reilly,J./Schömann,K. (eds.): International handbook of labour market policy and evaluation, Cheltenham-Brookfield: 899-922.
Aust,A. (1997): Der Amsterdamer Vertrag: "Vertrag der sozialen Balance"? Sozial- und Beschäftigungspolitik in der Regierungskonferenz 1996/97. In: Zeitschrift für Sozialreform 43: 748-777.
Aust,M. (1995): Der Europäische Betriebsrat in einem Tendenzunternehmen. In: Klinkhammer,H./Welslau,D. (Hg.): Europäische Betriebsräte in der Praxis.

Dokumentation der Fachtagung der Universität Bielefeld vom 15./16.05.1995. Neuwied-Berlin 1995: 103-106.
Autorinnengemeinschaft (Hg.) (1991): Beschäftigungsperspektiven von Frauen im EG-Binnenmarkt, SAMF-Arbeitspapier 1991-2, Gelsenkirchen.
Bäcker,G./Bispinck,R./Hofemann,K./Naegele,G. (2000): Sozialpolitik und soziale Lage in Deutschland, 3. grundlegend überarb. und erw. Aufl., 2 Bde Opladen.
Bamber,G.J./Lansbury,R.D. (eds.) (1998): International and comparative industrial relations: A study of developed market economies, 3rd ed. London.
Bansbach,M. (1999): Rahmenbedingungen und Entwicklungsperspektiven sozialpartnerschaftlicher Beziehungen auf der europäischen Branchenebene. Eine empirische Untersuchung am Beispiel ausgewählter Sektoren, Verwaltungswissenschaftliche Diplomarbeit, Konstanz.
Barbier,J.-C. (1998): Can European union's involvement in employment policies in Europe be enhanced? In: IIRA (ed.): 11th World Congress: Developing competitiveness and social justice: the interplay between institutions and social partners, Vol.3, Bologna: 463-466.
Barnard,C./Deakin,S. (1998): European community social law and policy: evolution or regression. In: Industrial Relations Journal. European Annual Review 1997: 131-153.
Barnard,C./Deakin,S. (1999): A year of living dangerously? EC social rights, employment policy, and EMU. In: Industrial Relations Journal 30, 355-372.
Bastian,J. (1989): "1992" im Visier - Der Europäische Binnenmarkt als Herausforderung für gewerkschaftliche Handlungsstrategien: Das Beispiel Arbeitszeitpolitik. In: Zeitschrift für ausländisches und internationales Arbeits- und Sozialrecht 3: 257-287.
Baumann,H./Laux,E.-L./Schnepf,M. (1997): Tarifverhandlungen im europäischen Baugewerbe - Entwicklung zu europäischen Tarifverhandlungen? In: WSI-Mitteilungen 50, 134-144.
BDA (1991): Jahresbericht 1991, Köln.
BDA (1992): Jahresbericht 1992, Köln.
BDA (1993): Jahresbericht 1993, Köln.
BDA (1994): Jahresbericht 1994, Köln.
BDA (1996): Sozialer Dialog auf europäischer Ebene 1995, Ms. Köln.
BDA (1997): Halbjahresbilanz der Sozialpolitik für 1997, Köln, Juli 1997.
Bean,Ch.R. (1992): Economic and Monetary Union in Europe. In: Journal of Economic Perspectives 6: 31-52.
Bean,R. (1994): Comparative industrial relations. An introduction to cross-national perspectives, 2nd ed. London-New York.
BEIGEWUM-Arbeitskreis (1998): Der NAP ist da! Wo bleiben die Jobs? Leitlinien für eine emanzipatorische Beschäftigungspolitik, Wien.
Belous,R./Lemco,J. (eds.) (1993): NAFTA as a model of development. The benefits and costs of merging high and low wage areas, Washington, D.C.
Bercusson,B. (1992): Maastricht: a fundamental change in European labour law. In: Industrial Relations Journal 23: 177-190.
Bercusson,B. (1993): European labour law and sectoral bargaining. In: Industrial Relations Journal 24: 257-272.
Bercusson,B. (1994): The dynamic of European labour law after Maastricht. In: Industrial Law Journal 23: 1-31.
Bercusson,B. (1996): European Labour Law, London.

Bercusson,B. (1999): Democratic legitimacy and European labour law. In: Industrial Law Journal 28: 153-170.

Bercusson,B./Van Dijk,J.J. (1995): The implementation of the Protocol and the Agreement on Social Policy of the Treaty on European Union. In: The International Journal of Comparative Labour Law and Industrial Relations 11: 3-30.

Berthold,N. (1993): Europa nach Maastricht - Die Skepsis bleibt. In: Aus Politik und Zeitgeschichte B28/93: 29-38.

Beyme,K.v. (1977): Gewerkschaften und Arbeitsbeziehungen in kapitalistischen Ländern, München.

BGBL (1996): Gesetz über Europäische Betriebsräte (Europäische Betriebsräte-Gesetz - EBRG): 1548-1557.

Biagi,M. (1998): The implementation of the Amsterdam Treaty with regard to employment: co-ordination of convergence? In: IIRA (ed.): 11th World Congress: Developing competitiveness and social justice: the interplay between institutions and social partners, Vol.1, Bologna: 23-32.

Bieback,K.-J. (1997): Die Entwicklung des deutschen Sozialleistungssystems in der EU. In: Krämer,L./Micklitz,H.-W./Tonner,K. (Hg.): Recht und diffuse Interessen in der Europäischen Rechtsordnung. Liber amicorum Norbert Reich, Baden-Baden: 509-526.

Birk,R. (Hg.) (1990): Die soziale Dimension des Europäischen Binnenmarktes, Baden-Baden.

Birk,R. (1997): Vereinbarungen der Sozialpartner im Rahmen des Sozialen Dialogs und ihre Durchführung. In: Europäische Zeitschrift für Wirtschaftsrecht 8: 453-459.

Bispinck,R. (Hg.) (1995): Tarifpolitik der Zukunft. Was wird aus dem Flächentarifvertrag?, Hamburg.

Bispinck,R./Lecher,W. (Hg.) (1993): Tarifpolitik und Tarifsysteme in Europa. Ein Handbuch über 14 Länder und europäische Kollektivverhandlungen, Köln.

Bispinck,R./WSI-Tarifarchiv (1996): WSI-Tarifhandbuch, Köln.

Blank,M. (1992): Europäische Kollektivverträge und Sozialer Dialog. In: Däubler, W./Bobke,M./Kehrmann,K. (Hg.): Arbeit und Recht. Festschrift für Albert Gnade zum 65. Geburtstag, Köln: 649-660.

Blank,M./Geissler,S./Jaeger,R. (1996): Euro-Betriebsräte: Grundlagen - Praxisbeispiele - Mustervereinbarungen, Köln.

Blank,M./Köppen,M. (1991): Europäischer Binnenmarkt. In: Kittner,M. (Hg.): Gewerkschaftsjahrbuch 1991. Daten-Fakten-Analysen, Köln: 615-630.

Blank,M./Köppen,M. (1992): Europäischer Binnenmarkt. In: Kittner,M. (Hg.): Gewerkschaftsjahrbuch 1992. Daten-Fakten-Analysen, Köln: 641-661.

Blanke,Th. (1999a): Europäisches Betriebsräte-Gesetz. EBRG-Kommentar, Baden-Baden.

Blanke,Th. (1999b): Recht und Praxis der Europäischen Betriebsräte. Zur Effektivität „weicher“ Regulierung für die Integration der Arbeitsbeziehungen in Europa. In: Kritische Justiz 32: 497-525.

Blanpain,R. (1992): Vergleichendes Arbeitsrecht der Mitgliedstaaten. In: Kommission der Europäischen Gemeinschaften. Generaldirektion Beschäftigung, Arbeitsbeziehungen und soziale Angelegenheiten (Hg.): Soziales Europa. Die Regelung der Arbeitsbedingungen in den Mitgliedstaaten der Europäischen Gemeinschaft, Band 1, Luxemburg-Brüssel: 97-114.

Blanpain,R./Hanami,T. (eds.) (1995): European works councils. The implementation of the European Directive, Leuven.
Blanpain,R./Klein,E. (1992): Europäisches Arbeitsrecht, Baden-Baden.
Blanpain,R./Windey,P. (1994): European Works Councils. Information and consultation of employees in multinational enterprises in Europe, London.
BMA (1996): Entwurf eines Gesetzes über Europäische Betriebsräte (Europäische Betriebsräte-Gesetz-EBRG), BT-Drucksache 13/4520, Bonn.
BMA (1999): Europäischer Beschäftigungspakt. Verstärkte Zusammenarbeit für mehr Beschäftigung und Wirtschaftsreformen in Europa, Bonn.
Bobke,M. (1993): Arbeitsrecht für Arbeitnehmer, 5.Aufl. Köln.
Bobke,M./Müller,T. (1995): Chancen für eine Neugestaltung des Systems der Arbeitsbeziehungen auf der europäischen Ebene. In: WSI-Mitteilungen 48: 654-661.
Bödding,B. (1996): Die europarechtlichen Instrumentarien der Sozialpartner, Baden-Baden.
Bogai,D. (1998): Arbeitsmarktpolitik in der Europäischen Union. In: WSI-Mitteilungen 51: 845-854.
Böhning,W.R. (1991): Integration and immigration pressures in western Europe. In: International Labour Review 130: 445-458.
Bonneton,P./Carley,M./Hall,M./Krieger,H. (1995): Überblick über bestehende Vereinbarungen über Unterrichtung und Anhörung in europäischen multinationalen Unternehmen, Dublin.
Boockmann,B. (1995): Das Verhandlungsverfahren nach dem Maastrichter Sozialpolitischen Abkommen. In: Oberender,P./Streit,M.E. (Hg.): Europas Arbeitsmärkte im Integrationsprozeß, Baden-Baden: 193-211.
Bordogna,L. (1996): Wage bargaining and industrial relations under the single European currency. The problem of the relationship between EMU and non-EMU countries. In: Transfer. European Review of Labour and Research 2: 298-315.
Bosch,G. (1992): The formation of labour standards in the Single Market. In: Tokunaga,S. /Altmann,N./Demes,H. (eds.): New impacts on industrial relations. Internationalization and changing production strategies, Munich: 311-339.
Bouget, D. (1998): Social policy in the EMU area: between a dream and a nightmare. In: Transfer. European Review of Labour and Research 4: 67-87.
Breit,E. (Hg.) (1989): Europäischer Binnenmarkt: Wirtschafts- oder Sozialraum, Hamburg.
Bridgford,J./Stirling,J. (1991): Britain in a social Europe: industrial relations and 1992. In: Industrial Relations Journal 22: 263-272.
Bridgford,J./Stirling,J. (1994): Employee relations in Europe, Oxford.
Britz,G./Schmidt,M. (1999): Die institutionalisierte Mitwirkung der Sozialpartner an der Rechtsetzung der Europäischen Gemeinschaft - Herausforderung des gemeinschaftsrechtlichen Demokratieprinzips, Europarecht 34: 467-498.
Brown,W./Walsh,J. (1991): Pay determination in Britain in the 1980s. The anatomy of decentralization. In: Oxford Review of Economic Policy 7: 44-59.
Buda,D. (1991a): Auf dem Weg zum europäischen Betriebsrat, Bonn.
Buda,D. (1991b): Gewerkschaftliche Gestaltungsmacht im EG-Binnenmarkt. Grenzüberschreitende Kooperation in transnationalen Konzernen als Ansatz. In: Blätter für deutsche und internationale Politik 36: 60-69.

Buda,D. (1993): Soziale Konturen im Binnenmarkt: Das Aktionsprogramm zur Umsetzung der EG-Sozialcharta und der soziale Dialog auf Gemeinschaftsebene. In: Grebing,H./ Wobbe,W. (Hg.): Industrie- und Arbeitsstrukturen im europäischen Binnenmarkt, Köln: 77-94.

Buda,D. (1995): Auf dem Weg zu europäischen Arbeitsbeziehungen? Zur Perspektive des Sozialen Dialogs in der Europäischen Union. In: Mesch,M. (Hg.): Sozialpartnerschaft und Arbeitsbeziehungen in Europa, Wien: 289-333.

Bundesanstalt für Arbeit (1991): Arbeitsmarkt 1990. Strukturanalyse anhand ausgewählter Bestands- und Bewegungsdaten, Nürnberg.

Burger,F. (1995): Die Umsetzung der Richtlinie Europäische Betriebsräte in nationales Recht. In: Klinkhammer,H./Welslau,D. (Hg.): Europäische Betriebsräte in der Praxis. Dokumentation der Fachtagung der Universität Bielefeld vom 15./16.05.1995. Neuwied/Berlin 1995: 37-44.

Busch,K. (1992a): Umbruch in Europa. Die ökonomischen, ökologischen und sozialen Perspektiven des einheitlichen Binnenmarktes, 2. erw. Aufl. Köln.

Busch,K. (1992b): Die Wirtschafts- und Währungsunion in Europa. Eine Gefährdung der sozialen Dimension in der Gemeinschaft? In: Die neue Gesellschaft - Frankfurter Hefte 39: 594-600.

Busch,K. (1994): Europäische Integration und Tarifpolitik. Lohnpolitische Konsequenzen der Wirtschafts- und Währungsunion, Köln.

Busch,K. (1996): Spill-over-Dynamik und spill-back-Potential in der europäischen Währungsintegration - ein Beitrag zur Integrationstheorie. In: Jachtenfuchs,M./ Kohler-Koch, B. (Hg.): Europäische Integration, Opladen: 281-311.

Buschak,W. (1996): Umsetzung der EBR-Richtlinie in nationales Recht. In: WSI-Mitteilungen 49: 519-524.

Buschak,W. (1997): Stand der Umsetzung der EBR-Richtlinie in nationales Recht. In: Deppe,J./Hoffmann,R./Stützel,W. (Hg.): Europäische Betriebsräte. Wege in ein soziales Europa, Frankfurt-New York : 92-114.

Buschak,W./Kallenbach,V (1994): Europäischer Gewerkschaftsbund EGB. In: Lecher,W. /Platzer,H.-W. (Hg.): Europäische Union - Europäische Arbeitsbeziehungen? Nationale Voraussetzungen und internationaler Rahmen, Köln: 201-213.

Buttler,F./Walwei,U. (1990): Gemeinsamer Markt und Arbeitsmarkt. In: Drumm,H./ Biehler,F. (Hg.): Die europäische Herausforderung. Strategien für den Binnenmarkt, Berlin-Heidelberg: 37-61.

Calingaert,M. (1993): Government-business relations in the European Community. In: California Management Review 35: 118-133.

Carley,M. (1993a): Social dialogue. In: Gold,M. (ed.): The social dimension. Employment policy in the European community, Chatham: 105-134.

Carley,M. (1993b): Voluntary initiatives - an update. In: P + European Participation Monitor 6: 14-21.

Catling,J. (1991): Organisation und Politik des Wirtschafts- und Sozialausschusses. In: Röttinger,M./Weyringer,C. (Hg.): Handbuch der Europäischen Integration, Wien: 128-144.

Cattero,B. (1999): Beteiligung, Partizipation, Mitbestimmung - das Statut der Europäischen Aktiengesellschaft und der babylonische Turm europäischer Arbeitsbeziehungen. In: Zeitschrift für Rechtssoziologie 20: 262-282.

Cecchini,P./Catinat,M./Jacquemin,A. (1988): Europa `92. Der Vorteil des Binnenmarktes, Baden-Baden.

CEEP (1990): Tätigkeitsbericht, Brüssel.
CEEP/ETUC/UNICE (1995): Framework agreement on parental leave, Ms. Brussels.
Chesnais,J.-C. (1990): Demographische Entwicklungen Europas in den 90er Jahren. In: Deubner,C. (Hg.): Europäische Einigung und soziale Frage. Möglichkeiten europäischer Sozialpolitik, Frankfurt: 65-84.
Christiansen,Th. (1996): A maturing bureaucracy? The role of the Commission in the policy process. In: Richardson,J. (ed.): European Union: Power and policy-making, London: 77-95.
Clarke,O./Bamber,G.J./Lansbury,R.D. (1998): Conclusions: Towards a synthesis of international and comparative experience in employment relations. In: Bamber,G.J./Lansbury,R.D. (eds.): International and comparative employment relations, 3rd ed. London: 294-327.
Clauwaert,S. (1999): The ETUC-UNICE-CEEP framework agreements on fixed term contracts. In: Gabaglio,E./Hoffmann,R. (eds.): European Trade Union Yearbook 1998, Brussels: 93-118.
Clever,P. (1997): Sozialer Dialog - ein Mittel europäischer Sozialpolitik? Einführende Bemerkungen. In: Schmähl,W./Rische,H. (Hg.): Europäische Sozialpolitik, Baden-Baden: 111-118.
Cockburn,C. (1995): Women's access to European industrial relations. In: European Journal of Industrial Relations 1: 171-189.
Coen,M. (1992): Europäische Gemeinschaft und Tarifautonomie. In: Betriebs-Berater 47: 2068-2070.
Coen,M. (1993): Die Europäische Dimension der Tarifautonomie nach Maastricht. In: Coen,M./Hölscheidt,S./Pieper,K. (Hg.): Europa '93. Auf dem Weg zur Europäischen Union, Herne-Berlin: 1-12.
Coen,M. (1994): Die europäische Dimension der Tarifautonomie nach Maastricht. In: Lecher,W./Platzer,H.-W. (Hg.): Europäische Union - Europäische Arbeitsbeziehungen. Nationale Voraussetzungen und internationaler Rahmen, Köln: 175-182.
Colaianni,T. (1996): European works councils: A legal and practical guide, London.
Collie,L. (1993): Business lobbying in the European Community: The Union of Industrial and Employers' Confederations of Europe. In: Mazey,S./Richardson,J. (eds.): Lobbying in the European Community, Oxford: 213-229.
Commission of the European Community (1998): 1998 Draft. Joint employment report, Brussels:14.10.1998.
Cressey,P. (1993): Employee participation. In: Gold,M. (ed.): The social dimension. Employment policy in the European community, Chatham: 85-104.
Cressey,P./Gill,C./Gold,M. (1998): Industrial relations and social Europe: a review. In: Industrial Relations Journal. European Annual Review 1997: 49-75.
Cressey,P./Williams,R. (o.J.): Mitbestimmung in Europa. Neue Technologien und die Rolle der Arbeitnehmerbeteiligung. Ergebnisse der Forschung über Arbeitnehmerbeteiligung im technologischen Wandel, Dublin.
Cripps,F./Ward,T. (1994): Strategies for growth and employment in the European Community. In: Michie,J./Smith,J.G. (eds.): Unemployment in Europe, London: 235-258.

Danis,J.-J./Hoffmann,R. (1995): From the Vredeling Directive to the European Works Council Directive - some historical remarks. In: Transfer. European Review of Labour and Research 1: 180-187.

Däubler,W. (1990): Mitbestimmung - ein Thema für Europa? In: Kritische Justiz 23: 14-30.

Däubler,W. (1991a): Die soziale Dimension des Binnenmarktes - Realität oder Propagandafigur? In: Däubler,W./Lecher,W. (Hg.): Die Gewerkschaften in den 12 EG-Ländern. Europäische Integration und Gewerkschaftsbewegung, Köln: 285-321.

Däubler,W. (1991b): Möglichkeiten und Grenzen europäischer Tarifverträge. In: Heinemann,H. (Hg.): Das kollektive Arbeitsrecht in der Europäischen Gemeinschaft. Dokumentation einer Fachtagung des Arbeitskreises Europäisches Sozialrecht und des Ministeriums für Arbeit, Gesundheit und Soziales Nordrhein-Westfalen, Berlin: 16-36.

Däubler,W. (1991c): EG und deutsche Einheit. In: Däubler,W./Lecher,W. (Hg.): Die Gewerkschaften in den 12 EG-Ländern. Europäische Integration und Gewerkschaftsbewegung, Köln: 323-333.

Däubler,W. (1992a): Europäische Tarifverträge nach Maastricht. In: Europäische Zeitschrift für Wirtschaftsrecht 3: 329-336.

Däubler,W. (1992b): Europäisierung des Arbeitsrechts? In: Schikora,A./Fiedler,A./ Hein,E. (Hg.): Politische Ökonomie im Wandel. Festschrift für Klaus Peter Kisker, Marburg: 315-330.

Däubler,W. (1995): Die Richtlinie über Europäische Betriebsräte. In: Arbeit und Arbeitsrecht 50: 153-156.

Däubler,W. (1996): Instruments of EC labour law. In: Davies,P./Lyon-Caen,A./ Sciarra,S./Simitis,Sp.: European community labour law: Principles and perspectives, Oxford: 151-167.

Däubler,W. (1997): Entwicklung und Perspektiven des Europäischen Arbeitsrechts. In: Platzer,H.-W. (Hg.): Sozialstaatliche Entwicklungen in Europa und die Sozialpolitik der Europäischen Union. Die soziale Dimension im EU-Reformprozeß, Baden-Baden: 101-125.

Däubler,W. (1998): Die Vereinbarung zur Errichtung eines Europäischen Betriebsrats. In: Schlachter,M. (Hg.): Tarifautonomie für ein neues Jahrhundert. Festschrift für Günter Schaub zum 65. Geburtstag, München: 95-115.

Däubler,W./Lecher,W.(Hg.) (1991): Die Gewerkschaften in den 12 EG-Ländern. Europäische Integration und Gewerkschaftsbewegung, Köln.

Dauderstädt,M. (1993): Umbruch in Osteuropa: Herausforderung für die EG. In: Hickel,R./Muster,E.-U./Kohl,H. (Hg.): Umverteilen: Schritte zur sozialen und wirtschaftlichen Einheit Deutschlands, Köln: 388-414.

De Grauwe,P. (1997): The Economics of Monetary Integration, 3rd rev. ed. Oxford.

Deakin,S. (1997): Integration through law? The law and economics of European social policy. In: Addison,J./Siebert,St. (eds.): Labour markets in Europe, London: 118-151.

Delsen,L. (1995): Atypical employment: an International Perspective. Causes, consequences and policy, Groningen.

Deppe,F./Weiner,K.P. (Hg.) (1991): Binnenmarkt '92. Zur Entwicklung der Arbeitsbeziehungen in Europa, Hamburg.

Deppe,J. (Hg.) (1992a): Euro-Betriebsräte. Internationale Mitbestimmung - Konsequenzen für Unternehmen und Gewerkschaften, Wiesbaden.

Deppe,J. (1992b): Der Entwicklungsstand von Euro-Betriebsräten in den 100 größten bundesdeutschen Unternehmen - Eine empirische Bestandsaufnahme. In: Deppe,J. (Hg.): Euro-Betriebsräte. Internationale Mitbestimmung - Konsequenzen für Unternehmen und Gewerkschaften, Wiesbaden: 177-190.

Deppe,J./Hoffmann,R./Stützel,W. (Hg.) (1997): Europäische Betriebsräte. Wege in ein soziales Europa, Frankfurt-New York.

Deubner,Chr. (1995): Deutsche Europapolitik: Von Maastricht nach Kerneuropa?, Baden-Baden.

Deutsche Bundesbank (1990): Monatsberichte der Deutschen Bundesbank 42.

Deutscher Bundestag (1998): Beschäftigungspolitischer Aktionsplan der Bundesrepublik Deutschland, Drucksache 13/10510, Bonn.

DGB-Bundesvorstand (1991a): Stellungnahme des Deutschen Gewerkschaftsbundes zur Anhörung des Ausschusses für Arbeit und Sozialordnung des Deutschen Bundestages am 6. November 1991 zu dem Vorschlag für eine Richtlinie des Rates über die Einsetzung Europäischer Betriebsräte zur Information und Konsultation der Arbeitnehmer in gemeinschaftsweit operierenden Unternehmen und Unternehmensgruppen, Oktober, Ms. Düsseldorf.

DGB-Bundesvorstand (1991b): Ergänzende Stellungnahme des DGB zu dem Vorschlag für eine Richtlinie des Rates über die Einsetzung Europäischer Betriebsräte zur Information und Konsultation der Arbeitnehmer in gemeinschaftsweit operierenden Unternehmen und Unternehmensgruppen, zugleich Erwiderung zu der Arbeitgeber-Stellungnahme zum Richtlinien-Entwurf der EG-Kommission vom März 1991, Oktober, Ms. Düsseldorf.

DGB-Bundesvorstand (1998): Beschluß des DGB-Bundesvorstandes zur Mitbestimmung in der Europäischen Aktiengesellschaft, Bad Godesberg 05.05.1998.

Di Marco,G. (1991): Zum Stand des europäischen Gesellschaftsrechts - Angleichung des nationalen Rechts und Schaffung neuer europäischer Rechtsformen. In: Schmalenbachs Zeitschrift für betriebswirtschaftliche Forschung, Sonderheft 29: 1-13.

DIW (1996): Wie wichtig sind die finanzpolitischen Konvergenzkriterien? In: DIW-Wochenbericht 63: 93-99.

Dolvik,J.E. (1994): Europäisierung oder Re-Nationalisierung? Zur Zukunft skandinavischer Gewerkschaftsstrategien. In: Lecher,W./Platzer,H.-W. (Hg.): Europäische Union - Europäische Arbeitsbeziehungen? Nationale Voraussetzungen und internationaler Rahmen, Köln: 295-321.

Dolvik,J.E. (1996): Europeanisation of trade unions - dynamics and constraints, Paper presented at the IREC-Conference, September 1996, Copenhagen.

Dolvik,J.E. (1997): Redrawing boundaries of solidarity? ETUC, social dialogue and the Europeanisation of trade unions in the 1990s, Oslo.

Dolvik,J.E. (1999): An emerging island? ETUC, social dialogue and the europeanisation of the trade unions in the 1990s, Brussels.

Doogan,K. (1992): The social charta and the Europeanisation of employment and social policy. In: Policy and Politics 20: 167-176.

Due,J./Madsen,J.S./Jensen,C.S. (1991): The social dimension: Convergence of diversification of industrial relations in the single European market. In: Industrial Relations Journal 22: 85-102.

Dufour,Chr. (1993): Frankreich. In: Bispinck,R./Lecher,W. (Hg.): Tarifpolitik und Tarifsysteme in Europa. Ein Handbuch über 14 Länder und europäische Kollektivverhandlungen, Köln: 105-131.

Duijm,B./Herz,B. (1996): Das EWS II - ein Europäisches System à la Bretton Woods? In: Wirtschaftsdienst 76: 233-239.
Duwendag,D. (1998): Beschäftigungspolitik durch die Europäische Union? In: Lüder,K. (Hg.): Öffentliche Verwaltung der Zukunft. Vorträge der 65. staatswissenschaftlichen Fortbildungstagung 1997 der Hochschule für Verwaltungswissenschaften Speyer, Berlin: 255-267.
Earnshaw,D./Judge,D. (1996): From co-operation to co-decision. The European Parliament's path to legislative power. In: Richardson,J. (ed.): European Union: Power and policy-making, London: 96-126.
Ebbinghaus,B./Visser,J. (1994): Barrieren und Wege "grenzenloser Solidarität": Gewerkschaften und Europäische Integration. In: Streeck,W. (Hg.): Staat und Verbände, PVS-Sonderheft 25, Opladen: 223-255.
Ebbinhaus,B./Visser,J. (1997): Der Wandel der Arbeitsbeziehungen im westeuropäischen Vergleich. In: Hradil,St./Immerfall,St. (Hg.): Die westeuropäischen Gesellschaften im Vergleich, Opladen: 333-376.
Eberlie,R. (1993): The Confederation of British Industry and policy-making in the European Community. In: Mazey,S./Richardson,J. (eds.): Lobbying in the European Community, Oxford: 201-212.
Edwards,G. (1996): National sovereignty vs. integration? The Council of Ministers. In: Richardson,J. (ed.): European Union: Power and policy-making, London: 127-147.
EGB (1993): Europäische Tarifverhandlungen. Strategie des EGB. "Orientierungen für die Tarifverhandlungen und Perspektiven für die Entwicklung des sozialen Dialogs". Angenommen vom EGB-Exekutivausschuß, Brüssel, den 4. März 1993, Ms. Brüssel.
EGB (1994): Der EGB und das Weißbuch zu Wachstum, Wettbewerbsfähigkeit und Beschäftigung, Brüssel.
EGB (1996a): Europäische Betriebsräte. Die EG-Richtlinie: Analyse und Kommentar des EGB, 2.erw.Aufl. Brüssel.
EGB (1996b): Verhandlungen über die Einrichtung Europäischer Betriebsräte - Verfahrensprotokoll, Februar, Ms. Brüssel.
EGB (1999): Überprüfung der Richtlinie über Europäische Betriebsräte. Vom Exekutivausschuß am 2./3. Dezember 1999 angenommene Entschließung, Brüssel.
EGI (Hg.) (1990): Arbeitnehmervertretung und Arbeitnehmerrechte in den Unternehmen Westeuropas, Brüssel.
EGI (Hg.) (1991): Die soziale Dimension des Binnenmarktes, Teil IV: Europäische Betriebsräte, Brüssel.
EGI (1992): Die europäische Dimension der Kollektivvertragsverhandlungen nach Maastricht, Brüssel.
EGI (1993): Die Europäischen Gewerkschaftsausschüsse und der soziale Dialog. Erfahrungen auf sektoraler Ebene und in multinationalen Unternehmen, Brüssel.
EGI (Hg.) (1996): Die Zukunft der Europäischen Union. Gewerkschaftliche Anforderungen und Erwartungen an die Regierungskonferenz 1996, Münster.
Eichener,V. (1993): Entscheidungsprozesse bei der Harmonisierung der Technik in der Europäischen Gemeinschaft. Soziales Dumping oder innovativer Arbeitsschutz? In: Süß,W./Becher,G. (Hg.): Politik und Technologieentwicklung in

Europa: Analysen ökonomisch-technischer und politischer Vermittlungen im Prozeß der europäischen Integration, Berlin: 207-235.
Eichener,V. (1996): Die Rückwirkungen der europäischen Integration auf nationale Politikmuster. In: Jachtenfuchs,M./Kohler-Koch,B. (Hg.): Europäische Integration, Opladen: 249-280.
Eichengreen,B. (1993): European Monetary Unification. In: Journal of Economic Literature 31: 1321-1357.
EIRO (1997): Social partners reach framework agreements on part-time work. In: European Industrial Relations Observatory 1: 2-3.
Eironline (1998a): The European social dialoge – impasse or new opportunities? In: European Industrial Relations Observatory Online, June 1998 (http://www.eiro.eurofound.ie/servlet/ptconvert?EU9806110F).
Eironline (1998b): Social partners fail to reach agreement on working time in road transport. In: European Industrial Relations Observatory Online, September 1998 (http://www.eiro.eurofound.ie/1998/09/features/eu9809127f.html).
Eironline (1999a): European employers' organisations forge closer links within social dialogue. In: European Industrial Relations Observatory Online, March 1999 (http://www.eiro.eurofound.ie/servlet/ptconvert?EO99003159F).
Eironline (1999b): Commission proposes Directives to end exclusion of sectors from working time Directive. In: European Industrial Relations Observatory Online, January 1999 (http://www.eiro.eurofound.ie/servlet/ptconvert?EU9901 144).
EIRR (1989): Formation of Confédération Européene des Cadres. In: European Industrial Relations Review, 186: 25-26.
EIRR (1991): Collective bargaining, trade unions and employers' organisations in Europe, EIRR Report Number Seven, London.
EIRR (1992a): Social Charter state of play. In: European Industrial Relations Review 221: 23-30.
EIRR (1992b): Social policy and the Maastricht summit - confusion reigns. In: European Industrial Relations Review 216: 2-3.
EIRR (1992c): The sectoral social dialogue. In: European Industrial Relations Review 224: 14-17.
EIRR (1992d): The social dialogue - Euro-bargaining in the making? In: European Industrial Relations Review 220: 25-29.
EIRR (1992e): The European Economic Area. In: European Industrial Relations Review 226: 26-28.
EIRR (1993a): Information and consultation in European multinationals - part two. In: European Industrial Relations Review 229: 14-20.
EIRR (1993b): Information and consultation in European multinationals - part one. In: European Industrial Relations Review 228:13-19.
EIRR (1993c): EC funding for transnational meetings - part one. In: European Industrial Relations Review 238: 15-19.
EIRR (1993d): European employers' network. In: European Industrial Relations Review 230: 3.
EIRR (1993e): Maastricht and social policy - part one. In: European Industrial Relations Review 237: 14-20.
EIRR (1993f): The Hoover affair and social dumping. In: European Industrial Relations Review 230: 14-20.

EIRR (1994a): Farewell, European works councils? In: European Industrial Relations Review 242: 13-15.
EIRR (1994b): New European information and consultation draft. In: European Industrial Relations Review 245: 18-23.
EIRR (1994c): The first U.K. European works councils. In: European Industrial Relations Review 251: 20-22.
EIRR (1994d): Maastricht and social policy - part three. In: European Industrial Relations Review 241: 28-36.
EIRR (1994e): The new social partners: CEC. In: European Industrial Relations Review 245: 31-32.
EIRR (1994f): The new social partners: trade unions. In: European Industrial Relations Review 244: 25-27.
EIRR (1994g): Information/consultation in metalworking. In: European Industrial Relations Review 244: 18-22.
EIRR (1994h): Social Policy White Paper - part one. In: European Industrial Relations Review 248: 13-18.
EIRR (1995a): European Works Councils update - implementing the Directive. In: European Industrial Relations Review 256: 34-36.
EIRR (1995b): European Works Councils update - trends and issues. In: European Industrial Relations Review 256: 14-22.
EIRR (1995c): EWCs. Developments continue in US and UK groups. In: European Industrial Relations Review 258: 3-4.
EIRR (1995d): Social policy state of play. In: European Industrial Relations Review 259: 26-30.
EIRR (1995e): Parental leave in Europe. In: European Industrial Relations Review 262: 14-23.
EIRR (1995f): Draft agreement on parental leave. In: European Industrial Relations Review 263: 3-4.
EIRR (1995g): The new social action programme. In: European Industrial Relations Review 257: 12-19.
EIRR (1996a): EWCs Directive comes into force. In: European Industrial Relations Review 273: 11-12.
EIRR (1996b): Social policy state of play. In: European Industrial Relations Review 264: 14-20.
EIRR (1996c): Into the unknown: Implementing the parental leave agreement. In: European Industrial Relations Review 267: 19-23.
EIRR (1997a): Davignon report seeks to revive European Company Statute. In: European Industrial Relations Review 283: 22-24.
EIRR (1997b): Sexual harassment at the workplace - part one. In: European Industrial Relations Review 287: 13-18.
EIRR (1997c): EWCs state of play. In: European Industrial Relations Review 280: 13-16.
EIRR (1998a): Social policy state of play. In: European Industrial Relations Review 288: 14-19.
EIRR (1998b): The maritime accord - a pioneering step for the sectoral dialogue. In: European Industrial Relations Review 298: 14-16.
EIRR (1998c): Sexual harassment at the workplace - part two. In: European Industrial Relations Review 288: 25-30.

EIRR (1998d): Social policy state of play. In: European Industrial Relations Review 288: 14-19.
EIRR (1998e): Unions agree common strategy. In: European Industrial Relations Review 297: 21-22.
EIRR (1998f): Commission's 1998-2000 social action programm. In: European Industrial Relations Review 293: 14-17.
EIRR (1998g): Sexual harassment at the workplace - part three. In: European Industrial Relations Review 289: 13-19.
EIRR (1998h): The social dialogue - the social partners' view. In: European Industrial Relations Review 299: 18-21.
EIRR (1998i): Will the national plans really create jobs? In: European Industrial Relations Review 292: 1.
EIRR (1998j): Member states' employment performance assessed. In: European Industrial Relations Review 298: 26-30.
EIRR (1999a): Draft deal on fixed-term contracts. In: European Industrial Relations Review 301: 3.
EIRR (1999b): Social partners succeded in regulating fixed-term contracts. In: European Industrial Relations Review 304: 14-17.
EIRR (1999c): UNICE-UEAPME cooperation deal. In: European Industrial Relations Review 300: 3.
EIRR (1999d): Article 6 agreements in focus. In: European Industrial Relations Review 305: 25-28.
EIRR (1999e): Commission issues employment recommendation, 310: 13-17.
EIRR (2000): Social policy state of play. In: European Industrial Relations Review 312: 31-36.
Ellerkmann,W. (1994): Europäischer Verband der öffentlichen Unternehmen CEEP. In: Lecher,W./Platzer,H.-W. (Hg.): Europäische Union - Europäische Arbeitsbeziehungen. Nationale Voraussetzungen und internationaler Rahmen, Köln: 223-229.
Engelen-Kefer,U. (1996): Zu kurz gesprungen. In: Die Mitbestimmung 42: 6-7.
Engelen-Kefer,U./Kühl,J./Peschel,P./Ullmann,H. (1995): Beschäftigungspolitik, 3. völlig neu bearb. Auflage, Köln.
Engelhard,J./Dähn,M./Saslona,K. (1993): Soziale Aspekte des EG-Binnenmarktes. In: Soziologische Revue 16: 364-371.
Erickson,Chr.L./Kuruvilla,S. (1995): Labor cost incentives for capital mobility in the European Community. In: Jacoby, S.M. (ed.): The workers of nations. Industrial relations in a global economy, New York-Oxford: 35-53.
Esping-Andersen,G. (1990): The three worlds of welfare capitalism, Princeton.
ETUC (1999): Towards a European system of industrial relations (http://www.etuc.org/congress/contents/res_9thcongress/en/Resoluspec_130799.cfm).
ETUC/CEEP/UNICE (1993): Proposals by the social partners for implementation of the Agreement annexed to the protocol on social policy of the Treaty on European Union, Brussels: 29 October 1993.
ETUC/UNICE/CEEP (1997): Social partner's contribution to the Employment Summit, Brussels.
ETUI (ed.) (1993): The European industry committees and social dialogue. Experiences at sectoral level and in multinational companies, Brussels.
ETUI (1995): European Works Councils: Inventory of companies affected by Council Directive No 94/95 of 22 September 1994, Brussels.

Europäische Gewerkschaftsakademie (1995): Der Europäische Betriebsrat. Erläuterungen zum besseren Verständnis der EU-Richtlinie vom 22.9.1994, Brüssel.

Europäische Kommission/GD V (1995): Soziales Europa 2/95: Der soziale Dialog in der Gemeinschaft 1995: eine Bestandsaufnahme, Brüssel.

Europäische Kommission/GD V (1996): Leitfaden 1996. Transnationale Zusammenkünfte von Vertretern von grenzüberschreitend tätigen Unternehmen. Haushaltslinie B3-4004, Brüssel.

Europäische Kommission/GD V (1997a): Bericht über die Fortschritte des mittelfristigen sozialpolitischen Aktionsprogramms. In: Soziales Europa Beiheft 4/96, Luxemburg.

Europäische Kommission/GD V (1997b): Bilanz 1996. In: Der europäische soziale Dialog, Sondernummer des Newsletter der Europäischen Kommission, Brüssel.

Europäische Kommission/GD V (1998a): Sozialpolitisches Aktionsprogramm 1998-2000, Brüssel.

Europäische Kommission/GD V (1998b): Bilanz 1997. In: Der europäische soziale Dialog, Sondernummer des Newsletter der Europäischen Kommission, Brüssel.

Europäische Kommission/GD V (1999): Bilanz 1998. In: Der europäische soziale Dialog, Sondernummer des Newsletter der Europäischen Kommission, Brüssel.

Europäische Zentralbank (1999): Monatsbericht Juni 1999, Frankfurt.

European Commission/DG V (1995): Communication concerning the sectoral social dialogue, Draft, Brüssel.

European Commission/DG V (1997): The Future of the Social Dialogue. Synthesis of the Social Partners' Contribution, Brussels.

European Commission/DG V (1999a): The 1999 employment guidelines. Council resolution of 22 February 1999, Luxembourg.

European Commission/DG V (1999b): Joint declaration on the occasion of the conference in Warsaw, 18 and 19 March 1999 (http://europa.eu.int/comm/dg05/soc-dial/social/news/accord_en.html).

European Commission/DG VII (1998): Working time: Sectors and activities excluded from the working time Directive, Brussels, 18.11.1998 (http://europa.eu.int/en/comm/dg07/press/ip_98_1004_en.htm).

European Council (1997): Extraordinary European Council meeting on employment, 20 and 21 November 1997, Luxembourg.

European industry committees (1991): - a register. In: European Industrial Relations Review 211: 25-28.

EWCB (1995a): The existing European Works Councils. In: European Works Councils Bulletin, Preview Issue: 5-7.

EWCB (1995b): Article 13 - the indefinite Article. In: European Works Councils Bulletin, Preview Issue: 10-12.

EWCB (1995c): A new challenge ... a new publication. In: European Works Councils Bulletin, Preview Issue: 1.

EWCB (1997): European metalworkers' strategy for EWCs. In: European Works Council Bulletin 8: 4-7.

EWCB (1999): Article 6 state of play. In: European Works Council Bulletin 22: 10-14.

Falkner,G. (1991): EG-Sozialcharta: Feierlich erklärt ist nicht gewonnen. In: Österreichische Zeitschrift für Politikwissenschaft 20: 289-300.

Falkner,G. (1993a): Die Sozialpolitik im Maastrichter Vertragsgebäude der Europäischen Gemeinschaft. In: SWS-Rundschau 33: 23-43.

Falkner,G. (1993b): "Sozialdumping" im EG-Binnenmarkt: Betrachtungen aus politikwissenschaftlicher Sicht. In: Österreichische Zeitschrift für Politikwissenschaft 22: 261-276.

Falkner,G. (1994): Supranationalität trotz Einstimmigkeit. Entscheidungsprozesse der EU am Beispiel Sozialpolitik, Bonn.

Falkner,G. (1996a): The Maastricht Protocol on social policy: Theory and practice. In: Journal of European Social Policy 6: 1-16.

Falkner,G. (1996b): European Works Councils and the Maastricht social agreement: towards a new policy style. In: Journal of European Social Policy 6: 192-208.

Falkner,G. (1998a): Österreichische Politiknetzwerke und EU-Mitgliedschaft: Ergebnisse und Trends. In: Falkner,G./Müller,W. (Hg.): Österreich im europäischen Mehrebenensystem: Konsequenzen der EU-Mitgliedschaft für Politiknetzwerke und Entscheidungsprozesse, Wien: 221-247.

Falkner,G. (1998b): EU social policy in the 1990s. Towards a corporatist policy community, London.

Falkner,G. (1999): European Social Policy. Towards multi-level and multi-actor governance. In: Kohler-Koch,B./Eising,R. (eds.): The Transformation of Governance in the European Union, London: 83-97.

FAOS (1996): Developing the public sector through social dialogue. Five position papers on: job creation, equal opportunities, privatisation/contracting-out, quality development, participation, Copenhagen.

Feldmann,H. (1998): Die neue gemeinschaftliche Beschäftigungspolitik. In: Integration 21, 43-49.

Fels,G./Lemke,H./Wittkämper,G.W. (1989): Beruf und Arbeitsrecht im EG-Binnenmarkt. Köln.

Ferner,A./Hyman,R. (1998): Introduction: Towards European industrial relations? In: Ferner,A./Hyman,R. (eds.): Changing industrial relations in Europe, 2nd ed. Oxford: XI-XXVI.

Filc,W. (1996): Geldmengenziel versus Inflationsziel in der Europäischen Währungsunion. In: Wirtschaftsdienst 76: 208-216.

Flynn,P. (1997): European forum on the future of the social dialogue. Closing address, The Hague, 29 April 1997.

Foden,D. (1996): "From Essen to Madrid". Growth and employment. In: Gabaglio, E./Hoffmann,R. (eds.): European Trade Union Yearbook 1995, Brussels: 39-56.

Foden,D. (1997): Europe and employment - high priority but modes progress. In: Gabaglio,E./Hoffmann,R. (eds.): European Trade Union Yearbook 1996, Brussels: 115-135.

Foden,D. (1999): The role of the social partners in the European employment strategy. In: Transfer. European Review of Labour and Research 5: 522-541.

Foden,D./Magnusson,L. (1999): Monitoring the entrepreneurship pillar: introductory remarks. In: Foden,D./Magnusson,L. (eds.): Entrepreneurship in the European employment strategy, Brussels: 9-22.

Foden,D./Ramos Yuste,A. (1997): Arbeitsmarkt, Arbeitslosigkeit und Beschäftigungspolitik - Aspekte der europäischen Debatte. In: Heise,A. (Hg.): Beschäftigungskrise in Europa: Erfahrungsaustausch für eine bessere Politik, Marburg: 133-185.

Foster,P. (1999a): European employers' organisations forge closer links within social dialogue. In: Eironline March 1999 (http://www.eiro.eurofound.ie/1999/03/Features/eu9903159f.html).

Foster,P. (1999b): Conference explores role of social partners in the enlargement process. In: Eironline April 1999 (http://www.eiro.eurofound.ie/1999/04/Features/eu9904166f.html).

Franz,W./Profit,St. (1994): Wege aus der Unterbeschäftigung im Weißbuch der EU-Kommission. Eine kritische Würdigung, CILE-Diskussionspapier 15 - 1994, Konstanz.

Franzmeyer,F. (1990): Die Auswirkungen des Binnenmarktes auf Arbeitsmarkt und Beschäftigung. In: Birk,R. (Hg.): Die soziale Dimension des Europäischen Binnenmarktes, Baden-Baden: 29-47.

Fröhlich,H.-P./Klös,H.-P./Kroker,R./Schnabel,C./Schröder,C. (1997): Lohnpolitik in der europäischen Währungsunion, 2.Aufl., Köln.

Fuchs,M./Uhl,H.J./Widuckel-Mathias,W. (1991): Europäischer VW-Konzernbetriebsrat. In: Gewerkschaftliche Monatshefte 42: 729-732.

Fulton,L. (1995): Meetings on European multinationals: the experience so far. In: Transfer. European Review of Labour and Research 1: 229-244.

Fulton,L. (1996): Europäische Betriebsräte: eine britische Zwischenbilanz. In: WSI-Mitteilungen 49: 525-527.

Gabaglio,E./Hoffmann,R. (eds.) (1998): The ETUC in the mirror of industrial relations research, Brussels.

Gaddum,E. (1994): Europäisches Währungssystem. In: Weidenfeld,W./Wessels, W. (Hg.): Europa von A - Z. Taschenbuch der europäischen Integration, 3.aktualisierte Aufl. Bonn: 194-199.

Gaul,B. (1996): Das neue Gesetz über die Europäischen Betriebsräte. In: Neue Juristische Wochenschrift 49: 3378-3385.

Geary,J./Sisson,K. (1994): Conceptualising direct participation in organisational change - The EPOC project, Dublin.

Gerichtshof der Europäischen Gemeinschaften: Jahresbericht. Überblick über die Tätigkeit des Gerichtshofs und des Gerichts erster Instanz der Europäischen Gemeinschaften, Luxemburg, lfde Jahrgänge.

Gerken,L. (Hg.) (1993): Europa 2000 - Perspektive wohin? Die europäische Integration nach Maastricht, Freiburg.

Gerstenberger-Sztana,B. (1996): Europäische Betriebsräte in der Metallindustrie - Praktische Erfahrungen des Europäischen Metallgewerkschaftsbundes (EMB). In: WSI-Mitteilungen 49: 513-519.

Gerstenberger-Sztana,B./Thierron,B. (1994): Europäischer Metallarbeiterbund EMB. In: Lecher,W./Platzer,H.-W. (Hg.): Europäische Union - Europäische Arbeitsbeziehungen. Nationale Voraussetzungen und internationaler Rahmen, Köln: 214-222.

Gerstenberger-Sztana,B./Thierron,B. (1998): European Collective Bargaining at Sectoral Level: Perspectives from the European Metalworkers' Federation. In: Lecher,W./Platzer,H.-W. (eds.): European Union - European Industrial Relations? - Global Challenges, National Developments and Transnational Dynamics, London: 180-187.

Gester,H./Bobke,M. (1992): Europäischer Binnenmarkt und betriebliche Mitbestimmung der Arbeitnehmer. In: Däubler,W./Bobke,M./Kehrmann,K. (Hg.):

Arbeit und Recht. Festschrift für Albert Gnade zum 65. Geburtstag, Köln: 729-752.

Gill,C./Gold,M./Cressey,P. (1999): Social Europe: national initiatives and responses. In: Industrial Relations Journal 30, 313-329.

Gilman,M./Weber,T. (1999): European industrial relations in 1998: chronicle of events. In: Industrial Relations Journal 30: 405-429.

Gladstone,A. (1993): Information and consultation in European multinationals. In: P+ European Participation Monitor 6: 24-31.

Glyn,A./Rowthorn,B. (1994): European employment policies. In: Michie,J./Smith, J.G. (eds.): Unemployment in Europe, London: 188-206.

Goerke,L./Piazolo,K. (1998): Decision-making under the EU's social chapter, discretion and amendments. In: International Review of Law and Economics 18: 217-237.

Goetschy,J. (1991): 1992 and the social dimension: Normative frames, socials actors and content. In: Economic and Industrial Democracy 12: 259-275.

Goetschy,J. (1998a): The European employment strategy: Genesis and developments. Bringing the state back in again in EU social policy: Why and how? Paper presented at the IIRA Word Congress, 22-26 September 1998, Bologna/ Italy.

Goetschy,J. (1998b): The Luxembourg Jobs Summit, 20 - 21 November 1997 - Outcome and analysis. In: Transfer. European Review of Labour and Research 4: 131-142.

Goetschy,J. (1998c): The European Trade Union Confederation and the construction of European unionsm. In: Gabaglio,E./Hoffmann,R. (eds.): The ETUC in the mirror of industrial relations research, Brussels: 133-140.

Goetschy,J. (1999): The European Employment Strategy: Genesis and Development. In: European Journal of Industrial Relations 5: 117-137.

Goetschy,J./Pochet,Ph. (1997): The Treaty of Amsterdam: a new approach to employment and social affairs? In: Transfer. European Review of Labour and Research 3: 607-620.

Gohde,H. (1995): Training European works councils. In: Transfer. European Review of Labour and Research 1: 258-272.

Gold,M. (1992): The development of EC social dialogue. National Institute of Economic and Social Research Working Paper No.12, London 1992.

Gold,M. (1993): Overview of the social dimension. In: Gold,M. (ed.): The social dimension. Employment policy in the European community, Chatham: 10-40.

Gold,M./Hall,M. (1990): Gesetzliche Regelung und Praxis der Arbeitnehmerbeteiligung in der Europäischen Gemeinschaft, Europäische Stiftung zur Verbesserung der Lebens- und Arbeitsbedingungen, Dublin.

Gold,M./Hall,M. (1992): Report on European-level information and consultation in multinational companies - An evaluation of practice, Dublin.

Gold,M./Hall,M. (1994): Statutory European works councils: the final count-down? In: Industrial Relations Journal 25: 177-186.

Goos,W. (1994): Kommt der Europäische Betriebsrat? In: Neue Zeitschrift für Arbeitsrecht 11: 776-781.

Gorges,M.J. (1993): Interest intermediation in the EC after Maastricht. In: Cafreny, A./Rosenthal,G. (eds.): State of the European community: The Maastricht debates and beyond, Boulder: 73-89.

Götz,R./Buchholz,K. (1996): Das IG-Metall-Projekt "Euro-Betriebsräte". Eine Antwort auf eine internationale Herausforderung. In: WSI-Mitteilungen 49: 529-531.

Grahl,J./Teague,P. (1991): European level collective bargaining: A new phase? In: Relations Industrielles 46: 46-73.

Grahl,J./Teague,P. (1997): Is the European social model framenting? In: New Political Economy 2: 405-426.

Greenwood,J. (1997): Representing interests in the European Union, Houndsvills-London.

Greenwood,J. (1999): The role of associations in a European constitution. In: Huemer,G./Mesch,M./Traxler,F. (eds.): The role of employer associations and labour unions in the EMU, Aldershot: 153-171.

Greif,W. (1999): Betriebliche Arbeitnehmervertretung in der Ländern der EU. Eine vegleichende Skizze. In: Wirtschafts- und Sozialpolitische Zeitschrift 22: 55-86.

Guéry,G. (1992): European collective bargaining and the Maastricht Treaty. In: International Labour Review 131: 581-599.

Günther,D. (1994): Die Beschlüsse von Maastricht zum Vertrag über die Europäische Union. In: Caesar,R./Scharrer,H.E. (Hg.): Maastricht: Königsweg oder Irrweg zur Wirtschafts- und Währungsunion?, Bonn: 41-57.

Gusy,Chr. (1994): Kriterien für eine Einwanderungspolitik der Bundesrepublik und der EG. In: Weidenfeld,W./Höhnekopp,E./Konle-Seidl,R./Walwei,U./Werner,H. (Hg.): Europäische Integration und Arbeitsmarkt. Grundfragen und Perspektiven, Nürnberg: 223-239.

Hall,M. (1991): Industrial relations regulation at European level. In: Industrial Relations Research Unit, University of Warwick, Ms.Coventry.

Hall,M. (1992a): Behind the European Works Councils Directive: The European Commisson's legislative strategy. In: British Journal of Industrial Relations 30: 547-566.

Hall,M. (1992b): Legislating for employee participation: A case study of the European works council directive. Warwick Papers in Industrial Relations 39, Warwick.

Hall,M. (1993): Works councils for the UK? Lessons from the German system. Warwick Papers in Industrial Relations No 46.

Hall,M. (1994): Industrial relations and the social dimension of European integration: Before and after Maastricht. In: Hyman,R./Ferner,A. (eds.): New frontiers in European industrial relations, Oxford: 281-311.

Hall,M. (1996): Beyond recognition? Employee representation and EU law. In: Industrial Law Journal 25: 15-27.

Hall,M./Carley,M./Gold,M./Marginson,P./Sisson,K. (1995): European Works Councils. Planning for the Directive, London-University of Warwick.

Hall,M./Marginson,P./Sisson,K. (1992): The European works council: Setting the research agenda, Warwick Papers in Industrial Relations 41.

Hall,P.A./Franzese,R.J. (1997): Mixed signals: Central bank independence, coordinated wage bargaining, and European Monetary Union. Discussion Paper FS I 97-307, Wissenschaftszentrum Berlin für Sozialforschung.

Hans-Böckler-Stiftung (Hg.) (1991): Europäische Betriebsräte. Ein Beitrag zum sozialen Europa, Düsseldorf.

Hardes,H.-D. (1993): Allgemeiner Kündigungsschutz in ausgewählten europäischen Ländern. Ein internationaler Vergleich aus theoretischer und empirischer Sicht. In: Jahrbuch für Sozialwissenschaft 44: 78-103.

Hasse,R.H. (1992): Europäische Zentralbank. Europäische Währungsunion ante portas? In: Aus Politik und Zeitgeschichte B7-8/92: 23-32.

Hassel,A. (1999): Bündnisse für Arbeit: Nationale Handlungsfähigkeit im europäischen Regimewettbewerb. MPIfG Discussion Paper 99/5. Köln.

Hedrich,C.-Chr. (1994): Die Kritik an den Maastrichter Beschlüssen über die Europäische Währungsunion: Rechtliche und ökonomische Argumente. In: Jahrbuch für Sozialwissenschaft 45: 68-91.

Heinzemann,B. (1997): Die EU als sozialpolitischer Handlungsrahmen und die Perspektiven der Regierungskonferenz: Die Sicht der Akteure - Bundesvereinigung der Deutschen Arbeitgeberverbände. In: Platzer,H.-W. (Hg.): Sozialstaatliche Entwicklungen in Europa und die Sozialpolitik der Europäischen Union. Die soziale Dimension im EU-Reformprozeß, Baden-Baden: 127-135.

Henningsen,B. (1992): Die schönste Nebensache Europas - Zur Geschichte der EG-Sozialpolitik. In: Sozialer Fortschritt 41: 203-212.

Hepple,B. (1993): European social dialogue - alibi or opportunity?, London.

Hergenröder,C. (1991): Der Arbeitskampf im europäischen Zusammenhang. In: Heinemann,H. (Hg.): Das kollektive Arbeitsrecht in der Europäischen Gemeinschaft, Berlin: 49-106.

Héritier,A. (1996): The accomodation of diversity in European policy making and its outcomes: Regulatory policy as a patchwork. In: Journal of European Public Policy 3: 149-167.

Héritier,A. (1997): Die Koordinierung von Interessenvielfalt im Europäischen Entscheidungsprozeß: Regulative Politik als "Patchwork". In: Benz,A./Seibel,W. (Hg.): Theorieentwicklung in der Politikwissenschaft - Eine Zwischenbilanz, Baden-Baden 1997: 261-279.

Hernichel,E. (1995): Die Auswirkungen des Gemeinschaftsrechts auf die Mitwirkung der Arbeitnehmer im Arbeits- und Gesundheitsschutz. In: Industrielle Beziehungen 2: 274-292.

Hickel,R. (1995): Die Euro-Währung. Notwendigkeit, illusionärer Zeitplan, Umstellungsrisiken. In: Blätter für deutsche und internationale Politik 40: 1470-1481.

Hix, S. (1999): The political system of the European Union, London.

Hoffmann,R. (1996): Europäisierung als Modernisierung. In: Mückenberger,U./ Schmidt,E./Zoll,R. (Hg.): Die Modernisierung der Gewerkschaften in Europa, Münster: 292-303.

Hoffmann,R./Gabaglio,E. (eds.) (1998): European Trade Union Yearbook, Brussels.

Hoffmann,St. (1992): The European community and 1992. In: Foreign Affairs 68: 27-47.

Hoffmann,V. (1991): Interessenvertretungen und Euro-Lobbying. In: Röttinger,M./ Weyringer,C. (Hg.): Handbuch der europäischen Integration. Strategie - Struktur - Politik im EG-Binnenmarkt, Wien: 261-286.

Hofmann,C.F. (1993): Europäische Wirtschafts- und Währungsunion. Die Rolle der Lohnpolitik. In: Kleinhenz,G. (Hg.): Soziale Integration in Europa I, Berlin: 109-130.

Hohenstatt,K.-S. (1995): Der Europäische Betriebsrat und seine Alternativen. In: Europäische Zeitschrift für Wirtschaftsrecht 6: 169-172.

Hohn,H.-W. (1988): Von der Einheitsgewerkschaft zum Betriebssyndikalismus. Soziale Schließung im dualen System der Interessenvertretung, Berlin.

Höland,A. (1995): Partnerschaftliche Setzung und Durchführung von Recht in der Europäischen Gemeinschaft - Die Beteiligung der Sozialpartner nach dem Maastrichter Sozialabkommen. In: Zeitschrift für ausländisches und internationales Arbeits- und Sozialrecht 9: 425-451.

Hörburger,H. (1998): Die soziale und beschäftigungspolitische Dimension der EU nach Amsterdam. In: Jopp,M./Maurer,A./Schmuck,O. (Hg.): Die Europäische Union nach Amsterdam. Analysen und Stellungnahmen zum neuen EU-Vertrag. Bonn, 103-125.

Hornung-Draus,R. (1994a): Union der Industrie- und Arbeitgeberverbände in Europa UNICE. In: Lecher,W./Platzer,H.-W. (Hg.): Europäische Union - Europäische Arbeitsbeziehungen. Nationale Voraussetzungen und internationaler Rahmen, Köln: 230-241.

Hornung-Draus,R. (1994b): Gestaltungsspielräume nutzen. In: Arbeitgeber 46: 759-764.

Hornung-Draus,R. (1995): Europäische Betriebsräte: Die Position der Arbeitgeberverbände. In: Klinkhammer,H./Welslau,D. (Hg.): Europäische Betriebsräte in der Praxis. Dokumentation der Fachtagung der Universität Bielefeld vom 15./16.05.1995. Neuwied/Berlin 1995: 49-56.

Hornung-Draus,R. (1996a): Die Zukunft des Sozialdialogs - aus Arbeitgebersicht. In: EuroAS 12: 199.

Hornung-Draus,R. (1996b): Abkommen zum Elternurlaub verabschiedet. In: Der Arbeitgeber 48, 62-63.

Hornung-Draus,R. (1997): Die EBR-Richtlinie aus der Perspektive der deutschen Arbeitgeber. In: Deppe,J./Hoffmann,R./Stützel,W. (Hg.): Europäische Betriebsräte. Wege in ein soziales Europa, Frankfurt-New York : 24-30.

Hornung-Draus,R. (1998a): European Employer Organisations: Structure and recent developments. In: Industrielle Beziehungen 5: 218-235.

Hornung-Draus,R. (1998b): The Role of Social Partners at European Level after Amsterdam – Developments and New Challenges. In: Hoffmann,R./Jacobi,O./ Keller,B./Weiss,M. (eds.): The German model of industrial relations between adaptation and erosion, Düsseldorf: 147-158.

Hrbek,R. (Hg.) (1995): Das Subsidiaritätsprinzip in der Europäischen Union - Bedeutung und Wirkung für ausgewählte Politikbereiche, Baden-Baden.

Hromadka,W. (1995a): Darstellung der Richtlinie über Europäische Betriebsräte aus Sicht der Wissenschaft. In: BDA (Hg.): Europäische Betriebsräte. Optionen nutzen - flexibel gestalten. Dokumentation Fachtagung 17.Januar 1995, Köln: 9-28.

Hromadka,W. (1995b): Rechtsfragen zum Eurobetriebsrat. In: Der Betrieb 48: 1125-1131.

Hyman,R. (1991a): European unions: Towards 2000. In: Work, Employment and Society 5: 621-639.

Hyman,R. (1991b): The new kakania - a rejoinder to O. Jacobi's theses. In: Sadowski,D./Jacobi,O. (eds.): Employers' associations in Europe: Policy and organisation, Baden-Baden: 233-241.

Hyman,R./Ferner,A. (eds.) (1994): New frontiers in European industrial relations, Oxford.

IG Metall (Hg.) (o.J.): Europäische Wirtschaftsausschüsse und gewerkschaftliche Interessenvertretung im Binnenmarkt '92, Frankfurt.

IG Metall Vorstand (1995): - Projekt EBR (Europäische Betriebsräte), Entwurf einer Vereinbarung zum Europäischen Betriebsrat (EBR), Ms., Frankfurt.

ILO (1997): World Labour Report 1997-98. Industrial relations, democracy and social stability, Geneva.

ILO (1998): World employment report 1998-99. Employability in the global economy. How training matters, Geneva.

Interview at Europipe (1993): In: P+ European Participation Review 6: 47-51.

IRRU (1991): European level management-union relations in transnational enterprises. In: Research Review 4: 2-4.

Jachtenfuchs,M. (1995): Theoretical perspectives on European governance. In: European Law Journal 1: 115-133.

Jacobi,O. (1991a): Trade unions and the single European market - remarks on a certain disorientation. In: Sadowski,D./Jacobi,O. (eds.): Employers' associations in Europe: Policy and organisation, Baden-Baden: 223-231.

Jacobi,O. (1991b): Pionierrolle, aber keine Vormachtstellung für die deutschen Gewerkschaften. In: Gewerkschaftliche Monatshefte 42: 681-689.

Jacobi,O. (1992a): Industrielle Demokratie und intermediäre Organisationen in Europa. In: WSI-Mitteilungen 45: 773-779.

Jacobi,O. (1992b): Soziale Demokratie als gewerkschaftliche Perspektive in Europa - Ein Plädoyer, Reihe Eurokolleg 21.

Jacobi,O. (1994a): Der soziale Dialog in der Europäischen Union, Ms. Frankfurt.

Jacobi,O. (1994b): Die EU als Chance für Beschäftigungsinteressen. In: Die Neue Gesellschaft/Frankfurter Hefte 41: 617-625.

Jacobi,O. (1995): Collective bargaining autonomy - The future of industrial relations in Germany. In: Hoffmann,R./Jacobi,O.,/Keller,B./Weiss,M. (eds.): German industrial relations under the impact of structural change, unification and European integration, Düsseldorf: 38-52.

Jacobi,O. (1998): Contours of a European collective bargaining system under EMU. In: Transfer. European Review of Labour and Research 4: 299-309.

Jacobi,O./Keller,B. (Hg.) (1997): Arbeitsbeziehungen im Öffentlichen Dienst Europas. Interessenvertretung und Mitbestimmung in der EU, Berlin.

Jacobi,O./Keller,B./Müller-Jentsch,W. (1992): Germany: Codetermining the future? In: Ferner,A./Hyman,R. (eds.): Industrial relations in the new Europe, Oxford: 218-269.

Jacobi,O./Keller,B./Müller-Jentsch,W. (1998): Germany: Facing new challenges. In: Ferner,A./Hyman,R. (eds.): Changing industrial relations in Europe, 2nd ed. Oxford 1998, 190-238.

Jacobs,A. (1991): Der Arbeitskampf im Europäischen Zusammenhang. In: Heinemann,H. (Hg.): Das kollektive Arbeitsrecht in der Europäischen Gemeinschaft, Berlin: 107-125.

Jacobs,A./Ojeda-Aviles,A. (1999): The European social dialogue - some legal issues. In: ETUI (ed.): A legal framework for European industrial relations, Brussels: 57-98.

Jacoby,S.M. (ed.) (1995a): The workers of nations. Industrial relations in a global economy, New York-Oxford.

Jacoby,S.M. (1995b): Policy issues. In: Jacoby,S.M. (ed.): The workers of nations. Industrial relations in a global economy, New York-Oxford: 151-153.

Jaeger,R. (1991): Arbeitnehmervertretung und Arbeitnehmerrechte in den Unternehmen Westeuropas. In: Hans-Böckler-Stiftung (Hg.): Europäische Betriebsräte. Ein Beitrag zum sozialen Europa, Düsseldorf: 59-95.

Jaeger,R. (1998): Europäische Aktiengesellschaft - was ist das schon wieder? Zur Zukunft der Mitbestimmung in transnationalen Unternehmen. In: Der Betriebsrat I: 5-10.

Jansen,D./Voelzkow,H. (1999): Umwelt- und sozialverträgliches Wirtschaften im vereinten Europa - eine Einführung in die Problemstellung. In: Zeitschrift für Rechtssoziologie 20: 191-205.

Janssen,T. (1993): Nur eine gemeinsame Tarifpolitik kann den sozialen und politischen Zerfall Europas verhindern. In: Gewerkschaftliche Monatshefte 44: 552-560.

Jarrett,R. (1995): Die Beziehungen der Europäischen Union zu Mittel- und Osteuropa und den GUS-Staaten. In: Lecher,W./Optenhögel,U. (Hg.): Wirtschaft, Gesellschaft und Gewerkschaften in Mittel- und Osteuropa, Köln: 321-332.

Jefferey,M. (1998): Not really going to work? Of the Directive on part-time work, "atypical work" and attempts to regulate it. In: Industrial Law Journal 27: 193-213.

Jensen,C.S./Madsen,J.St./Due,J. (1992): Internationalisation of the European trade union movement, the EC single market and the Maastricht treaty - patterns of union power and influence. Paper presented at the 9th World Congress of the IIRA, Sydney/Australia, September 1992.

Jensen,C.S./Madsen,J.St./Due,J. (1999): Phases and dynamics in the development of EU industrial relations regulation. In: Industrial Relations Journal 30: 118-134.

Jochimsen,R. (1998): Perspektiven der europäischen Wirtschafts- und Währungsunion, Baden-Baden.

Johanssen,K.M. (1999): Tracing the employment title in the Amsterdam treaty: uncovering transnational coalitions. In: Journal of European Public Policy 6: 85-101.

Kampmeyer,E. (1998): Protokoll und Abkommen über die Sozialpolitik der Europäischen Union, Köln u.a.

Karpenstein,P. (1993): Chancen für ein europäisches Arbeitsrecht in einem vereinheitlichten Europa. In: Merten,D./Pitschas,R. (Hg.): Der europäische Sozialstaat und seine Institutionen, Berlin: 153-174.

Katz,H.C. (1993): The decentralization of collective bargaining: A literature review and comparative analysis. In: Industrial and Labor Relations Review 47: 3-22.

Katz,H.C./Kochan,Th.A. (1992): An introduction to collective bargaining and industrial relations, New York.

Kaufmann,I. (1996): Europäische Beschäftigungspolitik - Möglichkeiten und Grenzen, Ms. Düssseldorf.

Keller,B. (1993): Die soziale Dimension des Binnenmarktes. Eine euro-pessimistische Sicht. In: PVS 34: 588-612.

Keller,B. (1994): Arbeitsbeziehungssystem und Perspektiven europäischer Kollektivverhandlungen. In: Lecher,W./Platzer,H.-W. (Hg.): Europäische Union - Europäische Arbeitsbeziehungen. Nationale Voraussetzungen und internationaler Rahmen, Köln: 106-124.

Keller,B. (1995a): Perspektiven europäischer Kollektivverhandlungen - vor und nach Maastricht. In: Zeitschrift für Soziologie 24: 243-262.

Keller,B. (1995b): European integration, workers's participation and collective bargaining: A euro-pessimistic view. In: Unger,B./Waarden,F.v. (eds): Convergence or diversity? Internationalization and economic policy response, Aldershot-Brookfield: 252-277.
Keller,B. (1996a): Sozialdialoge als Instrument europäischer Arbeits- und Sozialpolitik? In: Industrielle Beziehungen 3: 207-228.
Keller,B. (1996b): Nach der Verabschiedung der Richtlinie zu Europäischen Betriebsräten. Von enttäuschten Erwartungen, unerfüllbaren Hoffnungen und realistischen Perspektiven. In: WSI-Mitteilungen 49: 470-482.
Keller,B. (1999a): Einführung in die Arbeitspolitik. Arbeitsbeziehungen und Arbeitsmarkt in sozialwissenschaftlicher Perspektive, 6. Aufl. München-Wien.
Keller,B. (1999b) Neustrukturierung der Interessenvertretung im Dienstleistungsbereich - eine Gedankenskizze zu ver.di, Gewerkschaftliche Monatshefte 50: 609-624.
Keller,B./Bansbach,M. (2000a): The transport sector as an example of sectoral social dialogue in the EU. In: Transfer. European Review of Labour and Research 6: 115-124.
Keller,B./Bansbach,M. (2000b): Aktuelle Entwicklungen und Perspektiven der sektoralen Sozialdialoge am Beispiel des Verkehrssektors. In: WSI-Mitteilungen 53: 192-198.
Keller,B./Henneberger,F. (1992): Europäische Einigung und nationaler öffentlicher Dienst. In: WSI-Mitteilungen 45: 18-23.
Keller,B./Henneberger,F. (1995): Europäische Arbeitsbeziehungen im öffentlichen Dienst. Verbandliche Organisationen und Vermittlung von Interessen. In: Industrielle Beziehungen 2: 128-155.
Keller,B./Henneberger,F. (1997): Prospects for social dialogue in the public sector - European confederations, sectoral federations and forms of interest intermediation. In: Transfer. European Review of Labour and Research 3: 119-146.
Keller,B./Seifert,H. (Hg.) (1995): Atypische Beschäftigung. Verbieten oder gestalten? Köln.
Keller,B./Sörries,B. (1998a): Der neue Sozialdialog auf europäischer Ebene: Erfahrungen und Perspektiven. In: MittAB 31: 715-725.
Keller,B./Sörries,B. (1998b): The sectoral social dialogue and European social policy - more fantasy, fewer facts. In: European Journal of Industrial Relations 4: 331-348.
Keller,B./Sörries,B. (1999a): Der sektorale soziale Dialog und europäische Sozialpolitik - erste Empirie und Entwicklungsperspektiven. In: MittAB 32: 118-127.
Keller,B./Sörries,B. (1999b): The new European social dialogue: Old wine in new bottles? In: Journal of European Social Policy 9, No. 2: 111-125.
Kerckhofs,P. (1999): Article 6 agreements. Why so little progress? In: Gabaglio,E./ Hoffmann,R. (eds.): Trade union yearbook 1998, Brussels: 67-91.
Kerckhofs,P. (2000): European Works Council developments in 1999, Ms. Brussels.
Ketelsen,J.V. (1991a): Sozial- und Arbeitspolitik. In: Röttinger,M./Weyringer,C. (Hg.): Handbuch der europäischen Integration, Wien: 758-776.
Ketelsen,J.V. (1991b): Rechtliche Aspekte der Freizügigkeit der Arbeitnehmer im EG-Binnenmarkt. In: Walwei,U./Werner,H. (Hg.): Beschäftigungsaspekte und soziale Fragen des EG-Arbeitsmarktes, Nürnberg: 114-125.
Kiehl,M./Werner,H. (1998): Die Arbeitsmarktsituation von EU-Bürgern und Ange-

hörigen von Drittstaaten in der EU. In: IAB-Werkstattbericht 7, Nürnberg.
Kim,H. (1999): Constructing European collective bargaining. In: Economic and Industrial Democracy 20: 393-426.
Kirchner,D. (1988): Die Bedeutung der Sozialpartner für die Weiterentwicklung der europäischen Integration - Europäische Tarifpolitik ja oder nein? In: Biskup,R. (Hg.): Europa - Einheit in der Vielfalt, Bern: 151-169.
Klak,A. (1994): Perspektiven europäischer Arbeitsbeziehungen aus Arbeitgebersicht. In: Lecher,W./Platzer,H.-W. (Hg.): Europäische Union - Europäische Arbeitsbeziehungen. Nationale Voraussetzungen und internationaler Rahmen, Köln: 137-144.
Kleinhenz,G. (1996): Subsidiarität und Solidarität bei der sozialen Integration in Europa. Ein erweitertes Vorwort. In: Kleinhenz,G. (Hg.): Soziale Integration in Europa II, Berlin: 7-24.
Klepsch,E.A. (1993): Die Zukunft der Europäischen Gemeinschaft sichern. In: Aus Politik und Zeitgeschichte B1/93: 11-15.
Klinkhammer,H. (1995): Ausgewählte Problemschwerpunkte der Richtlinie. In: Klinkhammer,H./Welslau,D. (Hg.): Europäische Betriebsräte in der Praxis. Dokumentation der Fachtagung der Universität Bielefeld vom 15./16.05.1995. Neuwied/Berlin 1995: 65-91.
Klinkhammer,H./Welslau,D. (Hg.): Europäische Betriebsräte in der Praxis. Dokumentation der Fachtagung der Universität Bielefeld vom 15./16.05.1995, Neuwied/Berlin.
Klös,H.-P. (1992): Die bundesdeutsche Arbeitsmarktverfassung als Standortparameter. In: List Forum für Wirtschafts- und Finanzpolitik 18: 127-143.
Kluth,M.F. (1998): The political economy of a social Europe. Understanding labour market integration in the European Union, London.
Knevels,P. (1991): Vorstellung der Tarifpartner zum europäischen Tarifvertrag aus der Sicht der Arbeitgeberverbände. In: Heinemann,H. (Hg.): Das kollektive Arbeitsrecht in der Europäischen Gemeinschaft. Dokumentation einer Fachtagung des Arbeitskreises Europäisches Sozialrecht und des Ministeriums für Arbeit, Gesundheit und Soziales Nordrhein-Westfalen, Berlin 1991: 37-42.
Knudsen,H./Bruun,N. (1998): European works councils in the Nordic countries: An opportunity and a challenge for trade unionism. In: European Journal of Industrial Relations 4: 131-155.
Knutsen,P. (1997): Corporatist tendencies in the euro-polity: The EU directive of 22 September 1994, on European Works Councils. In: Economic and Industrial Democracy 18: 289-323.
Köbele,B./Cremers,J. (eds.) (1994): European Union: Posting of Workers in the Construction Industry, Witterschlick/Bonn.
Kochan,Th.A./Katz,H.C./McKersie,R.B. (1986): The transformation of American industrial relations, New York.
Kohler-Koch,B. (Hg.) (1991): Die Osterweiterung der EG. Die Einbeziehung der ehemaligen DDR in die Gemeinschaft, Baden-Baden.
Kohler-Koch,B. (1992): Interessen und Integration. Die Rolle organisierter Interessen im westeuropäischen Integrationsprozeß. In: Kreile,M. (Hg.): Die Integration Europas, Opladen: 81-119.
Kolvenbach,W. (1991): Die gesellschaftsrechtlichen Richtlinien der EG und das Problem der Mitbestimmung. In: Schmalenbachs Zeitschrift für betriebswirtschaftliche Forschung, Sonderheft 29: 74-86.

Kommission der Europäischen Gemeinschaften (1993a): Generaldirektion Beschäftigung, Arbeitsbeziehungen und soziale Angelegenheiten (Hg.): Soziales Europa. Zweiter Bericht über die Anwendung der Gemeinschaftscharta der sozialen Grundrechte der Arbeitnehmer, Brüssel-Luxemburg.

Kommission der Europäischen Gemeinschaften (1993b): Mitteilung der Kommission über die Anwendung des Protokolls über die Sozialpolitik, Brüssel 14.12.1993.

Kommission der Europäischen Gemeinschaften (1993c): Wachstum, Wettbewerbsfähigkeit, Beschäftigung. Herausforderungen der Gegenwart und Wege ins 21.Jahrhundert, Brüssel.

Kommission der Europäischen Gemeinschaften (1994a): Weißbuch Europäische Sozialpolitik. Ein zukunftsweisender Weg für die Union, Luxemburg.

Kommission der Europäischen Gemeinschaften (1994b): Grünbuch über die europäische Sozialpolitik. Weichenstellung für die Europäische Union - Zusammenfassung, Luxemburg.

Kommission der Europäischen Gemeinschaften (1996): Mitteilung der Kommission zur Entwicklung des sozialen Dialogs auf Gemeinschaftsebene, Brüssel.

Kommission der Europäischen Gemeinschaften (1997): Schlußfolgerungen des Vorsitzes. Sondertagung des europäischen Rates über Beschäftigungsfragen, Luxemburg, 20./21. November 1997, Brüssel.

Kommission der Europäischen Gemeinschaften (1998a): Arbeitsdokument: Analyse der nationalen Aktionspläne, D/98/5, Brüssel: 12.Mai 1998.

Kommission der Europäischen Gemeinschaften (1998b): Mitteilung der Kommission. Von Leitlinien zu Maßnahmen: Die nationalen Aktionspläne für Beschäftigung, Brüssel: 13.5.1998.

Kommission der Europäischen Gemeinschaften (1998c): Mitteilung der Kommission: Anpassung und Förderung des Sozialen Dialogs auf Gemeinschaftsebene, KOM(98) 322 endg., Brüssel, 20.5.1998.

Kommission der Europäischen Gemeinschaften (1999): Entwurf des Berichts der Kommission über den Stand der Anwendung der Richtlinie über die Einsetzung eines Europäischen Betriebsrats oder die Schaffung eines Verfahrens zur Unterrichtung und Anhörung der Arbeitnehmer in gemeinschaftsweit operierenden Unternehmen und Unternehmensgruppen (Richtlinie 94/45/EG des Rates vom 22. September 1994), Brüssel.

Kommission der Europäischen Gemeinschaften (o.J.): Der soziale Dialog auf europäischer Ebene. Gemeinsame Stellungnahmen, Brüssel.

König,H. (Hg.) (1994): Bringt die EU-Beschäftigungsoffensive den Aufschwung? Die deutsche Wirtschaftsforschung nimmt Stellung zum Delors-Weißbuch, Baden-Baden.

Konle-Seidl,R./Ullmann,H./Walwei,U./Werner,H. (1990): Die Entwicklung der Arbeitsmärkte im Europäischen Binnenmarkt bis zum Jahr 2000. In: MittAB 23: 205-226.

Konle-Seidl,R./Walwei,U./Werner,H. (1991): Die Entwicklung der Arbeitsmärkte im Europäischen Binnenmarkt bis zum Jahr 2000. Einige zentrale Ergebnisse und Folgerungen aus der Studie der Prognos AG. In: Walwei,U./Werner,H. (Hg.): Beschäftigungsaspekte und soziale Fragen des EG-Arbeitsmarktes, Nürnberg: 7-19.

Konstanty,R./Zwingmann,B. (1996): Arbeitsschutzreform - Bleibt Deutschland Schlußlicht in Europa? In: WSI-Mitteilungen 49: 65-70.

Korinek,K. (1993): "Sozialpartnerschaft" als europäische Institution? In: Merten,D./ Pitschas, R. (Hg.): Der europäische Sozialstaat und seine Institutionen, Berlin: 119-147.

Kowalsky,W. (1999): Europäische Sozialpolitik. Ausgangsbedingungen, Antriebskräfte und Entwicklungspotentiale, Opladen.

Kreile,M. (Hg.) (1991a): Europa 1992 - Konzeptionen, Strategien, Außenwirkungen. Baden - Baden.

Kreile,M. (1991b): European market integration, institutional competition, and employers' interests. In: Sadowski,D./Jacobi,O. (eds.): Employers' associations in Europe: Policy and organisation, Baden-Baden: 15-27.

Kreimer,J. (1992): Konferenz der gewerkschaftlichen Tarifpolitiker in Luxemburg. Europäische Tarifverhandlungen?. Forumarbeit 7/92:43-44.

Kreimer-de Fries,J. (1997): EU-Teilzeitvereinbarung – kein gutes Omen für die Zukunft der europäischen Verhandlungsebene. In: Arbeit und Recht 45: 314-319.

Kreimer-de Fries,J. (1999): Tarifkooperation der Gewerkschaftsbünde BeNeLux-Deutschland: Die "Erklärung von Doorn". In: Schulten,T./Bispinck,R. (Hg.): Tarifpolitik unter dem EURO. Perspektiven einer europäischen Koordinierung: das Beispiel Metallindustrie, Hamburg: 185-196.

Krieger,H. (1991): Mitbestimmung in Europa in den neunziger Jahren. Bestandsaufnahme, Konzepte und Perspektiven. In: Aus Politik und Zeitgeschichte B13/91: 20-34.

Krieger,H./Bonneton,P. (1995): Analysis of existing voluntary agreements on information and consultation in European multinationals. In: Transfer. European Review of Labour and Research 1: 188-206.

Kuhn,K. (1991): Harmonisierung der europäischen Unternehmensverfassung aus unternehmenspolitischer Sicht. In: Schmalenbachs Zeitschrift für Betriebswirtschaftliche Forschung, Sonderheft 29: 62-73.

Kunz,D. (1997): Das Gesetz über Europäische Betriebsräte. In: Arbeitsrecht im Betrieb 18: 267-281.

Kuruvilla,S. (1991): Comment on James B. Dworkin and Barbara A. Lee: The implications of Europe 1992 for labor-management relations. In: Katz,H.C. (ed.): The future of industrial relations. Proceedings of the second Bargaining Group Conference, Ithaca: 25-32.

Lampert,H. (1998): Lehrbuch der Sozialpolitik, 5.Aufl. Berlin.

Lang,K./Sauer,J. (1989): Wege zu einer europäischen Tarifpolitik. In: Steinkühler, F. (Hg.): Europa '92. Industriestandort oder sozialer Lebensraum, Hamburg: 207-229.

Lange,P. (1992): The politics of the social dimension. In: Sbragia,A.M. (ed.): Europolitics. Institutions and policy-making in the "new" European community, Washington, D.C: 225-256.

Lange,P. (1993): Maastricht and the social protocol: Why did they do it? In: Politics and Society 21: 5-36.

Lapeyre,J. (1996): First round of European negotiations - the parental leave agreement. In: Gabaglio,E./Foffmann,R. (eds.): European Trade Union Yearbook 1995, Brussels: 121-127.

Larsson,A. (1998): The European employment strategy and the EMU: You must invest to save. In: Economic and Industrial Democracy 19: 391-415.

Laursen,F. (1991): EFTA countries as actors in European integration: the emergence of the European Economic Area (EEA). In: International Review of Administrative Science 57: 543-555.

Lecher,W. (1989): Koordinaten gewerkschaftlicher Europapolitik. In: WSI-Mitteilungen 43: 640-647.

Lecher,W. (1991a): Konturen europäischer Tarifpolitik. In: WSI-Mitteilungen 44: 194-201.

Lecher,W. (1991b): Umrisse einer europäischen Arbeitsbeziehungsstruktur aus Sicht der Gewerkschaften. In: Marr,R. (Hg.): Euro-strategisches Personalmanagement, Bd.2, München-Mering: 447-467.

Lecher,W. (1991c): Arbeitsbeziehungen und Tarifpolitik in Europa. In: Gewerkschaftliche Monatshefte 42: 700-710.

Lecher,W. (1992): Elemente eines europäischen Arbeitsbeziehungsmodells gegenüber Japan und den USA. In: WSI-Mitteilungen 45: 807-813.

Lecher,W. (1993a): Perspektiven europäischer Kollektivverhandlungen In: Bispinck,R./Lecher,W. (Hg.): Tarifpolitik und Tarifsysteme in Europa. Europahandbuch für Arbeitnehmer, Köln: 401-420.

Lecher,W. (1993b): Das französische Arbeitsbeziehungssystem - und was uns das angeht. In: WSI-Mitteilungen 46: 421-429.

Lecher,W. (1995a): Europäische Betriebsräte - Zum Stand der Dinge. In: WSI-Mitteilungen 48: 544-545.

Lecher,W. (1995b): Perspektiven der Mitbestimmung im vereinigten Deutschland. In: Nolte,D./Sitte,R./Wagner,A. (Hg.): Wirtschaftliche und soziale Einheit Deutschlands. Eine Bilanz, Köln: 394-410.

Lecher,W. (1996a): Europäische Betriebsräte - die vierte Ebene betrieblicher Interessenvertretung. In: WSI-Mitteilungen 49: 469.

Lecher,W. (1996b): Europäische Betriebsräte - Erfahrungen und Perspektiven, Ms. Düsseldorf.

Lecher,W. (1996c): Forschungsfeld Europäische Betriebsräte. In: WSI-Mitteilungen 49: 710-715.

Lecher,W. (1998a): Auf dem Weg zu europäischen Arbeitsbeziehungen?. In: WSI-Mitteilungen 51: 258-263.

Lecher,W. (1998b): Ressourcen des Europäischen Betriebsrats. Empirie und Perspektiven. In: WSI-Mitteilungen 51: 691-698.

Lecher,W. (1999a): Europäisierung der Tarifpolitik - eine Chance? In: Nutzinger,H. (Hg.): Perspektiven der Mitbestimmung: Historische Erfahrungen und moderne Entwicklungen vor europäischem und globalem Hintergrund, Marburg: 335-346.

Lecher,W. (1999b): Die Bedeutung der Europäischen Betriebsräte für eine Europäisierung der Tarifpolitik. In: Schulten,T./Bispinck,R. (Hg.): Tarifpolitik unter dem EURO. Perspektiven einer europäischen Koordinierung: das Beispiel Metallindustrie, Hamburg: 227-237.

Lecher,W./Nagel,B./Platzer,H.-W. (1998): Die Konstituierung Europäischer Betriebsräte - vom Informationsforum zum Akteur? Eine vergleichende Studie von acht Konzernen in Deutschland, Frankreich, Großbritannien und Italien unter Mitarbeit von Lionel Fulton, Roman Jaich, Udo Rehfeldt, Stefan Rüb, Volker Telljohann, Klaus-Peter Weiner, Baden-Baden.

Lecher,W./Platzer,H.-W. (1996): Europäische Betriebsräte: Fundament und Instrument europäischer Arbeitsbeziehungen? Probleme der Kompatibilität von nationalen Vertretungen und EBR. In: WSI-Mitteilungen 49: 503-512.

Lecher,W./Platzer,H.-W./Rüb,St./Weiner,K.-P. (1999): Europäische Betriebsräte - Perspektiven ihrer Entwicklung und Vernetzung. Eine Studie zur Europäisierung der Arbeitsbeziehungen, Baden-Baden.

Lecher,W./Platzer,H.-W./Rüb,St./Weiner,K.-P. (2000): Verhandelte Europäisierung. Europäische Betriebsräte: Ihre Einrichtung nach Art.6 der EBR-Richtlinie und der Gesamtprozess. Bilanz und Perspektiven, Ms.Fulda.

Lecher,W./Rüb,St. (1999): The constitution of European Works Councils: From information forum to social actor? In: European Journal of Industrial Relations 5: 7-25.

Lefresne,F. (1999): Employability at the heart of the European employment strategy. In: Transfer. European Review of Labour and Research 5: 460-480.

Leibfried,St. (1992): Europe's could-be social state: Social policy in European integration after 1992. In: Adams,W.J. (ed.): Singular Europe. Economy and polity of the European Community after 1992, Ann Arbor: 97-118.

Leibfried,St./Pierson,P. (1992): Prospects for social Europe. In: Politics and Society 20: 333-366.

Leibfried,St./Pierson,P. (1995): Semisovereign welfare states: Social policy in a multitiered Europe. In: Leibfried,St./Pierson,P. (eds:): European social policy. Between fragmentation and integration, Washington: 43-77.

Leibfried,St./Pierson,P. (1996): Social policy. In: Wallace,H./Wallace,W. (eds.): Policy making in the European Union, Oxford: 185-207.

Lemière,S./Silvera,R. (1999): Equal opportunities policies for women and men: a critical analysis of the 1998-1999 Employment action plans. In: Transfer. European Review of Labour and Research 5: 502-521.

Locke,R./Kochan,Th./Piore,M. (eds.) (1995): Employment relations in a changing world economy, Cambridge-London.

Lodge,J. (1990): Social Europe. In: Journal of European integration 13: 135-150.

Löhr,D. (1997): Chancen und Risiken der Europäischen Währungsunion unter besonderer Berücksichtigung des Arbeitsmarktes. In: WSI-Mitteilungen 50: 320-327.

Luif,P. (1994): Die Beitrittswerber: Grundlegendes zu den Verhandlungen der EFTA-Staaten um Mitgliedschaft bei der EG/EU. In: Österreichische Zeitschrift für Politikwissenschaft 23: 21-36.

Luthardt,W. (1993): European integration and referendums: Analytical considerations and empirical evidence. In: Gafruny,A.W./Rosenthal,G.G. (eds.): The state and the European Community, Vol.2: The Maastricht debates and beyond, Boulder: 53-71.

Luthardt,W. (1994): Direkte Demokratie. Ein Vergleich in Westeuropa, Baden-Baden.

Lyon-Caen,G. (1996): Subsidiarity. In: Davies,P./Lyon-Caen,A./Sciarra,S./Simitis, Sp. (eds.): European community labour law: Principles and perspectives, Oxford: 49-62.

Magnusson,L. (1998): National and supra-national levels of the EU - complementary and conflicting aspects for employment policy, Ms. Arbetslivinstitutet/ Stockholm.

Majone,G. (1996): A European regulatory state: In: Richardson,J. (ed.): European Union: Power and policy-making, London: 263-277.

Majone,G. (1997): The agency model: The growth of regulation and regulatory institutions in the European Union. In: Eipascope/European Institute of Public Administration 3: 9-14.

Marek,E. (1995): Migration am Beispiel Polens. In: Lecher,W./Optenhögel,U. (Hg.): Wirtschaft, Gesellschaft und Gewerkschaften in Mittel- und Osteuropa, Köln: 279-297.

Marginson,P. (1992): European integration and transnational management-union relations in the enterprise. In: British Journal of Industrial Relations 30: 529-545.

Marginson, P. (1998): Arbeitsbeziehungen und Europäische Betriebsräte in Großbritannien. In: WSI-Mitteilungen 51: 264-270

Marginson,P. (1999): EW agreements under review: arrangements in companies based on four countries compared. In: Transfer. European Review of Labour and Research 5: 256-277.

Marginson,P. (2000): The eurocompany and euro industrial relations. In: European Journal of Industrial Relations 6: 9-34.

Marginson,P./Buitendam,A./Deutschmann,C./Perulli,P. (1993): The emergence of the Euro-company: towards a European industrial relations? In: Industrial Relations Journal 24: 182-190.

Marginson,P./Sisson,K. (1994): The structure of transnational capital in Europe: the emerging euro-company and its implications for industrial relations. In: Hyman,R./Ferner,A. (eds.): New frontiers in European industrial relations, Oxford-Cambridge: 15-51.

Marginson,P./Sisson,P. (1996): EWCs - opening the door to European bargaining. In: European Works Councils Bulletin I, January/February: 9-11.

Marginson,P./Sisson,P. (1998): European collective bargaining: a virtual prospect? In: Journal of Common Market Studies 36: 505-528.

Marginson,P./Gilman,M./Jacobi,O./Krieger,H. (1998): Negotiating European Works Councils: An analysis of agreements under Article 13. Report prepared for the European Foundation for the Improvement of Living and Working Conditions and the European Commission, Interim Version: Dublin: March 1998.

Markmann,H. (1991): Die Rolle der Verbände in der EG. In: Wildenmann,R. (Hg.): Staatswerdung Europas? Optionen für eine Europäische Union, Baden-Baden: 269-283.

Marsden,D. (1992a): European integration and the integration of European labour markets. In: Labour 6: 3-35.

Marsden,D. (1992b): Incomes policy for Europe? Or will pay bargaining destroy the single European market? In: British Journal of Industrial Relations 30: 587-604.

Marsden,D. (1994a): Institutionelle Aspekte der Integration des europäischen Arbeitsmarkts. In: Europäische Kommission (Hg.): Soziales Europa. Europäische Integration und der europäische Arbeitsmarkt, Beiheft 1/94, Luxemburg: 91-135.

Marsden,D. (1994b): Integration der europäischen Arbeitsmärkte. In: Europäische Kommission (Hg.): Soziales Europa. Europäische Integration und der europäische Arbeitsmarkt, Beiheft 1/94, Luxemburg: 1-46.

Martin,A./Ross,G. (1998): European integration and the Europeanization of labor. In: Gabaglio,E./Hoffmann,R. (eds.): The ETUC in the mirror of industrial relations research, Brussels: 141-166.

Matyja,M. (1999): Der Einfluss der Vereinigung der Industrie- und Arbeitgeberverbände Europas (UNICE) auf den Entscheidungsprozess der Europäischen Union, Bern-Berlin.

Maurer,A. (1994): Die europäische Kommission als potentieller Bündnispartner der Gewerkschaften. Institutionelle Aspekte der Europäischen Integration. In: Dietz,B./Bardelmann,J./Schäfer,T. (Hg.): Die soziale Zukunft Europas: Bedingungen und Perspektiven einer europäischen "Sozialen Integration", Giessen: 143-164.

Mazey,S./Richardson,J. (eds.) (1993a): Lobbying in the European Community, Oxford.

Mazey,S./Richardson,J. (1993b): Conclusion: A European policy style? In: Mazey, S./Richardson,J. (eds.): Lobbying in the European Community, Oxford: 246-258.

Mazey,S./Richardson,J. (1993c): Introduction: Transference of power, decisions rules, and the rules of the game. In: Mazey,S./Richardson,J. (eds.): Lobbying in the European Community, Oxford: 3-26.

Mazey,S./Richardson,J. (1996): The logic of organisation: Interest groups. In: Richardson,J. (ed.): European Union: Power and policy-making, London: 200-215.

Mertens,V. (1994): Europaweite Kooperation von Betriebsräten multinationaler Konzerne: Das Beispiel des Volkswagen-Konzerns, Wiesbaden.

Meyer,H.-W. (1993): Europäische Integration: Ende der Nachkriegszeit oder Rückkehr nach gestern? In: Aus Politik und Zeitgeschichte B1/93: 17-22.

Michie,J./Smith,J.G. (eds.) (1994): Unemployment in Europe, London.

Miller,C. (1995): Perspektiven europäischer Kollektivverhandlungen. Der 'Soziale Dialog' der Dachverbände der europäischen Sozialpartner und der sektorale Sozialdialog im Chemie- und im Metallsektor, Verwaltungswissenschaftliche Diplomarbeit, Konstanz.

Miller,D./Stirling,J. (1998): European works council training: An opportunity missed? In: European Journal of Industrial Relations 4: 35-56.

Millward,N./Stevens,M./Smart,D./Hawes,W.R. (1992): Workplace industrial relations in transition, Aldershot.

Mitchell,D.J.B. (1995): Employee benefits in Europe and the United States. In: Jacoby,S.M. (ed.): The workers of nations. Industrial relations in a global economy, New York-Oxford: 54-75.

Molitor,Chr. (1995): Probleme regionaler Lohnpolitik im vereinten Europa. In: Oberender,P./Streit,M.E. (Hg.): Europas Arbeitsmärkte im Integrationsprozeß, Baden-Baden: 145-186.

Molitor,Chr. (1997): Lohnflexibilität auf regionalen Arbeitsmärkten in Deutschland und Europa, Frankfurt-Berlin.

Molle,W./Mourik,A.v. (1988): International movements of labour under conditions of economic integration: The case of Western Europe. In: Journal of Common Market Studies 26: 336-337.

Mosley,H. (1990): The social dimension of European integration. In: International Labour Review 129: 147-164.

Mosley,H./Kruppe,Th. (1992): Employment protection and labor force adjustment - A comparative analysis, Wissenschaftszentrum Berlin FS I 92-9, Berlin.

Mückenberger,U. (1991): Neue Beschäftigungsformen, EG-Charta der Arbeitnehmerrechte und Ansätze europäischer Normsetzung. In: Kritische Justiz 24: 1-17.

Mückenberger,U. (1993): Neue Beschäftigungsformen und deren europäische Regulierung. In: WSI-Mitteilungen 46: 593-600.

Mückenberger,U. (1995): Ist der "Sozialraum Europa" noch auf der historischen Agenda? Neue Beschäftigungsformen und deren europäische Regulierung. In: Keller,B./Seifert,H. (Hg.): Atypische Beschäftigung. Verbieten oder gestalten? Köln: 202-230.

Mückenberger,U. (1999): Arbeitsrechtliche Gestaltung durch den europäischen Sozialen Dialog. In: Schmidt,G./Trinczek,R. (Hg.): Globalisierung. Ökonomische und soziale Herausforderung am Ende des zwanzigsten Jahrhunderts. Soziale Welt Sonderband 13, Baden-Baden: 325-340.

Mueller,F./Purcell,J. (1992): The europeanisation of manufacturing and the decentralisation of bargaining: multinational management strategies in the European automobile industry. In: International Journal of Human Resource Management 3: 15-34.

Müller,G. (1994): Grenzerfahrungen - Arbeitsfelder, Arbeitsweisen und Arbeitshemmnisse Interregionaler Gewerkschaftsräte. In: WSI-Mitteilungen 47: 257-264.

Müller,G. (1995): "Ein großer Gedanke in einem kleinen Körper". Politik und Arbeitsstrukturen der Gewerkschaftsbewegung in Europa. In: Ackermann,V./ Rusinek,B.-A./Wiesemann,F. (Hg.): Anknüpfungen. Kulturgeschichte - Landesgeschichte - Zeitgeschichte. Gedenkschrift für Peter Hüttenberger, Essen: 456-470.

Müller-Jentsch,W. (1997): Soziologie der Industriellen Beziehungen. Eine Einführung, 2. erw. Aufl., Frankfurt/New York.

Multinational Business Forum (1993): Thriving on diversity: Informing and consulting employees in multinational enterprises, London.

Münch,R. (1993): Das Projekt Europa. Zwischen Nationalstaat, regionaler Autonomie und Weltgesellschaft, Frankfurt am Main.

N.N. (1993): Tarifpolitik im Europa des Wandels. Tarifpolitische Grundsatzerklärung des Europäischen Metallgewerkschaftsbundes in der Gemeinschaft. In: WSI-Mitteilungen 46: 532-533.

N.N. (1995): European Works Councils: Social partners anticipate a directive. In: International Labour Review 134: 91-103.

Nagel,B. (1990): Erosion der Mitbestimmung und EG-Kommissionsentwürfe zur Europa-AG. In: Arbeit und Recht 38: 205-213.

Nagel,B. (1999): Euro-Betriebsräte: Struktur und Entwicklungspotentiale. In: Nutzinger,H. (Hg.): Perspektiven der Mitbestimmung: Historische Erfahrungen und moderne Entwicklungen vor europäischem und globalem Hintergrund, Marburg: 347-360.

Nagelkerke,A. (1995): European social policy and European industrial relations. In: Harting,A./v.Ruysseveldt,J. (eds.): International Human Resource Management, London: 337-377.

Nicoll,W./Salmon,T.C. (1994): Understanding the new European community, New York-London.

Niedenhoff,H.U. (1990): Divergenzen: Die betriebliche Mitbestimmung in den EG-Staaten. In: Gewerkschaftsreport 24: 20-30.

Niedenhoff,H.U. (1991a): Divergenzen: Die betriebliche Mitbestimmung in den EG-Staaten (2. Teil). In: Gewerkschaftsreport 25, Heft 1: 20-26.
Niedenhoff,H.-U. (1991b): Europäischer Betriebsrat. Eine Übersicht über den aktuellen Stand der Diskussion. In: Gewerkschaftsreport 25, Heft 3: 6-21.
Niedenhoff,H.-U. (1992): Euro-Betriebsräte aus der Sicht des Instituts der deutschen Wirtschaft. In: Deppe,J. (Hg.): Euro-Betriebsräte. Internationale Mitbestimmung - Konsequenzen für Unternehmen und Gewerkschaften, Wiesbaden: 71-83.
Niedenhoff,H.-U. (1995): Mitbestimmung in den EU-Staaten, 2.überarb.Aufl. Köln.
Niedenhoff,H.-U. (1997): Der Europäische Betriebsrat (EBR). In: Deppe,J./ Hoffmann,R./Stützel,W. (Hg.): Europäische Betriebsräte. Wege in ein soziales Europa, Frankfurt-New York: 44-66.
Noel,E. (1992): Reflections on the Maastricht Treaty. In: Government and Opposition 27: 148-157.
Northrup,H.R./Campbell,D.C./Slowinski,B.J. (1988): Multinational union-management consultation in Europe: Resurgence in the 1980's? In: International Labour Review 127: 525-543.
O'Reilly,J./Reissert,B./Eichener,V. (1996): European regulation of social standards: Social security, working time, workplace participation, occupational health and safety. In: Schmid,G./O'Reilly,J./Schömann,K. (eds.): International handbook of labour market policy and evaluation, Cheltenham-Brookfield: 868-898.
Oberhauser,A. (1996): Geknebelte Beschäftigungspolitik - eine Folge der Maastricht-Kriterien, MittAB 29: 228-236.
OECD (ed.) (1994): Employment outlook, Paris.
Oechsler,W.A. (1996): Europäische Betriebsräte. Zur Problematik einer Europäisierung von Arbeitnehmervertretungen. In: Die Betriebswirtschaft 56: 697-708.
Ohr,R. (1994): Europa nach Maastricht: Europäische Währungsunion - notwendig für einen funktionierenden Binnenmarkt? In: Weidenfeld,W./Höhnekopp,E./ Konle-Seidl,R./Walwei,U./Werner,H. (Hg.): Europäische Integration und Arbeitsmarkt. Grundfragen und Perspektiven, Nürnberg: 45-57.
Padoa-Schioppa,T. (1997): Engineering the single currency. In: Gowan,P./ Anderson,P. (eds.): The question of Europe, London-New York: 162-172.
Pappi,F.U./Schnorpfeil,W. (1996): Das Ausschußwesen der Europäischen Kommission: Grundstrukturen und Kommunikationsmöglichkeiten für Verbände. In: König,Th. /Rieger, E./Schmitt,H. (Hg.): Das europäische Mehrebenensystem, Frankfurt-New York 1996: 135-159.
Pascual,A.S. (1999a): Tackling youth unemployment in Europe, Draft Paper, Brussels.
Pascual,A.S. (1999b): The European employment guidelines and national policy approaches to fighting youth unemployment. In: Gabaglio,E./Hoffmann,R. (eds.): European Trade Union Yearbook 1998, Brüssel: 233-251.
Pedler,R.H./Van Schendelen,M.P. (1994): Lobbying the European Union. Companies, trade associations and issue groups, Aldershot.
Peters,T. (1995): European Monetary Union and labour markets: What to expect? In: International Labour Review 134: 315-332.
Piazolo,K. (1999): Der Soziale Dialog nach dem Abkommen über die Sozialpolitik und dem Vertrag von Amsterdam, Frankfurt-New York-Berlin.

Pierson,P./Leibfried,St. (1995): The dynamics of social policy integration. In: Leibfried,St./Pierson,P. (eds.): European social policy. Between fragmentation and integration, Washington: 432-465.
Pitschas,R. (1993): Soziale Integration Europas durch Institutionenentwicklung: Die EG auf dem Weg zum Europäischen Sozialstaat. In: Merten,D./Pitschas,R. (Hg.): Der europäische Sozialstaat und seine Institutionen, Berlin: 91-118.
Pitschas,R./Peters,R. (1997): The European process of integration and social partners. In: Pitschas,R./Mozzicafreddo,J./LeiteViegas,J.M.P./Peters,R./Batista, J.S. (eds.): Policies on labour relation and social dialogue in European countries, Baden-Baden: 13-60.
Platzer,H.-W. (1991): Eine neue Rolle für den Europäischen Gewerkschaftsbund. In: Gewerkschaftliche Monatshefte 42: 690-699.
Platzer,H.-W. (1992a): Struktur und Politik der Euro-Akteure EGB und UNICE, Ms. Fulda.
Platzer,H.-W. (1992b): Die Europäische Gemeinschaft und das vereinigte Deutschland. In: Sozialwissenschaftliche Informationen 21: 24-28.
Platzer,H.-W. (Hg.) (1997): Sozialstaatliche Entwicklungen in Europa und die Sozialpolitik der Europäischen Union. Die soziale Dimension im EU-Reformprozeß, Baden-Baden.
Platzer,H-W. (1999): Die EU-Sozial- und Beschäftigungspolitik nach Amsterdam: Koordinierte und verhandelte Europäisierung? In: Integration 22: 176-190.
Platzer,H.-W./Rüb,St. (1999): Europäische Betriebsräte: Genese, Formen und Dynamiken ihrer Entwicklung - eine Typologie. In: Industrielle Beziehungen 6: 393-426.
Platzer,H.-W./Weiner,K.-P. (1998): Europäische Betriebsräte - eine Konstitutionsanalyse. Zur Genese und Dynamik transnationaler Arbeitsbeziehungen. In: Industrielle Beziehungen 5: 388-412.
Pochet,Ph. (1999): The new employment chapter of the Amsterdam Treaty. In: Journal of European Social Policy 9, 271-278.
Pochet,Ph./Arcq,E. (1999): UNICE in 1998. In: Gabaglio,E./Hoffmann,R. (eds.): European Trade Union Yearbook 1998, Brussels: 179-195.
Prognos AG (1990): Die Arbeitsmärkte im EG-Binnenmarkt bis zum Jahr 2000, Nürnberg.
Ramge,L.F. (1995): Leitende Angestellte im Europäischen Betriebsrat - Information und Konsultation für alle Arbeitnehmer. In: Der Betrieb 48: 2066-2068.
Ramsay,H. (1991): The community, the multinational, its workers and their charter: A modern tale of industrial democracy? In: Work, Employment and Society 5: 541-566.
Ramsay,H. (1997): Fool's gold? European works councils and workplace democracy. In: Industrial Relations Journal 28: 314-322.
Rath,F. (1991): Strukturelle Koordination gewerkschaftlicher Europapolitik. In: Däubler,W./Lecher,W.(Hg.) (1991): Die Gewerkschaften in den 12 EG-Ländern. Europäische Integration und Gewerkschaftsbewegung, Köln: 245-252.
Regalia,I. (1995): Humanize work and increase profitability? Direct participation in organisational change viewed by the social partners in Europe, Luxembourg.
Regalia,I./Gill,C. (1995): The position of the social partners in Europe on direct participation. Country studies: Volume I, Dublin.
Rehfeldt,U. (1994): Die Europäischen Betriebsräte - Bilanz der französischen Initiativen. In: Lecher,W.Platzer,H.-W. (Hg.): Europäische Union - Europäische

Arbeitsbeziehungen? Nationale Voraussetzungen und internationaler Rahmen, Köln: 273-291.

Rehfeldt,U. (1998): Der Renauld-Vilvoorde-Konflikt und seine Bedeutung für die europäische Gewerkschaftspolitik. In: WSI-Mitteilungen 51: 450-459.

Reichardt,W. (1994): Die Karriere des Subsidiaritätsprinzips in der Europäischen Gemeinschaft. In: Österreichische Zeitschrift für Politikwissenschaft 23: 53-66.

Reissert,B. (1992): Thesen zum Reformbedarf der Arbeitsmarktpolitik im Europäischen Binnenmarkt. In: WSI-Mitteilungen 45: 467-471.

Rhein,Th. (1994): Europäische Währungsunion: Mögliche Konsequenzen für Beschäftigung und Lohn. In: MittAB 27: 372-378.

Rhodes,M. (1991): The social dimension of the Single European Market: National versus transnational regulation. In: European Journal of Political Research 19: 245-280.

Rhodes,M. (1992): The future of the "social dimension": Labour market regulation in post-1992 Europe. In: Journal of Common Market Studies 30: 21-51.

Rhodes,M. (1995): A regulatory conundrum: Industrial relations and the social dimension. In: Leibfried,St./Pierson,P. (eds.): European social policy. Between fragmentation and integration, Washington: 78-122.

Richard,O. (1995): Directive 94/95/EC - outlook for application in companies. In: Transfer. European Review of Labour and Research 1: 252-257.

Richardson,J. (1996): Eroding EU policies: Implementation gaps, cheating and re-steering. In: Richardson,J. (ed.): European Union: Power and policy-making, London: 278-294.

Rivest,Ch. (1996): Voluntary European works councils. In: European Journal of Industrial Relations 2: 235-253.

Roberts,I. (1992): Industrial relations and the European Community. In: Industrial Relations Journal 23: 3-13.

Roberts,I. (1993): Where are European works councils? - An update. In: Industrial Relations Journal 24: 178-181.

Roethig,O. (1995): ETUC and trade unions in Europe. In: Greenwood,J. (ed.): European casebook on business alliances, Oxford: 271-283.

Ross,G. (1992): Confronting the new Europe. In: New Left Review 191: 49-68.

Ross,G. (1995): Assessing the Delors Era and social policy. In: Leibfried,St./ Pierson,P. (eds.): European social policy. Between fragmentation and integration, Washington: 357-388.

Roth,Chr. (1998): Beschäftigung. In: Bergmann,J./Lenz,C. (Hg.): Der Amsterdamer Vertrag: eine Kommentierung der Neuerungen des EU- und EG-Vertrages, Köln: 73-91.

Rothstein,J. (1997): The European Works Councils Directive: A first step or the final word? In: IRRA (ed.): Proceedings of the 49th Annual Meeting, Madison: 368-376.

Runggaldier,U. (1998): Der neue Beschäftigungstitel des EG-Vertrages und die Übernahme des "Sozialabkommens" in den EG-Vertrag. In: Hummer,W. (Hg.): Die Europäische Union nach dem Vertrag von Amsterdam, Wien: 197-217.

Sachverständigengruppe "European Systems of Worker Involvement" (with regard to the European Company Statute and the other pending proposals) (1997): Abschlußbericht Mai 1997.

Sachverständigenrat zur Begutachtung der gesamtwirtschaftlichen Entwicklung (1995): Jahresgutachten 1995/96 "Im Standortwettbewerb", Stuttgart.

Sachverständigenrat zur Begutachtung der gesamtwirtschaftlichen Entwicklung (1997): Jahresgutachten 1996/1997 "Reformen voranbringen", Stuttgart.

Sachverständigenrat zur Begutachtung der gesamtwirtschaftlichen Entwicklung (1998): Jahresgutachten 1998/99 "Vor weitreichenden Entscheidungen", Stuttgart.

Sachverständigenrat zur Begutachtung der gesamtwirtschaftlichen Entwicklung (1999): Jahresgutachten 1999/2000 "Wirtschaftspolitik unter Reformdruck", Stuttgart.

Sadowski,D. (1993a): Die Binnenmarktwanderung in der Europäischen Gemeinschaft: Immobilität trotz sinkender Barrieren? In: Buttler,Fr./Reiter,H./Günther, H./Wanka,R. (Hg.): Europa und Deutschland - Festschrift für Heinrich Franke, Stuttgart: 483-490.

Sadowski,D. (1993b): The effect of European integration on national industrial relations systems: The ambiguous case of Germany, Institut für Arbeitsrecht und Arbeitsbeziehungen in der Europäischen Gemeinschaft, Quint-Essenzen Nr.29.

Sargent,J.A. (1985): Corporatism and the European community. In: Grant,W. (ed.): The political economy of corporatism, London: 229-253.

Sbragia,A.M. (ed.) (1992a): Euro-politics. Institutions and policymaking in the "new" European community, Washington, D.C.

Sbragia,A.M. (1992b): Introduction. In: Sbragia,A.M. (ed.) (1992a): Euro-politics. Institutions and policymaking in the "new" European community, Washington, D.C: 14.

Scharpf,F. (1988): The joint-decision trap: Lessons from German federalism and European integration. In: Public Administration Review 66: 239-278.

Scharpf,F. (1991): Die Handlungsfähigkeit des Staates am Ende des zwanzigsten Jahrhunderts. In: PVS 32: 621-634.

Scharpf,F. (1995): Europa nach Maastricht: Markt ohne Demokratie? In: Wirtschaftsdienst 75: 85-93.

Scharpf,F. (1996a): Mehrebenenpolitik im vollendeten Binnenmarkt. In: Jahrbuch zur Staats- und Verwaltungswissenschaft 8: 351-377.

Scharpf,F. (1996b): Politische Optionen im vollendeten Binnenmarkt. In: Jachtenfuchs,M./Kohler-Koch,B. (Hg.): Europäische Integration, Opladen: 109-140.

Scharpf,F. (1996c): Negative and positive integration in the political economy of European welfare states. In: Marks,G./Scharpf,F.W./Schmitter,P.C./Streeck,W. (eds.): Governance in the European Union, London: 15-39.

Scharpf,F. (1998): Demokratie in der transnationalen Politik. In: Beck,U. (Hg.): Politik der Globalisierung, Frankfurt: 228-253.

Scharpf,F. (1999): Demokratieprobleme in der europäischen Mehrebenenpolitik. In: Merkel,W./Busch,A. (Hg.) Demokratie in Ost und West. Für Klaus von Beyme, Frankfurt am Main: 672-694.

Scherl,H. (1993): Arbeitnehmermitbestimmung in der Europäischen Gemeinschaft. Perspektiven einer Angleichung durch eine europäische Sozialpolitik? In: Kleinhenz,G. (Hg.): Soziale Integration in Europa I, Berlin: 131-178.

Schmähl,W. (Hg.) (1990): Soziale Sicherung im EG-Binnenmarkt. Aufgaben und Probleme aus deutscher Sicht, Baden-Baden.

Schmid,G. (1995): Europas Arbeitsmärkte im Wandel. Institutionelle Integration oder Vielfalt? In: Bentele,K./Reissert,R./Schettkat,R. (Hg.): Die Reformfähigkeit

von Industriegesellschaften. Fritz W. Scharpf, Festschrift zu seinem 60. Geburtstag, Frankfurt-New York: 250-276.
Schmid,H./v. Dosky,D. (1990): Ökonomik des Arbeitsmarktes, Band 2, Problembereiche und Lösungsansätze, Bern-Stuttgart.
Schmidt,M. (1992): Die Richtlinienvorschläge der Kommission der Europäischen Gemeinschaft zu den atypischen Beschäftigungsverhältnissen, Baden-Baden.
Schmidt,M. (1998): Sozialpolitik in Deutschland. Historische Entwicklung und internationaler Vergleich, 2.Aufl. Opladen.
Schmidt,R./Trinczek,R. (1999): Der Betriebsrat als Akteur der industriellen Beziehungen. In: Müller-Jentsch,W. (Hg.): Konfliktpartnerschaft. Akteure und Institutionen der industriellen Beziehungen, 3.Aufl., München-Mering: 103-128.
Schneider,W. (1991): Betriebsverfassungsrecht. In: Kittner,M. (Hg.): Gewerkschaftsjahrbuch 1991. Daten, Fakten, Analysen, Köln: 423-431.
Schoenaich-Carolath,A.-F. (1996): Sozialer Dialog auf europäischer Ebene 1995. In: Der Arbeitgeber, unveröffentlichtes Ms., Köln.
Schoenaich-Carolath,A.-F. (1998): Die Rolle des Sozialen Dialogs auf europäischer Ebene aus der Sicht der Arbeitgeber. In: Pitschas,R. (Hg.): Sozialer Dialog für Europa: Vorträge und Berichte einer Internationalen Beschäftigungskonferenz an der Deutschen Hochschule für Verwaltungswissenschaften Speyer, München: 283-288.
Schöffler,E. (1998): Die Implementation der Euro-Betriebsrat-Richtlinie in nationales Recht. Eine empirische Untersuchung am Beispiel des deutschen Gesetzes über Europäische Betriebsräte, Verwaltungswissenschaftliche Diplomarbeit, Konstanz.
Schömann,K. (1995): Active labour market policy in the European Union, Discussion Paper FS I 95-201, Wissenschaftszentrum Berlin für Sozialforschung.
Schönfelder,W./Silberberg,R. (1997): Der Vertrag von Amsterdam: Entstehung und erste Bewertung, Integration 20: 203-210.
Schubert,L. (1989): Der Binnenmarkt 1992 - Chance und Herausforderung. In: WSI-Mitteilungen 42: 566-575.
Schubert,L. (1997): Wachstum, Beschäftigung und Konvergenz. Die wirtschaftliche Grundlage der Sozialpolitik in der europäischen Gemeinschaft: eine Synthese. In: Schmähl,W./Rische,H. (Hg.): Europäische Sozialpolitik, Baden-Baden, 59-89.
Schulte,B. (1993): Das Recht und die Organisation europäischer Sozialpolitik. In: Schäfers, B. (Hg.): Lebensverhältnisse und soziale Konflikte im neuen Europa. Verhandlungen des 26. Deutschen Soziologentages in Düsseldorf 1992, Frankfurt-New York: 240-249.
Schulten,T. (1992): Internationalismus von unten: Europäische Betriebsräte in transnationalen Konzernen, Marburg.
Schulten,T. (1995): "Europäische Betriebsräte" - Stand und Perspektiven einer europaweiten Regulierung der Arbeitsbeziehungen auf der Ebene transnationaler Konzerne. In: Mesch,M. (Hg.): Sozialpartnerschaft und Arbeitsbeziehungen in Europa, Wien: 335-363.
Schulten,T. (1997): Europäische Modernisierungskoalitionen? Der Beitrag Europäischer Betriebsräte zur Neuordnung der Arbeitsbeziehungen in Europa. In: Flecker,J. (Hg.): Jenseits der Sachzwanglogik. Arbeitspolitik zwischen Anpassungsdruck und Gestaltungschancen, Berlin: 71-102.
Schulten,T. (1998a): Tarifpolitik unter den Bedingungen der Europäischen

Währungsunion - Überlegungen zum Aufbau eines tarifpolitischen Mehr-Ebenen-Systems am Beispiel der westeuropäischen Metallindustrie. In: WSI-Mitteilungen 51: 482-493.

Schulten,T. (1998b): Perspektive nationaler Kollektivvertragsbeziehungen im integrierten Europa. In: Kohler-Koch,B. (Hg.): Regieren in entgrenzten Räumen, Opladen-Wiesbaden: 145-168.

Schulten,T. (1999): Europäisierung der Tarifpolitik - Der Koordinierungsansatz des Europäischen Metallgewerkschaftsbundes (EMB). In: Schulten,T./Bispinck,R. (Hg.): Tarifpolitik unter dem EURO. Perspektiven einer europäischen Koordinierung: das Beispiel Metallindustrie, Hamburg: 197-226.

Schulten,T./Bispinck,R. (Hg.) (1999): Tarifpolitik unter dem EURO. Perspektiven einer europäischen Koordinierung: das Beispiel Metallindustrie, Hamburg.

Schulz,O. (1996): Maastricht und die Grundlagen einer Europäischen Sozialpolitik. Der Weg - die Verhandlungen - die Ergebnisse - die Perspektiven, Köln-Berlin.

Seideneck,P. (1993): Vertiefung oder Erweiterung? Zu aktuellen Problemen der europäischen Gewerkschaftspolitik. In: Gewerkschaftliche Monatshefte 44: 543-552.

Seitel,H.-P. (1995): Europäische Betriebsräte als Ergänzung konkurrierender Arbeitsmarkt- und Sozialsysteme? In: Oberender,P./Streit,M.E. (Hg.): Europas Arbeitsmärkte im Integrationsprozeß, Baden-Baden: 217-251.

Shapiro,M. (1992): The European court of justice. In: Sbragia,A.M. (ed.): Europolitics. Institutions and policymaking in the "new" European community, Washington, D.C: 123-156.

Siebert,W.St. (1997): Overview of European labour markets. In: Addison,J.T./ Siebert,W.St. (eds.): Labour markets in Europe, London: 229-243.

Silvia,St.J. (1991): The social charta of the European community: A defeat for European labor. In: Industrial and Labor Relations Review 44: 626-643.

Sisson,K. (1991): Employers' organisations and industrial relations: The significance of the strategies of large companies. In: Sadowski,D./Jacobi,O. (eds.): Employers' associations in Europe: Policy and organisation, Baden-Baden: 145-168.

Sisson,K./Waddington,J./Whitston,C. (1992): The structure of capital in the European community: The size of companies and the implications for industrial relations. Warwick Papers in Industrial Relations, No 38.

Smith,J.G. (1994): Policies to reduce European unemployment, In: Michie,J./ Smith,J.G. (eds.): Unemployment in Europe, London: 259-275.

Sohinger,J./Rubinfeld,D. (1993): European labor markets: The Eastern dimension. In: Ulman,L./Eichengreen,B./Dickens,W.T. (eds.): Labor and an integrated Europe, Washington: 271-286.

Soltwedel,R. et al. (1990): Regulierungen auf dem Arbeitsmarkt der Bundesrepublik, Tübingen.

Sörries,B. (1995): Die autonome Regelungskompetenz der europäischen Sozialpartner im Rahmen des Sozialen Dialogs. Eine empirische Untersuchung am Beispiel der Nahrungsmittel- und Bauindustrie, Verwaltungswissenschaftliche Diplomarbeit, Konstanz.

Sörries,B. (1997): Die Entsenderichtlinie: Entscheidungsprozeß und Rückkopplungen im Mehrebenensystem. In: Industrielle Beziehungen 4: 125-149.

Sörries,B. (1998): Fortschritte in der Europäischen Sozialpolitik? Das Sozialabkommen und der Soziale Dialog: eine Zwischenbilanz. In: Sozialer Fortschritt

47: 303-308.
Sörries,B. (1999): Europäisierung der Arbeitsbeziehungen: Der Soziale Dialog und seine Akteure, München-Mering.
Sörries,B./Bansbach,M. (1999): Ergebnisse und Perspektiven des europäischen sozialen Dialogs im Telekommunikationssektor. In: WSI-Mitteilungen 52: 723-731.
Soskice,D. (1994): Der Arbeitsmarkt in der Europäischen Gemeinschaft in den 90er Jahren. In: Europäische Kommission (Hg.): Europäische Integration und der europäische Arbeitsmarkt, Beiheft 1/94, Luxemburg: 69-90.
Sperlich,J. (1998): Das Beschäftigungskapitel im Amsterdamer Vertrag: Möglichkeiten und Grenzen einer europäischen Arbeitsmarktpolitik, Verwaltungswissenschaftliche Diplomarbeit, Konstanz.
Sperling,I. (1989): Zu den Arbeitsmarktwirkungen des EG-Binnenmarktes. In: Mayer,O.G./Scharrer,H.-E./Schmahl,H.-J. (Hg.): Der Europäische Binnenmarkt. Perspektiven und Probleme, Hamburg: 313-339.
Stahl,G. (1992): Auswirkungen der deutschen Einigung auf den EG-Haushalt. In: Arbeit und Sozialpolitik 46: 12-18.
Steinkühler,F. (Hg.) (1989): Europa '92. Industriestandort oder sozialer Lebensraum, Hamburg.
Steinmeyer,H.-D. (1997): Akteure, Instrumente und Maßnahmen europäischer Sozialpolitik - Ein Überblick. In: Schmähl,W./Rische,H. (Hg.): Europäische Sozialpolitik, Baden-Baden: 39-57.
Stiller,K.P. (1991): Europäische Tarifverträge als Instrumente der sozialen Integration der Gemeinschaft. In: Zeitschrift für ausländisches und internationales Arbeits- und Sozialrecht 5: 194-222.
Stöckl,I. (1986): Gewerkschaftsausschüsse in der EG. Die Entwicklung der transnationalen Organisation und Strategie der europäischen Fachgewerkschaften und ihre Möglichkeiten zur gewerkschaftlichen Interessenvertretung im Rahmen der Europäischen Gemeinschaft, Kehl-Straßburg-Arlington.
Story,J. (1990): Social Europe: Ariadne's thread. In: Journal of European Integration 13: 151-165.
Straubhaar,Th. (1988): International labour migration within a common market - some aspects of EC experience. In: Journal of Common Market Studies 27: 45-62.
Straubhaar,Th. (1994): Ökonomische Bedeutung grenzüberschreitender Arbeitsmigration. In: Weidenfeld,W./Höhnekopp,E./Konle-Seidl,R./Walwei,U./Werner, H. (Hg.): Europäische Integration und Arbeitsmarkt. Grundfragen und Perspektiven, Nürnberg: 195-222.
Streeck,W. (1989): The social dimension of the European economy. Paper prepared for the 1989 meeting of the Andrew Shonfield Association, Florence, September 14-15, 1989, Ms. Madison.
Streeck,W. (1991): More uncertainties: German unions facing 1992. In: Industrial Relations 30: 317-349.
Streeck,W. (1992): National diversity, regime competition and institutional deadlock: Problems in forming a European industrial relations system. In: Journal of Public Policy 12: 301-330.
Streeck,W. (1993a): The rise and decline of neocorporatism. In: Ulman,L./ Eichengreen,B./Dickens,W.T. (eds.): Labor and an integrated Europe, Washington: 80-99.

Streeck,W. (1993b): The social dimension of the European economy. In: Mayes,D. (ed.): Public interest and market pressures. Problems posed by Europe 1992, Basingstoke: 98-157.

Streeck,W. (1994): European social policy after Maastricht: The "social dialogue" and "subsidiarity". In: Economic and Industrial Democracy 15: 151-177.

Streeck,W. (1995): Neo-voluntarism: A new European social policy regime? In: European Law Journal 1: 31-59.

Streeck,W. (1996a): Neo-voluntarism: A new European social policy regime? In: Marks,G./Scharpf,F.W./Schmitter,P.C./Streeck,W. (eds.): Governance in the European Union, London: 64-94.

Streeck,W. (1996b): Die Ent-Zivilisierung des Kapitalismus. Gewerkschaften zwischen Nationalstaat und Europäischer Union. In: Internationale Politik und Gesellschaft 3: 357-367.

Streeck,W. (1997): Citizenship under regime competition: The case of the „European Work Council“, European University Institute, Florence.

Streeck,W. (1998): Gewerkschaften zwischen Nationalstaat und Europäischer Union. In: WSI-Mitteilungen 51: 1-14.

Streeck,W. (1999): Competitive solidarity: Rethinking the „European Social Model“. Presidential Address, 11th Annual Meeting on Socio-Economics, Society for the Advancement of Socio-Economics (SASE), June 8 to 11, 1999, Madison, Wisconsin.

Streeck,W./Schmitter,Ph.C. (1991): From national corporatism to transnational pluralism: Organized interests in the single European market. In: Politics and Society 19: 133-164.

Streeck,W./Vitols,S. (1993): European works councils: Between statutory enactment and voluntary adoption, WZB Discussion Paper FS I 93-312, Berlin.

Suntum,U.v. (1992): Wettbewerb und Wachstum im europäischen Binnenmarkt. In: Aus Politik und Zeitgeschichte B7-8/92: 13-22.

Teague,P. (1989a): Constitution or regime? The social dimension to the 1992 project. In: British Journal of Industrial Relations 27: 310-329.

Teague,P. (1989b): The European community: The social dimension. Labor market policies for 1992, London.

Teague,P. (1989c): European Community labour market harmonisation. In: Journal of Public Policy 9: 1-33.

Teague,P. (1993): Between convergence and divergence: Possibilities for a European Community system of labour market regulation. In: International Labour Review 132: 391-406.

Teague,P. (1994): Between new Keynesianism and deregulation: employment policy in the European Union. In: Journal of European Public Policy 1: 315-345.

Teague,P./Grahl,J. (1990): 1992 and the emergence of a European industrial relations areas. In: Journal of European Integration 13: 167-183.

Teague,P./Grahl,J. (1992): Industrial relations and European integration, London.

Tegtmeier,W. (1993): Wandel in Europa als Herausforderung für die Arbeitsmarkt- und Sozialpolitik. In: Buttler,F./Franke,H. (Hg.): Europa und Deutschland: Zusammenwachsende Arbeitsmärkte und Sozialräume. Festschrift für Heinrich Franke zum 65. Geburtstag, Stuttgart: 313-324.

Tegtmeier,W. (1999): Weiterentwicklung der koordinierten Beschäftigungsstrategie durch einen europäischen Beschäftigungspakt. In: Zentrum für Europäisches Wirtschaftsrecht (Hg.): Tagung Koordinierte Beschäftigungsstrategie - Sozialpolitische Neuerungen durch den Vertrag von Amsterdam, Bonn: 49-58.

Tessaring,M. (1990): Das deutsche Bildungssystem und der EG-Binnenmarkt. In: Buttler,F./Walwei,U./Werner,H. (Hg.): Arbeits- und Sozialraum im Europäischen Binnenmarkt, Nürnberg: 89-112.

Thiel,E. (1992): Europäische Wirtschafts- und Währungsunion. Von der Marktintegration zur politischen Integration. In: Aus Politik und Zeitgeschichte B7-8/92: 3-11.

Thom,G. (1992): The Single European Market and labour mobility. In: Industrial Relations Journal 23: 14-25.

Tidow,St. (1998): Europäische Beschäftigungspolitik. Die Entstehung eines neuen Politikfeldes: Ursachen, Hintergründe und Verlauf des politischen Prozesses. Forschungsgruppe Europäische Gemeinschaften Arbeitspapier Nr.18, Marburg.

Tietmeyer,H. (1995): Auf dem Weg zur Währungsunion: Wo stehen wir? In: Gerken,L. (Hg.): Europa zwischen Ordnungswettbewerb und Harmonisierung. Europäische Ordnungspolitik im Zeichen der Subsidiarität, Berlin: 137-147.

Timmesfeld,A. (1994): Chancen und Perspektiven europäischer Kollektivverhandlungen. Zur Bedeutung nationaler Interessendivergenzen für die kollektive Handlungsfähigkeit europäischer Dachverbände, Baden-Baden.

Towers,B. (1992): Two speed ahead: social Europe and the UK after Maastricht. In: Industrial Relations Journal 23: 83-89.

Traxler,F. (1993): Tendenzen der Einkommens- und Kollektivvertragspolitik in Westeuropa. In: Wirtschaft und Gesellschaft 19: 491-495.

Traxler,F. (1995): Farewell to labour market associations? Organized versus disorganized decentralization as a map for industrial relations. In: Crouch,C./ Traxler,F. (eds.): Organized industrial relations in Europe: What future?, Aldershot: 3-19.

Traxler,F. (1996a): European trade union policy and collective bargaining - mechanisms and levels of labour market regulation in comparison. In: Transfer. European Review of Labour and Research 2: 287-297.

Traxler,F. (1996b): Collective bargaining and industrial change: A case of disorganisation? A comparative analysis of eighteen OECD countries. In: European Sociological Review 12: 271-287.

Traxler,F. (1997): Der Flächentarifvertrag in der OECD. Entwicklung, Bestandsbedingungen und Effekte. In: Industrielle Beziehungen 4: 101-124.

Traxler,F. (1998a): Employers and employer organisations. In: Industrial Relations Journal. European Annual Review 1997: 99-111.

Traxler,F. (1998b): Nationale Tarifsysteme und wirtschaftliche Internationalisierung. Zur Positionierung des "Modell Deutschland" im internationalen Vergleich. In: WSI-Mitteilungen 51: 249-255.

Traxler,F./Schmitter,Ph.C. (1995): Arbeitsbeziehungen und europäische Integration. In: Mesch,M. (Hg.): Sozialpartnerschaft und Arbeitsbeziehungen in Europa. Wien: 231-256.

Treu,T. (1992): Tripartite social policy-making: An overview. In: Treu,T. (ed.): Participation in public policy-making: The role of trade unions and employers associations, Berlin-New York: 1-25.

Treu,T. (1994): European collective bargaining levels and competencies of the social parties, Ms. Milan.

Treu,T. (1996): European Collective Bargaining Levels and the Competences of Social Partnerns. In: Davies,P./Lyon-Caen,A./Sciarra,S./Simitis,S. (eds.): European Community Labour Law. Principles and Perspectives. Liber Amicorum Lord Wedderburn of Charlton, Oxford: 169-187.

Treu,T. (1997): The role of a European social policy. IIRA Fifth European Regional Congress, Dublin - 26 August 1997, Presidential Address, Dublin.

Treu,T./Biagi,M. (1998): The Role of a European Social Policy. In: Blanpain,R. (ed.): Labour Law and Industrial Relations in the European Union. Bulletin of Comparative Labour Relations No. 32, The Hague: 213-219.

Tsoukalis,L. (1997): The new European economcy revisited, 3rd ed., Oxford-New York.

Tsoukalis,L. (1998): The European Agenda: Issues of Globalization, Equity and Legitimacy, Jean Monnet Chair Papers 98/49, San Domenico.

TUC (1995): A trade unionists' guide to European Works Councils, London.

Turner,L. (1991): Democracy at work. Changing world markets and the future of labor unions, Ithaca-London.

Turner,L. (1993a): Beyond national unionism? Crossnational labor collaboration in the European community. Discussion Paper FS I 93-203. Wissenschaftszentrum Berlin für Sozialforschung.

Turner,L. (1993b): Prospect for worker participation in management in the single market. In: Ulman,L/Eichengreen,B./Dickens,W.T. (eds.): Labor and an integrated Europe, Washington: 45-79.

Tyszkiewicz,Z. (1999): The European social dialogue 1985-1998: a personal view. In: Gabaglio,E./Hoffmann,R. (eds.): European Trade Union Yearbook 1998, Brussels: 35-46.

Uhl,H.-J. (1991): Perspektiven einer europäischen Betriebsvertretung. In: Heinemann,H. (Hg.): Das kollektive Arbeitsrecht in der Europäischen Gemeinschaft. Dokumentation einer Fachtagung des Arbeitskreises Europäisches Sozialrecht und des Ministeriums für Arbeit, Gesundheit und Soziales Nordrhein-Westfalen, Berlin: 141-151.

Ullmann,H./Walwei,U./Werner,H. (1990): Etappen und Probleme der Vollendung des Europäischen Binnenmarktes. In: Buttler,F./Walwei,U./Werner,H. (Hg.): Arbeits- und Sozialraum im Europäischen Binnenmarkt, Nürnberg: 22-44.

UNICE (1993): European Employers Network (E.E.N.). Amended version, Brussels.

UNICE (o.J.): The Voice of Business in Europe, Brussels.

v. Maydell,B. (1990): Die vorgeschlagenen Regeln zur Mitbestimmung für eine Europäische Aktiengesellschaft. In: Die Aktiengesellschaft 35: 442-448.

Van den Toren, J.P. (1999): Can European industrial relations countervail economic and monetary integration? Paper presented at the 4th ESA Conference, Amsterdam.

Van Kersbergen,K./Verbeek,B. (1994): The politics of subsidiarity in the European Union. In: Journal of Common Market Studies 32: 215-236.

Van Ruysseveldt,J./Huiskamp,R./van Hoof,J. (eds.) (1995): Comparative industrial relations and employment relations, London.

Van Schendelen,M.P. (ed.) (1993): National public and private EC lobbying, Dartmouth-Aldershot.

Villeneuve,R. (1997): The role of the public services in building European citizenship. In: Transfer. European Review of Labour and Research 3: 98-118.

Vogler-Ludwig,K. (1989): Europäischer Binnenmarkt und Beschäftigung - ein Problemaufriß, Nürnberg.
Volkmann,G. (1989): EG-Binnenmarkt 1992 - Standortdiskussion, Europastrategien der Unternehmen und Arbeitnehmerinteressen. In: WSI-Mitteilungen 42: 543-549.
Volle,A. (1989): Der Wandel Großbritanniens vom zögernden Außenseiter zum widerspenstigen Partner in der Europäischen Gemeinschaft. In: Aus Politik und Zeitgeschichte B3/89: 30-43.
Wahl,Ch. (1996): Die Beteiligung von Arbeitgeberorganisationen und Gewerkschaften an der Ausgestaltung einer europäischen Sozialpolitik. Der Soziale Dialog in der EU in den Verkehrssektoren Straße, Schiene und Binnenschiffahrt, Verwaltungswissenschaftliche Diplomarbeit, Konstanz.
Walton,R.E./McKersie,R.B. (1991): A behavioral theory of labor negotiations. An analysis of a social interaction system, 2nd ed. Ithaca.
Walwei,U. (1990): Arbeits- und Sozialrecht im Europäischen Binnenmarkt. In: Buttler,F./Walwei,U./Werner,H. (Hg.): Arbeits- und Sozialraum im Europäischen Binnenmarkt, Nürnberg: 45-68.
Walwei,U. (1993a): Atypische Beschäftigungsformen in EG-Ländern. In: WSI-Mitteilungen 46: 584-593.
Walwei,U. (1993b): Die soziale Dimension der europäischen Integration. Bestandsaufnahme der bisherigen Vorhaben und Konsequenzen für die Arbeitsverwaltungen. In: Arbeit und Sozialpolitik 47: 47-59.
Walwei,U. (1993c): On the free movement of labour in the EC: Figures, tendencies and problems. Paper presented at the SASE-Conference in New York City, March 26-28.
Walwei,U. (1994): Freizügigkeit und Arbeitskräftewanderungen in der EU - Regulierungen, Entwicklungen und Perspektiven. In: Böck,R./Sadowski,D. (Hg.): Die internationale Regulierung von Arbeit: Europäische Innovation trotz Kompetenzmangels und Deregulierungswettbewerb, SAMF-Arbeitspapier 1994-7, Gelsenkirchen: 131-142.
Walwei,U. (1997): Sozialpolitisch relevante Auswirkungen der vier Grundfreiheiten des europäischen Binnenmarktes auf den Arbeitsmarkt. In: Schmähl,W./ Rische,H. (Hg.): Europäische Sozialpolitik, Baden-Baden: 129-160.
Walwei,U. (1998): Die Europäisierung der nationalen Arbeitsmärkte, Ms. Nürnberg.
Walwei,U. (1999a): Nationale und europäische Wege zu mehr Beschäftigung: Zu den Möglichkeiten und Grenzen einer europäischen Beschäftigungspolitik. In: Sozialer Fortschritt 48: 135-141.
Walwei,U. (1999b): Das Beschäftigungsproblem - nationale und europäische Antworten. In: Arbeit und Sozialpolitik 53: 32-43.
Walwei,U./Konle-Seidl,R./Ullmann,H. (1991): Atypische Beschäftigungsformen und Arbeitszeiten im EG-Vergleich. In: Walwei,U./Werner,H. (Hg.): Beschäftigungsaspekte und soziale Fragen des EG-Arbeitsmarktes, Nürnberg: 30-71.
Walwei,U./Werner,H. (1991): Soziale Sicherung bei Arbeitslosigkeit im Europäischen Binnenmarkt - Konsequenzen für die Bundesrepublik Deutschland? In: Walwei,U./Werner,H. (Hg.): Beschäftigungsaspekte und soziale Fragen des EG-Arbeitsmarktes, Nürnberg: 72-88.
Walwei,U./Werner,H. (1992): Europäische Integration: Konsequenzen für Arbeitsmarkt und Soziales. In: MittAB 25: 483-498.

Weber,T. (1997): Framework agreement in agriculture: a milestone in the European social dialogue. In: Eironline, September 1997 (http://www.eiro.eurofound.ie/1997/09/Features/eu9709145f.html).

Weber,T. (1998): The sectoral social dialogue in transport: Working time firmly on top of the agenda. In: Eironline, August 1998 (http://www.eiro.eurofound.ie/1998/08/features/eu9808122f.html).

Weber,T. (1999a): Managerial and professional unions agree to co-operate in European social dialogue. In: Eironline, August 1999 (http://www.eiro.eurofound.ie/1999/08/features/eu 9908186f.html).

Weber,T. (1999b): New era in sectoral social dialogue takes shape. In: Eironline, February 1999 (http://www.eiro.eurofound.ie/1999/02/Features/eu9902150f.html).

Weber,T./Foster,P. (1999): Commission proposes Directives to end exclusion of sectors from working time Directive. In: Eironline, January 1999 (http://www.eiro.eurofound.ie/1999/01/Features/eu9901144f.html).

Weiler,J.H.H. (1992): After Maastricht: Community legitimacy in post-1992 Europe. In: Adams,W.J. (ed): Singular Europe. Economy and polity of the European Community after 1992, Ann Arbor: 11-41.

Weiler,P.C. (1990): Governing the workplace. The future of labor and employment law, Cambridge.

Weindl,J. (1993): Europäische Gemeinschaft, München-Wien.

Weiss,M. (1990): Arbeitnehmerrechte und Europäischer Binnenmarkt. Eine Skizze aus deutscher Sicht. In: Deubner,Chr. (Hg.): Europäische Einigung und soziale Frage. Möglichkeiten europäischer Sozialpolitik, Frankfurt: 143-154.

Weiss,M. (1992a): The significance of Maastricht for European community social policy. In: International Journal of Comparative Labour Law and Industrial Relations 8: 3-14.

Weiss,M. (1992b): Die Bedeutung von Maastricht für die EG-Sozialpolitik. In: Däubler,W./Bobke,M./Kehrmann,K. (Hg.): Arbeit und Recht. Festschrift für Albert Gnade zum 65. Geburtstag, Köln: 583-596.

Weiss,M. (1992c): Europäische Betriebsräte. In: Zeitschrift für Rechtspolitik 25: 422-426.

Weiss,M. (1994): Der soziale Dialog als Katalysator koordinierter Tarifpolitik in der EG. In: Heinze,M./Söllner,A. (Hg.): Arbeitsrecht in der Bewährung. Festschrift für Otto Rudolf Kissel zum 65. Geburtstag, München: 1253-1267.

Weiss,M. (1995a): Arbeitnehmermitwirkung in der europäischen Gemeinschaft. In: Farthmann,F./Hanau,P./Isenhardt,U./Preis,U. (Hg.): Arbeitsgesetzgebung und Arbeitsrechtsprechung. Festschrift zum 70.Geburtstag von Eugen Stahlhacke, Neuwied: 657-673.

Weiss,M. (1995b): Die Umsetzung der Richtlinie über Europäische Betriebsräte. In: Arbeit und Recht 43: 438-444.

Weiss,M. (1995c): Germany. In: Blanpain,R./Hanami,T. (eds.): European works councils. The implementation of the European Directive, Leuven: 150-163.

Weiss,M. (1995d): Labour law and industrial relations in Germany, 2nd ed. Deventer.

Weiss,M. (1996): Workers' participation in the European Union. In: Davies,P./Lyon-Caen,A./Sciarra,S./Simitis,S. (eds.): European community labour law: Principles and perspectives, Oxford: 213-235.

Weiss,M. (1998a): Fundamental social rights for the European Union. In: Blanpain,R. (ed.): Bulletin of Comparative Labour Law and Industrial Relations in the European Union, The Hague: 197-211.

Weiss,M. (1998b): Zur künftigen Rolle der Europäischen Union im Arbeitsrecht. In: Hanau,P./Wiese,G. (Hg.): Festschrift für Günther Wiese zum 70.Geburtstag, Neuwied: 633-648.

Weiss,M. (1998c): Germany. In: Blanpain,R. (ed.): Labour law and industrial relations in the European Union, The Hague: 79-87.

Wendeling-Schröder,U. (1991): Mitbestimmung auf Unternehmensebene und gesamtwirtschaftliche Mitbestimmung. In: Kittner,M. (Hg.): Gewerkschaftsjahrbuch 1991. Daten, Fakten, Analysen, Köln: 411-422.

Wendeling-Schröder,U. (1992): Mitbestimmung auf Unternehmensebene und gesamtwirtschaftliche Mitbestimmung. In: Kittner,M. (Hg.): Gewerkschaftsjahrbuch 1992. Daten, Fakten, Analysen, Köln: 411-420.

Wendon,B. (1998): The Commission as image-venue entrepreneur in EU social policy. In: Journal of European Public Policy 5: 339-353.

Werner,H. (1990): Die Freizügigkeit der Arbeitskräfte und der EG-Binnenmarkt - Konsequenzen für den Arbeitsmarkt. In: Buttler,F./Walwei,U./Werner,H. (Hg.): Arbeits- und Sozialraum im Europäischen Binnenmarkt, Nürnberg: 113-121.

Werner,H. (1991): Die deutsche Einigung, die europäische Integration und die Vollendung des Europäischen Binnenmarktes. In: Walwei,U./Werner,H. (Hg.): Beschäftigungsaspekte und soziale Fragen des EG-Arbeitsmarktes, Nürnberg: 141-153.

Werner,H. (1994a): Wirtschaftlicher Wandel, Arbeitsmarkt und Wanderungsbewegungen im europäischen Arbeitsmarkt. In: Europäische Kommission (Hg.): Soziales Europa. Europäische Integration und der europäische Arbeitsmarkt, Beiheft 1/94, Luxemburg: 47-68.

Werner,H. (1994b): Wirtschaftliche Integration und Arbeitskräftewanderungen: Das Beispiel Europa. In: MittAB 27: 232-245.

Werner,H./Walwei,U. (1992): Zur Freizügigkeit für Arbeitskräfte in der EG. Bildungsabschluß und Beschäftigung von EG-Arbeitnehmern aus der Sicht der Unternehmen. In: MittAB 25: 1-12.

Willemsen,H.J./Hohenstatt,K.-S. (1995): Chancen und Risiken von Vereinbarungen gemäß Artikel 13 der "Euro-Betriebsrat"- Richtlinie. In: Neue Zeitschrift für Arbeitsrecht 12: 399-403.

Wincott,D. (1996): The Court of Justice and the European policy process. In: Richardson,J. (ed.): European Union: Power and policy-making, London-New York: 170-184.

Windhoff-Héritier,A. (1987): Policy-Analyse. Eine Einführung, Frankfurt-New York.

Windhoff-Héritier,A. (Hg.) (1993): Policy-Analyse. Kritik und Neuorientierung, Opladen.

Windmuller,J.P./Gladstone,A. (eds.) (1984): Employers associations and industrial relations, Oxford.

Windolf,P. (1992): Mitbestimmung und "corporate control" in der Europäischen Gemeinschaft. In: Kreile,M. (Hg.): Die Integration Europas, Opladen: 120-142.

Wirmer,A. (1994): Die Richtlinie Europäische Betriebsräte - Ein zentraler Baustein europäischer Sozialpolitik. In: Der Betrieb 47: 2134-2137.

Wirmer,A. (1995): Die Umsetzung der Richtlinie Europäische Betriebsräte in nationales Recht. In: Klinkhammer,H./Welslau,D. (Hg.): Europäische Betriebsräte in der Praxis. Dokumentation der Fachtagung der Universität Bielefeld vom 15./16.05.1995, Neuwied/Berlin: 23-31.

Wißmann,H. (1992): Die Mitbestimmung der Arbeitnehmer in der Europäischen Aktiengesellschaft (SE). In: Recht der Arbeit 45: 320-330.

Woolley,J.T. (1992): Policy credibility and European monetary institutions. In: Sbragia,A.M. (ed.) (1992): Euro-politics. Institutions and policymaking in the "new" European community, Washington, D.C.: 157-190.

Working Party (1995): "Information and Consultation", Working Papers, V/6943/95/EN, Brussels.

WSA (1994): Stellungnahme zu der "Mitteilung der Kommission über die Anwendung des Protokolls über die Sozialpolitik an den Rat und an das Europäische Parlament, Brüssel.

Wyplosz,Ch. (1997): EMU: Why and how it might happen. In: Journal of Economic Perspectives 11: 3-22.

Zachert,U. (1993): Arbeitsrechtkodifikation in Europa - Eine rechtsvergleichende Skizze. In: Arbeit und Recht 41: 193-200.

Zachert,U. (1998): Europäische Tarifverträge - von korporatistischer zu autonomer Normsetzung? In: Schlachter,M./Ascheid,R./Friedrich,H.-W. (Hg.): Tarifautonomie für ein neues Jahrhundert. Festschrift für Günther Schaub zum 65. Geburtstag, München: 811-828.

Ziltener,P. (1999): Strukturwandel der europäischen Integration. Die Europäische Union und die Veränderung von Staatlichkeit, Münster.

Zohlnhöfer,W. (Hg.) (1996): Die Tarifautonomie auf dem Prüfstand, Berlin.

Zügel,J. (1995): Mitwirkung der Arbeitnehmer nach der EU-Richtlinie über die Einsetzung eines Europäischen Betriebsrats. Eine Untersuchung der Richtlinie 94/45 und der vorangegangenen Richtlinienvorschläge unter Berücksichtigung der Praxis multinationaler Unternehmen, Frankfurt am Main-Berlin.

Zwickel,K. (1997): Europäische Betriebsräte als Chance für ein demokratisches und soziales Europa. In: Deppe,J./Hoffmann,R./Stützel,W. (Hg.): Europäische Betriebsräte. Wege in ein soziales Europa, Frankfurt-New York: 31-43.

Index

Personenverzeichnis

A

B

C

E

F

H

L

M

N

O

P

R

S

V

W